池田家文庫資料叢書　3

御留帳評定書

上

岡山大学出版会

池田家文庫資料叢書3の刊行にあたって

国立大学法人岡山大学
学長　森　田　潔

岡山大学は、明治三年（一八七〇）、岡山藩医学館を起源とする百四十年余の歴史を有し、現在、十一学部、七研究科、三研究所、大学病院、附属学校を備え、二万人の学生、留学生、教職員が、日々知的創造に取り組む、日本屈指の総合大学であります。

岡山大学は、「高度な知の創成と的確な知の継承」を大学の理念に掲げ、知の創成、知の継承、つまり研究・教育活動を通して社会に貢献することを使命としています。

とりわけ近年では、本学の取組が文部科学省の「スーパーグローバル大学創成支援」に採択されたことにみられるように、我が国のグローバル化を牽引する大学として、世界を見据え、世界に通用する人材を養成していくのにふさわしい教育・研究の推進に力をいれているところです。

いうまでもなく、グローバルに飛翔するためには、みずからが培われてきた地域の文化的伝統を引き継ぐことが必要です。岡山は江戸時代の岡山藩以来、学問を重視する伝統を有し、幸いなことに、その活動を伝える岡山藩政資料は、池田家文庫としてわが岡山大学附属図書館に所蔵され、本学はもとより国内外の研究者によって活用されてきました。

岡山大学では、この池田家文庫の利活用をはかるために、開学以来さまざまな取組をおこなってきましたが、平成二十二年（二〇一〇）からは、その一つとして「池田家文庫資料叢書」を刊行してまいりました。そして今回はその3として「御留帳評定書」全三巻を刊行する運びとなりました。この資料は今から三百五十年ほど前の岡山地域の状況と岡山藩のそれへの政策対応を知ることのできる貴重な資料です。そこからは現代の諸問題に対処するためのさまざまな示唆が得られるものと確信します。この資料集が国内外の多くの人びとによって利用され、知的な交流が広がることを期待いたします。

平成二十九年二月

目次

御留帳評定書　上巻　細目次

凡例

一　本書は岡山大学附属図書館所蔵池田家文庫に収められている「御評定書」二冊（総目録番号E３-１・２）「御留帳評定書」一二冊（E３-３～14）を翻刻し、あわせて『池田家文庫資料叢書３・御留帳評定書』として刊行するものである。全体は大部なので、上中下三分冊とし、上巻には寛文八年～延宝三年（E３-１～５）、中巻には延宝四年～延宝八年（E３-６～10）、下巻には天和元年～貞享二年（E３-11～14）をそれぞれ収める。下巻には付録として「大寄合之覚書」（E３-22）も収める。

一　目次・細目次はその分冊のものである。細目次は評定開催日を項として立てた。

一　解説は上巻にまとめて記した。付録については下巻で解説する。

一　翻刻にあたっては、できるかぎり原本の体裁を再現するように努めたが、紙面の都合上、または読みやすさを考えて、変更を加えたところもある。改行はいちいち指摘せず、闕字・平出は一字あけで示した。

一　表紙は、およその形状を罫線枠で囲んで示した。朱書された貼紙の内容は、「　」を付けて記し、右肩に（貼紙朱書）と注記した。

一　付紙は、おおよその場所に※印を付け、その付近に内容を「　」を付けて示し、（付紙）と注記した。

一　史料本文の字体は原則として常用漢字を用い、異体字・略字・俗字・あて字については一部を使用し、必要に応じて通用の文字を右行間に（　）で示した。地名などの表記が通用のものと異なる場合、適宜現行の文字を同様に（　）で示した。

一史料を読みやすくするために、適宜、読点（、）、並列点（・）を付けた。
一明らかに誤字・誤記と思われるものは、右行間に正しいものを（　）で示し、疑念が残る場合は（　カ）とした。脱字と思われるものは（　脱）（　脱カ）、重複していると思われるものは（　衍）（　衍カ）とした。意味不明の場合は（ママ）、記載がなく空白となっているところは（アキ）とした。
一変体かなは平かなに改めたが、格助詞のうち次の文字と、接続詞の「并」は活字を小さくして使用した。

者（は）　江（え）　ニ（に）　茂（も）　与（と）　而（て）　而巳（のみ）

一くりかえし記号は、「〻」（漢字）、「ゝ」（ひらかな）、「ヽ」（カタカナ）、「〱」（二字以上の熟語）を用いた。
一旧字・古字のうち、次のものは新字体に改めずにそのまま使用した。

龍　瀧　籠　嶋　嶌　餘　鎊　宜　冨　舛　燈

一異体字・俗字・略字・合字については、次のものを使用した。

珎（珍）　躰（体）　忰（悴・倅）　躮（悴）　噯（扱）　并（幷）　刕（州）　㚖（異）
𠦒（畢）　粮（糧）　扣（控）　帋（紙）　欤（歟）　㝡（最）　窂（牢）　哥（歌）
沉（沈）　礒（磯）　迚（とて）　斛（石）　脉（脈）　𠹭（曄）　桧（檜）　侭（儘）
虵（蛇）　薗（園）　〆（しめ）　才（等）　ゟ（より）

一江戸時代には制度的・慣習的な身分や格式が存在しており、現代からみれば差別的な事実や言動、用語などが一般に通用していた。そのため史料のなかには、そうした表現や事実が記載されていることもあるが、正しい歴史認識を形成するためには、史料に基づいて歴史的な事実を明らかにする必要があるとの立場から、そのまま掲載した。ただし、固有名詞との関連で現在の差別を助長しかねない場合は記載を差し控え、□で示したところがある。

一本叢書の企画・編集は、岡山大学貴重資料刊行推進会（平成27年度、岡山大学附属図書館副館長今津勝紀、岡山大学社会文化科学研究科教授久野修義、同山本秀樹、同准教授三宅正浩、教育学研究科教授斎藤夏来、岡山大学特命教授（研究）倉地克直、附属図書館事務部長山田周治）が行った。

一本書の原稿作成・原本との照合・割付・校正は青木充子と倉地克直が行った。解説は倉地が執筆し、全体の監修を倉地が行った。

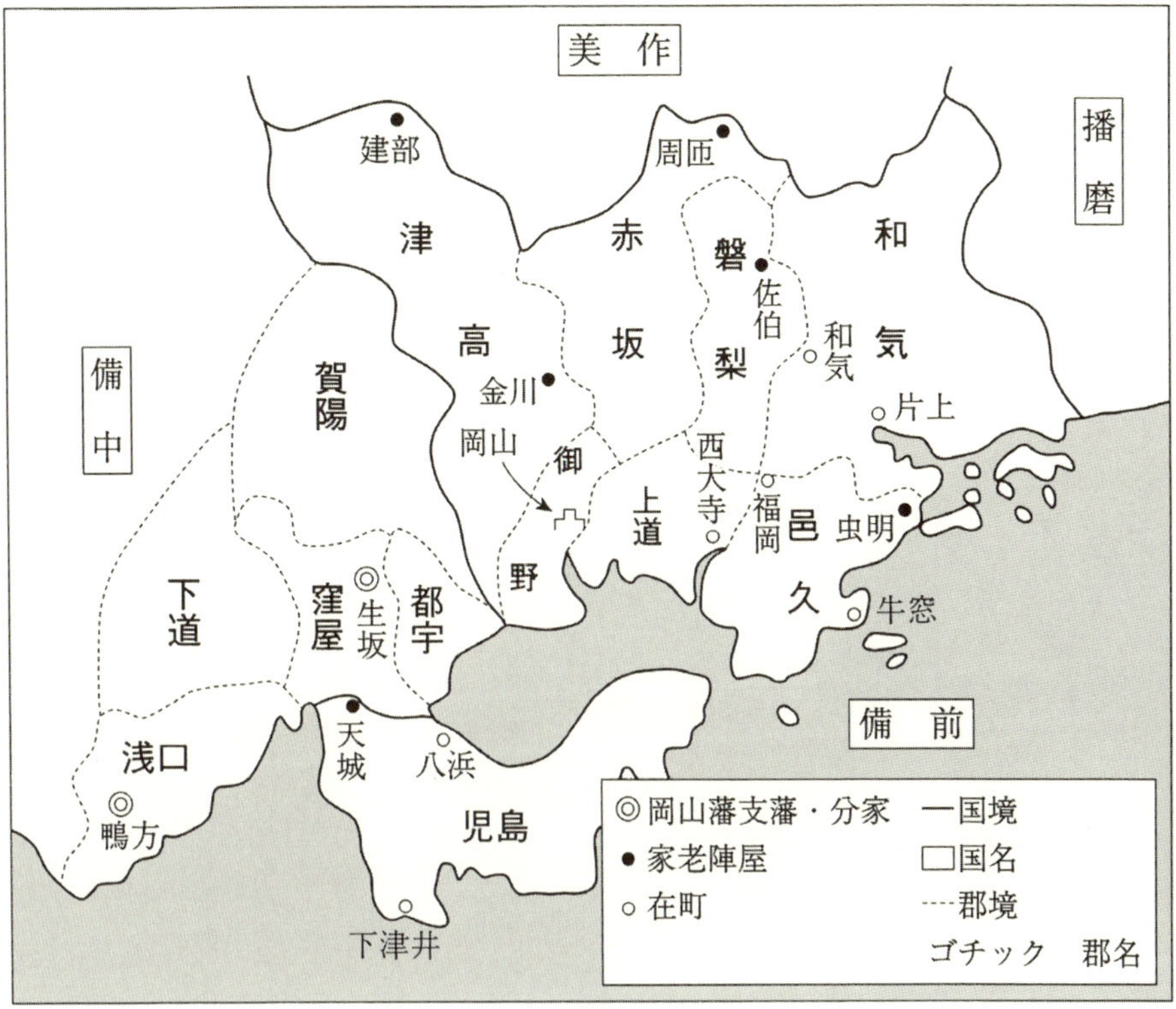
美作
播磨
備中
備前
建部
周匝
津
赤
磐
和
佐伯
高
坂
梨
和気
気
賀陽
金川
片上
岡山
御
西大寺
上道
福岡
邑
虫明
野
下道
窪屋
生坂
都宇
久
牛窓
浅口
天城
八浜
鴨方
児島
下津井
◎岡山藩支藩・分家
●家老陣屋
○在町
一国境
□国名
----郡境
ゴチック　郡名

岡山藩領地図

解　説

池田家文庫資料叢書3では、寛文八年（一六六八）から貞享二年（一六八五）までの「御評定書」および「御留帳評定書」（以下総称して「御留帳評定書」と呼ぶ）を取り上げる。この資料を理解するために必要と思われる事項について以下解説する。

評定制の成立

江戸時代の藩政は、家老を中心とした重臣層による合議で運営されるのが一般的であった。この会議を「評定」と呼び、岡山藩でその様子を記録したものが、「御留帳評定書」である。

岡山藩での評定制は正保期に確立したと田中誠二が指摘している。田中があげるのは『池田光政日記』の寛永二一年（一六四四、一二月に正保と改元）一〇月一五日の次のような記事である。

一三人老中へ申聞候ハ、去々年ハ用多故、三人よ（寄）り合もしけく候へ共、此度ハ用も少候へハ遠々敷候条、用無之候共、一月ニ三度ツヽ朝より寄合可然候、小用聞・大小性・小々性頭・町奉行・よこめ・普請奉行・寺社奉行よひよせ、万事ノ義用共被達、いきにくき事ハ明日ノ用日ニ、城ニて調候様ニ可被仕候由申渡候、何も畏候由申候事

「去々年」とあるのは寛永一九年（一六四二）のこと。その六月に光政は、家老のうち池田出羽・伊木長門・池田河内の三人を「仕置家老」に任じ、光政の命を奉じて政務を執行するよう命じた。この年は江戸時代の四大飢饉の一つである「寛永の飢饉」の年であった。光政は幕府の指示を背景に藩政の改革に取り組むが、「仕置」職をはじめとした職制の整備は、その一環であった。このとき「仕置家老」たちは頻繁に寄合を持ち、光政の命を家中に徹底するよう努めた。

それから二年が過ぎ、藩内も少し落ち着いてきたため、「仕置」たちが寄り合うことも少なくなった。光政は藩政に緩みが出ることを恐れたのだろう。用がなくても月に三回は定期的に寄り合うことを命じたのだ。あわせてこの寄合には、「小用聞」（後の「小仕置」に当たるか）を始め大小姓・児小姓頭・町奉行・横目・普請奉行・寺社奉行などの諸役人も呼び出された。評議のうえ決しがたい事柄については、翌日の「用日」に光政に伺って決着を付けるよう指示している。田中が言うように、これを岡山藩における評定制の始まりとみてよい。

この直後の『日記』同年一一月五日条において光政は、草加五郎右衛門と斎藤加右衛門の感状をめぐる紛議を「十日之寄合」で評議することを「三人老中」に指示しているのだが、一一日には「三人老中」がその結果を光政に報告し、光政は同日晩に両人を呼び出して穿鑿するよう指示している。この一連の記事から、一一月一〇日には光政の指示通りに評定制が起動していることが確認できる。

翌々正保三年（一六四六）五月二四日に参勤から岡山に帰国した光政は、六月六日に「三人老中」に「一ヶ月ニ三度ツヽより合《（寄）》可被仕候、十日・廿日・晦日ニ相定候事」と改めて申し付けている。ただし当初は評定の内容が記録として残されることはなかったようだ。

評定の動向

その後、光政在国中の評定翌日、つまり一一日・二一日・朔日あたりの『日記』の記事を見ていると、評定から上がってきた案件について光政が処理している様子がうかがえ、評定制が機能していることが分かる。

承応二年（一六五三）の『日記』でも、正月一一日「昨日之より《(寄)》合とて三人出ル、別ニ可書留用なし」、正月二一日「寄合、何も少ツ、ノ事ニて、可書留事ナシ」、二月一日「三人老中出ル、昨日寄合之儀共申聞、歩者手廻五人支配五俵一人ツ、加増遣ス、此外書留へきほとの事なし」とあり、評定制が規定通り運用されていることを確認できる。なお「三人老中」のうち出羽と長門は慶安五年（一六五二、九月に承応と改元）六月に隠退し、日置若狭と池田佐渡が新たに就任した。なおこの時までに池田河内は伊賀と改名している。

承応三年（一六五四）七月備前地方は大洪水にみまわれる。八月五日に急ぎ帰国した光政は、これを「天ノ時」ととらえて、二度目の大きな改革に取り組む。この改革時には、たびたび「老中・組頭・物頭」などを集めて教諭したり、民政の前線にある郡奉行・代官を集めて直接指示するなど、光政自身が前面に立って藩政を主導した。ただし、こうした「親政」とでもいうべき時期にあっても、評定はそれなりに行われていたようだ。詳しくは分からないが、『日記』を見る限りでは、一一月一日に「昨日寄合、替儀も無事」とか、一二月一日に「例年召抱候人足給米、昨日より合は《(寄合場)》にていろ〳〵申候、如何候ハん哉、例年とかハり候条、江戸夫し《(ママ)》六俵、地夫四俵、取切ニ申付可然と申渡事」とあり、評定は以前同様の開催状況であったと推測される。一二月二一日にも「昨日寄合、少ツ、ノ事故、不書置」とある。

翌承応四年（一六五五、四月に明暦と改元）は参勤年であった。光政は『日記』の四月一日条に「両人老中申候、昨日用さして書留ル事なし」と前日の評定の報告を受けたことを記したあと、両人老中に次のように申し渡した。

留主中士共之事ハ不申及、江戸へ被申越へく候、在々ノ事ハ両人はからいニて、江戸不尋可被申付候、併居なから申付かたき事も可在之候間、助右衛門折々国中ヲモ廻、万可申付候、亦せんさく事なと候ハヽ、其為ニ彦左衛門のこし置候条、可申付候

ここでは「士共之事」（家中）と「在々ノ事」（民政）とが区別されており、家中のことは光政の判断を仰ぎ、民政については「仕置家老」を中心とした評定において評議して取り計らうよう指示している。助右衛門は熊沢蕃山のこと。このとき知行三〇〇〇石の番頭、彦左衛門は小堀彦左衛門で、一五〇〇石の番頭であった。いずれも光政の信任厚い側近である。民政については彼らの意見を聞くように指示した。三人の「仕置家老」のうち池田佐渡は「狂気」のため承応二年四月に解任となり、その後は池田伊賀と日置若狭（後に猪右衛門と改名）の両人が務めていた。その後の『日記』を見ていると、家中や在々のことについて岡山から書状が届き、それについての判断を光政が国許に書き送っている様子が確認できる。藩主の在江戸中は基本的に家老たちの判断に任されているが、必要な事柄については、江戸に書状を送って藩主の意見を聞いているのだ。参勤にあたって光政が指示したとおりに行われていることが確認される。

明暦二年（一六五六）五月二五日光政は参勤から帰国、『日記』同月二九日条には「寄合、伊賀・若狭登城申候、去年代官共勘定済帳、去々年ノ物成払、其外金銀ノ入用之目録、勘定奉行片山三郎左衛門・新兵へ・甚左衛門・鶴右衛門持参申候」とあり、早速評定の結果が光政に報告されている。

同年七月二八日条には「今日郡奉行共寄合仕候、就其、町と郡と寄合せんき可仕事可在之候間、則書付彦左衛門ニ遣候間、寄合せんき可仕事、右之段両通書付、彦左衛門ニ持せ、評定場へ遣候事」とある。これを受けた評定の結果は八月一日に伊賀・若狭から光政に報告されている。民政に関わる諸問題を郡奉行が寄り合って評議することは、承応三年一一月頃から確認できる。ここでは、評定を前に郡奉行が寄合を持ち、町と在の両方に係わることは町奉行と「寄合せんき」をした上で、その結果を評定の場で審議するよう指示されている。こうしたシステムは光政・綱政時代に継続され、郡奉行の寄合は必要に応じて年に何回か行われている。

「留方」の成立

その後も『日記』を通じて評定の開催やその内容をうかがうことはできるが、「少ツ、ノ事、不及書留」とだけ記されることも少なくなく、評定の様子を記録として残すことがない限りは、詳しいことはよく分からない。

評定の記録である「御留帳評定書」が残されているのは、寛文八年（一六六八）五月二九日からである。その画期となったのは寛文六年（一六六六）のことと思われる。

この年五月一〇日に帰国した光政は同月一六日に普請奉行・代官頭・郡奉行を集めて、当年は「きゝん眼前」の様子だから、一層心を入れて細かな仕置を行うよう指示した。そして一八日には「国中在々有之わけもなき小社共」を淘汰するように命じている。教育・教化に重点をおいた三度目の改革を始めたのだ。七月九日、光政は「仕置家老」の伊賀・猪右衛門を呼び出し、「学文に志有るべきこと」を教諭するとともに、評定場において「近習」たちに「御用承候上ハ、学文なくてハ不叶事」を申し聞かせるよう命じた。あわせて、「八右衛門事、政事之留奉行ニ申付上ハ、せんきノ場へ出承書留可申候、両人も八右衛門存よ《（寄）》りいわせ聞可被申候、けにハ道ノ筋かてん可参と存候」と申し聞かせている。「せんきノ場」は評定のこと、「両人」は仕置家老のこと。

「八右衛門」は泉八右衛門、諱は忠愛。熊沢蕃山の実弟で、初め肥前平戸藩に仕えたが、致仕して中江藤樹に学んだ。慶安三年（一六五〇）に岡山藩に召し抱えられ、承応元年（一六五二）には五〇〇石・児小姓頭として綱政に付けられた。この八右衛門に評定の場に列座し、その内容を書き留めるよう指示したのだ。光政の言行を集めた『有斐録』は、評定に出る八右衛門は何事も言わないが、逆に誰も彼の前では虚妄のことを言えない、という逸話を紹介し、その篤実な人柄を光政が重んじたと記している。これが藩の記録係である「留方」の始まりとみてよい。

同年八月一六日から二八日まで「大寄合」が開かれる。これは藩政が直面する諸問題を洗い出し、それへの政策的対応を導き出すための評定の場であったが、期間が異常に長いうえに、参加者も通常の評定メンバーに加えて主な役方の者さらには番方の者までが呼ばれるという異例のものであった。この寄合の内容については「大寄合之覚書」（E３－22、以下史料番号は『池田家文庫総目録』による）という記録が「留方」によって作られている。「大寄合」については本叢書下巻で改めて触れる。

泉八右衛門とともに「留方」に任じられたのが津田重次郎である。諱は永忠。津田家は三河吉田（現豊橋）以来の譜代の家臣で、重次郎自身は承応二年二月に一四歳で児小姓に召し出され、寛文元年八月には歩行頭に任じられていた。「諸職交替」（F１－５）によれば津田の「留方」就任は寛文八年（一六六八）六月となっている。津田の「奉公書」（『岡山藩家中諸士家譜五音寄・２』）には次のようにある。

一同（寛文八年）六月廿二日御前江被　召出、大横目役御赦免被成、御先筒弐拾挺御預ケ被成、学校并御郡ゝ手習所・和意谷御山・御留帳之御用専相勤、尤御評定所江も只今迄之通出座可仕旨、御直ニ被　仰付候、此時池田伊賀・日置猪右衛門其侭　御前ニ被　召置、泉八右衛門と私ヲ　御前近ク召、　御前之御過リ有之候ハヽ、無憚御諌可申上、老中・諸役人之過失有之候ハヽ、無遠慮可相正旨、委細ニ被　仰付候

この日津田は大横目役を免じられるとともに、学校・手習所・和意谷の御用および留帳御用に専念し、引き続き評定に列座することを命じられたのだ。学校御用は寛文六年一〇月に、和意谷御用は寛文七年正月に、手習所は寛文八年五月に命じられたことが「奉公書」に記されている。評定列座は、寛文四年九月に大横目就任とともに命じられていた。留帳御用のことはこれ以前に記載がないから、この日に命じられたものと考えてよさそうだ。泉と津田の両人が「留方」に任じられることで、「御留帳評定書」が作られる体制が整ったものと思われる。この帳面は寛文八年五月二九日の記事から始まるが、当番は津田重次郎であった。後述するように、当時津田はまだ大横目である。

「御留帳評定書」

「御留帳評定書」はタテ二七・三㎝×ヨコ二〇・八㎝の竪帳で、一四冊が一まとまりのものとして池田家文庫に残されている（E３－１～14）。

一冊目と二冊目は光政時代のもので、一冊目（E３－１）は寛文八年五月から同九年七月まで、二冊目（E３－２）は寛文一〇年一一月から同一一年八月まで、である。光政の参勤の日程から在国の期間を調べてみると、在国は寛文八年五月から同九年四月まで、寛文一〇年五月から同一一年三月まで、である。二冊とも在国中の期間とはずれている。どうしてこのような記載になったかは、今のところ不明とせざるをえない。この二冊は表題が「御評定書」となっており、表紙に付けられた貼紙朱書にも「記第五号ノ五十二、共二冊」とあって、他の一二冊に「記第五号ノ五十一、共十二冊」とあるのとは異っている。

寛文一二年（一六七二）六月光政は致仕し、綱政が家督を相続する。「御留帳評定書」の三冊目（E３－３）は寛文一三年（一六七三、九月に延宝と改元）正月から始まっている。この年からは藩主の在国・在江戸に関わりなく、一年一冊の体裁で編集される。この仕様は一三冊目（E３－13）の天和三年（一六八三）まで続き、一四冊目（E３－14）は天和四年（一六八四、二月に貞享と改元）と貞享二年（一六八五）の二年分を一緒に収録している。綱政の藩政は正徳四年（一七一四）まで四二年の長きにわたるが、「御留帳評定書」がカバーするのはその前期の一三年間ということになる。

なぜ貞享二年に「評定書」が編集されなくなるのかは、よく分からない。津田の「奉公書」によれば、貞享三年（一六八六）二月から家中「奉公書」の作成に取りかかるよう命じられている。「留方」の主要業務がそれに集中されるようになり、手が回らなくなったのかもしれない。また、貞享二年の七月以降は毎回「評定有之候へ共、書留無之」という状況が続き、記録の意味がほとんどなくなっていたことも中断の背景にあるのかもしれない。なお、最初の二冊の「御評定書」は昭和六一年（一九八六）に備作資料研究会によって翻刻されたことがあるが、今回改めて全体をまとめて翻刻・刊行することとした。

その後、しばらくの中断を経て、元禄一六年（一七〇三）から「立合御評定留帳」が作られるようになり、これが享保二年（一七一七）まで一四冊残っている（E３－15～21、A１－452～458）。一冊目（E３－16）は元禄一六年一〇月一九日に始まり翌宝永元年の一年分をまとめて記すが、二冊目（E３－17）からは一年一冊に編集されている。また一冊のなかは、評定日ごとに記載されるのではなく、船手・在・町・寺社・勘定など役方別に綴じられていて、議題の提出者に沿った区分けになっている。この方が後に藩の「留帳」を作成するのに便利であったのかもしれない。

宝永二年（一七〇五）の「留帳」（A１－128）によれば、七月二一日に、御前において評定所式日について仰出されている。それによれば、式日は毎月五日・一〇日・一四日・一九日・二三日・二八日の六日とされ、それ以外にも公事や問題があるときには郡会所に寄り合って対談するよう指示されている。あわせて四日・一三日・二一日を立合日とすることも仰出されている。立合日は小仕置が中心となって主に家中の問題を評議したようだ。なお、「立合御評定留帳」の記載は、以前の「御留帳評定書」とは異なり、議題と決定を書き連ねるような簡略な内容になっている。その紹介は別の機会にしたいと思う。

以下、今回本叢書に収録する「御留帳評定書」からうかがえる評定の開催状況について整理しておこう。

【表1】評定開催日一覧

年度	1月			2月			3月			4月		
寛文8年 1668												
寛文9年 1669		21日		10日			10日	21日	29日	10日	21日	晦日
寛文10年 1670												
寛文11年 1671	10日	21日	29日	10日	21日	晦日	10日	21日	29日	10日	20日	晦日
延宝元年 1673		21日	晦日		21日	29日	10日	21日		10日	21日	29日
延宝2年 1674	10日	21日	晦日		21日	29日	10日	21日		10日	21日	29日
延宝3年 1675		21日	晦日	10日	21日	29日		21日		10日	22日	晦日
延宝4年 1676	10日		晦日	10日	21日	29日	10日	21日	晦日	10日	21日	晦日
延宝5年 1677	10日	21日	晦日	10日	21日	29日		21日	晦日	10日	21日	
延宝6年 1678	10日	21日	29日	10日	21日	28日	10日	21日		10日		28日
延宝7年 1679		21日	29日	11日	21日	晦日	(10日) 29日	21日	(25日)	(5日)		(28日)
延宝8年 1680		22日	28日	10日	21日		10日	21日	28日	10日	21日	28日
天和1年 1681	(5日) 29日	10日	(16日)	10日 晦日	21日	(26日)	(5日)		29日	10日	(16日)	21日
天和2年 1682	10日	21日	28日	10日			10日	19日	晦日	10日	19日	28日
天和3年 1683	10日	19日	29日	10日	19日	28日		19日	29日	10日		28日
貞享1年 1684	10日	19日	27日	10日	19日	27日	10日	19日	27日	10日	19日	27日
貞享2年 1685	10日		27日	10日	19日	27日	10日	19日	27日			

年度	5月			6月			7月			8月		
寛文8年 1668			29日	10日	21日	晦日	10日	21日	晦日	10日	21日	29日
寛文9年 1669	10日	21日	29日	10日	21日	晦日	10日	21日	晦日			
寛文10年 1670												
寛文11年 1671	10日	21日	晦日	10日	21日	29日	10日		29日	10日		
延宝元年 1673	10日		29日	10日	21日		10日	21日	晦日	10日	21日	29日
延宝2年 1674	10日	21日	晦日	10日	21日	29日	10日	21日	29日	10日		晦日
延宝3年 1675		21日	晦日	10日								29日
延宝4年 1676		21日	29日	10日	21日	晦日	10日	21日	29日		21日	
延宝5年 1677	10日	21日	29日	10日	21日	晦日		21日		10日	21日	晦日
延宝6年 1678	10日		晦日	10日	21日		10日	(25日)	晦日	10日	(16日) (25日)	21日 晦日
延宝7年 1679	10日			10日	21日	29日	10日	21日	28日	10日	21日	29日
延宝8年 1680	10日					29日	10日	21日	28日	10日		
天和1年 1681	(6日)	21日	29日	(6日)	21日	晦日	10日	21日	28日	10日	21日	29日
天和2年 1682	10日	19日				28日			29日	10日	19日	28日
天和3年 1683	10日		29日	10日	19日	27日	10日	19日	27日	10日	19日	27日
貞享1年 1684				(10日)	19日	(28日)	10日	19日	27日	10日	19日	
貞享2年 1685				10日	19日		10日	19日	28日	11日	19日	28日

年度	9月			10月			11月			12月			閏月
寛文8年 1668	10日	21日	晦日	10日	21日	29日	10日	23日	晦日	10日	23日		
寛文9年 1669													
寛文10年 1670							29日			10日	23日		
寛文11年 1671													
延宝元年 1673		21日	晦日		21日	29日		21日	晦日	10日			
延宝2年 1674	10日	21日	29日			晦日		21日	29日				
延宝3年 1675			29日		21日	晦日	10日		29日	10日			閏4月10日
延宝4年 1676	10日	21日	29日			29日		21日	晦日	10日	21日		
延宝5年 1677	10日	21日	晦日	10日	21日	29日	10日	21日		12日	21日	28日	閏12月11日 21日
延宝6年 1678	10日	21日	29日	(5日)	10日	21日	10日 (25日)	(16日) 晦日	21日	(5日) 21日	10日	(16日)	
延宝7年 1679				10日	22日	28日				10日	21日		
延宝8年 1680		21日		11日	21日	29日	10日 晦日	21日	(26日)	10日 (27日)	(16日)	21日	閏8月10日
天和1年 1681		21日	28日	10日	21日	29日	10日	21日	29日	10日		25日	
天和2年 1682	10日	19日	28日		19日	28日	10日	19日	29日	10日	19日		
天和3年 1683	10日	19日	27日	10日	19日	27日	10日	19日	27日	10日	19日		閏5月10日 19日 28日
貞享1年 1684	10日	19日	27日	10日		27日	10日	19日	27日	10日	19日		
貞享2年 1685	10日		28日	10日	19日	28日	10日	19日	28日	10日	19日		

註）（　）内は家老宅で寄合が行われた日付。

⑴**開催日**　「御留帳評定書」に記載されている評定日を【表1】（前頁）に整理した。先に述べたように当初の評定日は一〇日・二〇日・晦日であったが、寛文・延宝期には一〇日・二一日・二九日の組み合わせが多くなっている。ついで天和・貞享期は、一〇日・一九日・二八日に行われることが多くなる。一応の定例日は決められているが、さまざまな事情で一日二日前後することはよくあったのだろう。「廿一日御潔斎ニ付式日相延、今日御評定有之」（延宝八年一二月二三日）のように変更の理由が記されることもある。定例日でありながら「評定書」に記載がない日は、評定が開かれなかったのか、開かれたが書き留めるべき内容がなかったので記載がないのか、どちらなのか分からない。天和・貞享期では「寄合有之候得共、書留申儀も無之」などとわざわざ記されることも多くなり、「四月十日ゟ五月廿七日迄評定無之、左門忌中ニ依テ也」と開催されなかった理由が記されることもある。貞享元年には「日置左門気色悪敷ニ付評定無之」という日が四回ある。日置左門（忠明）は父猪右衛門（忠治）の跡を継いで延宝五年（一六七七）に仕置家老になっていた。

延宝八年（一六八〇）一一月から翌延宝九年（一六八一）六月までは、式日と式日の間に家老宅で評定が行われている。議題が多いときや急ぎの案件などがある場合に、臨時に持たれたのだろうか。後に評定日が月に六日開催されるさきがけかもしれない。

⑵**出席者**　出席者が記録されているのは寛文期の二冊のみである。一冊目で記載のある寛文八年五月から一一月までの参加者を【表2】にあげた。町や在の民政に携わる奉行たちが、議題に合わせてであろうが、直接参加する形をとっているようだ。「大寄合」から続く臨戦態勢と言ってよいかもしれない。二冊目の寛文一〇年一一月から寛文一一年八月になると、【表3】にあげたように参加者は、仕置家老に加えて、大小性頭、判形、留方、

【表２】寛文８年５月－11月評定出座・列座一覧

氏　名	役　職	在任期間
安藤　杢	大小姓頭	明暦 3.1　－寛文 12.9
伊木頼母	大小姓頭	寛文 4.8　－　？
山内権左衛門	判形	万治 1.11 －天和 3.5
森川九兵衛	判形	明暦 3.1　－寛文 12.8
河村平太兵衛	郡代	寛文 3.1 －寛文 12.9
西村源五郎	郡代	寛文 3.1 －延宝 1.11
都志源右衛門	郡代	寛文 3.1 －寛文 12.9
泉八右衛門	学校奉行・留方	寛文 6.10 －延宝 1.1
津田重次郎	学校奉行・留方	寛文 6.10 －延宝 1.1
中村主馬	船奉行	正保 3.8 －寛文 10.8
岸　織部	船奉行	寛文 6.10 －寛文 12.10
加世八兵衛	町奉行	寛文 6.12 －延宝 1.
藤岡内助	町奉行	寛文 8.3 －寛文 8.10
石川善右衛門	普請奉行	寛文 5.1 －　？
中村久兵衛	普請奉行	？　－寛文 8.10
野間久右衛門	勘定上聞	万治 2.1 －寛文 8.11
馬場茂右衛門	勘定上聞	寛文 5.1 －延宝 5.3
河合善大夫	勘定上聞	寛文 7.　－寛文 10.8
庄野市右衛門	郡奉行	明暦 1.3 －寛文 10.8
村田小右衛門	郡奉行	寛文 7.1 －貞享 2.10
俣野善内	郡奉行	寛文 7.1 －寛文 10.8
梶川左次兵衛	郡奉行	寛文 7.1 －延宝 5.⑫
安宅弥一郎	郡奉行	寛文 7.1 －延宝 1.12
渡辺助左衛門	郡奉行	明暦 3.1 －寛文 12.10
尾関与次右衛門	郡奉行	慶安 2.　－寛文 9.3
塩川吉大夫	郡奉行	寛文 5.1 －延宝 6.7
岩根周右衛門	郡奉行	明暦 3.8 －寛文 11.9
斎木四郎左衛門	郡奉行	万治 1.4 －延宝 1.1
武田左吉	郡奉行	寛文 5.4 －　？
安井六郎左衛門	樋方奉行	承応 2.2 －延宝 4.2
加藤七大夫	樋方奉行	寛文 2.　－　？
那須又四郎	竹奉行	寛文 7.9 －　？
野口伝右衛門	山竹藪奉行	万治 1.　－　？
田口兵左衛門	作事奉行	寛文 6.6 －　？
寺内七郎左衛門	作事奉行	寛文 8.8 －寛文 9.2
坂井七郎右衛門	酒奉行？	寛文 4.　－　？
稲川九郎右衛門	呉服奉行？	寛永 20. －　？
田路権之丞	竹藪奉行	寛文 7.9 －寛文 9.8
岩根源左衛門		
武藤安兵衛		
稲川十郎右衛門	寺社奉行	明暦 2.6 －寛文 10.8
水野作右衛門	大目付	寛文 7.1 －延宝 4.10
鈴田夫兵衛	横目	万治 3.10 －　？
森　半右衛門	横目	寛文 4.9　－　？

【表3】寛文10年11月－寛文11年８月評定出座・列座者一覧

氏　名	役　職	在任期間
池田伊賀		
池田大学	仕　置	寛文8.6 －元禄4.6
日置猪右衛門	仕　置	慶安5.6 －延宝5.10
池田主税		
安藤　杢	大小姓頭	明暦3.1 －寛文12.9
伊木頼母	大小姓頭	寛文4.8 －　?
森川九兵衛	判形	明暦3.1 －寛文12.8
薄田藤十郎	判形	寛文10.8 －寛文12.10
山内権左衛門	判形	万治1.11 －天和3.5
津田重次郎	留方	寛文8.6 －寛文12.10
泉　八右衛門	留方	寛文6.7 －延宝1.1
水野作右衛門	大目付	寛文7.1 －延宝4.10
服部与三右衛門	児小姓頭・横目	寛文9.8 －　?
鈴田夫兵衛	横目	万治3.10 －　?

【表4】評定当番一覧

氏　名	期　間	役職	期　間
津田重次郎	寛文８年５月29日	大横目	寛文４年９月～寛文８年６月
鈴田夫兵衛	寛文８年６月10日～寛文９年３月10日	横　目	万治３年10月～?
森半右衛門	寛文８年６月21日～寛文９年３月21日	横　目	寛文４年９月～?
水野作右衛門	寛文８年６月晦日～延宝４年９月10日	大目付	寛文７年１月～延宝４年10月
服部与三右衛門	延宝２年１月21日～延宝２年９月10日	横　目	寛文９年８月～?
山田弥太郎	延宝２年１月晦日～天和２年12月25日	大目付	寛文２年11月～天和３年閏５月
長屋新左衛門	延宝３年１月晦日～貞享１年４月27日	大目付	延宝２年11月～貞享１年11月
近藤角兵衛	延宝３年閏４月10日～貞享１年８月19日	大目付	寛文２年11月～天和３年閏５月
下濃宇兵衛	延宝４年８月晦日～	大目付	延宝５年８月～元禄９年８月
水野助三郎	天和３年６月10日～	大目付	天和３年閏５月～元禄６年７月
安藤清九郎	天和３年６月19日～	大目付	天和３年閏５月～元禄１年11月

註）左の「期間」は「御留帳評定書」に記載された期間、右の「期間」は「諸職交替」などから作成した役職期間。

大目付・横目、といった側近衆に限られるようになる。延宝期以降も、おおむねこのメンバーが評定の構成員と考えてよいだろう。奉行たちからの議案は彼らを通じて評定の場に提起され、審議された。なお、二冊目の「評定書」で参加者は、仕置家老が「出座」、他の役人が「列座」と区別されている。評定はあくまでも、仕置家老が協議する場に他の役人が列席して意見を述べるというのが建前であったことがうかがえる。

年によって評定当番の氏名が記されていることもある。それを整理したのが【表4】である。一見して明らかなように、大目付が当番を務めている。当番は評定の場の事務局的な立場にあったと思われるが、そこに評定が民政を監察する場でもあるという位置付けがうかがえるだろう。

年未詳亥八月朔日の日付のある「定」(F1－57－2)に次のようにある。

定

一年寄中其外用人別紙書付之者共可令出座事

一用有之者ハ其事を書付、一人宛罷出、書付を差出、委細申達可令退出、縦評定人之内たり共、右之通可仕事

一列座之者一人宛存寄を不残番かハりに可申述、少茂不可有遠慮、其上にて残年寄中江当番之年寄中相談ニ而可及沙汰、勿論評定外江不聞様ニ人を退可申事

亥八月朔日

評定の場では遠慮なく意見を述べるとともに、評定の内容が外部に洩れないよう注意されている。「評定書」

を読んでいても出席者が忌憚なく意見を述べている様子がうかがえる。

⑶議題　家臣の目見・相続・縁組・加増・昇進・役職移動・他所行・処分など、家中の主従関係に関わる事柄は、いうなれば藩主の専権事項であり、評定の議題になることはなかった。明確な規定があったようには見えないが、この時期には、それ以外の問題が評定の対象であったと考えられる。その多くは町や在における民政にかかわることであった。

議案の処理の仕方で注目されるのは、この時期には、民政上のかなり些細な問題まで藩主に報告され、それについての最終的な指示を藩主が行っていることである。光政の場合はさもありなんというところだが、綱政もそれにならっているのは興味深い。評定の内容を藩主に上申するというシステムは江戸時代を通じて変わらないと思われるが、それにどれほど深く関わるかは藩主の政治姿勢によるだろう。綱政藩主時代の前期の様子は、この「評定書」によってかなり明らかに出来るだろう。その後については、今後岡山藩政治史が深められるなかで、明らかになっていくことだろう。

⑷評定の場所　『池田家履歴略記』によれば、寛文九年（一六六九）に上坂外記跡屋敷に評定所が設けられることになった。岡山城下町絵図によれば、慶安図（T６－10）で「上坂」屋敷のあった場所が、元禄図（T６－24）では「御勘定場」と「御評定場」になっており、宝永図（T６－20）でも同じ場所に評定場が二区画に増えて描かれている。文久図（T６－32）でも同じ場所が「評定場」となっているから、寛文以降変わらなかったと思われる。場所は西門から丸の内に入ってすぐ北のところである。

「吉備温故」（『吉備群書集成』第七巻）によれば、それ以前の評定所は「御対面所下段」にあったという（巻

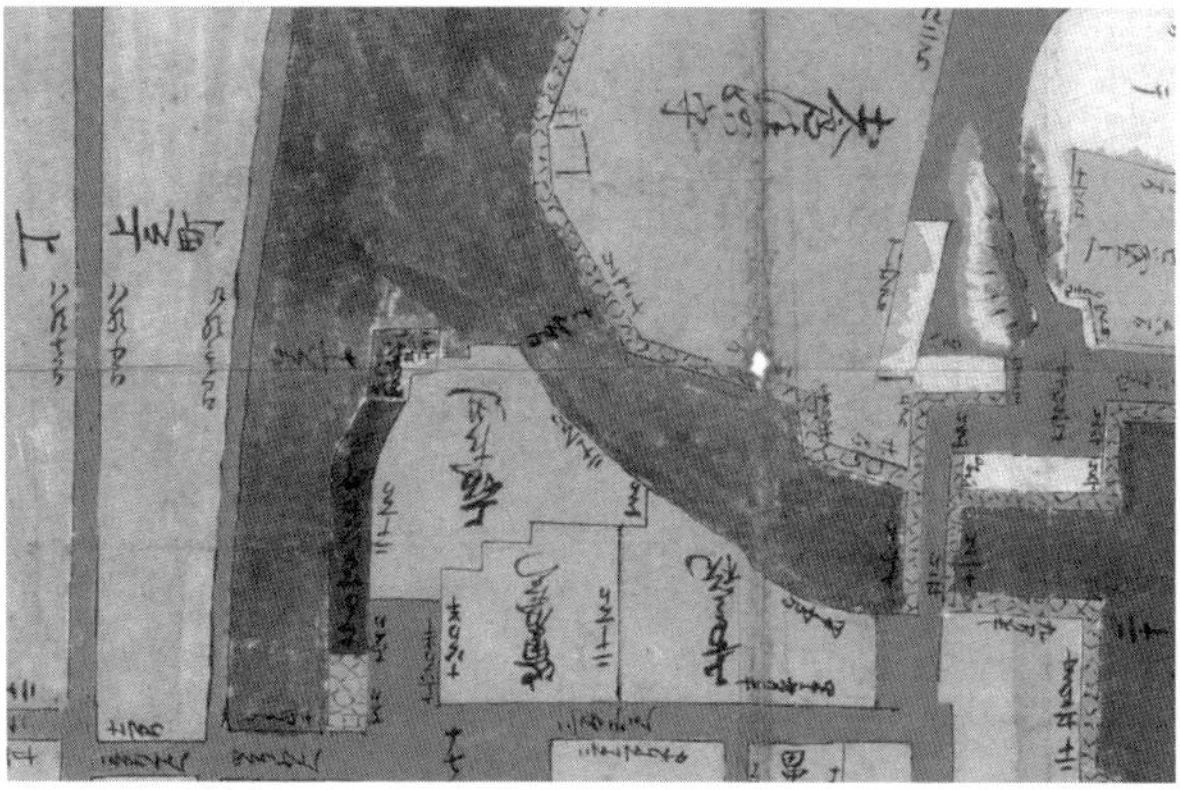

岡山城下図（慶安期・T6-10）

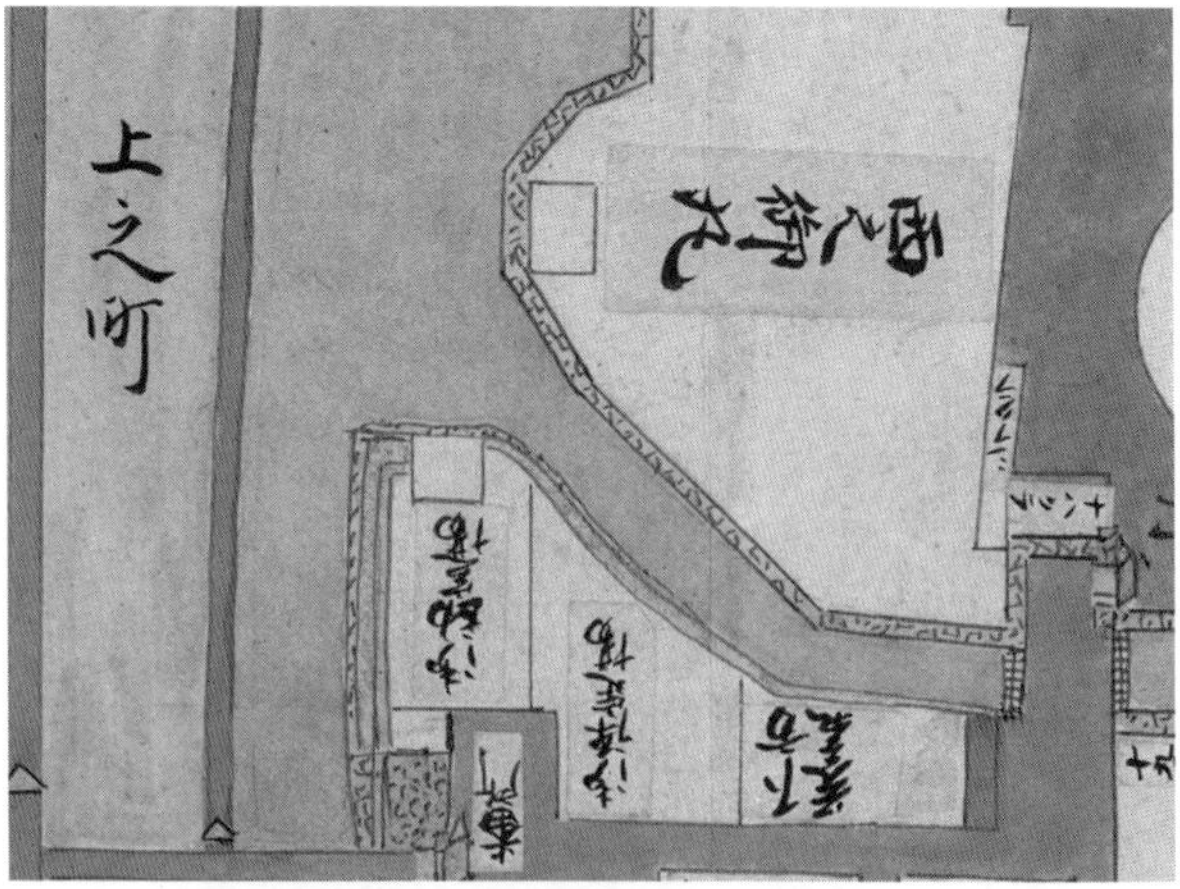

岡山城下図（元禄期・T6-24）

岡山城下図（文久期・T6-32）

一一)。対面所は池田利隆が慶長年間の「監国」時代に西国大名と対面した施設と言われるが(「吉備温故」巻一一)、寛永図(T6-4)では「池田行徳」、慶安図では「池田佐渡」の屋敷となっており、元禄図になって「御対面所」と表記されるようになる。御対面所に評定所が置かれたとしても、評定制が開始された当初からそこに置かれていたわけではなさそうだ。開始当初の評定は、城内(具体的には表書院か)か「仕置家老」の屋敷において行われていたのだろう。評定所が出来た後でも、御城や西丸、または家老宅で評定が行われることもときどきはあった。

〔参考文献〕

倉地克直『池田光政』ミネルヴァ書房、二〇一二年
田中誠二「寛永期の岡山藩政」森杉夫先生退官記念論文集『政治経済の史的研究』巌南堂書店、一九八三年

岡山城下図（宝永期・T6-20）

一　御評定書　寛文八年申五月ゟ同九年酉七月迄

（表紙）

（貼紙朱書）
「記第五号　五十二
共弐冊　」
御評定書　寛文八年申五月ゟ
同九年酉七月迄

中ノ五月廿九日御評定　当番津田重次郎

安藤杢・山内権左衛門・河村平太兵衛・石川善右衛門・加世八兵衛・梶川左次兵衛・安宅弥一郎・馬場茂右衛門・河合善大夫・庄野市右衛門

一茂右衛門・善大夫御勘定目録猪右衛門江見せ申候

一森半右衛門申候ハ、御蔵奉行年ゝかハり可然と兼而申上置候、能仕ものハ少シ年久申付、大概のものハ年ゝ替らせ可申候、一段尤と被申候

一八兵衛申候ハ、例年六月朔日ゟ酒の直段上ケ申候、たゝ今迄壱匁仕候酒壱匁一分、上酒壱匁三分ニ可仕と申候、其通ニ可申付由被申渡ル

一市右衛門申候ハ、郡ゝの物読御暇申上候ニ付、口津高物読畑養三御暇申上ルさた承候而、庄屋年寄申合代官衆私迄申聞候ハ、神主なとも能調、少ハ道の様子も養三心掛ニ而合点仕候、人からも能候得者、たとへ御暇申共、庄屋年寄中として抱置申度由申候、市右衛門も能物読と存候由申候

一猪右衛門被申候ハ、江戸へ参候役筒之者、まし扶持の事御普請奉行衆被申候、何もいかゝ存候哉と被申候、江戸へ参候ものには、御小人迄ニまし扶持方被下候、御役鉄炮計ニまし扶持方不被下候と、在之事ハ御坐有間布（敷）候、

天下御普請ハ御役ニ而参候間、不被下候共、常の御供、
御留守ニ参候御役筒ニハ、まし扶持方可被下事と申候
一善右衛門申候ハ、清八裏しからミの杭木、弥一郎罷出居
申候間、可被　仰付哉と申候、則弥一郎ニ其通被仰渡、
久〻井辺海辺ゟ見へ不申候所ニ而、三百本計伐せ可申由、
百姓ニ御扶持方被下伐らせ可申由
一権左衛門申候ハ、寺内七郎左衛門此度御馬牽せニ参候、
就夫、御馬ニ附参候御鉄炮ノもの・御小人路銭迷惑仕候
由申候、子細ハ御馬ハ木賃ニ而参候故、宿主利無之候故、
旅籠ヲ高く仕、馬宿の利ヲ旅籠へ仕掛取申候、其上播磨
路参候故、日数此度も廿日掛申候故、是以勝手ニ迷惑仕
候由申候、又道中ニ而馬煩候故、御中間壱人・御小人壱
人逗留仕候、是も迷惑仕候由申候、道中逗留の御中間壱
人へハ、逗留ノ分の旅籠ハ被遣可然と申候、御鉄炮ノも
のニまし路銀被下候事ハ、尤迷惑ハ可仕候得共、いかゝ
可有之哉と申置候、以後加様の類毎度出可申候間、其分
にも被成可被為置候哉、半右衛門申候ハ、江戸へ上下仕
候御鉄炮ハ、引廻シ或ハ横目附参候間、払ヲ仕出候様ニ
可被仰付候哉と色〻僉議仕候、武兵衛申候ハ、播磨路御
用ニ下参候ハ、ましヲ御究可被下哉と申候、一段尤と被
申候、権左衛門申候ハ、三匁ツヽまし可被下候哉と申候、
何も一段尤と申候、其ニ究候様ニと御老中被申渡ル
一武兵衛・半右衛門・作右衛門、伊勢の宮穿鑿事の書付見
せ申候
一御飛脚ノもの上下の節、権左衛門・九兵衛・次郎右衛門
手形の事
一在〻江中小性御普請奉行わらんし草履取候由ニ而、和意
谷ニ而も取申候、是ハいかゝ可有御坐候哉と申候、色〻
僉議有之、此後ハ取不申候様ニ可申付旨御老中杢へ被申
渡ル
一善右衛門申候ハ、江戸ヨリ戻候御家中役人三歩の分仕廻
候共、来年の御役ニ御次被下候者、其まゝ仕度候由申も
のも御坐候、いかゝ可被　仰付哉と申候、御老中被申候
ハ、少得御内意可申由被申候

一権左衛門申候ハ、御小人之内ゟ御はさミ箱持ニ四人出居申候、是ニハ御役仕候御小人並ニ八合五勺可被下候哉、但渡夫並ニ七合五勺可被下候哉、御支配も江戸御小人並ニ七俵可被下候哉、地の御小人並ニ五俵可被下候哉と申候、色〻僉議有之、渡夫並ニ五俵ニ八合五勺被下可然由、長三郎・助兵へも当分の御草履取ニ申渡置候由、次大夫去年申候ハ、十弐俵ニ壱人扶持、太兵へ同断、作兵衛御小人四人地五俵、江戸七俵仕度由申候ニ付、右之通扶持地八合五勺、江戸九合五勺申付置候、只今迄御はさミ箱持四人有之ヲ、御小人ヲ加へ六人ニ成候事、太兵衛・作兵へ御支配事

申ノ六月十日御評定　当番鈴田武兵衛

一庄野市右衛門申候ハ、高木左大夫長屋ニ居申候加大夫妻子、津高郡西辛川村の百姓ニ先日御預被成候、去年も加大夫女の妹壱人相煩、御預被成候、都合五人預り申候、惣五郎高十石計作仕ものニ御坐候故、殊外迷惑仕候由申候、何とそ被　仰付可然候半哉と申候、伊賀被申候ハ、加大夫女ハ別ニ無御構事ニ候間、致奉公候様ニ申付、惣領の忰も七才ニ成候ハ丶、是又牛飼ニ成ともほしかり申候もの候ハ丶、遣シ可然候、残分ハ可仕様も有之ましく候間、惣五郎手前ニ置可申候、御扶持方被下候とハ参ましく候間、其方心得心付仕遣し置候様ニ被申渡ル

一尾関与次右衛門申候ハ、奥上道郡竹原村の百姓ニ、先日りんと申かミきり女御預被成候、姪ニ而御坐候、当村のものニて御坐候、然とも此女の母三十年以前ニ児嶋江縁ニ付遣シ申候、其後在所へ参候事も無御坐候、当町ニ此女の兄居申候、母も一所ニ居申義ニ候得者、是へ御預被成可被下候哉と申候由、第一此女在郷方の義ヲ仕ものニ而無之、迷惑仕候由申候と申候、伊賀被申候ハ、左様ニ候ハ丶町江預ケ可然由被申候

一中村主馬・岸織部申候ハ、御船のすりたて仕候ニ、例年浦〻ゟ水夫罷出仕候、当年も其通可仕哉と申候、御老中被申候ハ、御扶持方被下候哉、左候ハ丶いつもの通申付

候様ニと被申渡候、御奉行ニ御船頭弐人罷出申候、是ゟハ手遠ニ御坐候故、浜野江引越居申ニ付、雑事薪被下候由申候、いつもの通ニ仕候得と被申渡ル

一主馬・織部申候ハ、去年も申上候四十挺ノ御船弐、三艘御用ニ立不申ニ付、御船道具弐艘分調置申候、是ヲ作立候而漕船ニいたし、只今迄の漕船ヲおろし、御供船仕度由申候、左様ニ御坐候ハ丶、漕船ハ殊外強引申候故損申候間、痛申候所〻ニ赤金のかな物ヲ打申度と申候、御老中一段能候半と被申候

一石川善右衛門申候ハ、西川の水不掃除故殊外むさく、たべ申ものとも迷惑仕候、さらへ仕候ハヽ、能可有御坐候由申候、一段尤ニ候間、さらへ申様ニと被申渡ル

一加世八兵衛・藤岡内助申候ハ、先日之御書出町中へ悉ク申触、向後着物百目ゟ上の表売買不仕候様ニと申付候、町人共申候ハ、百目ゟ上の表ハ多無御坐候、七十匁、六十匁、五十匁位の表ニ少ツ丶金入縫白入多御坐候、下直成物ニ御坐候、いか丶可仕哉と申候、御老中被申候ハ、縫白金入無用と被　仰出候上ハ、いかほと下直ニ而も売買無用ニ候、所持仕候得者、何と仕ニ而も持ありき申候間、上方江遣し候様ニ申付可然と被申候

一八兵衛・内介申候ハ、町年寄共日野紬御赦免被成候、外ニ身ヲ持申もの共にも紬ハ御免可被成候哉、老人ハ不苦候由被　仰出候、牢人なとの引籠も御坐候由申候、何も申候ハ、在郷方も御奉行共見及免候而、可然ハ指免候様ニと被　仰出候上ハ、町御奉行共見届、免帳ニ〆置可然哉と申候

一八兵衛・内助申候ハ、仕廻たなニ数寄道具買込置申候、先ハたなニ出シ置候義も留メ申候、少ツ丶ノ下直成道具ハ、たなニ出しても不苦候義ニ可有御坐候哉、ちやわん・ちや入なとの様成類ハひしと留可申候哉と申候、御老中被申候ハ、高直成道具うりかいハ無用ニ候、下直成物ハ留候而ハ不自由成事ニ候間、其ま丶置不苦候、銀壱枚弐枚と仕候道具ハ箱ニ入、たなニむさと置申ましき事ニ候、左様の道具ハ他国へ参売可申旨申渡候、少ツ丶のも

のハそのまゝ置せ可然と被申渡ル
一内助申候ハ、町方女帯の義未被　仰出候、いかゝ可仕候哉、ちやの間ヨリ下ハ帯共ニ木綿と御坐候、其ゟ上ハ紬日野なと御免可被成かと申候、此段ハ御家中かち・若党の帯の義共ニ窺可申由被申候
一田路権之丞・那須又四郎御蔵所藪改申候帳持出、御老中江見せ申候
一又四郎・権之丞申候ハ、和気郡杉の沢山の藪伐り可申と申候得者、坊主申候ハ、是ハ代〻御免地ニ而、　宰相様の御代にも御免被成候間、御赦免候様ニと申候、御郡奉行助左衛門へも年〻左様ニ申候故、少の藪壱束か弐束半計の義ニ御坐候故、先〻其通ニ仕置候由申候、然とも何之証文も無御坐候由申候、助左衛門申候ハ、此藪ハ右者無御坐、後ニはへ申候哉と奉存候、此寺山林御免地之由申候、此段ハ近村の百姓共も申候、是以証文ハ無御坐候、藪も此山ニ御坐候由申候、ヶ様の類ハ御坐候、野吉の安養寺と申候寺ニ少藪御坐候而、年〻右之通断申候ヲ、先年林七兵衛竹伐奉行ニ参候節断申候、証文有之哉と尋申候得者、書物ハ無之と申候、左候ハ、伐可申と其年ゟ尓今伐来申候、杉の沢山の藪ハいまた其頃ハ無御坐候故、伐来不申候哉と奉存候由申候、右者証文も御坐候得共、何へ参候哉只今見へ不申候と申候由申候、御老中被申候ハ、左様ニ偽ハ得不申筈ニ候、秘定ニも候ハ、、様子承届窺候而、一向証文遣シ可然と被申候、重而の寄合ニ出シ可申由助左衛門申候
一渡辺助左衛門申候、和気郡友信新田の樋岩ヲ切抜申候、横七尺ほとよさそうニ御坐候、是ヲ石柱ニ仕度候、犬嶋ニ而被　仰付可被下候、長弐間の少内ニ御座候得者能御坐候、はゝ八寸ふとさ壱尺ニ仕度と申候
一助左衛門申候ハ、ふるとやの樋ヲ槙ニ而包申候得者、殊外つよく、虫なと喰申候為にもよく御坐候、竹ニ而包申候ハ、猶以よく候由申候、此度ハ竹ニ而包可申候、手前ニて竹伐らせ候而仕廻、暮ニ御切手申請可申と申候、其通ニ仕候様ニと被申渡ル

一助左衛門・市右衛門申候ハ、例年在〻ゟ指上候渋、年ニヨリ実多なり申候義も御坐候、又少キ年も御坐候、只今ハ右〻ヨリ木も少ク御坐候、少キ年在郷ニ而百姓共買申候得者、岡山ゟ高直ニ調申候、同ハ当所ニ而御買せ被成候様ニ被成可被下候哉と申候、九兵衛申候ハ、是ハいかゝ可有御坐候哉、ヶ様の類ハ外にも可有御坐候、左様ニ被成候者、御家中ニ調申候渋不自由ニ而、何も迷惑可仕候間、只今迄の通ニ可有之哉と申候、伊賀被申候ハ、七月迄の様子ヲ見、柿の多年ハ定の通指上させ、少き年ハ此方江断候ハヽ、御当地ニ而才覚仕候か、無之候ハヽ他国ニ而成とも調、在郷へ軽掛可然哉と被申候、一段可然義と何も申候

一市右衛門申候ハ、岩子の藪下ひたと崩申候、当年ハ御役仕廻ニ被　仰付可被下候者、郡の役人ふりかへ、水も少き時分申付可然哉と申候、尤ニ候間、石川善右衛門談合仕申付可然候由被申候、善右衛門申候ハ、寂前私見せ被遣候、次第ニほれ申候、おしき儀ニ御坐候、当年ハてり申候間、水も少クよく繕年ニ御坐候間、被　仰付御尤ニ御坐候由申候、市右衛門申候ハ、左様ニ御坐候ハヽ、わく木入可申候、うかき（宇垣）村ニ而伐可申と申候、其通ニ仕候得と被申渡ル

一岡本多兵衛申候ハ、御台所江請取召仕候御人足、御城ニ而ハ井戸水汲せ申候、御屋鋪ニ而ハ川水汲申候ゆへ、右之人数ニ而ハ何共難仕廻御坐候、小仕なとも多御坐候間、御人足四人御まし被下候様ニと申候、九兵衛も多兵衛申通ニ見へ申候由申候、伊賀被申候も左様ニ有之事と被申候

一戸田七郎兵衛申候ハ、御小人只今弐百弐十人御坐候、百人ハ御小やニ居申候、百人余ハ北方中村方〻ニ居申候、此百人余のもの共、御小や並ニ食焼被下候様ニと申候、御役人之内ニ而食焼申候故、何とも迷惑仕候由申候、御小やニ居申候百人にハ五人食焼被下候由申候、是ハ申所尤と何も申候、猪右衛門被申候ハ、百か百弐十人計御小やニ置、残ル分ハ在郷方江遣シ可然と被申候、七郎兵衛

申候ハ、小作事・学校・半田山・樋小や方ゝ江遣シ申候
故、左様にもいかゝと申候、此御役人共宿ハいかゝ仕候
哉と尋被申候、宿ハ在郷町ニ宿賃なしニ居申由申候、是
ハ右ゝも町人共奉行江迷惑仕候由断申由ニ候、其所の役
ヲ仕候得者、宿賃なしも尤ニ候得共、左様ニ可有之義ニ
而ハ無之候、場ヲ尋、小やヲ掛候か、無左候ハヽ、在郷へ
御役ニ遣可然と被申候、石川善右衛門申候ハ、小作事ニ
大役いかほと居申候哉と被尋候得者、七十余居申候由申
候、左候ハヽ、此大役人ヲ何方へも遣シ、御小人ヲ小作事
江遣シ、残分ハ御小やニ置候様ニと被申候、食焼も定之
通相渡し可然由九兵衛ニ被申渡ル、善右衛門申候ハ、右
之御役ハ北方の井関損候而繕申度由、左吉度ゝ理申候、
是へ遣シ可申哉と申候、一段尤ニ候間、繕申付候様ニと
被申渡ル

一河村平太兵衛申候ハ、先日も申上候信濃殿供仕罷下候御
鉄炮ノものゝ道服銀の義、いかゝ可被成哉と申候、九兵
衛申候ハ、是ハ被下候而能可有御坐候哉、只今迄被下来
の義不被下、見苦鋪可有御坐候、其上今度倹約ニ被　仰
出候得共、小ゝ性の衣装銀も御はふき被成候義も、いか
ゝ御坐候得者、可被下義ニ御坐候、然者同事の事之様ニ
奉存候由申候、伊賀尤ニ候、此段窺可申由被申候

一平太兵衛申候ハ、只今大豆相場能御坐候、御詰大ツ（豆）半分
ほと払せ可申候哉、四十五、六匁仕候、入札ニ仕候ハ、
今少上り申義可有之候、いかゝ可仕哉と申候、不苦事ニ
候、入札ニ内証ニ而申付候様ニと被申渡ル

一平太兵衛申候ハ、御歩行高橋与右衛門請取居申候御人足
の扶持方、二ヶ月分与右衛門請込立退候刻、取候而参候
故、御人足迷惑仕候、いかゝ可仕哉と申候、是ハ弥渡り
候得共、人足迷惑仕事ニ候間、相渡候様ニと被申渡ル

申ノ六月廿一日御評定　当番森半右衛門
安藤杢・山内権左衛門・中村主馬・岸織部・河
村平太兵衛・加世八兵衛・石川善右衛門・藤岡
内介・渡辺助左衛門・尾関与次右衛門・塩川吉

大夫・加藤七大夫・安井六郎左衛門・那須又四郎・田路権之丞

一主馬・織部申候ハ、　備後守様御材木積江戸へ廻候船、三河国之内ニ而破損仕候ニ付、残ル材木改ニ御船頭赤木孫七罷越候、前ゝハヶ様の義ニ罷越申候ものニハ、御ほうひのことくニ銀子なと被下候、度ゝ左様ニ御坐候而もいかゝと存候ニ付、臥(伏)見ゟ三州迄の上下入用払ニ立、書付可出旨誓帋ニ而申付候、右之入用八十九匁余ニて御坐候、又召連参候浦加子入用も御坐候、いかゝ可被仰付候哉と申候、伊賀・猪右衛門被申候ハ、御船頭孫七払之儀ハ書出しの通ニ立遣へし、召連参候未進加子道中入用ハ、御船頭見届之通ニ払立可遣由被申渡、誓帋仕候事以来無用

一主馬・織部申候ハ、御船入さらへ申度旨去年も申上候得共、御役人無之延引仕候、今程事外あさく成申候間、船ニ而さらへ申度由申候、其通ニ可申付由ニて、則石川善右衛門ニ御役人之儀被申渡ル

一主馬・織部申候ハ、去秋ヨリ江戸へ廻り候御米五千弐百五十五俵、町船四艘ニ積候而参、当春仕廻候而罷戻り候、右之御米之内ニて欠米十五石八斗弐升八合御坐候、金子ニ仕三十九両壱歩と銀弐十九匁三分ニて御坐候、此分船頭江戸ニて弁申候、大分の義船主殊外迷惑仕候、就夫、此度廻り御米積候儀気遣仕躰ニ御坐候、上乗ニ御加子壱人ツヽ乗候而罷越候、上乗参候上ハ欠米御坐候共、船持共弁申義ニ而ハ御坐有間敷かと申埒も御坐候、乍去上乗被遣候趣意ヲ聢と不存候、此度廻り候御米之儀、何とそ被仰付様も可有御坐かと申候、何も申候ハ、上乗之儀前かとにも度ゝ此僉議御坐候、上乗壱人被遣候とて御米抜候せいとうハ不成義ニ御坐候、久ゝ船中ニかゝり候儀ニ御坐候得ハ、上乗守詰居申事も不成事ニ候、臥入候間も米をハ抜申義御坐候、上乗壱人被遣候趣意ハ、難風なとの時御米はね候時の証拠ノ為と聞へ申候、右之通ニ御坐候得ハ、上乗壱人参候とて船持欠米ヲ弁申間布(敷)義ニて無御坐候、其故前ゝヨリ弁来候由申候、老中申候ハ、此度

之欠米ハ江戸ニて弁させ候儀ハ無用ニ仕、欠米の高又ハ米の相場具ニ書付差越候様ニ、南部二郎右衛門かたへ可申遣候、其上ニて僉議可仕由老中被申候、此義ニ付半右衛門申候ハ、欠米之儀ニ付四年以前ニ松嶋兵大夫積り、御手加子ヲ被召抱荷船ヲ御作らせ被成、大坂へ之上り米御積せ被成可然のよし申候ニ付、其様子ヲ書付十次郎御評定所ニて伊賀・猪右衛門ニ見せ申候、僉議御坐候得共つかへ候儀とも御坐候而其分ニ罷成候、欠米の義浦〻へ之加子のかゝりの義、尓今埒速と不仕義ニ御坐候ニ付、去冬ゟ当春迄ノ上り米、又ハ大廻り米ノ運賃ヲ書出し、半右衛門有増積り仕候而見申候、御加子百人ハ被召抱、弐人扶持ニ十俵ツヽノ御支配被遣積ニ仕、弐千百弐十五俵ニ而御坐候、去冬ヨリ当春迄ノ上り米、大廻り米ノ運賃弐千弐百九十弐俵ニて御座候、右差引仕残而百六十七俵、運賃の御米餘申候、荷船弐十艘御作らせ、右之御手船手加子ニて大坂へ之上り米積せ候者、欠米ハ御座有ましく候、其上浦〻へ之かゝり加子、一ヶ月ニ五十人程ツヽの積には相可申由申候、御加子まし候者此やといへ御座有ましく候、左候へハ、加子米の義も御上下の時計のかゝりニ罷成候へハ、浦〻加子かゝりの助にも少ハ可罷成候、百人まし候御加子御船不参候内、何そ役も可仕候間、只今迄ノニかハり、さし而御造作も参ましく様ニ相聞申候へとも、荷船弐十艘御作らせ被成候者、此銀百貫目余も当分出申事ニ候、又年〻繕ニ少ハ造作も可参哉と申候、主馬・織部ニ御舟手ニて積らせ見可申由、伊賀・猪右衛門被申渡ル

一石川善右衛門申候ハ、寂前も申上候、当年在〻御普請所も多、御役人手つかへニ御座候、御家中役人七月十日ゟ扶持ヲ放候筈ニ候得共、給米三俵計も被遣候而も居申度と申ものハ被召置、当年中役御仕詰させ被成候而可然様ニ奉存候由、猪右衛門被申候ハ、尤左様ニ被仰付候者よく可在之候得共、諸事御物入も多候之間、寂前之通ニ七月十日切ニ弥扶持放シ、大役四百人ノ余ハ其まゝ被召置可然候由、藤岡内介申候ハ、役人ハ春多出在〻普請仕候

得者、大キ便ニ成申候、夏ゟ以後ハ其年の足りには難成候、或ハ大役四百人被召抱候ヲ六百人被召抱、其内半分ハ半年ノ御究ニ被成、被放御扶持候様ニ御坐候者、秋ハ引籠たかり申もの在〻には多可有御坐候得ハ、望申ものも多可在御坐候、御役被仰付為にも能可在御坐候由申候、此段ハ尤之様ニ存知候由伊賀被申候、御役人半分ほとハ春夏半季ノ奉公人、来春ゟ可被召抱事

一善右衛門申候ハ、在足軽共江戸ヨリ御鉄炮不罷帰候内、御当地御番所ニ相詰候様ニと被　仰付、尓今相詰候ニ付、六月迄月割の給米被下候、御役も少ク御坐候条、此ものとも暮迄御番相詰候様ニ仕度奉存候、人数四十弐人有之由、此分ハ暮迄御番詰させ可申旨、伊賀・猪右衛門被申渡ル

一渡辺助左衛門申候ハ、和気郡杉の沢山坊主罷越候、藪の義前〻ヨリ御免の証文なと有之候由相尋候得とも、御免の証文無之由申候、山林御免之内ニはへ候藪ニ而可在之かと先日御僉議ニ候、山林御免之証文も無之由、併前〻ゟ山林御免とハ申伝候由、所ノものも申候由、伊賀・猪右衛門被申候ハ、前〻ヨリ山林・藪とも証文無之上ハ、只今御免とも申付かたく候、近年のことく　公儀藪ニ仕置、伐候儀ハ遠慮仕候様ニ可然候、同ハ野吉の安養寺藪ハ寺地之内ニはへ候藪ニ而候由、左候者是又伐り候義ハ遠慮可仕候、右之趣藪帳ニ印可置由、那須又四郎・田路権之丞ニ被申渡ル

一塩川吉大夫申候ハ、奥上道のもの水抜ニ口上道の田地ヲ掘申候所、橋之儀中川新田・長利・目黒之内の橋、おく上道・口上道之者共両方の申分有之、尓今修理不仕候、被仰付被下候様ニと申候、伊賀被申候ハ、御役人一組遣し可申付由、石川善右衛門ニ被申渡ル

一吉大夫申候ハ、平瀬・段ノ原・長嶋ニ居申候百姓所へ参候橋破損仕候、繕被仰付被下候様ニと申候、善右衛門申候ハ、此百姓壱人の為ノ橋ニ而御座候ニ、取立候時ハ四、五千も夫役入申候、只今繕ニ夫役千も入可申候、此百姓高弐、三十石ほとならてハ作り不申百姓之由、御年貢ゟ

ハ橋の入用多御坐候、渡し舟ニ被仰付、船さしヲ壱人置候者、百姓の為には舟さしをも遣可申候間、ましニて可在御坐かと申候、色〻僉議在之、善右衛門申通、渡し舟可然候、小舟ヲ作り遣し縄ヲ引、てくりの渡し舟可仕之由、則被申渡ル

一藤岡内介申候ハ、今度倹約之儀ニ付呉服屋とも申候ハ、染かのこの入申かたひらハ、売候而もくるしかるましき哉と申候、老中被申候ハ、染かのこハかたニ而候間くるしかるましく候哉、其外売物の書付差出し候、相窺可申ニて猪右衛門江書付相渡し申候

一河村平太兵衛申候ハ、牧野仁右衛門御暇申上立退候ニ付、八月迄の馬扶持うけ取申候、返上仕度由組頭村瀬平右衛門迄申置候、いかゝ可仕候哉、只今ハ物成なと一年きり御法ニ候故、月割ニ仕被遣候利も御坐候由申候、乍去暮の物成ノほと不知候間、物成月割ニ被成被下候も結構過申候、馬扶持ヲ其まゝ遣し、物成ハ被遣ましき義と老中被申候

一御蔵麦卅六匁ニ相究ル

一松崎新田ノ瓜狐喰候間、玉なし鉄炮の事

一中野与一右衛門人足の事

一今度矢田部喜介姉之儀、忰方ニ其まゝ置可申候哉、其通ニ可仕之由

申ノ六月晦日御評定　当番水野作右衛門

伊木憑《頼》母・森川九兵へ・泉八右衛門・津田十二郎・渡辺助左衛門・岩根源左衛門・村田小右衛門・藤岡内介・西村源五郎

一源左衛門申候ハ、備中雨降不申候得共、去年繕御普請被仰付候四十瀬・博労市のいて、水よく上り申ニ付、此十日頃迄降不申候分ハ田方ハ不苦候由、御蔵彦坂平九郎殿御代官所・庭瀬領と入組候酒津之内、八ケ郷の井関御蔵分も庭瀬領も構不申候、此方ゟよく仕候得者、以来迄もきつかけニ可申様ニ御坐候ニ付、少水不足ニ御坐候、今少水不足ニ成候者、筵ニ而水のもり申所ヲしとミ可申と

存、むしろ五百数(枚)用意仕、石をも寄置申候、莚ニ而ハ水よく留り申物ニて御座候、加様ニ仕候者外へ之構も無之、当分の義ニ而候、外も悦可申候

一森半右衛門申候ハ、いつそやも如申上候、御当地下女共男ヲ餘多持居申候而、宿へ参候節又ハ使ニ罷出候而も、廻り〳〵に参由ニ候、何とも作法不可然義ニ御座候、縦ハ出替り時分、女ノ男、女ノ主人ノ所へ参、何かしと申女私妻ニ而御座候、月ニ幾度私かたへ御暇申請参候由、断申様ニ御坐候者、只今迄ノヨリよく可在御坐候哉、讃州には加様ニ御座候由承候、俄ニ被仰付候而只今迄男数持居申女可為科人候、出替前ニ被仰聞置候而、出替ニ可被仰出かと寂前被仰候、頓而八月出替ニ成申候間、くるしかるましく候者可被仰聞置哉と申候、尤ニ候、今朝何茂へ可申由被申候

一町御奉行申候ハ、寂前も如申上候、いもし三人のもの屋布(敷)之儀、火ノ用心もいかゝニ御坐候、御替へ被成候而可被遣候哉、三人のいもしに七畝ニ而御坐候由申候、相窺可申由被申候、五右衛門町と申、左治十左衛門なと居申候、向かわの町人共申候、侍共も入組候而居申、様子も悪布御坐候、御用ニ御座候者屋布可差上候、左候者博労町の出口ニ而やしき少シ広被下候様ニと望申候、宗徳と申大年寄念ヲ入置申候、慥ニ可罷出と申候、裏行十八間、町行九十間御坐候由、三人のいもしも此内ニ居申候故、外之町人も望申候由申候

一伊賀郡御奉行共へ被申候ハ、御用渋の事、柿も無之村ニヨリかゝり候て出申様ニ有之候而ハ、百姓迷惑可仕候、割仕渋柿出候様ニいかゝ可有之と被申候、助左衛門申候ハ、縦ハ渋廿五石御用ニ御坐候へハ、三ヶ二ハ和気郡ヨリ例年出し申候、赤坂・津高へかゝり候而出申候、九兵へ申候ハ、いつも渋呑箱出来申候節ハ、前かとニ御船手ヨリ私共かたへ申来候而、渋ノ御奉行共へ申渡候、当年三十石入申由ニ候、渋之儀ハ爰元ニ而柿ヲ買つき候而、其積ニ而百姓ニ代ヲ被下候由、助左衛門申候ハ、百姓共岡山へ柿持参仕候ニ、和気ヨリハ道遠候故致迷惑候由、

何も僉議の上猪右衛門被申候ハ、柿持参申候百姓ニ往来の日数御扶持方被下候而能候半と被申候

一伊賀被申候ハ、吉田ニ居申候林弥次右衛門、大坂ニ而御払米ヲ買申度由御訴訟申上候、書付ヲ見申候而何も存寄僉議仕候へと被申候、尤御勝手ニ能候故、可被仰付かと有之義ニ而ハ無之、番大膳筋目之者之儀ニ候、被仰付候而も不苦事ニ候、小右衛門ハ大坂之義存知候間、差合申所も可在之候哉と、見申様ニと被申候、小右衛門申候ハ、大坂ニて御蔵米売申候而も、卅日なとに代銀ヲ越申儀ニ而ハ中〳〵無之事ニ候、御米ヲ買候而早〻請取候而、卅日目ニ御銀上ケ申候得者御調法成事ニ候、御米ヲ早〻請取申事いかゝ可有御坐候哉と申候、伊賀被申候ハ、其段ハ申聞せ候而書付させ取可申候、弥次右衛門申分も其通のよし被申候、小右衛門申候ハ、天神橋ニ居申候七左衛門と申もの請人ニ立可申由申候、是ハ御蔵本伊勢や九郎左衛門姉聟ニ而御座候由、平太兵へ煩ニて不罷出候間、此書付遣し候而、平太兵へ見せ考させ候而可然と有之、其通ニ究申候、何も申候ハ、被仰付御覧被成候而よく候ハんと申候

一稲川十郎右衛門申候ハ、児嶋のかやう（通生）村盤（般）若院寺社領之儀、弐十五石之内十五石社領と有之ニ付而、林村ノ通ニ相渡し可申と盤若院申、十五石ハ神職伝兵へニ渡し申候而、去年ハ村ノ免ニ物成ヲ渡し申候、伝兵へ申候ハ、十五石の分ハ只今迄坊主取来候様ニ取可申由申候、盤若院申候ハ、村ノ免ニ渡し申度と申候、田地坊主作り申ニ而も無之候得共、加地子ニ而作らせ申ニ付而、免之外ニ加地子御坐候由、小右衛門申候ハ、弐十五石と御坐候へとも、三十石余御坐候、外之百姓ニ作らせ申義ニ候、是ハ外にも類可在之事ニ候間、相窺可申由被申候

一村田小右衛門申候ハ、備中倉敷ノ忠左衛門新田去年も新田成就仕間敷候者、根付仕候分ニ米ヲ出し候へと申付候得ハ、随分取立可申候、先免候而くれ候様ニと申候故其分ニ仕候、当年も聢〻新田仕様ニも無之ニ付、根付仕候分ハ篙ヲ入申候、残分ハ先年御約束の通普請得不仕候間、

差上ケ可申と申候、川張村・片岡村ノもの共銘〻在所前ニて候間、新田仕度と望申候由、先年重〻念ヲ入申候間、此上ハくるしかるましき事ニ候、望申ものニ新田申付候得と被申渡候、忠左衛門新田只今ハ御年貢米出不申候故、先規ゟ之よし運上ヲ出し申候、当年ヨリ御年貢上ケ申上ハ、よし運上御免可被成候哉、残ル仕掛の新田分ノよし運上、仕掛の新田差上候上ハ御免被成、向後ハ望候ものに出させ可申かと申候、左様仕候得と被申渡ル

一小右衛門申候ハ、下津井大畠村ノ甚吉と申もの生国塩飽之者ニ而御座候、久〻大畠村ニ居申候へとも家も不自由ニ有之、尤田畠少茂無之ものニ而候、本国江帰度由申候、帰シ可申かと申候、田地も無御座、御領分のものニ而も無之事ニ候間、望之通在所へ遣シ候得と被申候

一西村源五郎申候ハ、片上六郎左衛門義心立もよく、片上ノ裁判なとも無残所ものニ御座候、助左衛門・私ともノ心入ニて何とそ取つゝき候者と存、色〻仕見申候得共、大分の借銀ニ而難参候、為勝手と存、此前鉄なと商せ申候得ハ、御舟手の鍛冶次左衛門ニよほと損仕候、其後焼すミヲ奥ヨリ商ニ仕候様ニ致させ申候得ハ、仕合悪布（敷）結句損仕候、此前大分田地なと売申候ヲ御買戻被遣候、其ニ而只今迄も続申候得とも、大分之借銀利ノ出前も大分ニ而御坐候故、下ニ而何とも続かたく候、御大名衆の御宿も仕来、人からも能ものニて御座候条、何とそ御銀利ナシニ拾貫目計も御救ニ御借被成被下候得と申候、何茂重二郎・八右衛門なとも色〻僉議仕候得共、利ナシニ御借被成候事もいかゝ布候、御銀被下候て可然事候へとも、少ニ而ハ不成手前之儀と申候、伊賀被申候ハ、上には御存不被成分ニて、町御奉行衆ニ有之闕所銀之内ヲ拾貫目借候而可然と被申候、一段尤と有之、則町御奉行ニ拾貫目拵置可申候、町御奉行へハ源五郎・助左衛門預りヲ仕せ、両人かたへ六郎左衛門所ヨリ預手形取置候而、取立候得と被申渡ル

一稲川十郎右衛門申候ハ、御細工加右衛門餘よきと申程ニハ無之候得とも、大形の義ハ細工よく仕候、今程御数矢

ヲ申付置候、手伝ニ御小人被下候、差上申様ニ仕候而ハ、細工の手伝ニ悪布御座候、御小人被下置候者見習候而、以来細工仕候もの取立候様ニも成可申かと申候、九兵へ申候ハ、御細工仕廻候得者手伝人ヲ差上申候ニ付、定夫被下候得と申義之由申候、聢と埒明不申候

一源五郎申候ハ、宮内江之御社領の義、只今も源左衛門と申候事ニ候、御かた付被成候而可被遣哉と申候、伊賀被申候ハ、修理世悴　上様之御社領被下候ヲ配分仕迄ニ而も無之、宮の義も構申様ニ候者被遣候而よく候、其段聢と不知候故、難被遣由被申候、猪右衛門被申候ハ、庭瀬ノ家老共ハ左様之義可存候間、承候者可然かと被申候、承合克候半と被申候

一山脇伝内・神図書呼被申候、京銀の作前伝内仕廻候間、図書かたへ請取作廻仕候得と被申渡候、伝内申候ハ、古京銀の弁銀をハ新京銀ゟ弁申候、新京銀ハ古京銀へかゝり不申候ニ付、私ニ此段尋申方も御座候、芳賀内蔵允ゟ私うけ取候ニ付、尋申候得共、様子知不申候、尾関兵庫仕候時分も左様ニ御坐候由ニ候、何とそ紛候而加様ニ成申候哉と存候、いかゝ可被仰付かと申候、僉議ニ而弁銀ハ新京銀へも古京銀へもかゝり候而能候ハんと有之、其通図書ニ被申渡ル

申ノ七月十日御評定　当番鈴田夫兵衛

一猪右衛門被申候ハ、頃日野口伝右衛門・武藤安兵へ申候、近辺の御山には壱人廻りほとの細材木無之候、大分御用木入申候、余郡ニ而御伐らせ被成可然かと申候、村田小右衛門・岩根源左衛門かたゟ渡辺助左衛門・才(斎)木四郎左衛門所へ申遣、ふとさ壱尺壱、弐寸ゟ弐尺迄ノ木ヲ出し可然所見立、重而寄合之節申出候様ニ、其刻様子承可申渡と申遣候へ、木数弐万本程有之候而よく候ハんと被申渡ル

一村田小右衛門申候ハ、いけす船の義ニ付、りやう仕候児嶋村〻の庄屋とも参候而申候ハ、いけす船御法度と申付置候処ニ、りちき成ものともハ高直なる塩ヲ仕、手間ヲ

入下直ニ売申候、わやく成ものハ生魚ニ而手間不入高直ニ売申候、堅申付候而も沖ヨリ直に参候事ニ御座候故、何とも可仕様も無御座迷惑仕候、同ハ他領のことく一同ニ被仰付被下候様ニ申上度と私迄申候、先日他国舟のいけす船入申候由被仰下候様子承候得者、大形他国之内半分も御国之舟ニ紛参候由承候由申候、猪右衛門被申候ハ、いけす船の義ハ先只今迄の通ニ仕置可申候、只今ひしと留候而ハ御膳肴少さしつかへ申様ニ候、今程長沢なとも被居候事ニ候間、先夏中温気之内ハ只今迄の通仕置可申候、不届のもの丶儀ハ上ヨリ被仰付程ニ候者、急度可被仰付候間、先其方とも下ニ而わやく成もの共ハいけす舟留候而、りちきニ仕候者計いけ舟致させ可然と被申候

一小右衛門申候ハ、今月五日伊予国上嶋のものと、讃刕京極百介殿御領分のもの丶由ニて、弐人連ニて鞆か備中之内ゟ下津井江参候由ニて、則塩飽へ送り遣し申候処、加様ニ聢様子知れ不申ものハ先へ遣候事成不申候と申、送戻シ申候由申出候、京極殿御領分のものなとハ送遣候得而もよく御坐候へ共、何角船ちん出し遣し候ても又送り戻候へハ、無専儀ニ御座候間、本跡江送帰候へと申付候由申候、尤ニ候、以来ニ而も左様ノものハ送戻シ可然と被申渡ル

一野間久右衛門・馬場茂右衛門、京銀の御勘定、稲川九郎右衛門御勘定、信濃殿普請勘定、其外少宛ノ御勘定目録持出、両老へ相渡し申候

一中村主馬・岸織部申候ハ、只今迄の海舟の舟年寄、只今迄ハ事外軽ク、わつかなるものニ御座候故、肝煎申義聢と不仕候、可然もの御船頭共にも見立申様ニと申付候、又舟持ノものともにも望申様ニと申付候得者、御船頭とも木や与一兵へと申もの申出候、船持ともハ郡や吉兵へと申ものヲ望申候、此吉兵へハ病気ものニて御坐候故、いか丶と存候得共、不苦候、いかにも用等相調可申と申候、此弐人ハ身をも持たる者ニ御座候、与一兵へハ材木や仕、作刕の蔵本なと仕ものに御座候、吉兵へハ酒や仕候、右之船年寄ハ御公儀ゟ船役御赦免被成、舟持共ゟ銀

子ヲつなき、百目ツ、遣し申候、軽きものニて御座候故、此分ニ而も随分肝煎申候得共、おしきゝ不申候、与一兵ヘ・吉兵へハ、加様の分ニてハ売買の勝手迷惑可仕候間、何とそ御心付ヲ被成被仰付候者、可然義ニ可在御座と、御町奉行共とも申候由申候、猪右衛門被申候ハ、尤之儀ニ候、但右之船年寄ハ、船持とも訴訟或ハ 公儀へ申上候事共、末ゝの船持ハ不成候故、左様ノ為に寄合、銀子なとつなき遣し置候肝煎ニ而ハ無之哉と被申候、左様ニ而ハ無御座哉と存候者、下の肝煎訴訟なとニ罷出候者、船万介と申外ニ三人御座候、是も船持ともと仕、銀子六百目つなき、三人ニ弐百目ツ、遣シ置申候由申候、左様ニ候間、若被仰付候者いか様之御擬ニ被成可然と存候哉と被尋候得ハ、御船奉行・御町奉行共申候而見申候得ハ、町役・舟役御赦免被成、三人扶持ほとツ、被下候者よく可有御座かと申候而見申由申候

一主馬・織部申候ハ、御国浦辺之儀荒ましハ存候得共、具ニ不存候、少見廻りよく見及置申候者、よく可有御座かと申義ニ御坐候由申候、一段尤ニ候間窺可申由被申候、主馬・織部申候ハ、見廻申ニ罷成候者合点も仕候、御船頭壱人ツ、召連参候者能可有御座由申候

一森川九兵衛・河村平太兵衛申候ハ、主税殿御迎舟之義可被仰付かと申候刻、主馬・織部へ被申渡候、主馬申候ハ、左様ニ御座候者、主税殿御自分ニ外之船御かり不被成候様ニ、御迎舟可申付かと申候、其通ニ仕候様ニと被申渡ル

一石川善右衛門申候ハ、安兵へ・伝右衛門ニしからミ竹能時分ニ被仰付、御伐らせ可然かと申候、清八屋布の裏しからミなと入申候由、安兵へ申候ハ、水の上の御普請ノ事ニ候間、八月中にも仕廻候様ニ仕度事ニ御坐候、竹も盆過ニ御伐らせ候者よく御座候由申候、猪右衛門被申候ハ、余郡ヨリハ当郡ニ而伐らせ候而よく候半かと被申候得共、安兵へ・伝右衛門申候ハ、此郡には克藪無之候間、余郡ニ而御伐らせ候様ニと申候、平太兵へ申候ハ、惣土手の藪ニ而伐候半かと申候、安兵へ・伝右衛門申候ハ、

少之事ニ候間いかゝと申候
一織部申候ハ、浜野の御船入頃日善右衛門同道仕見及申候、善右衛門積申候処ハ、役人五、六千ほと入可申候、只今御役人無之候、少ツヽノ役人ニ而ハ塩の間ニ仕候故、埒明兼可申候間、日用ニ被仰付請切り申付可然哉と申候、老中被申候ハ、一段尤ニ候、其通ニ申付候様ニと被申渡候、左候者御奉行壱人被仰付候様ニと申候、御歩行のもの壱人申付候、幸渡辺多左衛門居申候間、見届申候様ニ可仕由、私ともへ被申渡ル
一善右衛門申候ハ、御普請ニ付江戸へ御家中ヨリ参候知行取・中小性分、役ニ御立可被遣哉と申候、猪右衛門被申候ハ、是ハ一段尤之由ニ而、御普請ニ六十七日之分御役ニ立申候筈之由、中村久兵へにも被申渡、知行取ハ足米・路銭共、中小性ハ路銭銀、用意銀ハ割ニ入候、御勘定場へ書付遣候得と被申渡ル
一善右衛門申候ハ、梶川左次兵衛罷出申上度候得共、少鶴（霍）乱仕居申候故罷出不申候、岩生郡下田原新田池堤御普請仕掛申候、御役千計ニ罷成さしつかへ申候、今少ニ仕若水なと出申候得ハ、切レ申ニて可有之候、左様候得者加様ニ仕おしき儀ニ候間、日用ニ成とも被仰付可被下候、同ハ御役被仰付候様ニと申儀候得共、何れ御役抜遣可申様も無御座と申候、猪右衛門被申候ハ、是ハ若すたり候へハおしき儀ニ候間、日用ニ申付候様ニ申遣候得と被申渡ル
一河村平太兵衛申候ハ、御歩行高田久助御普請ニ付江戸へ参候筈ニ御座候得とも、煩罷在後気分能可罷下と申候得共、御普請相延申候ニ付、入不申候由申来候ニ付不参候、此もの路銭米三俵、馬銀・舟賃被下候、是ハいか様ニ可被差上哉と申候而僉議御座候、半右衛門申候ハ、路銭米三俵ハ御小性ともの御足米の様なるものに御座候、馬銀・舟賃、路銭米の様なる儀ニ御座候、外ニ被下物無御座候、馬銀・舟賃ハ只今差上、路銭米三俵之内半分ハ被下、半分ハ暮ニ本ニて可被召上哉と申候、平太兵衛申候ハ、此通よく可有御座候、様子ニヨリ半分被下も御座候、

皆被下も御座候、是も参候ニ相究用意仕、可罷下と申候間、半分ハ被下可然と申候

一於江戸御歩行のもの共私迄申候ハ、近年五十駄荷物御先へ被遣候ニ付、去春も六十四人御供仕、内御横目又ハ御用人ハ引残而、四十四人ニ馬十四疋六分余被下候、其内十一疋余御先又ハ外ニ憑遣シ、御供には惣用の分ニ三疋被下候而参申候、是ハ壱人前ゟ道中入用之荷物少ツヽ入合参候ニ付、定り拝領仕候馬之外ニ三疋ニこしらへ参申候、此段ハ御横目共存候義ニ御座候、壱人前へ当り候而ハ少ツヽの義御坐候へ共、小身ものとも毎年之儀ニ御座候故申上候由申候、権左衛門・重二郎なとへも談合仕、只今年〻此通ニ而参候間、先右之分ニ罷上候へ、御僉議の上ニ而被下儀ニ候者、此度之ヨリ被下候様ニ可申上候、不被申上候義ニ候者、其通ニ可仕と申、罷上り申候刻も御横目共ニ申付吟味致させ申候、いかにも三疋ハ入申候、然れとも銘〻手前左様ニ細かにも存不被申候由申候

一御歩行の者とも申候ハ、道中ニて御船割其外御用ニて御先へ御使ニ参候ニ、御人足無御坐候故可申上様も無御座、銘〻日用か弐、三人共参候得者、馬ヲかり参候様ニ御座候、御国ニて少ツヽノ御用にも人足ハ被下候間、何とそ被仰上、道中手明御人足弐、三人ほと参候様ニいかゝ可有御坐候哉と申候

一半右衛門申候ハ、今度御歩行弐人御手廻ニ被仰付候、此御加増之儀、御手廻只今迄被下候御支配弐十五俵ヲ、只今ノ舛ニてハ三十九俵ニ罷成申候、是ハ御切手前も三十九俵とハいかゝニ御座候間、四十俵ニ御直し可被遣候哉、御横目ハ右之御支配三十俵、只今の舛ニて四十七俵ニ成申候、御切手前いかゝと申候而、去年御横目被仰付候ヨリハ四十五俵ニ御直し被下候、多ク御座候ヲ御へらし被成候上ハ、少足り不申所ハ御足シ被成被下候而もよく可有御座かと申候、僉議御座候而、御横目ハ近年御人足なとも被下、勝手もよく御座候様ニ奉存候、御手廻ハ江戸なとニ而も御供旁〻勝手も迷惑仕候様ニ御座候間、前〻ゟ御奉公仕候もの共ゟ御直し被遣可然かと申候、何も尤

と申候、重二郎申候ハ、左様ニ御座候者先御加増ハ前〻の通ニ被遣、来春壱俵御加増ニ被成、一同ニ御手廻ニ被下候而ハいかゝ可有御坐候哉と申候、猪右衛門も此段尤ニ候間、此旨窺可申由被申候

一村上了村・箕輪宗悦申候ハ、御掃除ノ宗知申候ハ、親宗白（伯）病気ニ付私ヲ養子ニ仕、御支配をも譲り申候、其後煩大かたよく御座候而宗白御奉公仕候、又御扶持方弐人被下候、然れとも弥病気能候而実子も弐人出来申候故、何とも手前成かたく、私江戸へ参候得者、跡ニ而ハ宗白ひしと迷惑仕候、宗白手前へ遣し候得ハ、私御奉公可仕様も無御座候、只今ハ玄竹同事ニ宗伯御用も相勤申候間、私ニ被下候御支配宗伯ニ被下、私義ハいか様とも被仰付、御奉公仕候様ニ被成候而被下候様ニと申候、何とそ被仰付可被下候哉と申候、猪右衛門被申候ハ、大学ニ談合仕見可申由被申渡ル

一武田左吉申候ハ、先日湯浅民部道具持走申候、穿鑿仕候へ共、いか様の子細も知不申候、惣別ハ上中野村之生之由ニ御座候得共、躮ヨリ上出石へ罷出居申候、請人ハ上伊福村ノもの伯母聟ニ而御坐候由申候、民部手前も申分も無御坐候得共、御国のもの他国へ参り候義いかゝと届申候、尋ニ遣し可申候哉と申候、尋ニ遣し候得と請人ヲ遣し申ニて可有御坐候由申候、僉議仕江戸ニ而走申ものなとハ様子ゟ尋ニ被遣候、御国ゟ走申ものヲ悉ク尋ニ被遣候而ハ、いか程も数多き義ニ御座候間いかゝと申候、猪右衛門被申候ハ、追而尋ニ遣候事も可有之と申渡置候得と被申渡候

一左吉申候ハ、昨夜伊勢宮一番町土手江付申候端の家、本家と塀ニ付候而せついん仕置候、せついんの屋ねヨリ火出申候、近辺ヨリ早ク見付罷出もミ消申候、本家の屋ねへも少火付申候、家主三右衛門申候、付火そふニ御座候由申候、以上

申ノ七月廿一日御評定　当番森半右衛門

泉八右衛門・森川九兵衛・河村平太兵衛・中村

主馬・岸織部・石川善右衛門・庄野市右衛門・俣野善内・村田小右衛門・加世八兵衛・藤岡内介・西村源五郎・都志源右衛門・武藤安兵へ・
野口伝右衛門

一竹木ノ奉行安兵へ・伝右衛門ニ猪右衛門被申渡候ハ、光清寺ヲ妙応寺江引せ被遣候ニ付、足代其外竹木入用の分、瀧川仁右衛門・磯部喜兵へ方ゟ書出候通、可相渡之由被申付候、安兵衛・伝右衛門申候ハ、瀧の口ニ可有御坐候条、伐らせ可申由

一猪右衛門被申候ハ、新屋布ヲ　予劢様十人衆芦や孫右衛門被下、竹木いかほと被遣可然候半かと僉議いたされ、中小性ニすへ木七十五本ニ竹卅束被下候、御歩行ニすへ木四十本ニ竹弐十束被下候、十人衆ハ御中小性と御かちの間ノ位ニ候得者、すへ木五十本ニ竹弐十五束被下可然よし、僉議の上ニて此通ニ被申渡ル

一伝右衛門・安兵へ、猪右衛門・大学江申候ハ、半田山の小松のゑたヲ落させ可然候、只今百姓隙の時分ニ候、可被申付かと申候、御林の為にもよく候者、落させ可然のよし而老被申候、安兵へ・伝右衛門申候ハ、ゑたをおろし候得者木ものひふとり候て、いかにもよく御座候由申候、左候者ゑたヲ落させ候様ニ可申付旨被申候

一市右衛門申候ハ、小松のゑたヲおろし候者、半田山津高之内江かゝり候山の分ハ、津高よりゑたヲおろし候様ニ可被仰付候哉、山せいたうの為にもよく可有御坐候由申候、尤ニ候間其通ニ可申付由

一伝右衛門・安兵へ申候ハ、宿村・原村のもの半田山の下草ヲ年〻盗取、何とせいたう仕候而も止不申候、去年ヨリ山廻り壱人御まし被成、御草履取多兵へ宿村ニ罷有候、此故ニ而も御座候哉、また心をも持直候哉、近キ頃少茂盗不申候、寂前盗候時分ヨリ宿むら・原むら入相ヲ留候而有之、只今心をも持直候上ハ、惣並ニ入相ヲ御免可被成かと申候、其通可仕由被申渡ル

一安兵へ・伝右衛門申候ハ、瓶井の安住院、美濃《(御野)》ノ法界院居申所の山、むさと人入込申候間、山のせいたう寺ヨリ

可仕候間、下草ハ寺へかり候様ニ
一善右衛門申候ハ、御銀奉行手代的場六兵へ指上候屋布所(敷)悪敷御座候ニ付、望申もの無之ハ、御足軽番ヲ仕罷在候家も事外悪布家ニて御座候間、御足軽番仕候事不入費ニ而御座候間、家ヲ払せ屋布ハ百姓作仕候様ニ被仰付可然由申候、尤ニ候間、其通に可申付由被申渡ル
一中村主馬・岸織部申候ハ、先日被仰付候荷舟ヲ作らせ御加子ヲまし、大坂へ之御上り米ヲ積せ候積り仕候由ニ而書付指出し候、百石船弐十艘御作らせ被成、加子百人・杖付弐十人御抱被成、初年之入用銀ニ〆八拾六貫三百卅目余ニて御座候、翌年ゟ年〻の繕ニ十弐貫目ツヽニ而御座候、是ハ御上り米被遣運賃以下差引仕候而の義之由、右之書付相見へ候、此義僉議御座候、私とも申候ハ、御歩行横目町ニて船持共の手前吟味仕候ニ、船の作り代、加子無組ノ数、年〻繕、其外入用之積り、御船手ノ積りとハ各別違下直ニ候、加子百弐十人御抱被成、百石船廿艘被仰付、只今迄之通ノ運賃船ニ御米御上せ被成候と指引仕、初年の入用銀ニ〆五十五貫五百目、翌年ゟ之繕平ニ〆一年ニ弐貫目ツヽノ其外入用差引、〆一年ニ四貫四百目余ノ入用ノ積ニ而候、但御舟手と町舟とハ万事違可申候得共、又御船手には御船の古板、其外つな・いかり以下の古道具とも取合、此餘慶ニ而大形町の積りニ大違ハ有之ましきと存、右之入用ニて御加子百弐十人まし、御舟弐十艘ノましハ可然義かと申候、然とも御舟ハ町舟とハ違、諸道具またハ繕以下も念入可申事ニ候得者、過分ニ違申ニ而も可有御座候、舟ノ繕相麁ニ仕候様ニ共、大坂江之渡海日数早ク戻り候得とも申かたき事ニ候、此積ニて候得者過分の御物入ニ而候故、御船作らせ被成候事もいかゝと申、河村平太兵へ申候ハ、御加子ヲ御抱被成、荷舟ヲ御作らせ、御米ヲ御上せ被成義ハ、諸事ニ付可然儀多ク御座候由申候、主馬申候ハ、只今荷舟弐艘御座候、御舟少ク御坐候間、今弐、三艘程御作らせ被成、先〻御手加子ニて御上米積上せ、様子見及可然存候、左様ニ仕候者舟ノ入用万事知れ可申候、其上ニて御勝手ニ

よく候者追〻舟御作らせ、加子をも御まし被成可然御座候半哉と申候、一段尤ニ候間、左様ニ仕見及可申之由老中被申候

一主馬・織部申候ハ、御船手ニ罷在候杖付惣右衛門と申者当三月ニ相果候、十三ニ罷成候躮御座候、春の御支配ハ御切手出候以後ニ候故、御法之通ニ被遣候、惣右衛門儀西大寺ノものニて御座候得共、弐十弐、三年御舟手ニ罷有候故、在所ノ親類なとにも親ミも取失申仕合ニ候、当町ニ聟も御座候得共、養申躰ノものニ而も無之候、惣右衛門妻も御座候、只今追放ニ罷成事も久〻御奉公仕候ものゝ儀、不便なる事之由ニ存候、左様ニ候とて何とそ被仰付被下候様ニとも申上かたく事之由申候、追而両人談合可仕由被申候、落着無御座

一森川九兵衛申候ハ、福照院様御乗物かき三吉義何之役も無御座、其身申候も、在郷山廻りなとハ年罷寄申儀ニ御座候得者、同ハ岡山近くにも罷有候様ニと願申候、香庵様御内証方の御座候屋布ノ御番ニ被仰付候半哉と申候、一段可然候、相窺可申由被申候

一九兵衛申候ハ、御草履取仕罷有候太兵衛義、只今ハ半田山廻りニ被仰付候、去年御巡見衆御通被成候節、御乗物ノ裁判ニ遣し可然よし伊賀被申渡、児嶋江罷出候、殊外裁判よく仕候とて、御巡見衆多兵へ名名字御尋被成候、其節名字ヲ不申もいかゝと名名字ヲ申候、無御断名字を名乗候事いかゝニ御座候得共、刀ヲさし罷出候、名字ヲ不申候もいかゝと右之仕合ニ御座候、以来名字ヲ御免可被下かと節〻申候、いかゝ可被仰付哉と申候、何その次而ニ可相窺由両老被申候

一庄野市右衛門申候ハ、西菅野村ニ六、七年以前ニ取立候新池御座候、当年水ヲ落申候得者、内十四、五間程すさり申候、右之池の下池弐ツ御座候、大雨ふり候て切レ申候者、下の池無心元存候、岩子ニ罷有候御役人先遣し、日用ヲ加へ急ニ繕申度存候、夫役千四、五百人入可申候、日用米弐十石被仰付可被下哉と申候、其通ニ可仕由被申候

一市右衛門申候ハ、口津高之内十ヶ村ハ御野郡井掛ニて別義無御坐候、池掛ヨリ之内十弐、三ヶ村、来月十日時分迄も立毛痛申ましく候、当月中ニふり申候者、端〻少之痛ニて不苦村十七、八ヶ村御座候、残ル十ヶ村ほとハ一両日之内ニふり不申候者、大痛可仕与存知候、四ヶ村ハ只今はや殊外痛申候

一俣野善内申候ハ、赤坂郡村〻池水ニて只今迄ハ田方痛ハ無御座候、一両日之内ニ村〻池水落きり、村一遍水御座候所も御座候、又一遍水ニ少不足之所も御座候、奥方三十ヶ村計ハ夕たち仕候ニ付、井手水ニて当月中照候而も田方ニ痛ハ無御座候、日古木村池かゝり十ヶ村余ハ随分稲見事ニ出来、来月十日頃迄照候とも痛ハ御座有ましく候、六月初池の水ノ面ヲ何程ツヽと、検地のことくニ積ヲ仕置、樋まへのつつたち何尺と付置、用水の刻何寸落候へハ何町江かゝり候と、村〻庄や毎度池水おとし候刻様子承届、右之積を以用水ヲ遣候故、各別水延申候、町苅田ヨリ下砂川筋井手水上り不申候ニ付、町苅田村・東窪田村・津崎村・尾谷村・五日市・上市村なと井手前ヲ掘、昼夜ヲ不限水かき上ケ申候

一善内申候ハ、河本村・岩田村境ニ古池御座候、小ク御座候ニ付水不足仕候間、此池ヲ大きニ仕候得者、長五町計の池ニ成申候、此水のかゝり四、五ヶ村、畝数凡百町計江掛申候

一高山池と申五町計御座候池御坐候、池之内浅御坐候付、新田ニ被仰付、此替山口村ニ池被仰付候得者、是も四、五ヶ村江かゝり、畝数凡八十町計へかゝり申候、弐ツ之池被　仰付候而も何も池数も崩不申、新田少ハ出来可仕与存候由申候

一善内申候ハ、赤坂郡今井村ニ年頃六十計の乞食果候而居申候、別儀も無御坐候ニ付取置せ申候、銀子十四、五匁所持仕罷有候由

一作右衛門申候ハ、神図書前ノ御門舛方之内、殊外不掃除ニて見苦布《(敷)》御座候、向の方には稲なと植候所も相見へ候由、八右衛門申候ハ、高麗芝ヲ植申候者後にはよくはへ

そろい、上のちりをひろい候得者掃除も不入、見申所もよく可有御座由申候、一段可然候之間其通ニ可申付由、石川善右衛門ニ被申渡ル

一都志源右衛門平シ物成帳持参、猪右衛門・大学ニ見せ申候

一村田小右衛門申候ハ、児嶋林村大森宇平次作事ハうけ取の筈ニ而銀子被遣、夫役以下賃銀ニ而申付候様ニと伊賀被申渡ル、右之勘定目録持参両人江見せ申候、銀入用六百七十四匁余ニ而御座候

一主馬・織部申候ハ、昨日申上候　備後守様御材木積参候金岡村の二郎大夫ニ、御ほうひ被下趣意承候、三州ニ而御材木舟破損仕候刻、太郎兵へ精を出し御材木角木壱本ならてハ失ひ不申候、又此以前完(宍)粟の御材木積罷下候刻、御材木うけ取候刻かそへ違も候哉、角木弐、三本、月役弐、三百余り申候故、其通ヲ申、外ニ相渡し罷帰候、此故ニて今度御ほうひ被下候哉と申候由

一八右衛門申候ハ、光清寺妙応寺へ御引せ被成候入用銀ハ、町の闕所銀ニ而被仰付可然存候由、尤之由猪右衛門被申候

申ノ七月晦日御評定　当番水野作右衛門

森川九兵衛・泉八右衛門・津田重次郎・藤岡内介・加世八兵衛・俣野善内・庄野市右衛門・渡辺介左衛門・尾関与次右衛門・武田左吉・塩川吉大夫・岩根須右衛門・村田小右衛門・斎木四郎左衛門

一四郎左衛門申候ハ、先日小右衛門方ヨリ申触候私郡御材木伐山出し之儀、積せ候由ニ而、書付猪右衛門・大学江見せ申候、猪右衛門被申候ハ、半田・瓶井ニ御材木無之候間、手寄の山ハたまひ申ため、小右衛門ゟ申遣候へと申談候由、四郎左衛門申候ハ、御小作事方江被仰付、爰元ニて被召上候御材木の直段と御積らせ被成候而可然候哉、町ニ而被召上候ヨリ高ク当り申事も可有之候、山出し河下シ、伐出し候積込候而ノ書付ニ而御座候、長のの

ひ申木ハ下直ニ当り可申候、細木ノミちかき分ハ被召上候ゟ高ク当り申儀も可有之由申候、川ハいかたニ仕下候積之由

一助左衛門も和気ニ而御材木伐出し候書付、猪右衛門ニ見せ申候、津高ゟ出し候ヨリ下直ニ当り申由、猪右衛門被申候ハ、、助左衛門申候ハ河出シ無之故、少下直ニ御座候、仕様ニゟ今少も下直成様ニ可成候得とも、先是ハ大かた中積ニ仕候由

一右両人ヨリの書付九兵衛ニ遣、御町買又ハ田口兵左衛門ニ申候而積せ見申候得と、猪右衛門・大学被申渡ル

一大学与次右衛門・介左衛門ニ被申渡候ハ、、御飛脚之者御領分ニ而追立夫馬なと遣申由、紛ものも有之由ニ付而、御飛脚ニ山内権左衛門・森川九兵衛判形ヲもたせ、往来之時道筋ノ宿〻之者見合改申候而、人馬出候様ニ可然と伊賀申談置候ニ付、権左衛門・九兵衛判形ヲ仕置候間、道筋之宿〻江渡し置候得と被申渡、与次右衛門・助左衛門申候ハ、、大坂ゟ之御飛脚罷通候節ハ、大かた度〻送夫召連申候、十郎兵衛所ゟ差帋相添参候、是ハ只今迄の通可被成候哉と申候、大学被申候ハ、、度〻急候事も有之ましく候、十郎兵衛かたへ可申遣由、九兵衛申候ハ、、荒まし被仰遣候ハ、、具成事ハ可申遣候由申候、左様ニ仕候得と被申渡ル

一介左衛門申候ハ、、片上祭之時分、毎も御横目御鉄炮被下候、近年ハ餘大勢集り申儀ニ而も無御座候、御鉄炮之者七人迄被下候而も能可有御座候哉と申候、此御横目之儀ハ、、冣前所ゟ望候而被遣候、今程ハ左様にも無御座候間、先当年ハ御横目不被遣候而、様子御覧被成候而よく可有之かと有之、御横目ハ不参筈ニ候、猪右衛門被申候ハ、、御横目不参候而、御鉄炮之者ニ見廻候様子申渡候儀、誰か可仕候哉と被申候、介左衛門申候ハ、、大橋四郎右衛門居申由申候、猪右衛門被申候ハ、、自然何事そ仕出したる時ノためニ候、御代官例も不罷出候哉、出候へと申候而可然候、四郎右衛門壹人ニ而もいかゝ之由被申、尤之由ニ而おく村七郎左衛門罷出申筈ニ候、則御鉄炮之儀石川

善右衛門ニ遣し候へと被申渡ル
一左吉申候ハ、先月廿五日之夜、御野郡宮本村ノ火事之節、類火人五人ニ竹木可被下かと申候、木数申越候者手啇可遣由ニ而、則竹六十三束、木数百十五本之由左吉申候而、竹木奉行かたへ手啇調、左吉ニ遣シ被申候、類火人御扶持方被下候人数ハ弐十人之由
一梶川左次兵衛申候ハ、当夏御成敗人并ニ御払被成候矢田部村ノ者、跡ノ田地・家才相改申候由ニて、則書付猪右衛門・大学江見せ申候、左二兵衛申候ハ、何も家やしき悪敷御座候、五兵衛家と七右衛門家、大かたニ御坐候、田地・家共に喜右衛門・三十郎・喜八・久右衛門なと分ハ悪布御座候、五兵衛田地九反弐畝十五歩御座候、一門之内ニ而も能田地、矢田部村ニ而もよき田地ニて御座候、五兵衛家・田地ヲ三郎左衛門悴甚左衛門ニ被下候へかしと奉存候、五兵衛九反弐畝十五歩ノ田地之内、三反六右衛門悴吉兵へニ被下、七右衛門家ヲ吉兵へニ被下候様ニと奉存候、残り者共の田地悪敷所ニ而御座候間、両人ニ割ニ仕候而遣シ作らせ可申候、五兵衛田地の外ハ悪所ニ而、所之者も望不申候、此ものとものノ田地本ハ五兵衛親の田地一かふニ而御座候、子共ニ割苻仕遣シ候而、銘〻ニ成申候、惣田方一町弐反六畝弐十分、畠方五反壱畝十弐歩五人分、御郡奉行共廿八日寄合仕、書付を以テ申候
一御蔵所百姓やしき廻り、一重藪請所ニ可被仰付哉ノ事、御郡奉行共申候ハ、一重藪と申候ハ、屋敷廻ノ壱間ヨリ内ノ藪之儀ニ候、五本・三本竹の入申候にも買ニ参候様ニ有之、百姓迷惑仕候由申候、色〻僉議御座候、留メ藪ニ被仰付間も無之儀ニ候得共、百姓迷惑仕候事ハ左様にも可有之と申ものも御座候、猪右衛門被申候ハ、請所ニ被仰付候者、藪奉行罷出候而改申ニて可有之哉、御郡奉行埒明申儀かと被申候、御藪奉行罷出見届申付可然と申候
一在〻ヨリ被召上候桐木代銀、御遣し可被成哉の御事
御郡奉行共申候ハ、御国ニ桐ノ木稀ニ御座候、或ハ御年貢地ニ有之桐木ニ而も被召上候事ニ候、伐出シ候

にも結句所〻百姓共雑作ニ成申候故、聢〻はやし不申候、桐ノ木にもかきらす、或ハ樫木等ニ而も御用の儀には持合候而、御用ニ相達厼奉存候様ニ習ヲ仕度事御座候、左様ノ為にも御座候間、代艮(銀)被遣候ハん哉と申候

一去春飢扶持ニ御かしニ被成候御米、御捨可被遣哉の御事
御郡〻江高壱万石ニ三十石ツヽノ積ニ御かし被成候、従　公儀ハ利ナシニ御かし被成候得共、下ニ而奉行共召寄、様子次第利ヲ加へ候而借し、外をも救申様ニ仕候、御捨被成候而可被遣かと申候

一御検地・御検見ニ御出シ被成候もの踏わらんし、其村〻ヨリ出し申様ニ可被仰付哉の御事
踏わらんしの儀、此先の御僉議ニ而村ニ滞留も仕候ものハ、取候事ハいかゝニ候、滞留ノ上ハ作り候而もなる事ニ候、重次郎和意谷江参居申候而様子見申候ニ、下〻共銘〻ニ作り候者いまたはかれ可申様ニ有之も、取候故捨申かと存候様ニ有之躰ニ候故、寂前も申上候由申候、御郡奉行共申候ハ、御普請ニ罷出候ものと御検地・御検見ニ罷出候ハ違申候、朝とく罷出候而暮ニ及罷帰事ニ候、ふけ田なとへ参候得者其尽(侭)捨申候、御検地・御検見ノものには可被下事かと申候、御用ニて在江罷出かけ通ノものハ踏わらんし被下、滞留仕候者ハ取不申筈ニ被成候半かとの僉議も御座候、百姓共踏わらんし嗜申ためにも候之間、取候様ニ有之候もよく候ハんと申ものも御座候

一百姓自林御蔵・給所一同ニ可被仰付哉の御事
給所ハ給人ニヨリ藪林御給人作廻と被仰付候ニ付而、百姓自分林ニ而も留メ置候而、百姓には少茂不遣候も間には御座候ニ付、百姓とも迷惑仕候、急度御訴訟ニ申義ニ而ハ無之候得共、百姓とも御蔵入ヲ殊外うらやミ申候、御蔵入一同ニ可被仰付候哉と申候、猪右衛門被申候ハ、給人作廻与被仰付候者、給人の林ノ事ニ候、左様ノ林無之、百姓ノ林計有之所ヲ取申ものゝ事ニてハ無之候、然とも知行ニ被下候内ノ林ニ而候得者、給

人江取申もむりとも不被申候、又百姓迷惑仕も尤ニ候、何とそわけの候様成事も可有之哉と被申候

一唐臼仕候もの例年のことく他国江可被遣哉の御事

渡辺介左衛門申候ハ、和気郡ニ唐臼仕り美濃・尾張江参候而、すぎわひ仕候もの五百計御座候由、御代官とも申候、定而安宅弥一郎郡にもよほと可有御座候、弥一郎ハ指合ニ而今日不罷出候、此ものとも余国江参候而ハ大かた年中ノ口過仕候而罷帰候、壱人ニ而弐百計其上も銀子取候而罷帰申候由、此ものとも他国御留被成候事ハ、年〻他国江参候得者宗門之儀も無心元と有之、御留被成候得共、和気ニ而五百人計のすきわひヲ失ひ候得ハ、いかゝ可有之かと申候ものも御座候、重次郎申候ハ、来年ハ御留メ被成候とも、先当年ハ日損年ニ而も御座候間、すきわひの為に可被遣かと申候

一当旱ニ付所〻池普請、当暮・来春之内可被仰付哉の御事

四郎左衛門申候ハ、今迄仕置候池今少之儀ニ而、日損仕候而百姓とも迷惑仕候、うかいの下村の池なと今少上置ヲ仕、腹付ヲいたし候者、又弥水もたまり候而やしなひニ成申候ニ、やけ申候、池普請ハ仕度儀ニ御座候由申候、猪右衛門申候ハ、当年ノ旱ニ而池の様子知可申候、何も見積可然と被申候

一与次兵衛申候ハ、盤(磐)梨郡ニ十四、五ヶ村ほとハ、此後雨降候而も専ノ無御座所御坐候、ヶ様ノ所追而可申上候ハんと申候

一市右衛門申候ハ、白石・久高・今保によしの御運上御座候、此三ヶ所には不及申山等も無之、百姓の薪何角是迄の事ニ候、左候得者、御運上と有之候而もいかゝニ候間、御赦免可被成かと申候、猪右衛門被申候ハ、運上ハ聢と究置、救申事有之候者外ニ救候へと被申候、市右衛門申候ハ、右之よし御運上者わつかの儀ニ御座候、外ニかゝハりニ成候もの無御坐候、御捨可被遣哉と申候、半右衛門申候ハ、少之義ニ而候共御運上出シ可申利ニ当候者、外へさゝハりにも成申事ニ候間、御免之儀いかゝニ御坐候、縦大分の儀ニ御坐候とも御捨可被遣利ニ当候者、惣

用共ニ御捨可被遣候哉、塩浜なとハ塩浜の所ニ五ツ成の御年貢ヲ出シ、其上ニ塩運上指上候様ニ承候、是ハ二重の様ニ存知候、乍去此段ハ小右衛門可存と申候、小右衛門申候ハ、塩浜には御年貢ヲ出し、塩釜ノ運上ヲ指上候様子と相聞申候、然ル上ハ二重ニ掛ニ而ハ無之由申候、吉大夫申候ハ、よし運上外にも御坐候由申候、落着不仕候

一左次兵衛申候ハ、盤(磐)梨郡くるわ村ヨリ下田原村迄五ヶ村の内、大河筋土手に壱里半ほとの藪、十弐、三年まへニ植申候、藪百姓共竹の子時分ニハ垣なと仕候、当年ヨリ御検地入候而御藪ニ罷成候間、御藪守ヲ御入候而可被下かと申候、相談可仕与猪右衛門被申候

一左吉申候ハ、御野郡出入医者ニ例年此時分御銀被下候、当年も只今可被遣かと申候、松嶋玄良・竹井宇玄・嶌田春斎・加嶋三省、此ものとも銀子三枚ツヽ被下候、然とも三省ハ先月ゟ郡ニ罷在候間、三枚ヲ半分可被遣候哉、当春正月ニ神意卜病気之儀ニ付理り申引込候跡ニ、竹井宇元悴よく候ハんかと有之候得とも、餘若ク御坐候故三省ヲ入申候、只今迄宇元世悴勤申義ニ候間、三省ニ被下残り半分ヲ可被遣かと申候、猪右衛門被申候ハ、三省ハ半分遣、宇元悴には半分ハいかゝ、候之間、弐枚ニ仕候而遣シ候得と被申渡ル

一介左衛門申候ハ、和気郡小畑村宝泉院六、七日以前に私かたへ参候而申候ハ、伊部之者とも還俗仕候得与申候へとも、同心仕候事不罷成候間、御国ヲ立退可申与存候由申候、伊部之者共左様ニ申候共、同心無之候者其分ニ而不苦事ニ候、其方退候而ハ残り寺もいかゝニ候、堪忍仕候得与申候得共、㝡早加様ニ存立候間、退可申由申候、左候者其方も御寺社奉行へ其段相断可然候、介左衛門も逢候者可申与申候、宝泉院申候ハ、御寺社奉行へも介左衛門ニ断申候而くれ候様ニと申、あやなく罷出候、寺社奉行江ハ不参、早ゝ立退申候、村ノもの共穿鑿仕様子承候得者、同村下り松ノ百姓の娘縁ニ付ケ候前に宝泉院参候而、娘ちやを持候而参候得ハ、娘の手に当り申候間、

娘とかめ申候、又其後二、三日過、宝泉院彼百姓の所へ参候、男ともハ留守ニて娘計宿ニ居申、米ヲつき居申候得ハ、後ヨリ当り申候間、娘走出隣家へ参、此由申候而腹立仕候ヲ、村之者とも承候ニ付而、出家ニ而居申候者介左衛門承候而、此分ニ而ハ置申ましくと存、落堕仕らせ候而、何とそ其まゝ居申様ニ可仕与坊主の為ヲ存、落墮仕候得と申候へとも同心不仕候間、左候者其方儀其分ニ而ハ堪忍も成ましく哉と申候、坊主介左衛門所ニ而、介左衛門ヨリ還俗仕候而も居申様ニと申、首尾もよく候者堪忍も可仕与存候而、介左衛門ニ申かと村之者申候、寺領五石、外ニ本尊領五石御坐候故、旦那無之候而も堪忍成申義之由、宝泉院ハ真言ニ而候由、残ル寺三軒御坐候中ニ而の住持のよし、御国のもの片上ニ兄弟等有之由、高野山才角院ノ末寺

一藤岡内介・加世八兵衛申候ハ、旱申ニ付御堀干候而土ヲ取申候得ハ、被取候様ニ御坐候故、町人とも望申儀ニ候、取らせ可申候哉と申候、猪右衛門・大学被申候ハ、一度ニ大勢出候而取候儀ハいかゝ候間、五人、七人ツヽ出候而取候分ハ不苦候間、取らせ候へと被申渡ル

一岩根源左衛門申候ハ、備中賀屋郡牧谷村与一郎と申ものノ女、与一郎兄仁兵衛与不儀仕候、与一郎随分堪忍仕候得共、仁兵衛一円構不申、無是非様子ニ付、兄と女をうち申由、則与一郎口上書并与一郎母、又ハ女の母申分をも源左衛門承候、与一郎申口と同事ニ御坐候由、書付を以猪右衛門・大学江申候

申ノ八月十日御評定　当番鈴田夫兵衛

中村主馬・岸織部・加世八兵衛・藤岡内介・河村平太兵衛・石川善右衛門・野間久右衛門・川合善太夫・尾関与次右衛門・村田小右衛門・塩川吉大夫・安井六郎左衛門・加藤七大夫・泉八右衛門・森川九兵衛・坂井七郎右衛門

一尾関与次右衛門、奥上道郡在〻請込申候銀子・集麦之書付仕出、大学江渡申候、麦三千八百六十俵、銀子弐十八

貫百七拾目御坐候間、百姓共日損迷惑仕候共、御公儀江拝借ノ御無心ハ申上ましくと奉存候由申候

一主馬・織部申候ハ、御舟宮江竹入用ニ御坐候、舟ノす其外小遣ニ毎年請取申候、小から竹百束請取申度由申候、御舟綱大なひ之儀もうけ取申度のよし、御船頭とも申候由申候

一主馬・織部申候ハ、寂前申上候渡海之船年寄之儀、舟持とも何とそ被仰付被下候様ニと申上度与申候、此儀いかゝ可有之哉と色〻僉議仕り、半右衛門申候ハ、町年寄・目代にも町役御赦免之外被下物とてハ無之故、此ものに御扶持人のことく可被仰付候処、いかゝ可有之哉と申候、何も尤与申候、八兵衛申候ハ、舟役・町役ハ右〻の舟年寄も不仕候間、其上ニ地子御免可被成かと申候、地子も目代なとにも御赦免無之候得共、御扶持とハ違申候間、ヶ様にも可被仰付哉と何も申候

一野間久右衛門・河合善大夫、地ノ御役勘定ノ目録持参仕、大学江渡シ申候

一尾関与次右衛門申候ハ、奥上道郡平嶋ノ前堤の外ニ、長五、六町、はゝ弐間、三間ほとツヽ御座候藪有之候、御用ニ立申様成竹ハ少ク御座候、此所ノ堤すな地ニ而御座候、水の時分ハ切レ申候ニ付、此竹何時ニよらす伐候而、切口ふせき申用ニ遣申候間、うけ藪ニ被仰付被下候様ニと申候、平嶋辺ハ給所多、御蔵分には藪無之、迷惑仕候由百姓共申候由申候

一与次右衛門申候ハ、奥上道郡ヨリ口上道郡中川江抜ケ申候悪水貫の橋かゝり申ニ付、先日被仰付候橋ハ日用ニ被仰付候、御奉行参候節、道夫・庭夫・雑事・薪之儀ハ、両郡ゟ半分〳〵ニ仕候様ニと被仰付候故、其段申渡候得者、百姓とも申候ハ、此度之義いか様とも御意次第ニ御座候、後〻迄もヶ様ニ御坐候得ハ、御国郡〻ニヶ様の類御坐候得共、此通ニ而ハ無御坐候、御法も違ひ申義ニ御坐候間、御赦免被成被下候様ニと申候由申候、塩川吉太夫も罷出此段申候故、何も僉議仕、与次右衛門申候通には被申ましく候、まつ先日如被仰渡候可然と何も申候而、

其通ニ罷成、弥右之通可申渡と申候
一塩川吉太夫申候ハ、在〻家廻り一重藪請所之儀、相改申候義当年ハ相調申ましく候、伝右衛門・安兵衛と出合、御用藪相究可然よし申候、いまた御帳も不参候由
一八右衛門申候ハ、藪ハほとなくよく成申ものニ而御坐候間、御植させ被成候者可然かと申候、何もよく可在御坐候と申候
一吉太夫申候ハ、頃日薬師樋の上ニ乞食ノ様成もの相果居申候、歳八十計のものに御坐候、枕本ニ鍋・なかたなと御坐候、近所の百姓ともに様子存候もの御坐候かと相尋申候、何も久〻当所ニ而も見申候乞食のことく仕廻り申候、存知候方江ハ参申候様ニ御坐候つるか、心根悪布候而、頃日者皆〻寄せ不申候由申候、本来ハ讃州ノものと申候ものも御坐候、聢知不申候、替儀も無之ものに御坐候故、取寄せ申候由申候、吉太夫申候ハ、平井村賢住坊と申出家去年ゟ何かたへ参候哉、見へ不申候得共、定帰申候て可有御坐与存候故、終ニ不申上候、至只今ニ戻り不申候間、寂早罷帰候共寄せ不申候様ニと申上候由、申渡候由申候
一石川善右衛門申候ハ、当年ハ御門〳〵の御番人在郷鉄炮ニ被仰付候、見苦布も御坐候間、御道服拝領仕度由小頭共申参候と申候、色〻僉議仕候得共いまた埒明不申候、兼而安東徳兵衛私ともへ申候ハ、右〻ハ御門の御番小堀彦左衛門・草加宇右衛門預り申様ニ被仰付候故、能仕覚作法万事能御坐候、只今在郷鉄炮ニ而候、其上節〻替り申候故一円様子不存、御法度ノ乞食なとも入申候様ニ有之候、節〻かハり預り誰の組と申儀も知不申候様ニ而、聢と不仕候、同ハ何れノ預成共究候而、御門番仕様ニ仕度事と申候、此義申出シ僉議仕候、何れの預被仰付候共御紋の御幕張り申候脇ニ、舟印此ことくちいさく頭〻の紋ヲ附張置候者、誰〻預申儀も知可申候哉と申候、一段可然与何も申候、昨晩八右衛門何も寄合僉議仕、在郷鉄炮ニ可被仰付候哉
一坂井七郎右衛門申候ハ、御酒方手代ニ居申候喜大夫と申

候もの、五、六年以前ニ相果申候、忰ニ御扶持弐人被下候、只今歳十三ニ罷成申候、母手前に而いたつらにそたち申候、御台所江被召出、いか様にも被召仕被下候様ニと申候、大学猪右衛門江談合可被致と被申候、此段僉議
一安井六郎左衛門・加藤七太夫樋方御材木直段付、大坂ゟ之目録、紀州・阿波木ノ目録ヲ持出、大学江相渡シ申候
一村田小右衛門、児嶋郡山田村ノもの盗仕候、則書付仕相渡シ申候
一大坂御米払申御横目ニ、松井吉右衛門可申渡候事
一遠藤与左衛門と申御歩行之者、昨夕相果申候、久ゝ七、八年も相煩申候、頃日ハ脹満仕候、先日味意羅拝領仕給させ申候、忰四歳ニ罷成候

申ノ八月廿一日御評定　当番森半右衛門

一河村平太兵衛申候ハ、俣野善内方ゟ申越候ハ、当年者在ゝ米留被仰付可然存、先日申上候、赤坂郡江ハ被仰付候、何れノ郡江一同ニ被仰付可然存候旨申越候由申候、猪右衛門被申候ハ、庄野市右衛門・俣野善内米留之儀心付申上候、其以後梶川左次兵衛方ゟも申越候、其外ノ御郡奉行とも方ヨリハ何とも不申来候故、郡之義銘ゝ流ニ有之ニ付、外へハ未申渡候、則相触可申候、しまりの仕様如先年ニ申付可然由ニ而、明廿三日ヨリ留可申旨被申触、御町奉行共へも廿四日ヨリ以後、町ニ而新米買申ましく候、但給人ヨリ売候米各別由可申付旨被申渡ル、藤岡内介申候ハ、町ニ而新米売候もの於在之者、御町奉行江相断、買申様ニと可申付候由申候

先年米留之時ノ御触

一当新米御年貢ニ可成米一粒も売買取遣仕ましく事、但百姓調候ハて不叶物於有之ハ、悪米を以調可申事
一百姓質物他領江置申事仕ましき事
一米雑穀物一切他領へ出し申ましく候事
右之通相背候者、急度曲事ニ可申付候事
子ノ八月廿日　日置猪右衛門
御町奉行衆

御郡奉行衆

一平太兵衛申候ハヽ、御郡奉行共弐、三人方ゟ私方へ内意申越候ハヽ、当年ハ過分ニ甲乙在之年ニ候間、かふきりの検見ヲ御破り御検見ニ被仰付候者、御領分ニ而七、八千石も御米出可申候、是を以日損ニ逢候ものを御救にも可成事ニ候由申越候由申候、色ゝ僉議有之、かふきりニ相定り罷有候義ヲ、当年過分ニ甲乙有之候とて、かふきりを御破被成候事約束の違ひ申所御坐候、当年ハ日損ニ逢不申候所ハ過分ニよく御坐候ニ付、御勝手ニ能年者かふきりを御破被成候なとゝ有之義、百姓の精いかゝニ御坐候、当年七、八千石ノッヨリニ而候とて、以来のためニ悪布義ハいかゝ可有御坐候哉と申候もの多御座候、平太兵衛申候ハ、御郡奉行共方ゟ申越候ニ付、先ゝ此段申上候へとも、百姓の精にはいかゝ可有御坐哉と申候、落着無御坐

一善右衛門申候ハ、御検見之ものゝ儀能被仰付、何れへもかたより不申、なるほとろくに検見仕候様に仕度事候由申候、重二郎申候ハ、検見ニ罷出ル侍ともニ庄屋を弐人ほとも附候而遣シ、或ハ和気郡のを邑久郡江遣候様、其所ヲ違へ遣候者、可然候半かと善右衛門なとゝも申候而、見申候由申候、一段可然候半哉と猪右衛門被申候

一別所治左衛門申候ハ、南部与八郎去ゝ年の御役米いまた取立不申候、去暮ニ申遣候得ハ、いまた跡目之儀不被仰出候とて返上不仕候、いかゝ取立可申候哉と申候、去ゝ年ノ物成を以去年の役を相勤候、去ゝ年の物成取込、去年与八郎相果申候上ハ、役米不残取立申筈ニ而可有之候之間、其通ニ可仕由被申渡ル

一治左衛門申候ハ、四分御かし米元舛ニ而拝借仕候ものとも、毎年江戸へ被召連候ものとも、返上仕候事無御坐、延付何年も借り申候、然所に元舛・今舛の舛合何ヶ年も離不申候様ニ御座候間、舛合の分計只今取立置候得者、残ル分此以後御かし被成ル四分米同時ニ成申候由申候、十石ニ而四斗八升ツヽノ儀ニ候由申候、重二郎申候ハ、わつかの事ニ而も御坐候、只今取立候もいかゝニ御坐候

間、升合の分ハ捨被遣可然候半哉と申候
一田口兵左衛門申候ハ、先日被仰付候御国在〻ニ罷有候大
工数、書付取寄申候
邑久郡　弐百三十四人
奥上道郡　弐十一人
児嶋郡　三十五人
合弐百九拾三人
内
百三十三人江戸其外方〻江罷越申候
残而百五十五人御国ニ罷在候、此内京都へ可
被遣哉と申候
一稲川十郎右衛門・安東徳兵衛申候ハ、蟹江利右衛門屋布(敷)
川下、岡次郎兵衛隣家ニ罷有候、御城江ノ通ひ遠ク何と
も迷惑仕候、内田村ニ而屋布を被下候者、替屋鋪ニ仕度
候、上泉治部左衛門ゟ預貝吹八右衛門と申もの、屋鋪、
飯田町の後ニ御坐候、此者内田村江ならは罷出度由申候、
八右衛門屋敷表口十間四尺、裏十五間弐尺御坐候、此畝
数五畝十三歩、此畝数ほと内田村ニ而拝領仕度候、利右
衛門屋敷ハ八間ニ十四間ニ而御坐候、利右衛門儀御番等
殊外よく相勤申候由申候
一猪右衛門被申候ハ、御検見ニ罷出候侍共、三百石ヨリ上
ノものには常不被下馬扶持とも被下候、小身成ものには
常ニ馬扶持被下候とて、馬扶持をも不被下候、高をも被
下候ものハ人数をも所持仕候ニ付、人やとひをも不仕候
小身なるものハ、日用なとやとひ、旁〻造作も参候へと
も、三人ましの舛被下候ものも無之候、小身もの常〻馬
扶持被下候とも、御検見ニ罷出候節ハ、馬扶持ハ被下候
而もよく可有御坐かと被申候、武兵衛申候ハ、在郷へ罷
出ルもの、馬扶持之儀寂前も御僉議御坐候、常〻馬扶持
被下ルものニ二重ニ可被下儀ニ而無之との僉議ニ而、江
戸へ参ル者ニさへ不被下候上ハ、在郷へ罷出ものともに
可被下義ニ而無之由ニ而、其通ニ相究候かと覚申候由申
候、色〻僉議有之、馬扶持二重ニ可被下儀ニ而無之との
儀、理ハ有之候へとも、在郷へ罷出候而ハ馬扶持調候に
も難義仕候由ニ候、馬扶持をハ被下可然候、又御郡奉行

在郷へ罷出ル節、六人ましの御扶持方被下候、御郡奉行罷出ルも検見もの、罷出ルも同事ニ候得者、検見ニ罷出ルものにも六人まし可被下義かと申もの多御坐候、いまた落着無御坐

一岸織部・中村主馬申候ハ、八月十五日夜東風に、児嶋田ノ浦江流舟一艘御坐候、船長六尋御坐候、古舟道具も大かたハ無之由申候

一主馬・織部申候ハ、先日被仰付候町の舟年寄之儀、郡や吉兵衛・木や与一兵衛両人ニ申渡候、両人申候ハ、地子・町役・舟役御免被成候段難有奉存候へとも、両人町役之儀外ノもの共ノかゝり候段、さびたる町ニ而御坐候得ハ、一入迷惑仕候、舟役之儀船年寄とも手前ゟすミやかに仕り、惣舟持ともの舟にも可仕義ニ候処、舟年寄両人舟役御免被成候義もいかゝと奉存候、町役・舟役共ニ其まゝ被仰付、舟年寄被仰付可被下哉と申候、又其後申候ハ、舟年寄の組頭六人前ミヨリ御坐候、此者共には只今迄ハ何も不被下候、六人ノ組頭方ミ江罷越候節ハ、組頭一人も居合不申、御用の手つかへにも成申義ニ御坐候間、組頭弐人ニ御究被成、前ミの舟年寄弐人舟持共ゟ取来候銀弐百目御坐候、是ヲ組頭弐人江被遣、外ニ年寄江御免被成ル町役・舟役・地子、此分をも組頭弐人江被下候者、勝手も続可申候間、左様ニ被仰付被下候様ニと理り申候、主馬・織部船年寄ニ申聞候ハ、年寄ニ御免被成ル地子・町役・船役、組頭江被下候様ニと下ヨリ達而申上ル事ハ、難仕事ニ候、其上いまた船年寄ヲ一日も仕候而も見不申、只今兎角ハ難申義ニ候、先ミ此度被仰付候通ニ而仕候而見可申旨申付候由、主馬・織部申候、老中尤之由ニ被存由被申候

一石川善右衛門申候ハ、来十七日御祭礼ニ岡田権之佐御弓為持罷出候ニ、権之佐預ハ弐十人ニ而御坐候、御弓ハ三十ニ而候、外の組ヨリ足ヲ可申付かと申候、其通ニ可仕のよし被申候

一稲川十郎右衛門・安東徳兵衛申候ハ、御細工人加右衛門御細工仕候たびこと御小人相渡、大かたハ一人渡ほとの

積ニ而候、度〻かハり候而ハ手伝にも悪御坐候間、定夫一人御渡シ被下候様ニと先日申上候、十郎右衛門・徳兵衛考候而見申候ニ、加右衛門悴御坐候、定夫一人の御支配御扶持悴ニ被下候者、其内ニ而小キものを成とも召抱、悴も外江奉公をも不仕引籠罷有、細工手伝をも仕候者、悴も細工仕習可然御坐候半かと申候、いまた落着無御坐候

一十郎右衛門申候ハ、妙応寺屋布の裏ニ水道御坐候、此所屋敷なとニ渡候得者、水道ふさかり申候、拝領仕度旨申由ニ而、此所の差図を仕持参いたし、猪右衛門ニ相渡申候

一平太兵衛申候ハ、岡山ヨリ京迄の駄賃之儀、田坂与兵衛方ゟ書付指越候、播磨路迄ハ銭ニ而御坐候、御領分ヨリハ銀ニ而御坐候、是ゟ西ハ銀ニ而可有之哉と申候、僉議仕、是ゟ西ハ銀ニ而可有之共、御領分ヨリ銀ニかハり候もいかゝニ候間、銭に直シ播磨一同ニ可然候、其上銀ニ而ハかけ候なとゝ申つかへにも成申候、又半駄賃の事播州迄ハ有之由ニ而、是も半駄賃の貫目なと上方江尋ニ遣シ、御国のも相究可然由、平太兵衛ニ被申渡ル

一加世八兵衛申候ハ、千阿弥の堂寄合所ニ成申候、作事之義当年之義御坐候間、相待候様ニ可仕哉と申候、藤岡内介申候ハ、寄合所ハ指当入申儀ニ候間、町闕所銀ニ而可申付哉と申候、一段尤ニ候間、是ハ町銀ニ而可仕由両人被申渡、八兵衛申候ハ、鐘つきニ銀十貫目借シ、此利一貫目ニ而鐘つき仕候、千阿弥寺中東の方ニ借屋ヲ立候得者、両方ニ而銀弐貫目程家賃可在御坐由申候、此弐貫目之内一貫目鐘つきニ被下候者、永代迄鐘つき候事すたらぬ所御坐候、残ル一貫目手習子取候ものに被下候様ニ仕候者、よく可有御坐候由申候、一段尤之由老中被申候、左様ニ御坐候者、目論仕可申上由八兵衛申候

一十郎右衛門申候ハ、奥上道郡大宮祭のしめ竹近年ハ不被下候、岡山宮〻江ハ被下候、在郷ニ而も被下宮も御坐候、大宮ハ大社之儀ニ候、可被下哉と申候、被遣可然よし老中被申候

一藤岡内介・加世八兵衛申候ハ、芳賀内蔵允若党西松市郎

兵衛と申もの相煩、去月廿七日ヨリ古京町喜右衛門と申もの丶方江為養生罷越居申候、宿喜右衛門ハ市郎兵衛為には兄ニ而御坐候、市郎兵衛傍輩に今村弥兵衛・大森忠助と申もの両人之義ヲ、内蔵允ニ市郎兵衛さゝへ、松原介左衛門内蔵允義ヲ万事肝煎申ニ付、介左衛門にも悪布申込候と承候由ニ而、市郎兵衛ヲ大森忠助・今むら弥兵衛殊外にくミ、常〻当ことなと申、内蔵允へも可相断なと丶、市郎兵衛目ノまへニ而も申候、今朝未明ニ弥兵衛・忠助両人、市郎兵衛臥居申所江参、内蔵允留守ニて候ゆへ、銀子なとかへニ参候由申候而、刀脇指なとひねり廻し、何と哉らんけしき悪鋪相見へ候ニ付、市郎兵衛ヲ両人之もの内蔵允ニさゝへ仕手ニ参候と存、せんをかけられぬさきニと存、弥兵衛ヲきり可申与仕候得者、退申候ヲ追掛、後ヲ一刀切申候、扨忠助ニきりかゝり、両うて深ク切申候、其後自害ヲ可仕与脇指のとへさし込候処、兄喜右衛門申候ハ、市郎兵衛自害ヲ仕候者、兄ニ難かゝり可申候間相待候得と申ニ付、自害ヲ不仕候由市郎兵衛申候、岡次郎兵衛其外内蔵允若堂（党）とも参、市郎兵衛・忠助ヲ下屋敷迄引取申候、右之段〻内介・八兵衛古京町江罷出、市郎兵衛申口承候由申候

一主馬・織部申候ハ、先日申上候梶取忰之事

一西川兵右衛門跡目の事

申ノ八月廿九日御評定　当番水野作右衛門

森川九兵衛・泉八右衛門・中村主馬・岸織部・都志源右衛門・河村平太兵衛・石川善右衛門・加世八兵衛・藤岡内介・田口兵左衛門・塩川吉太夫・武田左吉・村田小右衛門・稲川九郎右衛門・武藤安兵衛・野口伝右衛門

一兵左衛門申候ハ、予州様御作事ニ屋ね木弐千丁入候由申候、御用ニ買置候木、去年・当年の分五千丁御坐候、此内ヲ遣シ候而御事闕可申候、寂前売木御坐候時、予州様御作事入用相談仕候得者、外ニ相調申様ニ申候故、買置不申候、乍去高嶋ニ槙半の舟一艘参居申候、三千丁

御坐候由ニ候、いまた直段究不申候、買置可申かと申候、
被相調候様ニと申候へと被申渡ル
一兵左衛門申候ハ、京江ノ在郷大工書付候而参候、児嶋・
邑久郡、奥上道郡ニ百人御坐候、上・中ヲ改申候、此先
の下大工、中又ハ上ニ成申も御坐候、児嶋大工者只今在
郷ニ家を仕掛候由、小右衛門申も御坐候、在郷の家又ハ
請取作事ヲ仕掛候と、少ツヽの理無之ハ無御坐候、能大
工の分ハ弟子ヲ召連参度由申候、弟子も結構なる御作事
之儀ニ候故、参たかり候由申候、猪右衛門被申候ハ、此
前下大工ニ而候も、若きものハ能成可申候、弟子ヲ連度
と申ハ断ニ候、師匠を放てハ不成もの可有之、其段吟味
仕候而上中ヲ可申付由、兵左衛門申候

一五十六人　児嶋郡

一弐十四人　邑久郡

一弐十人　奥上道郡

一大学水野茂左衛門を呼候而、佐野弥左衛門跡目四十俵四
人扶持、忰兵右衛門ニ無相違被仰付候由他、信濃殿ゟ申
来候、申渡候得と被申渡候、茂左衛門申候ハ、明日先
少将様江御礼申させ候半かと申候、左様仕候得与被申渡
ル
一武田左吉申候ハ、先日被仰渡候蟹江理右衛門替屋鋪、内
田村ニて遣候様ニとの義、百姓地数も持申ものニ而御坐
候故、さのミ迷惑仕ニ而も無御坐候得共、先年ハ川ヨリ
東に罷有候田地ヲ屋鋪ニ被取、又ハ御扶持人ともの内ニ
入まじり罷在候もいかゝニ存、弐十年計以前ニ川ヨリ西
江引越申候、此度御扶持人壱人ニ屋鋪被下候者、ひたと
望申候義も可有御坐候哉、迷惑仕候へとも達而御理り申
上ニ而ハ無御坐候由申候付而、妙応寺の裏ノ明地可被下
候哉、御貝吹八右衛門もたんほヨリハよく候ハんと申由
申候、猪右衛門被申候ハ、妙応寺明地之義ハ我才とも心
得ニ難成候、妙応寺之堂ヲ取崩候者、其跡　予劢様御歩
行屋鋪ニ可被遣与有之候へとも、光清寺義ハ各別故堂ヲ
仕り候、御歩行なとハ一ヶ所ニ五、七人も居不申候へハ、
御用旁ミ悪鋪候由ニ候、御貝吹ニ遣候者跡ニ少残り可申

候、先相待可然候、近藤角兵衛ニ尋可見由被申候、左吉申候ハ、左様之義ニ御坐候者、其尽(侭)右之たんほ御貝吹には可被遣事かと申候、不苦事ニ候間先待候得与、猪右衛門被申候

妙応寺の明地壱反一畝
御貝吹には五畝計被下由
残而六畝計御坐候、御歩行弐人分の屋鋪

一加世八兵衛申候ハ、光清寺跡屋鋪作事之事目論、町年寄共見せ申候、上道具半田山ニ而被下候者よく御座候半与申由、猪右衛門被申候ハ、瓶井・半田山ハ御用木少ニ成候故、たまひ申度候、何程ノ木数候哉、和気郡なとニ而伐らせ候而もよく候ハんかと被申候、御町奉行共申候者、引物計ヲ半田山ニ而被仰付候半かと申候、落着無御坐候

一村田小右衛門申候ハ、北浦の青艘舟倉鋪江之瓦ヲ当所ヨリ積申候処、上荷舟ゟおさへ候而積せ不申候、先年御留被成候義も不存候、青艘川内へ入込与被仰付候間、積候様ニ被仰付可被下候哉、北浦には青艘舟多御坐候故、すきわいにも成申候、其上川之内の物ヲ積申儀ニ候者、上荷ヨリ留メ申候段理りニ候へとも、倉鋪江ハ少なから海上ヲ参義ニ候、上荷積参候ハ、風も無之天気見合可参候、左候者、日数延候而荷主の為に悪鋪儀も可有御坐候、風ニ逢候者破損可仕も不定ニ候、此以前片岡次郎太夫児嶋ニ居申候時分、小畠儀左衛門参候、辻荷舟ニ而参掛、俄風ニ成候而彼青艘ニ乗替参候、上荷も青艘ノ跡ニ付候而参候由承候旨申候、猪右衛門被申候ハ、入込者上荷之儀ニ而ハ無之候由被申候、御舟奉行申候ハ、先年ハ東川・備中河へ高瀬船運上ニ而通申候、備中黒山の川浅ク成候而運上御免被成、高瀬舟通ひ不成候付而、其後ハ上荷ニ罷成候、児嶋蠟(猟)船ニ而御坐候得共、次第ニ舟数多罷成候而、川内の青艘と入込候様罷成候、上荷の中分も少断も御坐候、倉鋪・備中にも東川も何も川御坐候ニ付而、運上ヲ指上積来申義ニ候、此義ハ武藤安兵衛・野口伝右衛門よく可存候、被召寄御聞可被成かと申候、積来と申御運上迄指上申義ニ候得者、上荷の中も断ニ候、然れとも

少なから海ヲ越参事ニ候へハ、日和待を仕候様有之か、又ハ風なとニ逢候得者、荷物之為荷主迷惑成事ニ候と申もの御坐候、青艘ハ上方又ハ遠方へも参候得者、すきわいも御坐候、上荷ハ川内計之儀ニ候へハ、青艘入込ニ成候者、上荷ハ積荷も無之成候半かと申候ものも御坐候、猪右衛門被申候ハ、上荷も無之候而ハ不成事ニ候、御上下之時本船江荷ヲ積、又ハ御鷹野之時御弁当彼是川内の自由ニ入事ニ候へハ、なくて不成舟ニ候得ハ、入込ニ成候者可致迷惑候、運上ヲ御赦免被成入込ニ被仰付候者、上荷舟多可被成候哉と申候、主馬申候ハ、御運上御免被成候而も、すきわい迷惑仕舟ハすくなく成申儀も可有之哉、川上ハ出石ヨリ上江ハ不参事ニ候、下ハ青艘入込ニ成候者加り申もの無之候半と申候、色〻僉議御坐候、安兵衛・伝右衛門申候ハ、高瀬舟ノ御運上十七石五斗ニて御坐候、寂前御理申半分御赦免被成、其後通ひ不成ニ付而速与御赦免被成、通ひヲ御留被成候、則其見計には上荷ニ而御坐候、上荷舟ハ壱艘ヨリ三俵ツヽ、御運上ヲ上ケ申候、舟数三十弐、三艘御坐候、児嶋の青艘舟高嶋ヨリ川内へ他国の商物ヲ上荷ヲ取申候ヲ、上荷中間見付候而おさへ置、私共方へ参候而様子相断申候得共、公事かましき義いかゝニ存候而、先おさへ留申様ニ仕義折〻御坐候、御留置被成候而も積申義ニ候へハ、入込ニ成申候ハ上荷のものハ可致迷惑と申候、夫兵衛申候ハ、青艘ノもの倉鋪・備中・東河計江荷ヲ積申節ハ、京橋ヨリ川口迄へ之運上ヲ青艘ヨリ出し候而、積申様ニ成候者可然と哉と申候、何もよく候半かと申候、落着無御坐

一平太兵衛申候ハ、香登村平兵衛呼候而、大豆之儀尋申候、作州・完粟(宍粟)両所の大ツ(豆)の様子承合可申候、先年ハ極月ニ入買ニ被遣候由申候、八浜三郎兵衛申候ハ、九月中時分ニ被遣候者出来大ツ買可申候、先買ニ被遣候而可然と申候由申候、源右衛門申候ハ、何と申候共作州・完(宍)粟ヨリ大ツ五、六百石も出不申儀ハ有之間敷候得共、下大ツハ下直成事ニ御坐候、一年切の馬大豆には豊後大ツ不苦候、完粟・作刕大ツハよく御坐候ニ付而、何迄ニ為置候而も

不苦候、下直成方ニ可被成かと申候、平太兵衛申候ハ、只今御銀五十貫目計被遣候、御銀有之ましく候、源右衛門申候ハ、町ニ而利相ノ銀成とも御借り被成被遣、惣家中共ニ割ニ仕候而も高き大ツには成申ましく候、五十匁大ツニ仕候而五分ほとの儀ニ候由、爰元の大豆ハ高直ニ可有御坐候、早ク被遣候而可然かと申候、平太兵衛申候ハ、先年も御歩行横目江見清兵衛参、よく承合参候間、今度参候御歩行ノもの、清兵衛ニ承候而参可然与平太兵衛申候、御歩行遣シ候得与被申渡候、舟ハ惣割ニ成申ニ付、町舟先年も参候、此度も町舟可遣由

一大学・猪右衛門、磯部九郎右衛門・千石忠左衛門・藪井次右衛門呼候而、御検見之儀当年ハ此跡〻ニ少替、御郡奉行立相申義ニ候、塩川吉大夫ニ委細申談参候様ニと被申渡

一村田小右衛門申候ハ、下津井ニ遠見ノもの弐人ツヽ居申候、御鉄炮被為置候得とも、鉄炮打申儀にも無之ニ付而、ねかハくハ下津井之者ニ被仰付可被下かと申上候間、村之ものニ被仰付候、久兵衛と申もの壱人相果申候、悴御坐候、親の役も可成もの吟味仕候半与存見申候、廿弐、三ニ成申ものニ而御坐候、此ものを則可被仰付かと申候、猪右衛門被申候ハ、跡目と申ニ而ハ無之候、役義可成ものニ而候者申付置候得と被申渡

一小右衛門申候ハ、児嶋林村大願寺の道具、宇平次ニ遣申分改仕、大願寺江遣候得与被仰渡候、入目等之儀難計御坐候故、難仕御坐候、御町買被仰付、代銀の積ニ而可被遣かと申候、九兵衛申談候而、御町買ニ積せ候様ニと被申渡ル

一平太兵衛申候ハ、当年ハ他国世中之由ニ候、先へ寄候者米下り申事も可有御坐候、只今米の直段もよく御坐候、新米早納り申様ニ仕度候、当年ハ御検見ニ付、御蔵米延引可仕と存候、早ク出候様ニ御触可被成かと申候、尤之由、則被申触候

一御舟奉行申候ハ、只今迄の御舟番すくなく御坐候、別ニ御舟道具のかさミ申ニ而も無御坐候得共、御舟番ノもの

五人ニ而仕候、御上下之時分、御舟道具出入ニ取集ニ作廻成兼申様ニ御坐候ニ付、少ツヽ損申儀も御坐候、前〻ヨリの御舟数白鷗壱艘のかさミニ而御坐候、白鷗出来の後、御加子弐人御番申付置居申候、長やなとも無之ニ付而、朝夕をも附食ニ而被下候、年頃なるもの遣置候ニ付而、妻子ハ此方ニ居申候、手前も迷惑かり、私とも迄節〻理り申候へとも、度〻時分ハ虫の用心に春日の下ニ置申候、左候得者半年計之義と申候而、其分ニ仕候得与申付置候得共、川下御舟入之内ニ番屋ヲ被仰付、御召船白鷗・八幡丸ニ壱人ツヽ、番人ヲ被仰付候半かと申候、乍去番屋辺には難成御坐候間、次而ニ仕候様ニ可被成かと申候、何その次而ニ仕候得与被申渡ル

一安兵衛・伝右衛門申候ハ、請藪ニ被仰付藪改之者ゟ様子も不承候、御帳も不参候ニ付而、私とも罷出御用竹伐候様ニ申付候義も、御役人竹ヲ伐候ヨリハ竹の束改候ニかヽり居申、隙ヲ取候様ニ御坐候、御用竹手つかへニ御坐候、当年ハ先御用竹伐候而御用ニ遣、請銀ヲ御赦免被成、追而請藪被仰付候半かと申候、老中被申候ハ、其方なと罷出候ともいまた藪改不相調候間、難仕可有之候、和気郡・盤（磐）梨郡へ参候田路権之丞・那須又四郎方には、伐申有之候哉申遣候得与被申渡ル

一武田左吉申候ハ、光清寺長やニかしや仕由ニ候、在郷ヨリかまひ候様には不成事ニ候、町之内ニ仕候而才判可被致事かと、御町奉行へ申候得共、同心無之候、加世八兵衛申候ハ、借屋ノ口ヲ光清寺門之内江明させ候様ニ被仰付可然候哉、表へ口ヲ明ケ候得者、町之内ニ成申儀ニ候、在郷分之儀ニ候処、町作りニ御坐候もいかゝニ存候、門之内へ口ヲ明ケ候得者、坊主支配ニ成申候間、しまり旁〻の為よく候ハんかと申候、尤ニ候、則十郎右衛門所ヨリ左様ニ申渡候様ニ申付候由、老中被申候

一平太兵衛申候ハ、在江戸の御足軽共ニ御扶持方壱人ましニ被下候ニ付、江戸御勘定所ゟ申越候ハ、南部次郎右衛門・瀧並与兵衛預之内被下人にも御まし扶持可被下かと申越候由、被下人ニ而も外とハ難申儀ニ候間、まし扶持

可被下義と被申候
一入沢次大夫罷出申候ハ、年〻申上度奉存候得共、得不申上候、御道具持・御草履取なと、御国ニ而も壱人扶持被下候、迷惑仕事ニ御坐候、弐人扶持ニ御直シ被成候而可被下候哉、此以前者江戸壱人半扶持ニ而御坐候得共、只今ハ弐人扶持ニ御直し被下候由申候、老中被申候ハ、御道具持・御草履取なと弐人扶持被下御衆も有之かと被申候、九兵衛申候ハ、　備後守様ハ弐人扶持被下候由申候、老中被申候ハ、追而次而も候者可申上之由被申候
一御町奉行火事之時、水上ケ之町役人積仕、上下の人分仕候而書付いたし、大学・猪右衛門江見せ申候
一猪右衛門九兵衛ニ被申渡候ハ、武部源介手代煩候かハり、稲川九郎右衛門手代遣シ、九郎右衛門ハ可召抱由
一寺内七郎左衛門先日申上候てこ木、いまた不参候而、相模守様御母儀様の御墓の石堂いまた不遣候、弐十本計ニ而御坐候、爰元ニ而調可申候哉、才木四郎左衛門方へ先日申遣候、多分伐置可申候間、武田左吉ゟ申遣候而、返事承候得与両老被申渡ル
一在江戸ノものともゟ、江戸ニ而御城へ若党ニ袴着申事、乳持ヲ抱申候ニ絹ヲ仕着ニ不仕候得ハ難抱候由、書付を以申来、僉議有之、書付候様ニ無之候者なるましきと、何も申事ニ候

申ノ九月十日御評定　当番鈴田武兵衛
安藤杢・森川九兵衛・中村主馬・岸織部・藤岡内介・加世八兵衛・稲川十郎右衛門・武田左吉・寺内七郎左衛門
一七郎左衛門申候ハ、妙応寺ヨリ国清寺江御石堂引申候、寂前申上候しゆら出来仕候故善右衛門ニ申候得者、御役人手つかへニ御坐候間、御祭礼過候而之儀ニ可被成哉と申候由申候、老中被申候ハ、町役と申義もいかゝニ候間、御祭過可然由被申渡ル、七郎左衛門ニ被申渡候ハ、善右衛門七郎左衛門同道仕、清泰寺へ被参見及、地移下石なと　宰相様ノハ切合見事ニ見へ申候間、見合可仕由被申

渡候
一九兵衛申候ハ、稲川九郎右衛門、寺本次右衛門代合申義、只今時分ニ而御坐候、其通ニ可仕候哉、例年御供触御坐候刻罷上申候由申候、毎の通ニ仕可然由被申渡ル
一安藤杢申候ハ、犬丸左次兵衛、岡本多兵衛与かハり申義、漸時分ニ御坐候由申候、是又例年の通可被申渡由被申候
一落堕坊主家之儀、長六間半、横三間、下ともニ灰屋九尺ニ三間、此代都合六百五十匁、此義ハ郡奉行江被仰付、其もの田地高下・上下人数ニ応、見計ニ家も作り被遣可然哉と、何も申候、同ハ竹木ヲ被下、外ニ銀子ヲ被下、其身存寄ニ残し置、足ニ成申様ニ仕度由被申候
一御町奉行両人江猪右衛門被申渡候ハ、妙応寺借屋の義、内口と有之事、是ニ居申候坊主畏入候とハ不被申上候、寂前の使僧右之寺ノことくと請合参候処、私何とも御請合不被申候、重而坊主すハり申候時分、様子御尋被成、其もの申次第ニ被仰付可被下由申候、其通可申渡候
一八兵衛申候ハ、在〻江罷出候小商人、只今吟味強有之ニ付、罷出候事成不申候故、迷惑仕候由申候、加様ニ罷出候者ハ、春ヨリ売物用意仕置、口過仕候事ニ候、千七百七十九人御坐候内、郡〻ゟ出申もの四百七十程御坐候、百計ハ他国ものも御坐候、ひしと迷惑申候、何とそ被仰付候様ニと申候、先明朝書付ヲ以御屋鋪江罷出候様ニと被申渡ル
一主馬・織部申候ハ、浜野御舟入御普請昨日仕廻申候、御召御座舟〻の下小石ニ而御坐候故、ちよれんニ而さらへ見申候得共、速与無御坐候得共、水そこの義ニ候故、可仕様無御坐候、大かたニ御坐候間、請取置申候ニ仕候、渡辺多左衛門去年ヨリ御舟手ノ御普請被仰付候、松井五太夫相仕ニ被仰付候得共、五太夫病気故、中時分ヨリハ多左衛門壱人ニ而相勤申候、当年も春ゟ只今迄相勤申候、一日も懈怠不仕情ヲ出し申候、此段少御ほめ被成被遣可然哉と申候
一主馬・織部申候ハ、上荷舟之儀様子尋申候、壱艘ゟ御運上一ヶ月ニ八升ツヽ、一年ニ三俵ツヽ、指上申候、書付ヲ

両人江渡シ申候
一主馬・織部申候ハ、児嶋ヨリ青艘舟河内江参、荷物積申候義、迷惑仕候由、則書付仕老中江相渡シ申候、老中見被申候
一主馬・織部申候ハ、青艘と荷舟荷物あらそいの儀、上米被仰付候共、聢と取申儀ハ成兼可申候哉と被存候、此度上荷舟も御舟手江被仰付候上ハ、当年中様子見及候而、弥上荷舟迷惑仕か、其まゝ入相ニ被仰付候か、春様子申上相究申様ニ可仕と申候、両人一段尤ニ候、其通ニ仕候得与被申渡ル
一平太兵衛申候ハ、久代小兵衛屋鋪之儀、久蔵主屋鋪之内年貢地壱反四畝有之、内五畝自分屋布、残而九畝其内八畝ほと可被下候由申候
一猪右衛門平太兵衛ニ被申候ハ、近藤覚兵衛御足米之儀、只今被下候様ニと水野茂左衛門申候ヲ、初而はしまり申事ニ候間、僉議仕可申渡と申置候、いかゝ可有之哉と被申、僉議仕候、去年　予州様江戸へ被為成御坐刻も、御足米御借シ被成候間、請借ニ御借候而も不苦義と申候而、其通ニ被申渡ル
一平太兵衛申候ハ、御末番弥兵衛と申候もの、大坂上下仕候御舟ニ而参候、加様ノものにはまし扶持被下候、只今定り無之候、御歩行弐人、其外末〻御鉄炮迄壱人まし可然由被申渡ル

申ノ九月廿一日御評定　当番森半右衛門

一安藤杢申候ハ、御用ニ付杢預御足軽屋鋪被召上、草加宇右衛門足軽屋布江杢預可参由、宇右衛門預屋鋪ハ春日の辺ニ而御坐候、杢預ハ御鷹野御供なと相勤申候処ニ、類ヲ離罷在候而ハ、御鷹野ニ御出被為成候儀も難知、諸事ニ付迷惑仕候、伊勢の宮辺ニ而屋鋪拝領仕度由願申由、猪右衛門・大学被申候ハ、只今ハ御事多砌ニ候、伊勢の宮辺には屋鋪無之候故、地ヲ御築せ不被成候得者不成候、幸宇右衛門足軽屋鋪ニハ家も有之事ニ候間、先〻移可申由被申渡ル

一江戸ニ罷有候足軽、暮の御支配請取才判仕為ニ、中間ゟ壱人ツ、毎年暮に御国江罷帰、御支配作廻仕廻江戸へ参候、当年も罷越筈ニ付、江戸ニ而御勘定田野千右衛門申候ハ、当年初而江戸御足軽ニ被下ル壱人ましの御扶持之儀、在江戸鉄炮にも壱人まし分のましハ、江戸立日迄ハ江戸ニ而渡シ可申候、御国江参着候而ハ、御国並の弐人扶持ノ日次ニ而、御扶持方請取候筈ニ而可有之候、然ル上ハ、道中十五日分壱人ましも請取申筈ニ候者、御国ニ而御理可申由申候、南部次郎右衛門申候ハ、在江戸鉄炮も尤御国ものニ而ハ候得共、七年も八年も江戸ニ罷在、妻子持候而居申ものも有之候、左候得者江戸ハ住所罷成候、左候得ハ、壱人のましハ可被遣事ニ候、少の御損益ニ而下ハ迷惑仕事ニ候間、まし扶持の分江戸ニ而渡シ候へと申付候、併次郎右衛門申所いかゝニ候者、千右衛門申通ニ可申付哉と、大学・猪右衛門方へ書状指越候、此義いかゝ可有之哉、平太兵衛・私ともにも僉議仕候様ニと猪右衛門被申、則江戸ゟ之状見せ被申候、夫兵衛申候ハ、去年江戸ニ而も申候儀ニ候、御支配取江戸ゟ御国へ罷上候得者、火事時分ニ御足軽も少ク罷成候、不罷越候とも何とそ作廻可成事之由申候、色〻僉議有之、まし扶持之儀、江戸ニ久〻居申御足軽ニ候とても、江戸ヲ地、御国ヲ旅とハ有之ましき事ニ候、在江戸の侍共ニ御足米をも被下事ニ候、然ル上ハ、御国江自分に参候而居申間ニ、まし扶持被下筈ニ而有之ましきかと申候ものも御坐候、平太兵衛申候ハ、此義次郎右衛門方ゟ平太兵衛方へも申越候ニ付、御勘定之者ヲ寄せ僉議仕候、千右衛門申所尤之由何も申候、又御支配取ニ罷越候御鉄炮路銭ハ、中間ヨリ催ニ而遣候、　公儀ヨリハ六十日ノ御役ヲ立被遣候、御持筒ハ寂前ゟ江戸ニ而壱人まし被下候、此まし御扶持方御国江参時も其まゝ被下候由申候、右色〻僉議有之、自分の作廻ニ罷上候ものゝ儀、　公儀ゟ御構可有之儀ニ而無御座候、然上ハ路銭をも不被遣、以来ハ六十日ノ御役ヲ立可被遣儀ニ而も無之候、　上ニ御存なき事ニ候得者、役をも立不被遣、壱人ましの御扶持方ハ江戸ニ而之通ニ可被遣事ニ候、是ニ而　上ニ御存知なき事の専立申由、僉議治定仕候、又重而ゟハ夫兵衛申通、御国江御支配請取ニ不参候様ニ可然事ニ候、何とそ御国ニ居申、其類〻のもの肝煎ニ可被成事之由、何も申候

一主馬・織部申候ハ、大坂江御米積候荷舟弐艘出来仕候、梶取一人ニ御船壱艘ツヽ、渡シ置候者、御舟をもよく取廻シ可然存候得とも、梶取申候ハ、請取ニ仕候而一年中旅ヲ仕、勝手迷惑仕候間、かハりニ申付くれ候様ニと申候、此段尤之様ニ存候故、渡切ニも難仕候、又度〻かハり候而も不可然様ニ存候、いかゝ可仕哉と申候、色〻僉議有之、先弐、三度も梶取うけ取ニ仕、御米積上せ、其上ニ而様子見計可然由、何も申候

一主馬・織部申候ハ、御蔵米積上せ候節、御当地御蔵出シ大坂御蔵入共、中仕ニ仕候者はか可参候、左候者、右之賃米両方御蔵奉行手前ゟ払候而可然候半哉、但先〻乗組加子ニ可申付かと申候、猪右衛門・大学被申候ハ、先〻是をも乗組ヨリ仕、様子見及可然由

一主馬・織部申候ハ、御米上荷舟ゟ本舟江積申候上荷賃米、御当地梶原七右衛門手前、大坂ハ御蔵奉行ヨリ払候様ニ仕度候由、尤候間其通可申付、老中被申渡ル

一主馬・織部申候ハ、当御地ニ而上荷舟作り申度存ものも御坐候由ニ候得共、運上指上候ニ付、いかゝと思案仕候而、作不申ものも可有御坐様子ニ候、上荷運上只今迄の惣高ニ御究御置被成候者、上荷船数出来申義も可有御坐候由申候

一主馬・織部申候ハ、江戸江大廻り御米皆〻積立申候、近日廻し可申候、運賃之儀　備後守様御材木廻し候時分のことくニ相究候由、五百四十匁

一大ツ《（豆）》買ニ被遣候ニ、先年ハ御銀奉行手代も参候、此度ハ御銀奉行御勘定前旁〻ニ付、遣候事難成候由、安田市左衛門・蟹江新之丞申候ニ付、御舟ノため旁ニ候間、御船頭壱人遣し、御銀ハ御船頭ニ預置、御歩行鵜飼与五郎ハ、かゝ《（香登）》戸村平兵衛と一所に掛廻り可然候由ニ而、御船頭壱人可遣候間、主馬・織部ニ大学・猪右衛門被申渡ル

大ツ買御船頭松本治兵衛、御歩行鵜飼与五郎、加〻戸村平兵衛、御手加子壱人、未進加子弐人、雇加子五人

一主馬・織部申候ハ、岡山油町長左衛門と申ものゝ船ニ、橋本町小左衛門と申もの乗、紀州江木綿買ニ参罷帰候とて、今月十三日讃州かまひ谷と申所ニ而北風ニ逢、船ヲ打上ケ破損仕候、人数以上船頭ともに三人乗申候、無恙助カリ、荷物も不残取揚申候、所之奉行出合肝煎申候由ニ候、讃州御舟奉行迄、主馬・織部方ゟ礼ニ飛脚可遣哉と窺申候、其通ニ仕可然由老中被申渡候、則右之様子書付、御町奉行共申聞候

一村田小右衛門申候ハ、児嶋郡山田村ノ還俗坊主、福嶋村之還俗喜右衛門方ニ而木綿夜着壱ツ、蒲団壱ツ、かたひら壱ツ、東大地村ニ而馬一疋盗申候ニ付、先日ゟ篭舎仕罷有候、此者常〻殊外りちきなるものゝ由、所之ものも申候、又ぬすまれ候福嶋村喜右衛門なとも同事ニ申候、以来請ニ立可申候間、御赦免被成被下候様ニと侘言仕候、御免被成可被下哉と申候

一小右衛門申候ハ、海月の直段例年御郡奉行相究候、当年ハ去年ヨリ少ク御坐候ニ付、一桶ニ付五厘ツヽ直段ヲ上ケ、ぞう海月一桶ニ付三分五リン、耳海月一桶ニ付五分ツヽニ相究候由申候

一猪右衛門被申候ハ、還俗坊主事梶川左次兵衛参候而申候ハ、只今居申候家を相渡シ、指当家無之うろたへ申候、家上中下ヲ取合、平シ一軒ニ六百目計ニ而出来仕候由申候、此段相窺候得者、家無之うろたへありき候而ハいかゝニ候、家ヲ作可遣旨　御意ニ付、其旨申渡候、此義先日之御評定ニ浮ニ而居申候、此旨留帳ニ付ケ可申由

申ノ九月晦日御評定　当番水野作右衛門
伊木憑（頼）母・津田重次郎・中村主馬・岸織部・中村久兵衛・石川善右衛門・河村平太兵衛・加世八兵衛・藤岡内介

一久兵衛申候ハ、先日被仰渡候松井五太輔屋鋪ノ北堀ノ岸崩レ申所、罷出見及申候、杭木ヲ打、しからミヲ不仕候

而ハ難成様ニ御坐候、只今御役人指つかへ申候、此堀ハかハらし土ヲ取申たる跡ノ堀ニ而御坐候、不入堀ニ而御坐候間、ちりあくた捨申様ニ被仰付候者、追付埋可申候、不苦思召候者、侍とも江私ともゟ申談候而、左様の物捨所ニ仕候半かと申候、左様ニ仕候得与被申候、重二郎申候ハ、こも〳〵捨場ニ被仰付、埋まり候者屋鋪ニも可成所と申候

一主馬・織部申候ハ、先日申上候御召船番之者四人ノ番所、入用之竹木積書付申由ニ而、猪右衛門・大学江見せ申候、両老被申候ハ、材木ハ和気ゟ廻り可申候、竹ハ只今時分いまた能可有候間、伐置候而も可然候、御船奉行申候ハ、小丸太ハ此近辺ノ御山ニ而伐候而も可然候得共、今程御役人無御坐候由ニ候、竹之義ハ竹ノ御奉行ゟ百束計御舟手江請取可置と申合候、屋ねかやヲ被仰付被下候様ニと申候、御郡奉行江可申渡由被申候

一主馬・織部申候ハ、御船宮垣杭等にも入申候栗丸太、百五十本か弐百本請取申度候、和気ニ而伐出シ候様ニ渡辺助左衛門可被仰遣候哉、左候者、当地ニ而調申候と伐出シノ積ヲ仕、可然方ニ而可被仰付候哉と申候、重次郎申候ハ、和気ニ而ハ和意谷御用ニ入申事ニ御坐候間、いかゝ御坐候半かと申候

一御船奉行とも申候ハ、大坂江御荷船ニ而御米積上せ申候ニ、大坂ニ而ノ笘なとの義梶取・加子とも申候、町舟ハ大坂ニ而百数ニ付而いかほと損料ニ而借り申由ニ候、御手船には左様にも成ましく候間、以来ハ大坂ニ笘なと入置候小屋仕置、入置不申候而ハなるましく候哉、其外の少ツヽノ色〻の儀申候、先罷登り候而、様子とくと見積候得与申置候由

一主馬申候ハ、大坂欠米之儀、何とそ御僉議も可被仰付候※哉、大坂ニ而欠米之儀ハ弁候様ニ被仰付、過銭之儀ハ御当地ニ而被召上候様ニ被仰付、船頭の手前ヲ爰元ニ而僉議も仕候者よく御坐候半哉、大坂ニ而欠米過銭迄被召上候得者、舟ヲ売候而も弁申様ニ御坐候、過銭と御坐候事も欠米ヲ仕候付而、左様之儀無之ためニ被仰付事ニ候

得者、様子ヲ存知候ものハ御尤ニ存事ニ御坐候得共、左様之儀不存ものハいか様ニ可申事も不知儀ニ候、去年御国廻の御衆も欠米ニ過銭ヲ被召上候事何様之儀かと被仰由承候、片上ニ而御米ヲ積上候には欠米無之候、岡山ヨリ御米積申候には欠米御坐候、片上ハ舟ノ働も無之ニ付而、船御当地江参候而も積申度様ニ存候程之儀ニ候故、欠立不申かと存知候、然ル上ハ、岡山船ハ盗申には究申様ニ存候、若又間ニ利直ニ仕候而も仕合悪鋪候而欠立、過銭ヲ指上申事も可有御座候、左候者、船持ハ利直ニ而盗不申候過銭迄上ケ候、然とも加子ハ不知事ニ候得共、船ヲ売申様ニ候得者、船持ノ迷惑に成申義ニ御坐候、欠米ハ大坂ニ而被召上、過銭ヲハ御延引被遊、其船ノものとも御船奉行・御町奉行申合、穿鑿仕候而見申様ニ仕候者、様子も知申儀可有御坐候哉、左様ニ被仰付候而ハいかゝ可有之哉と申候、私申候ハ、片上ノものハ船ノ働も無之候故、以来も被仰付積申ため、又ハ船頭・加子迄も在郷ノものに御坐候故、　公儀ヲ大事ニ存、念ヲ入申義も可有御坐候、然上ハ、加子なとやとい申候者、慥成ものヲやとい申様ニ仕ニ而可有御坐候哉、岡山舟之儀ハ、やとい申加子をも左而已吟味無之、下直ニ参ルヲ専ニ仕やとい申候者、被雇候加子も賃銀ハ下直ニ被雇、船ニ而御米ヲ盗取候得ハ、それほとハ仕とそ存候而、安ク参ルニ而可有之候、船頭其身不盗候とも、加子盗候事ハ可存事の様ニ存候、大坂ニ而船ヲ売申儀も、大抵ハ勝手詰候而の事ニ而可有之候得共、船持舟頭内証之心入、いか様ノ存寄ニて売申も不知事ニ候得者、此義も一様ニハ難申様ニ存候、大坂ニ而欠立候而後ニ御舟奉行共僉議ヲ可仕ヲ、御米ヲ積上候時分御船頭とも申付候而、やとい加子等ヲ吟味致させ、やといヲ申様にはいかゝ可有御坐候哉、平太兵衛申候ハ、当八月末ニ江戸へ廻シ候御米、五合ノ余欠立申候、此節ハ不知義なから、船頭共利直ニ仕候得共、欠立申候哉と存知候、九月ニ御米廻シ申候とて八月ニ廻シ申候、御蔵米ヲ廻シ候而見申候得者、御国ニ而も五合余欠立申候、ケ様之義ヲ存知候得者、一様ニ不被申候、夏ヲ越申候御米ハ、明ケ申時分事之外粉か出申様ニ御坐候、大坂江之御上り米にも、御米ヲ船江積申時分見免シ候と仕、免シ申義御坐候、重而も夏過申御米ハ、此免シ申儀ヲ多免シ申候者可然と存候、左候者、欠も立申ましく候かと申候、織部申候ハ、過銭被召上、又無別義御米ヲ届申ものには、御ほうひ被下候間、過銭米ヲ其年の暮ニ御ほうひニ割苻被成被下候而ハいかゝ可有御坐候哉、難成様なる事ニ御坐候得共、江戸・大坂江御米被遣、先方ニ而代廻シ可申時分、御国御蔵米ヲ御廻シ米仕見申様にはいかゝ可有御坐候哉と申候、過銭米ヲ御ほうひニ被下候様ニ候得者、御ほうひとして過銭被召上候様ニ有之候、御米ヲ被下候而こそ御ほうひニ而候由申ものも御坐候、色〻僉議御坐候得共、落着不仕候

一八月ニ廻シ候米、三斗弐升弐合ノ廻シニ而参、三斗壱升七合ニ成申候

一九月ニ廻シ候時、御国ニ而御米廻シ候得者、三斗一升七合ニ成申候

※（付紙）「大坂欠米（朱書）「不決」」

一善右衛門申候ハ、相模守様御母義様の御石塔、半分ハ上ケ申候、上江成申ほと上候事難成、中〳〵隙ヲ取申義ニ候、欠安き石ニて遣候事一切不成候而、難義ニ御坐候

一善右衛門申候ハ、隼人裏の土手御役人無之故、芝ヲ伐置候得共、得不仕候、日用ニ而も入可申かと申候、入候得与被申、千阿弥ニ土少御坐候、外ゟ取候得ハ、夫役の積ニ仕、壱坪十四匁入申候、千阿弥ニ而ハ半分ニ売候由、相調候得と被申渡ル

一平太兵衛申候ハ、御銀無御坐候而手つかへ申義ニ御坐候、御米五十六、七匁ノ相場ニ而御坐候、払可申かと申候、猪右衛門被申候ハ、北国なとハ世中ニ而米ノ直段も下り可申かと申来候、左様之儀ニ而、けふハ買手も無之ニ而可有之、払申様ニと被申渡ル

申ノ十月十日御評定　当番鈴木夫兵衛

安藤杢・森川九兵衛・泉八右衛門・森半右衛門

・水野作右衛門・河村平太兵衛・中村久兵衛・石川善右衛門・加世八兵衛・藤岡内介・安宅弥一郎

一半右衛門申候ハ、妙善寺・石井寺ニ百姓共番人ニ、三人ツヽ、両寺ニ被為置、御扶持方壱升ツヽ、被下候、此段いかゝ可有御坐候哉、両寺かた付無御坐寺之事ニ候得者、はめつ仕候而も不苦事ニ候様ニ存候、急度番人御附被成置候上ハ、破損仕候而もいかゝニ候様ニ存候、国守御持之様ニ御坐候、寺内ニ畠なとも能頃御坐候様ニ申候、加様の所百姓ニ作仕取申候様ニ被仰付、むさと仕たるもの入置不申候様ニと、成合ニ被仰付候而ハ、いかゝ可有御坐哉と申候、猪右衛門被申候ハ、此段ハ郡奉行心得可有義ニ御坐候、左吉様子承可申渡由被申候

一八右衛門学校御作事入用の材木、竹、葺かや、其外積之書付、御老中江見せ申候

一弥一郎申候ハ、邑久郡邑久郷村ニ当月七日之夜火事参、家三軒焼申候、御法之通御扶持方可被下候哉、又俵物取込置、焼申分ハ御捨被遣候、三軒ニ而米五石七斗焼申候由申候、三人被申候ハ、吟味仕御扶持方・捨り米ともに、右之通仕遣し候得与被申渡候、一昨八日之夜も邑久郷隣ノ宿毛村ニ火ヲ付申候、竹之筒ニ火縄鉄炮の薬なと入、もへ上り候所ヲ見付消留申候由

一猪右衛門平太兵衛ニ被申候ハ、安藤杢・青木善大夫預屋鋪引料被下候、右〻の書付ヲ見合、僉議仕候様ニと被申候、右稲川十郎右衛門預かハり申候刻、壱人ニ付五十匁ツヽ、被下候、小頭ニ金小判壱両ツヽニ而御坐候、此積よく可有之と申候、此度も壱人ニ五十匁ツヽ、可然与何も申候、小頭ハ右と小判の相場も違、只今ハ十匁ほとも下直ニ御坐候間、銀子ニ而七十目被下可然哉、家も大きニ仕、何も寄合申義ニ御坐候と申、御老中尤と被申、則其通ニ被申付候

一牛窓・下津井御朱印の御加子被為置候而、入申義稀成事候得ハ、御費ニ御坐候、御やとい被成候而も埒明申義ニ可有之哉と僉議仕候、主馬申候ハ、いかにも相調可申儀

と存候、御郡奉行江被仰付、庄屋ニ申付談合置申候者、少茂手つかへ之儀有之ましくと申候、則弥一郎ニ右之通被尋候得ハ、相調可申義と存候得共、菟角庄やよひ寄、とくと承候而様子可申上由申候

一下津井ニ御坐候十四丁立小早之儀申出シ候、主馬申候ハ、御用ニ出申義左而已無御坐候、朝鮮人之時出申候、御国廻衆の刻も出申候、是も有之ニ付出シ申候、此御舟出申候ほとの儀ニ候得ハ、此方江知れ申事ニ御坐候故、御舟手ヨリ出シ候而よく御坐候得ハ、被為置不入儀ニ可有之哉と申候

一大口平左衛門福尾忠兵衛ニ被下候小船之儀尋申候、御用ニ而御当地江参候刻、又ハ何様ソ御通之刻、水舟なとの時乗罷出肝煎申候得共、加子無御坐候故やとい罷出申候、其上小船之義ニ候得者、所ノ水舟と同事、更儀無御坐候、被下置候と無御坐とハ、御坐候方よく可有御坐候得共、入用之刻ハ賃銀被遣、御船ハ無之候而も不苦儀と申候

一牛窓御朱印船之儀ハ、他国ヨリ諸事之儀福尾忠兵衛方江当申越候間、忠兵衛ニ被仰付可然と申候

一平太兵衛大坂御米払申候書付持出申候、当月四日六百俵払申候、内三百俵ハ壱石ニ付五十五匁五分、三百俵ハ五十五匁八分ニ払申候

一平太兵衛申候ハ、当所御蔵の古米千石、来二月迄代御延被成被下候者、五十八匁五分ニ買申度由、当所橋本町之者申候由申候、其通ニ仕払申候様ニ被申渡

一平太兵衛申候ハ、堤八兵衛去冬ゟ御銀之御用ニ在京仕、自分之入用書出仕候様ニ申候へとも、自分之儀何共難仕由申候、様子承候得ハ、御銀才覚仕義ニ御坐候得ハ、町人共出入多振廻なと仕候、節季塞俄ニ参候故、諸道具なとも持参不仕、少ツヽノ道具とも拵申様ニ承申候、其上滞留仕候内、奉公人出替なとも御坐候故、ヶ様之儀にも給米等をも遣申様成事も有之様ニ承候、いかヽ仕可申候哉、罷上候刻御銀十枚拝借仕候、いまた其御銀も返上不仕候由申候、何も僉議仕候、大坂ニ相詰申候もの共、御米弐十石被下候、是ニ合見申候得者、御かし被成候御銀

十枚、其まゝ被下候而大かたよく可有御坐哉、又京都江稲川九郎右衛門なと相詰申候ニ、一ヶ月雑用銀壱枚ツヽ被下、外ニ宿賃被下候、是ニ合申候得者、少まし申様ニ御坐候間、御かし銀其分ニ被遣、大かたよく可有御坐かと申候

一平太兵衛申候ハ、梶浦勘介当年之御役七月切ニ仕上申候、当月ヨリ御奏者ニ被仰付候得ハ、右之御役月割ニ仕候得者、三ヶ月分御戻シ可被成儀ニ御坐候哉、但其分ニ可仕哉と申候、何も僉議仕申候、是ハ御戻シ可被成儀と何も申候、左様ニ候者返し申様ニと被申渡

一平太兵衛申候ハ、長谷川弥五兵衛跡目次左衛門ニ被下候、親子相身躰ニ御坐候得共、次左衛門ハ夏ノ御かし米追かし拝借仕候ニ付、残米十六俵御坐候、弥五兵衛ハ御かし米無之故、三十壱俵御坐候、跡目ニ御ふりかへ被下候上ハ、弥五兵衛残米之御切手其まゝ可被下儀ニ候哉、いかゝ可有御坐哉と申候、色〻僉議仕候而、御かし米ハ被召上、弥五兵衛・次左衛門御支配御法之通指引仕、被下可然与何も申候

一加茂山御薪奉行藤兵衛罷帰申候ハ、御薪積申候高瀬舟損申候、寂早両度繕被仰付仕候、八年ニ成申候御舟故、繕もなるましく候間、新敷可被仰付、則主馬ニ新鋪申付相渡候様ニと被申渡ル

一九兵衛申候ハ、奈良ノ穐本清大夫と申候さらしや、去年江戸ニ而申候さらし御請合指上申候、当年も被仰付可被下哉と書付ヲ指出申候、書付御老中被見候而、一段可然事ニ候間、九郎右衛門・次右衛門ニ相談仕、申付可然と被申候

一先日之盗仕候半三郎請人、たうふや甚右衛門追込置申候由

一正福寺三之助走申候ニ付、兄九郎助当町請人ニ預、手せうおろし置申候由、三之助請人さるふり五兵衛も商留置申候由、御町奉行申候

一備中ヨリ参候権三郎もいまた預置申候、三之助備中・播磨尋申候得共、居不申候由ニ付、罷帰申候

申ノ拾月廿一日御評定　当番森半右衛門

一猪右衛門被申候ハ、御掃除坊主千斎新屋鋪拝領仕、竹木被下筈ニ付、先例ヲ書出候様ニと、村上了村江申付候得者、　予州様ノ御掃除坊主ニ竹木被下候例之由ニ而、すへ木四十本、竹弐十束の書出ニ而候、是ハ御歩行江被下ル同事ニ候、御歩行と坊主ともハ、少ハかハりも可有之事ニ候、いかゝ可有之哉と僉議の上ニ而、すへ木三十本、竹弐十束被下可然由

一猪右衛門被申候ハ、御台所帳付中村喜右衛門ニ此度被下候屋鋪、地ひくニ而候、つき候而不被遣候者成間敷由、御屋鋪奉行共申候、御料里人平見又兵衛やしき、いまた明候而居申候、並ヨリ屋鋪広候得共明居申事ニ候間、此屋敷可被遣哉と被申候、九兵衛・重二郎なと申候、明屋鋪被下候ハ、仕合ニヨリ並ヨリ広やしき拝領仕事ニ候得ハ、不苦儀ニ而ハ御坐候得共、類ヲ離たる所ニ而迷惑可仕候、其上割餘地高キ所ヲ取合つき候者、夫役もさのミ入申ましく候間、御つかせ可被遣かと申候、尤之由猪右衛門被申候

一猪右衛門青木善太夫ニ被申候ハ、御鳥見作兵衛類火ニ逢申ニ付、竹木被下筈ニ候、すへ木三十本、立かれ竹十五束可遣候、坊主共ニ引合、少過申様にも候得共、是ハ各別ニ被下事ニ候得ハ、外へ之例にはなるましき由

一平太兵衛申候ハ、藤岡内介御役替申ニ付、御町奉行ノ御役料ハ百俵被下候、御普請奉行ニハ御足軽五人分の御支配御扶持方被下候、是御普請奉行之御役料ニ而候、右弐色ヲ月割ニふりかへ可被下哉と申候、大学・猪右衛門被申候ハ、是ハふりかへ月割ニ仕ルニ不及、取米之御役料其まゝ遣し可然由

一石田鶴右衛門御役料月割、十月ヨリ十二月迄の分弐十五俵

一村瀬金右衛門、右同断十五俵

右両人江月割可被下候哉、其通ニ可仕由御老中被申渡ル

一中村孫四郎御役料、十一月ヨリ二ヶ月分十五俵指上

一別所次左衛門、右同断十俵
一長谷川兵大夫御足米、十一月ゟ二ヶ月分指上、三石七
斗五升
右三人の分可被召上候哉、其通ニ可仕由
一平太兵衛申候ハ、米相場大坂五十三匁仕候、御当地一両日ハ五十匁にも買手無御坐候、御蔵へ之上り銀爰元の相場ニ御立被成候者、又壱石ニ付弐匁ほとも下り申候、左様ニ御坐候得ハ、御家中ノ売米下り迷惑可仕候、左様ニ御坐候而ハ、町ニ無之、相場も立かたく候由申候、色〻僉議有之、大坂ニ而の相場ニ運賃引候而、御蔵相場ヲ立候者可然候半哉、左候得ハ、大坂の相場元ニ成候由、九兵衛・平太兵衛なとも申候、御蔵相場今少遅立候而、百姓とも手前も不苦候者、重而の寄合迄見合可然由ニ而、渡辺助左衛門・安宅弥一郎ニ猪右衛門・大学被尋候得ハ、今少延引、百姓迷惑仕ル義ニ而ハ無之由申ニ付、相場の究無之
一平太兵衛申候ハ、今度江戸御普請ニ付、罷下候御歩行ものの共ニ被下候羽織代、御家中惣平シニ入可申候哉、大学・猪右衛門被申候ハ、是ハ惣平ノ御勘定には入申ましき事ニ候間、除可申由被申付ル
一平太兵衛申候ハ、大坂江上せ御売米之儀、当年免未知不申候ニ付、難計御坐候、御郡奉行共ニ相尋候得ハ、平シ三ツ五分にはかゝり可申由申候、左候得ハ、去免ニ五分の下ニ而御座候故、御蔵へ入候分壱万石去年ヨリ少ク御坐候、去年の上り米ニ先〻壱万石ひかへ上せ可申由申候、其通ニ可然由御老中被申渡
一重二郎・弥一郎申候ハ、和意谷之儀ニ付、片岡・ほうて（宝伝）ん・久〻井・鹿忍・千手の百姓共、犬嶋江之御用ニ去年ゟ此かた骨折申候、和気郡の百姓共ニハ骨折候村〻江去年御米被下候、邑久郡のもの共にも右之分へ御米可被遣哉と申候、猪右衛門・大学被申候ハ、和気郡之もの共並ニ御米被遣可然候半間、目論書付候様ニと被申付候、重次郎・弥一郎・助左衛門則申談、一ヶ村へ三石ツ、被遣可然由申候

一主馬・織部申候ハ、大口平左衛門方ゟ申越候ハ、今月十六日兵庫見かけ（御影）の網屋与兵衛と申ものゝ五端帆舟ニ、石ヲ積罷上候とて下津井のふし嶋ニ而馳返し、船頭水手弐人船のかハらニ乗り、下津井表ヲ流申ニ付、介船ヲ出シ弐人ノもの共養育仕らせ置申候、内壱人在所江注進ニ参度由申候、然共手と身計の仕合ニ御座候得ハ、路銀借参度由申候、庄屋ニ申付路銀かし可申候哉、但所へ送せ可申候哉と申越候由、則大口平左衛門方ゟ之状を老中江見せ申候、是ハ扶持方遣可然候間、其通申遣候様ニと被申渡ル

一弥一郎申候ハ、牛窓ニ罷有候御加子共御引せ被成、所之ものニ而　公儀御用之節相勤候事成可申かと、所之ものニ相尋申候、牛窓ノもの共申候ハ、御加子ヲ御引せ被成、所之ものとして　公儀御用ヲ請合候事ハ、大事之儀ニ御坐候得者、難成存知候、御加子三人分ほとの御支配御扶持方被下候者、所ニ而人ヲ抱置、不足の分ハ筈ニ合せ可申候由、所之もの申候由、織部申候ハ、播州室津・備後鞆にも加子十人ツヽ　公儀御用のために相詰居申候由承候、御国計御加子ヲ御引被成、所之ものニ而相勤申候義、事参ルニ仕候而もいかゝ可有御坐候哉、其上下津井・牛窓両所ニ御加子十四人居申候、うしまとニ弐人、下津井ニ弐人ツヽ、四人ハ御加子居不申候而難成存候、左候得ハ、残ル十人爰元へ引申筈之内、うしまとノもの共申通ニ、御加子三人分の御支配被遣候得者、両所ニ而六人分ニ而候、残ル四人の引ケニ成申候、少之儀ニ而有来ノ御加子御引せ被成義、いかゝ可有御坐候哉と申候、尤と申もの多御坐候へとも、いまた落着無御坐

一都志源右衛門申候ハ、中村久兵衛御加増之知物成、当年ヨリ可被下候哉と相尋申候、一年切之御定ニ罷成候、以後御加増被下、江戸へ引越候ものゝ例無御坐候、御足米御役料ハ一年切ニ相定、月割ニ指引仕候、知行物成之儀ハ、当年之物成を以来年の役ヲ仕候得ハ、御役料御足米とハ又少違申候、江戸へ引越申候ものハ、只今ゟ其格ニ仕り罷越事ニ候、御加増之知物成当年ゟ可被下儀かと申

候、大学・猪右衛門も尤ニ存候、乍去可相窺由被申候
一善右衛門申候ハ、中村久兵衛預御足軽ハ、江戸へ年内ニ引越申義ニ御坐候得ハ、只今ヨリ御役ヲ引、用意をも仕らせ度旨久兵衛申候由
一八兵衛・鶴右衛門申候ハ、当町新酒之直段例年御町奉行相究候、今程時分ニ而御座候、上ノ新酒代壱匁、中八分、下七分ニ可相究哉と申候、其通ニ可然由両老被申候
一御蔵御横目、江見清兵へ・入江弥三右衛門・私共三人江申候ハ、金岡御蔵見届ニ罷越候節ハ、前〻ハ御横目も御蔵奉行方へ参、一所ニ罷有候、御横目一所ニ罷在候而ハ諸事手合も難仕候、以来ハ御横目ハ別ニ罷有可然様子ニ御坐候、近日金岡へ罷越候、荷物持候送夫・庭夫なと御定之通可被仰付哉と申候、此義作右衛門・夫兵衛なと申出候、老中被申候ハ、別家ニ罷有可然事ニ候、御小人壱人ツ、逗留中可相渡由被申渡候、雑事之儀ハ御蔵奉行並ニ可請取由
一渡辺助左衛門免帳持参
一伴五郎左衛門去年江戸御勘定目録持参
一今度御組頭ニ被仰付候もの共、誓紙ニ判形仕ル、片山勘左衛門・下濃宇兵衛・大原与兵衛・岡村権兵衛

申ノ十月廿九日御評定　当番水野作右衛門

一猪右衛門・大学御書付を以、来年在〻御普請所遅速之考、御役割之義、御普請奉行・御郡奉行、其外御用人江被申聞候、何も御尤候儀と申候、存寄申候而見申様ニと被申候、何も色〻僉議御坐候、水出候時分のために只今迄五十人も被遣候御郡江、弐十人も遣シ被置候様ニ無御坐候而ハ、いかゝ可有之かと申ものも御坐候、助左衛門申候ハ、和気ハ谷水急ニ出候而、河よけ或池なと切レ候様成事多御坐候、御役人無之候而ハいかゝ可有御坐候哉、和気郡ハ大分御普請所計書付上ケ申候、伊部村畠所ニ而百姓迷惑仕候ニ付、畠田ヲ仕遣度所御坐候、ヶ様之義には百石の日用米ヲ心当居申由申候、源左衛門申候ハ、御普請所〻一、二番付ケの義、此以前も御坐候、川筋ハ水出

之ため方〻御役人不断居申様ニ仕度と御坐候へハ、備中之義他領と入相の事ニ御坐候故、色〻之義ヲ他領ヨリ仕掛候得共、少之儀度〻不申上、私も不存分ニ而、庄屋なとを出シ埒明申様ニ御坐候、水之時分左様之時にも、御役人無之而ハいかゝニ御坐候、水出の急成時分、川筋の其近村江常〻申付、手当ヲ仕置候故、筈ニ合申事ハ結句御役人ゟ早御坐候、水出候時分、鳩江石なと入申事御坐候故、ヶ様之ためニ歩石仕置候御役人も入申候由、左様之儀迄にも積次第ニ御役人割遣シ申義ニ候者、結句早〻相調候由申ものも御坐候、又御国中毎〻自然之時之儀迄もあふなけ無之様には難成事ニ候、先一両年ニ而も被仰出候通、御尤ニ御坐候間、被　仰付候而御覧可被成かと申ものも御坐候、大学被申候ハ、堅御郡奉行共其郡〻ヲ第一ニと存候様ニ而ハ不参事ニ候間、何も御郡奉行共我か郡の構無之、一等ニ存、一、二番ノ次第ヲ僉議仕候様ニと被申候、御普請奉行共申候ハ、一、二番付ケの義、此前〻と今度被　仰出候ハ、心入替たる事之様ニ奉存候、御役人ヲ三ツ四ツニ御割被成候而、御普請所之急可然所ヨリ被　仰付候様ニ御坐候者、御普請速取可申候、少之所ハ日用ニ而被　仰付候へハ、是以御尤の義ニ御坐候由申候、左吉申候ハ、御野郡塩樋仕候ニ、当年も御役人無御坐候而、善右衛門と色〻僉議仕候、ヶ様の義ハ仕時分究たる儀候由申候、左様之義も番付ヲ究候得ハ、克時分一度ニ大勢参仕候得者、速取申儀ニ候と申候ものも御坐候、内介申候ハ、御役人ヲ少ツゝ割遣候ニ付、其所出来仕候得者、其次而ニ少之所をも仕様ニ御坐候ニ付而、御役の引ケ人ニ罷成由申候、僉議御坐候ほと何も御尤の義と申、ヶ様ニ被　仰付候様ニと申候、善右衛門・内介ニ猪右衛門被申候ハ、御郡奉行共ゟ来年之御普請書付出シ申候、両人見申候而目論見申様ニと被申渡候、源左衛門申候ハ、残ル御郡奉行共方へも申遣、急度寄合候様ニ可仕候哉、来月廿八日惣御郡奉行共寄合候事ニ候間、其時分の義ニ可仕かと窺申候、来年の義ニ候間、来月の義ニ仕候得与被申渡ル一猪右衛門・大学、都志源右衛門何もへ被申渡候ハ、当年も御平免三ツ五分六リン三毛有之候、御家中江ハ三ツ五分の御平シニ被下候、六リン三毛ハ惣御郡方御普請所入用ニ被　仰付候間、其通申渡候様ニと被仰出候、源右衛門其通心得候得与被申渡ル、御郡奉行共申候ハ、来年御郡御普請米之事、六リン三毛ヲ高ニ平シ可被下かと申候、源左衛門申候ハ、備中ハ水三寸平ニ拾町江掛申所ヲ七町江掛候而、残三町ハ百姓共精ヲ出シ候而水ヲ掛申ニ付、当年免大下りも無之義御坐候、御救米と申ニ而も御坐候間、六リン三毛在〻御役米ヲ高ニ応シ被成可被下候哉、備中右之通ニ御坐候、水ヲ拾町江掛候得者、悉日損仕筈ニ而御坐候ヲ、百姓骨ヲ折候而大日損無御坐候、然ル所ニ当年日損之所ヲ専ニ被　仰付候様ニ御坐候者、骨折申百姓の存所も御坐候由申候、平太兵衛申候ハ、御野郡・口上道なとの様ニ井手かゝりには、さのミノ御役所も無之事ニ候間、平共難被成候半哉と申候、猪右衛門被申候ハ、六リン三毛の御郡方御普請米之事ハ、上ヨリ追而被仰付ニ可有之候間、何も望ニ不及事と被申候

一神図書申候ハ、漸京銀之時分ニ罷成候、如例年之霜月廿五日切と申触、来春江成とも勝手次第ニ返上仕候様ニと可申渡かと申候、其通ニ仕候得与被申候、図書申候ハ、中江弥三郎・熊谷源太兵衛、京銀之出シ不成候ニ付而、去年の利上ケ之儀御断申上、御延被成候ニ付、利計指上申候、其一年分出前延申分、割ニ入候而指上申様ニ可仕候哉、今以出候義難成御坐候間、御延被成候而、定りの一年ツゝノ前出指上ケ申様ニ可被成かと窺申候、其通ニ仕候得与被申渡、図書古京銀ゟ新京銀の弁銀ヲ弁不申、新京銀ゟ古京銀の弁銀ハ弁申ニ付、当夏山脇伝内江尋申もの御坐候由、私ニ京銀之作廻被　仰付候節伝内申候、此義いかゝ可仕与申候、弁銀ハ古京銀ヨリ新京銀へも弁申様ニ被　仰付与覚候、一同ニ割弁させ候得与被申渡

一九兵衛申候ハ、榊十郎兵衛所ゟ十月廿日之状参候由ニ而、猪右衛門・大学江見せ申候、御国の御米船、明石辺ヨリ大坂迄之内ニ而破損船有之候者、十郎兵衛并御蔵奉行罷

出相改候様ニと、爰元御老中ゟ条数出有之候得共、只今御歩行横目御蔵ニ相詰居申上ハ、御蔵奉行与御横目罷出相改申候而、十郎兵衛ハ罷出候ニ及間鋪候哉、風前之儀ニ御坐候、急便ニ申越候へと申来候、御蔵奉行と御横目罷出改申上ハ、十郎兵衛罷出ルニ不及由被申候

一左吉申候ハ、御野郡西川又悪水抜可成ともさらへ申事、弐年ニ一度ツヽ仕候、去〻年御米弐十石被下、不足ニ御坐候而難義仕候間、当年ハ三十石被掛御意可被下候由申候、日用ニ而成候所ハ仕候得与の儀ニ候間、可遣与被申渡ル

一助左衛門申候ハ、福浦之内入田之池森内記殿船置所ニ相渡申筈ニ御坐候、多分近〻請取申度と可申候、左候者、弥番人の居申所、又船道具置候蔵ヲ仕候敷地之儀、近日相渡申ニ而可有御坐候、番人ノ菜薗所なとに成候様ニ、少広望申儀も可有之候半哉と申候、猪右衛門被申候ハ、家下の鋪地ほと渡候様仕可然と被申候、重次郎申候ハ、所ハ御存被成ましく候、御国境ニ而御坐候、同ハ御借不被成候様ニいかゝ可有御坐哉と申候、平太兵衛も左様ニ申候、村ニヨリ十四、五町も御坐候ニ付而、以来何様ニ仕候而、何ものヲかくし置候様ニ可有御坐も不知事御坐候、浦伊部江成とも金岡江成とも、一方へ片付申様ニ仕度事ニ御坐候由申候、助左衛門申候ハ、ヶ様ニ存候由、夜前源五郎にも申候得ハ、克所有之由申候、重次郎申候ハ、御借シ可被成と被　仰遣事ニ御坐候哉、左候者、郡奉行万しまりの義ニ迷惑かり申由、被　仰遣候而も克御坐候半かと申候、助左衛門申候ハ、私内談いやニ存候由、浦伊部ニ居申奉行承候而、色〻ニ申由承候間、不苦儀候得共、私迷惑かり候段被仰遣候者、私仕なしの様ニ而いかゝ可有御坐候哉、平太兵衛申候ハ、片上ノもの其外にも取込候而はひこり申義ニ候、然共内証ハ何も迷惑かり居申候間、御聞せ被成候而、所之ものゝ訴訟ニ可被成かと申候、落着無御坐

一猪右衛門・大学、下濃七助・生駒久助ニ被申渡候ハ、久代小兵衛屋鋪、武田左吉・岡本多兵衛ニ割被下候筈ニ候、

下ニ而究候事ハ難成事ニ候間、左吉・多兵衛両屋鋪ヲ間数詰候而改書付、又小兵衛屋布(敷)間数打候而、三屋鋪之絵図仕、御覧被成候而埒明候様ニ仕越候得与被申渡ル、七助申候ハ、今明日にも急度改候而書付可申候哉、左候者、竿打之義被仰付被下候得与申候、則善右衛門・内介江被申渡ル、卜斎ニ屋鋪被下候由被申渡候、畝数之儀追而可申渡由被申候

一左吉・吉太輔申候ハ、両郡ハ田地ヲ屋鋪ニ被下候義ニ候、百姓の地ヲ侍中の買地、又ハ御家中ノ奉公人共、下ニ而買居申所御坐候、左様ノものにはかハりの地ヲ被下ニ而可有御坐候哉、御用ニ被召上候事ニ候得者、買主の損ニ仕事ニ可有御坐候哉、其時ニ当候而ハ、人ニ寄候而難仕候間、前かとニ窺置候由申候、猪右衛門被申候ハ、替地と有之ハ、右に売候百姓の地ヲ被下候事ニ候かと被申候、左吉申候ハ、右之地主ニ而も無之、外の地ヲ被下事ニ候由、重次郎申候ハ、下ニ而奉公人共ノ買候ニ、従公儀被下事ニ而ハ有之間鋪と申候、猪右衛門被申候ハ、申上候而買申義ニ候得者、各別の事ニ候、左も無之所ハ買手ノ損ニ仕候得与被申渡ル

一善右衛門申候ハ、小堀彦左衛門預跡屋敷地形築申日用之札、今日埒明申候、土取場の事窺申候、猪右衛門・大学左吉江被申候ハ、遠き所ゟ土ヲ取候得ハ手廻し悪鋪候、程近き所の田地見積候而土ヲ取候様ニ渡候得与被申渡候、左吉申候ハ、たひ〱百姓共土ヲ退、田ニ仕度望申所も御坐候へとも、御免の御損有之ニ付而不取敢所御坐候、左様之所可申付かと申候、先土ヲ取らせ候得与被申候

一助左衛門申候ハ、和気郡藤野村百姓共申候ハ、御銀五貫目か七貫目、無利ニ年なしニ御借くつしニ被仰付候者、畠田ヲ披、御年貢ヲ立可申由申候、然共一両年ニ而も御年貢ヲ御赦免被成候得ハ、さのミ御益にも不成候、或御役人壱万計も入申所を、三千か四千ほと入候而仕、捨置候者、百姓共おほらしく存可仕様ニ存候、ヶ様之義ハ御書付にも入不申候由申候

一介左衛門申候ハ、友信の新田物成四拾八石御坐候而納置

申候、樋の跡先ヲ掘、塩遊ひ旁ゟ仕ルために被下候様ニと申候、大学・猪右衛門被申候ハ、何角与有之御米入事之由被申候、当年計の義ニ御坐候間、被下候様ニと申候、左様ニ仕候得与被申渡ル

一助左衛門申候ハ、和気猪多成候而百姓共迷惑かり申候、此跡ゟハ山中計江出申候、頃日者里へも出申候而悪鋪事ヲ仕候、百姓共申合、一村二むらツヽ、猪ヲ狩せ可申候哉と窺候、左様ニ仕候得与被申渡ル

一平太兵衛申候ハ、江戸御普請方入用之積、此節出来仕候様ニと存候得共、今少出来不仕候、御家中江いまた米も入不申候間、銀出候事も難成可有御坐候間、とくと積候而書付指上可申由申候、其通仕候得与被申渡ル

一野口伝右衛門・武藤安兵衛、御中小性御歩行、　予刕様小十人竹・材木被下候ニ、家の間積書付候而猪右衛門・大学江見せ申候、両老被申候ハ、先日被仰付候来春御用之竹・材木伐申候へとも、いまた不足御坐候、正月ニ伐候も同事ニ御坐候間、寂早春伐可申かと申候、左様ニ仕候得与被申候、吉大夫申候ハ、口上道郡之藪帳いまた出来不仕候、御用竹ハ伐申候而、以後御帳出来候者、請藪ニ可被仰付候哉、百姓迷惑には可存候へとも、指当御用の義ニ候由申候、左吉申候ハ、御野郡藪帳もいまた出来不仕候、出来仕候者請所之藪銀相究、御用竹御伐らせ被成候束ニ付、藪銀御赦免被成可被遣哉と申候、安兵衛・伝右衛門申候ハ、少ツヽの義ニ候間、左様ニ難成候半と申候、左吉申候ハ、御奉行伐申候節村ノもの罷出候而、銘ゟ藪ヨリ五本、十本出候も付置候而、藪銀ヲ下ニ而割ニ仕取候様ニ可仕候、少の義と申、御用の事ニ候得共、藪ヲ御伐被成候跡ヲ請藪ニ罷成候と申候者、百姓心根のためにもいかゝ候哉と申候、尤之由何も申候、左様ニ仕候得与被申渡、口上道郡も左様ニ仕候得与吉大夫ニ被申渡ル

一左吉申候ハ、寂前申上候御野郡木村の百姓、御小人ニ江戸へ参候而走り申候由、戸田七郎兵衛方ゟ申候、請人尋ニ遣シ可申かと申候、春江成尋ニ遣シ可然与被申候

一猪右衛門・大学左吉へ被申候ハ、津嶋石井寺番人ノ事、
寂前何様のものニ而も先入置候様ニと申渡候、今程いか
ヽ申付候哉と被申候、左吉申候ハ、只今迄の番人ニ而弐
十石計の御費ニ御坐候間、御尋も御坐候者と存様子目論
申由ニ而書付申候、只今迄番ノもの三人ツヽニ而勤申候

石井寺

御年貢地四反弐畝十六歩半
一畠高三石五斗八升五合　寺屋鋪囲之内今程荒地
物成弐石壱斗三升三合　引高免五ツ九分五リン
一物成壱石五斗七升弐合　寺領立米
弐口物成三石七斗五升
右寺江之通路六口有之内、ふさき一口ニ付ケ度候

妙善寺

一畠高九石九斗五升　寺領
畝数壱丁七反七畝弐十五歩半
内
五反九歩発ニ成作ニ成分
五反三畝弐十四歩 内
三畝十五歩藪今度御改之内
此高三石六斗六升五合　免六ツ四分五リン
物成弐石三斗六升四合
残而壱丁弐反四畝壱歩半　家下松林墓所共
一藪三反三せ十三歩半　今度御改帳面之内
内
弐反十六歩半　下
下ゝ　奥坂村妙善寺
一反弐せ弐十七歩　上　福井村
右物成弐石三斗六升四合ニ而ハ、妻子共の扶持方無之候
之間、奥坂村分藪ヲ可被遣候哉、但松林ヲ五反計も発ニ
可仕候哉
一助左衛門申候ハ、水上輪の事承候、可然事ニ御坐候間、
重次郎へも申談候、和気益原の外、川筋畠ヲ田ニ可仕と
存候、重次郎申候ハ、水上輪の事御郡奉行望申候者、仕
渡候得与大工ニ申渡置候由申候、先助左衛門可仕与申候、
何も水上輪ハ調法ニ可成由申候

申ノ十一月十日御評定　当番鈴田夫兵衛

一那須又四郎和気・岩生江罷出被　仰付、竹伐仕廻罷帰申候、殊外伐あらし薄ク御坐候由申候、三人被申候ハ、此竹ハ来春学校の御用竹ニ候、重次郎へ申談候様ニと被申渡候、則学校御奉行林孫兵へ・宇治久内江渡シ候得与重次郎申渡ス

一稲川十郎右衛門・西村源五郎、児嶋林村の大願寺由来之書付持参仕、三人江見せ申候、此段被申出、色ゝ僉議仕候、猪右衛門被申候ハ、御国の天台宗之儀ハ、上野御門跡御老中迄被仰合、寺・寺領共ニ無別義、前ゝのことく御渡し可被成と被仰遣儀ニ候、ヶ様之儀かなたこなたと埒も明不申候者、金山遍照院種ゝ申候而も承引も無之と申、江戸へ罷下御門跡江何角与申候者、御老中へも御聞被成ニ而可有之候、其節御老中神道御崇敬ニ候者、外ニ神職には被遣、右ゝのことく坊主ニハ取来の分其まゝ可被遣義ニ候なとゝ有之候得者、少の義ニ而御約束も相違の様ニ有之処いかゝ、六十石の分ハ大願寺江被遣、神職には弐十石ニ而も三十石ニ而も被下可然かと被申候、源五郎申候ハ、左様ニ被　仰付候者、又外の坊主ともヶ様の類も御坐候者、少ツヽの義迄も可申出かと申候、猪右衛門被申候ハ、脇ゝヨリ申出候者、御聞届被成可被遣義ニ相究ル事ニ候者、御立被遣候而も克候半哉と被申候、何も尤と申候、重次郎申候ハ、社領ニ而御坐候六十石ヲ、御　公儀江可申上かと申候而、寺領ニ被成候儀御まげ被成候様ニ而、気味悪鋪御坐候、いかゝ可有御坐哉と申候、何も申候ハ、社領と究申ニ而も無之候、右ゝヨリ坊主請取、修理領と有之儀ニ候得者、寺領共社領とも片付申義ニ而無之候、前ゝのことく修理領与被成被遣候者、脇ゝ江ノひゝきにも成申ましく候哉、宇平次には外ニ少被下可然哉と申候、此段ハ御窺可申由被申候

一十郎右衛門・源五郎申候ハ、岩生郡元恩寺の義遍照院方ゟ申越候由ニ而、書状弐通三人江見せ申候、何も請取申候、寺ゝ仏具なとも無之も御坐候、寺もあらし申儀ニ候

得共、大形の義ハ不申上候、元恩寺ハ戸・立具・畳なとも無御坐候、寺も本堂焼失仕候様ニたひ〳〵物語被仕候へとも、承候得者偽の様ニ承候由書付ニ御坐候、此段も僉議仕候、戸・立具・畳なとハ被遣候而可然哉と何も申候、此儀も窺可申由被申候

一織部大坂江御上米川口ニ而濡シ申候、則船頭の書付御老中江見せ申候、御老中被申候ハ、此御米ハ立遣シ可然候間、九兵衛・平太兵衛なと申談、立遣候様ニと被申渡候、但御奉行其方慥ニ様子不申来候間、私共方ゟ御横目方江尋ニ遣シ候様ニと被申渡候

一織部申候ハ、来年御普請ニ遣申候平太船、其外繕仕候御船とも御坐候、当年ハ江戸御普請ニ付繕指置申候得共、来年ハ繕仕候ハて不叶義ニ候、凡御銀四貫目分ほと栂板調不申候得者不罷成候、いかゝ相調可申哉と申候、調可然由被申渡

一織部申候ハ、寂前も申上候五十挺立ノ御船共損、内弐艘ほと新鋪作り申様ニと被仰遣候、只今楠板高直ニ而、十八、九貫目、弐十貫目も可仕候由申候、弥相調可申哉と申候、是ハ御　公儀御用之為にも御坐候故、仕度事ニ候、窺可申渡由被申候

一猪右衛門織部ニ被申候ハ、森内記殿船置場和気郡福浦村入田ニ御置候様ニ相究候得共、先日之寄合ニ僉議有之、御国境の義ニ候得者、いかゝと申事ニ候、いか様ニ申遣可然哉と被申候、織部申候ハ、先年あなたゟ西太寺（西大寺）村ニ而、船置場申請度と申来候得共、色〻僉議御坐候而、西太寺ハ成不申候間、外ニ而見立望被申候様ニと申遣し、入田ヲ望申候、其刻も重次郎御国境之儀ニ候之間、いかゝと申候得共、其後御評定の上不苦候与御坐候而、入田ヲ御かし被成候、寂早少ツゝ普請なとも仕候様ニ承申候、然共御置被成いかゝニ思召候者、入田ハ所入用候之間、先被指置候様ニと申遣可申候哉と申候、先尾関与次右衛門所へ申遣、かハり地可有之哉の義、尋候而の義ニ仕候半与被申渡ル

一加世八兵衛・石田鶴右衛門、去ル五日夜の火事人ニ被下

候松木の事、家数ニ応シ書付候而罷出申候、只今半田ニ似合鋪松木も多無御坐候様ニ承申候、御鉄炮も入申義ニ御坐候、御手つかへにも御坐候間、先年森下町火事之節、家壱軒ニ付而銀子壱枚ツ、被下候、ヶ様にも可被成哉と申候、猪右衛門被申候ハ、尤ニ候へ共柿屋町の家ハ少克候間、銀子壱枚ツ、、野田屋町江ハ御米弐俵ツ、被下候而ハ、いかゝ可有之哉と被申候、御町奉行共申候ハ、左様ニ而もよく可有御坐候、忝存可申と申候

一猪右衛門被申候ハ、新知物成被下様の義、弥僉議仕候様ニと被申、色〻申候而見申候、猪右衛門被申候ハ、新知被下候ハ御奉公をもよく仕候ニ付、御取立の義ニ候、御知行被下候年迷惑仕様ニ候得者、後〻迄痛ニ罷成候、左候得者、御取立の甲斐も無之事ニ候間、暮ニ御知行被下候時ハ、被下候月迄御扶持方も被下、御支配ハ月割ニ被成被下、物成ハ其まゝニ而被下候者、来年江戸御供なと仕候共、いかにも相調可申事ニ候、春御知行被下候時ハ、何月ニ而も其月迄右之通御支配割ニ被遣、御扶持方も被下、前年の免ニ物成ハ被下候而可然与被申候、何も色〻僉議仕、右之ことくニ暮ニ被下候得者、一年切と被仰出候処ノ埒いかゝニ御坐候、其上二重の様ニ成申候、春ゟ夏秋江被下候にも、右之通ニ御坐候得者、少御支配取のさし合申事も御坐候様ニ平太兵衛なと申候、猪右衛門被申候ハ、外の義ハ一年切ニ定置、御知行被下候義計御法ヲ外ニ被成、何月御知行被下候共、其月迄御支配ハ割ニ被下、御扶持方も其月迄被下、前年の免ニ物成被下候と相定有之候得者、外之義ニかまひ無之かと被申候、何も結構なる義ニ御坐候、御取立の義ニ候得者、一段よく可有御坐与申候

一国枝平助申候ハ、浅口郡の紺屋共、在〻ノもの共小紋かた付申義御法度ニ御坐候故、少迷惑仕候、他領ヨリ誂申候ハくるしかるましく候哉と申候へとも、天下一同の御法度ニ候間、無用と申留置申候、他領のハいかゝ可仕哉と申候、御老中被申候ハ、他領ともに小紋の義ハ留候而可然与被申渡ル

一十郎右衛門・源五郎申候ハ、光珍寺寺ヲ渡申候、還俗坊
主いかゝ可被仰付候哉と申候
一十郎右衛門・源五郎申候ハ、寂前も申上候新宮ニ禁札御
出シ被成よく可有御坐かと申候、尤ニ候、札出し可然所
〻書出シ候様ニと被申渡ル
一十郎右衛門・源五郎申候ハ、在〻宮〻ニさほ神主の下祢
宜ニ罷成居申候、此もの共尓今死人の口よせなと仕候、
神前ヲけかし申候間、申付候様ニと神主共申候、尤ニ存
荒ましハ申渡候へとも、然と承引不仕候、只今の通ニ被
仰付候上ハ、神子口よせなとハ不仕候様ニ可被仰付候哉
と申候、此段ハ十郎右衛門・源五郎ヨリ急度申渡、留候
様ニと被申渡ル

申ノ十一月廿三日御評定　当番森半右衛門

西之御丸ニ而の御評定、御代官頭三人、御郡奉
行不残、武田左吉煩ニ付出座無之
安藤杢・森川九兵衛・泉八右衛門・津田重次
郎・鈴田夫兵衛・水野作右衛門
御執権不残、伊賀

一昨廿二日御郡奉行共下寄合仕、先日被仰出候来春土免の
義致相談、書付指出ス
一免相の義、当年日損、近年も少痛申候間、土免〻免少下
ケ被遣候者、百姓共いさミ可申候、左候者、升相ヲ御捨
可被遣候、舛相ハ免ニ加り申筈ニ御坐候へとも御救ニ捨
可被遣候
伊賀被申候ハ、舛相捨り御家中のいたミ障ニ成候義ハ
無之候哉と被申候、都志源右衛門申候ハ、舛相の義舛
付ヲ仕候舛を以年貢ヲ計、米積以テの義ニ候得者、免
ニ加り候筈ニ而ハ御坐候へとも、舛相と有之名ヲ捨不
申候段、いかゝニ御坐候間、菟角舛相弐分通ハ捨可被
遣義かと、一昨日之下寄合ニ平太兵衛・源右衛門・源
五郎なと達而申候へとも、又今朝思案仕候而見申候ニ、
百姓手前へ舛相捨被遣候者、御支配取には舛相不被遣
筈ニ候得共、左様ニ候而ハ取来のへり申所御坐候ニ付、

其まゝ只今のことくニ舛相不被遣候者成ましく候、左候得者、又此舛相の名捨不申候、然ル上ハ、只今の通ニ被仰付可然御坐候半哉と、平太兵衛なとゝも申候而見申候由申候、俣野善内申候ハ、舛相ハ元ゟ免ニかゝり候筈之故、弐分通の分免上り候所ニ、只今舛相捨被遣候者、前かとハ御無理ヲ被成候様ニ御坐候由申候、伊賀・猪右衛門被申候ハ、御用人共ヲ初弐分通ハ舛相と心付き居申候故、舛相の名不捨様ニ有之候、舛相の名ハおのつから後々ハ捨り可申事ニ候、縦捨り不申候共、前々ハ舛弐ツニ而候へとも、後々ハ舛直り、其節弐分通免ニかゝり候と有之、不苦事と被申候
一伊賀被申候ハ、舛相の義書出シ候計ニ而、土免上ケ下の僉議無之、御郡奉行存寄の通申候而可然由被申候、庄野市右衛門申候ハ、免相の義上ケ下ケハ立毛ニヨリ年々仕事ニ候故、只今改り候義ニ而無御坐候、外ヨリ見申立毛ヨリ免安きと存候所も御坐候、又村ニヨリ立毛ヨリ免高きと外ヨリハ存候村も可有御坐候、下ニ而ハ色々様子有之事ニ候、其上近年ハ御検見かふきりニ被仰付候故、能稲持候百姓ハ其まゝ置、悪き立毛持候百姓計検見請候得ハ、是も大きなる免の下ニ而御坐候、斎木菟角免のかた下候而ハ奉行の作廻難仕候由申候、斎木四郎左衛門・岩根源左衛門・塩川吉大夫なとも同事ニ申候、河村平太兵衛申候ハ、御郡奉行共ハ免の下候をハ何もすき不申候、然とも百姓のいさみには成可申候、只免御下可被成ヨリハ舛相の名いかゝニ候間、舛相御捨可被遣かと、何も存候と見へ申候由申候、岩根源左衛門申候ハ、百姓のいさミ精ニ成申候も当分の義、後ハ又本のことくニ成申候由申候、猪右衛門被申候ハ、舛相の下免候者、侍中江ノ精悪鋪可有之候、百姓のよわミを以テ下候分ハ、縦いかほと免下ともくるしかるましく候、舛相の免御下ケ候義ハ、いかゝと被申候、何も尤候由
一日焼村悪米給人払御代官改の上、包米ニ而請取申様ニ仕度之由

伊賀被申候ハ、御蔵も包米ニ而請取候上ハ、給所も銘〻知行所の米ハ包米ニ而請取候様ニ申渡可然候、越米の義ハいかゝ可有之哉と被申候、猪右衛門被申候ハ、当年ハ銘〻知行所ニ有之米の分ハ、悪米ニ而も代官ヨリの包米ニ而請取候様ニ仕、来年ゟハ包米の悪米ハ御蔵へ納置、大唐米のことく高ニ割苻ニ被仰付可然候半哉と被申候

一日焼の村御蔵御詰米納兼申候、随分吟味仕申付、其上ニ而不足御坐候者、米高書付御勘定場へ指出可申候間、御用米ほと余の御蔵ニ而御残シ可被下哉の事

御詰米の義、右書付の通ニ成可申哉と、猪右衛門平太兵衛ニ尋被申候、当年ハ各別の年ニ候間、ヶ様にも可被仰付かと平太兵衛申候

一庄屋・頭百姓着類、紋所御免可被成哉の事

御郡奉行共申候ハ、町人にも年寄・目代ニハ紋所御免被成候、其ニ引合庄屋・頭百姓へハ紋所御免可被成かと申上ル由、落着僉議無之候

一日用米の義、来春御普請迄ニ而も無御坐候、当年畠方悪鋪御坐候ニ付、来春無心元奉存候間、郡〻江被下候様ニ奉存候との事

日用米の書付指上申候、僉議無之

右者御郡奉行書上候分

一俣野善内、赤坂郡牟佐村井手溝積之書付差上候

一猪右衛門被申候ハ、きりしたん改の義前〻ハ庄屋共組〻ニ相改候故、身ニ引請候様ニ有之候、近き頃ハ御代官共廻り相改候故、庄屋共ハ代官ニ譲申様ニ成、百姓とも存入も宜前の様ニハ無之様ニ相聞候、前〻のことく庄屋改ニ被仰付可然存候、代官幾日には此方江参、きりしたん改仕候与知申候ニ付、用所候而罷出候ものも待候而居申、業ヲ仕さまたけにも成候得者、民の費ニ而も御坐候由申候、猪右衛門被申候ハ、五人組の義ハ、本ハきりしたんの五人組ヨリ初り候儀ニ而ハ無之哉と被申候、御代官頭共申候ハ、本ハきりしたんの五人組ニ而、其後善事のほうひ、悪事の罪科ともに五人組ニかゝり候との義、今以

きりしたんの五人組も同事ニ而ハ候へとも、前〻のこと
く弥きりしたんの五人組ヲ本ニ立、吟味仕候様ニかたく
申付、御代官も折〻ハ改候様ニ有之可然由、何も申候
一大役人被召抱儀、或ハ例年四百人被召抱候ヲ、五百人も
被召抱、内半分ハ春夏中の約束ニ而被召抱、秋江成引籠
候様ニ被成候者、出たかり申ものも可有御坐候、春夏ハ
御普請のはかも参時分ニ候得者、ヶ様ニ被仰付可然かと
の義、寂前評定所ニ而藤岡内介申出、尤之由僉議ニ而御
坐候、此義御郡奉行共下寄合の節、御普請奉行共申出、
僉議仕候様ニと御老中被申渡、僉議御坐候、来年ハ例年
ニ五十へらし、三百五十人可被召抱候哉、但又半季の約
束ニて、秋ハ被放御扶持引籠候様ニ可被仰付候哉、御郡
奉行共申候ハ、大役人の分も同ハ日用米ニ被仰付被下候
者、可然由申候、伊賀・猪右衛門被申候ハ、御家中ゟ上
ル役米ニ而役人ハ不被召抱、日用米ニ成候事いかゝ可有
之候哉、御番頭共へも少相談仕、其上の義可然候半哉と
被申候、いまた落着無御坐

一御郡奉行共申候ハ、去春在〻飢扶持御かし被成候、其後
飢扶持の御かし米ハ被下筈ニ御坐候、借状村瀬金右衛門
方ニ可有之候、借状返し候様ニ手帋遣シ被下候様ニと申
候、伊賀・猪右衛門被申候ハ、此米ハ被下筈ニ而ハ候得
共、左様ニ候得者、百姓の精も悪敷候間、先〻御延置被
成筈ニ候と覚候由被申候、八右衛門・重次郎なとも同事
ニ申候、御郡奉行の作廻にも先〻延置候方よく御坐候由
申ものも御坐候、八右衛門申候ハ、御郡奉行江被下置候
ニ被成可然御坐候半かと申候、此通可然かと伊賀・猪右
衛門被申候

中ノ十一月晦日御評定　当番水野作左衛門

一菅弥兵衛・一森彦三郎申候ハ、御中間共御国ニ而ハ壱人
扶持被下、江戸ニ而ハ半扶持ツヽ御まし被下来候、去年
ヨリ壱人ツヽノまし被下、江戸ニ而ハ弐人扶持被下候、
御国壱人扶持ニてハ勝手迷惑仕候、半扶持御まし被下候
様ニ申上くれ候様ニと願申義ニ御坐候、老中被申候ハ、

御手廻の御道具持・御草履取共、寂前此方迄御扶持方の義御訴訟申候へハ、克キ御次而ニ可申上候由被申候、彦三郎・弥兵衛申候ハ、御中間小頭弐人扶持被下候、江戸地共御まし扶持被下候得かしと願申候、伊賀被申候ハ、弐人扶持被下来候ものハ、まし扶持被下候様ニとの義ハ、いかゝ可有之と被申候

一彦三郎・弥兵衛申候ハ、御中間共之内久鋪御奉公仕候ものハ、馬の方巧者ニ御坐候ニ付、勤の成候迄ハ召遣候、茂右衛門・五兵へと申もの、廿八、九年、三十年程御奉公仕候、茂右衛門歳罷寄候而かんせう才も不罷成候、御旅所の馬場御番御鉄炮ノもの仕候、此茂右衛門ニ被仰付可被下かと申候、猪右衛門被申候ハ、御旅所の義、はき掃除の勤不仕候而ハ不成候由被申候、彦三郎いかにも其段相勤可申由申候、善右衛門申候ハ、御旅所の番仕候御鉄炮ノものハ、熊谷源太兵衛預ニ而御坐候、久敷御鉄炮も仕候、歳罷寄候ニ付而御旅所の番仕候、此もの能掃除才仕、御祭礼之時分、御役人も前ゝの様ニ左而已入不申候様ニ御坐候、年寄の義ニ御坐候故、源太兵衛ハ置かへ可申由申候、田地才も持候ものニ而も無之ニ付、何とそ御小人の御擬ニ而可相勤かと申候得者、御扶持ヲ被放候得者迷惑仕事ニ御坐候間、何様にも可相勤と申候、いかゝ可有御坐と申候、夫兵衛申候ハ、御鉄炮ノものハ年寄候得者置かへ候様ニ何も仕候、外ニ例にも成可申かと申候、落着無御坐

一戸田七郎兵衛申候ハ、御小人の小頭着物小紋無用、袴不着筈ニ被　仰付候、小頭共申候ハ、只今迄着来候処迷惑仕候、常ニ着申儀ニ而も無御坐候、上下ハ五節句御赦免被成被下候へかしと申候、半右衛門申候ハ、御小人の小頭前ゝハ御小人之内ゟ小頭ニ申付、作廻悪鋪候得者又御小人にも成候様ニ有之候故、袴着不仕分ニ御坐候ハ、前かとの御吟味ニ而右之通ニ御坐候、只今ハ外ヨリ小頭召抱申由ニ候、九兵衛申候ハ、只今ハ御小人数多、小頭事之外六ヶ鋪御坐候ニ付、物をも書、算用なと仕候ものヲ抱申候、私共方へ小頭参候得共、むさと仕ものニ而も無

之由申候、僉議御坐候而御赦免被成候而も可然かと有之、免申様ニと被申渡ル

一重次郎申候ハ、先日申上候上着・道服・上下の裏ニ、京羽二重・かべちょろなと御赦免の義、いかゝ可被仰付候哉、先日御次江罷出候而何も申見申候、御赦免被成可然と申もの半分、㝡早其分ニ可被遊かと申もの半分〳〵ニ而御坐候、私共御知行被下罷有候而さへ仕かへ申候ニ、よほと六ヶ鋪御坐候、小身不足ノもの共只今仕かへ候事、勝手ニ迷惑可仕候、是ハ御法ニ出候儀ニ而も無之、下ヨリ窺候而各様御書出の事ニ候得者、来年ノ暮迄か、さらい年迄御赦免被成候而もくるしかるましく候哉と申候、半右衛門申候ハ、持かゝりヲ御免不被成迷惑仕候義ハ士共ニ不限、下ゝも小紋紋所なと当年中計ニ候得者、染直シ候ニ仕候而も染賃旁ゝ下ゝの義ニ候得者、士共のゟハ迷惑仕義ニ候、是も御免不被成候、其外数ゝニ而御坐候ニ、士中のふかしからぬ事ニ候、其上先日夫兵衛申候ことく、江戸へ被召連候もの持かゝりとて御免被成候得者、昨日ヨリ持候ものニ而も持かゝりニ而候、江戸ニ而着候外と違候事もいかゝニ候、旁以㝡前被仰付候ことく、弥持かゝり共ニ来春ゟハ御法度被成可然御坐候半と申候、夫兵衛申候ハ、五、三人の事ニ而ハ可有御坐候得共、他所へ縁者の祝言道具、今度の御法ニ改申たるも御坐候、㝡前御歩行なとの道服、袴の裏の義ニ付窺申候得ハ、無用と被仰候ニ付、其通ニ申渡仕替申候、其ゟ上ノもの少迷惑仕候とて、御免ニ被成候事いかゝ可有御坐候哉と申候、㝡早末ゝノものへも行渡、一通りハ仕替申ニ而可有御坐候、左候得者、被　仰付ヲつゝしミ仕替候もの御坐候、又跡ゟ御赦免被成候様には、いかゝ可有御坐哉と申ものも御坐候、重次郎申候ハ、年ヲきり御赦免被成候処、只今わさ〳〵と仕ものハ御坐有ましく候、其上江戸上着・道服・上下の裏無用ニ被仰付、御国計御赦免可被成候哉、下ゝ小紋紋所の義ハ江戸ゟ之御法ニ候得者、縦勝手ニよく候とても御赦免難成候、上下・道服の裏ハ　公儀の御構少も無之候得共、少ニ而も勝手ニ克様ニ被　仰付

候へかしと奉存知候、根本勝手のため克様ニとの被　仰出ノ御趣意ニ候処、還而勝手迷惑仕様ニ成候、御趣意ニ違申候、菟角大勢の口ヲ御聞被成可然候間、各様へ御出入ノもの共ノ口をも少御聞被成可然と奉存候由申候、落着不仕候

一主馬・織部船持共江申聞候、存寄の書付ノ下書幷先年爰元老中ゟ御船手江之条数書持参仕候

一主馬・織部申候ハ、牛窓前ニ而十月三日、大坂境や彦左衛門手代の銀積候船馳返申候、銀子弐貫五百目積上申候而沉候、牛窓ノもの罷出候而掛申、早ミ取揚申候、御法の通十分一、弐百五十匁取申候、銀子ハ各別の様ニ御坐候得共、其分ニ可被成候哉、浮荷ハ弐十分一、沉荷ハ拾分一ニて御坐候、庄屋罷出割苻ニ仕取候様ニ可被成かと申候、伊賀・猪右衛門被申候ハ、銀子ハ各別共無之候間、其分と被申候、何事にも何も割苻の様にはいかゝニ候、庄屋罷出才判仕、骨ヲ折取揚候もの、其外骨折候ものに、それ〳〵割遣し可然候、織部申候ハ、右ミもヶ様の類有之候、庄や罷出肝煎申候者、肝煎賃取可申事候哉と申候、左様の義ハ其時ミの様子次第ニ申付可然候、ヶ様の事ハ下津井ニ而大口平左衛門、牛窓ハ福尾忠兵衛宰判仕候而可然与被申候

一塩川吉大夫申候ハ、国苻市場村百姓兄弟申分ノ様子書付、老中江見せ申候、夜八時分ニ口上道へハ触遣し候由

一俣野善内申候ハ、尾関与次右衛門所ゟ申越候ハ、寂前おく上道日用米弐百石と書付上ヶ申候、例年被下候百石ハ除置候得者、例年の百石共ニ弐百石と被仰候、左候得者百石不足ニ御坐候、都合三百石と申上候様ニと申越候由申候、猪右衛門被申候ハ、与次右衛門去年・当年の働大分之事ニ候間、左様可有之由被申候

一佐分利平右衛門江老中被申候ハ、江戸御普請割之銀集申候哉、近日上せ申義有之由被申候、平右衛門申候ハ、昨今日きり取立申筈ニ御坐候、左候者今晩にも上せ可申候間、弥集候様ニと被申渡ル

一老中神図書江被申候ハ、在ミ方又御家中ゟ二割出之京銀

集候者、上方へ近〻上せ度候、新京銀・古京銀共此節利銀不遣候而ハ不成事ニ候、内証の義ハ此方ニ而指引も可成候間、孫左衛門居申内ニ遣、大坂ゟ御米払之内壱人罷上候様ニ可仕と被申候、図書申候ハ、私手前ハ少も別条無御坐候、銀子ハ取立候而新之丞江渡候由申候、則御舟奉行へ御舟の義幷御船頭銀子請取積参候様ニ申渡候得与被申候、則新之丞も呼ニ遣、今明晩ニも出船仕候、相渡候様ニ用意仕候得与被申渡ル

一平太兵衛申候ハ、相場聞大豆直段承候、今程ハ米ヨリ大ツ(豆)の直段高直ニ御坐候、只今百姓共大ツヲ調、給人方江払申様ニ仕候者、直段上り可申候、作州の次大ツ五十弐匁仕候、此前洪水以後大ツ無之節、百姓米ニ而出シ申義御坐候、百姓共ハ此前〻の様ニ、七貫ニ而被仰付候得かしと望申候、御国ニ大ツ無御坐候得共、下江大ツ買ニ被遣候ニ付、町の大ツ直段左而已上り不申、よほと御介ニ而御坐候由申候、御国ニ大ツ無之義ニ候得者、米ニ而給人江払候様ニ可被仰付かと申ものも御坐候、大ツ米ゟ高直ニ有之候とても、壱石ヲ七斗ニ取候事もいかゝニ候、大ツの直段御究被成候而、銀出シニ可被仰付かと申ものも御坐候、落着無御坐

一猪右衛門被申候ハ、田口兵左衛門手代屋鋪の義、相談仕申付くれ候様ニと申由被申候、主税殿被申候ハ、御鉄炮と小頭の間ノ位ニ被成可被下候かと、兵左衛門申由被申候、御鉄炮ものハ壱畝十五歩、小頭ハ弐畝十五歩ニ而候、然上ハ弐畝ニ而可然かと有之、何も御尤と申、其通相究り申候

一野間久右衛門御勘定相済、目録老中江見せ申候

一御町奉行申候ハ、中買長右衛門籠賄町ゟ仕、迷惑いたし候間、賄の事御赦免被成可被下かと申候、猪右衛門被申候ハ、先其分ニ而置候得と被申候

申ノ十二月十日御評定　当番鈴田夫兵衛

一上坂外記申候ハ、伊予守様御普請の御役人の義、書付ヲ以窺申候、藤岡内介・石川善右衛門江相談仕候様ニと

被申渡、則談合仕、善右衛門・内介申候ハ、御鉄炮ノもの只今五百六、七十御坐候内、江戸へ九十ほと参居申候、御番所へも大分引申候、学校の御普請にも多入可申候、

予州様御普請ニ弐百五十ほとも入可申由外記申候、又浮人も送物彼是入申義ニ御坐候得者、中〳〵引足申ましくと存候、来年ハ大役も無御坐事ニ候得ハ、御手つかへに可有御坐与申候、色〻僉議御坐候而、御鉄炮割付、其外御家中ヨリ出申候人役の分割出シ、不足の所ハ日用ニ被仰付可然かと申候、一段可然由何も申候、猪右衛門被申候ハ、只今御普請ニ御鉄炮一円出不申候由ニ候、指当り無之候而不成事ニ候間、御やといニいたし出申候様ニ申付可然候、春も早〻ゟ御普請ニ取かゝり候由申候間、此分ハ正月十二日ヨリ出申事ニ候間、左様ニ心得申様ニと被申渡候、内介申候ハ、御やといの義只今時分銘〻引籠居申義御坐候、爰元へ罷出宿無御坐候得者宿賃出し、殊外迷惑仕ル事ニ候得共、菟角ハ難仕義ニ御坐候間、申渡し可申候、来年の御役ニ御立被遣ニ而可有御坐与申候、いかにも御役ニ立遣シ候様ニと被申渡ル

一安藤杢申候ハ、野間久右衛門義たひ〳〵申上候通、物覚一円無御坐、御用難勤候由申迷惑かり、何とそ被仰上被下候様ニと申候由、久右衛門申候も、此御役居役の義ニ御坐候得ハ、結構成事ニ御坐候得共、先勘御奉公ニ仕度義と奉存候得共、物覚無御坐、大事之御用故御理申上候由申候

一猪右衛門塩川吉大夫ニ被申渡ハ、網の浜・平井ニ而も、門田村屋鋪替地ニ少ツヽ、ノ田地・山畠なと遣シ申分ハ不苦候、門田村計ニ而替地入申様ニとの事ニ而ハ無之候、内介・善右衛門申談、罷出見及申付候様ニと被申渡候、吉大夫申候ハ、門田村の百姓とも家廻りニ一重藪木なとも御坐候、藪ハ御用竹ニ御伐らせ被成、細き残り竹ハ百姓共ニ可被下かと申候、猪右衛門被申候ハ、竹木共ニ其まゝ遣シ可然候、御用竹五十束、百束の分ハ不苦事ニ候間、百姓銘〻江遣候様ニと被申渡ル

一蟹江新之丞・安田市左衛門申候ハ、銀見助兵衛義只今包

銭少ク御坐候而、手前不罷成候、手代なとも外ノ町人ハ銀子弐枚、三枚ニ而抱申候、助兵衛ハ七、八枚ツ、ニ而弐、三人も抱置申候、前ゝハ御運上も御坐候得共、包銀の直段御下ケ被成、御運上ハ御赦免被成候、右ハ弐百目包五分ツ、包賃ニ而御坐候、只今ハ三分ニ被仰付候、右ゝハ三千貫目ほとツ、包申候、今程ハ千貫目程ならてハ包不申候、七、八年ゟ以前ヨリの包銀、町人共持居申候故、御銀納申候も百貫目程之内三十貫目程ならてハ、只今包申銀無御坐候、外の御用相勤申候町人ハ、御扶持方被下候上ニ、作料なとも被遣候、助兵衛義ハ何も不被下御奉公仕候、何とそ被　仰上可被遣かと申候、猪右衛門被申候ハ、両人願ハいか様ニ存候哉と被申候、少ニ而も御扶持方をも被下候様ニと申候

一岸織部・中村主馬江、伊木長門家来各務大郎兵衛方ヨリ越申候書付持参仕申候、太郎兵衛もの弐人小船ニ而、去月廿八日岡山ヨリ虫明江罷戻候とて、鹿忍前ニ而難風ニ逢、夜中船乗返し申候、介舟も無御坐かハらニ乗居申所江、細川越中殿関船通り掛、弐人共ニ船ニ引乗せ、牛窓江上ケ候而罷通り申候、御礼も可有之義かと存、注進仕候由申来候、猪右衛門被申候ハ、両人ヨリ船頭方へ成とも状ヲ遣し可然与被申候、主馬申候ハ、ヶ様の義ハ何そ少被下候而も可然可有之かと申候、尤ニ候、窺可申由被申候

一津田左源太江猪右衛門被申渡候ハ、伴久介義病気ニ付御支配御扶持方指上、緩ゝ与養生をも仕度と御理申ニ付、江戸へも申上候得共、当年ハ御切手御墨印参候間、被遣候、来年ヨリハ御支配只今の半分、御扶持方ハ其まゝ可被遣由被申渡ル

一寂前の寄合ニ申上候、大坂江御米積上り申候当所之孫右衛門舟、大坂川口ニ而一ノ洲へ船ヲ上、上荷船をもかり不申、御米濡シ申候ニ付、濡米ほさせ、欠米出させ申候様子、大坂へ尋ニ遣シ書付も参申候、則藤井与次兵衛罷帰候ニ付、呼出様子申させ候、何も御奉行共罷出候而僉議仕、右之通ニ御坐候、船頭横道ものと申候而、御米ほ

させ、欠米をも弁させ候由申候、色〻僉議仕、船ヲすへ
乗掛濡申候段ハ、以来とても可仕様も無之と、主馬・織
部なとも申候へとも、御奉行共罷出吟味之事ニ候、上荷
借り不申候所もいかゝニ候得ハ、此度ハ其分ニ仕可然与
老中被申渡ル
一寂前北浦の舟御米積上り申候、是ハ難風ニ而御坐候ニ、
情ヲ出シ高上荷借候而無恙御米濡シ不申、御米欠も無御
坐候ニ付、克仕候与申候而、御奉行共古帳ヲ見申候得ハ、
先例にもヶ様の刻、高荷船かり候而情出し、御米濡シ不
申候時ハ、上荷賃立遣し申候ニ付、此度も先例の通ニ仕
候由申候
一河村平太兵衛申候ハ、大坂と御国ノ御米相場大分違申候、
御国米下直ニ御坐候、作州米ヲ御国ニ而払申候、酒やな
とも何も作州米ニ買申候ニ付、下直ニ御坐候、御家中士
共の米一円売兼迷惑仕候、是ハ津留と申義ニ而も有之間
鋪様ニ存候、作州米直ニ通り申様ニ被　仰付候而ハ、い
かゝ可有御坐候哉、少相談被仕候様ニと被申候、水野作
右衛門申候ハ、米下直ニ而迷惑仕候と申候ハ、侍共の義
ニ御坐候、左様ニ被　仰付候者、米ハ上り可申候得共、
末〻のもの共迷惑可仕候か、左候者、飢扶持彼是と申出
候ものも多可有之様ニ被存候、いかゝ可有之哉と申候、
森半右衛門申候ハ、当所之町人共作州米ヲ買申候ハ、米
よく候而買申候哉、直段下直ニ候哉と尋候得ハ、酒作申
義御国所ニヨリ何百石と塞り申候、被仰付候御国ノ米ハ
三俵ニ而九斗六升御坐候故、百石ニ而も四石足り不申候、
作州米ハ石ニ塞り申候故、買申候様ニ町人共申候由申候
間、御国ノ町人共にも石ニ足シ候而作り申候様ニ被仰付
候者、御国米ヲ買申ニ而可有御坐かと申候、則御町奉行
弐人江尋被申候得ハ、いかにも足候而作り申候由申候
一御小人奉行戸田七郎兵へ申候ハ、江戸へ参候御小人弐人
相煩申ニ付、暇ヲ被遣、今月三日ニ罷帰候、まし給米の
分今月罷帰候而も、其まゝ御奉公仕候ものには其分ニ而
被遣候、ヶ様ニ病人ニ而暇被遣、罷帰候例無御坐候故窺
申候、当月、来月二ヶ月分取立可申候哉、御捨可被遣哉

と申候、猪右衛門被申候ハ、寂早御奉公仕候義成不申候
哉、弥様子相尋、九兵衛迄申達候様ニと被申渡ル
一安井六郎左衛門・加藤七大夫申候ハ、樋方御奉行ニ被仰
付候御歩行之者共宿遠、伊勢宮ニ罷有もの共ニ御坐候故、
通ひ殊外迷惑仕候与見へ申候、此段ハ右ゝヨリ其通ニ仕
付申義ニ御坐候へとも、第一私共乍推参存候ハ、程近ニ
御置被成候者、万事ニ付御為ニ可然と奉存候故申上候、
御船手のことく近所に奉行屋鋪被仰付候者、よく可有御
坐与存知候、扨ハ御奉行共被仰付、少仕習候と存候得者
御替被成候故、何共迷惑仕候、同ハ定奉行ニ被成被下候
者、其身もうちはまり、御為ニよく可有御坐与奉存候間、
申上候由申候、何も談合仕可申由被申候
一六郎左衛門・七大夫申候ハ、弐人手代被　仰付候、此も
の共右ハ御鉄炮ニ而六石被下候ヲ、只今五石ツ、被下候、
勝手迷惑仕候与見へ申候、間も無之御奉公の事ニ候故、
妻子なと養申躰も不便成様子ニ御坐候故申上候、右ゝの
通にも被　仰付候而可被遣哉と申候、猪右衛門被申候ハ、
小作事之手代も其通申候間、談合可仕由被申候
一主馬・織部申候ハ、御鷹野舟ニ乗申次左衛門跡役ニ申付
候もの、色ゝ僉議仕候得共、似合鋪もの無御坐候、寺見
三右衛門・児嶋惣次郎も種ゝ吟味仕候得共、御側近寄申
ものゝ事ニ御坐候故、無御坐由申候、伊賀・猪右衛門被
申候ハ、可仕様も無之事ニ候間、次左衛門忰ヲ乗せ候而、
見候得与被申渡ル
一主馬・織部申候ハ、寂前申上候弐艘の御船道具板調申候
ニ、銀子五拾貫目ほと入申候
一塩川吉大夫・武田左吉申候ハ、先日俣野善内申上候赤坂
郡の井手弥被　仰付候哉、先度も急度申上度候得共、横
たハり申様ニ御坐候故延兼仕申候、下の両郡迷惑不仕候
様ニ被　仰付被下候様ニと申候、猪右衛門被申候ハ、先
日善内申候きつ水ニ成候時ハ、少茂取申ましくと申候、
左様ニ候得ハ不苦義と存候由被申候、伊賀被申候ハ、菟
角いたし候而見不申候得ハ知不申候、何と申とも下の為
ニ克事可有之とハ不被存候由被申候、左吉申候ハ、きつ

水の時分と申義も無之、新田ハ水多ク入申候、三日ニ一
度ほとツ、水ヲ入替へ不申候得ハ、悪ク御坐候由申候、
樋の口ニ而水壱尺も上り不申候得ハ、樋一倍不参ものに
御坐候、同ハ何月迄ハ水ヲ遣し、何月ヨリハ遣し不申候
と御定被下候得かしと奉存候、下の為には何と申候而も
悪鋪御坐候得共、御国の義ニ候得ハ、菟も角もとハ存候
得共、後〻迷惑不仕候様ニ被　仰付被下候得と申候、平
太兵衛申候ハ、菟角御普請奉行ヲ被遣、中分ヲ積候而可
然与申候、尤之由被申候

一左吉・吉大夫申候ハ、両郡ハ奉公人宿多御坐候故、奉公
人女なと数〻居申候、御台所方ノもの共も宿ヲ持居申も
の御座候、此もの共の女ノ着類ハ在郷並ニ紋所かたなし
ニ可申付候哉、但男と並ニ御免可被成哉と申候、猪右衛
門被申候ハ、百姓並ニ申付可然候、迷惑仕候者岡山江出
候様ニ申候得与被申渡

一稲川十郎右衛門・青木善大夫申候ハ、籠の下番ニ被仰付
候助右衛門と申もの、右ハ五郎八様御門番仕、其後学校

下屋鋪の番被仰付候得ハ、悪事御坐候而過怠ニ籠番被仰
付候、相煩細〻引籠申候、年も寄申候故定番迷惑仕候、
度〻理申候、是ハ御鉄炮ノもの右〻ヨリ仕候間、御指替
被遣可然かと申候、助右衛門義御免被成候者、香庵様御
後室ノ御門番ニ可被仰付候哉、左候者、只今迄香庵様御
後室ノ御門番仕候三吉義ハ迷惑仕居申候之間、只今之内
御休せ置被成、又似合鋪儀も候者可被仰付候哉

一十郎右衛門申候ハ、瓶井の山廻ニ被仰付候西山次郎左衛
門克相勤候由、右〻も御横目共申候、至只今武藤安兵衛
・野口伝右衛門なともほめ申候、外の御奉行共へ見せ申
為に御坐候間、此段ハ少被　仰付被遣可被下哉と申候、
猪右衛門被申候ハ、尤ニ候、何も〻左様の義ハ不申候而
不成事ニ候、心得候由被申候

一青木善大夫申候ハ、山根三郎右衛門和意谷江被遣候ニ付、
かハりの御掃除頭入申義ニ御坐候、火事道具なと預居申
候山根与右衛門と両人ニて相勤申候、指当事闕申義候故
申上候由、猪右衛門御次而ニ可申上由被申候

一源五郎・十郎右衛門申候ハ、日外も申上候玉の宮葬所の義、御留被成可然かと申候、伊賀・猪右衛門被申候ハ、尤ニ候、両人手前ヨリ札ヲ立候而可然由被申渡ル
一源五郎・十郎右衛門申候ハ、破損仕候在々小宮の繕之儀、郡奉行中ゟ何とそ心ヲ付候様ニ可被仰との事ニ候故、私共ゟ何共申遣不申候、被仰遣可然かと申候、猪右衛門御郡奉行当番ノ吉大夫ニ触遣申様ニと被申渡候、氏神の宮破損仕候者、氏子共としてもより〳〵取立修理仕候様ニと申渡、少ツヽノ不足所ハ何も郡奉行見計、従　公儀も申付可然由申遣候得と被申渡ル
一源五郎申候ハ、還俗仕もの共御銀三貫目無利借シ申候も御坐候、手前塞申ものには銀子遣シ申ものも御坐候、借り申ものハ年延指上申度と申ものも御坐候由申候
一十郎右衛門・源五郎申候ハ、岩生郡願能寺の堂之儀、田原村ニ有之堂ハ半間右のにちいさく、角柱ニ而御坐候、宗堂の堂ハ壱間半大きニ御坐候、丸柱ニ而御坐候、何れを建遣可申候哉、堂小ク候而も建遣し、寂前の堂ヲ寺ニ作り申候ヲ其まゝ被遣候者可然存候、こハし申候者かてん仕ましく候かと申候
一源五郎申候ハ、神職共手前成不申、迷惑仕候もの共多御坐候、学問をも仕、取つゝき居申へくと存知候もの共、奉公ヲ望申様ニ御坐候、百姓共ゟ少茂心入無之ニ付而、札守なと書遣候而も、結句帋の代も神職共弁申様ニ御坐候故、中〳〵続不申候、少御雑作参候共、何とそ可被仰付哉、田地なとも有之ものハ何とそ取続申候得共、左様無之ものハ奉公可仕ゟ外ハ無御坐と見へ申候、只今奉公なとに出候而もいかゝニ御坐候と申候、伊賀・猪右衛門被申候ハ、少物入候共すハり候而居申様ニ被仰付可然と被申候、十郎右衛門・源五郎申候ハ、百姓共少心付候得者、中〳〵ケ様には無御坐候得共、一円かまひ不申候、きりしたん請にも立申義候得者、何とそ取立置申筈の様ニ存知候へとも、可仕様も無御坐候、何とそ被仰付可然と申候、尤之由被申、落着無之
一源五郎申候ハ、御野郡奥市村の神主杉村源大夫と申もの

御坐候、還俗ニ而能頃能キ神職ニ而御坐候、此宮には社領も無御坐候、此所ニ三畝計の屋敷御坐候、神主屋鋪と右ゟ水帳にも書付御坐候、何之頃ゟか御年貢地ニ成申候、此地ハ前〻のことく神主屋鋪ニ被成可被下候義かと申候、尤之由被申候、落着無之

一十郎右衛門・源五郎申候ハ、蓮昌寺末寺河原村大安寺津高にも御坐候、何茂かんほう置不申候故、明寺ニ而御坐候故、火事なとも気遣ニ御坐候由、百姓私共江節〻断申候故、蓮昌寺江かんほう置候得与申遣候へとも、私さへ壱人の事ニ候得者、中〳〵成不申候と申候、左候者、取候得与申候得共、其段もかんほうの分ニ而不罷成候由申候、可然様も無御坐候由申候

一十郎右衛門・源五郎申候ハ、松岡市之進当春六拾石御米被下候、手前成不申候ニ付、去年暮卅石拝借仕候、御米ニ三十石指上、当春三十石ニ而仕廻申候故、当暮何共作廻難成候、来春被下候六十石之内、三十石只今御借被下候様ニと申候由申候、下ニ而借シ候へと被申渡ル、両人申候ハ、去年少茂不被下候故、跡へ引候而迷惑仕候由申候

一河村平太兵衛申候ハ、古川伝右衛門ニ被下候御借領米弐十弐俵之内、春十一俵、暮十一俵被下候、九月ニ相果申候、月割ニ仕候得者、今三俵程可被下哉と申候、伊賀・猪右衛門被申候ハ、ヶ様のハ捨候而可然事ニ候得共、月割ニならてハ成ましきかと被申候、半右衛門申候ハ、御役替なと被仰付候ものハ、仕来の役と新役とふりかへの心ニて、月割よく御坐候得共、手前へ取込申候役領ヲ死後ニ返上仕候得者、手前ゟ指上ル心ニ御坐候、又足シ被下候も、死人江被下心ニて餘細カニ御坐候間、いかゝニ候、両度ニ被下ル御借領ハ、被下候以後ニ相果候者、翌日申候共其まゝ被下、又今日御役料渡候時分ニ而、昨日相果候共捨候様ニ可然御坐候半哉と申候、老中尤之由被申候、平太兵へ申候ハ、知行取ニ被下候御役料ハ一度ニ被下候、月割ニ成候而居申候ニ、不足と別〻にはいかゝ可有御坐候哉と申候、此段も尤ニ候、月割ニならてハな

るましきかと被申候

申ノ十二月廿三日御評定　当番森半右衛門

廿一日御潔斎ニ付式日相延、今日御評定有之

一武田左吉申候ハ、御野郡之内ニ而出村ニ可罷成所、目論候様ニと先日被仰付候、則書付申候由ニ而指出申候

一左吉申候ハ、御台所方之もの共ノ妻子、岡山近辺の在郷ニ置申候もの多御坐候、百姓ハ妻子も着類ニかた付候事御法度ニ候、御台所ノもの共ノ妻子ハいかゝ可被仰付哉と先日相窺候得ハ、百姓並ニ申付候様ニと御老中被申渡候、　予州様御歩行、殿様の御料理人なとのさい子、在郷ニ置申ものも御坐候、又御代官共も在〻ニ罷有事ニ候、いかゝ可被仰付哉と申候、猪右衛門被申候ハ、御用ニ付在郷住宅ノもの共ハ各別ニ候、左様ニ無之ものゝさい子ハ、在郷居申ものハ百姓並仕候様ニと老中ゟ被申渡候、理り有之候者頭〻江可申由、御郡奉行共方ゟハ可申候、左候者、断申候ハて不叶ものゝ位ハ頭〻江可申出候、理申かたきものハ百姓並ニ仕ニ而可有之候由被申候、私申候ハ、岡山ニ而屋鋪拝領仕、其やしきハ明ケ置、妻子をハ在郷置候義、ヶ様には有之間敷事ニ候、御歩行のもの共江ハ先年私共申合、拝領の屋鋪ヲ明置、作事も不仕、さいゑん場ニ仕置候もの共ハ、今程屋布(敷)ニ御事闕にも候之間、指上可申候、何れの成共被遣、重而作事も仕、移可申時分ニ頭迄可申出候、新屋鋪ニ而も拝領仕候様ニ申上見可申由申触候由申候、猪右衛門被申候ハ、頭〻ゟ左様ニ吟味有之候ハヽ、可然事之由被申候

一泉八右衛門・津田重次郎申候ハ、津嶋前ニかハりの田地被　仰付候者、学校の下屋布被　仰付候様ニと申候、尤ニ候間、替地出来候者見積可然由被申候

一藤岡内介申候ハ、田地の替之儀被　仰付候者、御鉄炮之者共の屋鋪少ツヽニ而も被遣候而可然候、殊外迷惑仕義ニ候、其上御用ニ而呼申刻も、何方ニ居申も小頭ヲ初不存仕合ニ候、頭〻も迷惑仕由申候、重次郎申候ハ、今程御銀も御不自由之砌ニ候間、いかゝ可有御坐哉と申候、

内介申候ハ、御銀も無之候者、竹木なと被遣候ハ、、じねん隙〻ニ成共作事仕ニ而可有之由申候

一塩川吉大夫申候ハ、大坂の籠ヲ御赦免被成候吉兵衛と申もの、義、せんさく仕候由ニ而書付指出候、御歩行横目ヲ遣し生国ヲ尋させ候様ニと、私共江猪右衛門被申渡ル

一森川九兵衛申候ハ、信濃殿江御預ケの在郷足軽江戸へ参ニ付、羽織壱ツヽ被下候、弐十人ハ六月ニ参候、十人ハ十月ニ参候、御持筒並ニ羽織弐ツ拝領仕度由申候旨申来候由、猪右衛門被申候ハ、六月ニ参候ものには今壱ツ袷羽織被下、十月ニ参候ものには、袷羽織被下候義ハ無用ニ仕可然由被申候

一石川善右衛門申候ハ、縫殿預御足軽壱人、年寄申候ニ付置かへ申候、石ヲ切候儀御足軽之内ニ而弐人、三人ノ上手ニ而御坐候、水番か何そ似合布儀ヲ被仰付、其まヽ被召置候様ニ仕度由、又熊吉・源太兵へ預御足軽、伊勢宮御旅所ノ御番仕罷有候、是も年寄申ニ付源太兵へ置かへ申筈ニ御坐候、其まヽ御旅所の御番人ニ可被仰付哉と申候

一主馬・織部申候ハ、御足軽大紋の対之羽織ハ目印ニ成申儀ニ候間、時ニ〻着せ候而もくるしかるましき義かと相窺候、老中被申候ハ、一通りハ大紋対之羽織有之候而可然候半哉、今日可相窺由猪右衛門被申候、又両人申候ハ、御召船御加子之もの対の着類の事いかヽ可仕候哉、是も対ニ而無之ハ成ましき由

一主馬・織部申候ハ、岡山久山町清三郎船ヲ伊予国之もの借候而、則爰元ニ而米ヲ積伊予国へ罷戻候とて、胸上出崎の沖ニて肥前船馳当乗沉申候、右之割苻天下之御法之通ニ仕、埒明申候由ニ而、割苻の書付三人江相渡し申候

一主馬・織部申候ハ、御船頭共大廻り御荷物積、其外何ニ而も御用被仰付候刻、御小人ヲ壱人ツヽうけ取申度由願申候、草履取も持不申候ものも御坐候、切手何角ニ付遣用多御坐候ニ、御小人不相渡候得者、不自由ニ而迷惑仕候由

一主馬・織部申候ハ、破損舟有之候節、上り荷之割苻ニ罷

出候人数ニ割苻仕候得者、骨折荷ヲ上ケ候ものも、左様ニ無之ものも同シ割苻ニて御坐候、以後荷ヲ上ケ骨折候ものには多遣シ、左様にも無之罷出たる計のものには、少ク遣シ可然候、左様ニ仕候者、荷ヲよく上申為にも可成かと申候、其通可然由老中被申候

一主馬・織部申候ハ、御国ニ而御国船破損、上り荷ハ天下の御法ヲ外シ、上り荷上ケ候ものには少の礼物遣し可然候半哉と申候、猪右衛門被申候ハ、左様ニ仕度事にも候得共、荷物ノ上り申為にもよく候之間、是も天下の御法の通、浮荷ハ弐十歩一、沉荷ハ十歩一遣し可然由

一武田左吉申候ハ、平瀬村の百姓先年包米仕候ニ付、親子三人きすを御付、村へ御預被成候、親ハ相果子共ハ村ニて百姓召仕候得と被仰付候へとも、兄むす子ふせうものニて、村ニ而召抱申もの無御坐候、他村の奉公をも仕らせ可申かと申候、其通ニ可仕由被申渡ル

一塩川吉大夫申候ハ、口上道日用米之義郡ニ残シ置可申候由申候処、平太兵衛申候ハ、郡ニ残申分御蔵へ払らせ可申候、日用米には悪米ヲ渡シ可申由申候、寂早年内余日無之候間、春払せ可申由申候、其通ニ可仕由

一吉大輔申候ハ、在郷ニ居申医者衣装の義、森下町なとハ在郷分と町の分とならひ候而有之候、岡山近き在郷ニ居申医者ハ岡山へ療治にも罷出候、百姓同事ニ医者各別、少おもて仕たる医者には、町同事の衣装御免可被成かと申候、御郡奉行見計、おもて仕たる医者には、町医者同事ニ免可申由被申渡ル

一東条四郎左衛門申候ハ、大役人の手代壱人御坐候、大役人来年不被召抱ニ付、手代入り不申候、小作事の手代ニ成共被仰付可被下哉と申候

一主馬・織部申候ハ、京銀例年ハ御侍共持参仕候、当年ハ御船頭持参仕候、臥（伏）見ゟ京都迄の入用銀書付指出候、御家中京銀借候もの共へ割苻ニ可申付旨、神図書方へ可申遣由

酉ノ正月廿一日御評定　当番鈴木夫兵衛

一御町奉行共申候ハ、当所之こせ・座当共飢申由ニ而、八兵衛・鶴右衛門迄訴訟の品〻書付持参仕、御老中へ見せ申候、右〻ハ仏事、又ハしやミせん・小うた・しやうりなとニ付、方〻と口過仕候、只今左様の事ひしと無御坐候故、何共可仕様無御坐、迷惑仕候間、忌日・新知・御加増・跡目・年祝、此分御赦免被成候ハ、少ツ、申請候様ニ仕度由望申由申候

一八兵衛・鶴右衛門申候ハ、座頭共川口出入の船切手、只今迄ハ検校方ゟ出し申候、以後ハ都久近一官頭の座頭弐人ニ可被仰付哉と申候、猪右衛門被申候ハ、左様ニ無之候而ハ成ましく候、其通ニ被仰付ニ而可有之かと被申候

一八兵衛・鶴右衛門申候ハ、当月廿六日の頃播劦江近国の座頭共三百ほと寄申候、　殿様御年祝の義承候而、是江直ニ可致伺公様ニ方〻江申越由承候由、参ルニ而可有御坐候与申届候、いかゝ可仕候哉と申候、猪右衛門被申候ハ、此段ハ不被下候と申義ハ成ましく候、座頭共申付、さわかしく無之様ニ仕可然と被申候、伊賀被申候ハ、先只今迄年祝の義ハ無之事ニ候之間、不被下候と御当地の座頭共にも申切り置候而、其上にも参候者、其時分の義ニ仕可然哉と被申候、何も一段可然と申候而、其通御町奉行共申筈ニ御坐候

一重次郎申候ハ、此頃八右衛門と一所ニ承申候、当町ニ而殿様へ銀子御借被成候ニ付、町・士中共ニ借銀も無御坐、迷惑仕由申候、第一国守所之銀子御借被為成候ハ、所すいひのさうニ而御坐候様ニ承候間、京銀相調申候者御返し被遣可然かと申候

一梶川左次兵衛申候ハ、願能寺の堂の義、此頃知光院参申候ハ、右之堂ニ違候而ハいかゝニ御坐候間、壱寸も足り不足無之様ニ被仰付被下候得与申候、宗堂村ニ不受不施の堂御坐候、此堂ヲ右之程ニ建テ可被遣候哉、但宗堂の堂ハ角柱ニ而御坐候、右之堂ハ丸柱ニ而御坐候間、同心仕ましきと申候、猪右衛門被申候ハ、先此堂の義尋候而見可申候、其上にも同心不仕候者、材木急には成ましく候、丸柱用意仕候而成共、此度ハ好申ことく建遣シ可申

と被申渡候、左次兵衛申候ハ、本堂右之ことく建遣し候者、只今寺ニ仕候瓦なと取葺遣シ、寺ハ崩シ可申と申候得者、何の道にも寺内草屋葺ニ成とも、前〻のことく被仰付候様ニと申候故、此方ゟ申候ハ、壱軒火事ニ焼失仕候上ハ、只今立遣し可申様も無御坐与申置候由申候、建遣し申候節御奉行被仰付候者、何かと好事可申候間、請取普請ニ被仰付引渡可然かと申候

一伊木頼母申候ハ、たひ〳〵申上候田中夫左衛門義年罷寄、第一物覚薄く御用難調御坐候間、御赦免被成被下候様ニ、其段主馬・織部も存候、御尋被下候様ニと申候由、主馬・織部申候ハ、申所尤ニ御坐候、年も寄申候、然共いまた一両年ハ御用成ましき共不被存候、只今被　仰付共、夫左衛門ほとニ仕候もの稀ニ可有御坐様ニ存候、乍去只今迄無恙御用相勤申事ニ御坐候、自然仕過も御坐候得者いかゝニ御坐候故、達而其まゝ被　仰付候様ニとハ不被申上候、いまた気根なとも克御坐候、夫左衛門ことくに御用根ニ入仕ルもの、稀ニ可有之とおしく奉存由申候

一山中市左衛門・石川清介申候ハ、御包丁人例年ハ江戸御供ニ九人ツヽ、参申候、田井夫右衛門眼悪鋪御坐候故、参候而も御用ニ立申ましく候間、御供ハ御赦免被成ニ而可有御坐候、矢積忠兵衛筋気ニ而御用ニ立不申候、平見又兵衛　佐州様へ参、左様ニ御坐候得者荒木清大夫悴共ニ七人御坐候、餘少御坐候間、　一條様ニ居申候森田孫右衛門悴清吉、四年以前ゟ此方江参、御台所ニ而御食被下居申候、御料理も少ツヽ仕習申候、此もの少之御扶持方をも被下、御料里（理）人ニ御入可被成候哉、先八人ニ而も御用相調可申様ニ奉存候

一市左衛門・清介申候ハ、わんかた山本六郎兵衛久布（敷）相煩、御用ニ立不申候、此かハりニ二神善九郎と申通ひの子ヲ可被　仰付候哉、通の子も毎も六人ツヽ、江戸御供ニ参申候、善九郎右之かハりニ被　仰付候得者、五人御坐候、此内助之丞幼少ニ御坐候ニ付、此度の御供御佗言仕度と申候、左様ニ御坐候得者、四人御坐候間、　佐渡守様ニ居申候伴九郎左衛門悴十三、四ニ成申候、此もの可被仰

付候哉
一市左衛門・清介申候ハ、茂積源右衛門寂前江戸ヨリ姉ヲ召連参養置申候、　御前様ゟ御扶持方拝領仕候得共、此方江引越申候節指上申候、源右衛門手前ひしと迷惑仕候、姉ニ悴壱人御坐候、此悴通の子ニ被召出被下候ハ、難有可奉存候由申候
一市左衛門・清助申候ハ、高田弥右衛門御膳立仕候得共、久相煩申候故御断申上、悴ヲ四、五年以前ゟ名代ニ出シ申候、弥右衛門煩、只今ハ速とよく罷成申候故、勝手何共迷惑仕候、御代〻久鋪ものニ而御坐候間、何とそ被仰上被遣可被下候哉と申候
一市左衛門・清助申候ハ、御賄方ニ居申候惣兵へと申もの年罷寄申候、何方ニ而も似合鋪方江、御番所へも被遣被下候様ニと申候
一藤岡内助・石川善右衛門申候ハ、御旅所御番被仰付候熊谷源太兵衛預、年罷寄候故置かへ申ニ付、旧冬かハり候得与申渡候得ハ、かハり出申候内、春迄置候而くれ申様ニと申候故、其分ニ仕置候得者、頃日私共弐人方江参申候ハ、只今御扶持被放候得者飢死申候、いかほと成共少の御擬ニ而、其まゝ被為置被下候様ニと申候、よく御番をも仕ものニ御坐候、いかゝ可有之哉と申候、伊賀被申候ハ、此ものハ番すよく情ニ入候由兼〻聞申候、御ほうひこそ不被下候共、外のものヲ入替候義いかゝと存候得共、御鉄炮並ニ仕置候事不成事と存候、少之御擬ニ而もと申候者、其まゝ置申度事と被申候、猪右衛門被申候ハ、左候者、御小人之内江入、其まゝ番ニ入置候様ニと森川九兵衛ニ被申渡ル
一安井六郎左衛門・加藤七大夫申候ハ、樋方御奉行屋鋪の義、先蟹江理右衛門屋敷ヲ、御奉行人弐人置申分ニ被仰付可被下哉と申候
一六郎左衛門・七大夫申候ハ、樋方の御奉行共ニ被下候御人足、御船手並ニ御米ニ而被下候様ニ仕度と申候、勝手の為にもよく御坐候由申候間、被仰付可被下候哉と申候、猪右衛門被申候ハ、人ニ而被下候ハ、自然之時御人入候

時之為ニ候故、いかゝと存候、致談合見可申由被申候
一六郎左衛門・七太輔申候ハ、樋方江罷出候大工共在郷へ御用ニ而参候時ハ、作料少ツヽ増候而遣申度候、着類・塩・噌旁ゝ持せ参候ニ付、迷惑仕候由申候、いかゝ可有之哉と申候、老中尤ニ候間、樋方御横目共申談、左様の時ハ増遣し可然由被申渡ル
一村瀬金右衛門申候ハ、私預手代弐人共ニいまた屋鋪無御坐候、致拝領度由申候、猪右衛門被申候ハ、銀奉行の手代的場六郎兵衛屋布上り有之候、家はなれニ而候、ならひニ可成事ニ候間、見及申上候様ニと被申渡候
一入沢次大夫申候ハ、御道具持吉右衛門と申もの年罷寄、御先へ立申義見苦鋪御坐候間、何方へも御番所江被為入被下候様ニ仕度候、かハり置かへ申度由申候
一菅弥兵衛・市森彦三郎申候ハ、水谷茂兵衛江戸御供ニ参候刻、道中ハ御人足被下候、江戸へ参候而ハ不被下候、馬医をも仕事ニ御坐候間、其まゝ被下候得かしと申候、猪右衛門被申候ハ、只今迄渡不来候ものハいかゝニ候、事の外御人足渡過候様ニたひ〳〵存候、改候而取上ルにも可有之様ニ仕度由被申候
一弥兵衛・彦三郎申候ハ、　御中間共御国まし扶持之事、　備後守様並ニ半ましニ被下候へかしと申候、入沢次大夫も御手廻ノもの共左様ニ仕度由申候
一弥兵衛・彦三郎申候ハ、御中間茂右衛門と申もの寂前も申上候、年罷寄申義ニ御坐候間、何そ御番所へ被仰付被下候へかしと奉存候、御旅所之御番人ニ被成被下候ハ、御馬共責申時よく可有御坐かと申候
一重次郎・八右衛門申候ハ、学校ニ被為置候通の子石津弥六、人からも弥よく御坐候、御台所ニ其まゝ居申候者、寂早御歩行之内へも入申義ニ御坐候、学校江被遣、結句迷惑仕事之様ニ御坐候間、御支配御歩行並ニ被　仰付可被遣かと申候、猪右衛門被申候ハ、寄特成事ニ候、御歩行並被　仰付候而も可然哉と被申候

酉ノ二月十日御評定　当番森半右衛門

一安宅弥一郎申候ハ、邑久郡尾張村ノもの御小人仕罷有、京都御作事ニ付去秋罷上、京都ニ而買かゝり借銀なと仕候ニ付、山内権左衛門吟味仕、去年十月ニ御国江戻申候処、大坂迄参走り申候、御法の通請人ニ申付、近国ヲ尋させ候得共見へ不申候、いまた尋させ可申候哉と申候、猪右衛門被申候ハ、此御小人ハ京ニ而役の様子も悪ク、不届ものゝ由申候間、京・大坂辺一篇ニ尋させ可然之由被申付ル

一弥一郎申候ハ、朝日寺ニ還俗人御坐候、此ものゝ弟能勢権之助方ニ若堂(覚)奉公仕罷有、権之介気ニ入不申、御国江上せ扶持ヲ放候義ハ、御国ニ而申渡筈ニ仕、状ヲ持せ上せ申候処、道ゟ走り申候、権之助方ニて別ニ押立たる悪事も無御坐候由ニ候、切米なとの義ハ請人埒明申候間、此ものハ寂早尋させ申にも及申ましく候哉、いかゝ可仕と申候、是ハ其分ニ仕候様ニ被申渡ル

一弥一郎申候ハ、長船ニ居申鍛冶祐定手前不罷成候ニ付、年〻救米ヲ遣し、其上三、四年以前ニ御銀弐貫五百目、利無ニ拝借仕候得共、尓今引立も無御坐、御銀返上も不罷成、救米ヲ遣シ救ニ而御銀返上仕ル仕合ニ御坐候、御国名物ニ而も御坐候間、御扶持方をも被下、御扶持人ニも被　仰付候様ニ可有御坐候哉、左様にも無御坐候者、何方江可参とも無構、たおれ次第にも可仕候哉、年〻五石、三石ツヽの救米ヲ遣シ申候、家職にも油断も不仕躰ニ御坐候得共、何と仕候哉、莵角勝手不罷成候由申候

一弥一郎申候ハ、牛窓前嶋前〻ハ鉄炮御法度ニ而も無御坐候処、前田段右衛門心得ニ而留置申候、就夫、今程事の外雉子多罷成、百姓共迷惑仕候、鉄炮御免可被成候哉、左様にも無御坐候者、追鳥ヲ成とも可被仰付候かと申候、可相窺由老中被申候

一安藤杢申候ハ、竹木御奉行武藤安兵へ・野口伝右衛門手前へ御足軽弐人、大形年中渡居申候、足軽御止被成弐人相ニ手代壱人被下候者、物書・算用仕ものヲ召抱申度候、高瀬の運上も三百五十石程も御坐候、何角の御勘定仕候ニ五、六十日も掛り申候ニ、人やといヲ仕、御勘定仕立

申候ニ付、勝手にも迷惑仕候、高瀬舟の改も節〻不仕候得者不罷成候ニ、足軽渡候分ニ而ハ度〻かハり申候ニ付、様子不案内ニ而埒明不申候、手代ヲ被下候者人やといをも不仕、御勘定をも仕立、高瀬舟の改彼是勝手ニよく御坐候由申候、今程出替候時分ニ而も御坐候間、何とそ相調候様ニ仕度由申候、可相窺由御老中被申候

一杢申候ハ、村山吉右衛門申候ハ、江戸御留守ニ成候而ハ御責馬も無御坐候得者、不断隙ニ而罷有候、徒ニ暮し候も恐敷奉存候間、不調法には御坐候得共、何ニ而も相応の御用等も御坐候者、被仰付被為下候者忝可奉存由

一杢申候ハ、堤八兵衛申候ハ、江戸御供ニ罷下候義ニ御坐御候得者、御預の御鉄炮其外御鉄炮道具共、御城へ上ケ置申度由

一稲川十郎右衛門・青木善大夫申候ハ、神戸喜左衛門去年相果申候、喜左衛門悴ハ神戸佐右衛門ニ而御坐候、佐右衛門悴源左衛門、　伊予守様十人ものニ而御坐候、御歩行神戸又三郎も佐右衛門悴ニ而御坐候、喜左衛門ニ四人扶持ニ弐十五俵被下候ニ付、養子をも仕候得与喜左衛門存命之内ニ申ものも御坐候得共、悴孫子共迄銘〻ニ被召出、御奉公仕事ニ候得ハ、養子ハ仕間鋪由喜左衛門常〻申、養子をも不仕候、喜左衛門相果候前かとニ存候ハ、喜左衛門御支配と又三郎御支配とふりかへニ被仰付被下候様ニ仕度と存寄候様子ニ御坐候由申候、いかゝ可被仰付哉と申候

一十郎右衛門・善大夫申候ハ、石川彦左衛門隠居仕罷有申候、以後御末御番ニ被　仰付、御支配三人扶持ニ三十俵被下候、病気ニ付相勤候事不罷成、御赦免被成候節、御支配ハ被召上、五人扶持被下候、彦左衛門ニ養子御坐候、此養子柴岡太左衛門弟ニ而御坐候、幼少の時分ゟ養子ニ仕置候、いか様共被召出被下候ハヽ、難在可奉存由

一十郎右衛門・善大夫申候ハ、青地藤十郎実子ハ　御目見も被仰付候ものゝ、義ニ御坐候、藤十郎相果、寂早忌も漸明申時分ニ御坐候由申候

一十郎右衛門・善大夫申候ハ、御掃除頭ニ被　仰付候江見

角左衛門儀、只今迄ハ御支配七石ニ壱人扶持被下候、御掃除頭ノ並七石ニ三人扶持被下候ニ付、去年御掃除頭ニ被仰付候鈴村半兵衛ニも江戸へ罷下ル節、御支配・御扶持方共ニ御加増被下、三人扶持ニ七石ニ被　仰付候、江見角左衛門も此度江戸へも罷下候間、並ニ被　仰付可被遣かと申候、可相窺由御老中被申候

一主馬・織部申候ハ、去年被　仰付候御当地船年寄共の条数書付可相渡由申上、書付掛御目候得共、其以後大坂舟改の義、従　公儀被　仰付候ニ付、此義をも書加可然存、いまた八右衛門・重次郎方へ書付をも不遣候、則大坂の義をも書加候由ニ而、御老中江見せ申候

一主馬・織部申候ハ、御船頭共陸ノ御用ニ被召仕候節、路銀之事定御法無御坐、其時〻ニ当テ被下候故、事むつかしくも御坐候間、御定被下候様ニと申上候得ハ、御歩行横目並ニ可被仰付由、先日御老中被申候、御かち横目並ノ路銀の割ニ仕候得者、わつか成事ニ而迷惑仕候、先〻前〻の通ニ時ニ当テ、様子次第ニ路銀被遣被下候様ニと申候、相窺可申候間、御法書ニ留候事ハ、先〻相待候様ニと都志源右衛門ニ被申付

一主馬・織部申候ハ、江戸へ売買ニ廻候大廻之船、此以前之江戸大火事以後ハ、売買物共仕廻候而も跡船不参候内ハ江戸ニ留メ、跡船参候節戻シ申候、時ニゟ跡船遅参候時ハ、江戸ニ逗留仕迷惑申候由申候、荷物仕廻候以後迄跡舟不参逗留仕候船には、其内ハ御扶持方をも可被下義ニ候半かと申候

一加世八兵衛・石田鶴右衛門申候ハ、万成口ニ而いもしやニ屋布ヲ被下罷在候、此所御足軽屋鋪ニ成申由ニ御座候、かハり地ヲ被下候ハヽ、上伊福村北の方ニ畑ケ御坐候、是ヲ拝領仕度由願申候、只今の屋鋪十五間四方ニ而御座候由

一田口兵左衛門申候ハ、瓦師棟梁には前〻ゟ土取場ヲ被下、㝡前〻棟梁弐人ニ五反半被下候、只今の棟梁善右衛門には少茂不被下候、棟梁をハいやかり申候得共、棟梁無御座候而ハ不成事ニ候、善右衛門にも土取場ヲ可被下候、

同ハ御扶持方ヲ少ニ而も被下候様ニと仕度由申候
一猪右衛門兵左衛門ニ被申候ハ、酒下拝殿の指図も出来有之由ニ候、見繕取かゝり候様ニと被申渡候、兵左衛門申候ハ、酒下の神主内記申候ハ、桧ニ而仕度旨申候由、猪右衛門被申候ハ、節有之檜栂の直段同事ニ候ハヽ、桧ニ而仕候而も可然候半哉、直段承合可申由被申渡候
一加藤七大夫・安井六郎左衛門申候ハ、今度諸国倹約ニ付、けや木・かやの木なと直段過分ニ下り申候、爰元へもけや木積参候而下直ニ払申度由申候、学校の御用なとニ入申ましく候哉、大かた栗・栂なと之直段程にも売可申由申候、左様ニ候者、八右衛門・重次郎なと相談仕、学校の門なとに仕候而もよく可有之哉と御老中被申候
一村田小右衛門、児嶋飽浦村の宮及大破、氏子なと修理仕候、御林の松の下枝少可被遣かと申候、下枝遣シ可申由被申渡ル
一石川善右衛門申候ハ、御鉄炮小頭役切手ニ立遣候儀、前ゝゟ被下来の事ニ候間、自今以後も立被遣被下候様ニと申候、小頭役切手と申候ハ、惣御鉄炮ハ月ニ六日之休を引、切手ヲ遣シ、御勘定には月ニ六日之休ヲ引申候故、六日之分切手ニ過上御坐候、是ヲ売候而勝手の便ニ仕事ニ御座候、重次郎申候ハ、小頭ハ食かハりヲ仕候故、半日ならてハ御普請場ニ詰不申候、其上罷出候而も出不申候而も、卅日なからの切手ヲ取、六日之過上ヲ御足軽共へ売候事、小頭の風俗も悪鋪候之間、止候而可然由、去年和意谷ニ而中村久兵衛とも申談候得ハ、久兵衛兼而善右衛門にも談合仕由申候、和意谷之分ハ小頭役切手遣シ不申候故、去暮小頭とも参候而、外の小頭共ハ前ゝの通之由ニ而理申ニ付、左様ニ候ハヽ、先ゝ去年の分ハ前ゝの通ニ仕、当春ゟハ惣御役人ヲ改、小頭役切手の義ハ止候而可然由、久兵へとも申談候、此段先年の大寄合ニも風俗も悪鋪御坐候、此義ハ先年の大寄合ニも出申儀之由申候、小頭役切手ニ立遣し候事ハいかゝ可有御座哉と申候、善右衛門申候ハ、近年ハ小頭勝手も迷惑仕候間、前ゝの通ニ小頭役被遣候

様ニ仕度存候、此義前かとも吟味有之候得共、中村四郎
左衛門なとも小頭役ハ被遣可然と申候而、只今迄被遣来
候義之由申候、猪右衛門なと被申候も、何と哉らんうる
さき義之由被申候へとも、いまた落着無御座候

酉ノ三月十日御評定　当番鈴田夫兵衛

一加世八兵衛・石田鶴右衛門申候ハ、中嶋町の七兵衛と申
もの気違、七歳ニ成申候忰ヲなかたなニ而咽ヲ突殺申候
由、書付有之、御老中江見せ申候

一藤岡内助・石川善右衛門・生駒久助・下濃七助、町口の
御鉄炮屋敷絵図仕出、御老中江見せ申候

一猪右衛門久助・七助ニ被申渡候ハ、西川安之進買屋布(敷)致
シ居申候由ニ候、此隣ニ四間口売屋鋪有之由申候、御用
地ニ入申候間、替地遣シかへさせ候様ニ武田左吉被申渡
候、弐人も罷出見及、かい地ニ而候ハヽ、取上可申候、左
吉申談候得与被申渡候

一馬場茂右衛門・河合善大夫、御勘定目録持出、御老中江
見せ申候

一村せ(瀬)金右衛門申候ハ、榊十郎兵衛拝借銀壱貫五百目御坐
候、出し分指上候様ニと申候得共、少御理申上候間、相
待候様ニと申候

一金右衛門申候ハ、触夫の為別所治左衛門時ハ、御鉄炮之
者被　仰付仕申候由ニ御坐候、御用之時分ハ右之通遣可
申候哉と申候、御老中被申候ハ、御鉄炮入用之時ハ、当
番の老中江度ゝ書付申越うけ取申筈候、御用ニ入候時ハ、
何時も申越候様ニと被申渡ル

一石川善右衛門申候ハ、門田村の築地昨日参見及申候、大
かた出来仕申候、此屋鋪へ山ヨリつきかけ申候水よけの
溝ヲ、御役人ニ而仕筈ニ被　仰付候へとも、御役人不足
ニ御坐候ニ付、只今三十人程ツヽ遣し仕候得共、一円は
か不参候、此御役の積五千七、八百程入可申と右に申候
得共、左様には御坐有間敷候、四千ほとも入可申と存候、
日用米三十石計被遣候者、御役ニ日用ヲ加へ申付候ハヽ、
よく可有之、吉大夫ハ日用米の義ハ申上ましくと申候得

共、只今の躰ニ而もはか参ましくと存候故、申上候由申候、御老中日用米可被遣と被申渡ル

一田口兵左衛門申候ハ、瓦師の棟梁の義寂前も申上候、何とそ被仰付被下候様ニと申候由申候、御町奉行共申候ハ、私共方へも参、迷惑かり申候、土取場なと被仰付候か、御赦免被成候様ニ申上くれ候得与度〻申由、右ハ棟梁弐人ニ被仰付、壱人ハ土取場三反、壱人ハ弐反半被下候、只今壱人ニ而仕候由申候、何も僉議仕候、作料も不被下勤申候而ハ迷惑仕義御坐候、御米十俵ほとも被遣可然かと申候、何も一段よく可有御坐与申候而相究申候処ニ、権左衛門申候ハ、よく存知候ものに相尋申候、こけら葺の棟梁日〻罷出候分ニ作料被下候、壱匁三分ツヽニ五リンましニ被遣候、瓦師ハ日数こけらしほと出申ましく候ニ多被遣候ハヽ、又こけらし御理申上ルニ而可有之候、左候者、又外へもさヽハり可申哉と申候、落着無御坐候

一岡村多兵衛・犬丸左次兵衛申候ハ、御台所へ御肴入申候塩飽屋太郎兵衛・播磨屋次郎右衛門と申魚や、御訴訟申候、右〻も申候へとも、指留置申候得共、達而申上くれ候様ニと申候、南勘兵衛御賄仕候時、魚屋ニ誓帋申付候而、棚買一割、問屋買一割半ニ被　仰付候、利分少ク何共迷惑仕候間、御肴上ケ申候内、御銀五百目御借被成被下候か、利相ヲ弐割ニ被成被下候か、此内何れニ成とも被　仰付被下候様ニと申候由、御台所横目井上九右衛門・太田段右衛門呼出シ、様子申させ申候、御訴訟申候由承候故、魚屋ともニ相尋吟味仕候得者、老中江肴入申候もの共弐割或壱割半、又ハ弐割壱分、弐分、一割六分、七分取申候と申ものゝ御坐候、然共御台所江入申義ハ肴自由ニ請込申候故、外へ之商にも利も御坐候得ハ、其まヽ仕候へかしと申候、其方共上ケ可申かと申候得者、いかにも上ケ可申と申候故、此通魚屋ニ申聞候得者、菟角御しひニ而候間、是非右之通申上候而くれ候得与申候由、色〻僉議仕、御台所・御すへ・会所共ニ十貫目ほとの分御肴上ケ申候間、前銀ニ春三貫目、七月弐貫目御借シ被成、残ル分暮の御算用ニ被下候様ニ仕候ハヽ、忝可奉存

候間、ヶ様ニ可被仰付かと申候、一段克可有御坐与何も
申候間、此通ニ被申渡候
一国枝平助申候ハ、六條院西村の百姓兄弟一家和睦仕、寄
特成義ニ御坐候と存、ほうひニ御米壱石遣シ申候、則西
村の加右衛門書上御坐候

酉ノ三月廿一日御評定　当番森半右衛門

一御船奉行両人申候ハ、日生村八郎右衛門と申もの、船ヲ、
同村の長四郎・六大夫と申もの両人借候而、大網の手船
ニ罷出、赤穂江参罷戻候とて、今月十三日之朝四ツ時分
ニ御国と赤穂之境、綱崎と申所ニ而破損仕、弐人共ニ相
果申候、其節赤穂江大坂鴻池屋と申もの、舟弐艘参候而
罷在、右之破損船ヲ見掛助可申と存、端船ニろ数ヲ立罷
出申候処、端舟のろ三、四十損シ、おしかけ候義不罷成、
次第ニ間遠ク罷成、高波破損船ハ打沉、助候事成不申候、
此段赤穂の魚問屋方ゟ日生村江注進申越候ニ付、日生村
ゟ庄屋小船共召連参候而、相果申候弐人ノもの共死骸尋
候得共、見へ不申候、船もこミしにくたけ、船かす少流
寄候ヲ、鴻池屋船ノもの共拾寄せ置申候而、日生村ゟ参
候もの共ニ相渡申候、赤穂番所ノもの共罷出、破損舟有
之と相見へ申候間、用之儀候ハヽ、可承由申候得共、此方
ゟ船数も参候故、無心をも不申候由、右之旨渡辺助左衛
門方ゟ御船奉行共方へ申越候由
一主馬・織部申候ハ、岡山内田町四郎三郎と申もの、船、
七端帆ニ四人乗、紀州和哥山ゟ罷戻候とて、今月十三日
之大風ニ逢、淡路の鳴戸脇沖のかるも江打上ケ、船破損
仕候、浦人共早〻罷出、右之船かす・船道具取揚船頭ニ
相渡候、右之船道具共彼地ニ而売払申度由申候得者、所
之庄屋肝煎入札ニ申付払せ申候、船頭・水手共彼地ゟ送
届可申由達而申候へとも、船かす売申銀子御坐候ニ付、
自分ニ船ヲ借シ、万事仕払仕罷戻候、右之様子彼所の庄
屋方ゟ御当地船年寄方江具ニ書付、飛田忠右衛門と申も
の、方ヨリ奥書仕、主馬・織部方江指越申候旨申候、飛
田忠右衛門方江御船奉行共方ゟ礼状可遣候、又破損舟の

義船年寄指引分散可仕由可申渡旨、御老中被申渡ル

一主馬・織部申候ハ、去年八月十五日之夜の東風ニ、児嶋田の浦江船流上り申候、同村の五郎と申もの見付申候、長六尋計の小船ニ而御坐候、梶壱羽、柱壱本、帆ちわむしろ六枚御坐候、　公儀御法ニ半年過候得者取申筈ニ御坐候、寂前ハ所之庄屋、又ハ見付候もの其外罷出、肝煎候ものにもそれ〳〵の割苻ニ被成被下候、此度のハ庄屋肝煎候儀も無之候、其上小船ニ而御坐候、被下候様いかゝ可仕候哉と申候、此度ハ庄屋肝煎の義も無之上ハ、見付候ものニ可遣候、右之船引込候時人足など遣候ハヽ、少ツヽ心ヲ付可遣候、流舟被下様の事相定候義ハ難成事ニ候間、其時〻の様子ニ随ひ可被下由、御船奉行両人へ御老中被申渡ル

一主馬・織部申候ハ、児嶋引網村之もの、今月十一日たては嶋の南の方ニ而いかなこ網引候所ニ、長四間半の古船網ニかゝり上ケ申候、去冬時分破損仕候哉、船ニこけなとはへ居申候由申候、いかゝ可仕候哉と申候、　公儀御法度の通半年ハ預置、半年過候ハヽ、取揚申候ものに船可遣候由、御老中被申渡ル

一主馬・織部申候ハ、御船手御用之筈ヲ年〻伊予の国ゟ買申候、当年御船手の御奉行・御横目申合、筈の直段三分ツヽまけさせ申候、前銀借申度由申候、一年中の筈入用之内ニ而、銀子七百目計もまけ申積ニ而御坐候間、前銀壱貫目ハ御借可被成候哉、請人ハ当町ニ而いかにも慥成ものヲ請ニ立させ可申由申候、前銀壱貫目借候様ニと御老中被申渡ル

一武田左吉申候ハ、御野郡米倉村の向、庭瀬領分新田堤の上置仕候、此方の堤ゟ高仕候、此方の堤にも上置可仕候哉と申候、其通可然由被申渡ル

一左吉申候ハ、今度御用屋鋪ニ御野郡之内八町四、五反、学校の下屋布共ニ渡り、其内四町五反余南方村之内渡申候、就夫、南方村のものとも迷惑仕候、寂前出村被　仰付可被遣との儀ニ御坐候得共、出村ハいやかり申候、近き村四、五ヶ村ニ而割苻仕、替地遣可申候哉と申候、目

論見申様ニと被申渡ル
一備中海道町ヨリの出口、道御広ケ被成可然哉と、先日善右衛門・内助なともくろミ申候、弥御広ケ可被成候ハヽ、幸地形築上候所少御坐候、其まゝ置せ可申候哉、道御広ケ被成ましく候者、築上ケ候地形土ヲ取、本のことく田ニ仕度と百姓望申候由申候、土取候事先〻相待候様ニと被申渡ル
一左吉申候ハ、今月十五日の夜南方村火事、類火之もの共ニ御法の通、御扶持方米・竹木可被遣哉と申候、可遣由被申渡ル
一石川善右衛門申候ハ、御役人少、御野郡根付前ノ御普請出来申ましく候間、買石又ハ日用普請ニ被仰付候様ニ可有御坐候哉と申候
一稲川十郎右衛門・西村源五郎申候ハ、松岡市之進所へ学問ニ参候神職共、食被下候ニ、市之進作廻ニ而ハ難仕候、賄人壱人、人足弐人被仰付可被下由申候、賄人ニ寂前の籠番又兵衛と申もの被仰付可然かと、重次郎・八右衛門など申候、一段相応之由御老中被申候、人足弐人可相渡由、山内権左衛門ニ被申渡ル
一十郎右衛門申候ハ、寂前籠屋の下番ニ被仰付候助右衛門義、勤不可然ニ付、御足軽ヲかハりニ被遣、助右衛門ハ今程隙ニ而罷在候、此ものヲ香庵様の御後室様ノ御屋布門番ニ被遣、江戸ゟ参候　福照院様御長刀持三吉義ハ、御休せ被成可然かと申候、其通ニ申付候様ニと被申渡ル
一都志源右衛門・河村平太兵衛申候ハ、尾関与次右衛門役義御免、久保田彦兵衛ニ跡役被仰付候ニ付、御郡奉行の御擬月割ニふりかへニ可被仰付かと申候、其通可然由
一源右衛門・平太兵衛申候ハ、今西半内大坂へ被遣候ニ付、百石御加増被下候、御小性の役知百五十石の分、去冬取込申候、いかゝ可仕候哉と申候、去冬被遣候役知ハ其侭遣し、御加増の分当暮ゟ遣し、役知の分当暮ゟ被召上候様ニ可仕由被申渡ル
一村せ《(瀬)》金右衛門手代屋敷、弐畝ニ而ハ狭ク候、今少広可被下かと申候、広ハ被遣ましき由被申渡ル

一金右衛門申候ハ、佐渡守様の御奥様おさつ様御銀之事
一伊勢宮ニ罷有候御歩行之もの共申候ハ、付火用心の為ニ
一町の口ニ軽き門ヲ仕度由、絵図仕書付を以申候ニ付、
則御老中江見せ申候、今朝可相窺由被申候
一御歩行之者屋鋪無之もの十七、八人も御坐候、其内指当
迷惑仕ルものも御坐候、今月十五日之夜の火事参候、惣
次郎町の上、南方村、寂前村上九左衛門預御足軽屋布ニ
而御坐候、此度焼失仕、家も無之候、此所ハ御城江近ク、
手寄もよく御坐候条、拝領仕度由申候ニ付、此段私共御
老中迄申候
一私共申候ハ、御歩行之もの御用ニかゝり候ニ、御勘定仕
候節、帋・墨・筆の入用の代、清帳三増倍と勘定場の究
居申候、御用ニ⺈中〳〵三増倍之代銀ニ而ハ足不申候ニ
付、上奉行或御横目何そニりうやう仕ニ而立遣シ候、此
段心よく無之仕様ニ而候、定御用人には吟味の上、紙・
墨・筆の代いかほとゝ相定り居申候、当分〳〵の御用ハ、
上奉行或其手の御横目入用ヲ見届奥書仕、勘定相立候様
ニ可被仰付かと申候、此義可然由被申候
一邑久郡下笠加村祢宜七郎右衛門、同所神主と公事仕、双
方申分御老中被聞届

酉ノ三月廿九日御評定　当番水野作右衛門

一都志源右衛門申候ハ、今西半内儀、先此度榊十郎兵衛と
大坂へ罷上申候、江戸江立帰の御使ニ参候路銀の割ニ而
路銀可被下候哉、但道の中有人ニ三人ましの積ニ御扶持
可被下候哉、此度罷上候義御使と申ニ而も無之、又自分
と申ニ而も無御坐候、いかゝ可被仰付哉と申候、落着無
御坐候
一源右衛門申候ハ、榊十郎兵衛義、只今迄弐百石ニ十弐人
扶持取来申候、半内儀いかゝ可被仰付候哉、在江戸之も
のも先年ハ高百石ニ六人扶持当ニ被下候得共、其後百五
十石迄ハ有人ニ三人まし被下、弐百石⺈ハ有人ニ四人ま
し被下、又近年ハ高百石ニ五人当の積ニ定、江戸之もの
に被下候、大坂住宅之ものも江戸ニ応し可申儀ニ御坐候

哉、只今迄百石ニ六人当ニ被下候ハヽ、御僉議之時分、大坂の義何も心付無之候而落申候哉と存知候、半内此度参義ニ御坐候間、改可然と存知候、何も申候ハ、定江戸之もの共ゟ大坂住宅之ものよき様被仰付義ニ而ハ有之ましき儀と申候、御老中も高百石ニ五人当江戸並ニ可被下儀と被申候

一猪右衛門権左衛門ニ被申候ハ、菅弥兵衛此前江戸ニ而馬の中次なと日〻参、造作多候由ニ而、当候御扶持方の外ニ三人まし被下候、彦三郎御供仕候刻、まし扶持の義不致拝領候儀　御前へも申上候、此度弥兵衛儀いかゝ可有之哉と被申候、権左衛門申候ハ、江戸ニ而彦三郎ニ色〻申候得共、御知行をも被下、此役義ニ候得者、是程の義ハ仕候ハて不叶由申候、中〻拝領仕ましくと申候ニ付、其通ニ而置申候、弥兵衛気味悪迷惑可仕候、彦三郎ニ其段も申聞候へハ、弥兵衛先年拝領仕候処、彦三郎取不申候、迚も此度御ひかへ被成候儀もいかゝニ御坐候、中次共ハ節〻参候ニ付、造作ハ参ル義ニ御坐候間、弥兵衛ニ被下可然候哉、伊賀被申候ハ、中次共も節〻参ニ而可有之、自由成様ニ有之候ハヽ、御家中之もの馬求候ニ自由ニ而よく可有之候間、被遣候而可然と被申候、何も御尤と申候

一御野郡内田村庄や彦兵衛儀寄特成事ニ候、いかゝ被仰付可然事ニ候哉、書付ヲ見申様ニと御老中ゟ何もへ見せ被申候、何も申候ハ、下〻には寄特成義ニ御坐候へとも、彦兵衛手前も罷成候もの、弟の貧ヲ救申候ハ、左而已大きに寄特とも被申ましく候、少御ほうひ被下、寄特ニ被為思召と御郡奉行へ申渡候而可然かと申候、源右衛門・左吉申候ハ、彦兵衛御ほうひ被下候次而ニ、当郡へ之御役人年〻大かた内田村ニ居申候、尤脇村にも居申候得共、内田村ハ所の勝手もよく御坐候ニ付、春ゟ暮迄ハ居詰申候ニ付迷惑仕候、此段内田村ニ居不申候様ニ被成可被遣候哉、右彦兵衛義着類の紋所御赦免被成可被遣候哉と申候、何も僉議仕候ハ、御役人とも内田村ニ此以後ひしと居不申候様ニ被仰付候者、外の村迷惑可仕候、御普請奉

行共ゟ脇〻の村ニ廻り〳〵ニ居申様ニと申付候者、可成事之由申候、紋所之儀御耳ニ相立候而、御赦免被成様ニ候得者結構過申候間、免候而不苦候者、左吉下ニ而追而指免候而もよく可有御坐候哉、被下物之儀寄特ニ被為思召候由ニ而、御米五俵計被遣可然かと何も申候、其通可然由御老中も被申候

一源右衛門申候ハ、南部次郎右衛門預御足軽、今度次郎右衛門と罷上申候、路銀の義半路銀可被下候哉、弐十人之内四人自分ニ召遣候様ニ被下候、此四人ハ次郎右衛門自分作廻ニ可被仰付候哉、弐十人之内ニ御坐候間、四人とも弐十人江可被下かと申候、伊賀被申候ハ、是ハ四人にも可被下事ニ候、弐十人置候而、其内四人召仕候得与被仰付事ニ候、御国へ参候而ハ弐十人都合ニ而御役も仕候と有之、かた路銀可被下儀ニ候間、其通ニ仕遣し候得と被申渡ル

一善右衛門・内介申候ハ、次郎右衛門預御足軽、御持筒並之儀ニ御坐候、役筒ニ被仰付候、次郎右衛門申候ハ、御足軽共かたの上仕不付事ニ候条、其段何とそ見計申付くれ候様ニと申候、方〻御番所ニ弐十四人御足軽入申候間、替候而御番可申付候哉、又今度道中十五日分ハ御役ニ立候而可遣かと申候、其通ニ申付候得と被申候

一武田左吉申候ハ、先日火事ニ逢候南方村百姓ともに被下候竹木の義、御竹木奉行方へ申遣候、近辺の御山ニ壱尺ゟ弐尺廻迄の木ハ無御坐由、竹も無御坐様ニ申来候由申候、猪右衛門被申候ハ、竹ハ何分にも可成候、木遠方ニ而被下候而ハ百姓共取候儀成ましく候、左吉申候ハ、弐尺廻ゟ或少ふとく御坐候共可被下候哉、左候ハ、御手舟御廻し可被下候かと申候、其通ニ手舟遣シ被下

一左吉申候ハ、右南方火事人屋敷、御歩行へ之屋鋪ニ被仰付候、何も百姓共私共江申候ハ、此屋敷所大前ハ湯浅民部預屋布ニて御坐候、屋敷替有之ニ付、南方村のもの町屋ニ居申作仕候百姓四、五人、家をも売越申候、其後村上九左衛門屋鋪ニ被仰付候ニ付而、百姓共又町屋へ罷出方〻ニ居申候処、先年惣預屋敷上り申ニ付、百姓共雀部

次郎兵衛御郡奉行故理申候ハ、作廻ニ方〻迷惑仕候間、
此後預屋敷ニ被遣ましく候者、罷出度と申候得者、寂早
被遣ましく候間、出候得と申候故罷出、其後職人共ニ被
遣候処、節〻藤岡内助ヲ憑候而、御老中江御理申候得ハ、
其通ニ候間、被遣ましきと有之罷有候、此度の義何とそ
御理申上くれ候得と、左吉へ百姓共申候、左吉申候ハ、
無事ニ而居申候ニ被仰付候者、達而御理申上候而可遣候
へとも、火事ニ逢候ニ付而、迚も家ホ作り申義ニ付、所
ヲ替候様ニと被仰付候間、達而ハ難申上候、乍去御老中
迄申上候而可遣と申置候、事之外迷惑かり候由申候、猪
右衛門被申候ハ、火事ニ逢迚も家作り申義ニ候、御歩行
江被下候旨被仰渡候事ニ候間、迷惑ニ可存候へとも、替
り候へと申付候様ニと被申渡ル

一左吉申候ハ、河原藤四郎居申候へハ、四日市村ノ家へ三
木孫右衛門罷越申候ニ付、孫右衛門家明候而御坐候、夜
番申付義御坐候、いつまてとも無之儀いかゝ可有御坐候
哉と申候、伊賀被申候ハ、重而御用ニ候とも軽家の義ニ
候、跡ハ田地の為にも候間、こハし候而かた付置可然と
被申候、尤と有之、其通ニ被申渡ル

一左吉申候ハ、御野郡御役人少ク三、四十人計ならてハ出
不申候、是ニ而ハ根付前には御普請所中〻出来申ましく
候由、御奉行共申候、先日善右衛門申上候通ニ、日用ニ
可被仰付候哉と申候、御役人ヲ加へ候而、日用ニ申付候
得と被申渡ル、左吉申候ハ、御野郡ハ出人ニ多少之不同
御坐候、只今積かたく御坐候間、先御米百石可被下候、
御米餘申候ハ、指上可申候、不足ニ御坐候者、又可申上
候由申候、可相窺由被申候

一左吉申候ハ、買石の義百坪計も買置可申候哉、新田廻之
塩堤之用心、又ハ井手の用心旁〻之為ニ御坐候由、買置
候得与被申渡ル

一左吉申候ハ、二日市村之内今度御足軽屋敷之内へ被遣候
所ニ、百姓の家弐間御坐候、壱坪ツヽ引候積仕候由

弐間はりニ　　　　　たにや
一
六間半ノけた行　　　　三郎兵衛

道法四十間
右之家こハし持越候手間六十人、家ヲ立候手間七
十人
合百三十人
日用米弐石六斗　　壱人ニ付弐升ツ、
一弐間はりニ
七間ノけた行　　百姓才兵衛
道法八十間
右之家こハし持越候手間八十人、家ヲ立候手間七
十人
合百五十人
日用米三石　　壱人ニ付弐升ツ、
寛文九三月十七日　　与兵衛
右之入用当暮御年貢の時分成共、御未進ニ立可遣候哉と
申候、其通ニ仕候得と被申渡ル
一左吉申候ハ、南方の百姓地被召上候、替地の書付御老中
江見せ申候
一塩川吉大夫ニ御老中被申候ハ、松下浅右衛門湊村辺ニ逼
塞仕度之由申候間、其所見及申付遣候得と被申渡ル、吉
大夫申候ハ、私も寂前左様ニ承候間、勝手の為にも悪所
ニ候由申候、余郡へも参候筈かと存居申候、開の所には
地形高下御坐候而、家をも仕所無御坐候、古地之内成と
も見及可遣候哉と申候、猪右衛門被申候ハ、古地の儀ハ
不仕筈ニ候間、左候ハ、今一応相談可仕候間、待候様ニ
と被申渡ル
一御町奉行共申候ハ、寂前も申上候通、槙や十右衛門義御
赦免被成可被下候哉、病気之儀ニ候故御理申上候
一稲川十郎右衛門・西村源五郎申候ハ、口上道祇薗村之還
俗当大夫、今程神職ニ而罷有候、天台之儀ニ候付、今迄
の寺地ヲ渡シ申候、家作仕候間、松木百十四本、大竹五
十本被下、外ニ銀子五枚被下候半哉と申候、被遣ニ而可
有之由被申渡ル
一御蔵横目仕居申候御歩行横目江見清兵衛義、耳ハ不聞不
自由ニ候得共、御用方精ヲ入打はまり末細ニ相勤申候、

御蔵前ゟハ六ヶ敷御坐候へとも、清兵へ御蔵横目ニ罷成候此来ハ、御蔵方ゟ義引付ニ成候様ニ仕、今程不案内成ものも仕克き由ニ御坐候、左候得者、清兵へ義手前ひしと不罷成候、養父其外やつかい人子とも掛候而、十三人口ニ而御坐候、清兵衛妹なと引請かた付、方ゟ不心成義ニ而すりきり申由ニ候、御蔵へ罷出候而ハ勝手の足ニ成申儀も無之、結句時ニ〻弁当なと御蔵へ取よせ候而給候義、事ニ御坐候へハ、入用多御坐候、竹方の御横目被仰付候へハ、罷出ル日ハまし扶持被下候ニ付、御蔵〻ハ勝手の足にも成候由承候、御蔵横目六、七年相勤申候、久ゟの義ニ御坐候、ヶ様にも可申付哉と御老中へ私とも申上候、平太兵衛申候ハ、清兵衛義耳不自由には御坐候得共、其身の勤と申、御蔵御用心入愚《(過)》も無御坐候、何とそ勝手の続申様ニ仕遣シ、御蔵へ其まゝ置申度義と存候由申候、尤清兵衛愚《(過)》も無之相勤申候へとも、御横目共の義ハ何れも其身の精一倍ハ相勤申候、無才ニ而よく仕似せ不申義ハ不心成儀ニ御坐候、清兵衛壱人取分候而、左様にも難被仰付事ニ存候由、私共申候

一河村平太兵衛申候ハ、古川伝右衛門悴権助相果申候、伝右衛門娘十一ヲ頭ニ而、二ツ子迄娘計四人御坐候、男子壱人御坐候得共、かたわものニ而御坐候、母共ニ六人ニ而御坐候、餘多之もの流浪仕候、伊木頼母可申上候得共、私も前かと存知候間、不便成事ニ御坐候間申上候、何とそ被仰上可被下候哉と申候

一河合善大夫・馬場茂左衛門・武藤佐右衛門、一條様御作事御勘定并菅弥兵衛勘定、金山勘定、和意谷御用御歩行宮崎三郎右衛門勘定目録、御老中江見せ申候

酉ノ四月十日御評定　当番鈴田夫兵衛

一稲川十郎右衛門申候ハ、酒折の内記悴太郎右衛門、筋気ニ御坐候ニ付、有馬江湯治仕度由、則十郎右衛門参候ニ付、同道仕度旨申候、御暇可被遣かと申候、参候様ニと被申渡ル

一十郎右衛門申候ハ、絃さし一斎親子共ニ上方江罷上度由

申候、悴ハ絃の御用も御坐候間、上せ可申由被申渡ル
一十郎右衛門申候ハ、児嶋林村の神主ニ宮へ御加増三十石ノ御折帋并裁許状相渡申候、妻木・落葉、神主・下祢宜・大願寺、其外ハ停止之、惣而宮山の義ハ神主ニ為計之条、弥可守其旨と裁許状ニ有之上ハ、向後の義可得其意旨弥念ヲ入遣申候、別ニ申分も無之由山臥（伏）尊龍院申候
一十郎右衛門申候ハ、龍の口神主ニ地方十五石、八幡之宮へ御寄進之旨申渡候得共、御立急ニ御坐候故、いまた御折帋頂戴不仕候、御老中ゟ御手帋被遣候ハヽ、御郡奉行田地分なと可有之由申候、猪右衛門被申候ハ、手帋ニ不及義ニ候得共、当分の書付遣シ可申由ニ而被遣候
一村田小右衛門申候ハ、最前申上候破損舟荷物沉申候所、日比村鯛網場ニて又取揚申候物注進仕参候覚
一鉄碇壱頂　　一木碇壱頂　　一さゝい籠廿
右ハ卯月二日ニ申来ル
一わら綱壱筋　　一からかいの笠木壱本
一わらしとミ壱間　一ミさほ四本　　一竹す三枚
一竹のゑかなつき壱本　一さゝい籠八十
右ハ卯月八日注進申来候、此道具の義取揚申候もの共ニ預置申候、さゝいハ沉ミ、荷物揚申候取分ニも少の義ニ御坐候而、遣し可申候由申候、尤ニ候、尋ニ参候事可有之候之間、半年過迄ハ預置、後ハ遣シ可申由被申候
一小右衛門申候ハ、浮荷物・沉荷物の義、肝煎骨折申候ものニ被下候分、　公儀ヨリ相定御書付出申候、御国之内ニ而も左様ニ可被仰付候哉と申候、御国之荷物ニ而も其通可然由被申候、小右衛門申候ハ、流材木・流船の義ハいかゝ可有之哉、材木・船も代ヲ積、廿歩一遣シ候而可然由被申渡ル、士中の船なと流申候も同時ニ可仕候哉、節ゝ有之義と申候、伊賀被申候ハ、士中の船ハ右之旨申渡ス事無用ニ候、相対ニいたし置尤之由被申渡ル
一小右衛門申候ハ、児嶋稗田村の宮山ニ三病相煩候者、何方ゟ参候哉相果居申候、米・麦なと少所持仕候、御国之内ハ触申候、定而存候もの有之共、尋参候もの有之まし

くと存候、寂早くさりくさく候而其まヽハ難置御坐候間、
取かくし可申哉と申候、其通ニ仕候様ニと被申渡ル
一主税殿田口兵左衛門ニ被申渡候ハ、瓦師棟梁ニ被遣物の
義、其年〻の骨折ニ随ひ、御米ニ而も御銀ニ而も可遣旨
御意候間、左様ニ相心得候様ニと被申渡ル
一武田左吉申候ハ、南方村の御歩行屋敷ニ被下候替地ニ、
則近所の田地ヲ拝領仕度之由申候、可遣旨被申渡ル
一左吉申候ハ、万成村ニ而首くヽり申候もの、今日迄さら
し置申候へとも、何もの共知不申、尋候ものも無御坐候、
寂早埋させ可申候哉と申候、其通ニ仕、札ヲ立可置由被
申渡ル
一塩川吉大夫申候ハ、先日も申上候長原の払休悴御国御赦
免被成、難有奉存候、其子共御坐候、是ハ払休為ニ孫ニ
而御坐候故、御帳にも付不申候、ヶ様之ものハ他国仕候
而もくるしかるましく候哉、御国ニ而ハ何方にも置不申
候、他所には因州・庭瀬なとニ克一類も有之ゆへ、子と
もなとハ養ひ候而も可遣由申候様ニ申候、いかヽ可有之
哉と申候、御老中被申候ハ、不便成義ニ候、ヶ様ニ孫彦
なとニ成候而ハ、他国へ参候而もくるしかるましき事の
様にも候得共、他所へ遣シ候得とハ申付かたく候間、先
其分ニいたし置候得と被申候、後伊賀被申候ハ、ヶ様の
ものハ後〻も多可有之事ニ候、是ハ江戸ニ而寺社奉行衆
へ卒度御尋置候而も可然候哉と被申候、猪右衛門尤ニ候
間、明日之御飛脚ニ卒度可申上由
一吉太輔申候ハ、網浜村ニ松岡一ノ進右之屋布明候而御坐
候、田地ニむすひ可申哉と申候、猪右衛門被申候ハ、
予州様衆なと望候方も可有之候条、先〻其分ニ而置可申
由
一武田左吉申候ハ、寂前も申上候御野郡福田村ノ前塩樋ニ、
端船のなるほと古船壱艘かヽり居申候、ろ壱丁御坐候、
久〻ニ成候へとも、尓今取ニ参候ものも無御坐候、いか
ヽ可仕哉と申候、半年過候ハヽ、取上候もの取申様ニと、
従　公儀ノ御法ニ有之候間、半年過候ハヽ、取上候ものに
可遣由被申渡ル

一猪右衛門左吉へ被申渡候ハ、内田村彦兵衛兄弟ヲよくはこくミ候との義、尤左様ニ可有之儀とハ申なから、左様ニ無之ものも多候事ニ候得者、寄特ニ思召由　御意候旨申聞、御米五俵被下候由可申渡由被申候

一都志源右衛門申候ハ、正木市正相組森田源左衛門弓御赦免被成候間、御役仕ニ而可有之哉と申候、其筈ニ候、御役仕らせ候様ニと被申渡ル、源右衛門南部次郎右衛門義も御役仕可申哉と申候、尤其通ニ候、是も定の通申遣候へと被申渡ル

一藤岡内助申候ハ、稲川十郎右衛門御門前石垣ノきわヲ土取場ニ仕候、色〻申候得共、大かた石垣の根ヲ掘り申候、御家中・町方へも御触させ可被成候哉、尤ニ候間、触可申由

一伊木頼母申候ハ、下濃七助屋鋪拝領仕候、何も屋鋪中の事ニ御坐候得者、早作事仕度由申候、古木拝領仕度と申候由、猪右衛門被申候ハ、右には此屋敷少広候得共、福嶋善兵衛隣の義ニ候故申上候、此上ハ竹木も拝領仕ましきと申候由、誰哉らん被申候様ニ覚へ候と被申候、重次郎申候ハ、右ニ左様ニ申候者被下候義いかゝニ御坐候、渡辺伝兵衛勝手ニ能御坐候由ニ而引越参候得共、惣並の廿五枚之銀も拝領不仕候上ハ、いかゝ可有之哉と申候、頼母申候ハ、左様ニ申候段聢と私覚不申候、左様ニ御坐候ハヽ、竹ハ御無用ニ被成、木計少可被遣候哉、猪右衛門被申候ハ、中分ニなま木ヲ渡し可申由被申渡ル

一藤岡内介申候ハ、御鉄炮其外御役人出人少ク候ニ付、色〻僉議有之、八右衛門申候ハ、御やといと被仰出上ハ、過上有之とても重而の御役ニ御さし次候義ハいかゝ御坐候由、伊賀被申候ハ、左様には成申ましく候、三年五年ニ一度ツヽも御やとい候得者、左様にも可有之候、毎年の事ニ候故其ハむりニ而候由、権左衛門申候ハ、御やとい分の御役には、五合ツヽノ御扶持方被下候而ハいかゝと申候、是ハ尤ニ候と有之候得とも、埒明不申候

一伊木頼母申候ハ、古川伝右衛門悴相果申候、京銀御坐候、弁ニ成可申候哉と申候、左様ニ可有之候事ニ候、則図書

江申遣シ可申由
一箕浦孫大夫京銀の義も申候、右同前ニ可申遣由
一孫大夫扶持方之事申候、則都志源右衛門ニ被申渡ル
一上坂外記申候ハ、御銀無之由ニ而職人共へ作料未渡し不申候、十一貫目計の義ニ候、何とそ被仰付被下候様ニと申候
一都志源右衛門申候ハ、岩室十介役知の分ハ尤請取不申、本知の分もいまた残候而有之候、いかゝ可仕哉と申候
一源右衛門申候ハ、菅角左衛門方へ火事之節見廻申度由、弥四郎留守中ハ見廻可申由被申渡ル
一南次左衛門、藪改之帳持参
一馬場茂右衛門・河合善大夫、御勘定目録持参
一津田重次郎、和意谷へ之御石ニ百姓骨折候事

酉ノ四月廿一日御評定　当番森半右衛門

一加世八兵衛申候ハ、大坂木薬屋鳥養や長兵衛と、御当地橋本や五郎右衛門買かゝり銀出入之儀、天野や理兵へ曖ニ而埒明申候由、今西半内天野や理兵衛方ゟ指越書状持出候、右之趣意ハ、大坂鳥養や長兵へ方ゟ橋本や五郎右衛門木薬買かゝりニ仕候代銀三貫四百十八匁有之候、此銀橋本や済シ不申候ニ付、鳥養や備前へ罷下、御町奉行迄申断候得共、買かゝりの義相対次第ニ可仕由申ニ付、橋本や済シ申様ニと色〻申候得共、済不申候ニ付、大坂御奉行所へ鳥養や目安ヲさし上、御奉行所ゟ御屋敷迄右之通付届有之ニ付、橋本や大坂へ罷上候、然ル所ニ、天野や理兵へ曖、右買かゝり銀之内五分の分只今済シ、残分ハ五年ニ相済させ可申候条、堪忍仕候様ニと色〻申候へとも、鳥養や同心不仕候ニ付、理兵へ御奉行所へ罷出、曖申度由申、双方召連右之段〻申候、石見殿被仰候ハ、売かゝりの代銀ハ速と済シ申筈ニ而候、たとへ身躰崩候而負せ方割苻ニ成、銀ハ不足仕候とても、此方ゟハ出し候様ニと申付候、曖の事ハたとへ九分九リン迄曖、今壱リンニ而同心不仕候とても、此方ゟ申付筈ニ而ハ無之候間、左候ハヽ、下ニ而随分曖候様ニと被仰候ニ付、又理

兵衛色〻申候而六分出させ、残ル四分ハ当暮ゟ四年ニ割出させ可申候間、堪(勘)忍仕候得と道修町年寄なと加り噯申候得ハ、左候ハヽ、理兵へ請判ニ而候ハヽ、同心可仕由ニ而、右之噯ニ究、則石見殿へも此旨理兵へ申候へハ、一段尤ニ候、左候ハヽ、此以後双方共ニ無昊儀相済シ可申由、判形ヲ仕候得与被仰、則橋本や又ハ鳥養やにも判形被　仰付候由

　三貫四百十八匁之内弐貫五十匁八分、此度六分ノ出し前則上せ、残而四分の分四年ニ割苻ニ当暮ヨリ出し申筈のよし

一猪右衛門被申候ハ、古川権介・箕浦孫大夫京銀の義、京銀借候ものまといニ成候事、神図書申候ハ、春延銀ハ去暮ニ返弁の筈の銀ニ而候、暮春の御支配迄取込候上ハ、跡潰候共諸道具売候而成とも、春延の分ハ返弁仕、残分ハまといニかゝり可申義かと申候、此義も尤ニ存候、又何も僉議仕候而見申候得ハ、跡目無之死失或ハ気違ノものなとハ、出し可申もの無之候得者、不遁ものなとゟ弁出し申ゟ外ハ無之候、又ヶ様にも有ましき事ニ候、春延も手廻次第暮春ニ出し候筈ニ究候而有之上ハ、まといニかゝり申ニ而も可有之候哉、図書申所断ハ立申候様ニ候へとも、弁出へきものゝ断無之上ハ、可仕様ハ無之と申候、一段尤ニ候、いかゝ可有之義かと色〻僉議有之、猪右衛門被申候ハ、京銀去暮の分暮ニ払候もの、春延銀ヲまとい候もいかゝニ候、春延のものゝ分ニかゝりニ而可有之候半哉と被申候、此義尤候由何も申候、図書にも可申談由ニ而、落着無之

一猪右衛門武田左吉へ被申候ハ、御末番ノもの屋鋪、草加宇右衛門上り屋敷可被遣由申渡候へとも、老人とも西の丸江の通ひ迷惑仕由断ニ候、磨屋町石橋の脇ニ而新四郎町拝領仕度よし申候、屋敷ニ渡り不苦所ニ而候哉と被申候、屋敷ニ渡り不苦所之由左吉申候、則下濃七介ニ右之通絵図を以被申渡ル

一武田左吉申候ハ、南方村火事之跡ノ屋敷、御歩行やしきニ相渡候ニ付、替地被遣候所、地ひきく家立候事難成候

間、従　公儀地形御築せ被下候ハヽ、難有可奉存由百姓共申候、左様には成ましく候間、寂前申候出村の所へ罷越候様ニと申候へとも、勝手悪候間出村へハ参ましく候、

公儀ゟ御築せ不被下候ハヽ、只今の所ヲ自分ニ築候而家ヲ立可申候、外ヨリ土取築候事ハ不成義ニ候間、田地之内ヲ掘候而築可申由申候、是ヲ埋候事も百姓の分としてハ罷成ましく候、左候ハヽ、堀ニ成居申所ハ作仕事ハ不成、御年貢をは出シ申候御用ニ付、替地被　仰付、其上ニ作も不仕所之御年貢ヲさし上候もいかゝニ御坐候、是をも御築せ被遣可被下かと申候、申所尤ニ候間、従

公儀築候而可遣由、左吉申候ハ、五石壱斗ほとの入用ニ而ハ出来可申由、又右之百姓共越料可被遣かと申候、越料ハ何れへも可被遣事ニ候間、同事ニ可申付由

一左吉申候ハ、庭瀬領の境米倉新田之堤、御普請奉行共見聞仕候様子、御尋可被成かと申候、則藤岡内介・石川善右衛門ニ被尋、内介・善右衛門申候ハ、庭瀬領の堤ハこなたのに引合候而ハあさま成事ニ候得共、よしなとはへ候而有之候間、堤強可有御坐候、こなたのも根石ハよく御坐候へとも、ひきく御坐候ニ付、上土たゝれ候而居申候、今一通も石ヲ置上ヲ繕候而可然由申候、左吉申候ハ、御普請被　仰付候ハヽ、売石も入可申由申候、買石ニ仕御普請可申付由、御普請両人江被申渡

一御勘定上聞三人、去年分御役勘定目録持参、御老中江披見ニ入候

一戸田七郎兵衛申候ハ、御小人小や大破ニ及候、御作事被

仰付可被下候、御小人小や作事五年ニ罷成、無程候へとも長や細長候故、風当強殊外損申候、此度ハかきの手ニ仕候者損申ましく候、五人の小頭い申所も長やニ而御坐候、此度ハ一きり〳〵ニ五間ニ被仰付被下候者、以来ハ銘〻修理をも可仕候由、七郎兵へ願の通可申付由

一津田重次郎申候ハ、学校ニかや御用ニ無之ニ付、此度屋敷被下候御足軽共ニ遣候様ニとの義ニ付、割苻ニ申付候、かや割餘り御坐候、只今又銘〻江かやニ而割苻も難仕候、払候而其銀ヲ割苻ニ可申付由申候、其通ニ可仕由被申渡

ル

一猪右衛門被申候ハ、片上御蔵奉行竹井彦兵へ相果候、忰弥三兵衛親之役義をも仕兼ましきもの丶由、所之御郡奉行又ハ大橋四郎右衛門なと申候由、青木善大夫申候、いか様ノものニ而候哉と、御横目共其外にも被相尋候、遠方ニ罷在もの丶儀候へハ、御用方なとの様子不存候由申候、彦兵衛義久ゝ御奉公仕之由、弥三兵衛ハ高田弥右衛門実子ニ而候ヲ、彦兵へ養子ニ仕候、彦兵衛儀御城代組ニ而、青木善大夫右之趣申上ル

一猪右衛門山内権左衛門・青木善大夫両人江被申候ハ、西の丸御門番久兵へ・市介義相談可仕由、様子不知

一山内権左衛門申候ハ、大坂の京や彦兵へ・次郎兵へ京都御作事之砌、材木売上ケ之様子不届の仕合ニ候、初書上候直段高相見へ候ニ付、御横目内田太郎左衛門重ゝ吟味ヲ遂、外の材木やニ而直段聞、或買候而見申候ニ、京や手前各別高直候故、京や手前吟味仕候得者、銀高七拾貫目計之内ニ而十貫目余もまけ申候、此段松嶋兵大夫江戸へ参前ニ申聞候、上方ニ而も承候由、右之様子荒まし主馬・織部へ、猪右衛門即座ニ被申聞、京や事御船材木毎も売上候ニ依テ也

一権左衛門申候ハ、瓦師棟梁ニ被下物之事、年ゝの骨折ニ随ひ可被遣との義ニ而、先日之御評定ニ相究候、其段田口兵左衛門可申渡候、忝と申同心仕候ハ丶、其通、無左ハ棟梁御かへ被成候得者埒明申候、去ゝ年ゟ只今迄の骨折分被遣候而、其以後申渡可然かと兵左衛門申候、此段尤ニ候、何とそ可被仰付かと申候、被遣候而可然候間、目論候得と御老中被申渡ル、銀子三枚か米十俵可被遣かと権左衛門申候、米十俵被遣可然候由ニ而相究ル

一石川善右衛門・藤岡内介申候ハ、池田美作預壱人頓死仕候、春の御支配請取候以後の義ニ而候、かハりの御足軽置申候ニ、春給公儀ゟ可被遣候哉、又請人手前ゟ弁させ可申候哉と申候、色ゝ僉議在之、請人書物ニ相果候ハ丶、取替弁可申と書裁(載)、約束の義ハ各別、無左ニ相果候もの丶取かへ米、請人弁させ可申義ニ而無之候、又一組ニ何

ほとゝ御切手ニ出申義ヲ、公儀ゟ可被下義ニ而も無之候、頭の裁判ニ仕、残米ニ而可罷出と申もの候ハヽ、只今にも召抱可申候、罷出候もの無之ハ、其年ハ壱人の明ニ仕可置候、何時ニ而も召抱候日ゟ御ふちかた可被下候、役をも抱候日ゟ相立可申候、又相果候もの其日ゟの御扶持方可指上候、役も其ものゝ役の分、相果候日ゟ引可申由相究、則御普請奉行ニ被申渡ル

一村田小右衛門申候ハ、小串村の新四郎義御船奉行共申付ヲ疎ニ仕、他領の船ヲ断なく預置候ニ付、押込置候様ニと被仰付、尓今閉門申付置候、麦の時分にも罷成候、寂早御赦免被成可被下かと色〻申候、猪右衛門被申候ハ、此ものゝ義不届ニ存候間、御前へも可申上と存候処ニ、御船奉行共両人申候ハ、御参勤前御事多砌にも申上候義ハ、是非ニ用捨仕候様ニとの義ニ付、任其意申候、申上候ハヽ、急度被仰付ニ而も可有之候、先〻其通ニ而押込置候様ニと被申候、新四郎預船ハ木下淡州殿御船之由、御舟奉行申付ハ、他領の船預申間敷候、若不叶子細も候ハヽ、御舟奉行江相断、可任指図由申付由

一泉八右衛門申候ハ、頃日河村平太兵衛・都志源右衛門なとゝ一座仕、付火の義何かと申候而見申候ニ、加州には風廻りと名付テ、五百石ゟ三千石の身躰ノもの昼夜山下ヲ廻り申候、十日ニ一度ほとツヽ廻り番当り申由、夜廻りニ廻り候もの、夜中ニ灯燈燃不申候而歩候ものニ行当候得者、何ものにによらすうちたおし申候、就夫、火ヲ燃不申往来仕候もの壱人も無之候故、火付盗人なと曽而無御坐候由、三間勘介一年には一両度も加刕へ参候ニ付、よく存候而物語仕候、御当地にも如斯被仰付候者可然候半哉、第一火付盗人の為、又ハ下〻主人ニ暇をも不申夜歩仕度かり候下〻男女の作法、又ハ若き子共なとの夜歩の為、旁〻可然候半かと、平太兵衛・源右衛門なとも申候由、此義ハ当分ハ不自由成様ニ可有之候へとも、克事多可有之と申候もの多御坐候、播州姫路なとも夜中ニ火ヲ燃不申往来不仕由

一御船奉行共申候ハ、先月十九日肥後船牛窓網代崎ニ而馳

返、加子七人何も無事ニ小船ニ而うしまとへ上ケ、船道
具取集船頭ニ相渡候、から船ニ而荷物無御坐候、右之趣
福尾忠兵へ方ヨリ申来ル
一児嶋北浦村舟加州江渡海之刻、能登の内福浦村沖ニ而、
三月十三日之難風ニ帆柱切おり申刻、梶つかニはねられ、
北浦村の加子弐人相果申候
一日生村猟船去ル十五日烏賊つりニ罷出、難風ニ逢、鹿喰
嶋おうこの南のはなニ而被打帰、十歳計成もの壱人相果
申候、弐人ハ石ニうたれあやまち仕候
一此度御米江戸へ積廻ス運賃方〻承合、百石ニ付四百八十
匁ニ可相究哉と、何も僉議仕候
一去ル十五日小串村安右衛門青艘船、台宗寺乗り大坂江上
申刻、家嶌沖ニ而馳返、乗人・荷物海江入申所、難田村
市兵衛船乗掛、人不残助、荷物取揚、別条無御坐候
　御船・材木万買物代銀
一三拾八貫目　四十弐挺立弐艘、小早弐艘、飛脚舟四艘造
　かへ、外ニ造作船之内入かへノかハら・船
　板、又四十弐挺立ノ屋形かな物入用、ちか
　やむしろ・わらひ縄・槙皮・苧・すほん・
　しゅろ・御買置の材木共、但御買置の代ニ
　て五貫め計

酉ノ四月晦日御評定　当番鈴田夫兵衛

一猪右衛門都志源右衛門ニ被申渡候ハ、寺嶋市兵衛母御扶
持方壱人被下来候、今月十七日ニ相果候由ニ候、御蔵奉
行へも被申渡、御扶持留候様ニと被申渡ル
一御歩行定御奉行御勘定之帋・墨・筆代相究、書付ニ老中
判形ニ而、御勘定場都志源右衛門江被相渡ル
一今西半内申候ハ、大坂石場の御屋鋪長や殊外破損仕候、
御繕可被　仰付候哉、常〻明候而居申、火ヲ焼不申候ニ
付、弥損申候、御奉行ノもの申候ハ、借屋にも可被　仰
付候哉、外の御大名衆ニも借やニ被　仰付方も御坐候と
申候、乍去若いか様ノ悪人置合事六ヶ鋪義も出来仕候得
者と存候故、此段もいかゝニ御坐候、一向御たゝませ可

然候半かと申候而見申候へとも、大坂にはヶ様の家なと
こほち申義も成かたく候、崩候得者町ゟ公儀江申上、右
之ことく作らせ候様ニなる義も有之由申候、いかゝ可被
　仰付哉と申候、老中被申候ハ、御奉行所へ断申候ハゝ、
たゝミ候事も可成事之様ニ存候、こほち候様ニ仕度と御
奉行所江相断、たゝミ候事難成候ハゝ、借やニ可仕旨申
断、其上ニて此方江可申越由被申渡ル
一半内申候ハ、中嶋御蔵屋敷も破損仕候、繕の御奉行可被
遣候哉、少ツゝの繕ハ御米払衆なと申談、繕来候様ニ申
候へとも、よほとの義ニ御坐候由申候、猪右衛門被申候
ハ、大破の義ハ御奉行被遣候、小破の事ハ只今ハ御横目
も居申事ニ候之間、見及ニ申付候者可然かと申候、諸事
条数書ニ書載候筈ニ候へとも、いまた書付も出来不申候、
弥其通ニ可仕由、半内申候ハ、只今迄繕の義ヲ当分よく
候得者と大形ニ仕候故、間も無御坐損シ申候、又御米払
衆居申候御長やも殊外相麁成義ニ而餘見苦鋪義にも御坐
候条、廸の義ニ候間、少念ヲ入繕申候而よく御坐候半か
と申候、一段可然候間、其通仕らせ候様ニと被申渡ル
一半内申候ハ、大坂御屋鋪ニ付候而可有之道具一つも無御
坐候、大坂へ御着之節御屋布へ被為上候時分、鍋・釜・
燭台・屏風、御行水なとわかし申候大釜も無之候、可被
　仰付かと申候、老中一段尤ニ候、御料理道具なとハ御
船ゟ上り不申候得者不成事ニ候間、なく候而くるしかる
ましく候、第一鍋なとハ調置候而も、さび出用ニ立申間
鋪候、其外無之候而不叶道具ハ、山内権左衛門申談、拵
置申候様ニと被申渡ル
一小堀彦左衛門罷出、榊与次右衛門逼塞の書付老中へ見せ
申候、遣男三人・下女五人と有之候、猪右衛門被申候ハ、
大坂の御用をも御赦免ほとの逼塞ニ候得者、少過たる様
ニ存候、男ハ壱人へらし可然候哉、但老父母有之事ニ候
得者、火事なとの時の為にも三人なく候而不成候者、是
ハ其まゝにいたし候共、女ハ三人いたし可然候、上江御
聞被成候而も、余人の並ゟ軽被致可然存候由、彦左衛門
其通申聞へらし可申由

一彦左衛門申候ハ、伊庭半蔵逼塞在郷住宅ノ絵図持参、老中江見せ申候、引籠申候在郷ハ赤坂郡才留(冨)村、則半蔵知行所ニ而候、此所ニ薪ハ無御坐様ニ覚申候由、可有御坐候哉、又才留村ニ屋鋪地可有之候哉、御郡奉行江尋ニ可遣由被申候、伊賀被申候ハ、番頭の引籠候地何ほと被下候哉、只今迄聢と究り有之ましく候、山脇修理・真田将監なとハ自分百姓の家屋布江はいり申候故、聢と知不申候由、彦左衛門申候ハ、小身ものハ十五間四方ツヽ、被下候、岡田権之助には弐十間四方被下候と申候、伊賀被申候ハ、地なとハ外ニさヽハり申義ニ而も無之候、少緩りと被遣可然と被申候

一庄野市右衛門申候ハ、榊与次右衛門ハ口津高郡野〻口村槙嶋加兵へ跡へ参筈之由承候、加兵衛開弐反程御坐候、右之内壱反六せ余古地洪水之時砂入ニ而御坐候ヲ、地主江弥左衛門理申候而、後返シ申筈ニ申ひらき申候故、本江かへし申候、残ル三せ余河原ひらき御坐候、是ハ屋敷もせハく御坐候間、榊作廻ニ可被仰付かと申候、其通可然由老中被申渡ル、市右衛門申候ハ、野〻口ニ薪無之候而、与次右衛門難義可仕候、何方ニ而成共不被下候而ハ成ましきかと申候、うかき村・菅野なとの松枝ニ而も落候ハてハ成ましきと、市右衛門見立可遣由被申渡ル

一下濃七助御居番の屋鋪の絵図持出、武田左吉同道仕見及申候、さヽハりも無之由ニて、老中へ見せ申候

一猪右衛門田口兵左衛門ニ被申渡候ハ、池田美作下屋敷野田江ノ出口ニ、くハんぬきの門仕らせ候様ニと被申渡ル

一猪右衛門兵左衛門ニ申渡候ハ、国清寺火消ノ役人ニ山崎大繕・丹羽七之丞なと被　仰付候、火消道具望被申候間、わらはうき拾本、ゑんさ拾本、手桶弐十計拵可遣由被申渡ル

一猪右衛門兵左衛門ニ被申付候ハ、御小人小や破損仕候、修理可仕候、此度ハかきの手ニ仕候ハヽ、一通りニ長き長屋ゟハ破損仕ましく候間、かきの手ニ仕度候、又小頭長やハ五間ニ被仰付被下候者、以来自分ニ修理も可仕由御小人頭願申候、尤ニ候間、此通ニ可申付由被申渡ル

一都志源右衛門申候ハ、今西半内知行物成ハ大蔵ニ而被下候、麦成計御国ニ而被下候、聢仕たる肝煎も無御坐候間、御蔵納ニ被仰付、御蔵相場ニ銀子ニ而拝領仕度と申候、是ハ外ニさゝハりも御坐有間鋪と存候而申上候由、頼母も同事ニ申候、猪右衛門被申候ハ、尤ニ候、其通仕遣候而も不苦義ニ可有御坐哉と申候、何も御老中尤ニ候由被申候而相究ル

一源右衛門申候ハ、先程の御歩行定御用人、帋・墨・筆代の義、御勘定ノもの共ニ見せ申候而吟味仕候、只今迄の分ハ前〻御法のことく立而被遣、当年ゟハ御郡奉行のことく、春渡ニ御書付のことく立而遣可申哉と申候、一段尤ニ候、其通ニ可仕由被申渡ル

一青木善大夫申候ハ、御居番之もの屋鋪拝領仕候、竹木も被下候様ニ申上くれ候得与申候由、御居番の内西村角右衛門と申もの頃日相果申候、此もの養子仕置申候、悴ハ今程菅弥四郎方ニ居申候、養子仕候義稲川十郎右衛門・安東徳兵衛ニ断、江戸へも両人遣申候由申候

一善大夫申候ハ、御居番ニ居申候久兵衛出シ入仕候、市助義権左衛門にも談合仕候、久兵衛には喰捨ヲ被下可然候哉、市助ハ十七年御奉公仕候、万事情を出し、つゝまやかによく仕候由、岩田何もほめ申候、御ほうひをも可被遣哉と申候、一段尤ニ候由ニ而、御ほうひ銀壱枚被下候

一善大夫申候ハ、御鷹匠山田多兵衛、木下殿ゟ参候御隼ニ鶴初而合せ申候、御ほうひの義吟味仕候、寛文弐年ニ初而鶴合申候ものニ銀子弐枚被下候由申候、其通可然由ニ而御銀弐枚被遣候、同人申候ハ、其後又多兵へ右之御鷹ニ鶴ヲ合申候、是にも御定のことく米壱俵可被下候哉と申候、是又其通ニ被遣候

一山内権左衛門申候ハ、御酒部や手代喜大夫と申もの瘡気ヲ煩申候ニ付、江戸ニ而去春置かへ申候、喜大夫京銀御坐候へとも被放御扶持候故、爰元には居申候へとも、何とも返弁不罷成候、御家中弁銀ニ被仰付可被下かと申候、其通可然由被申渡ル

一権左衛門申候ハ、犬丸左次兵衛只今御人足三人請取召遣

候へとも、少不足ニ御坐候、今壱人被仰付被下候様ニと申候、惣別御賄江ハ渡夫無御坐候迚、御賄衆へハ渡夫江戸・地共ニ被遣候而よく可有御坐候哉、左様ニ御坐候者、左次兵衛三人之内壱人ヲ渡夫ニ被下候ハヽ、自分のもの同事ニ心易召仕候得者、殊外足りニ成申候間、只今の分ニ而仕廻申ニて可有御坐由申候、埒不明

一津田重次郎申候ハ、和意谷ニ居申山根三郎右衛門、たひ〳〵申候ハ、御扶持方なと取申時も不自由ニ而迷惑仕候、御人足壱人被下候様ニ申上くれ候得与申候へとも、近き頃御取立間も無之、左様の義被申上間鋪候、幸御掃除之もの弐人迄居申候、此ものに御扶持方なと取ニ遣候得と申候へとも、頃日も達而申上候得と申候、いかゝ可被仰付候哉、未御歩行並にも不参ものニ候、先其分ニ可被成哉と申候、猪右衛門被申候ハ、御扶持方なとハ手寄ニ而渡シ候様ニと、渡辺助左衛門ニ申渡置可然と被申候

一藤岡内助申候ハ、寂前の御評定ニ、御やとい役人ニ御ふちかたをも可被下かと御坐候、頃日存候而見申候ニ、先只今迄の通ニ被成置可然存候、御役ニ立而被遣候ほとろく成義ハ無之様ニ存候由申候、埒不明

一石川善右衛門申候ハ、御廟の坂餘急ニ御坐候而、上下難仕候、直させ可申かと申候

一上坂外記　予州様御普請御掃除仕廻、今朝水野茂左衛門江渡シ申候、残申道具共諸手へ相渡シ候由、書付持参、老中へ見せ申候

一外記申候ハ、溝石の肝煎仕候但馬屋九兵へ、不届ノ様子可申様も無御坐候、就夫、今度ノ御普請ニ大分の御銀うけ取申候、残銀三百弐十匁余御坐候、先〻此銀おさへ置申候、いかゝ此分ハ渡し申間鋪候かと申候、横目共申候ハ、九兵衛不届之段ハ可申様も無御坐候、然共此度脇ヨリノ様子ニ而悪事知レ申候、町人の事ニ御坐候得者、少偽申候而も利ハ取可申事の様ニも御坐候、御奉行も不念、少ハ油断成様にも御坐候、御国の町人之事ニ候得者、一向御穿鑿の上、咎ニ被　仰付候而も其分ニ候得共、右ゟ究候直段之銀子、只今御ひかへ被成候義ハ、いかゝ可有

之哉と申義ニ御坐候由申候、尤ニ候、役義召上被下候、
右〻の銀子ハ其まゝ被下可然候由、猪右衛門被申候、伊
賀被申候ハ、不届成事ニ候間、銀子ハ遣し、少御穿鑿被
仰付可然候、利足ハ取不申候由、よきものニ成候而、ヶ
様の様子ハ大かたの盗人ゟもにくき仕合候と被申候、何
も尤之由申、不究
一山内権左衛門申候ハ、今程御本丸御繕作事御坐候ニ付、
田口兵左衛門私迄申候ハ、御本丸の事ニ候得者、大勢入
籠気遣仕候処ニ、弐、三人有之御奉行、御横目壱人食替
いたし、我〻共ニ宿へ参候得者、何共跡之義無心元存候
之間、同ハ御城ニ而食被下候而相詰申度と申候、是ハ尤
なる義と存候、いかゝ可被仰付哉と申候、老中一段可然
候、其通ニ仕候得与被申渡ル、左候ハ、、賄難仕候間、
水野六郎左衛門ニ申付、弁当遣シ候様ニ可仕候、御人足
弐人ほとまし可被遣かと申候、其通ニ仕候様ニ被申渡ル
一田口兵左衛門申候ハ、御本丸大勢御役人・諸職人入籠申
候、其上足代の方ゟ上下仕事ニ候へハ、随分吟味仕候へ
とも、いか様ノもの入可申も不存候間、彦三郎居申候先
の御門ニ御番人置申度由申候、尤之由ニ而、内介・善右
衛門へ被申渡ル
一斎木四郎左衛門申候ハ、紙工・加茂山其外所〻ゟ材木・
御薪なと船ニ積せ改、彼是ニ山廻之もの共罷出申候ニ、
先〻ニ而百姓共賄仕候而迷惑かり申候、山廻共も一両日
かゝり申所もいかゝ仕廻申候哉、居申事不罷成候故か、
存之外早ク罷帰候様ニ御坐候、所にゟ道壱里、弐里の上
も御坐候得者、宿ゟ食被下候事も不罷成候間、御扶持方
被遣可然かと申候、是ハ尤なる事ニ候、いか様ニ被遣可
然候半哉と僉議有之、塩・噌なとも入申義ニ候間、壱人
半扶持被下よく候半かと、其通ニ被申渡ル

酉ノ五月十日御評定　当番森半右衛門

一猪右衛門庄野市右衛門ニ被申渡候ハ、榊与次右衛門在宅
繕の義、入用之積ヲ以銀ニ而被下か、左なくハ繕被仰付
被遣ニ而可有之候、入用の積ヲ可仕候、又与次右衛門入

用の薪の義、うかき村猪右衛門林之内ニ而可被遣候間、
其旨ヲ可存由
一伊木頼母申候ハ、村上勝左衛門屋鋪御用ニ付被召上、新地やしき被　仰付候、勝左衛門病中ニ而作事申付義も難仕候、蟹江権右衛門家屋布拝領仕度由願申候由
一憑(頼)母申候者、野〻村平太左衛門西川の端ニ屋鋪被下罷有候、裏崩候而難義仕候、御普請被　仰付被下候様ニと申候由、是ハ用水筋之事ニ候、　公儀ゟ繕可被　仰付義ニ候、水前ニ繕可申付旨御普請奉行両人ニ被申渡ル
一頼母申候ハ、野口伝右衛門家大破ニ及候、繕被仰付可被下旨、是ハ御用ニ付水の手御長やニ住宅仕ル依テ也、又伝右衛門屋鋪の井水よく上り水ニ成申候、台所内庭ニ有之ニ付暉麗ニ無之候、此度修理の次而ニ此井水台所の外へ出申様ニ可被仰付候哉、上り水の義ニ候得者、囲をも仕錠をもおろし候様にも仕度義ニ候由、田口兵左衛門ニ可申付由御老中被申候
一頼母申候ハ、萩野六兵衛三百目の筒之内損申候、内ヲ直シ申度由、其通ニ可仕由被申渡ル
一評定所へ湯浅又右衛門呼、御老中被申渡候ハ、蟹江権右衛門今度立退候様子、不届千万の仕合ニ付、江戸ニ而の長や当地之家内闕所ニ被仰付候旨、大学ゟ被申越候由、権右衛門義湯浅民部組ニ候へとも、民部有馬江湯治ニ付、又右衛門被申渡也、此次而ヲ以石川善右衛門申候ハ、荒尾内蔵介かたニ権右衛門道具少〻預置候、此旨申上くれ候様ニとたひ〳〵内蔵助申候由、猪右衛門被申候ハ、権右衛門不届ニ付闕所とハ被仰出候へとも、先〻の道具之吟味有之義ニ而もなく候へとも、権右衛門道具ニ而預り置候と被申候上ハ、御歩行横目出し請取せ可申旨被申渡ル
一泉八右衛門・津田重次郎申候ハ、市浦清七・山脇佐右衛門、学校下屋鋪ニ而屋敷拝領仕度由申候、是ハ下屋鋪之内ニ而被下義ニ候得者、相定ル畝数ゟハ少狭可被遣候哉と申候、尤之由、左候ハ、竹木可被下候哉、猪右衛門被申候ハ、病気ニ候か又何とそ替をも被　仰付候節、こほ

ち取申もいかゝニ候間、是ハ家被　仰付被遣可然由ニ而、
此旨則被申渡ル
一鈴田夫兵衛・森半右衛門申候ハ、先日申上候ことく、御歩行之もの梶川孫八屋鋪無之、中江弥三郎長やヲ借罷有候、孫八ハ今程江戸ニ罷有候、孫八兄かち川加兵衛、中江弥三郎迄申候ハ、山脇佐右衛門上ケ屋鋪加兵衛かたへ程近く手寄よく候間、孫八ニ拝領仕らせ度願申候、併佐右衛門屋鋪家ハ無之、長や計ニ而候へとも五せ御坐候ニ付、御かちやしきには畝数広御坐候、御中小性屋敷ニハ畝数少ク御坐候へとも、御中小性ニ望申ものも御坐候者可被遣哉、但孫八ニ可被下候哉と申候、伊賀・猪右衛門被申候ハ、御中小性屋鋪には畝数少ク、望申もの有之間鋪候、畝数御かち屋鋪ニ広候とても、御算用ノもの持来屋鋪ニて、広きほと切候而二屋鋪ニ成候義も無之候、御算用之ものニ望申ものも無之事ニ候得者、孫八ニ被遣可然由被申候、又武兵衛・半右衛門申候ハ、御歩行屋布無之もの共ハ吟味仕、兼而次第ヲ定置、指当屋鋪無之迷惑仕ルものに拝領仕らせ候様ニ申上候、今度新屋敷被下候もの共ハ、孫八ゟハ指当り屋鋪無之迷惑仕ルもの共ニ而候、新屋鋪ニいまた麦なとも有之候故、屋鋪割をもいまた不仕候、差当迷惑仕ものには新屋鋪ヲ被下、家無之とハ申なから少長やも有之、佐右衛門屋鋪ヲ孫八ニ被下義いかゝ敷様ニ候得共、佐右衛門屋鋪ハ御歩行屋敷之類ヲ離たる所ニ而御坐候得者、外のものハ望申ましく候と存申上候へとも、猶又水野作右衛門方へ申遣、於江戸ニ御歩行之もの共ニ様子をも承、大学殿迄相窺埒明候様ニ可申遣候哉と申候、尤ニ候間、其通ニ可仕由被申候
一猪右衛門藤岡内助・石川善右衛門・塩川吉大夫ニ被申渡候ハ、蕃山了介積之由ニ而、先日津田重次郎申候、竹田の堤筋龍の口ノ下ゟ大荒手ヲ付ケ、大水の道岡山山下へも水乗可申ほと之時者、堤ヲ越申様ニ拵置可然かとの義、江戸へ相窺候処ニ、弥令相談可申付由被仰下候、右三人ノもの共罷出見分可仕候、其上ニ而老中も見分可有由
一津田重次郎申候ハ、博労町之出口いもしや屋敷はり出た

る所ニ而、いかゝのよし取さた仕旨申候、武兵衛申候ハ、先日加世八兵衛見申候而、指出過候間先ゝ作事延引仕候様ニと申渡候由、承候旨申候、指出過候ハヽ止させ候様ニと、石田鶴右衛門ニ被申渡ル

一猪右衛門御普請奉行ニ被申渡候ハ、江戸下谷御屋鋪辻番、其外所ゝの御番、御足軽弐十六人久ゝ相詰候、弐年、三年詰も有之候、かハらせ可然由大学ゟ申来候、かハりの御足軽可申付

一御普請奉行御足軽共拝領仕ル竹木ハ、何れの山ニ而可被下哉と申候、足軽共の義ニ候へとも遠所ニ而ハ迷惑可仕候、瓶井・半田山ニ而被遣可然由ニ而、武藤安兵衛ニ則被申渡ル、安兵へ申候ハ、過分の義ニ候得者、末木大サよきほとの木有之間鋪候、大なる木ハ或弐本、三本ニ積を以遣候哉、其通ニ可然由、猪右衛門被申候ハ、勝手次第当年・来年掛而家立申筈候間、末木ヲ遣候も可有其心得由

一伊木頼母申候ハ、安東徳兵衛病気養生之内、乗物御赦免被成被下候様ニと願申候、病中ハ乗物ニ乗可申由被申渡ル

一御老中かち川左次兵衛ヲ呼、伊庭半蔵在宅の薪盤(磐)梨郡南方村ニ而拝領仕度由申候、南方の山ニ薪有之哉と被相尋ル、左次兵衛申候ハ、南方村と肩背村・大内村三ヶ村と、先年山入相之公事仕候、南方村ゟ峰切と申候、三ヶ村ゟハ、亀石・黒岩・天神石・こんかうしつゝら折・立石・ぬめり石・たぬき穴、此分迄入相と申候ニ付、其節彦崎甚兵衛申上、南方留山ニ仕置申候、右之山下草山ニ而御坐候、三谷と申所東川端笹ましりのかやニ而御坐候、留山の分大分の義ニ而ハ無之由申候

一かち川左次兵衛申候ハ、宗堂の寺くハんのふ寺へ引、住寺(持)ニ相渡申候、仏具無之由申候、西村源五郎ニ可申談由被申渡ル

一西村源五郎申候ハ、金山寺ゟ御国中末寺の分、仏具不足の書付差越候、津嶋石井寺ニも不入仏具沢山ニ有之候、金山寺末寺仏具不足の分へ足シ被遣、いまた不足於有之

ハ、銀子ニ而可被遣候哉、金山寺ゟ書出の分、光弥寺ニ見積せ申候、新敷中位ニ仕、銀三貫五百目計ニ而出来可申由申候、其通ニ可仕由被申付ル

一山内権左衛門申候ハ、江戸御供ニ罷下御足軽ニハ道中馬銀被下候、去ミ年御普請ニ罷下御足軽ニも馬銀被下候、御留守御番ニ罷下御足軽ニハ馬銀被下候例無之候、就夫、江戸御留主ニ罷在候御足軽共、江戸ニ而御勘定方へ訴訟申候、御国ニて御僉議の上被　仰付ニ而可有之由、御勘定方ゟ申越候、是ハ御供並ニ可被遣哉と申候、僉議有之、御小性・御馬廻其外、何も御留主ニ罷下ものニも、御供並の御擬ニ更ル事無之上ハ、御足軽馬銀の義も御供並ニ可被　仰付かと申候もの多候、尤之由御老中被申候

一権左衛門申候ハ、御細工人弥左衛門ニ、御馬印仕直候様ニ去年ゟ申付、当年出来仕候、御参勤前ニ右之代銀いかほと遣シ可然候半哉、町買ノものに積り、御留主の町買ニ申置候様ニと申付候、銀弐十枚ゟ内被遣候而ハいかゝ可有之と申置候由ニ候、節ミ仕直シ、事の外手間入申由

には候得共、薄皮・漆諸事入用ハ此方ヨリ遣シ申義ニ候、餘過分成義と存候ニ付、ヶ様の義ハ御老中へ窺候義ハ無之候得とも、相窺候由申候、御家中ニ而小身なるもの誂候而も、武道具の景図ニ而殊外高直ニ申由ニ候、御馬印の事ニ候得者、弐十枚遣シ可申由被申渡ル

一都志源右衛門申候ハ、金森安右衛門今度江戸御留主御番仕廻罷帰候節、京ゟ丹後牧野佐渡殿へ御使ニ被遣候由ニ候、役計引可申候哉、但京ゟ丹後江之路銀被遣ニ而可有之かと申候、戻掛ケニ丹後江被遣候計ニ、外ニ路銀可被下義ニ而ハ無之由、御老中被申候

一村上了村・犬丸左次兵衛申候ハ、伊勢の宮六番町釘抜被仰付被下候様ニと、先日了村申上ル処、野田の中へ本家出候而有之候故、門被仰付候而火付のしまりニ不成由ニ付、相談仕候得者、野田へ出候而居申家ハ、御台所帳付中村喜右衛門家ニ而御坐候、畠主江申談候得者、畠之内家きわを壱間ニ四間ほと借可申由申候、其所ニ垣ヲ従公儀被仰付、其外口ミ釘貫被仰付候得者、しまりよく御

坐候、畠主江ハ年貢ヲ立遣候筈之由申候、田口兵左衛門
可申付由、猪右衛門被申候
一塩川吉大夫申候ハ、中川村の百姓壱人寂前御加子仕、大坂御屋鋪ニ罷有候、其後者森内記殿へ加子ニ罷出、片上ニ罷有候、只今讃刕江船頭ニ罷出立身仕居申候、奉行江断をも不申ニ付、先構置申候、殊外迷惑仕、色〻侘言仕候、引戻候而も田地も無之、何とも可仕様も無御坐候、いか〻可仕哉と申候、先〻老中聞不被申候様ニ仕可置由、伊賀被申候
一伊庭半蔵借銀高四拾弐貫弐百目之由、猪右衛門被申候
一御評定所江岩根須右衛門ヲ呼、備中見延村山公事の義、今日僉議可致候之条、今度の様子何もへ可申聞由、猪右衛門被申候
備中御領分見延村の山江、水谷左京殿御領分西山村・諸上村、蒔田権之介殿御領分清水村・国苻村・かないど村・野辺村・林村・三須村・小寺村、花房大膳殿御領分阿ぶ村、右三人御領分之百姓共、例年札ニ而入来候、札本ハ御領分見延村の百姓ニ而御坐候、見延村ハ池田主水知行所ニ而候、見延村の百姓壱人右之山ヲ請切、主水方江運上銀差上、他領ノものに年〻札ヲ遣シ申由ニ候、見延村ハ木下淡路殿御領分と入組有之候、去月花房殿・水谷殿・蒔田殿御領分の百姓柴切ニ参候処、見延村山境目ヲ論シ、木下殿御領分黒尾村・溝手村其外村〻数多申合、三、四百計も出合、鉄炮も十挺計見へ申候由、蒔田殿御領分の百姓ヲ三十人ほとちやうちやく仕、鎌ヲ廿五枚取申候由
此義色〻僉議有之、都志源右衛門申候ハ、何とそ下ニ而噯ニ仕度由、伊賀被申候ハ、今少様子見合、木下殿御家老杉原長左衛門方江申遣、淡路殿御領分の庄やヲ一両人出シ被申候へ、此方ゟも庄屋ヲ出シ、山ヲ見分仕らせ、下ニ而噯せ可申候、木下殿御事ニ候得者、備前領分之内ニ而の公事同事の義ニ候由、伊賀方ゟ可申遣候、左候ハ、事済申義も可有之候哉、杉原長左衛門も兎も角も伊賀方ゟ之指図次第ニ可申付由申旨、承候

由被申候、此義可然旨猪右衛門・主税殿其外何も申候

一岩根須右衛門申候ハ、備中三ヶ所の井手ニ為用心、水前ニ石ヲ寄置申度存候、御役人無之候ハヽ、買石ニ成とも可仕哉と申候、買石ニ可仕由被申渡ル

酉ノ五月廿一日御評定　当番鈴田武兵衛

一岩根須右衛門・都志源右衛門申候ハ、備中見延村の山公事の義、菟角下ニ而ハ事済間鋪躰ニ御坐候、太郎兵衛江戸江可罷下由頃日申届候得共、先指留置申候由須右衛門申候、源右衛門申候ハ、此間郡廻り仕山手村ニ罷有候得者、水谷殿御領分井手村の与右衛門と申大庄や見廻ニ参候ニ付、山公事の義申出候得者、与右衛門も此段ヲ可申ため参候躰ニ而、笑止成義ニ候由申候故、左様ニ存候者、双方の庄屋共罷出候計ニ而ハ、餘きひたいニ而いかヽニ候間、其方も間ニ入曖候而見候得かしと申候得者、いかにも罷出可申由申候、与右衛門申候ハ、井山の方福(宝)寺も此公事の義苦ニ仕候間、左候ハヽ、罷出、曖被申候様ニと申候得者、右にも山公事の義ニ罷出、度ヽ迷惑ニ候得共、是ハ近頃笑止ニ候間、出候而よく候ハヽ、可罷出由申候、よき出家ニ而候間、此等ヲ申合曖候而見可申由申候、源右衛門申候ハ、先下ニ而御曖せ可被成候哉、但下計の曖ニ而ハ事も参ましく候ニ、何かと曖そこなひ自然ころけ候而ハ、後庄や共被仰付相済候迄も手間入申義可有之哉と存候、一向あなた江被仰遣、両方の庄や共、又ハ与右衛門なと罷出、曖申様ニ被成可然哉と申候、何も此段尤ニ可有之由申候、伊賀被申候ハ、左候ハヽ、杉原長左衛門所へ菟角下ニ而曖せ可然候由申遣、其方にも淡刕様御領分之内の公事と御思ひ可被仰付候、此方も他領と出入の様ニ存候而ハ事不参候間、新太郎領内の事と存申付曖せ可申候、左候ハヽ、其方ヨリも庄屋弐人計御出シ可被成候、此方ゟも庄屋弐人出シ、其外他領の庄やも出シ候而、曖申様ニ可仕と申遣可然存候、扨ハ此段猪右衛門・主税ゟ可被申候哉、左候得者何と哉らん、きつといたしたる様にも有之候間、我ホハ隠居ものゝ事ニ候得者、内

証の様にも候之間、我才申遣候半哉、何もいかゝニ存候哉と被申候、猪右衛門被申候ハ、一段尤ニ候、是ハ伊賀ゟ被申遣可然由被申候、何も其通ニよく可有之と申候、猪右衛門被申候ハ、此由被申遣候上ハ、山廻太郎兵衛うわきもの、様ニ聞へ候、むさと仕たる義なと申ちらし候而ハ、長左へ申遣候専立不申候間、半右衛門・夫兵衛、主水江参、右之趣具ニ申候而、太郎兵へも惣庄屋共一同ニ仕罷有、むさと仕たる事なと申破不申候様ニ被仰渡置可然由、両人も申候由申候得との事ニ而、其通ニ申候
一俣野善内申候ハ、赤坂郡銅山ニミやうはん・らうは出申候、けさい共参見申候而よく御坐候由申候、三年以前ゟ山ヲ仕候忠右衛門と申もの、らうはニ而可有之と土ヲ方〻持参仕、見せ申候得とも、よくも無之と申捨り居申候処、大坂中嶋ノ弥左衛門と申もの、らうは煎申候薬ヲ仕覚へ申候、此もの煎候而見申候得者、いかにもよきらうはニ而候由申候ニ付、忠右衛門右ゟ色〻心掛申義ニ候而仕度由申候、又大坂倉橋や勝兵衛、此弥左衛門別而無如在ものニ候故、山の様子承見せニ越候而煎させ、よく候ヲ承、只今又左様ニ申筈ニ而ハ無御坐候、私事ハ御国江出入も仕候得者、被仰付被下候様ニと申候、今ほとハせり合の様ニ成申候、いかゝ可有御坐哉と申候、御老中被申候ハ、三年以前ゟ山も仕、らうはの事ヲ心掛候而も見申候得共不知候ヲ、今度倉橋や少兵へ、弥左衛門ニにさせ候而よく候を存候而申候とても、一向留申様にはは成間鋪候間、忠右衛門にもいたしかゝり候まぶ壱ツハいたさせ可然候由、被申渡ル
一榊十郎兵衛在宅の繕入用銀四百三十五匁之由、庄野市右衛門書出シ、御奉行も無之候間、此銀自分江被遣可然よし、御老中被申候
一門田村士屋鋪地割の絵図、御普請奉行弐人、御屋敷奉行弐人江御老中ゟ被相渡ル、様子被申聞ル
一足軽弐十六人、俄ニ江戸下谷御屋布《(敷)》御番彼是ニ罷下候ニ付、壱石ツヽ借シ可申由、山内権左衛門・都志源右衛門ニ被申渡ル

一長蔵の前の御門御作事可申付由、田口兵左衛門へ被申渡ル

一山内権左衛門申候ハ、右者槙や十右衛門御用被仰付候内ハ、方〻ゟ参候材木の義、兵左衛門方へ早〻申断相調申候、十右衛門御免被成候後、諸方ゟ参候竹木共知レ不申候由申候間、紀刕・阿刕其外所〻ゟ参候材木、問屋共ゟ御町奉行へ申出、田口兵左衛門方江承候ハ、御横目なと出シ取申候様ニ被仰付候ハヽ、可然哉と申候、尤ニ候由、則御町奉行江被申渡ル

一村せ（瀬）金右衛門申候ハ、　下野様奥様の御利銀、只今請取申時分ニ御坐候故、御銀奉行江度〻申遣候得共、御銀少茂無之由申候、いかゝ可仕哉と申候、少も無之上ハ可仕様も無之候間、先待候様ニと被申渡ル

一金右衛門申候ハ、手代屋鋪の義畝数少ク御坐候故、寂前申上候へとも、御取上ケも不被成候、定而右に別所治左衛門申上置候様ニ存申上候得者、終ニ不申上候由申候、左様ニ御坐候ハヽ、先〻指上置、手代勤の様子見届、重而可申上候、但御聞届被成、右之通畝数をも御まし被遣可被下哉と申候、此屋鋪の義ハ　御耳へも立申事ニ候間、先指上ケ可申由被申候

一淵本久五左衛門・石川清助申候ハ、御包丁人大塚七大夫病気能罷成、江戸へ罷下申度由申候、いかゝ可仕哉と申候、尤ニ候、御歩行横目奥村伝左衛門罷下候之間、申合一度ニ下シ可申由被申渡、猪右衛門被申候ハ、早川小助も午兵衛召連罷下候、幸の義ニ候間、伝左衛門・七太輔も一同ニ参候様ニ申渡候得と被申候

一久五左衛門・清助申候ハ、御膳立仕候山本六郎兵衛湯治仕度と申候由、願の通遣シ候得と被申渡ル

一久保田彦兵衛申候ハ、西太（大）寺村の八右衛門と申船持、江戸ニ而当三月十三日、銀子三貫目蟹江権右衛門へ通せ銀仕候、此段何とそ被仰付被下候様ニと申候、御老中被申候ハ、此銀ハ損ニ仕候得とも不被申候、殿様ゟ可被下義ニ而も無之候、瀧並与兵衛可出事共不被申候、又一類共ニ出シ候得とも難申候、何共苦〻鋪義ニ候由被申候而、

落着無御坐
一伊勢の宮六番町火用心ニ関貫仕所〻儀、田口兵左衛門申、僉議の上浅海彦大夫後ニ門可仕由、被申渡ル
一都志源右衛門申候ハ、日置孫左衛門在京の御擬いかゝ可被　仰付哉と申候、諸事無構、御足米ヲ月割ニ仕被下可然と相定、其通源右衛門ニ被申渡ル
一源右衛門申候ハ、御歩行横目大平権右衛門江戸ゟ罷帰候、大坂ゟ運賃の義、先年江戸御普請年相定、御歩行へも壱人ニ付帆壱端ツヽ被下、銀五匁ニ相定申候、左様ニ可仕哉と申候、御算用ノ田野千右衛門此段覚不申候由ニ而、飛乗の運賃渡シ置申候由申候、色〻僉議の上、何かとさゝハり有之ニ付、先〻只今迄のことく帆壱枚ツヽ被下ニ仕置候得と被申渡ル
一中村主馬・岸織部申候ハ、遠所ゟ御船の御用ニ参候大工ニ、往来の運賃不被下候、往来の運賃ハ可被下義かと申候、可被下由被申渡ル
一村田小右衛門申候ハ、彦崎前ニ御城米船掛り居申候、船中ニ而加子壱人相果候ニ付、船頭方ゟ此加子相果候品別条無之との浦手形くれ候様ニと申候、前後の様子不存候故、庄屋江遣候事無用と申付候、犬なと自然掘出候而も如在とハ不存候間、葬くれ候得と申付、書物ヲ取彦崎村ニ葬申候由
一小右衛門申候ハ、児嶋郡木目村の藤右衛門と申ものゝ娌、池江身ヲなけ申候、吟味仕候得者、たひ〳〵病気ヲ苦ニ仕候、其故と存候由、舅・姑申候
一小右衛門申候ハ、八浜村ニ居申候治右衛門と申町人、因州へ参度由申候、善悪ニ付御国の御やつかいニ罷成申ましくと申候、置候而すきわひ可仕様も無之候、田地も無之ものニて候、いかゝ可仕哉と申候、願之通遣シ候得と被申渡ル

酉ノ五月廿九日御評定　当番森半右衛門

一不受不施宗門寺請ニ不可取之旨幷不受不施書物の写、従
公儀被　仰出趣、菅弥四郎ニ被　仰下、御口上書伊木

頼母・御寺社奉行両人・御郡奉行江御老中被申渡ル
一先日被　仰付候口上道郡竹田の堤通り、大水之時分水はきの事、藤岡内助・石川善右衛門・岩根須右衛門・塩川吉大夫見分仕、絵図ニ指出ス、竹田の新堤切抜候義何も僉議の上、此通可然と存候ハヽ、則江戸へ可相窺由、御老中被仰渡ル、絵図の趣何も尤ニ存候由
一伊賀被申候ハ、備中見延山公事の義、杉原長左衛門方江進藤惣左衛門ヲ以、先日相談の通申遣候処ニ、杉原長左衛門一両日以前ニ伊賀方へ罷越候而申候ハ、見延村の百姓山の絵図ヲ仕候由承候、此絵図ノ様子ハ、大分足守領之内、備前御領分之内江入候而居申由ニ候、噯ニ罷成絵図の趣ニ而、山ヲ半分なとヽ有之候而ハ、足守領の山過分ニ取レ申事ニ候、給人ハ当分、山ハ末代の義ニ候、左様ニ候而ハ承引難成儀ニ候由、百姓共申旨承及候、又松山領の庄屋伊手の与右衛門義、足守領の百姓と公事ヲ仕、常〻不和之由ニ候、此もの噯ニ罷出候而ハ、弥〻事済申ましく候、岡山ゟ士中ヲ山見聞ニ遣シ候ハヽ、公事の理非、山の様子ニ而知レ可申事ニ候由、長左衛門申候、いかゝ可有之哉と被申候、色〻僉議有之、侍中ヲ被遣、足守ゟも侍罷出見聞仕候而ハ、　殿様と淡路殿との公事の様ニ成行候而ハいかゝ之由、又見延村の百姓ヲ足守江被遣、足守ノ百姓ヲ岡山江御よひよせ、両方ニ而御聞せ可被成かと申義も有之候得共、左様ニ候而も事済かね可申候、其上ニ而百姓江戸へ参候ハヽ、前かと口承候岡山・足守の侍共ニ江戸へ参候得なとヽ有之候而も、いかゝニ候由ニ而、僉議落着無之、菟角今少御延置可然かと何も申候
一伊木憑(頼)母申候ハ、御軍用人改帳の義、去〻年被　仰付候ハ、初年の御改帳ヲ元ニ仕、人の増減書加候迄ニ而御坐候、此度も其通ニ可仕哉と申候、伊賀被申候ハ、先年の帳ヲ元ニ不仕、年〻の書出ニ而ハ存まゝに人改書付可申候ニ付、しまりノ元無之、いかゝニ候、初年の御改以後御加増・役替、其節ハ幼少只今ハ御供も可仕もの、ヶ様の類其外何そ事のかハり候ハ、年〻の書出寂前ニ不相更

ものハ、右之書出の帳面ニ而すわり候様ニ可然候、但人のましへり書出計ニ而ハ、新帳計ヲ見候而、諸手の積り知レ申間敷候間、初年の本帳ヲ以、弓・鉄炮・鑓、諸事それ〳〵ニ書出改候義共新帳ニ書加、当年之帳計ニ而埒明候様ニ仕可然由被申渡ル

一山内権左衛門申候ハ、　殿様御勝手方当年ひしと御手詰ニ御坐候、当暮京銀御返弁御延引ニ候ハヽ、以来京御借銀調申間鋪候、先日如申上、当年ハ御詰替米五千石の分、末〻江の御追借御止被成、五千石の分御払せ被成候得者、五十匁の相場にして弐百五千貫目、御家中京銀春延無シ、霜月出シニ被　仰付、当年出し銀凡弐百貫目、古麦売延代七拾貫目、右合五百弐拾貫目、百八拾貫目不足の分ニ新米売足、都合七百貫目の分、霜月中ニ京江御登せ被成可然奉存候、新麦不残三十匁の相場ニして、銀弐百四十弐貫八百四拾匁、此分江戸・御国当分の御遣用ニ被成、不足の分ハ江戸ニ而御借銀被遊可然存候由申候、猪右衛門被申候ハ、一段尤ニ候、菟角只今の分ニ而ハ、次第ニ御勝手御手詰りニ可有之候、何とそ被　仰付様も可有之義かと被申候

一去年江戸御留守中、銀払勘定目録都志源右衛門差出候、銀子四百五貫五百七十弐匁之由

一安宅弥一郎申候ハ、邑久郡坂根井関損申候、御足軽三十人計も被　仰付、一、二ヶ月も繕可被　仰付哉と申候、石川善右衛門申候ハ、御役人も無之候間、日用ニ可被仰付かと申候、弥一郎申候ハ、此御普請ハ日用ニ而ハ難仕候、日用ハ何かたへそ御入替候而成とも、御鉄炮被仰付被下候様ニと申候、弥一郎願の通ニ可申付由、御普請奉行両人江被申渡ル

一都志源右衛門申候ハ、横井玄与新知被下江戸へ引越候ニ付、当年中之御支配新知被　仰付日迄月割ニ被下、残ル分ハ上り、去年の平シ物成ヲ十月ゟ九月迄十二月ニ割、月数ニ掛被下、当暮の所務惣並のことくニ被下、右之御法瀧川仁右衛門・斎藤加介・岩根七左衛門、右三人ニ新知被下時相究り候、玄与義も此通ニ可被仰付かと申候、

右之通可申付由被申渡ル
一源右衛門申候ハ、榊与次右衛門手前へ、因刕ニ而請取候道具共よせニ付ケ居申候、むさと仕たる古道具の類ニ而候、又与次右衛門年〻仕置候ものに御坐候、与次右衛門請取よせニ消シ有之道具の分ハ、今西半内請取ニ付置、年〻御蔵奉行相改候様ニ可被　仰付かと申候、右之通可然之由被渡ル
一武藤安兵衛・野口伝右衛門申候ハ、御足軽ニ被遣松木細キハ瓶井山ニ而被下、其外ハ半田山・龍の口ニ而被遣可然候、大勢入込申候ハ、猥ニ可有之候、弐組、三組ほとツ、申付、横井平ニ而伐せ候様ニ仕度候、松木の御手帋之奥ニ右之趣御書加可被下かと申候、藤岡内介申候ハ、其段ハ御普請奉行手前ゟ堅可申付由申候
一安兵へ・伝右衛門申候ハ、御花畑屋鋪馬場先の藪、藪改の御奉行相改候由承候、然ル上ハ御公儀藪と相聞候、垣ヲ仕らせ可然存候、又承候得者、山田道悦ニ被下候藪ニて御坐候と申ものも御坐候、道悦在京ゆへ様子知不申候、いか丶可仕哉と申候、猪右衛門被申候ハ、従　公儀垣ヲ仕らせ可申候、道悦罷帰候ハ丶、猪右衛門指図ニ而垣ヲ申付候由可申候
一かち川左次兵衛申候ハ、盤（磐）梨郡宗堂村ニ手習所申付候、竹五、六十束入用ニ御坐候、近辺ニ而伐せ申度由申候、藪奉行相談の上伐せ可申由被申渡ル
一左次兵衛申候ハ、盤梨郡長福寺村五郎右衛門と申百姓、屋布（敷）廻りニ克藪御坐候、前〻ハ請藪ニて御坐候処、去年ゟ留藪ニ被　仰付候、五郎右衛門身ヲ持たる百姓ニ而御坐候故、竹盗レ候か、竹の子之時分なとハ一入無心元存知候、請藪ニ被仰付被下候様ニと申候、此竹の時分入用には遣申ましく候、何時ニ而も御用之時分ハ竹差上可申候、其年の運上銀さへ被遣候得者、よく御坐候由申候、猪右衛門被申候ハ、藪あらし不申候様ニ仕候義ハ、いか様にも可成事ニ候、然共藪奉行江相尋、其上の義ニ可仕由被申候
一津田重次郎申候ハ、三宅可三江御合力米之外ニ、江戸へ

罷下節ハ弐十人扶持ニ乗物かき四人、道中ハ馬をも被下候、御国江罷下候節ハ、有人ニ三人ましの御ふち方計被下候、ふへてに御坐候而上下海上難義仕候、御国江陸路ヲ罷下候節ハ、道中江戸並ニ被　仰付、御国ニ而ハ乗物かきハ入不申候間、御小人壱人被下候様ニ仕度旨、重次郎迄の物語ニて候由申候、御国へ罷下節も江戸並弐十人扶持、道中も江戸道中並ニ可仕由、山内権左衛門・都志源右衛門ニ被申渡ル

一都志源右衛門申候ハ、江戸御留守ニ罷下御足軽、道中馬銀ハ御供並ニ可被下旨、先日御定被成候、御供の御足軽には道中宿賃被下候、是も同事ニ可被仰付かと申候、御供も御留主御擬も何も同事ニ被仰付上ハ、御足軽も諸事御供並ニ相定可然由被申渡ル

一泉八右衛門・津田重次郎申候ハ、新学校御作事入札の義ニ付、岡山十左衛門と申大工、其外不届ノもの有之由、様子荒まし申候、弥穿鑿可仕旨被申渡ル

一山内権左衛門申候ハ、村上了村来月五日ニ宇治江罷越候、了村義勝手不罷成迷惑仕候、春御借米江戸並ニ半分拝借仕度旨、権左衛門迄申候由、願之通ニ借シ可申由被申渡ル

一御町奉行共申候ハ、当町酒の代例年此時分ニ相定候、大坂上酒壱升ニ付壱匁五分仕候、当地ノ上酒壱升壱匁三分ほとニ上ケ可申哉と申候、其通ニ可仕旨被申渡ル

一藤岡内助申候ハ、御花畑ニ枯レ候桜の木御坐候、侍共も伐申ましく候由申候、いかゝ可仕哉と申候、枯候而有之候ハヽ、伐せ候様ニと被申渡ル

酉ノ六月十日御評定　当番鈴田武兵衛

一中村主馬・岸織部申候ハ、牛窓助三郎手前に能船板御坐候、当年も被召上可被為置候かと、長谷川次左衛門迄申候、当年ハ御銀も御手つかへニ候間、いかゝと申候得者、当分ニ銀不被遣候而も不苦候由助三郎申候ニ付、直段も同前ニ候ハヽ、先可申上と申書付仕参候由、則御老中江見せ申候、主馬申候ハ、只今ケ様の道具さし而御用ニ入

可申存寄も無御坐候、一両年も五十挺立御作り不被成候者、先御延引も可被遊候哉、若新造なと被　仰付候ハヽ、能木ニ而御坐候故、書付ハ掛御目候由申候、来年なとハ御船も御作せ被成間鋪様ニ存知候、御銀も手つかへニ候間、先〻延引可申由被申渡ル

一高林又兵衛殿ゟ主馬方江状参候、持出御老中江見せ申候、趣意ハ於大坂ニ目を掛申候町人有之候、備前御屋敷之御用何ニ而も被　仰付被下候様ニと願申候、右ニ此段榊十郎兵衛へ申談候、今西半内へも物語仕候、何とそ憑入候由、主馬申候ハヽ、榊十郎兵衛ニも様子相尋申候、西国御大名衆へ、大坂御奉行衆ゟヶ様の義被申遣方多御坐候、何ニ而も御用と御坐候ハかこ付ケニ而も御坐候半哉、ヶ様の類ノものには何も三人扶持、五人ふちの御扶持ヲ被下、何そ御用も候ハヽ、可被　仰付と被　仰置方多御坐候由申候、又其町人の様子十郎兵衛ニ尋申候、承候様子ニ而ハ、御用なと調可申もの丶様には不被存候、聢と家なとも持不申もの丶由申候、可被　仰付御用の存寄も無御坐、船年寄なと相応の義ニ而可有御坐様ニも存候得共、先下心ハ右之一通ニ而可有之哉と申候、御老中被申候ハ、寂前も十郎兵へニ被申、半内ニも被申聞、此度申来候上ハ、何れの道にも取合候ハぬ様ニも被申間鋪候間、老中へ申届、指当用の義も無之候、何も相談可仕由申候と先可申遣旨被申渡ル

一俣野善内申候ハ、赤坂郡村代官和田大郎左衛門火事ニ逢申ニ付、家立被下候入用銀四百四十匁四分七リン、戸立具・畳共西軽部村庄や吉右衛門奉行仕候而、則目録指上御老中江披見ニ入、外ニ竹五十束半御藪ニ而伐せ申候由

一安宅弥一郎申候ハ、邑久郡浜村ニ居申候還俗多内と申もの、四月初ニ首くゝり相果申候、書置仕候、虫しやく持自害の躰の書置と見へ申候、別ニ一類ゆかりも無之ニ付、跡ニ有之銀四百目計、扶持方米三、四俵、其外着類・諸道具有之分、果候節罷出取置、肝煎申もの共ニ割苻ニ可遣由、御老中江相窺申付ル筈ニ候処、岡山町ニ玄雪と申もの従弟之由、其上多内事玄雪親数年肝煎、出家にも大

円坊ヲ憑仕候、就夫、多内跡式の義、玄雪ゟ外ニ請取可申もの無之旨、弥一郎方江書付指出シ申候、多内忰ハ松平相模守様ニ十人者仕居申候得共、親ハ出家、其上見苦鋪躰の親故、ヶ様の跡式譲ヲ請候事も迷惑かり可申候、神主ハ子ニ持参仕候而可遣由、玄雪申候由弥一郎申候、外ニ類親無之上ハ、玄雪ニ可遣ゟ外ハ無之候半哉、先ゝ様子とくと承届遣可然候間、相延候様ニと被申渡ル

一安宅弥一郎・久保田彦兵衛ニ被申渡候ハ、当年ハ御勝手御手詰ニ付、御蔵江納米御払可被成候、毎ハ春迄御たはい被成候得共、右之通ニ候間、在ゝニ置候ハ麦ニ而置候様可申付候、いつも銀ニ而も置候故申事ニ候由

一加世八兵衛・石田鶴右衛門ニ被申渡候ハ、諸方ゟ参候材木・竹ニ而も、町江参次第田口兵左衛門方へ、早ゝ注進申候様ニ可申渡候

一八兵衛・鶴右衛門ニ被申渡候ハ、町江取寄候植木・さつ木なと、他国江売候分ハ御町奉行切手ニ而入可申候、相改当所ニ而ハ売不申候様ニ可被申付由、又草花なとハ不苦候、切手無シニ通可被申由、御船奉行江被申渡候ハ、石も聢と庭石と不究候ハヽ、通候而不苦事と被申渡

一伊木憑（頼）母申候ハ、中小性衆追借の義、拝借仕義無用と随分申留候得共、五、六人ほと何とも手前可仕様無之と申もの御坐候、此分ハ御かし被成被下候様ニと申候、御老中被申候ハ、何も借シ不申候上ハ、尤とハ不被申候、憑母借候而いか様とも仕候様ニと被申渡候、いつもハ四十人ほと拝借仕候由申候

一憑母申候ハ、岡村権兵衛、兼而上方ニ罷有母見廻ニ参度と御暇申上候、参候様ニと被　仰出候、近日罷上申度と申候、忰十之丞も母煩居申ニ付、一度逢申度と申候、召連参度と申候由、上方江の義ハいかゝと僉議有之、伊賀被申候ハ、御奉公人ニ而も無之、親と一所ニ参事候間、不苦事と被申、召連参候様ニと被申渡ル

一頼母申候ハ、虫明五郎左衛門御預被成候御鉄炮置申候御蔵、被　仰付被下候様ニと申候、心得候、可申付由被申渡ル

一憑母申候ハ、犬丸左次兵衛自分屋鋪ニ座敷作り申度由申
候、其通ニ仕候得と被申渡ル
一都志源右衛門・岩根須右衛門申候ハ、備中山公事の義、
未埒明不申候、井山の方(宝)福寺曖申候、杉原長左衛門少さ
しつかへ申由ニ御坐候様ニ承候と申候
一青木善大夫申候ハ、御居番宇野三右衛門・宮田弥兵衛・
在津市兵衛・小橋又右衛門、右四人之内三人江只今迄右
之三右衛門・市兵衛居申候　御城内ニ御坐候古家、四間
はりニ四間の家ヲ三人ニ被下、残ル壱人ニ新竹木被掛御
意可被遣候哉、又岡村久兵衛・森八左衛門・野桑七右衛
門、是ハ御門番の類、御末番ゟ少下ノものニ而御坐候、
新竹木可被下かと申候、其通ニ可被下候間、書付越候様
ニと被申渡ル
一久保田彦兵衛申候ハ、おく上道郡竹原村・百枝月村ニ佐
伯のきりしたん与次右衛門子共兄弟居申候、是ハよく〆
候而置申候、野間村ニ魚屋甚四郎娘の子共居申候、三五
郎と申候、御帳ニ乗申候、其弟共ハ御帳にも乗不申候、
いかゝ可仕候哉、奉公をも先留置申候由、御老中被申候
ハ、御国の奉公不苦候、其上御帳にもはつれ候ものに候
ハゝ、猶以不苦候、其方手前ニよく〆ヲいたし置、三五
郎共ニ四人なから奉公仕らせ候得と被申渡ル

酉ノ六月廿一日御評定　当番森半右衛門

一斎木四郎左衛門申候ハ、備前八兵衛と申順礼、当春籠舎
御赦免被成、御国中追放被　仰付候処、頃日立帰、奥津
高郡建部村辺ニ而勧進ヲ仕、名ヲ名乗、憚も無之躰ニ候、
いかゝ可仕哉と申候、捕候而岡山の籠江可入置由被申渡
ル
一御船奉行共申候ハ、当町ニ有之青艘舟、寂前ハ十艘計も
御坐候、次第ニ数多成、今ほとハ三十艘ほとも御坐候、
青艘次第ニかさミ候ハゝ、五、六端の船ハ持絶候様ニ可
罷成候、御用ニ立候ハ五、六端之船ニ而候故、後ゝいかゝ
ニ候間、青艘の数ヲ定可然由、船年寄共申候ニ付、岡山
のを御究被成候而も、今程ハ御国中入相ニ被　仰付候故、

児嶌ノ青艘入可申候、左候ハヽ、無専事かと申候得者、船老共申候ハ、児嶌船ハ運賃ハ安く候得共、船狭御坐候、爰許のハ船も少広手寄もよき故、爰元の船ヲかり申候由申候、御船奉行共存候ハ、先〻岡山の青艘三十艘ほとニ御究、其後之様子次第ニ被　仰付可然様ニ存候、下ハ其通申置候由申候、一段尤ニ候、先其通ニ申付、様子見可申由被申渡ル

一山内権左衛門申候、今西半内方ゟ申越候ハ、大坂天満御屋鋪御長屋修理可仕ゟハ、崩候而可然由御老中被　仰付候故、大坂御町奉行衆へ与力牧野平左衛門と申ものへ、伊勢屋九郎左衛門を以、相尋候得者、むさと崩候儀ハ不成候、尾張様御屋鋪手すへニ有之候ヲ、崩被申候得者、地奉行衆ゟ断ニ而、又立させ申候、大坂衰微不仕候様ニと御奉行衆被思召候ニ付、下ニ而ハ不成候由、然上ハ破損繕不申候而ハ成申ましく候、又中嶋御屋鋪御蔵の破損も御坐候、御奉行被　仰付、御登せ可被成かと申越候、又半内方ゟ申来候、上方辺ニ居申候非人之内、成ほとすくやかニ而百姓なと可仕もの数多有之候、御国なと江御用ニ候ハヽ、江戸御老中江大坂御町奉行衆ゟ被仰遣、御国へも御下シ可被成由、御町奉行衆被　仰候、御国には御用ニ御坐有間鋪と存候へとも、有無の御返事御聞被成度由、御町奉行衆被　仰候間、便宜ニ可被仰下由

一都志源右衛門申候ハ、当年帰参被　仰付候もの共之内、安積七郎兵衛・西浦源左衛門、本知百五十石ニ而御坐候、御法の通ニ月割被下候得者、四十五俵被下筈ニ候、然共未被　仰出も無之事ニ候得者、何へも不付様ニ三十五俵借シ申候、江戸ゟ様子被仰聞次第、御老中の手帋と取かへ可申候、帰参之内阿部多右衛門・水野弥一郎・岩根彦助・上山新兵衛、右四人ハ㝡前御支配取ニ而候、是へも御借可被成候哉、此四人の義ハ水野茂左衛門なと丶申談借シ可申由、御老中被申渡ル

一都志源右衛門申候ハ、岩根彦介病気いまた聢と無御坐候へとも、帰参被　仰付段難有奉存、先帰参候由申候、御支配御ふち方なと被下候ハヽ、御断をも申上ルニ而可有

之かと存候由

一渡辺助左衛門申候ハヽ、和気郡唐臼仕、又当年も他国へ参度由申候、去年のことく可被遣候哉と申候、当年ハ御留守ニ而も候之間、弥宗門請其外堅吟味仕可遣由

一御町奉行共申候ハヽ、門田村の道筋ニ付、家崩シ候ものに中須か具足や勘兵衛居申候、南の方可被遣候哉と申候、石垣なと築出シ候ハヽ、大水之時国清寺の土井のさハりニ成可申候、勘兵衛家ヲ立候ことくニ可仕之由申付、屋敷可遣候、御普請奉行・御町奉行罷出見分可仕由、又御町奉行申候ハヽ、少越料をも可被遣候哉、可遣之由被申渡ル

一藤岡内介申候ハヽ、御旅所川手角の方ニ少嶋ヲ築出シ、砂ヲ向江はかせ可然候、砂向へはね候以後悪布候ハヽ、取候而退可申由可然候間、可申付由

一御老中戸田七郎兵衛ニ被申渡候ハヽ、御旅所番人の家今度の水ニ崩レ申由ニ候、御小人長や作事之仕廻ニ立候而可遣由

一御町奉行共申候ハヽ、妻ヲ殺候玄佐と申医者ハ、尓今籠舎仕罷有候、酒狂故の義ニ候得者、御助被成候而他国江被遣候義ハヽ、いかヽ可有御坐候哉、死罪ニ可被仰付かと申候、其外にも此もの之義ハ、死罪可然候半哉、気違ハ煩の事候得者、無是非義ニ候、酒狂ハ酒ヲ不被下候得者無別義候、常〻酒狂仕段其身乍存酒ヲ被下、無咎女ヲ害仕候事不届千万ニ候由申ものも御坐候、御老中被申候ハ、先〻此度ハ払可申候、多分立帰可申候、其節ハ死罪可然由被申渡ル

一御町奉行共申候ハヽ、玄佐家ヲ売候而、其外集候ハヽ、銀壱貫目計も可有之候、子ともなとニ遣シ、一類ニ子共預置可申候哉、備中山手村ニ玄佐女の姉居申候、銀子ヲ付ケ候而なら者預可申由申候、又玄佐にも当分の扶持方ハ遣シ候而払不申候者、一日路とも他行罷成ましく候、いかヽ可仕哉と申候、銀子ハ子共ニ付ケ、玄佐にも当分の扶持方遣シ可然候、其段御町奉行共可指引由被申渡ル

一村せ（瀬）金右衛門申候ハヽ、下野様の奥様御銀八貫目、小堀

や方へ相渡候様ニと御老中御手帋被下、寂前相渡し申候、安井弥三兵衛方ゟ右之銀子之義ニ書状指越候間、御老中へ御手帋指上候由

一金右衛門申候ハ、下野様奥様御銀手形の義、寂前も申上候へとも、尓今何共不被　仰付候、餘延〻ニ付、安田市左衛門方へ御銀うけ取手形仕くれ候様ニと申遣候得共、被　仰付も無之故、不罷成候由申候、いかゝ可仕哉と申候、御老中被申候ハ、右之銀京銀並ニ仕、御用次第ニ可相渡由、山内権左衛門手前ゟ手形取置可然由

一稲川十郎右衛門申候ハ、瓶井山安住院末寺門田村ニ大福寺と申坊主、愛宕山の奥ニ替地被下、作事仕候、殊外堂高ク御坐候故、外ゟ夥鋪相見候由ニ而、上ヲおろしけた計ニ仕候得者ひきく御坐候間、平板屋ニ仕置不苦候ハヽ、只今の所ニ住居仕候様ニと申候由、御老中被申候ハ、十郎右衛門罷出見分仕、不苦様子ニ候ハヽ、其分指置可然由

一津田重次郎申候ハ、先日申上候三宅可三江渡夫の義、いかゝ可被仰付候哉、又江戸上下には乗物かき・馬被下候、是ハ割ニ可被仰付かと申候

酉ノ六月晦日御評定　当番鈴田武兵衛

一真田三八ヲ呼、蟹江権右衛門家屋鋪丹羽惣兵衛ニ被下候、其通可申渡由被申渡ル

一片山勘左衛門ヲ呼、丹羽平之丞跡目と屋布(敷)替被仰付候由、江戸ゟ申来候、難有可存由

一生駒久助ヲ呼、横井玄与家屋鋪中野与一右衛門ニ替被下ル、与一右衛門家岩根七左衛門ニ被下由被申渡ル

一久助江、桜木吉之丞家屋鋪入江玄迪被下候由被申渡ル

一津田左源太ヲ呼、丹羽平之丞跡目弐百五十石被仰付候、片山勘左衛門と屋鋪替之儀も被申渡ル

一河合善大夫・武藤佐右衛門御勘定目録持参、御老中へ披見ニ入ル

一西村源五郎ニ被申渡候ハ、大学殿ゟ申来候不受不施宗門坊主判形仕分の帳、江戸へ可指下由、并何れの末寺ニ候

哉、本寺ヲ具ニ書付可指越由被申渡ル
一横井玄与江戸江罷下候ニ付、古京銀捨被遣候由被申渡ル
一都志源右衛門ニ被申渡候ハ、丹羽平之丞跡目弐百五十石被遣候由被申渡ル
一源右衛門江原田玄仁跡目、忰幼少ニ付百俵ツヽ被下ル、此忰の祖父松平若狭殿家来ニ而、丹波笹山ニ居申候、多分是江引越申ニ而可有之候哉、其段ハ江戸ゟ御指図可有之由被申渡ル
一田口兵左衛門申候ハ、御大工共只今迄夏借シハ御かし不被成候、追借ハ御借シ被成候節拝借仕来候、当年ハ御借シ不被成候由ニ而迷惑仕候、弐、三人之義ニ御坐候間、御借被成可被遣候哉と申候、不罷成由被申渡ル
一水野茂左衛門も追借の義、弐、三人何共可仕様無之由、御訴訟申候由申上ル、不罷成候由被申渡ル
一丸毛治右衛門ヲ呼、大杉久左衛門病気ニ付、有馬へ湯治の御暇の義、願之通ニ可遣由被申渡ル
一薄田藤十郎ヲ呼、喜多嶋忠右衛門娘南部小兵へ方江縁辺の義、願の通被　仰付候、勝手次第ニ可相調由被申渡ル
一岸織部申候ハ、荒尾内蔵之助申上くれ候様ニと憑申候、蟹江権左衛門大廻り通せ銀の事、年〻を以テ出シ可申候、急には何共出シかたく御坐候由
一加世八兵衛申候ハ、大坂の正清と申鍛冶、爰元へ罷下候様ニとたひ〳〵申候処、頃日罷下候、大坂ニ銀十枚計借銀御坐候、是ヲ済くれ候ハヽ、御当地ニ堪忍可仕由申候得共、又爰元ニ而借屋なと借、方〻ニ銀三百目計も遣シ候ハてハ、成申間鋪かとの義ニ候、然上ハ不入ものかとも存知候処、今朝丸毛次右衛門申談候得者、取続も可成事の様ニ被存候、大坂の借銀の義いかゝ可有之哉と申候、猪右衛門被申候ハ、大坂の借銀十枚計の事ニ候者、滞留仕様ニ可然由被申渡ル
一都志源右衛門申候ハ、麦只今御年貢麦ニ候ハヽ、三十五匁ニいかほとも買可申由申候、相場毎も当月廿一日の御寄合ニ相定申候、今日御定可被成かと申候、尤之由僉議有之、三十六匁五分ニ御定

一源右衛門申候ハ、　予州様の御米弐千俵計御坐候、五十六匁の相場ニ買手いかほとも御坐候、払可申候哉と水野茂左衛門伺候得と申越候由、払可然由被申渡ル

一岩根須右衛門見延村山公事の義申、色〻僉議有之、河村平太兵衛ヲ内証の義ニも候之間、備中杉原長左衛門方江遣シ、少様子も聞せ可然かと申候へとも、中〱其段ニ而も様子知レ申間鋪候由ニ而、落着無之

一源右衛門申候ハ、先日の大水ニ備中坂（酒）津の井手樋損申候、近村他領ゟも罷出肝煎申候内ニ、御領分の百姓共罷出まへつきなと仕繕置申候、先当年ハ別義も有之間鋪候、損申所ハ右ニ樋繕申候割、古板弐、三枚不苦候と申、残シ置申候、此古板之内ゟくりぬき申候、其古板の上ニ又強き古板ニ而包申様ニ上ヨリ打付置申候、坂津の孫大夫と申もの殊外情ヲ出し申候、此もの原田道可従弟ニ而御坐候由申候、兼〻御奉公も仕度と申候、今度の井手の繕役人弐、三百人ニ而、三日ほとには罷成間鋪候程ノ普請ニ而御坐候、以来の為ニも御坐候、日用銀ヲ被下可然哉と奉存候、私居申所へも程遠ク御坐候得者、急之時ハ参候而手筈ニ合申義ニ而も無御坐候故、少よく仕置申度候、常の日用銀八分ツヽ、被遣候、是ハ壱匁ニも仕遣シ申度候、右ニ三ツの井手の夫石取置申候為ニ、御銀壱貫五百目申上被下候、今五百目御添被成、弐貫目被下候ハヽ、其内五百目今度の日用銀ニ遣シ申度由申候、尤之由被申候

一村せ（瀬）金右衛門・野間大郎兵衛方ゟ参候状、御老中江披見ニ入ル、佐渡守様奥様御銀請取払申候帳、是又持参御老中江見せ申候

一西村源五郎・岩根須右衛門申候ハ、備中篠（笹）沖ニ門一と申不受不施道心坊主居申候、判形仕候得与申候得者、寂早歳八十四、五ニ罷成候、判仕候事不罷成候由申候、頃日何方へ哉らん参候而見へ不申候由申候、江戸へ窺候節江戸へ引寄候得と被仰候時、いかゝニ候間、先〻有所ヲ尋置、先へハ不届置可申候由被申渡ル

一源五郎申候ハ、口上道郡円山村の宮大破ニ及申、氏子共取立修理をも加申度由申候、此宮ハ寂前ハ鏑流も有之、

七ヶ村ヨリ尊申候宮ニ而御坐候、修理も少難仕ほとの事ニ候、此宮山ニ松木御坐候へとも、大松ニ而自由ニ不罷成候、小松をも少可被下候哉と申候、塩川吉大夫申候ハ、右之宮山大松頃日之雨風ニ弐本ころひ申候も御坐候、近所ノ御林ニ而小まつをも少可被遣かと申候、宮山をも少ツヽ伐、御林の小まつをも遣シ可申由被申渡ル

一塩川吉大夫申候ハ、松下浅右衛門在宅出来の様子、古地高物成なと書付ヲ老中江見せ申候

一吉大夫申候ハ、門田村引屋鋪の麦成可被召上候哉、但被下ニ而も可有之かと申候、跡屋布(敷)ハ引可遣之由被申渡ル

一吉大夫申候ハ、門田出屋鋪の義、屋布ニ成候地者惣別弐石代と、扨ハ上畠ニ成申候と見へ申候、此度のハいかゝ可仕哉と申候、望候而罷出候ニ而も無之御用ニ付、被召上候事ニ候得者、有来の地上中下ニ近辺の並ニ応、相定可然由被申渡ル

一田口兵左衛門申候ハ、小作事ニ御小人並ニ而抱申候左官壱人御坐候、頃日相果申候、幼少之忰ニ而候、其借米いかゝ可有之哉と申候、御小人等跡目立候義無之候、春の御かし米ハ、相果候ものには捨被遣候筈ニ候、其分ニ可仕由被申渡ル

一坂井七郎右衛門、奈良麻地屋酒直段上申候由、書付持参、御老中江見せ申候

一渡辺助左衛門申候ハ、和気郡勢力村の百姓、自分のあやまちニて火事ニ逢申候、類火も無御坐候由申候

一藤岡内介・石川善右衛門江、竹田の上堤御普請の義絵図を以窺申候処、大学殿ゟ何も相談の上、可然存候ハヽ申付候得と申来候、京橋のかんき弐ツ残り候時、水堤ヲ越申候様ニ可仕由被申渡ル

一伊木頼母申候ハ、萩野六兵衛少御鉄炮打申度由申候、御人足御借可被成かと申候、可然由ニ而、則山内権左衛門へ御人足被申渡ル

酉ノ七月十日御評定　当番森半右衛門

一村田小右衛門申上ル六ヶ條、児嶋下村源兵衛と申百姓、

四月廿日之夜妻子共ニ逐電仕、行衛知不申候、立退候意趣可有之と村中吟味仕候、庄や申候ハ、所には十八、九年居申候へとも、田地も無之候、去年同村のものゝかや弐たれ借候而質ニ置候、時分柄入用ニて候とて節〻乞申候、此義ヲ苦ニ仕立退候哉と申候由、田地も無之ものゝ事ニ候ハヽ、其分ニ可仕旨御老中被申渡ル

一児嶌郡日比村吉右衛門と申船頭、加賀米積ニ参候、能登国福浦ニ而難風ニ逢破損仕候、船かす銀弐百目計ニ売、路銀ニ仕、此頃罷帰候、飢扶持方借申度仕合ニ候、当五月ニ被仰付候江戸大廻りかん米返上の義、右之仕合ニ付、只今可申付様も無御坐候、いかゝ可仕哉と申候、返上の義何となく先〻指延可置由、御老中被申渡ル

一児嶋通生村吉右衛門と申もの気違、やとい女ヲ鎌ニ而首ヲ切、右之指三ツ切申候、首のきす深手ニ而候へとも、天城の医者療治仕、大形平癒仕候、吉右衛門義座鋪籠江入置候処ニ欠落仕候、気違人取退シ申候段、不念の仕合と申、何方へ参いか様の義ヲ可仕も不知義、無心元事ニ候、随分尋出シ候様ニ申付候由

一児嶋の手習所出来申候、郡ニ而子共ノ在所ニヨリ薪持参仕、或御郡奉行植置せ候林なと薪ニ仕候、児嶋の義ハ銘〻家職ヲ止、手習に越申も太義なる事ニ候、其上ニ薪なと持参申様ニと申付候ハヽ、御蔵・給所共の林ヲ盗ミ持参申義も可有之候、御蔵・給所共ノ野山ニ、当暮ゟ松ヲ植させ可申候、此木後〻ハ薪ニ成可申候、其内北浦の御林ニて手習所入用之薪伐申度候由申候、御老中被申候ハ、泉八右衛門・津田重次郎と相談仕候様ニと被申渡、則両人申談、伐せ申筈ニ相究申候

一児嶌郡浦田村江の口と申所ニ新田御坐候、先日之大雨ニ破損出来仕候、百姓共ハ大分の普請ヲ好申候、弐ヶ所ニ堤ヲ被仰付、から戸被仰付可然と奉存候由、御老中被申候ハ、内介・善右衛門ニ可致相談由、両人ニ小右衛門談合仕候得者、御役人無之由申ニ付、又御老中江小右衛門申候ハ、来年彼所之物成可被下候ハヽ、下ニ而借米ヲ仕、普請相調申度由申候、其通可仕之由被申渡ル

一七月三日児嶌（胸）棟上村・厚村・山田村ニ流寄候道具改申様ニと、御船奉行方ゟ申越相改申候、是も破損船の類ニ候間、船手ゟ改申様ニ仕度由、尤之由御老中被申候、右流荷物之内吟味仕候得者、薩摩国鹿児嶋東同志布志上町近藤五郎左衛門殿参、庄五郎・吉三郎・久五郎・仁兵へ如訴の書状有之候、薩摩船と相見へ候、荷物ハこも物売買道具と見へ申候、取揚候荷物之内掛硯弐ツ御坐候、内壱ツニハ何哉らん有之躰ニて候故、苻ヲ付庄屋ニ小右衛門預置候、御老中被申候ハ、御船奉行中ゟ今西半内方へ申遣シ、薩摩殿大坂御屋布へ右之通申通シ可然候、荷物請取ニ参候ハヽ、彼掛硯ヲ苻のまゝ可相渡由、右之通御船奉行・村田小右衛門ニ御老中被申渡ル

一右之外の荷物、邑久郡之内邑久郷村へ流寄、安宅弥一郎相改、拾候ものに預置候由

塩川吉大夫相窺四ヶ条

一門田村士屋鋪ニ渡候所、右之帳面以帳引ニ仕可置候哉、其通ニ可仕之由御老中被申渡ル

一松下浅右衛門在宅出来仕候、作事入用奥書の義、吉大夫おく書の上ニ、小堀彦左衛門・湯浅民部おく書可仕之由申候、其通可仕哉と申候、御老中被申候ハ、両人ニも早此方ゟ其旨申渡候由

一口上道郡小町村又兵衛と申百姓の弟、六、七年以前村上藤左衛門方ニ奉公仕罷在、江戸ニ而走り申候、其後御籏本衆方〻ニ奉公仕、当春在所へ罷帰候、跡ヨリ付届も可有之かと、只今迄在所ニ預置候、別義無之候哉、尓今付届も無之候、いかゝ可仕哉と申候、猪右衛門被申候ハ、先〻其まゝ在所ニ預置、藤左衛門手前別義も無之候哉、藤左衛門江戸ヨリ罷帰候節相尋、其上の義ニ可仕之由

一門田村ニ罷在神子、替地玉の宮鳥居辺ニて望申候へとも、むかしゟのすまふ場ニて御坐候ニ付、下ニ而成かたく候、大徳院抱屋鋪之内ニ居申度由申候ニ付、下ニ而才覚仕候得と申候得者、下ニ而の分ニ而ハ大徳院同心ニて無之様子ニ候、公儀付ケニ仕候而ハいやニて候由神子申候、就夫、御宮之の方へ廻候道筋之脇ニ望申所御坐候、此所へ

可遣かと申候、見計ニ可遣之由
一河村平太兵衛・都志源右衛門申候ハ、丹羽平之丞跡目弐百五十石被仰付、弐百石上り申候、然ル上ハ取籠候物成弐百五十石之分ハ、跡目の忰ニ被遣、上知弐百石四ヶ月分ハ指上申筈候、いかゝ可被仰付哉と申候、色〻僉議有之、諸事の御法重〻結構ニ被仰付候ニ、親取籠候物成之内、返上仕候もいかゝニ候、取籠候分ハ親ニ被下積ニ仕、跡目被仰付迄ハ四百五十石の役ヲ相立、跡目被仰付候日ヨリ弐百五十石の役ヲ仕候様可相究由、御老中被申渡ル
一稲川十郎右衛門・西村源五郎相窺六ヶ条
牛窓観音堂有之候跡ニ御建立被成候宮、神主井上与左衛門預分ニ而御坐候、与左衛門自分の宮ともに弐ヶ所掛持ニ仕、はき掃除も少手ニ過、迷惑仕候由申候、又御建立の宮、尓今廻ニ垣を仕有之候、垣ヲ御取らせ被成、拝申様有之候ハヽ、よく可有御坐候哉と申候、御老中被申候ハ、一段尤ニ候、廻の垣ヲ取柵ニ仕、軽拝殿をも申付可然候、又神主をもしかと仕たるもの付候而よく可有之由被申候、十郎右衛門申候ハ、井上与左衛門人からもよく御坐候、此ものに少御扶持をもまし被　仰付候ハヽ、しかと可仕候由、下祢宜をも被　仰付可然かと、御老中被申候
一よせ宮の義、只今ハ参詣仕ものも無之候、氏参をも仕候様ニ可申付候哉、此方ゟ法の様ニ成とも仕掛候ハヽ、後〻ハ信仰をも可仕かと申候、其通ニ仕候様ニと被申渡ル
一春日の下ニ有之よせ宮、地狭、神主迷惑仕候、川下の流観音只今ハ観音をも盗候而無之候、然ともいまた参候ものも御座候、此所江よせ宮遣シ可然候、船着の義ニ候得者、少暉麗ニも被仰付候ハヽ、よく可有御座候由申候、一段可然之由御老中被申候
一八幡の宮殊外破損仕候、四方のしけりおゝいかゝり申様ニ御座候ニ付、一入破損仕候、繕可被仰付哉と申候、御老中被申候ハ、先〻竹御奉行江申、宮廻の竹ヲ少伐払可然之由
一惣而宮林の分ハ神職ニ御預可被成旨、近年被仰出候へと

も、前〻ヨリ預来のものも有之、然と埒立不申候由ニ候、弥神職ニ御預之由被仰渡可然御坐候半哉と申候、尤之由ニ而則御郡奉行中へも可申遣由、武田左吉月番故被申渡ル

一松岡市之進、毎日御祈祷仕候ニ手伝無之、難勤躰の様子ニ見及申候、市之進御訴訟申ニ而ハ無之候へとも、軽もの壱人手伝被下候様ニも可有御坐かと申候、八右衛門・重次郎なと申候ハ、毎日御祈祷不仕候而も不苦事ニ候、手伝可被遣候ゟハ、御祈祷ヲまひき候様ニ被　仰付可然候半哉と申候、落着無之

一香取治部右衛門家屋鋪、久保平兵衛ニ被下、堀権之助幼少ニ候間、平兵衛相宅可致居住由

一一條様御祝言ニ付、南部次郎右衛門・梶田半助上京可仕由

一因刕国苻新右衛門と池田数馬娘縁組の義、願の通可相調由

一学校入用、岡山在〻共物成高弐千石ニ而可相賄由、八右衛門・重次郎ニ被申渡ル

右四ヶ条ハ、江戸ゟ被　仰下候由ニ而被申渡ル

酉ノ七月廿一日御評定　当番鈴田武兵衛

一俣野善内申候ハ、赤坂郡金山の忠右衛門と申もの、らうはの義御理申上、大坂ゟ薬合煎申候ハ、手伝なと呼よせ候而、百五、六十斤仕候、存之外多無御坐候故、大勢ニ而ハ造作も参候間、大坂ゟ呼よせ申候手伝なと戻シ申候、忠右衛門壱人仕、金山・らうは共ニ両様掛仕候而見可申由申候、倉橋や手代も頃日参候而、煎申用意仕候由

一善内申候ハ、金山ノもの共迚、扶持方米入申義ニ御座候、調申所何方ニ而も御相場ニ弐匁きり高御座候間、当秋ヨリ御米先五、六百石程も残置可申と申候、御老中も尤ニ候間其通仕候得と被申渡ル

一善内申候ハ、今月初頃中せいすひの小池ニ而、十二、三ニ成申候子水あひニはいり相果申候、又十四、五の子引上ケ申候とてはいり、是もおほれ申躰ニ候故、廿四、五

ニ成申候男助ニはいり、右之悴ハ水きわ迄かつき上ケ助り申候、彼男ハいき切候而哉らん、得上り不申相果申候由

一村せ(瀬)金右衛門申候ハ、　御姫様の御銀の義、先日窺申候帳面を以御勘定相済申候間、御老中の御判形をも取可申と存候処、　佐州様奥様・御さつ様の御銀元分聢と無御坐候、　佐刕様ノ奥様ノハ百貫目、御さつ様御銀六拾貫目と覚候而居申候得共、慥ニ無御坐候、都合ハ百六拾貫目ニ而御坐候、私方覚之通ニ而御判取可申候哉、但太郎兵衛方へ申遣候而の義ニ仕哉と申候、不遅事ニて候之間、太郎兵衛方へ申遣、慥成書付参候節、帳をもメ置判形可申由被申渡ル

稲川十郎右衛門・西村源五郎江御老中被申渡候ハ、江戸ゟ申来候不受不施坊主判形不仕候十人、江戸へ罷下候得と可申渡候、左様ニ申候而判形可仕と申坊主ハ、判致させ候得との由ニ候、罷下候坊主道中人ヲ添候ニ不及候由、寺社奉行中江中村久兵衛被遣窺申之由ニ候

一十郎右衛門・源五郎江被申渡候ハ、牛窓の宝蔵寺ハ妙覚寺の末寺ニ而候、右之通寺ヲ取立申度由ニ候、請取可申と申候ハヽ、屋敷・寺もたゝミ有之ヲ渡し可申候、取立候義ハ此方ヨリ構申事ニ而無之候、盤(磐)梨の願忍寺なとも違申由被申渡、若又御取立被下候得と申候ハヽ、江戸江御窺可被成候、新太郎へも可申聞由申候得之由

一伊木頼母申候ハ、武藤安兵衛居申候屋鋪狭候而、悴置申所も無御座迷惑仕候、屋鋪の前ヲ壱間通り御入候而被下候様ニと申候由

一武藤安兵衛申候ハ、宮山・寺山御預ケ分の山、松の枝なと落自由ニ仕候刻、私共ゟ留申候得者、不入義ヲ申候様ニ存ル躰ニ御坐候、何共難仕御坐候由申候、郡奉行申談申付候様ニと被申渡ル

一稲川十郎右衛門申候ハ、神宮寺山ハ右〻ゟ之通、神職次第ニ被成可被遣候哉、いかゝ可有之と申候、是ハ其通ニ可仕候、御帳をも外シ候様ニと、武藤安兵衛にも被申渡ル

一武田左吉申候ハ、四日市ニ宮藪八畝計御坐候、宮所悪布(敷)御坐候ニ付、脇江替り申、則廻りヲ藪ニ仕候、是ハ年貢地ニ而候、右之藪ハ御藪ニ成候得共、替地の藪よく御坐候ニ付、今度御藪奉行衆帳ニ付ケ候而、伐可申と申候ヲ神職断申候、いかゝ可有之哉と申候、猪右衛門被申候ハ、是ハ替りニ被遣事ニ候間、帳ヲ外シ候様ニと藪奉行江被申渡ル

一御歩行屋鋪ニ被下候南方火事跡の屋布、左吉御屋鋪奉行へ被申渡、請取申候様ニと半右衛門・武兵衛被申渡ル、左吉申候ハ、廻りニ少藪御坐候由申候、是も何も見合次第ニ屋敷囲之内へ入、被遣可然之由被申渡ル

一西村源五郎申候ハ、嶋川道寿かうやくも大形仕廻申候由申候、左候ハヽ、用意調次第罷上可然候、京都ニ而宿なとの義、山内権左衛門申談候得と被申渡ル

一児嶋梶岡村の神職長右衛門・山城、去ゝ年ゟ之公事の義、呼寄評判可有之候処、村田小右衛門申候ハ、神主共召寄せ置申候、然共此公事の義ハ、少私存寄も御坐候、寺社御奉行共申渡候所も有之、其上此もの共右落着之時分ハ、落堕多き時分の事故、先いか様にも片付申候ヲよきニ仕、さのミ細にも僉議無之、事済置申義共数〳〵可有之様ニ被存候、此義済口の様子ニゟ、色ゝの事共申出ルもの共多候得者、めんとうなる義と奉存候間、下ニ而私済申度候由申候、何も僉議の上尤ニ候間、下ニ而可然義ニ済候得と被申渡ル

一稲川十郎右衛門・西村源五郎申候ハ、口津高郡今岡村氏神ハ一ノ宮摂社ニ而、古来ゟ縁記ニも書顕置申候、然共日蓮宗の坊主社僧ニ罷成、七、八年以来ハ坊主一の宮へも随ひ不申、尤神事祭礼をも不相勤候、日蓮坊主寛文七年正月ニ立去、神職九郎左衛門構ニ成申候、然故ニ如古礼一の宮江相随ひ候様ニ申付くれ候得与、一の宮の神職大森藤左衛門訴訟申候故、改の古礼ニ随ひ候得と去ゝ年私共申付候得共、御崎大明神ニ而ハ無之候、八幡ニ而候由申、随ひ不申候ニ付、弥致吟味、一の宮の縁記ヲ読聞、此上ハ随ひ候得と申付候得共、菟角承引不仕、剰京都吉

田殿へ伝ヲ求罷上、八幡と申神号御書付被下候様ニと申上候得共、ヶ様の義には奉行共ゟ手形持参仕筈ニ候、手形も無之ハ子細も有之ものと思召候而、御書付ハ尤出不申、殊外御しかり被成候由、然ル上にも随ひ不申、八幡と号シ、氏子共へも札ヲ出シ申ニ付、今日是江召出シ申口ヲ御聞被成、いか様にも被仰付被下候様ニと申候、則呼出、御老中其外列坐ノもの共口承候

神職九郎左衛門申口

一私一ゑん無調法ニ御坐候故、様子存不申候、具ニ被仰聞候ハヽ、御請申上筈候得共、去年被仰聞候節ハ末座ニ罷有、曽而承不申候、其後今岡村の氏神八幡ニ而ハ無之、御崎ニ而候、弥一の宮江随ひ候得と被　仰付候ニ付罷帰、私ハ不存候ニ付、村中年老ノもの共呼集、度〻吟味仕候へとも、御崎ニ而ハ無之と申候、私の親も其通申候、其上縁記承候而も一円承分不申候ゆへ、御請不申候、寂前私壱人立候而ハ神職の勤も難仕候ニ付、一の宮藤左衛門江理申、万事触下にも頼候由申候得者、左候ハヽ、祭礼をも勤、一ヶ月ニ三度ツヽ社参いたし、五節句をも相勤候様ニと申候ゆへ、私少作をも仕候、左様ニ致シ候而ハ作も難成候故、其分ニ仕置申候、氏神八幡ニ而候ヲ御崎ニ仕候も、勿躰無御坐候事ニ候、又御崎ニ而候ヲ八幡ニ仕候もいかゝの義と存、色〻吟味仕候得共、村のものも聢と不存候故、京都吉田殿江参、今岡村氏神八幡ニて候哉、御崎ニ而御坐候哉、御帳御覧被成、被　仰聞被下候得と申候得者、寺社御奉行衆ゟ手形不参候得者、ヶ様之事ハ不被　仰出候と有之ニ付、私少存候伝有之ものヲ頼、内証ニ而右弐色之内卒度知せ給候様ニと申候得者、御法度ニ而書付遣候事ハ不成候、御崎ニ而ハ無之と卒度申候故、弥左様にも御坐候かと存候而居申候由申候、色〻僉議有之、寂前十郎右衛門・源五郎申渡の義不承候、縁記も承分不申候と申候ハヽ、皆公事ニて御坐候、重而も可承候様ニ可有之事ニ候、京都まで参候段不届、第一奉行の申付重〻承引不仕候、重罪ニ候間、籠舎可然由猪右衛門被申、伊賀何も尤之由ニ而、則籠舎被申付候

一村田小右衛門、児嶋郡之内小嶋池村の庄屋市右衛門方へ、備中松山の団藤善左衛門と申ものかたゟ状越申候ヲ持出、御老中江披見入申候、趣意ハ七月十四日当所の川ニ而水あひ候か、水ニおほれ相果申候もの御坐候、ヶ様の札ヲ持申候ニ付、御案内申入候、彼死人其まゝ置申候、思召当も候ハヽ、御取置せ可有候、当町奉行ゟ可被申入候得共、札も不慥候故、先拙者ゟ如斯と有之候ニ付、小嶋池村相尋候得者、十右衛門と申もの存当有之ニ付、甥ヲ壱人召連、松山の飛脚ニ相添罷越、死人見申候得者、十右衛門弟ニ紛無之故、請取葬申度と相尋候得者、其方旅宿ニ而候之間、望の通葬せ可給由ニ而、ゐたニ申付葬せ給候ニ付、ゐたニ銭少取らせ、目代共へも礼ニ参候而帰候由申候、殊外念ヲ入申義ニ御坐候間、十村肝煎か代官方へ礼ニ飛脚遣シ可申候哉、但私方ヨリ遣シ可申候哉と窺申候、尤ニ候、松山の町奉行江小右衛門方ゟ礼ニ飛脚遣シ、可然之由被申渡ル

酉ノ七月晦日御評定　当番森半右衛門

一馬場茂右衛門・武藤佐右衛門、御屋鋪御作事御勘定目録持参、御老中江披見ニ入ル

一小堀彦左衛門・南部次郎右衛門・梶田半助、一條様御祝言の様子共相窺、御振廻の義やといもの計ニ而、諸事ニ付いかゝニ候、御老中の包丁人御登せ、御振廻一手ニ壱人ツヽ成とも指加へ候ハヽ、可然かと申候、一段尤之由御老中被申候

一庄野市右衛門申候ハ、岩子の御藪殊外痛申候、御普請被仰付可然由、御役人無之候間、日用ニて可申付由市右衛門申候、寂早八月水の筈ニ相候様には、御普請出来申まじく候間、来春可被仰付候哉、其通可然之由、則藤岡内介ニ被申渡ル

一市右衛門申候ハヽ、口津高郡中野村ニ酒下社領有之候、只今迄ハ荒川地成引ケ高御坐候へハ、高割ニ仕両方ニ而引申候、新開有之候而も、高割ニ両方江入申候、当年新開改見申候、引ケ高ヨリ開の高多御坐候ニ付、被遣御折帋

高ヨリハ社領分高多罷成候、いかゝ可仕候哉、野山ともに社領之内ニ而御坐候ヲ、田地ニ仕候上ハ、高ゟ多御坐候共、其まゝ可被遣候哉と申候、尤ニ候間、其通ニ可申付由

一保野善内申候ハ、御鉄炮の薬合候入用のおから、年〻郡〻江かゝり申候、長ノ定有之、六尺廻壱束ニ而候、おからの長短・大小の吟味つよく候ニ付、所ニ無之、口上道・岡山近辺のおからよく候故、買調払申候、おから代定有之、被下候得共、相銀過分ニ出シ、百姓共致迷惑候由、色〻僉議有之、短ハ長ヲつき、六尺廻さへ有之候得者よく候、請取候もの吟味過不申候様ニ可被仰付か、なとゝ申候ものも有之候、伊賀被申候ハ、此義ハ先年も僉議有之候、請取候もの吟味過候ニ而も有之ましく候得共、不吟味ニ候ハヽ、むさと悪舗おからヲ取集、持参仕ニ而も可有之候迚、おから代ヲ被遣事ニ候間、公儀ヨリ調させ、在〻江掛候事ハ無用ニ可仕候、但寂早当年ハ大かた払候由ニ候、只今ゟ申付候得者、早ク払候ものハ損ヲ仕候、遅払候ものハ勝手ニよく候段、いかゝニ候間、来年ヨリ買せ申様ニ可然旨被申渡ル

一岩根須右衛門、備中見延村山公事の義、先日申通宝福寺噯申度存、杉原長左衛門方へ参候得者、留守ニ而逢不申候、其後長左衛門方ゟ状ヲ越、左右ヲ可申候間、其節参候様ニと申越、尓今左右無之候故、何を可申様も無之候、宝福寺かたへ出入仕候町人共申候ハ、此公事噯候事ハ無用ニ可仕候、長左衛門中〳〵同心仕間敷由申候故、いかゝと存候へとも、長左衛門ニ終ニ物語も不仕、指置候義も残多事ニ候由申候、何とそ長左衛門ニ宝福寺逢候様ニ仕度由、色〻僉議有之、河村平太兵衛方ゟ書状遣シ、宝福寺ニ長左衛門逢候様ニ可申遣候、申遣候様子ハ近藤惣左衛門可申談由

一弓打又兵衛・矢師加右衛門屋敷、御用ニ付家ヲこほち候、越料可被遣義かと、山内権左衛門申出、僉議有之、亦兵衛ニ銀弐百目、加右衛門ニ百目可被遣ニ相究ル

一山内権左衛門申候ハ、難田屋半十郎通せ銀十弐貫目余ヲ、

十三貫目にして御借銀ニ可仕由、則此旨御町奉行江被申渡ル

一権左衛門申候ハ、大坂米相場五十八、九匁仕候旨、松井吉右衛門方ゟ申越候由

一梶川左次兵衛申候ハ、盤《磐》梨郡矢田部村百姓、去夏御成敗ニ被　仰付候もの共ノ田地、尓今明候而有之ニ付、公事役かゝり百姓共致迷惑候、佐伯村松印と申もの、生国ハ作州ノものニ而候、弐十ヶ年計も佐伯村ニ居申候、御成敗之内、五兵衛と申ものゝ田畠一町三反壱せ廿一歩、此分能田畠ニ而候、残ル御成敗人之内、八反程松印ニ借分ニ仕り作らせ、残ル分ヲ惣田畠江譲合候ハヽ、作人も可有之と存候、いかゝ可仕哉と申候、見擬ニ可申付由被申渡ル

一渡辺助左衛門申候ハ、片上の六郎左衛門、雲州ゟの鉄之銀大坂の町人江相渡候処、先へ不遣中ニて取申候、此義ニ付大坂御奉行所へ罷出候、首尾能候間、銀子の埒明可申由

一西村源五郎申候ハ、先日申上候宮林の義、御蔵分ハ御蔵奉行申付埒明申候、給所分ハ給人ゟ構申義ニ御坐候得者、御郡奉行難申付候、御老中ゟ月番ノ御番頭江被申渡、其上ニ而御郡奉行共申付度由、尤ニ候間、月番の御番頭江可申渡由、但下木・落葉ハ神主取可申候、給人も入用ニ候ハヽ、尤取可申候、又宮江つゝき林深きハ御郡奉行見計、神職分ニほうしヲさし可遣由

一西村源五郎申候ハ、御国中の神子縁付仕、娘ヲ生候得者、幾人ニ而も神子ニ仕候故、次第ニ神子大勢ニ罷成候、少吟味仕、減候様ニ仕可然之由、一段尤ニ候、餘ひろかり不申候様ニ才覚可仕之由、御老中被申渡ル

一源五郎申候ハ、不受不施十人之内、弐人ハ判形仕、六人ハ江戸へ罷下候、又弐人ハ思案仕、御請可申由ニ而宅へ罷戻り候、其後逐電仕候由

一邑久郡大冨村喜右衛門と申小百姓、六月六日之夜、同村七兵衛と申ものヲ鎌ニ而切り申候、意趣ハ、喜右衛門女ニ七兵衛不義の心指有之かと疑ヲ掛候而、右之仕合之由、

弥一郎手前ニ而遂吟味候処、申掛ニ相究候由、七兵へ義
七月中旬右之手指発相果申候由、穿鑿の様子弥一郎書付
ヲ以御老中江申上ル
一福尾忠兵衛申候ハヽ、牛窓御ちや屋破損多御坐候、繕不被
仰付候ハヽ、成ましく候由、僉議の上田口兵左衛門見分ニ
遣シ、御奉行村山吉右衛門、呉服ノ手代阿部久助ヲ可遣
候、御かち横目壱人、両人手前為見届可遣由
一斎木四郎左衛門申候ハヽ、因州ニ罷有候不遁もの方ゟ申越
候ハヽ、因幡ノちず川ヲ高瀬船通シ申様ニ仕度由ニ付、奥
津高の船頭ヲやとい申度候由ニ候、高瀬船ちす川通シ申
度との儀、因州御家老共目論之由ニ御坐候、船頭の義当
分の事ニ候間、可遣哉と申候、遣候様ニと御老中被申渡
ル
一上出石町盗人仁左衛門義、御横目共穿鑿可仕由、御老中
被申渡ル
一備中一の宮の社領弐十石、去ゝ年ゟ両年之分浮候而有之
由、岩根須右衛門申候、是ハ神職頭共江申渡、神社の入
用ニ仕可然之由、御老中被申候
一塩川吉太夫申候ハヽ、口上道・奥上道・御野郡之御藪、去
年御奉行改申候へとも、束付無之候、去年改候御奉行、
御郡奉行出合、束付直段相究可然之由被申渡ル
一一條様御作事ニ付、上京仕候手代四人、宮城大蔵預半兵
衛、山内権左衛門預又兵衛、津田十次郎預吉左衛門、中
村主馬預久右衛門、殊外情ヲ出し候由、御老中江相達、
御ほうひ被下可然旨、未落着無之候
一河村平太兵衛・都志源右衛門・西村源五郎申候ハヽ、和気
郡龍徳山ニ銀山有之ニ付、大坂倉橋や勝兵へ望申由、先
ゝいかにも小人数ニ而仕候而見可申由
一備中冨村ニ銅山有之候、臥《(伏)》見の町人中村勘兵衛と申もの
望候由、是ハ先ゝ無用ニ可仕候由
一今月廿八日、御郡奉行共惣寄合ニ付、御老中ゟ評定所へ
手帋ヲ遣シ、太守様御勝手御手つかへニ罷成事不参候、
在ゝの義ニ付何とそ存寄も候ハヽ、可申上旨申遣候由、
御郡奉行共相談の上書付仕、今日御評定所江持参、書付

之写

一当年ハ先救米無シニ仕、例年救米の三ヶ一程郡用米ニ残置、無拠もの其外諸事入用ニ可仕哉の御事

一郡田地繕百石米、当年ハ可被召上哉の御事

此義色〻僉議有之、津田十次郎申候ハ、用米郡ニ残置候ハヽ、百姓共心当ニ仕、勝手ふしまつ成義も可有之事ニ候、百姓の情ニ悪可有之候、用米残置候義をも一向ニ御止メ被成可然かと申候、斎木四郎左衛門申候ハ、在〻の様子一年ニ難救ものハ、年ヲ掛而救可申と約束ヲ仕候ものも御坐候、其外諸事ニ付手つかへ成義も可有之候、一向ニ救米無シにと有之儀ハ、いかゝ可有御坐哉と申候、伊賀被申候ハ、在郷ニ残置候用米ヲ百姓共心当ニ仕、勝手ふしまつニハ有之ましき義かと存候、其上只今迄御米大分郡ニ残置候処、一向ニ無之候而ハ、御郡奉行作廻難仕可有之候、入用ノ度〻御蔵ゟ請取候と有之儀も不自由成事ニ候、御郡奉行申通、例年の三分一ハ用米郡ニ残し置可然之由、落着無之候

一箕浦善左衛門、京　大納言様御祝言入用町買御用ニ付上京、暮の御支配之内半分かし可遣由、都志源右衛門ニ被申渡ル

一安宅弥一郎申候ハ、安藤善大夫在宅、邑久郡尾張村の明寺ニ当分罷有候、少ツヽの指掛なと仕候ハヽ、以来迄の宅ニ可罷成候、いかゝ可仕哉と申候、湯浅民部江可令相談之由

二　御評定書　寛文十年戌十一月ゟ同十一年亥八月迄

（表紙）

（貼紙朱書）
「記第五号　五十二
共弐冊　」

御評定書　寛文十年戌十一月ゟ
同十一年亥八月迄

寛文十年戌十一月廿九日評定、池田伊賀・同大学・日置猪右衛門・池田主税出座、安藤杢・森川九兵衛・津田重次郎・鈴田武兵衛列座

片山勘左衛門・小塚段兵衛組之内、臥（伏）見ニ罷在林半右衛門訴訟の書付持参仕、其書付ニ曰

畳の表替之事

一三匁四、五分　備後表壱枚
一七、八分　似足中へり壱畳分
一七、八分　さし手間壱畳分
一三匁弐、三分　床壱畳分
合八匁畳壱畳分
床引候得者残而四匁八分

床共ニ右之分、床引候得者表替候分ハ四匁八分、同ハ床共ニ被為仰付候ハ難有可奉存候

畳合拾弐畳、床共ニ

一私居申所の座鋪の畳数拾弐畳、右之通ニ御坐候、然者今年迄ハ私自分ニ仕申候得共、私手前不罷成義数年ゟ申上候、追詰弥以何共迷惑仕、畳の表替も仕事難成候間、破見苦鋪底ニ而罷有候、表替被為成被下候ハヽ、忝可奉存候、御上下の時、御使者・御　目見衆常ゝも会所同前の座鋪、御屋布（敷）会所無御坐候故、右之通御坐候、

臥見屋鋪中会所御坐候も有り、無之も有、何も留守居中居申所の畳敷被遣候、ヶ様ニ御坐候とて申上ルニ而無御坐候、右之通私手前詰申故申上候、表替ハ不申及、へり取も敷兼申故、申上ル事ニ御坐候

御用座鋪同前之義ニ候間、表替被　仰付被遣能可有御坐候由、何も申候

一私ニ被下候御扶持御切米、一年中三度ニ請取申候、此段先年申上、今年迄請取申候、大坂ゟ積上申船賃、一度ニ十壱、弐匁かゝり申候、是も今年迄不申上候、右之通私行詰迷惑ゆへ申上候、此段も臥見屋敷中留守居ニ積上被遣候、就夫、申上ルニ而ハ無御坐候、私右之通故申上候、只今ハ大坂御屋鋪ニ加子衆居申候間、積上候様ニ被　仰付被下候ハヽ、一年中ニ三度の義ニ御坐候間、被為仰付被下候者難有可奉存候

御扶持方俵数も少ク可有之候之間、御船便ニ御登せ被遣候而も能可有之かと何も申候、重次郎申候ハ、少ニ而も結構過、其上京都ニ居申もの共ニ御米被遣候ものも、又ヶ様ニ可申上候間、此段御無用ニ可被成かと申候、何も其分尤と申、可然かと被申候、落着無御坐

十一月八日　　　林　半右衛門

森川九兵衛殿

薄田藤十郎殿

片山勘左衛門・小塚段兵衛組之内、御掃除頭原田五兵衛訴訟の書付持参仕、其書付ニ曰

一御掃除頭ニ被仰付候与右衛門・半兵衛、両人なから五石ニ弐人扶持ツヽ被下居申候、御掃地（除）頭御用ニ被仰付江戸へ参候刻、弐石ニ壱人扶持の御加増、江戸まし弐人扶持、江戸相勤候間ハ以上五人扶持被下候

一私義ハ只今弐人扶持被下候、右両人ノもの共並ニ御理申上度候

何も僉議仕、此段ハ只今迄ヶ様ニ被下来候間、御まし可被下義かと申候、重次郎申候ハ、此義半右衛門先年申候ヲ覚申候、何れの御奉公人ニ而も江戸へ参候とて、御支配御扶

持方の御加増被下ハ無之、御掃除頭ニ限り江戸へ参候とて御加増被下候義、いかゝと申候、此義尤ニ被存候、御掃地頭ハ七石ニ三人扶持と究り候義ニ候ハヽ、何ものニ而も御掃地頭ニ被仰付候時、御加増被下候、江戸へ参候時ハ定ルまし扶持計被下候様ニ有度事ニ候と申候得者、伊賀被申候ハ、此段尤ニ候、併只今迄左様ニ成来候事ニ候得者、此ものには前〻の通ニ被仰付、以後御掃地頭ニ被仰付もの七石ニ三人扶持ニ不足ノものハ、其時御加増被下可然と被申候、老中何も一段尤之由、落着無御坐

一御支配帳ニ私名字御理申上度候

原田五兵衛

落着無御坐

箕輪宗悦組之内、坊主共十三人訴訟

一手前ひしと不罷成候、毎年江戸御供仕義ニ御坐候ニ付、何共行詰申候、外ニ而借銀可仕様も無御坐義ニ候、御銀拝借仕候様ニ申上くれ候得と申義ニ御坐候由申候

僉議仕色〻申候得共、御支配被下候もの共ハ、御姫様銀と成とも御坐候而御かし不被成候而ハ、御奉公も難仕義ニ候間、御かし可被成かと申候、落着無御坐

岸織部・上坂外記書付持参仕、其書付ニ曰

一御船鍛冶手前迷惑仕ニ付、一両年為前銀銀子五百目御借シ被成候、当暮も拝借仕度由御船宮御奉行を以申上候、御借シ可被遣候哉

例年御借シ被成義ニ候間、御借シ可被成由可申渡旨御老中被申候

一加子屋鋪御簡略の節、御作事の義申上ルもいかゝと奉存、其通ニ仕置申候、然共明地ニ而置申段費と奉存、請地ニ申付候、代銀米三俵ニ付五十弐匁の相場ニ而取立、銀百五十匁御坐候、町屋ニ居申加子共ニ割苻ニ仕遣可申候哉、但御船宮御用ニ遣可申候哉

是ハ被下候屋鋪代の義ニ候間、町屋借り居申御加子ともに宿賃ほとハ被下可然旨可申渡由、老中被申候

木戸佐左衛門・寺尾四郎左衛門訴訟の書付指上ル、
其書付ニ曰

申上ル渡夫の事

一御材木奉行共江被下候人足、今度御米被下、自分ニ召抱候ものハ御小人並ニハ無御坐、竹木請取相渡申節、不慥奉存候、其上御用場も方〻ニ而、時分ニゟ手代同前ニ召仕候義御坐候間、前〻のことく御人足被下候ハヽ、難有可奉存候

十一月廿五日

樋方御横目御奉行五人訴訟の書付指上ル、其書付ニ曰

申上ル定夫之事

一御樋方横目奉行共江被下候人足、此度御米ニ而被為下、手前ニ而召置候而ハ度〻在郷へ罷出候ニ、相煩申時分ハ人かハりも無御坐、難義仕候、又ハ途中ニ御用替被為仰付候刻、御米指引仕、其もの手前ニ召抱候も迷惑仕義ニ御坐候間、願ハ右之通ニ御小人被下候ハヽ、難有可奉存候

十一月廿五日

箕浦徳右衛門
荒木夫右衛門
竹内又五郎
石岡六郎右衛門
鈴木又兵へ

御横目共訴訟の書付持参仕、其書付ニ曰

申上ル定夫之事

一御かち横目共へ被下定夫、今度御米ニ而被為下、自分ニ召置候もの長病なと仕候得者、人替も無御坐、又ハ御用の義ニ付俄ニ他国江罷越時分、難義ニ奉存候間、前〻のことく御人ニ而被為下候ハヽ、難有可奉存候

十一月廿五日　　御かち横目共

右何も一同ニ右之通御人ニ而可被下由、御小人頭三木市郎兵衛ニ被申渡ル

小物見吉田八郎左衛門訴訟の書付指上ル、其書付ニ
曰
一寛文九年十月ゟ明ル九月迄、大坂ニ而諸事調物仕候、
留帳・切手・帋・墨・筆、自分ニ相調遣申候
御かち横目川瀬与五左衛門見届の通可遣由被申渡ル
一臥（伏）見御屋鋪繕御作事大坂ゟ罷登、日数廿四日相詰申候、
大坂天満御屋布（敷）繕御作事引越、卅三日以上五十七日相
詰申候
右之通川瀬与五左衛門見届申候
御法の通雑用銀可被下候
一大坂御用仕廻罷下候節、乗船帆代の義、与五左衛門申
上候通ニ被仰付可被下候
御かち横目帆弐端被下候、吉田八郎左衛門ハ壱端半被下可
然、帆代の通ハ銀子七匁、御横目ハ拾匁被下候
十一月廿一日　　吉田八郎左衛門
庄野市右衛門指出ス書付ニ曰
一津田左源太預り弐十人江戸ヲ罷出、内弐人一昨日当着
仕候、残分も二、三日之内参着仕候、弐十人小頭共ニ
不残暇ヲ遣シ、新規ニ召抱可申之由、扶持放申もの丶
内召置可然ものハ、相対ニて抱申様ニ可仕候
猪右衛門被申候ハ、尤ニ候、左様ニ仕候様ニ申候得と被申
候、重次郎申候ハ、江戸ニ而も能人ヲより十人残シ可申旨、
各様ゟ被仰遣候とて、其段申渡由ニ候得共、何角理屈ヲ申
くぢ取ニ仕残り申由ニ候、左候得者、爰元ニ而もより候而
置替候事もいか丶ニ候、前　信州様の御預りニ候得者、万
勝手も違可申候間、一同ニ置替申と申渡、扨此方ヲ望候も
の此方ニも其ま丶召置度ものをハ新規ニ抱候同事ニ仕度由、
左源太申居申候と申候得者、尤ニ候と老中被申候、是ハ在
郷足軽の名折過半御坐候故如斯
一田中村・辰巳村新田堤并鳩（波戸）弐ツ、古溝の埋、今保村川
堤内古堤繕共ニ、夫役弐万余ニ而出来仕候、田地改の
義武田左吉申遣候
一私預十五人之内、杖付壱人可被仰付哉の御事

何も十五人の預ニハ杖付被仰付事ニ候間、召抱候様ニと被
申渡ル

西村源五郎指出ス書付ニ曰
奥上道郡金岡新田定遣免相之事

一田畠高合千五百七十八石九斗八升六合　清帳高
内
田高七百弐十八石八升六合　野上引ゟ北の田高
内
永荒・塩浜・溝敷・
たいはちとも
拾五石七斗弐升五合
七石壱斗三合　溝敷引
残高七百五石弐斗五升八合
物成百九拾石四斗弐升　免弐ツ七分
田高四百八十六石六斗八升　野上川ゟ南ノ田高
物成百四拾壱石壱斗三升七合　免弐ツ九分
畠高三百六十四石弐斗弐升

内
壱石七斗弐升五合　伊勢領
壱石七斗五升　天神領
八斗壱升　会所屋敷
五石三斗九升三合　溝敷引
残高三百五十四石五斗四升弐合
物成八十五石九升　免弐ツ四分
物成三口合四百十六石六斗四升七合
内
五拾四石九升七合　塩荒加損ニ引遣ス
三石　塩浜の分引遣
残物成三百五拾九石五斗五升
夫口米弐拾八石七斗六升四合
又弐石　川運上
物成合三百九拾石三斗壱升四合
内
六石　庄屋給遣米

一十三石　　　　　　　樋守給
壱石五斗　　　　　　　堤見廻給
残定米三百六十九石八斗壱升四合
右定遣上者、年寄・小百姓迄寄合無甲乙令割苻、
来ル霜月中ニ急度皆済可仕候、若死失人於有之ハ、
残百姓として弁納可仕者也
寛文十年戌九月廿六日　　西村源五郎
　　　　　　　　庄屋小百姓中

西村源五郎指出ス書付ニ曰

一八石　　　　　大屋村神職藤井主馬
一七石　　　　　元恩寺村神職浦上周防
一六石　　　　　上寺神職業合　斎
右三人何も住寺（持）職仕、寺領致拝領罷有候、還俗仕神職
頭ニ被　仰付候、右の寺領ハ天台宗故不残戻シ申候、
今程ハ氏子の少ツヽの志ニ而罷有候、作等も少ツヽ仕
候、或ハ老母妻子なと育申候ゆへ、ひしと勝手迷惑仕、
年貢さへ得払不申躰ニ御坐候ニ付、去年も御断申上、
右之米高ほとツヽ被遣候、又当年も被遣候様ニ仕度奉
存候、無左候而ハかんにん難仕候、毎年〳〵不被遣候
而ハ続不申事ニ御坐候得者、同ハ高十石ほとツヽ被遣
候ハヽ、是ニ而ハ以来も続可申哉と奉存候、何も神職勝
手成不申候得共、取分ひしと迷惑仕候ハヽ、此三人ニ而
御坐候、下神主ハかつ〳〵の躰ニても、又いか様にも
つたひ可参候哉、先此三人何とそかた付被仰付候様ニ
と奉存候
何も僉議仕、高ニ而拾石ツヽ被下候義ハ、永代神領ニ相究
申候義ニ御坐候間、先去年の通被遣置可然哉と申候、老中
も尤之由被申、未落着無御坐
一木神祭礼八月廿一日ニ而御坐候、一国一社神道御興起
の初ニ、従　殿様御建立被遊候ニ付、国中神職頭とも
罷出執行仕候、毎年米壱石銀子百目ほと入用御坐候、
遠方ゟ罷越候神職上下振廻申候、其外神前備物なとも
入申候、右入用之外ニ不断御燈なとにも能ほと入申候

間、御米四石ツ、毎年被遣候様ニ仕度奉存候、塩川吉大夫手前ニ而立申候様ニ被仰付候様ニ仕度候、寂前石の鳥居立申候、当八月廿三日之風ニ吹たをしおれ申候、是又被仰付候様ニと存候、右調候直段四百目ニ而相調申候、今以其位ニ可被仰付候哉

寛文十年霜月廿九日　　　西村源五郎

何も僉議、木神の入用ハ吉大夫手前ニ而立遣シ可然哉と申候、老中も尤之由被申候、鳥居の義ハ僉議無御坐

一東一向宗西応寺、寛文七年正月ニ致自反、還俗仕俗名喜兵衛と申候、老母、喜兵衛女子共四人、下人男女弐人、以上九人口ニ而御坐候ニ付、次第ニ勝手迷惑仕、寺ヲ町屋ニ仕置居申候をも屋敷ともニ売払、老母ハ従弟方江預ケ、其外ハ大平権右衛門方江入込申候、権右衛門妹聟ニ而御坐候故、見捨兼引請申候、権右衛門もひしと勝手迷惑仕候故、喜兵衛かゝり居申段迷惑かり、私ともへも歎申候ニ付、当分扶持方成とも御救と存申候而、松岡市之進学問所へ入置、神職行義の横目の様ニ仕置、則神道学問をも致させ申候、後〳〵ハ似合布(敷)宮へも神職ニ可申付と右之通ニ仕申候、喜兵衛義ハ当分権右衛門やつかいヲ助申候、喜兵衛子共其まゝ権右衛門育置申候、惣領十六歳ニ罷成候、南部次郎右衛門へ預、坊主ニいたし遣被申候、簡略ニ付戻し可被申由ニ候処ニ、喜兵衛権右衛門様子聞、扨〻笑止存候間、左候ハヽ、責而扶持方迄の養ひハ此節仕遣し可申候、其内何かたへ成とも似合鋪事も候ハヽ、遣シ候得と、是も当分一日預りニ置被申候故、木綿着物ニ而も権右衛門方ゟ遣シ申候由ニ御坐候、然者喜兵衛も難義仕、権右衛門も続申ましく候、御救ニ次郎右衛門預り居申坊主、通ひの子共の中へ成とも、御坊主ニ成共被　召出被遣候様ニ仕度奉存候、喜兵衛還俗致候も、此節御国神道御尊崇故ニ自反仕事ニ御坐候得者、左様ノもの還而老母妻子迄路頭ニ立候様ニ御坐候而ハ、いかゝニ存申候ニ付、申上ル事ニ御坐候

寛文十年十一月廿九日　　　西村源五郎

色々僉議有之、躮ヲ只今被召出候事もいかゝニ候、然とも
先年の被　仰出ニ、還俗仕候ハ、すきわひヲ可被仰付との
御書付ニ御坐候得者、一度ハヶ様ノもの御かた付被成被遣
可然候得者、郡奉行共江被仰付、明田地も有之所へ被遣、
百姓ニ御仕付可被遣哉と何も申候、老中何も申所尤ニ候、
たとへ後々ヲ百姓得仕とけすとも、先一度者御かた付被遣
可然と被申候

一大平善左衛門義、近年金岡新田万事肝煎申候、新田の
義ニ御坐候故、毎年用水溝繕普請なとにせわやき申事
ニ御坐候、古地御代官所御用大形かけあひ申ほとのせ
わニ而御坐候、御用の義ニ而御坐候得者、いかほと相
勤候而も、於其身菟角ハ不申上候得共、何角ニ殊外指
遣申事ニ御坐候間、役領十五俵ほと新田納米之内ニ而
被下候様ニ仕度奉存候、尤只今の分ニ而も、私方ゟ申
渡候御用、無油断相勤ハ可申候へとも、大ニ苦身仕候
ヲ見申候而ハ、いかに頭ニ而もそう〱ハいた〱鋪
御坐候、左候得者指計遣候事も難仕御坐候、旁以御断
申上候、以上

寛文十年十一月廿九日　西村源五郎

何も僉議有之、ヶ様ニ十五俵ツヽ、定被下候様ニ御坐候へハ、
右々御役領の上ニ又かさミ御役料被下候様ニ御坐候、然と
も、定ル御用の外ニ又此新田の義苦身ニ仕義ニ御坐候間、
当分〱ニ御銀ニ而も御米ニ而も被遣可然と申候、老中も
尤之由被申候、落着無御坐

塩川吉大夫申候ハ

一口上道郡福泊村ニ、今月廿四日の夜火事参候ニ付、類
火の百姓とも御米十一石八升焼米御坐候、御法の通御
捨可被遣かと申候

其通ニ仕候様ニと被申渡ル

武田左吉指出ス書付ニ曰

一御野郡西川のさらへ来春仕申候、例年御扶持方米弐十
石被遣候、来春も可被遣候、十村肝煎共申候ハ、川さ

らへハ致させ可申候、御扶持方の義此度者申上候事無
用ニ仕候得と申候、いかゝ可被仰付候哉
戌十一月廿九日
百姓とも申候通ニ、先来年ハ御扶持方被下ましく候、自分
ニ仕候様ニ可申渡候
一御野郡田中新田の義、地平シ御役ニ而可被仰付候哉、
左候ハヽ、来暮御年貢上り可申候、また百姓平シニ被仰
付候ハヽ、一年か弐年鍬下被下ニ而可有御坐かと申候
御役さへ有之候ハヽ、可被仰付候間、藤岡内介・庄野市右衛
門ニ相談仕候得と被申渡ル
一右之田地村の百姓ニ可被遣候哉、但入百姓ニ可被仰付
かと申候
猪右衛門被申候ハ、地主ハ此方ヨリ御入被成もの可有之候
間、先地平シ出来候而の義ニ可仕由被申候
大坂御蔵横目ニ参川瀬与五左衛門指上ル書付ニ曰
一大坂ニ而御売米相場の義、只今相場聞弐人、御蔵本手
代弐人、以上四人ニ而、御米払衆江申売出シ申相場の
義、分明無御坐候間、大坂ニ而御出入の米屋之内壱人
被仰付可然奉存候、子細ハ大坂中江毎年方〻ゟ入込申
米高ヲ存、又ハ方〻蔵屋鋪江参米の善悪ニ付、直段高
下ヲ存、其上江戸ヨリ米相場三日、四日ニ聞合申候故、
此埒以御蔵米御払せ被為成候者可然奉存候、左様ニも
御坐候ハヽ、御蔵本並ニ口銭被下候ハヽ、忝御請可仕と
奉存候
一両殿様御上下の節、御　目見ニ御米払衆不残船ニ而罷
出申候間、左様にも御坐候得者、御蔵屋鋪明申候間、
以後者一人ツヽ残り申候様ニ被仰付可然奉存候
一御門出入札ニ被仰付可然奉存候、御門番一人ニ而いか
ゝ鋪奉存候、弐人ニ被仰付可然奉存候、左候ハヽ、火
用心道具只今迄慥ニ預り人無御坐候間、此ものに御預
ケ可被成候哉
一御加子ノもの隙ニ而罷有候節ハ、御蔵破損御繕の節ハ
大工・左官の手伝ニ遣可然奉存候、破損御繕の義今迄

ハ日用遣申事ニ御坐候、以上

十一月廿五日　　河せ(瀬)与五左衛門

何も尤成義と被申候

一御召川御坐、同赤穂丸共ニ御船数五艘、御蔵屋鋪前ニつなき置申候処ニ、八月廿三日之大風ニ川下の橋三膳吹落、其外船とも右の御船ニもたれかゝり、川よけの丸太六本おしおり申候処、御船番助一御船へ飛入、つなき置申碇綱四本切払、御船の艫ニ綱を付揚申候得者、其まゝ吹登せ申候ヲ、彼艫綱ヲ御加子のものともひかへ申、御屋鋪前三十間ほとニ而引留申候故、五艘の御船ともに別義無御坐候、此段ハ御番助一才覚を以、御船無事ニ御坐候旨奉存候間、以後の為ニ御坐候間、御ほうひ被遣候様ニ申上度奉存候

御ほうひニ銀子壱枚被下、能可有御坐かと申候、其通りニ可仕由老中も被申候、落着

翌朝於　西ノ丸被　仰出

一林半右衛門座鋪の畳表替、従　公儀被仰付被遣候事

一同人御扶持方、只今迄の通大坂ニ而可相渡事

一御掃除頭原田五兵衛、来春江戸江参候刻ゟ壱人扶持まし被遣候事

一御支配帳ニ原田五兵衛と名ヲ書改可申候事

一坊主共拝借銀の事、老中心得ニ而　御姫様銀之内借シ可申候事

一上寺・大屋・願能寺(元恩寺)神職ニ、去年のことく御米被遣候事

一木神宮入用米四石の分郡奉行手前ニ而自今以後立可遣事

一同所鳥居の義、前〻のことく取立遣シ可申候事

一還俗喜兵衛何とそかた付可遣旨　仰之事

一御村代官大平善左衛門、久〻金岡新田肝煎骨折申由ニ候間、銀子五枚被下候事

一大坂御米払候肝煎、御米例年ゟ多ク上り申内、多き分ヲ弐ツニ割、先倉橋や・広内や両人仕肝煎払可申候、其内ハ御蔵本並口銭被遣候事

如斯被仰出候得共、其後又御僉議有之、御老中被申渡

候ハ、大坂御上米多き内、先倉橋や・広内や両人ヲ加、
御米払の心得之様ニ下ニ而肝煎せ可申候、被下物之義
重而被仰渡由ニ付、御米払佐〻文右衛門・横井次郎左
衛門方へ、森川九兵衛・薄田藤十郎方ゟ右之趣申遣ス

一御上下の刻御米払衆御　目見の義、両人なから御蔵屋鋪
前ニ罷在、御　目見可仕候事

一大坂御蔵屋鋪御門、自今以後今西半内札ニ而出入可仕候
事

一大坂御蔵屋鋪御門番、加子ノものヲ定番の上ニ壱人ツヽ、
加へ、加番可被申付候事

一大坂御蔵屋鋪御普請有之刻ハ、御加子ノもの何ニ而も普
請役可被申付候事

一大坂御船番助一、当八月大風之時分御船能裁判、つなき
留候由ニ付、御ほうひニ銀子壱枚被下候事

寛文十年十二月十日評定、池田伊賀・同大学・日置猪
右衛門・池田主税出座、安藤杢・薄田藤十郎・津田重
次郎・鈴田武兵衛・服部与三右衛門列座

河村平太兵衛・俣野善内書付持参仕、其書付ニ曰

一去年御供来年も御供被仕衆、服部与三右衛門・立野八
郎兵衛・山中市左衛門
右当年の役料米御足米ニ直シ可被下候哉、是ハ御役替
ニ付、来年も御供故相窺申候、定り毎年御供ニ被召連
衆ハ、御在国の年も役領ヲ御足米ニ直シ被下候

一立野八郎兵衛義前御役領ハ八十俵、只今の役領ハ六十
俵、足米ニ御直シ不被下候得者、指引返上米御坐候、
御足米ニ御直シ可被下義も御坐候半哉と、返上米の義
不申遣候

一今井勘右衛門去年御供、来年も被召連候、是ハ只今迄
御馬廻之内ニ相心得、当春役領米不相渡候、当年ハ御
役領米ニハ無御構、来年御足米迄ニ而可被召連候哉

一淡川友古近年打続江戸御供、又来年も被召連候、然と
も御在国之時ハ御役領米不被下候、弥此通ニ可被成哉
の事

一加藤甚右衛門・荒木清大夫定り御供被仕ニ付、先年の御評定ニ而、御在国之時も御足米ニ而被下候
一喜多村甚七御足米ハ十石、御役領ハ四十俵、御役領の方多候ニ付、御供仕候年も在宅の時も役領米ニ而被下候、来年も其通可為義ニ御坐候哉
一鈴田半四郎御役領米九十俵、御足米ハ十五石、御役領の方多御坐候、来春江戸御供喜多村甚七並ニ可被仰付候哉
一野〻村次郎兵衛・佐分利平右衛門、大小性並八十俵の割ニ御役領米相渡候、何とそ様子も可有御坐哉と相窺申候
立野八郎兵衛御足米の事窺可被申由
今井勘右衛門御足米の事、色〻僉議御坐候、重次郎申候ハ、勘右衛門御小性ニ而御坐候得者、去年御足米ヲ被下、当春御役領被下、又来年江戸へ被　召連候得者、当春の御役領ヲ御足米ニ読足被下、来春又御足米被下御供ニ被召連筈ニ御坐候、勘右衛門義名ハ御馬廻ニ候へ、去春ゟ以来ハ見申候処ハ、御児小性ニ替ル事無之候得者、当春の御足米をも可被下義かと申候、此義老中も尤と被申候、落着無之
淡川友古御足米の事、猪右衛門被申候ハ、御医者共ニハ御役領も無御坐候故、何とも難仕候由被申候、重次郎申候ハ、友古義も勘右衛門ニ御足米被下候も、折返し被召連候義ニ候得者、折返しニ付、外の例ニハ成申間鋪候、勘右衛門同事可然と申候、此義尤と何も申候
加藤甚右衛門・荒木清大夫御足米の事、僉議ニ不及、此通可然由
喜多村甚七御足米の事、右同断
鈴田半四郎御足米の事、右同断
野〻村次郎兵衛・佐分利平右衛門御役領米の事、色〻僉議御坐候へとも、落着無御坐
一河村平太兵衛・俣野善内申候ハ、当年御家中ゟ上ル御役米千六百石御坐候、内七百五十石大役百人被召抱候給扶持ニ引、残而八百五十石御座候、例年郡奉行中日用米の義被申上候へとも、当年の義ニ付不被申上候と

存知候、然とも郡〻御普請所ハ例年ニ替ル事も無之候間、右八百五十石の分郡〻割荷被成可被下候哉、左候ハヽ、郡〻ニ悪米御坐候、此分持はこひも費ニ候間、直ニ村〻ニ残シ置、日用米ニ渡可然かと申候、落着無御坐

大学被申候ハ、石黒藤兵衛馬扶持被下候義、当暮ゟ渡し可然候哉、来年ゟ渡り可申事ニ候哉、何も僉議仕見申様ニと被申候、当暮ゟ物成の上米仕事ニ候へハ、馬ヲ直ニ持申候ハヽ、只今ゟ馬扶持可被下事と何も申候、左候ハヽ、只今馬も持居申事ニ候間、今月朔日ゟの馬扶持相渡可申旨、大学平太兵衛・善内江被申渡ル

岸織部・上坂外記指出ス書付ニ曰

一備中玉嶋村の加兵衛と申ものヽ船の義、大口平左衛門ゟの書状并浦手形の写、掛御目申候

一先月廿一日の夜、備中玉嶋村の加兵衛と申ものヽ六端帆の船、当嶋小室前ニかヽり居申、大風ニ逢、既ニ船打くたき可申処ニ、船人餘多遣シ、船荷物無事ニ致させ申候、則船頭・荷主此方庄屋方へ書物仕ル写進之候、御覧可被成候、とく可進之処ニ、打続天気悪布(敷)ゆへ、便も無御坐故、延引仕候

十二月五日　大口平左衛門

外記様

織部様

一今度備中玉嶋村加兵衛、六端帆の船ニ木綿百弐本、胡麻壱俵、右同国矢かけ村ゟ積、岡山江参申候処ニ、今月廿一日寅の刻時分、児嶋之内小室前ニ掛ケ居申候処ニ、大西風荒ク吹掛難義ニ及申ヲ、小室ゟ見付、数多被罷出候へとも、船つなきかね申ニ付、早〻下津井御奉行所へ申達候得者、早速加勢数多御出シ、其上綱碇等迄御もたせ被下、就夫、船并荷物共ニ御助被下、忝仕合可申上様も無御坐候、浦人五十六人の衆へも、一廉御礼も可申義ニ候へとも、我〻躰ニ御坐候得者、少〻酒手として銀十七匁遣シ申候間、左様ニ御心得可被

下候、此上ハ浦人衆、又所の衆へも申分少も無御坐候、
為其如斯ニ御坐候

十一月廿五日

備中玉嶋村船頭
加兵へ

同国矢かけ村荷主
太兵へ

下津井村庄や
吉左衛門殿

一忠右衛門と申もの丶義ニ付、船年寄与一兵衛・吉兵へ
両人ゟの書付指上申候
一忠右衛門儀去秋ゟ船中間ゟ望申ニ付、組頭ニ被仰付候、
船中間ゟ合力として銀弐百目遣シ申候、被仰付候以後、
御　公用の義ハ不及申、下〻迄用事万事情ニ入能勤、
只今迄仕候事
一忠右衛門義八端帆の船壱艘持居申候、大坂・紀伊国方
〻江右の船ニ乗り、上下仕候ものニ御坐候処ニ、ヶ様
の組頭ニ被　仰付候故、やとい船頭仕、方〻江遣申候、
大坂迄やとい船頭の賃銀弐十匁ツヽ遣申候故、右之弐
百目の銀ハ賃銀ニ不足の様ニ見へ申候、左候得者、宿
ニ居申、朝夕被下候分一ゑん自分の損ニ罷成申候、右
之仕合故、忠右衛門身躰不罷成候故、たひ〳〵　御公
儀様へ御断申上、御侘言仕度由風聞、船中間ゟ見聞及
申候故、御断不申上候内、此度銀弐百卅目まし合力仕
度由申候事
一私両人、忠右衛門仕様見及申候ハ、御　公儀ハ不及申、
下〻迄用事情入能勤申候、ヶ様ニ仕候もの船中間中致
僉議、残ルもの丶内ニ無御坐候、此段少茂偽無御坐候
事

戌
十二月七日

船年寄
与一兵衛

同
吉兵衛

寺見三右衛門殿
児嶋惣次郎殿

一平野町次郎左衛門船の義ニ付、三右衛門・惣次郎口上書、赤穂ニ而の浦状、船年寄吉兵衛・与一兵衛割苻ノ書付、大坂八百や市兵衛積荷の書付、掛御目申候
一平野町次郎左衛門船四端帆、大坂ゟ八百や市兵衛銀八百五十匁計の荷物、并当町人の舂荷物・小万物荷物積合下候刻、十一月廿二日赤穂御崎ニ而船底つき、のミはきいたし候処、市兵衛肝煎を以、右之舂又ハ小万物荷物不残取揚、濡レ不申候、併市兵衛八百や荷物大分濡申故、市兵衛方ゟ船年寄江理申、此度の義何とそ割苻ニ被成被下候得と申候へとも、只今迄大坂ゟ下荷物の義割苻不仕候、乍去今度市兵衛肝煎ニ而候之間、為合力銀子四十匁、舂や五人・小万物や弐人ゟ遣シ申候、尤船痛入用、赤穂ニ而万事造作料、船年寄両人ゟ指図ニ而、荷主方ゟ銀遣シ相済申候、以上

十二月七日　寺見三右衛門
児嶋惣次郎

一備前岡山次郎左衛門殿船、大坂ゟ下ニ綱崎ニ船掛仕、粮米ニ切レ申ニ付、去ル廿二日巳の刻ニ、赤穂領御崎浜浦江馳戻被申候処、右の船底つかせ船少痛、のミはき申候、荷物少濡候得とも、諸事相違無御坐候、則御船手ゟ為御改船頭衆御出被成、右之品〻御見届候処ニ、別義無御坐候、仍而為後日浦手形如斯ニ候

戌
十一月七日　赤穂新浜
清兵衛

岡山
次郎左衛門殿

為検使我ホ罷出候処ニ、前書之通相違無之候、以上

浅野内匠頭船頭
橋本角兵衛

岡山居船頭
次郎左衛門殿

一今度四端帆次郎左衛門船大坂ゟ罷下申刻、霜月廿二日ニ赤穂御崎ニ而底つかせ船痛せ申候、割上荷賃銀万事入用の覚

一銀弐十壱匁　赤穂御崎ニ而宿賃払

一銀七匁　上荷賃ニ払

一銀三匁四分　右之積合の荷物上申小家かり申賃

銀ニ遣

一銀九匁　赤穂ニ而荷物揚申時、船衆并日用

ノもの食たへ申米代

一銀卅目　右同所ニ而船作事仕大工手間并釘

木之代

一銀四十匁　大坂八百や市兵衛ニ合力銀ニ遣ス

合百十匁四分

右者大坂八百や市兵衛、此度自分の荷物八百や物銀目八百五十匁計の荷物積乗下申候処ニ、此度次郎左衛門船痛せ申ニ付、市兵衛肝煎を以昬荷物・小万物荷不残取揚濡シ不申、自分の八百や物大分濡申候故、種〻市兵衛理被申候へとも、大坂ゟの下荷物只今迄割苻無之故不仕候、乍去市兵衛肝煎合力銀として前書之通遣シ申候

一銀十三匁七分

但紙三丸代銀百九拾六匁

伊部や
次郎左衛門

一銀弐拾四匁

但紙五丸代銀三百四十三匁

臥見や
孫三郎

一銀弐十弐匁七分

但昬五丸半代銀三百四十七匁之内ニ濡有之ニ引

升形や
助左衛門

一銀拾八匁五リン

但昬五丸代銀三百弐十九匁五分之内ニ濡有之ニ引

銭や
市右衛門

一銀十四匁九分

但小万物・櫃色〻代銀弐百十弐匁九分

松や
五兵衛

一銀十六匁三分五リン　和気や　与三兵衛
　但小万物色〻代銀弐百七十六匁七分之内ニ濡
　有之ニ引
一銀七分　臥見や　四郎兵衛
　但舂壱丸代銀六十六匁之内ニ濡有之ニ引
　合百拾匁四分也
右之通ニ割付進之申候、御出シ可被成候、此外ニ次
郎左衛門船ハ殊外ニ痛申、板なとわれ申候間、迷惑
仕候へ共、皆〻様過分の御損掛申上ハ、船頭自分の
損ニ仕らせ申候、為其如斯ニ候
　戊
　十二月五日　船年寄　与一兵衛
　同　吉兵衛

伊部や　次郎左衛門殿　臥見や　孫三郎殿　升形や　助左衛門殿
松や　五兵衛殿　和気や　与三兵衛殿　臥見や　四郎兵衛殿

大坂市兵衛積荷
一さといも　三十俵　一やまのいも　六十八俵
但ミなぬれ俵数御坐候　但四十八俵有
残而弐十俵ハおれくす
一かちくり　六俵　一かすの子　弐俵
但少痛有　内壱俵ハ痛有
一つるし柿　廿四俵　一青のり　八百把
但弐百入　但痛有
内六俵ハぬれ
残者ぬれ不申
一くわい　四俵　一山升　百斤
但すきとぬれ申候　但ぬれ不申候

一かや　弐丸　　一くすのこ　五桶
但少ツ、ぬれ申候　　但内壱桶少ぬれ申候
一木くらけ　　一昆布　弐丸
但ぬれ不申候　　内壱丸すきとぬれ申候
一銀弐十壱匁　　宿へ払
一銭五百文　　上荷酒手
一銭弐百文　　小やかりちん
但ひつ・帋上ケ置申候
右の分市兵衛出シ申候
一銀九匁　　寄合給申候米代船頭ニ
払申候
一銀卅目　　船大工手間銀船頭払分
一川口御番所障子帋・帳紙・墨・筆入用之代銀、去年迄十三匁請取申候、御番所障子六枚まし申候、右御定の時分ゟハ帋直段高直、たて木とうしんヶ様の物迄右とハ直段違申候、銀子七匁御まし弐十匁ニ被仰付被下候様ニと、御船頭とも申候

一安田吉左衛門名の指合御坐候間、作平と替り申度由申候
御船頭とも申通ニ可仕旨、岸織部・上坂外記・薄田藤十郎へ被申渡ル
安田吉左衛門名の事、御窺可有之由

田口兵左衛門指出ス書付ニ曰

一江戸ニ居申御作事奉行共の義、手前不罷成候と申義ニ候、何とそ勝手続申様ニ被仰付可被下候哉
一手前御作事奉行手代義、同事ニ申義ニ候、勝手つゝき申様ニ被仰付可被下候哉
小作事下奉行共の義、御簡略之内申上候義無用ニ可仕候由被申候
江戸小作事奉行の義、色ゝ僉議御坐候、藤十郎申候ハ、瀧並与兵衛方ヨリ九兵衛私方江申越候も、兵左衛門申上ル通ニ御坐候、何とそ被　仰付可被遣儀かと申候、重次郎申候ハ、此ものとも義兼而承候、先年松嶋伝兵衛江戸小作事

奉行被仰付候刻、手代両人召抱罷下候様ニと被　仰渡候由、其刻伝兵衛申候ハ、只今手代と究召抱候而も、江戸へ参悪鋪時ハ可仕様も無之候間、先軽きものヲ当分の様ニ仕召抱、江戸ニ而弥様子も能候ハヽ、本下奉行ニ仕度由申上、其通ニ仕候様ニと被　仰渡由ニ御坐候と申候得者、猪右衛門被申候ハ、小作事上奉行も定江戸被仰付候へハ、下奉行も定江戸之者可然候、上奉行年〻御替らせ被成候ハヽ、下奉行計定江戸ニ而ハ後〻ハ上奉行・下奉行の間、いなものニ成候事も可有之と被申候、重次郎申候ハ、江戸ニ而大学殿へも申通、火事等の時分、菟角末〻の妻子持多ハ身作廻計仕、御用ニ立候事ハ少ク御坐候様ニ奉存候間、当地小作事ゟ替〻下奉行被遣可然かと申候、老中此段尤之由被申候

淵本久五左衛門指出ス書付ニ曰

一御台所御料理人其外之者とも、勝手迷惑仕、私ともに色〻申候へとも、京銀有之もの共の義ニ御坐候故、難申上奉存候へとも、壱人ツヽ吟味仕、弥勝手迷惑仕候ニ付申上候、いか様の銀ニ而も御借被為成可被下候様ニ奉願候

御窺可有之由

都志源右衛門指出ス書付ニ曰

一御野郡御代官愛知甚左衛門家、当秋時分ゟ潰かゝり申候、長やハはや潰申候、此家先年立申候時、屋鋪廻堀溝ニ而御坐候故、ほれ入候ハヽ、家も潰可申と存、其段先山武右衛門へ断申候得者、別ニ明屋鋪も無之候、先家仕候へ迚、一両年ならてハ居不申候、追付岡山へ可罷出候間、作事も成ほと軽ク仕候得与被申候ゆへ、家ヲ立申候、其節藤岡内介御郡奉行ニ而御坐候ゆへ、具ニ被存候、然ル所ニ、はや十弐年居申事ニ候得者、堀際ひたもの崩候而長やも潰申候、此屋鋪ニ作事仕候得者、石垣不仕候而ハ成不申候、是ハ大分の義ニ而御坐候、幸同村ニ明屋敷出来仕候間、其屋鋪へ家ヲ引申度奉存候得共、右如申上、成ほと軽ク一、二年の住居と

存仕候作事ニ而御坐候得者、柱壱本も役ニ立不申候、今迄の本家・長や并壁の有姿ニ少ほそく仕候共、日用手間共ニ銀子七百目計も入申義ニ御坐候、小身ものゝ義ニ御坐候得者、何共難義仕候、御代官中近年ハ家繕自分ニ仕事ニ御坐候得者、甚左衛門一人御歎難申上義と奉存候得共、屋鋪右之仕合、無拠屋鋪替仕義ニ御坐候故、申上御事ニ御坐候

愛知甚左衛門家の事、被仰付被遣可然義と何も申候、武兵衛申候ハ、屋鋪崩候事実ニ而候ハヽ、御金少被遣自分ニ家ヲハ引申様ニ被仰付可然かと申候、重次郎申候ハ、侍共の小身もの又ハ御歩行ノもの共の屋鋪ニも、ヶ様の義ハ多可有之候得共、とり上而も無御坐候、廻たる事ニ候得共、何と哉らん屋鋪替仕度存、崩候ヲ申立候様ニ相聞、申上ル気味相悪鋪御坐候間、市右衛門ニも被仰付、見及しからミニ而も仕、本のことく長や作れ候ハヽ、地形計従　公儀被仰付被遣可然かと申候、尤之由ニ而、則市右衛門ニ見及候様ニと被申渡ル

一平物成切手今日ヨリ出シ申候、いまた跡目不被仰付候もの、田中源兵衛・中牟田三郎大夫・正木清兵衛三人御坐候、此もの江ノ切手ハ先ひかへ置可申哉と申候

三人ノもの共江ノ切手の義、老中被申候ハ、たとへ跡目へり申候とも、押詰相果候ものゝ事ニ候間、当年の物成者可被下事と被申候、落着無御坐

西村源五郎指出ス書付ニ曰

一寛文八年の春、八木左衛門拝借銀壱貫目仕候、京銀並壱ヶ月ニ壱分の利足ニ而、壱ヶ年ニ弐百目ツヽ指上筈ニ御坐候、八年の暮、九年の暮両年弐百目払上、元銀残而八百弐拾六匁御坐候、左衛門存命之内ゟ勝手ひしと迷惑仕候上、剰相果悴幸之助ハ幼少ニ御坐候ニ付、猶以当分の作廻も難仕候故、拝借銀返上成不申候、今何を以取立可申様も無御坐候間、御捨被遣候様ニと奉存候、随分申付、責而此後取付候様ニ仕見可申と存候ニ付、御断申上候

一葬山ニ而へいとうニ赤土取申、墓所迄堀（掘）崩、死骸なと度〻堀（掘）出置申候、参候ものとも歎、私共へも申聞、笑止成義ニ存由申候、何とそ被仰付候様ニ仕度奉存候

八木左衛門拝借銀の事、左衛門義ハ各別ニ御坐候、御捨被遣くるしかるましきと何も申候、落着無御坐候

葬山の義、ほうしヲさし、むさと堀（掘）不申候様ニ、庄野市右衛門ニ可被申渡由被申候

犬丸左次兵衛・松嶋兵大夫・岡本多兵衛指出ス書付ニ曰

一御台所御用承候桧物屋忠左衛門と申ものの義、数年御用承候ニ、諸事念を入仕上ケ申候ニ付、御　目見の義先年も申上候へとも、何角と打過申候、此度御　目見仕上ケ候様ニ仕度奉存候、桧物や五郎右衛門と両人御用承候、五郎右衛門義ハ先年ゟ御　目見仕候、両人の調上ケ候御用の品、御台所横目衆なとも承知被申通、忠左衛門調上ケ候物共念ヲ入、各別の義ニ御坐候、其上不断の埒よく仕ニ付、数年奉行共申上ル事ニ御坐候

大学、石田鶴右衛門・加世八兵衛ニ被申候ハ、万代慶久家屋鋪、かなぐや半右衛門望候段、定而承可申候、被遣可然哉と被申候

一八兵衛・鶴右衛門申候ハ、被下家ニ成申候得者、地子町役御免ニ付、一町ノもの迷惑仕候と申候

猪右衛門被申候ハ、左候ハヽ、職人の義ニ候間、町役をハ相勤、地子計御免被成候而も可然義と被申候

一鶴右衛門・八兵衛申候ハ、左候ハヽ、くるしかるましき由申候、落着無御坐候

猪右衛門被申候ハ、侍中屋鋪狭、馬のかいの物雑事等無之、かい地仕度存もの有之刻、御郡奉行心得ニ而ハ不成由申ニ付、只今迄三人江断申候へとも、指留可申様も無之、勝手次第と申置候、依之屋鋪奉行共屋鋪ニ渡シ可申と申刻も、老中も承候かい地の事ニ候、地主ゟ申候得者、屋鋪奉行も渡しにくき由ニ候、一向侍共のかい地御留可被成義、又ハ売物買物の義ニ候間、百姓相対ニ而買申、御郡奉行江ハ申

理、老中ハ承不申候方ましニ而可有之哉、左候得者、屋鋪奉行とも屋鋪ニ渡し申刻も、百姓地同前ニ而何之構も無之屋布ニ渡し候間、能所ハ渡し可然と被申候、此段何も尤と申候、伊賀被申候ハ、左候ハヽ、百姓ハ売タかり候而も、其地売候而ハ百姓の為ニ悪鋪事有之候と存候ハヽ、御郡奉行老中江申候得と、はね申事も可有之と被申候、与三右衛門申候ハ、其段ハ御郡奉行ともへ侍共かい地ニ渡し、悪鋪所ハかい地ニ仕度と申候とも、売せ申事無用と兼〻老中被申渡被置候ハヽ、老中江とはね申事も御坐有間鋪と申候

翌朝於　西之丸被　仰出

一おり返し江戸へ御供仕御小性分のものニハ、当春の御役料ニ読足、御法の通御足米ニ仕渡可被申候事

一今中勘右衛門児小性組ニ入、当春の御足米相渡可被申候事

一淡川友古近年毎年江戸御供被仰付候間、御小性並ニ当春の御足米相渡し可被申候事

一御家中ゟ上ル役米を以、大役百人召抱、残ル八百五十石の米ハ郡〻日用米ニ割苻仕、相渡し可被申候事

一安田吉左衛門名、御支配帳ニ作平と書改可被申候事

一江戸小作事下奉行甚兵衛、爰元小作事下奉行並ニ、御支配御扶持方御加増被遣候間、来年中江戸ニ相詰申様ニ可被申渡候、爰元小作事下奉行一人追付遣シ、今一人の甚兵衛相仕をハ先よひ戻シ、当年ハ当地小作事ニて召仕、様子見及可申候事

一御包丁人其外御台所方之者、并御手廻小頭御手廻之者、御長柄小頭御長柄之者、御中間小頭御中間共、毎年江戸御供仕候ものには、身躰相応ほとハ、　御姫様銀今一通かし可申旨、被　仰出候事

一八木左衛門拝借銀利ヲ捨被下候間、本銀計自今以後何年ニ成とも、指上候様ニ可被申付候事

一慶久家屋鋪かなぐや半右衛門ニ被下候、町屋鋪の義ニ候間、地子御免、町役ハ勤候様可被申渡候事

一岡山廻侍共かい地の事、武田左吉・塩川吉大夫ニ下の勢

尋可申候事
重而又かい地の義、左吉・吉大夫江猪右衛門内証相尋被申候得者、郡奉行の心得ニ而指免候様ニ有之候ハヽ、殊外かい地はやり可申候、御老中御聞被成候と有之ニ而、実ハ大望の衆ニ而無之候得者、かい地不仕様ニ御坐候、然上ハ、只今迄の通ニ被成置可然候旨両人申ニ付、たとへ御老中御聞候とても、御用地之時分被召上不苦事ニ候間、只今迄の通かい地仕もの一応御老中江窺可然旨、御耳ニ立相究由、猪右衛門重次郎ニ被申渡ル

寛文十年戌十二月廿三日評定、池田伊賀・同大学・日置猪右衛門・池田主税出座、伊木頼母・薄田籐十郎・津田重次郎・鈴田武兵衛・水野作右衛門・服部与三右衛門列座

　庄野市右衛門指出ス書付ニ曰

一とうの山赤土取場へ源五郎罷越見及申候、只今迄の取口ヨリ外へ取込候得者、墓江堀（掘）入申候、今迄の取口九十間ほとニ荒ク竹垣仕、垣之内ニ而取申様ニ札ヲ立、近所の御山奉行見廻申様ニ可被　仰付候哉、左候共下〻取ニ参候事ニ御坐候得者、猥ニ可有御坐候哉、御家中・町中へも垣之内ニ而取申様ニ可被　仰渡候哉

一池田藤右衛門・真田将監預在郷御鉄炮、来年も御番所可被為仰付候哉

一来年御役、三月四日御役初ゟ六月中迄ノ役未進無之様ニ相改申上ハ、銘〻望次第ニ二月ヨリ御役ニ出申様ニ可被仰付候哉、左候ハヽ、御役割早ク仕、御普請奉行をも御定可被為置候哉

　十二月廿三日

右之評

葬山赤土取場の義、此所ハ留候而、円山越ニ赤土取候様ニ仕可然由被申渡ル

池田藤右衛門・真田将監預在郷御鉄炮之者義、何も申候ハ、御役も不仕在郷迄ニ居申もの丶儀御坐候間、御番被仰付可然御坐候半と申候、与三右衛門申候ハヽ、御門の番ハ同ハ其

年の御城代の預被仰付可然かと申候、尤之由何も申候、猪右衛門被申候ハ、来年ハ江戸へ大分御鉄炮も参事ニ候間、先来年ハ在郷鉄炮御番申付可然由被申渡ル

来年の御役の義、弥望次第二月ゟ成共可被仰付候間、其段可申触候、御奉行も可申渡候由被申渡ル

一津田重次郎申候ハ、和意谷の御銘今月十八日ニ仕廻、御歩行之者とも罷帰候、来春　殿様被為成候ハヽ、其前ニ御銘切申候御石立申度候、左候得者、御役人も少入申候、御奉行ハ案内も能存候間、小林孫七被仰付可被下候、又御成以後ニ御誌石御墓之内江入、御墓築直シ申候ニも御奉行入申候、又只今迄御玉垣取立置申候へとも、御誌石御墓江入不申候内ハ、とくとかため候事不成候ゆへ、今迄かため不申候、鉛松やにニ而かため申候ゆへ、夏ならてハ石のおく迄参届不申候故、是ハ来六、七月之頃ならてハ成不申候、少ツヽの事ニ度〻孫七参ルもいかゝニ御坐候間、内〻渡辺助左衛門和気郡の御普請奉行ニ望申候間、来年孫七ヲ和気郡の御普請奉行ニ被仰付候ハヽ、右ニ申上候ことく、折〻直ニ和意谷へやとい申度候由申候得者、尤之由老中被申候、又和意谷の右〻御用ニ御役人割付置候ハヽ、和意谷の御用之刻ハ和意谷ニ而召遣、和意谷ニ入不申候時ハ、先日申上候井田の地平ニも召遣可申候、御奉行ハ孫七江申談度由重次郎申候得者、此段も尤之由被申候

猪右衛門被申候ハ、河村平太兵衛・俣野善内申候、御中小性ゟ下、何も無足之者共御支配、春半分ツヽ御かし可被成哉と、寂前僉議御坐候、弥其通ニ被成候者、御切手左様ニ相調可申哉と窺申候、いかゝ可有之哉と被申、僉議御坐候、頼母申候ハ、此段ハ内〻御中小性とも、何も春半分御かし被成候様ニ仕度と申候、左様ニ被　仰付候ハヽ、忝かり可申と申候、伊賀被申候ハ、春御かし被成、夏の足りニ成候得者、能候へとも、御中小性ゟ末〻ノもの共ハ、春かり候ハヽ、先遣可申候ゆへ、夏の足りニハ成ましく候間、只今の通ニ被仰付、夏半分ニ当り申候ほと御かし可然と被申候、何も一段尤之由申候

田口兵左衛門指出ス書付ニ曰

一瓦師棟梁の義、当春御米被遣候様ニ申上候、壱人ニ而仕申候者、米五俵可被遣候、御　意候間、可被遣候哉

一小作事小やニ常ニ相詰申棟梁大工七郎右衛門事、当春まし銀の事御断申上候時、此もの、義ハ各別ニ候間、暮ニ左様ノものには銀子可被遣と御　意候間、被　仰遣、是ニも銀子御遣可被成候哉

一諸職人共作料の義、米高直罷成申候付而、当春御断申上、作料銀弐分ましニ被仰付、当十月ヨリ米も下直罷成候ニ付、右之直段作料指ひかへ申候、十一月中旬ヨリ米五拾壱匁位仕申候、近年者御家中作事無之ニ付而、大工とも迷惑仕候由申、数年の訴訟ニ而弐分銀ハ其まゝ遣申候様ニと申上ル義ニ候

十二月廿三日

一今度私とも之内一人、江戸御用ニ被　仰付旨、畏奉存候事

一寛文三年ニ被　召出候節、御支配ハ江戸へも不被遣ものともに候得者、先三、四年相過御断可申上之旨、五左衛門殿被仰ニ付、貴様へ御支配の義被　仰上被下候様ニと度〻申上候事

一被　召出候翌年屋鋪拝領仕申、地形とも自分ニ仕、家いたし候節、竹木の事五左衛門殿へ御理申上候へとも、右之趣ニ候間、近年之内ニ御訴訟可申上候まゝ、竹木の事ハ無用之由御指留候而、以後古木少ツヽ致拝領候得共、何共家可仕様無御坐ニ付、京銀拝借仕被下候故、家ヲ仕候処ニ年数も無御坐ニ、去〻年類火ニ家財ともに焼失仕候而、何とも致迷惑候節、去年竹木拝領仕、当年漸家仕候事、貴様ヲ頼致借銀、諸道具共相調申年数も無御坐候処ニ、家弐ツ迄立申候得者、大分借銀共仕致迷惑候、尤御簡略之時分の義ニ御坐候へとも、餘迷惑仕候故、乍憚如斯ニ御坐候、御次而之節可然様御取成被下候ハヽ、可忝候

屋吹吉右衛門

十二月十五日

岡嶋伝左衛門
生野次郎大夫
浦上又八郎
安東次郎右衛門

田口兵左衛門殿

瓦師棟梁御米被遣可然由被申候、未落着無之
棟梁大工七郎右衛門事僉議有之、此ものハ右ニも僉議有之、
暮ニ被下可然と申もの丶義ニ候間、只今御銀弐枚被遣可然
由相定ル、落着無御坐
諸職人共作料の事、此段ハ当春僉議有之、相定ル儀ニ候間、
米の直段次第作料上ケ下ケ可仕由被申渡候
重次郎申候ハ、小作事下奉行共召抱候時、定而以後十石取
ニ可仕と約束ハ仕ましく候、五左衛門心得ニ而、七石ニ而
召抱可申と申上ルニ而可有御坐候、此ものともハ何も御家
中ニ若党奉公仕居申ものともニ候得者、御支配も只今の半
分ほとならてハ、前〻ハ取申間敷候、其上御扶持人ニ罷成
申ニ候得者、只今の身躰大きニ立身ニ而御坐候、兵左衛門
又ハ其身も、一度なと手前迷惑仕と申上ル義ハ可有之事ニ
候、寂早度〻申上ル義ニ候、殊ニ当年なとヶ様ニ一等ニ御
加増の義、下ゟ申上ル義一円合点不参事ニ御坐候得者、御
取上可被成事ニ而ハ無御坐候、前〻小作事の下奉行十石取
申候得者、申所も少ハ聞へ申候へとも、右〻ハ御歩行之者
下奉行ニ被仰付義候得者、此度者下奉行ハ初而の役義ニ御
坐候得者、下として十石取ニ成申度と申事ハ、ヶ様ニ可有
御坐義ニ而ハ無御坐、御歩行之者共前〻ハ弐十五俵ツ丶被
下候、近年ハ弐十俵ニ被仰付候、是なとハ弐十五俵と望申
も聞へ可申候へとも、中〳〵取次申義も不罷成義ニ御坐候、
又来年江戸へ参候下奉行計御加増被下候様ニと、兵左衛門
申候へとも、是ハ猶〻可被下義ニ而ハ無御坐と申候、何も
尤之由被申候

安井六郎左衛門・加藤七大夫指出ス書付ニ曰
一樋御作事、当年分勘定相違無御坐仕廻申候
一来春樋方御用の材木調申候得共、御役人無御坐、川上

ケ不仕候、御役人被為仰付候ハヽ、川上ケ仕度候、但
日用ニ而川上ケ可仕候哉、得御意申事ニ御坐候
戌十二月廿三日
則御小人の義、御奉行三木市郎兵衛ニ御小人出し候様ニと
被申渡ル

高橋利兵衛・神や定右衛門・畳や共訴訟の書付ニ曰
一例年拝借仕弐貫三百目の銀、此頃返上申上候、当年も
如例年弐貫三百目御借被為成被下候様ニ申上候
戌十二月廿三日
畳や共江御借銀の事、年ミの義ニ候間、其通ニ借シ可申候
由被申渡ル

河合善大夫指出ス書付ニ曰
一御野郡田中村・辰巳村新田被仰付候、川遠ニ付口津高
郡今保村田地川ニ成申分、今度の新田ニ而替地被仰付
候ハヽ、田地多潰申ものには少餘慶可被遣候哉、川越
かよひ作ニ罷成、迷惑仕候由申候
戌十二月廿三日
一津田重次郎申候ハ、御城廻御用地ニ被召上候ニ替り不
被下候、左候得者、潰地ニ替りヲまし被下候義、結構
過可申候哉と申候、尤之由被申候、落着無之

御小人奉行三木一郎兵衛指出ス書付ニ曰
一京都江参ル御小人切米、御国並ニ而御坐候、臥(伏)見・大
坂並ニ可被為仰付候哉
一江戸御屋鋪ニ而火の見矢蔵江御小人弐人上り寝入居申、
御横目衆ニ被見付、十一月十三日ニ弐人ともに走り申
候、切米不残戻米可被為仰付候哉、但月割ニ可被仰付
候哉
京都江参御小人切米の事、右両所並ニ可仕由被申、いまた
不被申渡候
猪右衛門被申候ハ、不届ものニ候間、一類請人の様子承合、
慥成一類共ニ候ハヽ、以来迄御小人番等仕ルもの共、見こ

りの為ニ候間、切米不残取立可申候、請人も一類ニ而無之候ハヽ、月割ニ取立可然由被申候、薄田藤十郎吟味仕可申付由

岡本多兵衛・犬丸左次兵衛・松嶌兵大夫指出ス書付ニ曰

一御台所長次郎義当夏ゟ暇囉申候得共、暇遣候而ハ御用手つかへ可申と存、其段承不入居申候処ニ、先月末ゟしきりニ暇羅申候ゆへ、郡奉行江申穿鑿可仕と申聞置候、尤早ゝ暇遣可申義ニ御坐候へとも、当年迄十弐年御台所ニ居申、諸事勤申、諸人作廻心入ともにほめ申候、御横目衆何も御調法成ものと被申候、其段ハ左様ニ上下共存躰ニ御坐候、只今暇遣候而ハ御用之跡ニ可仕もの有之ましくと存候ゆへ、先今日まて何角と申留置申候、其上去年江戸ニ而御給取の義、惣兵衛跡役共ニ三人申上候処、其節弐人埒明、右之長次郎儀ハ埒明不申候、先此度ハ相待候様ニと被仰付候故、無是非居申候、当夏も爰元ニ而御台所ノもの弐人給取ニ被仰付候、一人ハ椀方仁助と申もの、一人半ニ六石、但三七跡分ニ被仰付候、一人ハにかた人足半兵衛と申もの、一人半ニ五石ニ被仰付候、此ものとも尤能奉公人ニ而御坐候、其節様子聢と不存候ゆへ、此長次郎義不申上候、此度此もの留置、只今迄のことく御用仕廻仕らせ申度奉存候、暇遣候得者、来ル廿五日ニ而御坐候、任

御意暇遣シ可申候

一御台所下帳付長助と申もの、十弐年御奉公仕候、此ものの物少書申ニ付、旁ゝ御用調申候、只今帳付村木吉兵衛・中村喜右衛門・寺尾四郎右衛門三人御坐候、御国江戸共ニ相勤申候、殊ニ只今ハ会所其外方ゝ共ニ構御勘定相調候ニ付、三人少茂手透成義も無御坐候、昼夜共ニ帳面ニかゝり居申候、此長助少ツヽ御用相調申候、先日下津井へ左次兵衛参候節も、三人ノもの共御勘定ニかゝり居申ニ付、此長助ニ而下津井之埒明申候、此ものも暇囉申候、是も小人之内ニ物少書候もの有之候

ハ、、替りニ取暇遣可申と只今穿鑿仕候、此ものも暇遣可申候哉、先此段一応御　耳へ立可申と存、今日まて指留、御台所ニ居申候

十二月廿日

猪右衛門被申候ハ、此もの居不申候共、御用ハいかにも可相調候へとも、年来も久御奉公仕、先年御ほうひなとも被下候ものニ候得者、御米取ニ被仰付候而も可然かと被申候、何も尤ニ御坐候由申候、落着無御座

猪右衛門被申候ハ、長助義ハいか様にも可仕候、暇望候ハヽ、遣シ候而よく可有之と被申候、落着無御座

水野作右衛門指出ス書付ニ曰

一江戸へ被遣候御小人、七年八年、或十年も罷有候付而、町方ニ知人多、借銀等も自由ニ仕候付而、身躰ニ不応借銀仕候而走り申義多御坐候、然故頭共ゟ町方買旦那へハ、頭の判形無之ニ金銀借申候者、其もの自然の事有之時、借主の可為損之由兼而申談置候付而、此方ゟ構無之候得共、御　公儀なとへ町人ゟ申上候而、若銀子被遣候様ニ成候ハヽ、走人の一類請人ゟ出し申ニ付而、御国の百姓倒ニ成可申と奉存候

一江戸両御屋鋪ちり取船、龍の口ニ不断居申、御小人一人ツヽ船番ニ罷有、御屋鋪ゟのはきため損候而、捨申義ニ御坐候、彼船番の小人船ニ而いか様ノ悪事仕候も不知義ニ御坐候、当年迄居申船番、御小人之内借銀ニ付而合点の不参儀も御座候ニ付、瀧並与兵衛致相談候而替申候、左候得者、両御屋鋪のけすこへ被下候ハヽ、はきためをも取捨、又ハ彼船をも御置被成候ニも不及、御屋鋪ゟの構無之様ニ可仕と申もの御坐候ニ付而、御屋鋪御近辺の御大名衆、左様被仰付方も御坐候かと承見申候、大かたけすこへ被下、はきため迄取捨候様被仰付候由ニ御坐候、龍の口ニ御船被為置候而、御小人番ニ罷有候段、何角ニ付而無心元義ニ御坐候間、右之通ニ被仰付候而も可然様奉存候

十二月廿三日

尤之由被申、落着無御座
惣御役人ハ一、二年ツヽニて替り、御番所又ハ御掃地（除）方ニ
罷出候ものハ、三年ほとニ而替り申候様ニ可被仰付候哉、
何も尤ニ御坐候由申候、重次郎申候ハ、けすこへヲ遣し御
屋敷ノはきためヲ取、掃除致させ候と有之も何と哉らん気
味悪鋪御座候、只今迄の通御役人ニ而取捨申候と町人はき
ため入札ニ而取申候程ヲ積り、御金弐十両か三十両計ニ而
も取申義ニ候ハヽ、外ニ御取せ被成、こゑハ右〻ゟ取来候
ものニ被遣、又ハ鳴子・大崎の御屋鋪へも入申義ニ候間、
其分ニも可被成かと申候、老中尤之由被申候、落着無御座

翌朝於　西之丸被　仰出

一小林孫七、和気郡御普請奉行被　仰付候事
一御支配取ノものヽ分毎年定り、夏かしニ而御支配半分ニ
成候ほと、自今以後夏かし可被仰付旨被　仰出候事
一瓦師棟梁御米五俵被下候事
一棟梁大工七郎右衛門、銀子弐枚被下候事

一諸職人作料の事、当春定ル通、米の相場ニ応、上ケ下ケ
可被仕候事
一畳や御借銀の事、例年の義ニ候間、借シ可被申候事
一今保村田地此度川ニ成候、替地田中村新田之内ニ而、今
保村潰地の坪程替地遣シ可被申候事
一御台所長次郎、御給取ニ被　仰付候事
一江戸へ参ル御小人共、自今以後弐年三年ニ而替せ、久鋪
江戸詰不仕候様ニ可被申渡候事
一江戸御屋鋪ちり取捨候事、龍の口迄ハ只今迄之通御小人
ニ而取捨させ、龍の口ゟ先ヲ町人ニ入札ニ申付、船此方
ゟ構なき様ニ仕可然候半哉、山内権左衛門・森半右衛門
方へ右之趣相談ニ可遣候

寛文十一年亥ノ正月十日評定、池田伊賀・同大学・日
置猪右衛門・池田主税出座、安藤杢・薄田藤十郎・津
田重次郎・鈴田武兵衛・水野作右衛門・服部与三右衛
門列座

庄野市右衛門・藤岡内助指出ス書付ニ曰

一御野郡江被遣候御普請奉行、諸手御用多候ゆへ、右〻ゟ使番一人ツヽ請取被申候、其まゝ相渡シ可申候哉

一郡〻江被遣候御普請奉行請取遣被申候手代、休役又ハ心付の役遣シ被申候義、無用ニ被仕、能相勤申ものには御ほうひ可被下候、此旨相触候様ニ去年十月ニ被仰付候ゆへ、右之通申触、御普請奉行手代の義、銘〻書付被越候、御ほうひ可被下候哉

一内助・市右衛門、当年の御役割仕候由ニ而、御老中
　へ御帳渡し申候

御野郡江罷出候御普請奉行、諸手御用多候ゆへ、右〻ゟ手代の外ニ遣番ニ御足軽一人召仕候事、杢・九兵衛（アキ）何も申候、右〻の様子不存事ニ候得共、当御郡ハ御用多、遣用ニ被下来候ハヽ、其まゝ可被下かと申候、重次郎申候ハ、御野郡ハ近き儀ニ御坐候得者、遣役ノもの遠方の郡へ出候ものには被下候共、御野郡へハ被下ましき事ニ候、使役入候得者、御役人之内ニ而も急用ニハ遣申事ニ候、前〻ハ御野郡御奉行共ゟ御普請奉行方へ壱人ツヽ詰させ置、急ノ御用弁申様ニ仕来候ゆへ、被下候かと申候、只今ハ附置申ニ而も無之由申候、猪右衛門被申候ハ、一人の義ニ候得共、尤之事ニ候間、当年ゟハ不被下候様ニ可然と被申候

郡〻江罷出候御普請奉行手代御ほうひの事、七分役ニ仕候得者、四十五匁ニ当り申候、銀壱枚可被下候哉、何も情を出勤申候、弐人たいていノもの御坐候由ニ而、何も書付持参仕候、何も申候ハ、中位ニ御坐候間、壱枚被下候而よく候半と申候、重次郎申候ハ、壱枚ゟ内ヲ被下候とも不成事ニ候間、壱枚ニ而もよく御坐候得共、壱枚ハ然と御ほうひの様ニ而いかゝ御坐候、金壱歩弐ツ計被下候而もよく候半かと申候、色〻僉議御坐候、米壱俵骨ヲも折申候とて、被下候而もよく可有御坐哉と申ものも御坐候、重次郎申候ハ、壱俵いかゝ、米弐俵手代領ニ定り被遣候而よく候半かと申候、主税殿被申候ハ、壱歩ヨリハ米ニ而被遣よく候半と被申候、猪右衛門被申候ハ、米弐俵か壱歩弐ツよく候半と被申候、落着無御座

一内助申候ハ、御野郡江罷出候御奉行ニ被下人之事、人ニ而可被下候哉、御米ニ而十俵可被下候哉、但一人の扶持切米ヲ積申候得者、十三俵ニ相申候間、御引被成候もいかゝニ候ハヽ、十三俵被下候、在郷へ罷出候御扶持方ハ、出申日限其所の庄や〳〵江切手遣置候而、其日数ニ随ひ御扶持方被下候半かと申候

猪右衛門被申候ハ、諸手御用人共定夫の事、人ニ而被下筈ニ成候ゆへ構無之候へとも、此被下人の義ハ、米ニ而役領なとの様ニ被遣候而も能候半かと被申候、九兵衛申候ハ、人ニ而被召置候得者、御人数にも成申候間、御人ニ而よく可有御坐候、売役不仕候様仕度事と申候、重次郎申候ハ、骨ヲ折申と被仰候而、御米十五俵被下候ハヽ、御奉行も進候而相勤候様ニ成候ハヽ、能候半かと申候、何も尤之由、十五俵ゟ内もいかゝ可有御坐かと申候、落着無御座

一藤岡内助申候ハ、国枝平助郡山南の御役人源右衛門方へ遣シ、暮ニ米ニ而指引仕候様ニ仕度候旨平助申候、例年此通ニ御坐候、御役の為ニも能可有御坐と申候、当年御役勝手次第ニ出し申様ニとの義ニ付、老中の下奉行ゟ役人出可申かと、私とも方迄尋ニ越申候、御奉行被仰付候ハヽ、御役出シ候得と可申談候

大学被申候ハ、郡〻御奉行入替候而可然候哉、但勤来候郡ニ其まゝ御奉行居申候者、御普請の為ニ能事も可有之かと被申候、杢申候ハ、何も御奉行共近き郡ニ居申候ハ、左而已にも無之候、遠方の御郡へ罷出候而ハ、小身ものニ而も御坐候ゆへ、よほと迷惑仕由ニ候、御断も申上度様ニ申候由承及候、御指替候而も可被遣かと申候、勤来候御郡ニ居申候者、御普請所之様子も可存候間、先其分ニ而可被仰付かと申ものも御坐候、与三右衛門申候ハ、御郡ニ其まゝ居不申候共、能御奉行ハ合点も可仕候、替候様ニ被仰付、其まゝ居申候而能義も候ハヽ、被為置候様ニいかゝ可有御坐と申候、伊賀被申候ハ、一ツ郡ニ久〻居申もいかゝニ候、弐年か三年と有之、其後者替候而可然と被申候、御郡奉行ヨリ望候者、其まゝ被為置候様ニ可然かと申ものも御坐候、御郡奉行ゟ望、其まゝ居申候而能様ニ候ハヽ、大形成御奉

行も御郡奉行ゟ望可申候、替候而能候半かと、色〻僉議御
坐候、落着無御座

一石田鶴右衛門・加世八兵衛申候ハ、御絵書伝兵衛事私
共迄申候、当年御供ニ参候義、何共勝手迷惑仕候、於
江戸ゑのくなと拵置候得共、それハ御用ニ無之候、是
を拵申様ニと被仰付事間ニ有之候得者、指当迷惑仕義
ニ御坐候間、何とそ弟子ニ而も召連申候か、左様の段
被仰付候而も被下候様ニ申上度候、縦法印方江御使ニ
参、又ハ自分ニ罷越申候にも、身廻り或ハ弟子分御坐
候得者、少ツヽの心入も仕候付而、勝手違申候、御長
やも私壱人ニ被下候ニ付、御歩行なとヽ違、勝手方ニ
ハ悪鋪御坐候由申候

森川九兵衛申候ハ、伝兵衛申候通法印方江御使ニ参候ニ、
少ハ身廻り等ニ繕も仕躰御坐候、法印方へ勤候音信なと外
の御大名衆ハ被仰付被遣候由ニ御坐候、軽き義と乍申、伝
兵衛自分ニ左様の義も仕候付而申かと存候、重次郎申候ハ、
伝兵衛内証の義私先年承申候、左兵衛方へ被下物の分取申
候ヲ、菟角の義も不申遣候ニ付、勝手迷惑仕候由ニ候、左
兵衛取申候ヲ、菟角も不申候ハ寄特の義にも御坐候、只今
ハ左兵衛も取不申候由

一八兵衛・鶴右衛門、かねつき又右門御暇申度由申候、
かねつき計ニ而御坐候ハヽ、申上迄も無之候へ共、様
物をも切り申義御坐候、御家中事かけにも可被成候哉
と存候、いかヽ可被仰付かと申候

猪右衛門被申候ハ、様物の義ハ事もかけ申ましく候、暇遣
候得と被申候

加藤七大夫・安井六郎左衛門指出ス書付ニ曰

一来ル十七日ゟ樋御作事大工遣申事

一樋御作事手伝御役人弐十人組弐組、来ル十五日ゟ請取
遣申度事

一樋方手代長瀬八郎右衛門、御支配御加増拝領仕度事

御樋方御役人の義、内助・市右衛門割せ仕書付申候間、申
談候得と猪右衛門被申渡ル

手代長瀬八郎右衛門御加増の義、先御僉議迄も無之、其分ニ而よく御坐候半かと何も申候、猪右衛門被申候ハ、弐人のものハ、前〻被下候御切米を減シ申候ゆへ遣申候、新参者ハ其御切米ニ而出申たるものニ而候間、其分ニ而可然と被申候

武藤安兵衛・野口弥平兵衛書付ニ曰

一旧冬被為仰付候瓶井山赤土取申所、御停止之旨御山廻りともへ早〻申渡置候、同ハ御制禁の板札御立被為成可被下候

猪右衛門被申候ハ、土取場之事士中へハはや触申候、御町奉行ハ聞申候、札の義ハ内助・市右衛門と致相談候得与被申候、重次郎申候ハ、ヶ様の札ニ被　仰付候様ニ出申事も御坐候と相聞へ申候、又制札の様ニ認申義も御坐候而あや違ニ成申候躰有之と見申候、加藤甚右衛門へ下書仕候而、安兵衛相談仕候而可然かと申候、尤之由何も申候、札板ハかろく仕候而、安兵衛なとたて候て可然由被申渡ル

一下津井之内長浜の清蔵と申もの、塩飽のものに被雇阿州へ参、大鳴戸ニ而船極月廿日ニ破損仕、相果申候

一小串村作大夫と申もの、八日申之刻ニ気違候而首くゝり相果申候、此ものニ親兄弟御坐候、気違ニ相究候由之書物ニ、庄屋改書仕越申候、死害相改疵も無御坐候故、昨日葬せ申候

一去冬申上候飽浦の新田、無用と可申付哉

新田の義ハ、可相窺由被申渡ル

一都志源右衛門・俣野善内、御米御勘定之目録御老中江見せ申候

猪右衛門被申候ハ、上り米速と相済、此残り米ニ而御支配米有之候哉、大坂へ浮次第ニ大坂売付候米代銀の高、御蔵ニ残り有之候御米書付、越候得と申遣候へと被申渡ル、御当地の残り米ニて御米払ほと御坐候由両人申候

安宅弥一郎指出ス書付ニ曰

一邑久郡千町川福里堀所〻水つかへ候間、当春さらへ申

度候、去年豊年ニ而も御坐候間、郡中家一軒ゟ人足弐人ツヽ雇候へハ、家数六千四百余御坐候故、壱万弐千余の人数ニ而御坐候、右ゝ人足ニてさらへ申度奉存候
当年ハヶ様ニ仕候而可然由、猪右衛門被申候
片山勘左衛門・西村源五郎指出ス書付ニ曰
一一ノ宮地平御役ニ而被仰付候様ニ仕度奉存候、百姓普請ニ而ハ大分入可申候、左候得者、造作多入申事ニ御坐候、御役ニ而ハ千弐、三百入可申と奉存候、奉加不足銀ハ迚も従　公儀御寄進被成事ニ御坐候得者、不入所についへ不申様ニと申上候
一大分の御作事ニ御坐候間、公儀ゟ御奉行三人計御出シ被成可被下候、但近所の代官衆出候様ニ河村平太兵衛へ被仰付可被下候哉、一ヶ月ニ一両度ツヽハ勘左衛門・源五郎替り〳〵見廻りニ罷越候様ニ可仕と存候得共、それ迄ニ而ハしまり御坐有ましく候と存、申上候
地平の義、御役人ニ而無之候而ハ成兼可申候間、御役人ニ而申付可然之由老中被申候、御奉行の義、一ノ宮近所ニ居申村代官三人ほと可然旨、何も僉議御坐候、落着無御坐候
一津田重次郎申候ハ、和意谷御道具入申候御土蔵、弐間半ニ四間ニ弐ツ、去ゝ年切組取立申迄ニ仕置申候へとも、御碑の銘立申所知不申候ゆへ、尓今取立不申候、今度御成前ニ取立申度候、只今の時節ニ而候故、又御普請ホ御坐候様ニ可申かと窺申候由申候
猪右衛門被申候ハ、取立候ハて不叶義ニ候間、仕候得と被申渡ル
一重次郎申候ハ、いつそ御普請の次而候ハヽ、可申上と存候、御普請方ニ六尺五寸竿を六尺竿ニ割遣来申候、此段いか様の義ニ而ヶ様ニ仕来申かと存、先年久兵衛・内介ニも尋申候、両人の者も内ゝ左様ニ存候由申候、有様竿ニ可被仰付事ニ候哉と申候、一段尤之由何も申候、落着無御坐
翌朝於　西之丸被　仰出

一御郡〻御普請奉行手代、自今以後御米弐俵ツ、被下候事
一御郡〻御普請奉行、只今迄被下来候御小人被召上、御米十五俵ツ、被下候、并御普請所ニ相詰候日数ニ応シまし扶持被下候間、其段御普請奉行并御郡奉行へ可申渡事
一御郡〻御普請奉行、当年ハ郡ヲ割かへ可申事
一狩野伝兵衛事近年江戸へ度〻参、芸をも仕上候間、銀子五枚被下、弟子江戸へ召連申刻ハ、まし扶持壱人御まし被下候事
一邑久郡千町福里川筋さらへ候事、弥一郎申上通可被申付候事
一石黒藤兵衛御役領被下候事
一一ノ宮御普請奉行、近所の村代官可被申渡事

亥ノ正月廿一日評定、池田大学・日置猪右衛門・池田主税出座、伊木頼母・森川九兵衛・津田重次郎・鈴田武兵衛・水野作右衛門・服部与三右衛門列座

武藤安兵衛・野口弥平兵衛書付ニ曰

一半田山人の出入、当分指留申様ニと被　仰付候ニ付、其段堅申付候、私共心得ニ而御郡奉行并逼塞人ニ被下候薪伐りヲも、まつ指留置申候、然共久鋪留置候而ハ逼塞人取分迷惑可仕候、いかゝ可仕候哉、其内笠井山ニ而可被仰付候哉

此通可然由ニ而、武田左吉へ被申渡ル

武藤安兵衛・野口弥平兵衛書付ヲ頼母出ス

一小作事江通申道筋、前廉の御門番所ニ只今私共手代居申候、殊外筈難義仕候、ひさし少被　仰付可被下候

是ハ田口兵左衛門罷出候次而ニ、見及候様ニ可被申渡由被申候、其上ニ而迷惑仕候様子ニ候ハヽ、可被申付候由被申候

伊木頼母指出ス書付ニ曰

一荻野六兵衛・杉山四郎右衛門申候ハ、両人居申候屋鋪前之道殊之外狭、行違申義も不自由の躰、其上只今ハ

六兵へ義馬をも所持仕候ニ付、往来難義仕候間、道御
ひろけ被下候様ニ申上度旨申候
猪右衛門被申候ハ、此道ハ両人の為計ニ候間、いかゝと存
候へ共、先内介・市右衛門見及候様ニ被申付、其上の義ニ
可被仕由被申候

津田重次郎申候ハ、泉八右衛門方ゟ此書付指越候由
ニ而出ス、書付ニ曰
一私ニ御預ケノ在足軽、替〻学校へ相詰御番仕候、是ハ
則学校の長やニ召置候、小頭弐人も毎日壱人ツヽ相詰
申候、一人ハ町屋ニ罷在、一人ハ親と一所ニ罷有候、
只今迄ハ他の例にも成可申かと奉存、不申上候へとも、
御持筒ゟも無懈怠相勤候間、此小頭には屋鋪可被下候
哉、若尤ニ被　思召候ハヽ、只今迄安積久左衛門罷在
候南方の屋布（敷）、御法の畝数古家共ニ拝領仕らせ度奉存
候
是ハ外の例にも成申間鋪儀と存知候間、被遣可然と何も申
候、老中も尤と被申候、落着無御座候
一藤岡内助・庄野市右衛門申候ハ、斎木四郎左衛門方ゟ
新田御普請所見及候様ニ申越候、いかゝ可仕哉と申候
猪右衛門被申候ハ、見及候事無用ニ可仕候、先日御内意窺
申候得者、新規に仕候事ハ不入ものと　御意ニ候、四郎左
衛門方へも其通可申遣候由、自然右之辺通候義有之候ハヽ、
次而ニハ見及置候而も可然由被申候
一田口兵左衛門申候ハ、方〻ゟ材木参候時分ニ候、槙や
十右衛門替り被　仰付可被下候、半田木見立候而伐候
而も、伊予・さぬきゟ参候木の様ニハ無御坐、ゆかミ
申候、当年参候ハヽ、調可申候、しきりの材木ハ其通ニ
御坐候へとも、御材木や無御坐候得者、手支ニ御坐候
間、替り被　仰付可被下候と申候
猪右衛門被申候ハ、替り無之何とそ罷成候ハヽ、作廻可仕
候、無之不叶様子ニ御坐候ハヽ、御町奉行なと相談仕、申
付可然由被申候、落着無御座
一水野作右衛門申候ハ、松村甚介義去〻年江戸ニ而御か

ちニ被　召出候、松村八右衛門跡目ハ松村八郎左衛門ニ被下候、甚介義新規ニ被　召出義ニ御坐候、去ゝ年の御支配之内可被下かと、江戸ニ而大学へも申候、夫兵衛・半右衛門方へも申越候、甚介義此元ニ而肝煎候ものも無之候、御勘定場へも通申由ニハ御坐候得共、遠方書状ニて申通候故ニ而御坐候哉、間違候哉、少も不被下候、事延候へとも、甚介義も其侭江戸ニ罷在、私義も去冬迄江戸ニ居申ニ付、延申義ニ御坐候、被下候半哉と申候、大学被申候ハ、江戸ニ而作右衛門申候ニ付、御勘定場へ被申渡候かと被申越候由被申候、都志源右衛門申候ハ、頃日作右衛門申聞承候ニ付、村川喜兵衛ニ尋申候、江戸ニ而甚介ニハ去ゝ年霜月末ゟ御扶持方渡申候、平太兵衛方へ申越候処、御かち迄ハ月割ニ被下候との御法書ヲ、まてと申義迄心得違候て、被　召出候、月日不知候由申候て不遣候由ニ候、私共存候ハ、ヶ様ニ延ゝニ成候ハ、被下候て可然と存候、事延候得者、不被下候と存候得者、被下候様ニと申義、精ニもいかゝ奉存候、御歩行ハ秋冬被　召出候ものにも、御支配半分被下候と御法書ニ御坐候間、切手調遣可申かと申候

尤ニ候、切手相調遣候得と猪右衛門被申渡ル

猪右衛門被申候ハ、頃日御賄方ヨリ此書付共出候ニ付、御寄合日ニ何もと僉議仕、其上ニ而の義ニ可仕と被申置候、いかゝ可有之義と被申候

岡本多兵衛・松嶋兵大夫・犬丸左次兵衛出ス書付ニ

曰

一江戸御台所御献立払帳の義、洪水以後此方ニも御献立払ニ成申候、御国ニ而ハ此帳の通ノ払帳ニ而御勘定指上ケ申候、御献立払ニ而も御国ニ而の払の様ニ仕候而も、御為ニ相替儀ハ無之様ニ奉存候、結句御献立払ニ而ハ諸事へん成様ニ御坐候、入用の諸事并到来請取物共ニ御横目遣所迄見届、判形日ゝニ仕候、其上御料理人遣申、其色ニ判仕候、只今ハ　予州様御台所江戸ニ

而ハ御献立払ニ而ハ無御坐、先年の通ニ成申候、私共
手前之払も其通ニ被仰付可被下候哉、委細ハ口上ニ申
上度御坐候
此義尤ニ存候、御勝手方の違も無之様子ニ御坐候、其上諸
方の町人数多出入仕候、承候而も餘り末細成事ニ御坐候、
乍去替義御坐候も、具成義ハ不存候間、御台所横目、其外
御横目共へも様子承、其上ニ而被仰付可然かと何も申候、
尤と被申候
岡本多兵衛・松嶋兵大夫・犬丸左次兵衛出ス書付ニ
曰
御台所帳付共まし御扶持方路銭の事
一御台所帳付村木吉兵へ・中村喜右衛門・寺尾四郎右衛
門、三人ノもの江戸路銭、小俵三俵被下候、まし御扶
持方ハ、去ゝ年御供ニ喜右衛門・四郎右衛門参候へと
も、不被下候
一先年の帳付武田与一右衛門・三木吉兵へ、此もの共帳
付仕候節ハ、江戸路銭小俵四俵被下候、まし御扶持方
壱人被下候
一只今帳付村木吉兵衛儀、三木吉兵へ跡ニ被　召出候、
当年始而御供仕候、此もの去ゝ年京　大納言様御祝言
の時参候節、まし御扶持方一人扶持被下候、自今以後
江戸御供仕候帳付、右ゝのもの共之通、まし扶持・路
銭とも被　仰付可被下候
与三右衛門申候ハ、此三人之者共ハ頃日名字も被仰付、其
上時節も悪敷御坐候、又喜右衛門・四郎右衛門も只今の分
ニ而罷下り申候間、先此度吉兵へも其通ニ而可然哉と申候、
十次郎九兵へニ相尋申候ハ、此三人の者共、武田与一右衛
門・三木吉兵へニ同前之者ニ而候哉、寂前ハ両人ニ而相勤、
其下ニ帳付御坐候而勤申候、右三人も其通ニ候哉と申候、
九兵へ申候ハ、只今の三人も右両人と同前之者ニ而候、然
故吉兵へ・与一右衛門なミニ路銭米加扶持被下候様ニと申
由ニ候、夫兵へ・作右衛門申候ハ、御かちの者路銭米四俵
半ニ而候へとも、是も只今ハ四俵被下候、是も御まし不被

下候間、路銭米ハまつ其分ニ而可被為置候哉と申候、猪右衛門被申候ハ、尤ニ候、外ニ此なミ御台所ニ有之候哉、九兵へニ具ニ尋候得と被申渡ル

翌朝於　西之丸被　仰出

一泉八右衛門小頭屋鋪之事、三木孫右衛門本屋敷ヲ小頭ニ被下ル、御法の畝数被下、古家ヲ添被遣候事

一御材木の直段、小作事江罷出ル御かち横目、小作事下奉行と出合、材木や手前遂吟味、直段ホ相究、御材木被召上候様ニ可被申渡候事

一御台所献立払の事、自今以後目録払ニ可仕候事

亥ノ正月廿九日評定、池田大学・日置猪右衛門・池田主税出座、安藤杢・薄田藤十郎・津田重次郎・鈴田武兵衛・水野作右衛門・服部与三右衛門列座

一武田左吉申候ハ、御野郡田中新田御検地之時分ニ御座候間、可被仰付かと申候

猪右衛門被申候ハ、御検地ニ出申候功者ハ、何れを被　仰付可然哉と被申、僉議被仕候、瀧多左衛門・井上藤介・羽山太郎左衛門なと能可有御坐かと申候、御窺可被仰渡由被申候

一左吉申候ハ、地主ハ村之もの可被　仰付かと申候

猪右衛門被申候ハ、此方ヨリ落堕之内壱人入可申候、其外ニも御用地入可申候間、預ケ地をも少ハ仕置可然由被申候

一左吉申候ハ、百姓共地主ニ成申候分ハ、自分ニ地平シ仕候、左様ニ仕候を預ケ置申候とハ難申可有御座かと申候

落堕ニ被下候地預ケ地之分ハ、御役ニ而地平申付候様ニと被申渡ル

岸織部・上坂外記出ス書付ニ曰

一御船頭中御用人梶原甚左衛門・寺見三右衛門・児嶋惣次郎・安田作平・梶原平右衛門、右五人ノ者共、只今迄被遣米七俵ツ、毎年被為下候、右之御米差上ケ、惣

方御用人並ニ定人足一人ツヽ被為下候様ニ仕度由、私共迄申聞候

一江戸大廻り御荷物、先年江戸御船手奉行衆ゟ被仰渡候由ニ而、御大名衆御荷物積候船ニハ、御幕御印御改御番所の前ニ而用可申由、右之品ニ付御荷物積候船ニハ右被仰渡旨、今以御幕印遣申候、然所ニ少ツヽの御荷物商船の積合ニ仕遣申候、右ゝ度ゝ御幕印遣候得者、御荷物船数艘廻り申品ニ御番所へ聞へ申候、尤御内証ハ商船ニ馳御荷物ニ御坐候へとも、右之段外へハ存間鋪候、しけ〱御船廻り候様ニ可有御坐候、其段御遠慮御坐有ましく候義候得共、御荷物積候舟ニ必御幕印遣候と迄ニ御坐候義ハ、少ゝ御馳御荷物ニ而も遣申様ニ成申候、何とそ被　仰付様も可有御坐かと奉存、奉窺候

一御船宮奉行屋鋪、今以大村文右衛門被　召置候、似合鋪御屋鋪被遣候ハヽ、長谷川次左衛門引越申様ニ被仰付候而ハいかゝ可有御坐候哉、尓今少ゝ繕ヰをも私共承届、御船宮ゟ申付候、右之品ニ御坐候得者、其所の奉行ハ居不申、外の御役人年ゝ住宅仕埒いかゝ可有御坐候哉

一江戸大廻り御米船運賃、百石ニ付四百五十匁ニ相究申候

此通ニ仕候様ニと被申渡ル

僉議御坐候而何も御用多もの共ニハ御坐候得共、只今迄七俵ツヽ被下候を、只今御簡略之時分ヶ様の義御取上、御人被下候と有之候もいかゝニ御坐候間、後ゝハ惣なミニ被下候共、先一両年ハ只今の通ニ被成被為置可然かと何も申候

僉議御坐候、重次郎申候ハ、御荷物半艘も積申候時者、御幕印をも被遣、半艘ゟ内有之時ハ御幕印共ニ無用ニ可被仰付かと申候、何も尤と申候、作右衛門申候ハ、左様ニ半艘荷在之時計御幕印参候様ニ御坐候ハヽ、御米船の外ニハ御印参候事無之様ニ可有之哉と申候、老中被申候ハ、江戸御船手の思召の様子不存事ニ候間、瀧並与兵衛方へ申遣、御大名衆御荷物ヲ積候船ニハ、其国の御船印・御幕立申様ニ

と被　仰出御趣意、其御船印有之船難風ニ及候時分ハ、一
入浦〻ヨリ出合肝煎候様ニとの義か、又ハ御大名衆御荷物
船廻り候数御覧被成度との義か、承候様ニ仕、其一左右次
第重而可申渡由被申候
似合舗屋鋪も御坐候か、又ハ長谷川次左衛門屋鋪相応の義
にも候ハヽ、申上、替り申候様ニ可仕由被申渡ル

淵本久五左衛門・下濃七助指出ス書付ニ曰

一早川玄竹御支配五石ニ壱人扶持被下候、当年江戸御供
ニ参申候、祖母養申候、就夫、勝手迷惑仕申候、今壱
人扶持可被為下候哉
僉議御坐候、何も申候ハ、江戸へ参ルニ付、御扶持壱人ま
し被下候而もよく御坐候半かと申候、重次郎申候ハ、只今
迄通ひの子並ニ御坐候共、坊主ニ罷成候上ハ、御掃除坊主
之内へ御入被成、惣坊主並ニ江戸御加扶持壱人被遣候而も
能可有御座候哉、玄竹祖父御門番仕、五石ニ壱人扶持被下、
数年御奉公仕、世悴無之、聟の子を死後ニ申上、跡目被下
候、殊ニ聟いやしき細工人ニ而候、只今迄の被仰付様餘り
結構過申ほと奉存候、然上いまた悴の義ニ候間、江戸ニ而
計右之ことくまし扶持被遣可然哉と存候由申候、何も此義
尤之由申候

一守田清六義口上ニ申上通ニ、江戸へ参、如去年御台所
ニ而料理仕度由申上候
此段ハ御窺可申由被申候
重次郎申候ハ、たひ〳〵申上候金岡新田の義、只今ハ御借
銀も調可申候間、一年も早御取返し被成候様ニ仕度候、先
日久保田彦兵へも申候、所之者も何角ニ付迷惑かり申候、
毎年古地高廿四、五石程新田之者ニ被遣候、承様子中〳〵
年久無之候てハ御手ニ入申ましき様子ニ候、井水の通り申
所大分古地潰申候得者、御つうへ多、扨御年貢指上候事ハ
延〻ニ候得者、不宜新田ニ而候と申候、尾関与次右衛門も、
此新田曽而同心ニ無之由たひ〳〵申候、其上他国の者大分
参込居申由ニ候得者、きりしたんのしまり、又ハ何事その
時もいかゝニ候、京銀前ニ御かり被成、此新田の物成ニ而

返弁被成候者、地心殊の外能由ニ候得者、此方御百姓作仕、
御年貢上り候ハヽ、追付取返し候様ニ可罷成候、又此地へ
ハ還俗の片付無之者、其外御入百姓ニ被成者多可有之と申
候得者、大学被申候ハヽ、尤ニ候、其外いやなるきミ有之由
被申候、猪右衛門被申候ハヽ、御借銀ハ只今ハ三百貫目、四
百貫目ハ調可申由被申候、落着無御坐候

翌朝於　西之丸被　仰出

一御野郡辰巳村新田御検地、井上藤介・渡辺理右衛門被
仰付候事
一大廻り御荷物積候船ニ御印・御幕遣候様ニと、先年従
公儀被　仰出御趣意、瀧並与兵へ方へ老中ゟ尋ニ可遣事
一大村文右衛門屋鋪の事、長谷川次左衛門屋鋪と入替不苦
屋鋪ニ而可有之哉、屋鋪奉行へ相尋可申候事
一早川玄竹坊主の中間へ入、江戸ニ而惣坊主並一人ノまし
御扶持方可被下事
一守田清六願之通去〻年のことくニ仕、江戸御供仕せ可被
申候事
一金岡新田の事、別ニ御借銀仕、則此新田物成ニ而年〻返
弁仕ル積り相談可仕事

亥ノ二月十日評定、来ル十一日ヨリ仲春ノ御祭御潔斎
ニ付、前日ニ評定、池田大学・日置猪右衛門・池田主
税出座、伊木頼母・森川九兵へ・津田重次郎・鈴田武
兵衛・水野作右衛門・服部与三右衛門列座

一加世八兵衛・石田鶴右衛門申候ハヽ、先日被仰候日用賃
の義、両人相談仕、上八分、仲七分ニ仕候、日用仕者
共人数何ほと御坐候哉、書付出シ可申候、此度書付ニ
はつれ候ものには、重而日用致させ申まし旨申付候
而、書付させ申候、千ノ上御坐候、奉公も可成者ハ可
仕事ニ而候、大分之由申候得者、尤壱人身之者ハ奉公
仕候而も成申候へとも、年寄の母、或子共弐、三人も
御坐候もの、七俵、八俵取候而ハ養申事難成由ニ御坐
候、則町の年寄とも書付指出申候由ニ而持参仕候

半十郎

よとや
三郎右衛門

高知や
勝左衛門

加世八兵衛様

石田鶴右衛門様

右之評

何も相対ニてやとい候様ニ可然と被申候

一都志源右衛門・俣野善内申候ハ、野田道直ニ被下候御銀、一ノ進並ニ半分〳〵ニ可被下かと申候

一源右衛門・善内申候ハ、江戸へ参候小作事の下奉行岡嶋伝左衛門路銭の義、いかゝ可被仰付候哉、下奉行参候事ハ只今迄例も無御坐候、御かち路銭並ニ四俵可被下候哉と申候

一善内・源右衛門申候ハ、那須清左衛門江戸御赦免被成候、御足米の義、此方ゟ御赦免被為成候得者、半分被

町年寄共指出ス書付ニ曰

一今度日用の直段御定可被成之由被仰付候、尤直段下直ニ相定候ハヽ、手前宜き町人等迄も大かた日用やとい申候間、勝手ニハ能可有御坐候得共、末〻殊之外痛ニ成申、飢人多出来可申与奉存候、其内ニ悪人なと出来、いか様の義可仕も不被存候、其上右日用ノもの共ハ老人又ハ妻子数多はこくミ申もの共ニ而御坐候故、日用無御坐時ハ、さるふり仕働なと致シ渡世送り申候、御家中下〻奉公人不足仕時節ハ、日用之内達者なるもの、いかほとも駈出シ御用ニ立可申候間、日用の義ハ前〻のことく相対ニ而やとい申様ニ被　仰付候ハヽ、乍憚可然奉存候

亥ノ
二月三日

丸や
四郎右衛門

かまや
九郎右衛門

なたや

下、残半分の義無利暮ニ被　召上候御法ニ而御坐候、いかゝ可被　仰付候哉と申候
一源右衛門・善内申候ハ、中村主馬江戸路銭米の義、三百俵ニ而御坐候、是ハ御足米と路銭米籠り申様ニ存候付而、三百俵之内百五十俵去暮御かし可被成かと申上、御借被成候、主馬江戸御赦免の義ニ御坐候得者、指上申筈ニ御坐候、暮ニ無利ニ可被　召上哉と申候
右之評
野田道直ニ被下御銀の事、猪右衛門被申候ハ、御支配と申ニ而も無之候得者、三分一かしとも難成候間、其通ニ仕候得と被申渡ル
小作事下奉行岡嶋伝左衛門路銭米の事、何も僉議御坐候、四俵被下候而能候半哉と申候、武兵衛申候ハ、御かち並と御坐候段いかゝニ存候得共、少切米ノものに御坐候得者、御かち並とも不被申候、四俵可被遣かと申候、作右衛門申候ハ、尤路銭の義ハ少ニ而御坐候へとも、ヶ様の者共御奉公振、又ハ其身のかくをも惣而御かち並ニと望申様ニ相見へ申候、御かちの路銭わつかの義ニ而御坐候、何も小身ノもの、其上年〻江戸へも参候ニ付、勝手もひしと迷惑仕ル義ニ御坐候間、何とそ路銭の義も御まし被下候様ニと申上度奉存候へとも、御簡略の義ニ御坐候ゆへ、得不申上候、類も無御坐候義ニ而、新規の様ニ御坐候、迚も御かち並ニ被下候事いかゝ可有御坐哉と申候、与三右衛門申候ハ、尤御かち並の様ニ御坐候へとも、坊主共の路銭も四俵ニ而御坐候、御かち並とも参申ましく候哉、四俵可被下かと申候、重次郎申候ハ、御かちの路銭少ニて御坐候、此前〻ハ道中岩乗仕候もの江戸無懈怠相勤候者には、其品ニヨリ御ほうひ銀被下候、然とも私共御横目ニ而罷在候時分ヨリ、ヶ様の御ほうひ可被下義ニ而も無御坐候、路銀すくなく御坐候間、以来ハ御直し可被下かと申上、只今ハ左様にも無御坐候、左候得者、御簡略も明、御かち路銭ハ御直し被遣義も可有御坐候、岡嶋伝左衛門路銭の義ハ、御かち並とも無御坐候、小切米ノ者ニ候間、路銭米四俵被下候由、田口兵左衛門江被　仰渡、留帳ニも左様ニ仕置候ハヽ、以来御かち

の路銀御直し被遣候とも、御かち並ニハ成申ましく候かと申候、何も尤之由被申候
那須清左衛門御足米の事、老中被申候ハ、其通ニ可被仕候、江戸の御長やも明候而、中村主馬被　召寄義も可有之候、左候ハヽ、清左衛門も可被召寄候、暮江延候得と被申渡ル
中村主馬御足米の事、猪右衛門被申候ハ、尤ニ候、自然江戸へ被　召寄候ハヽ、其まゝ被下ニ而可有候間、暮迄延候而取立候へと被申渡ル

亥ノ二月廿一日評定、池田大学・日置猪右衛門・池田主税出座、安藤杢・森川九兵衛・津田十次郎・鈴田武兵衛・水野作右衛門・服部与三右衛門列座
　菅弥兵衛指出ス書付ニ曰
一水谷茂兵へ只今迄道中馬四ツ、荷壱ツ被下候、年罷寄達者不罷成候間、馬壱疋被為下候様ニ御訴訟申上候
右之評
森川九兵衛申候ハ、茂兵へ事馬医仕候ニ付、薬持ニ御小人一人被下候、此御小人御取上ケ被成、次馬壱疋分の駄賃銀被下可然かと申候、夫兵衛・与三右衛門申候ハ、此段尤ニ存候と申候、作右衛門申候ハ、馬壱疋被下候と御坐候義、結構過候而いかゝ可有御坐哉と申候、主税殿被申候ハ、其まゝ薬持ノ御小人被下候而、次馬半駄被下能候半哉と被申候、何も此義尤ニ存候由申候、落着無御坐
一武田左吉申候ハ、先日竹田の渡ニ川流の死人御坐候由申来候ニ付、参候而見及申候得者、十弐、三ノものニて御坐候、久鋪成申と相見へ、男女の分も見へ不申候、手を縄ニ而くゝり合置申候、自然沉メ申候ものニ而可有御坐かと存候由申候、窺申候ニも及不申候と存、葬候て遣し候由申候
一都志源右衛門・俣野善内申候ハ、今度被　召出候小物見之者共、組付ニ被　仰付候哉、左候者御帳ニ其通印申度由申候
一源右衛門・善内申候ハ、在〻御普請奉行の御役領米春暮両度ニ渡し可申候哉、又ハ春一度ニ渡し可申候哉と

申候
右之評
小物見の義窺可被申候由被申候
御役領米の事、九兵衛申候ハヽ、御役領何も春渡り申候、此ものともの被下米も御役領並ニ、春一度ニ被遣可然候半哉と申候、武兵へ申候ハヽ、自然外の御用ニ抜申義御坐候者、春一度ニ被下候事いかゝと申候、重次郎申候ハヽ、一度ニ被下候事少結構過候様ニハ御坐候へとも、惣御役領並ニ被仰付候ハヽ、其身も忝かり可申候、自然外之御用ニ抜申候者、惣御役領並ニ月割ニ被成被下候ハヽ、埒明可申と申候、何も尤と申候
一藤岡内助・庄野一右衛門申候ハヽ、池田数馬預御鉄炮之義、寂前山内権左衛門方へ申遣候得者、今程火事の時分ニ候間、今月廿日頃ニ上せ可申由申越候、又当年御供の御足軽過分ニ不足仕候由、委細ハ御判形之者共方へ申遣候由、権左衛門ゟ申越候
右之評
森川九兵衛申候ハヽ、私共方へも権左衛門方ゟ委細ニ申越候、藤十郎江戸へ参候ニ付、藤十郎書付ヲ老中迄披見入可申由申候、大学被申候ハヽ、中村主馬御供ニ不参候ニ付、御鉄炮不足仕候、火事時分迄ハ御用多手つかへニ無之候ハヽ、何とそ相談仕、当暮ニ不足の御足軽遣候様ニハ成ましく候哉と被申候、九兵衛申候ハヽ、辻番当り不申候時者、浮人御坐候得共、辻番当り候月ハ速と浮人無御坐由申越候、重次郎申候ハヽ、たひ〳〵申上候ことく、御持筒地ニ而も御番殊外ゆるかせニ御坐候、まし而江戸へ参候得者、御小姓共の御番も二番ニちゝまり申候、江戸ニ而も御持筒五人、番の所ニ弐十人かゝり居申候、隙ニ而居申候得者、末〻の者ハ町へも出申気味も有之候、旁〻以御吟味被成、御持筒ノ御番只今ヨリちゝまり候ハヽ、御鉄炮不足も御坐有ましく候、併江戸へハ御足軽多参居申候ハ能御坐候間、人数ハ被遣、常ハ御役被　仰付可然かと申候、老中尤と被申候
一岡本多兵へ・松嶋兵大夫・犬丸左次兵へ申候ハヽ、先日申上候御台所帳付江戸御加扶持の義、何とそ被仰付被

下候様ニと申候

右之評

与三右衛門申候ハ、御まし扶持ハ被下、路銭米ハ不被下候而可然かと申候、十二郎申候ハ、此義寂前の御評定ニ出申候得共、只今の砌、其上此もの共ハ常ニ御台所計ニ居申候故、雑用も入不申候間、いかゝと御坐候而、不被下候ニ究申候へとも、御加扶持寂前の者共ゟ取来申、其上外の者共もヶ様の類取申義ニ御坐候得者、被遣可然候、路銭米の義ハ弥不被遣よく御坐候半と申候、何も尤と申候、落着無御坐候

一河村平太兵衛・石田鶴右衛門・村田小右衛門も月番ニ而御坐候由ニ而罷出ル、三人申候ハ、下〻奉公人大形ハ召抱申候躰ニ御坐候、江戸へ参候ものなとハ未抱兼申候由ニ御坐候、若党ハ大かた抱申候由ニ御坐候間、若党分ハ先心次第ニ引籠申候様ニ可申付候哉、只今迄速と引込せ不申候ゆへ、事外迷惑仕候と承申候由申候老中被申候ハ、其通ニ申付候様ニと被申渡ル、与三右衛門申候ハ、奉公人抱兼申候者共ハ迷惑可仕候、其上引込申度存候者ともハ、召抱不申候様ニ申なし、なくれ奉公人ニ成居申、つまりには引込可申覚悟の様ニ承申候間、此廿五日切とか、又ハ当月中とか、日限御究被成、其内ニ奉公人召抱可申候、其過候まて抱不申候もの共ハ、平太兵へ・鶴右衛門かたへいか様の奉公人入候と申遣、其上ニて両人手前のひかへ帳ヲ見合候而、かり出し遣候而よく御坐候半かと申候、此義尤と被申候而、廿五日切ニ召抱申候様ニ、御番頭共へも可被申渡候由被申候

在〻出替り千三百人余

新出三百人、有付の分八百人余り

町出替り六百六十人、内弐百廿人餘り有付

翌朝於　西之丸被　仰出

一水谷茂兵衛只今迄道中被下候人足一人、其まゝ被下、其上ニ次馬半疋の駄賃銀被下候事

一此度被　召出候小物見三人、山内権左衛門組被　仰付候

事
一御台所帳付路銭まし扶持の事、路銭ハ其まゝ右之通ニ仕、江戸中まし扶持壱人ツヽ被遣候事
亥ノ二月晦日評定、池田大学・日置猪右衛門・池田主税出座、安藤杢・薄田藤十郎・津田重次郎・鈴田武兵衛・水野作右衛門・服部与三右衛門列座
一藤岡内介・庄野一右衛門申候ハヽ、御出船も近寄申候間、江戸へ被遣候御鉄炮可被仰付候哉、去ゝ年ハ御鉄炮百弐十九人参候、御跡ゟ秋津田十二郎預廿人召連参候而、御足軽百四十九人ノ積りニ而御坐候由申候
猪右衛門被申候ハヽ、今度御供仕御足軽道中五十五人ほと不足有之由ニ候、江戸御番所の積り相済候ハヽ、御足軽の義も相定り可申候、先弐、三十人も江戸へ居留り候て、御用相勤申候様ニ申付候ハヽ、可然かと被申候
片岡勘左衛門・西村源五郎指出ス書付ニ曰
一御野郡四日市村御宮、正月五日御燈ゟ火移、御殿・つり殿・拝殿不残煙焼仕候、氏子とも歎何とそ存候へとも、此節氏子の力ニ而ハ取立かたく御坐候間、御銀壱貫弐百目拝借仕、四年ニ指上度奉存候由、頭神職見垣権少両人方へ訴訟申上候、右之御銀計ニ而ハ寂前のほとニ調不申候間、竹木をも拝領仕度由申上候
一奥津高豊岡村の神社、本社三間四方、拝殿弐間ニ五間、かくら所弐間ニ三間、弐間ニ壱間半の新宮、以上四ヶ所、当月廿五日不残煙焼仕候、本社とちふき破損仕候、修理いたし候ニ付、大工ニ三百目ニ渡し、大工拝殿ニ而賄仕夕食焼申とて、大工草火ヲ出し申候、風はけ鋪御坐候而、中〳〵消不被申候由、神職申来候、新宮ハ公儀ゟ御立被成御事ニ御坐候間、斎木四郎左衛門へ被仰付、取立候様ニ仕度存候、本社の義ハ当分かりやニ軽ク仕置、当秋是も四郎左衛門ゟ少合力指加候様ニ仕度存申候、此宮ハ社人も多、人も用ひ申候へとも、氏子ハすくなく御坐候間、四郎左衛門ヨリ少心ヲ付不

申候而ハ、何迄も取立候事ハなるましくと存申候ニ付、
　申上ル事ニ候
　右之評
四日市村宮の義僉議御坐候、安藤杢申候ハ、是者願の通被
仰付可被遣候哉、氏子迄の力ニ而ハ難仕御坐候由、御銀も
拝借の義ニ御坐候得者、可被仰付義と存候由申候、薄田藤
十郎私共何も一ホニ杢申候通よく可有御坐かと申候、十二
郎申候ハ、ヶ様の在〻小社迄　公儀の御力被加候事いかゝ
可有御坐候哉、近年ハ在〻の社ひたと作事仕由ニ御坐候、
宮の結構ニ成候ハ、神道の趣意ニハ無御坐様ニ承候、殊ニ
公儀ゟヶ様成小社迄御下知有之様ニ候てハ、何と哉らん神
せゝり被成候様ニ、末〻の者ハ存ル義も可有御坐候哉、此
宮従　公儀御銀御かし被成候事も不入義ニ存候、然とも焼
失仕事ニ候得者、再興不仕候而ハ成申ましく候間、御郡奉
行見計、竹木ニ而も遣し、下ニ而作事仕、従　公儀御構無
之様ニ被仰付可然かと申候、何も尤之由申候
豊岡村神社の義、此段も十二郎申候ハ、四郎左衛門へ可成
程軽心得申候様ニ、御内意被　仰渡よく可有御坐かと申候
一片山勘左衛門・西村源五郎申候ハ、牛窓の本蓮寺先日
之通申聞せ候得者、又頃日参候而申候ハ、先度被　仰
聞候鹿忍村寺地の義、本寺江申遣候処、御尤なる義ニ
御坐候得共、只今ハ新地取立申義不罷成時節ニ御坐候
得者、少〻小寺ニ而も捨申義難仕御坐候間、此段ハ幾
重も御理り可申上由申来候、何とそ可然被　仰上被下
候様ニと申、相詰罷在候由申候
落着無御坐
一勘左衛門・源五郎申候ハ、一ノ宮地平シの義寂前御役
人可被仰付由ニ御坐候、此氏子共も先へ寄申候得者、
閙鋪御坐候、只今御役人御出し被遣候ハヽ、氏子も罷
出可申由申候
大学被申候ハ、御役人も有之ましく候間、先氏子計取かゝ
り候てもいかゝ可有之哉、御普請奉行中へ談合仕見申候得
与被申候
一藤岡内介・庄野市右衛門申候ハ、口上道郡ニ大学・猪

右衛門御役人居申候、此役ヲ申渡し可申候哉と申候
老中其通ニ可仕由被申渡ル
猪右衛門、勘左衛門・源五郎ニ被申候ハ、一ノ宮少〻勧進銀ニて仕かゝり、不足の分ハ被為仰付被遣義ニ候間、御横目ヲ出シ見及候様ニ仕可然候由被申渡ル
一津田左源太申候ハ、来月十日立ニ参候御先立の者共ニ相添参候様ニと被仰付候、不案内ニ御坐候ニ付、夜前何も寄合相談仕見申候得者、馬五十疋ニハ四、五疋も餘申候、五十疋御坐候而ハはや少ツヽさしつかへ申候様ニ何も申候、何とそ被　仰付も可有御坐かと申候
主税殿被申候ハ、馬も多候由承候、御家中弓なとも在之義ニ候間、目を替可被遣かと御窺可申候由被申候
一左源太申候ハ、若道中ニ而病人有之時ハ、いかゝ可仕哉と申候
猪右衛門被申候ハ、左様の時ハ病人の手寄之者壱人残り、肝煎参可然候、但様子次第御鉄炮之者成とも、御かち横目ニ而も、早〻跡ゟ参躰ニ候ハヽ、見計ニ仕候得と被申候
一左源太申候ハ、道中の馬の義、二、三日も先へ御宿〻へ申遣候而よく御坐候由申候、御鉄炮可被仰付かと申候
猪右衛門被申候ハ、尤ニ候、左候ハヽ、宮城大蔵参候時、御宿へ書付遣し可然候由被申渡ル
一都志源右衛門・俣野善内申候ハ、神戸喜左衛門去〻年相果申候、其節一ヶ月分の御支配御扶持方取不申候ヲ、御勘定場ゟ改出シ申候、御法の通ニ御坐候間、可被下義ニ御坐候哉と申候
老中被申候ハ、遣し候様ニと被申渡ル
一鈴田武兵衛・水野作右衛門・服部与三右衛門申候ハ、今度道中御供仕候御銀奉行共申候ハ、相役之内壱人ハ御先へ参り、壱人ハ御供仕候、大分の御銀請取参候処ニ、一人ニ而ハ気遣仕御事ニ御坐候、道中御用多き時分ハ、御銀宿ニ置候而御屋鋪へ罷出申候、尤御鉄炮一人自分の人足付置申候へとも、同ハ相仕弐人一才《（等）》ニ御供仕候様ニ被仰付被下候へかしと願申候由申候得者、

通り馬と次馬一疋の間銀少の義ニ候由
僉議の上弐人ともに御供仕せ候様ニと被申渡ル
加世八兵衛・石田鶴右衛門指出ス書付ニ曰
一町方作事従先年三間はりに申付候、尓今左様ニ仕候、両方江壱間半ツヽニ仕候得者、殊外住居も難仕、両方へしころヲ付申故、造作参り、何も迷惑かり申候、三間はり之内表の方へ弐間、裏へ壱間ニ仕候得者、裏江ノしころ長仕、住居も仕よく、造作も不参候、はりハ何ニ而も三間はりニ而御坐候間、ヶ様ニ可被仰付候哉
老中被申候ハ、定の通三間はりニ候間、此通ニ可仕由被申渡ル
一上出石町、此以前切ゝ付火三度火事参難義仕候、しまり悪敷故と訴訟仕候、就夫、御旅所江参申町はつれニ、門申付くれ申様ニ町内ヨリ申候、可被仰付候哉、御旅所之通筋ニ而御坐候ゆへ、奉窺候
老中被申候ハ、何も口ゝニ被　仰付候義ニ候、此通申付候様ニ被申候
一預之内多兵へと申もの、大原孫左衛門時ゟ廿五、六年居申候、節ゝ走りものなとの時心馳仕候、常ゝ穿鑿事なとも念も入、よく御奉公仕候、歳五十六、七ニ罷成申候、久ゝ相勤申候間、何方の御番所何役ニ而も被仰付被下候者可忝候
老中御窺可申候由被申候
一河村平太兵衛・御町奉行共申候ハ、奉公人の義廿五日切と被　仰付候得共、御番頭中ゟ相済候届済不申候故、今日まて片時の義も成不申、見合罷在候得共、延ゝニ御坐候もいかゝニ御坐候、江戸奉公人も漸済申候様ニ見へ申候、当月切ニ仕廻可申候哉と申候
猪右衛門被申候ハ、廿五日切の筈ニ候へとも、何も心得ニ而只今まて延申義ニ候、今日切ニ仕廻可申由被申渡ル
塩川吉大夫指出ス書付ニ曰
一奥上道郡悪水抜之内橋損シ申所御坐候、樋方御奉行へ

被仰渡可被下候哉
此橋の義、先年被仰付候節僉議有之儀ニ付、十二郎留帳出し見申候得者、両方共申所一利ツヽ有之ニ付、先　公儀ゟ被　仰付候と御坐候、此度も又被　仰付可被遣かと申候へとも、落着無御坐
一口上道郡大多良村木神祭料、去年分指帋ニ而四石相立申候、当年ゟ下札ニ本米ニ而四石立可申候哉
老中被申候ハ、此段ハ以来迄立申義ニ候間、本米ニ立遣し申様ニと被申渡ル
一同郡海面村庄や、よし野之内少開田ニ仕度由申候、鍬下御免被為成可被為仰付候哉、但　公儀御普請ニ仕、庄やニ遣御年貢当暮ゟ見付ニ取立、指上申様ニ仕可申候哉、高十五石計出来可申様ニ奉存候、大分ニハ難申付所ニて御坐候
新田御普請の義ハ不被　仰付候、御窺可申由
一河村平太兵衛・西村源五郎、金岡新田入用目録持参仕、老中江見せ申候、源五郎申候ハ、新田取掛申候時分ゟ入目よく〳〵念を入可申候、　公儀ゟ御普請奉行も御出シ不被成、御横目も御付ケ不被成候上ハ、後自然御僉議在之時、埒不詰義仕置候ハヽ、たとへ弐百貫目入候と在之共、百貫目ニ被　仰付候とても、我〻から不存候上ハ、菟角の申分在之ましく候間、左様ニ心得候得与、度ミ慥ニ申聞せ置候由
翌朝於　西之丸被　仰出
一御野郡御崎宮の事、武田左吉へ可申談候事
一町同心多兵へ事、御米番ニ被　仰付候事
一口上道郡の悪水抜橋、此度も従　公儀先年の通ニ被　仰付候事
一同郡海面村之新田、庄や自分として仕様ニ可被申付候事
亥ノ三月十日評定、池田大学・日置猪右衛門・池田主税出座、伊木頼母・泉八右衛門・津田十二郎・鈴田武兵衛・水野作右衛門・服部与三右衛門列座

一藤岡内助・庄野市右衛門申候ハ、一昨日一ノ宮へ参候
而、地平シの所見及申候、右之宮所ゟ山手へ三拾間計
引上候而、地平シ仕積りニ御坐候、藤左衛門望申様ニ
仕候得者、大分の役人入り申候、片山勘左衛門・河村
平太兵へなと寄合候而、見積り候由ニ而書付出申候、
只今ハ御役人無御坐候ニ付、先猪右衛門役人弐十人ほ
と捕置申候、江戸ゟ御役人罷帰候而、役人まし申候様
ニ被　仰付、其内材木拵仕候とも、遅ハ御坐有ましく
かと申候
大学被申候ハ、夫役無之候ハヽ、左様にも仕候ハてハ成間
鋪と被申候
本社築地
一長拾弐間　横六間　高平シ壱間弐尺
此坪九拾六坪　壱坪ニ付三人五分掛り
夫役三百卅六人
右之芝坪
百廿六坪　壱坪ニ付四人掛り

夫役五百四人
同石垣
一長折廻弐拾間　扣三尺　高平シ三尺
此石坪五坪　壱坪ニ付廿三人掛り
夫役百十五人
本社ヨリ拝殿まて石垣
一長三拾間　扣三尺　高四尺
此石坪七坪五合　壱坪ニ付廿三人掛り
夫役百七十三人
廻廊地平
一長拾六間　横拾弐間　高壱間
此坪百八拾坪　壱坪ニ付三人五分掛り
夫役六百卅人
右之石垣
一長折廻四拾弐間　扣三尺　高四尺
此石坪十五坪　壱坪ニ付弐十三人掛り
夫役三百四十五人

一夫役百八拾人　拝殿地平六拾坪　壱坪三人掛
一同百五十人　右之石垣芝手築手間
　夫役〆弐千四百三拾三人
猪右衛門被申候ハ、書付之内役氏子共仕事ニ而ハ無之かと
被申候
一内助申候ハ、氏子共仕候者此外ニ三千五、六百御坐候
　由申候
大学御普請奉行共へ被申候ハ、太田又七屋鋪悪水抜無之候
而、致迷惑もの候由ニ候間、見及申付遣候へと被申渡ル
一内介申候ハ、又七屋鋪悪水抜、又七やしき之内ニ溝ヲ
付ケ可申候哉、又七家と隣の家ひしとつかへ候而、水
貫難成由御坐候、隣ニ三間口計ノ明屋鋪御坐候、此内
ニ而又七ニ溝ヲ付可被下候哉、又七被下居申候屋鋪、
坪ニ仕候得者、門田村ニて御中小姓ニ被下候屋鋪の坪
数ニハ足り不申候
津田十二郎申候ハ、三間口の屋鋪隣の屋鋪一ツニ被成候而、
無足ノもの丶屋鋪ニ成とも、可被下候かと申候、猪右衛門
被申候ハ、三間口の屋鋪又七ニ添被下候か、又ハ弐ツニ割
候而、両方ニ居申者ニ添被下候か、又ハ北隣ニ居申もの屋
鋪替被　仰付、跡ヲ誰そニ被下候か、可然候半と被申候、
溝の様子ハ御普請奉行見及候而可然候間、見及候得と被申
渡ル
一岩根須右衛門申候ハ、西阿知村の溝堀(掘)さらへ、備中山
公事ニ付而、御代官衆御下被成候付、御蔵所ノもの窺
候得者、被成可被遣候由ニ而、御手代ヲ壱人御残し置
被成候、御蔵入の分御普請被仰付候得者、御領分も不
被成候而ハ難成御坐候、従公儀ハ一人五合ツ、被下筈
ニ候得共、下ニ而ハ壱升ツ、ニ定申候、御領分の義ハ
日用ニ可被仰付候哉、壱人六分ツ、ニ当り申候由申候、
御蔵入庄や共書出シ指出シ申候
　浅口郡西阿知村水抜川埋堀(掘)さらへ堤繕共
一長九百九拾九間　此坪千六百六拾五坪
　横五間　　　内
　深サ弐尺　　長三百卅三間　御蔵入の分

坪五百五拾五坪
長六百六拾六間　備前様御領分
坪千百拾坪
一長三百弐拾間　此坪四百弐拾六坪七合
横四間　内
深サ弐尺　長百六間四尺　御蔵入分
坪百四拾弐坪弐合
長弐百拾三間弐尺　備前様御領分
坪弐百八拾四坪五合
惣坪数合弐千九拾壱坪七合
此夫役五千六百四拾七人六分
但壱坪ニ付平シ弐尺七分　杭しからミ堤繕共
内
坪六百九拾七坪弐合　御蔵入分
夫役千八百八拾弐人五分
坪千三百九拾四坪五合　備前様御領分
夫役三千七百六拾五人壱分

一杭木四百本　代銀三百目　但壱本ニ付七分五リン
かへ
一しからミ竹百卅束　代銀八拾四匁五分　但壱束ニ付六
分五リンかへ
弐口銀合三百八拾四匁五分
内
百弐拾八匁壱分六リン　御蔵入分
弐百五拾六匁三分四リン　備前様御領分
寛文十一年亥ノ三月三日
御蔵入庄や　源太夫　判
備前様御領分庄や　庄左衛門　判

備中浅口郡西阿知村
一高三百六拾石三斗三升　新田共　御蔵分
此畝数四拾三町弐反弐せ三歩
内　拾町六反九せ拾六歩　新田

直高千七百五十壱石八斗九升四合
一高千四百六拾九石三斗六升八合　御領分
内　三百卅八石壱斗弐升三合　新田
此畝数八拾六町弐反九せ壱歩半
内　弐拾弐町六反八せ十五歩半　新田
一高千六拾八石七斗　西阿知村
内
三百六拾石三斗　山崎甲斐殿領
此分今ノ御蔵入
七百八石四斗　備前御領分
浅口郡西阿知村水抜川埋り堀（掘）さらへ堤繕共
一夫役五千六百四拾七人六分
内
千八百八拾弐人五分　御蔵所之分
三千七百六拾五人壱分　御領分
此日用銀弐貫弐百五十九匁　壱人ニ付六分ツヽ
一銀三百八拾四匁五分　杭木しからミ竹之代
内
百弐拾八匁壱分六リン　御蔵所之分
弐百五拾六匁三分四リン　御領分
右日用銀杭しからミ代共ニ御領分ゟ出銀
合弐貫五百拾五匁三分四リン
御蔵所御普請被　仰付候ハヽ、御領分も被　仰付候て可有之候、可達御　耳之由老中被申候

一岩根須右衛門申候、たひ〳〵足守領黒尾村と御領分見延村山公事の義、菟角埒明不申、扨も首尾調不申候ニ付、中郡之者共今月八日ニ江戸へ罷下候筈ニ究り候由承候ニ付、伊手ノ与右衛門と申中郡の大庄屋方へ、御領分神原村安左衛門と申肝煎庄やヲ遣シ、今少待候へ、足守領庄や江今一曖入見可申と申指留、来ル十三日まて相延置申候、扨右之安左衛門足守領の庄屋方へ案内仕、其後参候而申出シ候得共、中〳〵同心不参、山者足守領の山ニ究候得者、何ニ而も外の事ニ付而ハ談合可仕と申ニ付、此段も首尾調不申候、其上ハ何とも可

仕様無之候と申候
色〻僉議有之候得共、何とも可被成様も無之と、何も一同ニ申候
一国枝平助申候ハ、浅口郡新田の堀ニ水谷殿ゟ川ヲ付ケ被申候、堀目ゟ四間のけ候而土手ヲ付被申候、此方にも四間退候而土手ヲ付ケ申義、書付候而出シ申候

浅口郡他領境目新田新川堀(掘)夫役

一長七百九拾弐間　川はゝ四間　深サ三尺　堤 横平弐間 高平一間　此坪千五百八十四坪
夫役四千七百五拾弐人　但壱坪三人掛、芝共
日用米九拾五石四升　但壱人ニ付弐升ツヽ

寛文十一年三月十日　国枝平助

浅口郡新田溝堀(掘)夫役

一長弐千三百十間　溝はゝ壱間半　深サ　三尺　堤 横平壱間 高平三尺　此坪千百五十五坪
夫役三千四百六十五人　但壱坪ニ付三人かゝり
日用米六拾九石三斗　但壱人ニ付弐升ツヽ

寛文十一年三月十日　国枝平助

一平助申候ハ、新田少ツヽ成ともおこし度存候者ハ、おこし候得与申付候得者、六十町ほとおこし申候、一段地心よく御坐候、新田之内ニ水抜の溝仕候ハてハ難成御坐候、可被仰付かと書付出シ申候
新田之内溝筋絵図ヲ仕、明朝御屋鋪へ致持参候得と被申渡ル

覚

一浅口郡道口村・亀山村沖新田、六十町ほと発、当年根付仕見申筈ニ御坐候
一右かけ溝占見村川筋ニから樋弐ツすへ、同村ヨリ下竹沖まて新溝堀(掘)、郡之内十四、五ヶ村の水速と新田江掛ケ申様仕候
一道口村大木池、今まて池之内弐町五反ほと御坐候、当春堤壱間上置仕、内五町ほとニ成申候、池の深平シ四間半ほと御坐候、右堤長上口ニて三十間余御坐候、右〻御普請共当年の義ゆへ、日用米わつかニて申付候

寛文十一年三月十日　　国枝平助

一平介申候ハ、浅口郡新田の鉄炮御留メ可被成候哉、水谷殿ニハ事の外堅　法度被申付候、尤川ヲ隔候へとも、此方の川端の鳥打申まてニ而も無之、自然網なと仕、水谷殿御領分の鳥ヲ追掛申義なと仕候か、或ハ鉄炮ニて水谷殿分ニ居申ヲ打申義とも御坐候而ハ、あなた堅御坐候間、いか丶ニ存候由書付出シ申候

覚

一浅口郡新田鉄炮御留申候ハ丶、雁鶴付キ可申かと奉存候、境目の義ニ御坐候得者、若左京殿領分、或ハ川筋なとニて鉄炮打申か、又ハ御領分ニ網なとはり、左京殿領分の鳥夜追かけ申様なる義共御坐候得者、出入ニも成可申候哉、鉄炮留申義先方へ之働にも成申義、又鳥沢山ニ付き申候ハ丶、御用の時分御打せ被成候ニもよく可有御坐候哉、今までの通ニ鉄炮打申とても、百姓之助ニ成申義ハ無御坐候、鶴計打せ能可有御坐候哉、留申候ハ丶、亀山・道口・下竹・占見、此四ヶ村留申度奉存候

此義僉議御坐候、十二郎申候ハ、鉄炮御留被成候得者、あなたゟハ自由ニ打可申候ゆへ、左候得者、後〱ハ此川筋ヲあなたへ被取候同事ニ可被成候哉、いか丶可有御坐候与申候、落着無御座

一平助申候ハ、うらミ川の樋、只今まで御坐候樋ゟ少大ニ仕度奉存候、樋の義和気並ニ銀ニて渡り申様、御樋方奉行へ被仰付被下候様ニと申候

覚

一浅口郡新田水かけの樋弐ツ仕候、樋作料和気郡並ニ相渡申様ニ樋奉行衆へ被仰渡可被下候

平介

一塩川吉大夫申候ハ、帋すき市左衛門かうそ作り申畠少望申候由ニて、書付出し申候

一口上道郡段の原村ニ居申御帋漉市左衛門、かうそ作申開畠少仕度由申ニ付、少の義ニて候ハ丶、百姓と相対仕候而見立開可申候、鍬下も過申候てハ、御年貢ハ払

上させ可申由申渡候
　翌朝於　西之丸被　仰出
一備中西阿知村御普請、岩根須右衛門申上ル通ニ被仰付候
事
一備中浅口郡新田堤堀（掘）御普請、国枝平介申上ル通ニ被　仰
付候事
一浅口郡新田鉄炮留申義、先無用の事

寛文十一年亥ノ三月廿一日評定、池田伊賀・日置猪右
衛門出座、安藤杢・森川九兵衛・泉八右衛門・津田十
二郎・鈴田夫兵衛・水野作右衛門・服部与三右衛門列
座
　渡辺助左衛門指出ス書付ニ曰
一小畑還俗人物読の師大橋駿庵居申候家の義、右ニ坊主
病死仕候跡の明寺繕置申候、駿庵頃日他国へ参候ニ付、
跡家寺中の出家共申請、坊主入申度由申候、百姓とも
申候ハ、近村之助ニ成申候間、医者ヲ入申度由申候、
当分借シ候而入置可申候哉
一大瀧山寺中宝寿院と申出家、五、六年以前還俗仕、此
寺領高弐石余御坐候而、物成庄やニ預置申候、寺中出
家共申候ハ、大瀧一山江被下候御折帋高四十六石六斗
八升四合之内ヲ、下ニ而割遣申義ニ御坐候得者、御折
帋之内へり申段迷惑ニ奉存候、此分其まゝ申請度奉存
候由申候、いかゝ可仕候哉
　右之評
大橋駿庵居申跡の家之事、伊賀被申候ハ、出家共望之通ニ
被　仰付可然候ハ、此坊主法ヲ背申か、或ハ不作法なる義
有之、御追放なと被　仰付候者ニ候得者、寺御潰シ被成候
而もよく候得共、坊主絶候とて寺御取上ケ、百姓望候とて、
跡へ医者御入候事いかゝニ候、只今寺中ゟ望候ハヽ、返し
遣可然由被申候、此義何も尤と申候、猪右衛門則助左衛門
ニ被申渡ル
大瀧山寺領の事、御折帋一ツニて寺中割苻仕、下ニ而銘々

納候事ニ候へハ、悪事も不仕、還俗仕候跡の寺領可被召上義無之候、其まゝ被下可然旨伊賀被申候、此義何も尤と申、猪右衛門助左衛門ニ右之通被申渡、只今まてため置候物成も一所ニ仕、大瀧寺へ戻申様ニと被申渡ル

一岸織部書付候而申候ハ、御船屋形大工孫兵へ三月十七日ニ相果申候、此孫兵へ弐人扶持被下候、悴忠三郎義いかゝ可被　仰付候哉との義、長谷川次左衛門・田中藤七ゟ之書付出申候

猪右衛門織部ニ被申候ハ、悴忠三郎事親之役義をも可相勤ものニて有之候哉と尋被申候

織部申候ハ、只今までも親名代相勤申候由申候

猪右衛門被申候ハ、主税殿迄可相窺由ニ而、僉議無御坐

一藤岡内助・庄野一右衛門申候ハ、寂前才木四郎左衛門(斎)申上候くそう村井手御普請所、新御普請不被仰付候由ニ候へとも、餘り能所ゆへ少ツヽ仕見申候得者、殊外軽出来可仕様子ニ御坐候、左候得者、御米百石計も上り可申候、其上村ニ畠計御坐候而田地無之迷惑仕候、御救にも成可申と奉存候、当年ゟの御用ニ立可申候、御役人一組遣し候ハヽ、出来可仕候由申候

猪右衛門被申候ハ、左候得者、一段の義ニ候間、両人見及申、其上ニ而の義ニ可仕候由被申渡ル

一歩行三木市郎兵衛申候ハ、予州様御留主番ニ下被申候御中小性衆ニ、渡り申候御小人十一人入申候、大分江戸へ参居申、御当地ニ残り居申候分ハ、頃日江戸ゟ罷戻申候年寄申もの、其上いまた足なと痛居申躰ニ御坐候、是成とも遣可申哉と申候

津田十二郎申候ハ、久ゝ江戸ニ相詰居申老人、其上足なと痛申もの遣し申もいかゝニ御坐候、学校ニ召置候人足弐十人居申候、此内十人指替遣し可申と申候得者、猪右衛門尤と被申、市郎兵衛も此義承申候、森川九兵衛申候ハ、御掃(除)地ノもの御在国の時分ハ弐十四人ツヽニて勤申候、毎も御留守ニハ弐十人ニて仕廻申候間、其通ニ可仕与申候得者、其通ニ申付候様ニと被申渡ル

一青木善大夫申候ハ、寂前申上候　御六様者共ニやしき

無之ものとも、町屋ニ居申候而迷惑仕候、今度御すへ番ニ被　仰付候安井多兵へ義も、屋鋪被　仰付被下候様ニと申候

猪右衛門被申候ハ、只今迄の町同心屋鋪ニ而苦ケ間鋪候ハ、此前同心やしき無之候へとも、岡田喜左衛門時分ニ被　仰付候、結句屋布（敷）有之候へハ、御町奉行御用之節も手つかへ申候、此後者御奉行衆長やニ召置よく候半と被申候、十二郎申候ハ、御町奉行共へ御尋被成候ハヽ、又存寄も可有御坐候と申候得者、其上ニ而の義ニ仕可被申と被申、落着無御坐

寛文十一年亥ノ三月廿九日評定、池田伊賀・日置猪右衛門出座、安藤杢・森川九兵衛・泉八右衛門・津田十二郎・鈴田夫兵衛・水野作右衛門・服部与三右衛門列座

一桑名弥三左衛門・円山茂右衛門罷出、森川九兵衛申候ハ、両人ノもの申候ハ、破損方御蔵ニ大坂御普請之時分の御道具詰り候而御坐候、久鋪物之事ニ候得者、御用ニ立不申物も御坐候哉に存候、御蔵明ケ候へと申候間、御改被仰付、御用ニ無之物ハ御払物ニ可被　仰付哉と申候

猪右衛門被申候ハ、江戸御普請之時分不参道具ニ候得者、有之候而も無専事ニ候、改候而可然と被申候、伊賀も尤之由被申、則御横目申付改させ候様ニと被申渡ル

一安宅弥一郎申候ハ、寂前被仰付候稲川久三郎小者、和気郡大中山之者ニ候へとも、請人邑久郡福岡村之者ニ御坐候ゆへ、相尋候而捕へ置申候、いかゝ可被　仰付候哉と申候

此者之義他所ニ而盗仕、又其所の使ニ参見苦鋪仕合、以後迄の見せしめニ候間、成敗仕候様ニ被為仰置候間、早ゝ首ヲ刎候様ニと被申渡、則御横目見届ニ申付候而、福岡江遣シ候様ニ被申渡ル

一村田小右衛門申候ハ、児嶋郡北浦村・飽浦村間の新田の義、寂前も申上候通、宮浦村ノもの弥仕候ニ付、後

〻迄申分無之様ニ仕置申度と存、書物仕せ候、当年ゟ
八年之間ハ作取ニ仕候而、未の歳ゟ御年貢指上可申由
ニ而、右三ヶ村の庄や・年寄分不残判形致させ候由、
老中江見せ申候
尤ニ候間、則泉八右衛門・津田重二郎手前へ渡し、留帳ニ
付置申候様ニと被申渡ル

小右衛門指出ス書付ニ曰

一児嶋郡之内飽浦村・北浦村境ニ、新田所宮之浦村新七
と申もの望申候、亥ノ正月十二日達御　耳、弥被為
仰付候、飽浦村之者北浦村之ものと申分ニ罷成候得者、
いか丶奉存、案帋遣、右三ヶ村の庄や・年寄并組頭ニ
書物仕らせ申候
一右之新田土代免の義、其時の奉行指図次第ニ可申付事、
亥ノ年ゟ御年貢御赦免、未ノ秋ゟ年貢指上可申事
一亥ノ三月廿九日、右書物御評定場ニて御老中披見ニ入、
筆ヲ加可然所御坐候ハ丶、御加可被成哉と窺申候
老中被申候ハ、此上ハ無他事候間、此通ニ弥〻申付候得と
被申渡ル

塩川吉大夫指出ス書付ニ曰

一口上道郡平井村庄や口上、御野郡平瀬村重助、当正月
ニ私方江二、三度参申候ハ、御小人一人出シ置候所ニ、
御隙囉可申心ニ而御年貢米相済候得共、前廉御隙囉申、
御断不申上候ニ付、指つかへ候間、平井村ニ替り有之
候ハ丶、出シくれ候様ニと憑申候、就夫、御代官江右
之様子申、平井村仁兵衛と申もの替り入申度由申候得
者、はや御蔵切手書替候ゆへ、何とも成ましく由被申
候へとも、右之仁兵衛御未進在之ものニて御坐候ニ付、
其段断申手帋申請、御蔵奉行鈴木佐右衛門・石丸安左
衛門江持参仕候得者、右之切手指引候而正月廿七日ニ
書替給、残米六俵半御坐候ヲ御蔵へ出シ申、次而ニ渡
シ可給由被申ゆへ、則廿八日ニ御蔵奉行へ参候へとも、
其日御蔵へ出不被申、又翌日廿九日ニ請取ニ参候得共、

其日も御蔵へ出不被申、一両日之内ニ御蔵へ出候ヲ知せ可給由被申ニ付、相待申内ニ不慮の義御坐候ニ付、米請取不申候、其後水野彦兵へ御附被成候ニ付、早〻参、右之通断申候得者、帳ニ書分在之候ハ、渡シ可給由被申候、又其後戸田七郎兵衛へも度〻断申候得者、渡候事成かたき由被申、迷惑仕候

　右之通、平井村庄や頃日私迄断申候間、只今ニ成申上候義成ましく候、其上埒も立かね可申候間、損ニ仕候得与申付置候得共、自然帳面ニ知申義も御坐候ハヽ、被遣可被下候哉

此様子寂前御横目三人江、御かち横目戸田七郎兵衛申聞候ハ、鈴木佐右衛門・石丸安左衛門御改易跡御蔵の義ニ付、口上道郡平井村之者一人御小人ニ罷出居申候、此もの御未進ハ無御坐候へとも、御小人ノかけ御座候而郡へ入申候ニ付、御代官ゟ断申、切手書替の義ヲ憑、佐右衛門・安左衛門御蔵ゟ御米六俵半請取申筈ニ候へとも、今度之仕合ニ付、両人手前ゟ渡し不申候間、只今渡しくれ候得と、両人御改易之後節〻参断申候ゆへ、帳面吟味仕候得者、切手ノ書替仕、六俵半与書付ハ御坐候へとも、後可相渡共払過共、とかくの書付無御坐候ゆへ、下ニ而遣シ申義ハ不罷成候、彼者いまた御米うけ取不申候所ハ、慥ニ御坐候と存候由申候へとも、先其分ニ仕置候得と申置候由申、色〻僉議の上、六俵半の御米取不申御奉公仕候と在之段、いかヽニ候間、遣シ可然由被申渡ル

　武田左吉指出ス書付ニ曰

一平瀬船御番吉川五兵衛屋鋪添地西の方、横三間長十四間、此畝上田壱せ十弐歩、風ふせきニ竹木植申度之由

右之添地、屋鋪の地形ニ弐尺五寸ひきく御坐候、御公儀ゟ御築せ被下候様ニと申候

一御小人御野郡奥坂村又左衛門、江戸ニ而三月七日ニ走申由、三木一郎兵衛申候、尋ニ遣シ可申候哉

御法の義ニ候間、今少様子見合、緩りと遣シ候様ニと被申渡ル

一御野郡田中村新田江地主一人御　公儀ゟ可被遣候旨、寂前被　仰付候へとも、荒新田ニ而麦蒔も無之、迚も続不申、以来迄御やつかいニ成可申と存候ニ付、存寄之通、二月廿九日西ノ御丸ニ而、御老中へ申上候得者老中被申候ハ、新田へ可被遣と被思召候ものも少申様在之由ニ候間、新田へハ被遣ましく候、百姓ともニ田地割苻仕遣シ候得と被申渡ル

亥ノ四月十日評定、池田千之助様御逝去ニ付、来ル廿日まて相延ル

亥ノ四月廿日評定、池田伊賀・同大学・日置猪右衛門出座、安藤杢・森川九兵衛・泉八右衛門・津田重二郎・鈴田武兵衛・水野作右衛門・服部与三右衛門列座

河合善大夫指出ス書付ニ曰

一口津高郡今保村塩堤百間計損申候、内弐拾間計ハ古石垣繕、残八拾間ほと新石垣ニ仕候ハ而ハ成不申候、石七、八十坪も入申候、近所ニ石無御座候間、買石ニ可被為仰付候哉

右之評

今保村汐堤石垣申付候而可然候間、石ハ嶋ゟ買申ニ而可有之、藤岡内介・庄野市右衛門申談候へと老中被申渡ル

一御普請奉行申候ハ、此所ハ庭瀬川ゟ水の当り申所ニて損申候、石垣石児嶋ゟ買石ニ可仕かと申候

老中其通ニ仕候得与被申渡ル

村田小右衛門指出書付ニ曰

一児嶋郡田ノ浦村勘七と申もの、先日松平大膳大夫殿下津井表御通り、帆さけ候而高羽嶋の沖高洲の瀬江御船流掛り申候処ニ、下津井之内田ノ浦村の猟師七郎兵衛と申もの、悴勘七、彼船瀬へ流かゝり申候を沖ニ而見付、勘七押掛申上候ハ、此御船御登りと見へ申候、追付洲ニて御坐候、以之外御大事ニ御坐候ゆへ、御案内可申上と奉存、是致伺公候と申上候、何之心もなく船

中ノもの共存居申候ニ、よくそ知せ候由ニ而御料理なと被下候、御船水尾筋へ案内申罷帰候刻、御座船ゟ勘七御呼候、又参候得者、其方餘念入候間、在所又ハ其方の名ヲ書留候様ニと、　殿様被仰候ニ付而呼候由御申、則御書留被成候、御満足被遊候由ニ而鳥目百疋致拝領候

一御召船の家形の上ニ而御意被成候ハ、此もの丶義寄特ニ案内申候、併新太郎殿ゟ被　仰付候品、奉行共末〻迄能申付候と相見へ候由御感候

一小右衛門申候ハ、大膳大夫殿ゟ被下候鳥目の義、勘七ニ遣可申候哉、ヶ様ノもの申請候而も、御船奉行ゟ不入義の様ニ被申義も御坐候付而、勘七手取も得不仕置候由申候

右之評

猪右衛門被申候ハ、此鳥目御断申候而戻候事も不成義ニ候、渡遣候様ニと被申渡ル

一藤岡内助・庄野市右衛門申候ハ、平駄船損シ少ク御坐候、今少船数出来申様ニ被　仰付可然候哉と申候

猪右衛門被申候ハ、御船奉行衆へ様子承候而見申様ニと被申候

一内助申候ハ、織部ニ様子尋申候、三十四、五艘御坐候、十三艘和気江渡り在之由申候、残分ニ而ハ船数不足ニ御坐候由申候

老中被申候ハ、左候ハヽ御船奉行へ申談、平駄船出来申様ニ仕候、老中も可被　仰渡候由被申渡ル

一村田小右衛門申候ハ、児嶋小原村山公事の義、曖ニ而無別義相済、下村の庄や・年寄、上村の庄や・年寄、小原村ノ庄や・年寄、連判書物出シ申候、公事の御坐候山三ヶ村ゟ入込之筈ニ相済申候、境無御坐候而ハ後〻もいかヽと申ニ付而、入込ニ申付、山のひら境ニ溝ヲ申付候由申候

塩川吉太夫指出ス書付ニ曰

一口上道郡沢田村助大夫と申百姓、二月廿五日ニ村代官

土方与十郎へ対シ、有度まゝの慮外ヲ申候、其節原尾嶋村の長兵衛と申百姓参合居申ゆへ、長兵衛口ヲ承、先手錠ニ而いましめ置申候而、当月七日ニおく上道郡完(宍)甘村の籠へ入置申候、与十郎方ゟ服部与兵衛を以申越候ハ、はや耕作之節ニ候、私へ悪口慮外申候段ハ百姓等之義少も不苦候、おうりやう奢ものと申段、聞届くれ候様ニと申候へとも、私自分ニ而何とも穿鑿難心得御坐候ニ付申上候、右之助大夫庄や九郎兵衛と申ものゝ弟ニて御座候、今ほとハ兄九郎兵衛とも不通仕居申由ニ御坐候

右之評

此段僉議御座候、伊賀被申候ハ、此義下ニ而其分ニハ難成事ニ候、西村源五郎様子も可承候間、先さたなしニ聞せ、其後、其節参掛居申長兵衛ヲ呼候而、様子聞可然かと被申候、十二郎申候ハ、尤源五郎ニ御聞被成候もよく可有御座候へとも、源五郎申候ハ、代官の口ニ而御坐候、以後ニ助大夫口ヲ御聞被成候而、間違申候へハいかゝニ奉存知候、長兵衛ヲ御呼御聞被成候而、其後源五郎ニ御聞被成候様ニ御坐候ハヽ、はや御聞被成候と存、間違御座有ましく候哉、縦理在之候而も、此百姓ハ御代官へ慮外申上ハ不届ニ相究候、然共、品ニゟ代官の手前被　仰付様も可有之事ニ御坐候得者、初ゟの御僉議相違無之様ニ被成かけ可然かと申候、何も尤と申候、左候ハヽ、長兵衛・助大夫手前、御横目共承候而可然かと在之、其通御老中被申渡ル

津田十二郎申候ハ、安宅弥一郎書付ヲ仕申置候、邑久郡神崎村立退申出家の田地、壱町一畝廿五歩御坐候、只今迄奥上道郡手習所ニ居申候関松院と申もの入可申候哉と申置候、此松院ハ学校ニ居申ものニ而御坐候、少学問も仕候、其郡ニて似合鋪事も無之ものよミハヽ、余郡へ片付候様ニ例も御坐候と申候、此義ハ一段似合布(敷)事候、入レ置候様ニ申遣候得与被申渡ル

猪右衛門竹村小平太書付ヲ指出被申、是ハ日置孫左衛門見せ候而、可被申上事かと内談申候故、各ゝへ相談可申と存持参申候、いかゝ何も存候哉と被申候、杢・九兵へ望之通

可然かと申候、十二郎申候ハ、五年以前大寄合之時、下〻申上候ハ、人馬ヲ持詰借銀無之ものハ、何之御ほうひも無之、すり切候ものニハ幾度も御不便ヲ被加、銀御かし被成候へハ、すり切候か能様ニ候と申上ルニ付、簡略人ハ知行・役義共ニ指上、擬扶持方ニて在郷へ参候筈の御定ニ成申候、是ヲ御免被成候者、もはやむかしの通ニ成可申候、御横目共申候ハ、只今迄利安き銀ヲかり、或ハ憑(頼)母子ヲ仕置候者、京銀ヲかりかへ候ハヽ、十五貫目かり候ものハ十七、八貫目もかり、十年の簡略之者ハ十五年もかゝり申様ニ可有之候得者、望之通ニ被　仰付候か其身借銀の為にはよく可在御坐候、八右衛門申候ハ、京銀御かし被成、知行指上候も同時ニ候間、竹村内証ニ而借用仕ル銀高、憑母子の銀高ヲ書付、彦左衛門・宇右衛門へ渡シ、両人裁判ニて知行も指上候得者、京銀御かし被成候と同時ニ候間、ヶ様ニ而ハいかゝ可有御坐と申候、老中被申候ハ、八右衛門申候通ヲ江戸へ言上可仕と被申候

太田段右衛門・神や定右衛門指出書付ニ曰

一八浜村甚兵衛乍恐申上候、拾八年以前、承応弐年、鈴木三右衛門様・鵜飼権右衛門様御奉行之時分〻、御畳ノ表御用被為仰付候、其ヨリ只今迄無利ニ買上ケ申候、就夫、拾弐年以前、万治四年ニ犬丸左次兵衛様・野尻次右衛門様御奉行之時、此御両人様憑、家蔵の義御断申上候得者、上〻様ニハ御尤と御意被為成、見立候而申上候様ニとの御意之由被　仰付候ニ付、節〻見立御断申上候へとも、或ハ結構過、或ハ私勝手悪鋪拝領不仕候、前銀と被為思召、五年之内銀子拾貫目御かし被為成被下候得かし、京橋辺何も天瀬於川筋、家蔵買御用相勤申度候、左候得者、数年御断申上候家船着能所ニ而拝領仕ルと同事ニ御坐候而、一入難在可奉存候

亥ノ四月十七日

右之評

此義僉議御坐候、年〻御かし被成候前銀拾貫目之分、拝借仕間鋪と申上ル上ハ、願の通御借シ被成候而もよく可有御

座候かと申候、十次郎申候ハ、只今御簡略之砌、御銀無利ニ御借被成候義いかゝ可有候哉と申候、猪右衛門被申候ハ、御簡略之内ハ京銀借用可仕候、後〻ハ何とそ申上候へと可申渡由被申候処、御畳奉行共へ京銀ニ而候ハ、借用仕ましきと申候由申出、借用不仕候

猪右衛門被申候ハ、奥津高郡豊岡村還俗甚大夫義、目安指上申候首尾も不届候、斎木四郎左衛門ゟ五年以来救米六、七石も遣候得共、其身作才も不情ニ而勝手続不申由ニ候、然ル上ハ御国追放可仕と存候へとも、他国江参候而色〻ニ申候て可有之候、尤此もの式の申義不苦事ニ候へとも、弐、三年も籠舎申付、心も直り申候ハヽ、被　仰付様も可在之候、何も僉議可仕旨被申候、此義尤可然旨何も申候、依之内山下の籠江入置可申旨被申渡ル

龍の口藪之竹盗人僉議御坐候、猪右衛門被申候ハ、此者之儀、村にも不届有之、寄不申候処、村へ入置候得与難申候之間、重而立帰候ハヽ、急度御成敗可有由申聞、追放候而能候半かと被申候、伊賀被申候ハ、左様ニ而も可然候、ヶ様ノもの僉議人十人有之候ハヽ、多分ニ付六人の申方へ利次第ニ申上候而、被　仰付よく候半哉と被申候、九兵衛申候ハ、猪右衛門被申通可然かと申候、十二郎申候ハ、此者之義御払候而もよく可有御座候へとも、惣而末〻のこらしめには御成敗被成候と存候得者、こらしめニ成申候、京ニ而板倉内膳殿盗人又ハ巾着切なと御成敗被成候へハ、末〻恐候而こらしめニ成候様ニ申候、御横目とも申候ハ、此盗人軽き様ニハ御坐候へとも、御成敗被成候而もよく可有御坐候哉、御奉行共も御藪の為ニ御座候間、人も存候様ニ被仰付候へかしと申由、御歩行横目申候、少宛なから此度ともニ御藪両度盗、外ニ小盗両度仕候由御坐候、猪右衛門被申候ハ、御成敗被　仰付事ニ候ハヽ、壱人の義ニ而も江戸へ相窺候而、御下知ニ而被仰付候様ニ仕度事ニ候、達　御耳御成敗被　仰付候と存候得者、下の示しニ能存候由被申、伊予守様御帰国被遊候ハヽ、相窺候而可然候、先籠舎申付候得と被申渡ル

寛文十一年亥ノ四月晦日評定、池田伊賀・同大学・日置猪右衛門出座、安藤杢・森川九兵衛・泉八右衛門・津田重二郎・鈴田武兵衛・水野作右衛門・服部与三右衛門列座

御評定無之也

寛文十一年亥ノ五月十日評定、池田伊賀・同大学・日置猪右衛門出座、安藤杢・森川九兵衛・泉八右衛門・津田重二郎・鈴田武兵衛・水野作右衛門・服部与三右衛門列座

一藤岡内介・庄野市右衛門申候ハ、先日被　仰付候野尻平十郎・太田又七屋鋪、両人参見及申候由、則絵図仕老中江申達候、平十郎屋鋪ハ脇々の屋鋪ゟ少高御座候ゆへ、水抜仕候而も専も無御坐候、水落申候御堀ゟハ平十郎ヨリ西ノ屋鋪ひきく御座候ニ付、水貫不申候ゆへ、何も御訴訟不申上候、平十郎ハ屋鋪崩申候間、石垣被　仰付被下候様ニと申候、又七隣の屋鋪三間口御坐候、此内壱間被遣候得者、水抜成申候、左も無之候得者、又七家境へ詰り、作事仕候ゆへ、少々溝も付ケ申候義不罷成候由申候

右之評

老中被申候ハ、平十郎水抜の義ハ、石垣仕候而も水貫候足りニハ不成候間、其分ニ仕置候得と被申渡、又七屋鋪の義先僉議も無之

一久保田彦兵衛申候ハ、金岡新田塩堤修理の義、汐前にも罷成候、石垣繕可被　仰付候哉、左候ハヽ、買石ニ被遊、日用普請ニも被　仰付可被下かと申候

一彦兵衛申候ハ、右之新田ハ大坂者共入込居申候ゆへ、御法度之着類、紋付・小紋なと着申候、相改可申候哉、其上宗旨改も可仕かと申候

右之評

金岡新田汐堤の義、老中被申候ハ、買石ニ可仕由先度御普請奉行両人江申渡候、其通被申談候様ニと被申渡ル

右之新田着類の義、猪右衛門被申候ハ、先今少相待可申候、

他所ものゝ事其まゝ可被為置候哉、又ハ国〻江戻シ可申候
哉、御窺被　仰越候様ニと、頃日主税殿江申進候、近日御
返事可有候間、其様子次第ニ可申渡由被申候
一石田鶴右衛門・加世八兵衛申候ハ、例年今時分酒の直
段相定申候ニ付奉窺候、上〻諸白壱匁三分、上諸白壱
匁壱分、中諸白八分、此外ニ下直の酒ハ、相対次第ニ
直段いたし払申度旨望申候
右之評
老中被申候ハ、此通申付候様ニと被申渡ル
　安宅弥一郎指出ス書付曰
一邑久郡東片岡・西片岡の間、新塩浜ニ仕候得者、拾一、
弐町程出来申候、両村自分として一両年之内ニ仕度由
望申候、右之造作出来候而、鍬下五、六年も御赦免候
ハヽ、行〻ハ御年貢も指上可申由望申候
一牛窓新町の東の方海屋鋪ニ仕候得者、三間口の屋鋪八、
九軒出来申候、是も自分として屋鋪ニ築申度由望申候、
尤行〻ハ御年貢指上可申由ニ御坐候
右之評
老中被申候ハ、両様ともニ願の通可申付由被申渡ル
　御歩行横目河瀬与五左衛門書付、俣野善内申出ル
一天瀬御蔵前庭砂ニ而御座候故、御扶持方渡り申節、米
江砂吹込申候、又ハ地形下りニ御坐候ニ付、雨降申時
水たまり申ニ付、五、三日も御年貢米払申事成不申候
而、御百姓共難義仕由ニ御坐候間、真土を以地形ヲ上
可然存候、地形上申真土四拾坪ほとニて相調可申様ニ
奉存候、平坪六百卅七坪ほと御坐候
一丸太五百本御蔵番ニ御預置可被成候哉、御百姓御年貢
米払申節、俵下にしり木ニ仕候、今まてハ無之、御百
姓とも難義仕、方〻ニて借り申由ニ御坐候、左様にも
被　仰付候ハヽ、栗丸太ニ而可然奉存候、松丸太ニ而
ハ一両年之内ニ朽おれ申事ニ御座候、扨又天瀬御蔵番
ノ彦左衛門手前ニ、右ゟうけ取にしり木百五拾本御坐
候、おれ砕御用立不申候、是も見届御払せ可被成候哉

一御扶持方御かし米出申節、方〻江馬ニ而為持申、駄賃
右ゟ定り有之候得共、分明ニ無御坐候間、是も此度御
定可被成候哉、左様ニも御座候者、板ニ書付御蔵会所
之内ニ打付置可然奉存候
右之評
天瀬御蔵前地形の義、老中被申候ハ、尤之由ニ而、藤岡内
助・庄野市右衛門江御役の透〻ニ申付候様ニと被申渡ル
御蔵にしり木の義、僉議の上栗ハ高直にも候之間、先松丸
太三百本相渡し候様ニ、老中田口兵左衛門へ被申渡、次而
ニ常〻入置候すやをも古木ニて見及、可申付由被申渡ル
御蔵有之御法書の義、老中被申候ハ、前〻ゟ有之書付、御
町奉行両人へ御渡シ、吟味の上可然様ニ相定可申由被申渡
ル
岸織部・上坂外記指出ス書付曰
一一條　姫君様御用之薪、今西半内手前ゟ積登せ申ニ付、
私とも方江状被指越候、掛御目申候、委細右之帋面ニ
被申越候
半内方ゟ之状之趣
平井安兵衛ゟ申候ハ、大坂ニ而阿部久助ニ申渡シ、御
薪御銀四貫目分相調置、御船透〻ニ臥(伏)見迄登せ、林半
右衛門ニ渡し置候へと申来候ニ付、先一艘積登せ申候、
御船小ク候ゆへ、少シならてハ積不申候、御舟計ニて
登せ候ハヽ、弐拾艘余にも登せ可申候、左候得者、
姫君様御用と乍申、御薪ニかゝり居申、若御用之時ハ
御加子も手つかへ可申と存候ゆへ、いかゝニ御坐候、
但さし当御用有之迄ハ積登せ可申候哉、同ハ過書船ヲ
かり登せ候ハヽ、弐、三艘ニハ埒明可申候間、左様ニ
仕度事と存候、菟角御指図待申候由、右之品具ニ書付、
寂前御老中被仰遣候御状之写書付越申候、老中へ掛御
目候
老中ゟ右今西半内被遣状之写
其許ニ居申船子手透之折〻、一條姫君様御用物臥見迄
御船ニて積登せ候様ニ仕度由、平井安兵被申候、御勝手

の事ニ候間、可成義ニ候者、左様ニ仕度事ニ候之条、安
兵被仰談、能様ニ御申付可被成候、委細可為相談候

八月廿七日

日（置）猪右衛門

池（田）主税

池（田）大学

右之御状之口ニハ外の義有之ニ付、除ク

僉議有之、伊賀被申候ハ、左候ハヽ、先御船壱艘借シ候而、やとい加子ニて登せ、御加子之内一人ツヽ上乗致させ候而可然由被申候、幸安兵衛方ゟも此通半内方へも申越候義ニ候間、一段可然由何も申候間、此通り織部・外記へ被申渡ル

一織部申候ハ、小キ御船ニ而度〻ニ登せ申候得者、やとい加子多やとい申候ヨリハ、大船借候而登せ申義、御手廻ニよく可有御坐かと存候間、頓テ外記御迎ニ罷登候間、其節大坂ニて談合次第ニ申渡シ候様ニ仕可然かと申候

老中一段尤ニ候、其通ニいたし候得与被申渡ル

猪右衛門田口兵左衛門ヲ呼被申候ハ、榊原伊織殿御装御坐候家、事之外もり申候ニ付、色〻仕置申由ニ候へとも、頃日者自分の手廻シニ而何共不成よし、中村主馬被申候、定而御装久鋪居被申にてハ在之ましく候、一両年の義ニ而可有之候間、繕ニかゝり可申候哉、見及候而何とそ仕置候得与被申渡ル

一兵左衛門申候ハ、御蔵仕廻次第直ニ取かゝり可申候、今度繕申候御蔵、白土ニ可仕かと申候

老中被申候ハ、白土ニ仕可然之由被申渡ル

一兵左衛門申候ハ、樋小やの手代屋鋪狭ク御坐候、内ニ溝ヲ付申候得者弥迷惑仕候、屋布（敷）外ニ溝御付被下候様ニ仕度之由申候

僉議有之、老中被申候ハ、武田左吉見及、外ニ溝少付候而遣し候様ニと被申渡ル

一左吉申候ハ、万倍新田の井手ニ廿四、五計の女川流在之候、当町のものゝ由承候と申候、御町奉行申候ハ、町人の下女ニ而御坐候、様子相尋申候、此女備中足守

のものニ而候由申候、何之別義無御坐候、少あやまち
在之、身ヲなけ申由申候
一俣野善内申候ハ、在〻御検見御検地なとニ罷出候衆、
御扶持方召連候、下〻相改番頭衆おく書ニて御坐候、
右之通ニ而人数召連罷出候後、様子ニヨリ宿ニ置候人
ヲ呼寄せ候義も在之候、ヶ様之時ハ御扶持方まし取候
而も不苦候、若又様子ニ〻召連候人ヲもとし申義も御
坐候時、番頭の手形ニて〆り申候義ヲ、少之事ニて御
扶持方返上仕候様ニも仕かたく候得者、快も無之由申
候様ニ承候、御小性衆御使ニ参候にも、頭衆のおく書
ニ而御坐候、是ハ多分御用仕廻候而後うけ取申候、在
郷へ御用ニ罷出候ハ久鋪かゝり申義ニ候ゆへ、先〻ニ
て取不申候得者、不自由ニ而迷惑仕候、御郡奉行改に
も可被　仰付候かと申候
色〻僉議在之、作右衛門・与三右衛門申候ハ、下ニ而此段
ハ何角申候様ニ承候、右〻ハヶ様ニ無御坐、番頭改候而お
く書仕候様ニ御坐候ハ、何とそ上江被聞召上候而、ヶ様に
も被　仰出候哉と迷惑かり申由ニ候と申候、老中もいかゝ
いたしヶ様ニ成申候哉、覚不申候由被申候、安藤杢申候ハ、
御小性中御使なとニ参候節、人数相改私共おく書仕候ハ、
前〻〻の義ニ御坐候と申候、伊賀被申候ハ、郡奉行聞届、
切手のおく書ニて埒明可然候、小性衆も頭の判には及申ま
しきかと被申候、猪右衛門被申候ハ、右〻御法書ヲ直シ此
方江見せ申様ニと、善内ニ被申渡、落着無之候

寛文十一亥ノ五月廿一日評定、池田伊賀・同大学・日
置猪右衛門出座、安藤杢・森川九兵衛・泉八右衛門・
津田重次郎・鈴田夫兵衛・水野作右衛門・服部与三右
衛門列座
　加世八兵衛・石田鶴右衛門指出ス書付ニ曰
　　石山御蔵〻駄賃　但壱駄ニ四俵ツヽ
一六合　　内山下中
一八合　　御鷹師町惣門迄、御弓（敷）町、中山下中
一壱升弐合　伊勢宮中西ノ新屋布辺迄、磨や町通西川辺

迄、天瀬中

一壱升六合　田町中庭瀬口ゟ外迄、御船頭町・二日市辺迄、橋ゟ東御花畑并門田、伊勢宮の外御鉄炮屋鋪迄

一壱升八合　森下町外御鉄炮屋鋪迄

右御定の通堅可相守候、町方の分ハ可為相対候事

老中被申候ハ、右之御定ゟ高直の駄賃取申ましく候、尤御定ゟ下直成分ハ、可為相対事

天瀬御蔵ゟ駄賃　但壱駄ニ四俵ツ、

一六合　天瀬中

一八合　内山下、中山下中、御船頭町石橋ヨリ外二日市辺迄

一壱升弐合　田町中庭瀬口ゟ西川の外下屋敷辺、鷹匠町惣門迄、御弓町橋ゟ東、御花畑并門田新屋敷迄

一壱升六合　伊勢宮中西ノ新屋鋪迄、森下町外下屋布まて

一壱升八合　伊勢宮北御鉄炮屋鋪まて

右御定の通堅可相守、町方の分ハ可為相対事

鶴右衛門・八兵衛口上書

一先日被　仰聞候石山・天瀬ゟ附申駄賃の積り、色〻僉議仕候へとも、委敷ハ難仕、大形喜左衛門時申付候書付ヲ本ニいたし、道法考、如斯書出シ申候

一町人共ハいつにても馬方と致相対、両御蔵ゟ取寄申候故、駄賃ニ高下在之由申候、只今御定のことく町人ともへ此御書付の積りを以駄賃払申候得者、過分ニ俵物買出申ものハ損多御座候由、町人共ハ相対次第と被仰付被下候ハヽ、難有奉存之由望申候、左様にも可被為仰付候哉と奉存候、町〻の名をハ除、侍小路計致大積書出シ申候

僉議の上重次郎申候ハ、相対の義町人ニかきらす、末〱のものハ相対次第も可然候と申候、何も尤と申候、猪右衛門被申候ハ、御町奉行ゟの奥書、其趣ニ直シ候得と被申付候

御町奉行両人口上書

一大黒町自害いたし候忠左衛門事、四、五日以来番仕候五人組之者ともに、気違申躰も在之かと気ヲ付見申候得与申付置候得とも、一円左様の様子今日まてハ無御座由申候、五人組之内常〻心易もの在之候故、其者何となく子を殺シ自害仕候心根を尋候得者、忠左衛門申候ハ、只今まてハ細工の手伝も有之候へとも、今ゟ後ハ細工も有ましく候、左候得者、雇申ものも有之ましく候、其上親方と頼申勝左衛門気ニ違、借や請ホも立くれ間敷由ニ御座候故、何とも迷惑いたし、菟角相果申かましと存切候、世忰義ハかたわものなへニて候得者、母もふかいなきものニ候間、ろく〱には得そたて申ましく候間、指殺、我身も果候得者、跡女房娘心易かつゑ不申様ニ可有之と与風思立、如斯の仕合ニ罷成候由物語仕候、此外何ノ更儀も無之由申候

御町奉行右之書付指出シ候て申候ハ、親方ノ勝左衛門ニ様子尋申候、勝左衛門申候ハ、或時忠左衛門呼ニ遣候得共、宿ニ居不申候、其後又用之儀御座候而人ヲ遣候得者、又宿ニ居不申候ニ付、度〻罷出候事不届候、向後ハ勝左衛門方へ出入無用之由、仕付の為と存申候由ニ候、何之子細も無之由申候

何も僉議の上、猪右衛門被申候ハ、此ものゝ儀気違と申ニても無之、書付之通ニ候得者、少不便なる所も有之候、然とも従　公儀可被　仰付様も無之事ニ候間、御町奉行ゟ無別義由申渡候而、免シ置候得与被申渡ル、何も尤之由申候

都志源右衛門・俣野善内申候ハ、当暮には御蔵奉行、今明年ハ今一口可被　仰付候哉、御米大分ニ請取申候ヲ、能御蔵奉行と前〻ゟ申候、去年なとハ、原田長左衛門御蔵へ八万五千俵の余請取申候、白井源四郎御蔵へ八万千俵、其外七万俵ほとツヽ請取申候、大分の儀ニ御座候付、節季ニハ未明ニ罷出、ちやうちんニて罷帰候様ニ御奉行共仕由ニ候、左様ニ仕候而も御蔵前つかへ申候故、御百姓共高直ニ米なと買候而入レ申由ニ御座候、左候得者、御調法ニも不成事ニ百姓とも費ヲ

仕かと奉存候由申候、御横目共申候ハ、前〻御蔵奉行仕候もの御横目之内ニ御坐候而頃日も申候、例年ハ五万俵、六万俵ほとツ、請取申候由ニ御坐候、左候得者、弐万俵ほともまし候て請取申義大分ニ御坐候由申候、善内申候ハ、今一口御蔵奉行被　仰付候而も、去年之通御扶持方渡シノ御奉行不被仰付候而ハ、つかへ可申かと申候、落着無御座

　岸織部・上坂外記指出書付ニ曰

一四拾丁立御船壱艘古ク、作事仕候而も追付御用ニ不立、只今作事仕候得者御費の様ニ何も考申候、払申か品ニゟとき船ニ可仕候

一去年五拾丁立壱艘とき船ニ仕候

一四拾丁小早、一両年之内ニ御用ニ不立御船、いまた弐、三艘御座候、左様ニ御座候得者、御船四、五艘も減申候間、此御船ハ当分繕ニ先造作加へ可申候

一御簡略明候而も一度ニ御船数出来候而ハ、御銀大分御入用いかゝニ奉存、かい具以下只今の相場ニ積り、四拾丁立五拾丁立、諸事之入用別帋ニ書付、掛御目申候

右之評

猪右衛門被申候ハ、買置候事去年も被　仰出候由被申候、弥年〻ニ買置候得与被申渡ル

一五拾丁立ゟ四拾八丁立迄の御船十艘ならてハ無御座候、右御船数之内、古船も御坐候へハ、先年とき申御船の替りハ、御差図次第ニ諸道調申様ニ可仕候哉

一四拾丁立ノ御船ハいまた三十艘余御坐候得者、只今壱艘なとへり候而も当分御事闕申義とハ不奉存候、是も今一両年も過申候者、又御用ニ不立船弐、三艘も御坐候得者、一度ニ御船数出来申と年〻ニ諸事調置、或ハ作立申義候ハヽ、其通ニ仕候而、板・材木ハ御買置可被成か、されとも御作廻難計奉存候

右之評

右之弐ヶ条僉議有之、老中被申候ハ、五拾丁立ヲ壱艘作り候得与被申渡ル

一妙勝寺と御加子屋鋪間の水貫被　仰付、二日市筋大道
少中高ニ御作らせ被為成候
次ニ右之町西かわニ居申御船頭中、御船手の御横目を
以申候、大道中高ニ被仰付、道半分の水屋鋪之内水流
集り候得者、末ニ水貫無御座、迷惑仕候間、此節申上
兼候へとも、石壱ツ双ニ譏之溝長屋下ニ御付ケ被為下
様ニ奉願候、此町西かわニ居申もの
古宮勘右衛門・矢野九右衛門・松本次兵へ・西川助
六・東原杢左衛門・塩見弥兵へ・紀谷与兵へ・梶原
平右衛門・梶原甚左衛門・安田作平・安田三郎兵へ
・御勘定方西村左兵へ・御大工甚之丞・町や壱軒、
但表口七、八間計
一妙勝寺ゟ西の町ニ居申者共、是も銘〻前〻溝右同時ニ
申上候、此町ニ居申もの
安田三郎兵衛・嶋田伝兵衛・高本左次右衛門・御船
手横目寺崎文左衛門・御舟手横目竹内九郎兵衛・児
嶋惣次郎・赤木孫七・羽原半兵衛・羽原喜之助・藤
井左介・中西理右衛門江戸御供右之様子不存
此町長六、七拾間
二日市筋長八、九拾間
一私共申聞候ハ、銘〻長や下溝の義ニ候得者、上ヨリ被
仰付義いかゝ可有之候哉、難心得由申聞候得者、伊勢
宮辺無足衆前〻溝大形　上ヨリ被　仰付候得者、ヶ様
の並も御坐候由申ニ付、右之通申上候
悪水抜の事、先此度ハ少の義ニ候間、仕遣候得与老中藤岡
内助・庄野市右衛門江被申渡ル
一近年ハ津〻浦〻諸事改強御坐候ゆへ、御家中ゟ方〻江
遣申飛脚、又ハ銘〻抱置申牢人なとも、私共往来の手
形、其抱ノ仁又ハ無如在手筋を以被申下ニて、遂吟味
手形遣申候、自今以後其頭〻江被申、頭ノ吟味被仕上
ニて手形遣申度奉存候、第一宗門改不存、又ハ其手形
ニ書記申、当所迄着候内ハいか様の事御坐候而も、私
共請人ニ罷成申義ニ御坐候得者、別而念入申度義ニ奉
存候、私共遣申手形片便の者共ハ、無さたニ仕不戻義

も可有御坐候哉、左様ニ御坐候得者、其手形何ものそ
持候而、何方ニていかか様ノかり言可申哉、頭衆ニてし
まり申候者、手形戻し吟味迄慥ニ可在御座与奉存候
老中被申候ハ、御船奉行申候段尤ニ候間、月番の御番頭申
談候而、自今以後ハ番頭ゟ改書出被申候様ニ可被　仰渡候
由

覚

一銀八貫百弐拾六匁五分　淡路丸四拾丁立作かへ
内
壱貫四百拾三匁　新ニ相調申分
六貫七百拾三匁五分　御船宮ニ在之分
一銀拾九貫七百四拾六匁　日光丸五拾丁立作かへ
内
拾壱貫四百八拾五匁五分　新ニ相調申分
八貫弐百六拾目五分　御船宮有之分
寛文十一五月十五日
田中藤七
長谷川次左衛門

御小人奉行三木市郎兵衛差出書付ニ曰
一御小人弐人病人故、江戸ヨリ大廻りニて四月十六日出
船、五月十四日ニ当着仕候、病躰御用ニ不立様ニ見及
申候、御暇可被遣候哉、御給米ハ当着ノ月ヨリ江戸給
月割ニて返上仕候、御法之通ニ而御坐候
老中被申候ハ、御小人弐人なから暇遣候得と被申渡ル、御
給米割の義も定の通申付候得与、森川九兵衛ニ被申渡ル

都志源右衛門・俣野善内差出書付ニ曰
一御小性御馬廻知行取の分、検地検見御用并御国之内在〻江御使ニ被参衆、人馬・有人銘〻書付御勘定場へ出シ、其書付ヲ以日次出シ可申事、自今以後頭〻奥書ニ及不申事、但御扶持方在〻ニ而請取不申罷帰、御蔵ニて相渡シ候時ハ、有人并日数書付、差紙ニ頭〻奥書を以、日継出シ可申事
一都志源右衛門・俣野善内申候ハ、先日被仰候御小性御

馬廻知行取、御国之内在郷江御用又ハ御使者ニ罷出候もの、御扶持方渡之様子書付候由ニて、老中江見せ申候

右之評

一色〻僉議御座候、重次郎申候ハ、御勘定方の義ハ何も僉議仕相究候ても、御勘定所ノしまりニ罷成候義、難計御坐候間、源右衛門・善内御聞せ可被成かと申候、尤之由ニ而両人罷出、又色〻僉議御座候、御国之内へ罷出、先ニて御扶持方請取候ものハ、御勘定所ゟ日次を取候而罷越、其所ノ御郡奉行しまりニて相渡可申候、御用仕廻候て罷帰、御扶持方取候ものハ、其手〻の頭〻ヨリ御勘定所へ、何之御用ニて罷越候由手帋を遣、御扶持方うけ取可然かと有之、其通被申渡ル

一藤岡内介・庄野市右衛門申候ハ、郡〻御普請の間竿六尺ニ仕、六尺五寸をもり込申も御座候、又有躰ニ六尺五寸ニ仕候も御座候、いかゝ可被仰付候哉と申候

老中被申候ハ、有躰の六尺五寸ニ仕可然候間、左様ニ可申付候由被申渡ル

一庄野市右衛門申候ハ、左様ニ御坐候者、竿壱本従　公儀被　仰付候而可被下候、其竿写候而郡〻御奉行衆へ可遣由申候

老中被申候ハ、尤ニ候間、左様可申付候由被申渡ル

寛文十一年亥ノ五月晦日評定、池田伊賀・同大学・日置猪右衛門出座、安藤杢・森川九兵衛・山内権左衛門・泉八右衛門・津田重次郎・鈴田武兵衛・水野作右衛門・服部与三右衛門列座

一青木善太夫・小塚段兵衛申候ハ、御本丸御厩ゟ東北ノ方、三階御矢蔵の石垣根置ヨリ弐間ほと上の石抜ケ上り申候間、何とそ可被仰付哉と申候

猪右衛門被申候ハ、幸藤岡内助・庄野市右衛門居申候間、同道仕見及候様ニと被申渡ル

一内助・市右衛門参候而見及申候処、少の義かい石なと仕候而苦ヶ間鋪由申候

一善大夫・段兵衛申候ハ、御鷹師共居申候所、水貫たゝ今ハ埋レ居申、水殊外つき申候而迷惑仕候間、被　仰付被下候様ニと、絵図仕候而申上候

老中被申候ハ、内助・市右衛門江絵図を見せ候而、相談仕候様ニと被申渡ル

一善大夫・段兵衛申候ハ、那須左太郎屋鋪御歩行並ニ而狭迷惑仕候、㝡前此義世忰又四郎、安藤杢へも申候由ニ候、親子之内へ似合鋪（敷）屋布拝領仕度之由申候

猪右衛門被申候ハ、親子居申屋鋪過分ニ狭候て迷惑可仕候間、明屋布も候ハヽ、可相窺之由被申渡ル

一善大夫・段兵衛申候ハ、和気郡坂根ニ居申羽原甚右衛門、高瀬船の見届仕候へとも、御小人又ハ薪なとも拝領不仕候、吉川五兵衛平瀬ニ而高瀬船見届仕候、御小人薪なと被下候、尤是ハ舟数ニ御坐候得共、甚右衛門義も一色之内御訴訟申上度由

老中被申候ハ、此義重而の僉議ニ可有之由被申、落着無之

一安井六郎左衛門・加藤七大夫、大坂ゟ御買被成候御材木の目録、其外当地と大坂との材木直段相違の書付出申候、大坂ゟ爰元ニ而被召上候材木直段過分ニ下直ニ御座候、就夫、㝡前も申上候通、材木や迷惑仕候由私共へ申候、此前大坂直段下り申候時分、右之ものとも方ヨリ爰元ニ而被召上候御材木も、直段相下ケ可申義も御座候間、此度者少御上ケ被遣可然と申候

老中被申候ハ、尤ニ候間、九兵衛なと相談仕、少直段上ケ遣シ候様ニと両人江被申渡ル

一塩川吉大夫申候ハ、先日御成敗被仰付候沢田村助大夫家田地の義、時分柄ニ而も御座候間、何とそ被　仰付被下候様ニと申候

此義色〻僉議有之、重次郎申候ハ、助大夫義御代官土方与十郎江慮外仕候ニ付、御成敗被　仰付、其者ノ子共其まゝ村ニ被為置候義いかゝニ奉存候、与十郎手前ニ不埒成義も御座候得者、各別の品も可有御坐候へとも、無左も上ハ、家田地共ニ被召上、先村ヲ御払被成可然候半哉、後〻ハ多分与十郎御侘事申上義も可有御座と申候、此義何も尤と申

候、老中塩川吉大夫江則被申渡ル
老中岩根須右衛門江被申候ハ、昨日御飛脚ニ主税殿ゟ見延村と木下淡路殿領分との山の出入の事、委細ニ申来候由ニ而、主税殿ゟ之状并中郡ノもの共ゟ差上ケ候目安の写シ、須右衛門江見せ被申、此上ハ見延村之者江戸へ可罷下とも、下間鋪とも、心次第ニ仕候様ニと被申渡ル
一岩根須右衛門申候ハ、只今迄も分なく差留申ニても無御座候、此公事初候てヨリ此頃迄色〻扱御座候ニ付、何とぞ下ニて済申候様ニと存候而の義ニ御坐候、此上ハ見延村の山守藤左衛門、下牧谷村の庄や治右衛門、上原村の十村肝煎安左衛門三人ヲ呼、被　仰聞候趣可申聞候、安左衛門義ハ十村肝煎ニ而構之内故、始終の様子具ニ存候、治右衛門義ハ見延村ニ庄や無御座ゆへ、治右衛門ニ申付置候由須右衛門申候
色〻僉議有之、猪右衛門被申候ハ、藤左衛門罷下り候ハヽ、安左衛門義其方ミたりに百姓共ヲ差留、江戸へ下シ不被申、始終の子細をもよく存たるものニ候間、藤左衛門差添下候様ニ被申付候ハヽ、可然候半と被申渡ル

寛文十一年亥ノ六月十日評定、予刕様御帰国被為成ニ付相延ル

寛文十一年亥ノ六月廿一日評定、爰ニ伊賀潔斎不被出・池田大学・日置猪右衛門出座、安藤杢・森川九兵衛・山内権左衛門・泉八右衛門・津田重次郎・鈴田夫兵衛・水野作右衛門・服部与三右衛門列座
一岸織部・上坂外記申候ハ、先日金岡新田前ニ御座候無主船の義、播刕高砂江遣シ申候御船頭東原杢左衛門罷帰候由ニ而、播州（アキ）船大将弐人の返事、餝万津ゟ罷出高砂之儀穿鑿仕候船頭中村善左衛門・林与次兵衛弐人ノ口上書付参候而、老中江見せ申候、船の義ハ先ゟうけ取ニ参、御郡奉行久保田彦兵衛御船頭相加り、罷出候而相渡シ遣し申候由
高砂の荷主忠左衛門と申もの三、四年以前ヨリ周防江

参、先様ニ致滞留商仕、度ゝ忠左衛門方ヨリ世忰六兵衛又高砂の善大郎と申ものをやとい、不断乗せ商仕候、善大郎と申ものハ妻子も無御座候、兄弟弐人御座候而高砂ニ居申候、忠左衛門忰六兵衛歳十七ニ成申、右善大郎と申ものハ高砂のかぎや孫右衛門下人ニ而御坐候へとも、只今ハ暇もらい自分勤仕候
忠左衛門妻子ハ高砂ニ居申候、着物ふとんと忠左衛門世忰の着類之由、忠左衛門女申候
善大郎商物十度も積上り候得者、七、八度者岡山ニて売仕廻申由ニ御座候
忠左衛門ハ周防ニ而あいおいと申所ニ不断居申候、六兵衛・善大郎常ニ大坂へ渡海之刻ハ、高砂へ多分立寄申候へとも、此度者寄不申候、大坂へ上り申候哉、又ハ何方ニて荷物仕廻、大坂迄不参候哉、其段不知義と申候由
右之通ニ御座候得者、岡山ニ而毎度商物仕払仕事ニ候得者、御国ニ而何とそ仕候哉の様ニ、不審仕躰ニ御座候由、杢左衛門申候
老中被申候ハ、則御町奉行加世八兵衛・石田鶴右衛門ニ右之趣申聞、他所ゟ塩肴参候問屋ヲ吟味仕、右之もの何時分参候哉相改、見申候様ニと被申渡ル
重次郎申候ハ、此義ハ御国幷(並)の義ニ御座候得者、御穿鑿被仰付可然候哉、何とも御せんさく可被成様無御座義ニ候へとも、そくたくなと御かけ候てハいかゝ可在之哉と申候、何も尤之由申候
高砂十運寺の住寺(持)ニ仏師の義、杢左衛門様子尋申候得者、仏師多ク知人有之故、何れニ而候も不存候由申候由
一織部・外記申候ハ、寂前申上候御船入さらへの義、書付絵図を仕、老中江見せ申候
老中藤岡内助・庄野市右衛門江被申渡ル
一内助・市右衛門申候ハ、御役人も無之候間、日用御普請ニ可被仰付かと申候
老中被申候ハ、尤ニ候、入札ニいたさせ其通可仕旨被申渡

ル、御船奉行両人へも日用普請ニ内介・市右衛門申渡し、
御船手ゟ奉行出シ候様ニと被申渡ル
一織部・外記申候ハ、御船手之もの御奉行には不調法ニ
御座候、御歩行之内積候而見申様ニと、大横目共江被
申渡ル
一片山勘左衛門・西村源五郎、先日籠舎被　仰付候さゝ
ら共、御赦免可被成候哉、不遁もの共日〻私共方へ侘
言ニ参候由申候
老中則免シ被申候
一田口兵左衛門申候ハ、江戸ゟ小作事ニ居申左次兵衛罷
帰申候、右松嶋伝兵衛召抱申候時ハ、手代之様ニ御座
候故、只今御国ニて下奉行共不被申候、いかゝ可被仰
付候哉と申候
老中被申候ハ、此ものゝ義旧冬僉議在之、　御前ゟ之被
仰出も在之、重次郎ひかへ書出し申候、猪右衛門被申候ハ、
先手代共下奉行共無之間ノものゝ様ニ召仕見可申、宜候ハ
ゝ、重而も江戸へ御奉行入可申候、其節下奉行ニも直シ申
候様ニ可申上候、不被然候者、其分ニ可罷成候間、先〻召
仕見申候様ニと被申渡ル
一久保田彦兵衛申候ハ、金岡新田ニ有之無主船昨日罷出、
御船頭衆も出合候而、播州ゟの使ニ相渡申候
一彦兵衛申候ハ、金岡新田当秋物成御平へ入可申候哉、
但御平シ筈シ可申候哉、右新田近年の間ハ、ぬかハら
・諸役御免可申付候哉、何も荒新田有付申内ハ、御免
候様ニ承及申候
猪右衛門被申候ハ、当秋物成別帳ニ可仕候、ぬかハら・諸
役の義ハ、何も並の事ニ候間、免シ候様ニと被申渡ル
一都志源右衛門・保野善内申候ハ、麦の相場毎年只今時
分直段御定被成候、御立可被成かと申候、御家中侍共
売申候相場付ヲ書付出し、平シ三拾七匁ほとニ当り申
候、四拾目ニ御立可被成かと申候
猪右衛門被申候ハ、四拾匁ハ事の外高直ニ候、八拾匁の米
相場ニ候、いかゝ可有之哉と申候
一源右衛門・善内申候ハ、左候ハ、御上ケ被成義ハ何時

も成申義ニ候間、三拾九匁ニ可被成かと申候

老中其通可然之由被申渡ル

一安宅弥一郎申候ハ、邑久郡おくの浦村ニ火付御坐候、五月廿二日之夜五ツ過ニ、与五郎と申もの丶家ニ火を付申候、弥三右衛門と申もの丶女見付わめき申候ニ付、弥三右衛門罷出早〻消シ留申候、又六月七日之夜五ツ過ニ、助市郎と申もの丶家の前に麦ハらくろ御坐候、是ニ火を付ケ申候、助一郎弟四次郎と申もの見付、早速消申候、村の庄や・百姓共夜番仕、不審なる義ニ御坐候、他所ゟ参付申候ニ而ハ有之ましく候、村之内ニ火付ハ可有之と申候処ニ、同八日之昼弥三右衛門家のまとゟ煙出申候ヲ、弥三右衛門女見付わめき申候故、近所ゟ早速寄合消シ申候、村ノもの共弥三右衛門女ニ不審ニ候由相尋候得者、早〻白状仕、我才付申候と申候ニ付、穿鑿仕候得者、女気違の様子ニ御座候、いか丶存候而付申候哉と尋候得者、大勢寄合消申候様子面白存仕候由申候ニ付、弥三右衛門ニ女気違申候様子存当有之かと尋候得者、少茂たわ言なと申義も無之候、私当夏麦の取実無之、七、八俵未進仕候得者、其刻私にわめきかゝり申候ヲしつめ置申候、外ニ気違申と存義無之由申候、宿ニ娌御座候、此女ニ気違申様子有之かと尋申候、別ニ存寄無御座候、五月初時分ゟ気ミぢかく罷成、少の事ニもしかり申候、此外替義無之由申候、色〻僉議仕見申候得共、気違ニ相究申と奉存候、先郡の籠へ入置申候、千手山ニ女の兄弟御座候、気違と乍申火付の義ニ御座候得者、御成敗も被　仰付候得者、是非も無御座候、若一命をも被下候者、兄弟の裏ニ籠ヲ仕入置、籠下シニ仕度之由申候、上江不申上分ニ仕、下ニて其通ニ仕可申かと申候

老中被申候ハ、尤気違ニて可有之候得共、火付の事ニ候得者、其分ニも難成候、先呼寄御横目共口ヲ承、其上を以被仰付ニて可有之と被申渡ル

一片山勘左衛門・西村源五郎申候ハ、児嶋郡山田村ノ神主五右衛門と申ものと、小七郎と申もの公事御坐候由

ニ而、両方ゟの口上書、証拠人共ノ口書共三通差出し
申候、五右衛門ハ右村の氏神の社僧ニて御坐候ヲ落堕
仕、神職ニ罷成候へとも、先年腹中相煩病気ニ罷成候
ニ付、右小七郎祢宜ニ而御座候、其上（アキ）義ニ御座候
ニ付、当分憑候て名代ニ出し申候由申候、小七郎ハ神
職ヲ譲候て、五右衛門取返し可申と申候由申候、証拠
人多御座候由申候、証人共ハ何も五右衛門申分の通ニ
申候、小七郎十方も無之義ヲ申候様ニ、何も申候ニ付、
御郡奉行村田小右衛門も、小七郎ニ異見色〻仕候得と
も承引不仕候、勘左衛門・源五郎もさたのかきりと申
聞候へとも、一円同心不仕、私計ヲ申候、いかゝ可申
付哉と申候

老中被申候ハ、今月晦日の寄合ニ、両方証拠人共ノ口をも
承、埒明可申候間、呼寄候様ニと被申渡ル

一都志源右衛門・俣野善内申候ハ、無足人ニ御借被成候
京銀の上ケ米の義、春・夏・暮三度ニ差上申候、自分
払ニ不仕候故、京銀の御奉行手前ニ而も作前仕かたく
御座候、いかゝ可被　仰付哉と申候

色〻僉議御坐候へとも、少ツ、さゝハり申義御座候、重次
郎申候ハ、何れ江被　仰付候而もつかへ申儀御座候、無足
人ハ多も無御座事ニ候間、其頭〻ヨリ御切手請取払候而、
銀子ニて御銀奉行江相渡シ、埒明申様ニ被仰付候而ハ、い
かゝ可有之哉と申候、此段いかにもよく可有御座由、何も
申候而、其通ニ可申付由被申候

一源右衛門・善内申候ハ、㝡前被仰付候御蔵建申地形、
頃日御横目御奉行共方〻見立申、春日の馬場の前ニ御
坐候由申ニ付、私共弐人参見申候、一段よき所ニ御坐
候ニ付、絵図仕由ニて老中へ見せ申候

老中則御郡奉行武田左吉へ、御蔵屋鋪御用ニ候間、相渡候
様ニと被申渡ル

猪右衛門左吉へ被申候ハ、　予州様御鉄炮の赤瀬川市郎右
衛門合申候、就夫、市郎右衛門隣家ニ明地無之候、灰ヲ焼
申候地入申候、市郎右衛門ニ様子承、地相渡シ可申由被申
渡ル

一武田左吉申候ハ、御野郡北方村十村肝煎平次郎相果申、此もの丶忰年長申候得とも、口上なとも悪鋪御坐候、此ものにも被申付間鋪候間、先此十村の義ハ上ケ置可申候由申候
老中尤ニ候間、左様可仕候由被申候
一中村五郎右衛門、味志屋酒毎七月ゟ直段付上ケ申候
　新諸白壱斗ニ付　拾九匁
　弐年諸白ハ　弐拾七匁
　三年酒ハ　三拾七匁
右ハ七月朔日ゟ十二月迄ヶ様ニ例年被仰付候由申候
老中被申候ハ、其通ニ仕候様ニと被申渡ル
一加世八兵衛・藤岡内助・津田重次郎申候ハ、具足や吉左衛門頃日　予州様御具足持参仕候、兼〻申上候世忰勘兵衛、御国御赦免の事申上度候、勘兵衛義被　仰付候事不罷成候者、右勘兵衛ニ被下候御合力米、私拝領仕候様ニ奉願候、其段被　仰上可被下候、左候ハ丶、後〻年ニハ何とそ御侘言も申上、勘兵衛ニ譲申候様ニも可申上と存候由、此旨申上候而くれ候得と申候由
猪右衛門被申候ハ、自分ヲ被召置被下候得与申段ハ尤之事ニ候、先吉左衛門申分ヲ具ニ書付、三人ゟ拙者共江越可申候、主税殿へ進之候、被　仰上候様ニ可仕与被申渡ル
翌廿二日、御屋鋪ニ而ノ被　仰出無御座

寛文十一年亥ノ六月廿九日評定、池田伊賀・同大学・日置猪右衛門出座、安藤杢・森川九兵衛・泉八右衛門・鈴田夫兵衛・水野作右衛門・服部与三右衛門列座
一庄野市右衛門・藤岡内介申候ハ、御船入堀（掘）申ニ付而、御鉄炮ノもの御役人もつかうニ仕候縄ハらの義申候、在郷ニ而ハ其御普請の有之在所ゟ請取申候、此度の義口上道郡ゟ請取候様ニ被　仰付可被下かと申候
猪右衛門被申候ハ、今時分ハ在郷にもハら有兼可申候、塩川吉大夫江可申渡由被申候
一庄野市右衛門申候ハ、差合樟毎年被下候、去年請取申

候、悪鋪罷成候条、先百本うけ取申度と申候
猪右衛門被申候ハ、武藤安兵衛ニ相渡シ候得与被申渡ル
塩川吉大夫差出書付ニ曰
一口上道郡出入医者之内、中川村ニ居申自豫と申もの、出入医者の義断申、住宅所も替申度由申候間、差替申度奉存候、則同村ニ道加と申、親〻いしや仕もの御座候、此もの替りニ仕度奉存候、薬種代も其侭被遣可被下候哉
亥ノ六月廿九日
大学被申候ハ、道加ハ療治も仕候かと被申候、猪右衛門被申候ハ、在〻には医者多在之可然候、其故出入いしや被仰付候、道加中川ニ居申候、幸の事ニ候間、自豫ハ願の通申渡し、外ニ聞立入可然候かと被申候
一吉大夫申候ハ、道加よほと療治仕候、此方〻在郷へ入レ申度と存ものハ望不申候、望候もの不宜候、外のもの入候而も住宅仕候事ハ、中川辺何方へも手寄よく御坐候、道加ニハ親御座候而いしや仕候、此ものに可被仰付かと申候
老中被申候ハ、入替候而もくるしかるましく候、左様仕候得与被申渡、薬種銀之事猪右衛門被申候ハ、自豫今まで勤申事ニ候間、月割ニ遣候か、半分〳〵ニ遣シ候得与被申渡ル
大学被申候ハ、今朝久保田門右衛門参申候ハ、学校ニ而も外ニ而も、田路助之進・私方へも弓稽古仕ものひしとたへ申候、江戸ヨリ古田斎申越候ハ、弓はやり申候哉、若きもの射手なと出来候哉と、折〻　御噂被為　仰出候、情出し候もの有之候ハヽ、申越候得との義ニ御坐候、中〻前〻の様ニ無之、一円稽古不仕候、少進申ため、酒下ニ而的稽古可被仰付候哉、たゝ今の時分ニ御座候ゆへ、勧進的とハ不得申上候、門右衛門弟子弓稽古仕候もの十人計御坐候、ケ様の者申合候而射させ可申候哉と申候、酒下ニ而の的ハ喧哗なと無心元と申候得者、稽固ニ御足軽なと可申請由申候、伊賀被申候ハ、唯稽古と有之分ハ進いかゝニ候、勧進的へ

ハいか様のへたも出射申ものと見へ候由被申候、武兵衛申
候ハ、弓稽古ノためニ御座候得者、外の義と違申候、侍共
餘り費と申ニ而も御坐有ましく候、勧進的ニ被　仰付候而
ハいかゝ可有御座候哉と申候、伊賀被申候ハ、少主税殿迄
申進見申候而可然かと被申候
一塩川吉大夫申候ハ、寂前申上候瓶井ニ居申山廻り家繕
の義、安兵衛・弥平兵衛ニ被　仰付、銀子払ニ仕候様
ニ被　仰付可被下かと申候
猪右衛門被申候ハ、安兵衛ニ見届の判形仕候而、此前も有
之候間、銀払ニ仕候得与被申渡ル
一庄野市右衛門申候ハ、金岡新田の御普請少宛出来仕候、
大分の義御座候、私共折ゝ見及ニ罷越申、迎人足参候
も時分柄の義いかゝ御座候間、御船手江被仰付、御船
ヲ可被下かと申候
老中被申候ハ、御船手江其通可申遣候間、左様仕候得と被
申渡ル
老中江小野三郎兵衛申候ハ、勝原丈庵知行所物成、於御国
何茂へ憑作廻仕候へとも、去年江戸ニ而神図書江頼候而御
断申上候ハ、自分物成の義、御国平シ相場の直段ニ、御銀
ニ而拝領仕度由　御耳ニ相達、願之通被　仰付候、然ル所
ニ、御勘定所ゟ夫米・ぬかハら引候而相渡申候、丈庵申候
ハ、ヶ様の義一円不存候而御断申上候、願の通被仰付候ハ
難有奉存候へとも、夫米・ぬかハら御引被成候義、迷惑仕
候由申候、六右衛門ニ相尋候得者、此以前三神かうや御断
申上候節、ヶ様ニ被　仰付候、御法ニて候由申候、丈庵義
者前ゝの通ニ拝領仕度旨御断申上度と申候得共、御耳ニ
相達、一旦被　仰出事ニ候、於御国老中江申達可相窺由申
置候、いかゝ可被仰付候哉、御勘定所ニ存候ハ、麦・大ツ（豆）
ヲ被遣候ハ、夫米・ぬかハら不被下筈ニ候半哉、麦・大ツ
不被下候ハヽ、夫米・ぬかハら被下筈ニ御坐候半と申候、
色ゝ僉議御座候、御横目共申候ハ、於江戸物成銀子ニて不
被下筈と申ニても無御坐候、御断申上候而平シ相場ニ御銀
ニて被下候ハヽ、御心付の義ニ御坐候処、ヶ様の物被召上
候事いかゝ可在御座候哉、夫米・ぬかハら代共可被下儀ニ

御坐候哉と申候、何も僉議の上、夫米・ぬかハら代共渡し
遣候得と三郎兵衛ニ被申渡ル
一安宅弥一郎申候ハ、先日申上候鹿忍村善右衛門・長三
郎、他国ものとも何も籠舎申付置候、他国もの、在所
相尋、何も申口の通書付申候、慥には不被存候、自然
相違仕候事も可有御坐候哉、清左衛門在所女ニ尋申候、
聢不存荒まし申候、此ものハ大坂ニ居申候間、其分ニ
仕候由申候、西村源五郎・片山勘左衛門、児嶋郡山田
村神主公事の義先日申上候、何も今日罷出申候、御聞
可被成かと申候
老中則聞被申候
翌朔日、御屋鋪ニ而被　仰出
一猪兵衛并清左衛門女子共ニ、長三郎女ヲ庄屋・年寄方ヨ
リ阿波江送り可遣候、其節郡奉行送状可遣候
一長三郎御成敗
一善右衛門御成敗、長三郎子共ニ

一赤坂郡大屋村の庄屋、庄や役ヲ取上、田畠半分取上可申
事
一小七郎籠舎
一五右衛門只今養置候棟上村之もの養子ニ仕候義、無用之
事
寛文十一年亥七月十日評定、池田伊賀・爰ニ大学煩故不被出・
日置猪右衛門出座、安藤杢・山内権左衛門・泉八右衛
門・津田重次郎・鈴田夫兵へ・水野作右衛門・服部与
三右衛門列座
一藤岡内助・庄野市右衛門申候ハ、去暮被　仰付候通、
御役勘定三月四日ヨリ六月廿九日までの相改在之、御
普請奉行ゟ差出申書付出申候、何も御役仕、都合九千
余過上御坐候、若原監物自分役人百三拾人余未進仕候
由申候
一内助・市右衛門申候ハ、岡山近辺御役仕候砌、らんく
い木、又ハ湯なとわかし申候ニ、松葉請取申候義度〻

申上、御老中ヨリ差帋ヲ武藤安兵へ・野口弥平兵へ方へ被遣候も、少の義ニいかゝニ奉存候間、重而ハ私共方ゟ直竹木御奉行江申遣相渡し候様ニ仕度と申候
猪右衛門被申候ハ、其通ニ可仕由ニて、則野口弥平兵衛ニ右之段被申渡ル

神屋定右衛門・太田段右衛門差出書付曰

一銀子三貫目

畳や
源三郎
新三郎

右者寛文七年ニ拝領仕候、但利足ハ一割ニ而五年ニ元利割苻仕、当暮迄ニ返上仕候得者相済申筈御坐候処、只今ヨリ又御かし被為成候様ニ仕度由、私共迄申候、左様ニ御坐候者、当暮返上の銀ハ只今指引可仕候、利分ハ京銀並ニ被　仰付、御かし被為成候ハヽ、難在可奉存候旨申候

僉議在之、鈴田武兵衛申候ハ、いまた拝借銀返上も済不申、直ニ又拝借仕度と申上候事いかゝニ存候、先当年ハ御借被成候事無用ニ可被成哉と申候、此義何も尤と申候、猪右衛門も尤ニ候間、先其分ニ仕置可然と被申候

国枝平助差出書付曰

一浅口郡占見村助大夫と申百姓の子、七右衛門と申もの、五月十二日之夜妻子召連走り申候、七右衛門歳卅六、女房廿五、子共三人、内十四才・八才女、四才男、以上五人
七右衛門義、寛文元年親助大夫ゟ田地壱町・牛・農具・飯米・遣銀、相応ニ分遣別家ニ仕申候処、三、四年計もとやかくと仕候か、其ヨリひたとたおれ、寛文六年の暮までに分口の田地速と売、同七年の夏妻子捨置走り、江戸江参候ヲ、親兄弟ニ申付呼返させ申候、売置候分口の田地親兄弟請返し遣候処ニ、七右衛門不届ものゆへ作をも人並ニ不仕、又弐、三年之内ニ田地不残売申候、親兄弟一類共色〻異見仕候へとも、一円聞

入不申、吴見仕候ほとのものには、かまほうをふりおどし申候、御年貢もなし不申我まゝ仕候ニ付、無是非親兄弟ヨリ御年貢も納所仕候、又去年六月ニ親助大夫隠居や江はいり、銀子四百目盗申候、取返し誡置候へとも、今一度吴見仕取立見申様ニと申、其銀之内弐百目、外ニ麦なと遣候得共、少之間ニ酒ニ仕、家内仕道具まて売申候、元来不孝第一の悪人ニて御座候、近年ハおのつから気違の様ニ罷成、親兄弟一類も手にあまし申候、走申と其まゝ尋させ申候へとも、行衛知不申候、親兄弟一類共申候、其まゝ払ものニ被成置被下候様ニと、私方迄一門共連判の書物仕申候、以上

寛文十一年五月十五日

浅口郡占見村庄や
平 太 輔

国 枝 平 助殿

仕上ル書物之事

一占見村七右衛門と申もの、当亥ノ五月十二日之夜妻子召連走申候、早〻相尋申様ニと被仰付、方〻随分尋候得共、行衛知不申候、御存之通、七右衛門義不孝第一の悪人ニて御坐候間、此度被　仰上御払ものに被成被下候ハヽ、親兄弟ハ不及申上、一門まて忝可奉存候、為其一類とも連判の書物差上ケ申候、此ものゝ儀ニ付、以来いつまても吴義御座在ましく候、仍而連判如件

寛文十一五月十五日

おや　助 大 夫
兄　九 兵 へ
おぢ　十右衛門
同　大 蔵
同　二郎左衛門
同　彦右衛門

おい
甚右衛門

姉聟
左 兵 へ

庄や
平 大 夫殿

猪右衛門被申候ハ、此書付之通の上ハ、願之通ニ申付、帳面外シ遣可然之由、国枝平助ニ被申渡ル

翌朝御屋鋪ニ而被　仰出無御座

寛文十一年亥七月廿九日評定、池田伊賀・爰ニ大学・日置猪右衛門出座、安藤杢・山内権左衛門・泉八右衛門・津田重次郎・鈴田夫兵衛・水野作右衛門・服部与三右衛門列座

一岩根須右衛門申候ハ、御領分備中見延村藤左衛門・牧谷村九郎右衛門、七月四日ニ江戸江下着仕、則六日ニ御評定所へ罷出目安差上候得者、早速御裏書被下候、御国江罷上候而、木下殿御領分黒尾村のものと出合、山の絵図仕候而、双方申分の境の所付ケ帋仕、九月十四日の公事日ニ罷出候様ニ罷下可申旨、不参仕候ハヽ曲事ニ可被仰付候由、御奉行衆被仰付候由、双方ヨリ五、三人ほとツヽ出合、互の存分少茂申間鋪由堅被仰付、絵図も誓帋申付候得与の義ニ御坐候由申候

一須右衛門申候ハ、備中下道郡八田村伊藤信濃殿領分と、御領分入組ニ而御座候、井手樋なと申合仕来候、板樋ヲ石樋仕候由ニ而、入目書付申候由ニ而、差出シ申候

備中下道郡八田村仕替石から樋の事

一四間半　内法弐尺四方　但片戸

入用銀三百弐匁

内

百弐拾匁八分　備前様御領分

百八拾壱匁弐分　伊藤信濃様御領分

八田村信濃守領分庄や

寛文十一七月　　　三郎右衛門

八田村庄や
　多兵へ

右之評

老中被申候ハ、右之通銀出シ遣シ候得と被申渡ル

一岩根須右衛門申候ハ、備中［　］村ゑた多ク罷在候、三右衛門と申もの常〻心たて悪鋪ものニて御座候、しれぬものゝやとなといたし、近き頃三右衛門中間の中脇指失せ申候、倉鋪江致持参、弐拾五匁ニ売申候、此段あらわれ可申と存候哉、三右衛門走申候、此ものゝ義ハ、走候共其分ニ被成可被為置候哉と窺申候

猪右衛門被申候ハ、走候ハヽ、其分ニ捨置候得と被申渡ル

一斎木四郎左衛門申候ハ、昨日何も御郡奉行とも寄合申、差而可申上御用之儀存寄無御座候、当年ハ豊年ニ而可在御座与奉存候、当春御参勤前書付ニ而相窺申候郡〻飢人御救の義、中分ほとニも被　仰付、少かさミ候ても御救可被下候哉と申候

猪右衛門被申候ハ、在〻飢人の義ハ、御救無之候而ハなるましく候、物成の高ハへり可申候へとも、見計ニ心を付遣シ候ハ而ハなるましく候、左様仕候得と被申渡ル

一河村平太兵衛・都志源右衛門・俣野善内申候ハ、先日被　仰付候学校知行ニ、被　仰付候給知の替り割仕候由ニ而、書付老中江差出シ申候

一藤岡内助・庄野市右衛門申候ハ、在郷鉄炮御番所相勤申候十人ニ壱人ツヽ休被下候、此分ニ而も病人なと御座候得者、難義仕候、御役筒並ノ当りニ被仰付可被下かと申候、十人ニ弐人の休被成可被遣候哉、左様ニ仕候而も、御役筒の当りヨリハ少強御坐候由申候

猪右衛門被申候ハ、弐人の休ニ申付遣候得と被申渡ル

一片山勘左衛門申候ハ、臥（伏）見ニ罷在候林半右衛門方ゟ善大夫・段兵衛・私三人江書状越申候、半右衛門ニ被下御扶持方、池田出羽・伊木長門・池田伊賀三人仕置之時分、出羽当番之時、御扶持方の義御心付として、年中三度ニ被下候由被申渡候、去年大坂御米払の奉行様

子不存候ニ付、其通ニ相渡し不申候、其引付ケニ而当年も渡シ不申、迷惑仕候、寂前ハ暮の四ヶ月分扶持八月ニ相渡り申候、重而ヨリハ八月ニ被下候ヲ、六月渡りニ被仰付、大坂御法書ニも留り在之様ニ仕くれ候得与申越由、則林半右衛門方ゟの書状差出申候、井上藤助ニ様子尋申候、不存候ニ付而渡し不申、迷惑仕候由申候

僉議有之、老中明朝御屋鋪ニて可申渡由被申候

渡部助左衛門差出書付ニ曰

一伊部釜改御奉行春木了有時分ニハ、村ヨリ雑事・薪・内夫ヲ出シ、自分賄ニ而御座候、其以来ハ御奉行江被遣まし御扶持方之分、宿へ遣、朝夕仕出ニ仕候、此段いかゝ可被為仰付候哉

一友信新田の橋落申、作人とも通ひ無御座候ニ付、御林ニ而柱板木なと伐せ、只今仕掛申候、此橋先年も私ヨリ相窺申候処、郡の普請奉行衆申談掛させ候而、樋奉行衆の手前ヨリ入用銀うけ取遣申候様ニと被仰付、相調申候、此度も右之通可被為仰付候哉

右之評

宿ヨリ朝夕仕出の義僉議有之、自今以後者御茶道其外の御奉行ニ而も、前之通自分賄ニ可仕由相究り候

友信新田橋の義、先年の通助左衛門手前ニて橋掛させ、樋御奉行江申談候得と被申渡ル

一河村平太兵衛申候ハ、佐治十左衛門跡知弐百石減申候、減ノ知所ハ給人心次第ニ差上ケ候得と此以前被　仰付候、其通ニ可被　仰付かと申候

老中被申候ハ、左様ニ仕候得と被申渡ル

塩川吉大夫差出書付ニ曰

一口上道郡沢田村多兵へと申もの、去冬世忰ヲ召連逐電仕候而、頃日帰申候、走り申義ハ手前成不申村ヲたち出、上方へ参くハんしんなと仕居申候、召連申世忰ハ大坂ニて病死仕候、多兵へハ十一月ニ備中やかけ村へ

参、ちふうさんと申寺ヲ頼、七月廿日まで居申候得とも、持病差発、二、三日以前ニ岡山博労町まで帰臥り居申候得者、町ノもの相尋申故、沢田村ノものと申候ニ付、になひ候て町送村送ニ仕、去ル廿六日夜ニ入、沢田村江送届申候、右之通故先在所江入置申候

亥七月廿九日

右之評

猪右衛門被申候ハ、先村ニ入置候而煩よく罷成候ハヽ、上方ニ而の様子も相尋候得と被申渡、吉大夫申候ハ、上方ニ而勧進なと仕候由申候へとも、口過も無之、罷帰候かと存知候由申候

一塩川吉大夫申候ハ、奥上道郡悪水抜、中川道筋の橋土橋ニ而御座候、破損仕候、中川往還筋の橋、板橋ニ被
仰付可被下候哉、橋久敷こたへ申候様ニ仕度存候由申候

伊賀被申候ハ、柱貫念を入候得者、土橋も強物之由ニ候と被申候、猪右衛門被申候ハ、御鷹野ニ被為成所ニ而も候之間、七大夫・六郎左衛門申談候得と被申渡ル

一加藤七大夫・安井六郎左衛門申候ハ、御樋方の御買置の木、今時分よく御坐候間、仕度与奉存知候、冬ニ成候得者、船の通も難成所ニて御座候、去年ハ弐拾貫目計買置候、当年ハ拾貫め計かい置候ハ、可然かと申候

猪右衛門被申候ハ、大坂直段聞遣候而ふまへニ仕候而、調申様ニ可然候、御用之儀と存候間、両人持参候得者、随分聞申様ニ仕候へとも、委事難心得候、九兵・権左江申談、相談仕調候而可然候、両人ハ町かいなとの申義も聞候故、合点可参由被申候

一七大夫・六郎左衛門申候ハ、一ノ宮の前道筋の板橋破損仕候、直候得と申候、今まてハ長四間半ほと、横壱間四尺計御座候由ニ候、はゝ、弐間ニ仕出と申候由申候、則善大夫も様子申候

老中被申候ハ、此橋ハ仕候ハてハ不成所ニ而候間、其通ニ仕候得と七大夫・六郎左衛門江被申渡ル

一藤岡内助申候ハ、郡ニ水番御座候、八月以後ハ不入も

のニ御座候間、八月廿日切ニ可被　仰付候哉、左候へハ、よほと御役の足ニも成候由申候
老中被申候ハ、尤ニ候間、其通ニ申付候得と被申渡ル
猪右衛門被申候ハ、学岩寺ヲ寺替被　仰付候、引候事被仰付候例も有之哉申越候得と、主税殿ゟ御申越候、考見申候得与重次郎・八右衛門江被申渡ル
林半右衛門方ヨリ御城代三人江、大文字や彦兵へ御扶持方の義、半右衛門同事ニ可被下かと申越候へとも、此義御僉議までも無之儀と有之、御取上ケ無之筈ニ究候事

翌朔日御屋鋪ニ而被　仰出無御座

寛文十一年亥八月十日評定、池田伊賀・日置猪右衛門出座、安藤杢・森川九兵衛・泉八右衛門・津田重二郎・鈴田夫兵へ・水野作右衛門・服部与三右衛門列座
猪右衛門伊賀江被申候ハ、備中道口村・浦見村制札引申候義、大坂御奉行衆へ半内申上候得者、少〻船ニ而も出入仕候ハ、、浦部の制札其まゝ在之候て可然候へとも、新田ニ而陸ニ成、船出入無之候ハ、、御引候て可然候由被　仰渡候旨申越候由被申候、重次郎江猪右衛門被申候ハ、此義御留帳ニ入り可申候、半内状大学へ見せ候而可遣由被申渡ル
猪右衛門安藤杢江被申候ハ、御壺江戸江差下シ申候、幸山本庄兵へ参ル義ニ候条、道中肝煎罷下候様ニ申談シ、来十三か四日頃出船仕候様ニ申候得と被申渡ル
一俣野善内・都志源右衛門、御蔵奉行共御訴訟書付、御蔵横目河せ《（瀬）》与五左衛門見及ノ書付差出、老中江申達候

口上ノ覚

（以下白紙）

三　御留帳評定書　延宝元年

（表紙）

延宝元年分

御留帳評定書

（貼紙朱書）
「記第五号五十一
共拾弐冊」

（小口書付）
「延宝元丑評定」

丑ノ正月廿一日

一藤岡内助・庄野市右衛門申候ハ、郡〻江罷出候役人之小頭共不参之儀、御普請奉行日〻相改書出シ申候、池田主水・伊木勘解由・池田大学・土倉淡路・池田隼人・土肥飛騨・若原監物・伊木玄蕃、此小頭共一〻書付出シ、目録大学請取被申候

同日

一山内権左衛門申候ハ、御隠居様御医者衆、去〻年薬種代弐拾枚被下候、去年も被下候様ニと私迄申候故、江戸にて猪右衛門江申候へハ、去年者被遣候得共、当年も被下筈とハ不被存候間、先相待候へと被申候、至只今ニ私迄申候、如何可有之哉と申候、色〻僉儀有之、先重而可相究由、池田大学被申渡ル

同日

一俣野善内寛文拾弐惣御蔵米俵数・同色〻払・残米都合目録ニ仕、年寄中江見せ申候

右之目録

一四拾五万七千九百七拾弐俵　御蔵納高并古米残共

内弐万五千五百八拾八俵　太唐米

右之払

一拾壱万三千五百弐拾三俵　大坂登り米
一壱万五千九百九拾弐俵　大唐登り米
一弐千七百九拾俵　右二口運賃
一千九百四拾壱俵　御家中江渡ル平物成
一弐万六千百三拾三俵　寛文十二暮御支配残、同十三春かし冬渡りとも
一弐千八拾九俵　被遣米
一三百三拾俵　御台所其外御賄方へ渡ル
一壱万三千六百拾九俵　寛文十二十月ゟ明ル二月迄人馬御扶持方片上渡り共
一三千八百拾七俵　方〻諸手江切手ニ而渡ル分
一九千五百九拾六俵　大唐米地払
一七万弐千百三拾七俵　在〻御借シ米御家中四歩借シ共
一三百弐拾七俵　学校入用高弐千石物成ノ内相渡ル分
一千百八俵　子ノ秋江戸行御足米路銭米新米渡り分
一五百俵　水夫扶持入用
一八千俵　信刕様御物成之内年内渡り之分
一四千五百俵　主税様右同断

払合弐拾七万六千百弐俵

残合拾八万千八百七拾俵

御蔵有米払有増之積り

一拾八万千八百七拾俵　御蔵正月九日迄有米

内

一四万七千三百俵　御詰米
一六千五百五拾三俵弐升三合　信刕様御物成之内相渡ル分引残分
一四千六百七拾壱俵弐斗九升　主税様御分右同断、但古

米渡りとも
一千弐百四拾八俵　学校領弐千石之物成相渡
ル分引残
一六拾九俵　露はり籾
已上五万九千八百四拾弐俵
残拾弐万弐千弐拾八俵
内之払
一弐万六千五百八俵　寛文拾三春夏御借シ米、
但御両殿様江御付被成衆
引并冬渡春夏御借シ米之
内上ケ米引残ル分
一弐千八拾八俵　郡奉行御代官丑ノ被遣内
春渡り上米引
一五千九百九拾八俵　同年御役領米
少将様御供衆并京大坂詰
御足米、但役領米ハ上ケ
米引、御留守番ノ内足米
春渡りとも
一弐千九百弐拾九俵　少将様江戸御供并御留守
番路銭米、但冬渡り引残
ル分
一弐百九拾九俵　諸奉行被遣米、御普請奉
行・御廟党（堂）役人・会所御
賄奉行とも
一壱万六千俵　地御扶持方丑ノ三月ゟ九
月迄ノ分、但四月迄ハ御
留守、五月ゟ御在国ニ〆
一弐千六百六拾俵　馬扶持五月ゟ十二月迄之
分
一千五百三俵　人足扶持二月ゟ九月迄
一五百四拾俵　同増給可入積り
一千俵　水夫扶持可入積り
一八百俵　御所院御台所西ノ御丸并
御すへ御台所会所御賄入

用九月迄之分積り
一百俵　　　　　　　　　　御厩入用右同断
一四拾八俵　　　　　　　　吉利支丹賄二月ゟ九月迄
ノ分
一八百八拾八俵　　　　　　在〻手習所入用之内前渡
り引残ル分
払合六万千三百六拾壱俵
残テ六万六百六拾七俵　内　弐百弐俵　餅米

同日
一稲川九郎右衛門申候ハ、御紙漉共五人何茂年〻前銀拝借仕、明ル春ゟ御好之通紙漉上、暮ニ御勘定仕事候、紙すき左次兵衛御勘定不仕候故、様子尋候へハ、被仰付候紙漉可申処ニ、色紙色〻追〻被仰付候故、右ニ御請相申候高直之紙出来不申、色紙少之事ニ候故、大分御未進ニ罷成候、差引仕、都合八百目余残申候、然共紙草も大分調置申候、下人茂所持仕候間、当年中ニ急度御好之紙漉候て未進銀払上可申候間、御延被成被下候様ニと申候、其上ニ下人給扶持ニ迷惑仕旨、銀子今少御借シ被成候様ニと申候、然共一類茂無之候へハ、請ニ立申者無御座故、御借シ候へとハ不被申上候、如何可有之哉と申候、伊賀被申候ハ、、御銀借シ候事ハ成間敷候、紙草有之候ハ、、当年随分情出シ漉上払候へと可被申付候由、被申渡ル

同日
一村瀬金右衛門以書付申候ハ、主税様御借用六拾貫目之御利銀、去年分月歩に而十三ヶ月七貫八百目、右本銀之内江相加え、御借状被成替候様ニ河村平太兵衛方へ申遣候得者、御勝手御帳面之面御不足ニ付、御断被仰候由、利を本へ加候てハ御借銀過分ニ成申候、右之段私ニ相窺申様ニと平太兵衛方ゟ申越候、如何可被遊候哉
　大学被申候ハ、子ノ正月ゟ利無ニ被成被進之候間、左様ニ相意得候へと被申渡、手紙可遣由被申候

同日
一同人書付、御家中御役米御借シ銀返上前、色〻触使ニ御鉄炮之者先壱人御雇借可被下候、例年春ハ自分之者仕候

得共、御用も多成申、手つかへニ御座候ニ付、申上候

同日

一岩根須右衛門申候ハ、年切奉公人年明候者如何可申付候哉、是茂居懸りニ可被仰付かと申候、僉義之上居懸り可然候、給米ハ年切之時之給を割ニ〆、召置可然由、池田大学被申渡ル

同日

一同人申候ハ、新奉公人も人数御覧候為ニ候間、書出シ申様ニ可被仰付候哉、尤ニ候、可申渡由、池田大学被申ル

同日

一御番之御郡奉行・町御奉行江大学被申渡候ハ、駆出シ奉公人地切米五俵半ニ候得共、暮給増遣候分を添、六俵取分ケ、江戸ハ七俵半、馬取ハ江戸給八俵半ニ相極可申渡由、又女奉公人も少ク候由ニ聞え候間、内入堅無用ニ可被申付候、拠無之儀者聞届入可被申候由、被申渡ル

同日

一忍ひ衆書付を以岸織部迄江戸御供之時、上下馬壱疋被仰付被下候様ニ申上度候、大坂迄も渡海船ニ而三、四日御先江参候へハ、御船ニ被仰付被下候様ニ仕、何方ゟ被為上候共、則罷上り御奉公仕候様ニ申上度と申候、年寄中思案之上重而可被仰渡由ニ而、書付御請取置候

同日

　武田左吉書付三通持出、年寄中江見せ申候

一御野郡南方村九兵衛と申御小人、数年江戸にて　福照院様御下男ニ居申処ニ、去十二月十八日ニ江戸罷立、当正月四日ニ罷帰候、就夫、当年ハ御国夫ニ御給米切手出シ申候、左様ニ御心得可被成候、已上

　正月十一日　　三木市郎兵衛

　　武田左吉様

同日

一御野郡十日市村御小人六兵衛と申者、江戸ニ而相煩、去ル十一月十七日ニ大廻りにて御登せ被成候由、江戸人奉行衆ゟ頃日申来候、給米指引之儀、御代官衆迄右之通可被仰渡候

正月廿日　三木市郎兵衛

武　田　左　吉様

同日

請取仕申百姓役之事

一合百四拾七人也

右者半田御山廻り又右衛門殿御番屋入用之葺かや刈出シ
手間并築石取手間・竹持・地形平シ万ニ仕申候、以上

寛文拾三年正月五日　御野郡南方村庄屋
庄左衛門

同郡西河原村庄屋
六郎右衛門

野口弥平兵衛様

右之御番屋入用之夫役見届、相違無御座候、以上

野口弥平兵衛

武　田　左　吉殿

同日

一塩川吉太夫申候ハ、口上道郡御制札場之内御札古ク成申、
柵損シ申所御座候、柵今迄ハ松木に而仕候故、間も無御
座損シ申候間、栗之木ニ仕、石土台ニ仕度奉存候

書付之通可被仕由、大学被申渡ル

同日

一同人申候ハ、国留(富)村奉行家破損繕ニ松木御山奉行ゟ請取
申度奉存候、竹ハ早請取置申候、大工手間・葺板釘万銀
入用之儀も御座候、被仰付可被下候哉

御山奉行衆へ手帋遣し可申候、入用書付之通可被申
付候、十村庄屋見届候て可然由、大学被申渡ル

正月晦日

一村瀬金右衛門以書付申候ハ、甲斐様御奥様御銀私裁判
仕候分、当春中ニ御相談被遊、京銀江一所ニ御加え可被
成様ニ去冬御申被成候、弥左様ニ可被遊候哉、就夫、青
木善太夫手前ニ御銀三貫目余有之候由、中村善右衛門方
ゟ申越候、善太夫も御銀借シ付置候、其分借状にて相渡
シ可申与被申候得共、右之通断申置候、私裁判ニ相究候

者、請取可申哉と申候、又頃日も右之借状相渡シ可申与
被申候、如何請取可申哉、大学被申候ハ、先請取候様ニ
と被申渡ル

同日

小塚段兵衛・片山勘左衛門、大文字屋彦兵衛口上
書持出ル

一私儀大分借銀有之ニ付、六年已前ニ御銀拝借仕り、外借
り大形返弁仕候処ニ、存之外商無之、残脇借り年々重ク
罷成、迷惑仕候
一頼母志銀・借銀共ニ毎年壱貫五百目余出シ前ニ御座候ニ
付、御扶持方商之利合ニ而八、九百目宛ハ出シ申候得共、
残所不足仕候
一伏見町中頼母志銀遅仕候ニ付、従御奉行所出シ前無相違
急度出シ申様ニ被仰付、出シ前不埒成者者家屋敷・家才(財)
払申、返弁仕候、私儀者内証ニ而請人立、当三月迄相延
申候、就夫、重々申上兼候得とも、御銀三貫五百目拝借
仕度候、然上者御扶持方差上ケ、私家半分借家ニ仕、宿
賃又者商之利合ニ而年々返上可仕候、御銀調不申ハ、家
屋敷払、返弁申儀ニ御座候、左候ハ、所之外聞実儀共迷
惑仕候間、御慈悲与被為思召、可然様ニ御老中様迄被為
仰上被下候ハヽ、難有可奉存候

大文字屋
彦　兵　衛

小塚段兵衛様
片山勘左衛門様

此儀色々僉義有之候得共、落着無之

二月廿一日

一田口兵左衛門申候ハ、今度江戸御作事ニ付、竹木其外御
入用物大廻りニ廻り可然由ニ而、目録参候故、奥山市兵
衛・山内権左衛門相談仕候、大形之物者此方ゟ御廻シ被
成、却而御手廻悪敷可有御座与申候、伊賀・大学其外何
茂右之通ニ存候由にて、大学被申候ハ、廻シ能物之分、
権左衛門・市兵衛相談可仕候、在郷大工三拾人程、其外

ニ諸事差図為仕候、御小作事へ出申候六左衛門と申大工遣可然由ニ而、兵左衛門ニ申参候様ニ被申渡候、御大工頭三郎右衛門儀も、乍若輩見廻り之ため遣可然かと被申候、何茂尤ニ候由申、其通兵左衛門江大学被申渡ル

二月廿九日

一河合善太夫・林与左衛門申候ハ、去ル廿六日惣御郡奉行中寄合申候得共、外ニ存寄可申上儀も無御座候、寂前被仰渡候平太舟之儀書付を以申上候

同日

惣御郡奉行中書上

一石平太船之儀如前〻可被仰付候哉、郡奉行共請込候ても、さのミ詮も無御座様ニ奉存候、時ニ寄五艘茂拾艘茂入申躰ニ相見候ヲ、只今何艘与書出シ調置候ても、御普請奉行衆好被申程無之候ヘハ、俄ニ手つかへ可申候、左様御座候とて兼而大分調置候も御費与奉存候、其上御普請奉行衆作廻被致事ニ候、百姓之始終取なやミ申物にてハ無御座候、扨又請込候て少之破損をも百姓共不案内ニ可有御座候ヘハ、繕申すへ茂存間敷候、左候ハヽ、御舟手ニ御座候ゟハ早ク損シ可申様ニ奉存候事

右之僉儀大学被申候ハ、此義色〻僉儀仕候得共、御舟手にて申付候ゟハ、郡〻ニ而仕用手廻シにも能候間、先寂前申渡シ候通ニ可被仕候、舟数多ク入候事ハ希成義ニ候、左様之時者近キ郡ゟ互ニ借り合、其上御船手ゟも請取被申様ニ相調可申由大学被申渡ル

同日

村田小右衛門書付目録差出ス

一備中他領入組之村者樋入目銀高ニ応御出候古例之通、樋奉行衆手前ゟ請取可申候哉、村ニ寄百姓弁ニ仕候所も御座候得共、一同ニ可被仰付候哉

一備中上原村ヲ先年立退候百姓御座候、只今罷帰と申候、いかゝ可申付候哉、別紙ニ書付差上

一児嶋角屋伝右衛門塩浜土代、如何御直シ可被遣候哉、別紙ニ書付差上ル

一牛死申候ニ付而拝借銀之儀申上くれ候へと百姓共申候得共、　公儀拝借物取立無心元奉存候ニ付而、此度ハ不申上候、郡ニ御座候畝麦銀之内少宛借シ可申与奉存候
一惣而備中他領入組ニ而御座候、井関用水溝悪水溝繕急申候、御役人少分にて一円手合兼申候、日用にて可被仰付候哉
　右之段僉儀有之、他領入組之所之事ニ候間、仕可然由被申渡、外之御普請之儀者、当年者江戸大分御普請有之事ニ候間、延慮被仕尤ニ候、併差当り仕候ハて不叶儀ハ談合可仕由、大学被申渡ル
同日
一去年加藤甚右衛門召仕候備中下秦村鹿之助、於江戸不届候て、其節暇遣、村へ追込置申候、宿ニ居申候てハ迷惑仕候、奉公仕せ申度奉存候、先主甚右衛門ゟハ何之構も無之と申由ニ候、右之鹿之助不届　公儀御存知ノ者之儀ニ御座候故、只今御断申上候
　右僉義、此者之儀ハ江戸ゟも一両年在所へ入置候様ニと申来事ニ候間、先其侭在所ニ置候様ニと大学被申渡ル
同日
一備中井山宝福寺高物成目録指引別紙ニ書付上ル
一児嶋郡赤崎村角屋伝右衛門と申者、八年已前ニ新塩浜普請ニ取懸申候、五年以前ニ御検地申付候、惣而児嶋ニ塩浜拾八ヶ村御座候内、拾四ヶ村ハ弐石土代ニ御座候、番田村・宇野村ハ土代ニ高下段〻御座候、小川村・味野村ハ壱石五斗代ニ御座候得共、並多方江与奉存、伝右衛門浜不残弐石代ニ究申候
一伝右衛門申候ハ、岡山之家督売塩浜ニ取付申候節茂、土代なとも可然様ニ可被仰付と片岡次郎太夫殿御申候、味野村・小川村塩浜之土代壱石五斗ニ被為仰付候ハ、百姓自分之造作にて出来仕候故、安土代ニ被為仰付候、加様之例茂御座候ニ、弐石代迷惑仕候由申候
一近年味野村ニ少宛塩浜之仕添も御座候得共、古例之通壱石五斗代ニ申付候、伝右衛門在所赤崎村ニ壱石五斗代無

御座候故、古例之通ニ弐石代ニ申付候、彼伝右衛門手前不罷成候ニ付、数度侘言仕候故、申渡候口上
田畠塩浜之土代極申候ハ、其村之古例考、安土代之村者我ホも安土代ニ申付候得共、赤崎村ハ不残弐石代故、其方も古例之通ニ申付候、自分ニ造作仕候故、年久御年貢差免申候、西古地村之前ニ公儀御役人にて塩浜申付候、地主付不申、土代ハ弐石、御免五ツ弐分四厘之御物成出、外ニ加地子銀出シ作り度ニ候者預ケ可申候間、入札仕候様ニ申渡候、五反五畝拾三歩ニ物成之外ニ銀五百八匁弐分四リン出シ作仕候、爰を以分別仕候へと申渡し候、伝右衛門申候ハ、尤左様ニ可有御座候得共、去年初而塩浜御年貢差上候ニ、早勝手迷惑仕候間、兎角土代之儀可然様ニ申上くれ候へと備中迄罷越、侘言仕候、右之品ニ御座候へハ、弐石代之究様私不調法と者不奉存候得共、大分物入所ニ堪忍不罷成候へハ、不便奉存候て奉窺候、林与左衛門江も侘言仕候得共、先奉行究置事破候事不罷成候由申ニ付、私方へ相断申候、いかゝ可申付候哉
右之儀僉儀有之、五ヶ年作り取ニ仕、去年一年御年貢出シ、早左様ニ訴訟申段如何ニ候、其分ニ而置可申由、大学被申渡ル

同日

一上原下村そう人四兵衛と申者、当年三十歳ニ成申候、此者十一歳にて二親ニはなれ申候、憐成一類無御座候ニ付、其砌弐年村養ひニ仕候、其已後者備前児嶋ニ旦那御座候ニ付、旦那之はこくミにて九年渡世を送り申候、其後与風逐電仕候ニ付、塩川吉太夫様へ御窺申上候へハ、尋ニ遣し候へと被仰付候ニ付、方ミ尋申候得共、行衛知れ不申候処ニ、頃日御蔵所浜村ニ而そう人之甚作と申者見付引戻シ申候、上原下村之者ニ可仕候哉、御窺申上候、已上

上原下村庄屋
七郎右衛門

右僉義有之、直ニ追払候様ニと大学被申渡ル

同日

井山宝福寺ゟ使僧満足庵・心庵口上

一旧冬池新田之儀、兎角を不存申上候処ニ、其元先御普請奉行衆御手形御座候段不存候て、不念之儀申入、近頃致迷惑候、如何様共可然様ニ奉頼候、彼池新田備前様之高ヲ御除可被成候由、忝奉存候、然共成来ヲ断申上、御改之上者、新池之物成宝福寺ゟ差上候様ニと被仰下候段、御尤ニ奉存候、則一ヶ年ニ米六斗五升ツ、毎年備前様江納所可申候之間、左様ニ御意得可被下候、地替ニ被下候田戻し候へ之由、心得奉存候、地ハ互ニ本〻へ戻シ可申候、新池之物成大小之御構も無御座候得共、末代之印と被思召、差上候様ニとの事御尤、其段相意得奉存候、向後者いよ〳〵備前様之御奉行者頼入申事計ニ御座候間、左様ニ御心得可被下候

右之通長老被申、於僧使ニ罷成、面談ニ申入候

心　庵

村田小右衛門殿

同日

一備中井山宝福寺ゟ使僧口上之通ニ而池新田埒明申候

高物成差引目録

一下秦村田畝数三反四歩半　此高弐石四斗壱升弐合

此度宝福寺ゟ断ニ付、御領分之高除申候

物成八斗六升五合　但夫口ぬかわら代米共

一上原村田畝数壱反拾六歩　此高壱石壱斗弐升六合

宝福寺へ先年地替ニ遣置候得共、此度御断ニ付取返シ、御領分之高へ加ル

物成六斗壱升　但夫口ぬかわら代米共

一下秦村にて米五斗六升三合、此度池新田之断ニ付、此方ゟ正し候へハ、尤至極之由ニて、自今以後毎年宝福寺ゟ右之米程ツ、差上可申候由候、末代之印ニ候間、御下札ニ書入可申候と奉存候、如何可仕候哉、宝福寺ゟ御領分之池新田之断ニ付而、先方ノ望ニ仕候て、却而備前分之御徳米指引仕

三斗八合有之

村田小右衛門

同日

一塩川吉太夫申候ハ、平井村畠方之地詰請申度由望申候、
御代官衆之内江申談、畠方計改、発御座候所ハ改置可申
候哉と以書付ヲ申候

右之書付之通可然候、御代官二、三人申渡し改候様
ニと大学被申渡ル

同日
一国枝平助書出シ、浅口郡道口村増原新池御普請
一長三拾五間　横平シ拾六間四尺五寸　高七間壱尺
此坪四千百九拾七坪六合
夫役弐万九百八拾八人　但壱坪ニ付五人懸り石芝共ニ
日用米四百拾九石七斗六升　但壱人ニ付弐升ツ、
右之池之内
一長三百拾間　但他領さかへまて
横平シ七拾五間　此畝七町七反五畝
水溜深平シ四間　当テ水六百弐拾町水　但三寸水ニ〆
右之池之内ニ伊藤信濃殿領分田地池ひたりニ成申所弐反
程御座候、地上ケ被仰付候へハ、今壱間程堤上り可申候、
地上ケ夫役千人程
一信濃殿領内ニ溝付替候へハ、今度之新池ニ沢山ニ水参候
所御座候、此溝掘夫千七、八百人程、溝敷田壱反六畝程
御座候
右之溝敷地替ニ仕、水沢山ニ取申様ニ仕度と存、信濃殿
家老千石平左衛門へ内証にて談合仕見申事ニ御座候
一池御普請奉行御代官谷田弥三右衛門・安枝茂左衛門・佐
治儀右衛門、両三人にて申付候、青地小兵衛・大村市左
衛門、村隣ニ御普請申付居申故、切ゝ見廻ニ参、御代官
衆共談合仕申付候樋、加藤七太夫罷出念入居させ申候
一亀山村新田庄屋佐右衛門作事出来仕候
一残村新田庄屋両人申付候、今壱人ハ未出シ不申候、弥吟
味仕、追而出し可申与奉存候、已上
右之儀色ゝ僉義有之、信濃殿領分ノ地溝ニ掘申候上
ハ、替地不被遣候てハ不成義ニ候間、同ハ越米ニ而
被遣可然候へ共、其分ニ而事不参候ハヽ、田地にて
成共遣し可申候、千石平左衛門へ内証談合仕候様ニ

と大学被申渡ル

同日

梶川左次兵衛以書付ヲ申候ハ

一磐梨郡鍛冶屋村池裏付古土手返候共、夫役八千程ニ積り参候得共、随分軽申付候ハヽ、六千程入可申与奉存候、此内御役出人拾四、五人御座候間、此役ニ差かへ日用米六拾石被遣候ハヽ、不足之分地村之水懸り之百姓扶持方計ニ而申付、仕廻見可申候、右之水懸り地田高六百石余之村にて御座候

右之僉義、当年ハ江戸御普請大分之事ニ候間、先延慮可然候、併御普請奉行衆相談之上、不仕候て不叶義ニ候ハヽ、重而可承由、大学被申渡ル

同日

一渡部助左衛門・小林孫七郎以書付申候ハ、和意谷江被為成候時、水不自由之由申上候処ニ、池可仕之旨被　仰付候、日用米之員数并ニ池坪数未知申候、右之池出来次第追而可申上候、已上

右之僉儀、池可被申付候、日用米先弐拾石ニ可仕候、不足ニ候ハヽ、重而又相渡し可申由、大学被申渡ル

同日

一三木市郎兵衛以書付ヲ申候ハ、口上道郡八幡村五郎左衛門と申御小人、御小作事ニ而切板盗申由、私方へ届置申候、如何様とも被仰付可被下候、已上

右之者ハ先籠舎可申付由、大学被申渡ル

同日

一久保田彦兵衛申候ハ、久保村之理右衛門と申者、牛ノ革商仕候、方ゝかわた手前ゟ請込申候かわ共舟ニ積、上方へ参候て海賊ニ逢申由申候、舟者西大寺之舟ヲ借り、かち子ハ邑久郡宿毛村六兵衛と申者参候、かわた共申候ハ、海賊ニ逢申候ハ偽ニ候と申候ニ付、外ニ証拠無之候へハ申分ケ無之と申候、理右衛門正月十六日ニ走り申候、宿毛村六兵衛儀ハ安宅弥市郎へ断申遣、何方へも遣し不申候様ニ申置候、如何可被仰付哉と申候

右之段大学被申候ハ、走り申候処不審成儀ニ候、彼

六兵へなと呼寄、穿鑿仕候様ニと御横目共へ被申渡ル

同日

一吉崎勘兵衛・河合善太夫申候ハ、私共在宅損シ申所茂御座候、銘〻少宛すまいも仕替申度義ニ御座候由申候

右之段尤ニ候間、其通ニ仕候へと大学被申渡ル

同日

一田口兵左衛門申候ハ、江戸へ廻シ申候瓦申付候、旧冬ゟ前銀請取申候、町方之瓦なと仕掛候も御座候、左様之方も先留置可申候哉、土なとも取申候所被仰付被下候様ニと申候、薪も大分入申候由申候

同日

一同人申候ハ、江戸へ被遣候大工、何時分可被遣候哉、弥御大工頭三郎右衛門、何茂大工共召連参候様ニ可被仰付哉と申候

右ハ来月末ニ参着仕候様ニ可然由大学被申渡、大工数四拾人内拾人当町、三拾人ハ在郷大工申渡シ候

同日

津田重次郎書出シ

一御郡〻手習所廻り候刻、御郡奉行共御代官共江申談、所〻之於手習所ニ十村庄屋・手習師匠、又ハ参懸り候庄屋并百姓共江可申聞口上之覚

一去〻年廻り候刻如申聞、只今ニ至テ仏法ヲ信仰仕、吉利支丹請ニ旦那坊主ヲ立候百姓共ハ、只今迄之通ニ而何之構茂無之事ニ候、儒道を尊ひ、親之神主ヲもふけ、吉利支丹請ニ氏宮之神職ヲ立候百姓共ハ、一年ニ一度仲秋ニ神主ヲ祭り可申候、尤死人有之時者儒葬ニ可仕候、此二色之勤無之候而ハ、仏道を替り吉利支丹請ニ神職を立ル印無之候へハ、宗旨之証拠無之ニ付、如斯申聞ル事ニ候、右之品ハ御国之しまりニ而候故、江戸　御公儀江御対シ被遊候而之儀ニ候へハ、弥以皆共右之趣能合点仕、無懈怠様ニ可申付候

一仲秋之祭之儀ハ、八月仲ニ村〻切ニ其一族之者五人、七人組合、其内家茂広キ者之所を亭主ニ定、其日ニ当り彼

家へ銘〻親〻の神主ヲ抱参、存生之親〻ヲ振廻ことく思ひ、相応之振廻を出シ可申候、子孫無恙親〻を祭候ハ、目出度事ニ候へハ、此日祭り過候而、集候一類共神主江備え候食酒ヲいたゝき、其後者煎茶ニ而茂給、終日慰可申候、家子子共なとも、昔仏者ノ時盆ニあそハせ候ことく、此日ハあそハせ可申候、如斯連〻法式そなハり候ハヽ、只今迄一族ノわけをも不存者共も、一族之本の別れをも存、一類のしたしミも出来、扨親〻を馳走不仕候而ハ不叶事と存ル心茂出来可申とおもハれ候、扨又年中せき〳〵と相勤候百姓共の事ニ候へハ、此日一日農業を止メ、心侭ニ遊ひ候も能候、只今親〻を祭り候者共ノ身ニ成、我〻ヲ又右ノことくニ我か子共自身馳走仕候ハヽ、満足ニハ有間敷候哉、扨又葬之儀ハ、其一村ニ死人有之候ハヽ、其村ノ庄屋早〻彼家江参、死人之様子ヲ見届、棺以下ノ事を肝煎遣シ、則葬場江罷出、祝文ヲ読遣シ可申候、祝文読候事仕なれさる事故、庄屋共迷惑かり候由聞伝候、　公儀を恐れ我身の為を思ひ、能合点仕候ハヽ、此方ゟ差図不申候共、右のことく可仕事とおもハれ候、其子細ハ、只今之御国法ニ候へハ、其村ニ若吉利支丹有之候ハヽ、庄屋ヲ本人同前ニ曲事ニ被仰付ニ而可有之候、吉利支丹宗門ハ、常ハ紛居申候而も、相果候時之様子替り候と有之事ハ何茂可聞伝候、然時ハ庄屋自身死人之家ニ参、様子ヲ見届、葬之場迄罷出、手懸取置候事者慥成事ニ而候、其上庄屋ハ一村之長ニ而候へハ、手下の者を右のことく仕者長たる本意ニも相叶可申候、小百姓共之存入も左様之時節、纔成者之所へ迄庄屋自身参、右のことく肝煎遣シ候ハヽ、常〻の心入十倍も満足ニ存、其以後ハ心ゟ庄屋ヲおもんししたしミ、下知等ヲも用ひ可申とおもハれ候、左候へハ、対　公儀江村〻ノしまりニも可成事ニ候、如斯宜子細共有之事ニ候へハ、当分仕なれさる事を迷惑ニ存事ハ軽事ニ候間、右之趣克合点仕、有無ニ葬之儀ハ庄屋之一役ニ存、相勤可申候、祭と葬の仕様ハ、去〻年かな書ニ仕相渡候通ニ執行可仕候、其書付ニ合点不参所有之候か、又ハ末〻の情ニ不合事有之候ハ

、、可申聞候、返〻仏者ニて居申ものハ、只今迄之通何之御構も無之事ニ候間、左様ニ相意得可申候
一在〻ニ手習所被仰付御趣意ハ、去〻年も申聞通、前〻ハ百性共之子共寺へ通ひ手習算用等習候由、尤年闌候者茂旦那坊主之教を請候様ニ有之候処ニ、近年者師匠仕坊主少ク罷成、其上神職請ニ罷成候百姓共ハ、子共ヲ寺江遣シ候事勢難仕由、年闌候者も過半寺江出入仕、教を茂不請候由、上ニ聞召被及候、然時ハ自今以後御領分ニ而そたち候民共ハ、無筆無算、又ハ人倫のしめしヲ可請様も無之候段不便ニ被　思召、手習所ニ而手習算用仕習、又ハ年闌候者も間〱ニハ心懸次第ニ講尺ノ一句を茂承り、人倫の教をも請候様ニと被　思召而之事ニ候、縦百性共ノ子共手習算用稽古仕不得、講尺ノ一句を茂聞得間敷者、下ノ咎一国之上ニ被為立候而、其印ニハ御心なく、右のことく被仰付ハ、御国主ノ御役と被　思召而之事ニ候、又若百性共之子共之内ニ手習算用致習、四書小学之内之文義をも弁、人ニ生而ハ親へハ孝を尽シ、御国法ヲ不背、一類和睦シ、上ヲおもんし、奉行代官庄屋等之申付ヲ用ひ、家職の耕作ヲ情を出シ候筈と心ら合点仕候もの、後〻一村ニ壱人弐人宛も有之候ハ丶、在〻の風俗ノ益ニ可成と被　思召而ノ事ニ候、上ゟハ御国主之御役と被　思召被　仰付候事ニ候得共、末〻の身ニ仕候てハ寔猿同前之百性共之子共、手習所の教ニゟ一文字も引、そろはんをも覚、若ハ其身器用ニ而文字読ニても仕習候ハ、難有事とハ不存候哉、此段ハ不及申、子共ヲ手習所へ出シ候親〻の身ニ而ハ合点可参事ニ候、前〻ハ自分ニ造作を仕、手習算用習せ候ニ、只今ハ従　公儀それ〱の師匠ヲ被仰付、何之構もなく心懸次第ニ稽古仕者忝事ニ候、末〻の百姓之子共物を書習、算用仕、文字読を致シ習候迚、上ノ御為ニ成候事ハ少茂無之候得共、右ニ申通御国主之御役と被　思召、末〻の土民之事迄ヲ被懸　御心、如右之被　仰付事ニ候へハ、末〻のものも此忝被　仰付ヲ合点仕、何とそ上之御趣意ニ相叶候様ニと存、農隙之時分ハ相勤可申候、つまる所ハ銘〻の為ニ成事ニ候

右葬祭之儀手習所の御趣意者、去〻年も申聞候得共、今
度御代替ニ付、猶又申聞候事ニ候間、左様ニ相意得、弥
無懈怠様ニ可申合候
津田重次郎
右之書付池田大学江戸江被差上、入　御披見ニ候へ
ハ、書付之通軽可申聞旨　御意之由、日置猪右衛門
ゟ申来候旨、大学重次郎ニ被申渡ル

同日
一河合善大夫申候、寂前も申上候牛銀御借シ被成可被下候
哉、八貫目拝借仕度由申候、右ニハ拾七貫目と書出シ之
通ニ申上候得共、此段ハ赤坂之并ニ御借シ被下候様ニと
申候
大学被申候ハ、左様ニ候ハ、御銀借シ可申由、被申
渡候

同日
一俣野治平申候ハ、多賀村之者居懸りニ申付候へハ走り申
候、尋出シ候様ニ可申付哉と申候
大学被申候ハ、御法度ニ被　仰出義ニ候間、尋させ
候様にと被申渡候

同日
一鈴田夫兵衛申候ハ、今月廿一日之評定ニ出申候江戸大廻
シ西大寺船欠米之儀、御蔵奉行・同御横目ニ此御米ノ儀
江戸へ廻シ候時、俵廻シ見免ホ之儀具ニ相尋、其上ニ而
僉儀可有之由ニ付、右之者共ニ相尋候へハ、廻シハ常ニ
替不申、江戸ゟ書付之通込米仕、三斗弐升御座候故、見
免シ不仕由申候
右之僉儀色〻有之、前廉廻り候日比村かん米ノ通可
然と相究、此書付之通差免シ候様にと大学俣野善内
へ被申渡ル

同日
一千四百拾俵　　江戸へ積廻り壱艘分
壱俵ニ付弐合七勺　　見免シ
同　　弐合三勺四才　　江戸にてのかん
右者児嶋日比船

同日
一千六百弐拾俵　江戸へ積廻り壱艘分
　壱俵ニ付九合五勺四才　江戸にてのかん
右者日比船見免かんともニ五合四才
此度九合五勺かん立候を差引、〆四合五勺
かん米弁せ候へハ、弐拾弐俵弐斗五升
御免之かん米弐拾五俵壱斗六升余

三月十日
　林与左衛門書付を以申候ハ
一児嶋郡小串村両底池堤破損仕候ニ付、右之池下ニ御座候
池共又者上ノ方堤損シ、池数四ツ損シ申候、右之池所ニ
堤仕候へハ、日用米百五、六拾石入可申与積申候、右之
池所ゟ下へ引下ケ堤仕候ハヽ、日用米八拾石にて何とそ
仕廻申候様ニ仕度候、上ノ堤地心悪敷、只今普請難成御
座候、重而普請仕候刻御断可申上候間、其刻日用米被仰
付候ハヽ、取懸り申度候、已上

　右僉儀有之、日用米好之通八拾石可遣由、大学被申
　渡ル
同日
一片山勘左衛門申候ハ、平瀬ニ居申高瀬船改円山茂右衛門
居申候家之屋ね、殊外損シ申候間、棟包直シ申候様ニ被
仰付可被下候、其外惣廻り之へいなとも損シ申候由申候
　大学被申候ハ、武田左吉へ申談、繕可申付之由、被
　申渡ル
同日
一同人申候ハ、因川向当切(勾)ゝ参候て、座頭共配当場廻りゝ
ニ仕候様ニ被仰付、左様ニ候てハ畳なと踏よこし、出来
合なとも出シ申候様ニ御座候而、迷惑仕候間、少宛御心
付被遊被下候様ニ申上くれ候へと申候由申候
　大学被申候ハ、重而配当有之時申候様ニと被申渡ル
同日
一同人申候ハ、　御城御数寄屋之屋ね損申候、御書院も片
屋ねつよくそこね申候、可被仰付哉と申候

大学被申候ハ、尤ニ候間、田口兵左衛門へ可申渡旨
　被申候

同日
一石田鶴右衛門・斎木四郎左衛門申候ハ、先日申上候浜野屋市左衛門儀、籠舎被仰付候義、上方者殊外忝り申候、市左衛門籠舎之儀御侘言をも申上くれ候へと申、罷帰申候、市左衛門家質之儀色〻僉儀有之候得共、落着無之、重而之評定ニ相談可仕由、大学被申渡ル

同日
一安井六郎左衛門・加藤七太夫申候ハ、樋方之松丸太遣切申候間、加茂山之松丸太被仰遣可被下と申候、大学被申候ハ、只今者江戸御作事之貫木ヲ伐申候而手支之由被申候へハ、又両人申候ハ、左候者、和気郡ゟ成共被仰付被下候様ニと申候、大学被申候ハ、和気郡ゟも右之通ニ候と被申候、左候ハヽ、五拾本三拾本宛成とも出シ候様ニ被仰付被下候様ニと申候へハ、大学両郡へ其段可申付由、被申渡ル

同日
一武田左吉申候ハ、福嶋村御弁当場修復被仰付候ハヽ、只今百姓隙にて居申候間、被仰付間敷候哉、銀子も余程入可申候、銀拾枚なとニてハ足り申間敷候、余程之御物入にも御座候間、百姓ニ被仰付候共、誰そ御奉行被仰付被下候様ニと申候、大学御代官衆御奉行ニ可然と被申候、左吉申候ハ、梶川加兵衛御代官所ニ而御座候得共、腰痛居申、爰元へ出申候事も只今者成不申候と申候、左候ハヽ、今少相待可申候、只今ハ御歩行其外ニも御奉行手つかへにて無之由、大学被申渡ル

同日
一大学被申候ハ、庄野市右衛門申候、在〻御普請奉行手代壱人ツヽ渡候、寂前ハ御普請奉行両人出申候処へも弐人ツヽ手代渡り、両人へ四人被下候、尤壱人奉行之方も手代弐人渡り申候、壱人宛也、御奉行申候ハ、手代壱人ニ而者手支申事多御座候間、弐人宛ニ被仰付被下候様ニ市右衛門迄申候と申候、何茂いかゝ存候哉、僉儀仕候様ニ

と被申候、織部申候ハ、此儀御普請奉行中私へも申候得共、御普請方之儀故、市右衛門迄申様ニと申候、様子承候ニ、何茂申所も尤ニ存候間、両人宛ニ被成被遣間敷哉と申候、角兵衛・与三右衛門申候ハ、尤両人ツヽ渡り可然候、併弐人奉行之者共も可申出と存候、子細者、弐人奉行之者共同所ニ而御普請申付候へハ、壱人ツヽニ而も能候得共、二手ニわかり申候時者、壱人奉行と同前ニ候、又一所計ニ而両人相勤申候者、御奉行両人迄ハ不入物、壱人にて可然候哉、前〻之様子不存候、定而何とそ弐人奉行壱人奉行之替りも埒可有之儀と被存候と申候、色〻僉儀有之、先只今迄之通ニ壱人手代ニ仕置候様ニと大学被申候

三月廿一日

一梶川左次兵衛書付を以申候ハ、寂前申上候通、磐梨郡鍛冶屋村之池普請、日用ニ被仰付候ハヽ六、七拾石にて出来可仕与奉存候、右之村此池を頼ニ仕居申村ニ而御座候

右書付之通ニ御米相渡し可申候間、日用普請ニ可申付之旨、大学被申渡ル

同日

一大学被申候、寂前評定所ニ而片山勘左衛門申出候諸事御吉凶ニ付、座頭寄合候配当場ニ寺方廻り〻申渡シ候得共、畳なとふミよこし、其外奉行共へ少之料理共出シ、勝手迷惑仕由申候、少銀子被遣可然候哉、僉儀仕候へと被申、何茂色〻僉儀有之、五、三日之内ニ配当埒明申候者銀弐枚、五日ゟ上へ懸り申候者銀三枚、右之通ニ被下可然哉と一同ニ申候

右之僉儀尤之由ニ而其通奥山市兵衛へ大学被申渡ル

同日

一岸織部申候、津高赤坂竹御奉行無御座候、竹之子之時分ニ御座候、藪廻り掻なと仕時分ニ御座候、当分先御奉行被仰付候ハヽ、前廉様子も存申候中村八左衛門可然奉存候

大学被申候ハ、八左衛門申渡可然候由被申候

同日

一石田鶴右衛門・斎木四郎左衛門申候ハ、森下町入口番所家下芝にてつき候てハ早ク損シ可申候と存候、庄野市右衛門へ申、石垣ニ仕可然奉存候
　右之通尤ニ候、石垣ニ仕候へと大学被申渡ル
同日
一同人申候、去ル十日之評定所に而申上候浜野屋市左衛門家質之儀、如何被仰付可被下候哉
　右色〻僉儀有之、大学被申候ハ、㝡前町奉行両人被申候通ニ、市左衛門女之姉くり手前ゟ銀弐貫目出シ、家ハくり方へ取戻シ申様ニ申渡可然候、何茂一同ニ右之通御尤之由申候
同日
一田口兵左衛門申候ハ、福照院様ニ被召仕候お三ニ御借シ被成候家之繕、弥可申付候哉
　破損繕軽ク仕遣し候へと大学被申渡ル
同日
一俣野善内申候ハ、只今迄御詰米ハ御廟之御蔵ニ納申候、所高ニ御座候故か毎年御米かん立申候、当年者天瀬之御蔵と入替ニ仕、かん米之様子見申度由申候
　右之通尤ニ候間、当年先左様ニ仕、様子見候へと大学被申渡ル
同日
一同人申候ハ、只今程米直段爰許も大坂同事ニ御座候、御米少ツヽ払可申候哉、御家中払米も㝡早無御座由承及候
　大学被申候ハ、御家中之払米之構ニ成不申候ハヽ、少宛御米払せ可然旨被申渡、只今御銀も少手つかへニ候由ニ候
同日
一塩川吉太夫書付を以申候ハ、八幡村石原孫太夫と申者、近年牧野弥次右衛門才判預り御鉄炮之小頭仕、在江戸相勤居申候処ニ、去年眼病相煩、盲ニ罷成申ニ付、暇出大廻り舟ニ而上せ被申、先日当着仕候、就夫、右之孫太夫借銀御座候由に而、江戸人御奉行ゟ銀高書付参候、如何可有御座儀ニ候哉、縦請人出シ申埒ニ究申候ても少作之

者ニ而御座候へハ、潰シ申候ても大分ノ銀高にて御座候
故、弁上難仕御座候、人御奉行ゟ添状并ニ借銀高書付、
又者孫太夫申分書付も御座候

同日

一牧野弥次右衛門才判預小頭相煩、大廻り船ニ而其元へ遣
申候、小頭在所口上道郡八幡村之者石原孫太夫と申候、
請人同村庄屋市兵衛ニ而御座候、此孫太夫久〻相煩、御
奉公不罷成候ニ付、上せ申候

一孫太夫借銀別紙ニ書付進之候、過分之借銀私共方ゟ貴様
へ申進之候事、いかゝ存念之入尋申候処ニ、弥次右衛門
ゟ日置猪右衛門殿江窺申候へハ、人御奉行ゟ可申遣之由
猪右衛門殿被仰候旨、弥次右衛門被申渡候間、書付進之
候、御法之通可被仰付候、此者参着次第御報待入候、已
上

正月廿五日　有松次郎兵衛
　　　　　　津川甚助

塩川吉太夫様

猶〻借銀之書付、弥次右衛門方ゟ参候ヲ書出シ写進之候

同日

牧野弥次右衛門才判組小頭石原孫太夫借銀

一弐百弐拾壱匁八分八リン　御姫様銀拝借
一弐百九拾弐匁八分　弥次右衛門取次
一五百弐匁　町ノ買懸り之分

合壱貫拾六匁六分八リン

正月廿四日　有松次郎兵衛
　　　　　　津川甚助

塩川吉太夫殿

同日

書上申御事

一私眼病相煩申ニ付、去年三月ゟ江戸ニ而御断申上、馬嶋
瑞庵と申目医者之養生ニ懸申候得共、聢共無御座候ニ付、
私相組之者共牧野弥次右衛門殿迄御断申上候ハ、石原孫
太夫長病ニ而御座候ニ付、手前借銀も御座候間、忰ニ当
年十九ニ罷成候か御座候、是ヲ替りニ被召仕被下候へハ、

借銀も年〻を以差上させ申度奉存候、若年ニ御座候共何
事も中間相談仕相勤させ可申与申上候得共、左様ニも無
御座、迷惑仕候
一江戸屋敷余組之小頭共も、右同断ニ牧野弥次右衛門殿迄
相詰申上候得共、埒立不申候
一沢権太夫殿御取合ニ被仰候ハ、孫太夫悴少若年ニ御座候
共、替被成被遣候へと度〻御頼被成候得共、牧野弥次右
衛門殿被申候ハ、拙者才判組之儀ニ御座候へハ、私心侭
ニ難成御座候、何時何れへ渡シ可申も知不申候ニ、殊更
江戸ハ火事重ク御座候へハ、若年成者いかゝニ可有御座
与被申候
一私寛文六年ゟ当年迄在江戸ヲ相勤、大分ノ借銀仕候ハ、
先年之江戸大火事ニ逢、着類諸道具不残焼申候、其已後
眼病永〻養生仕ニ付、大分ノ借銀仕迷惑仕申候、唯今罷
帰候ても飢人之仕合ニ御座候、借銀返上難仕御座候間、
兎角悴を被召仕、借銀年〻を以差上ケ申度奉存候、已上

八幡村
石原孫太夫

三月十六日

塩川吉太夫様

右僉儀有之、買懸分ハ請人手前ゟ弁可申事ニ候、御
姫様銀と弥次右衛門取次と有之銀者、定而中間之連
判可有之儀ニ候、然共爰元ニてハ難計候、市兵衛方
ゟ水野三郎兵衛・弥次右衛門方へ様子尋遣可申由、
大学被申渡、落着無之

同日
一塩川吉太夫書付を以申候ハ、口上道郡平井村之内海辺ニ
新田弐拾五町程仕度由、当町之者望申候、御普請奉行衆
へも被仰渡見及、大川筋自然洪水之節、構ニも成申間敷
儀ニ御座候ハヽ、可被仰付候哉

右落着無之

四月十日

吉崎勘兵衛書付
一口津高郡母谷村古池前根切堤腹付積り

一四百八拾人　　長四拾間、横平シ弐間、深サ壱間半、
　　　　　　　　　此石坪百弐拾坪、壱坪ニ付四人かゝり
一千六百五拾人　　同堤腹付、長四拾間、横壱間半、高平
　　　　　　　　　シ五間半、此石坪三百三拾坪、壱坪ニ
　　　　　　　　　付五人懸り、但根切へ入土とも
一八百人　　　　　同水除堤切抜、長サ拾間、横平シ五間、
　　　　　　　　　深サ平シ四間、此石坪弐百坪、壱坪ニ
　　　　　　　　　付四人懸り
一六百人　　　　　同所埋土、壱坪ニ付三人懸り
　　惣合三千五百三拾人
一右同村新池根切堤積り
一七百五拾人　　　長三拾間、横平シ弐間半、深平シ弐間、
　　　　　　　　　此土坪百五拾坪、壱坪ニ付五人懸り
一七百五拾人　　　同根切埋土百五拾坪、壱坪ニ付五人懸
　　　　　　　　　り
一三千七百五拾人　同堤、長平シ三拾間、横根置拾六間、
　　　　　　　　　馬踏四間、深平シ三間、此土坪九百坪、
　　　　　　　　　但百五拾坪ハ根切捨石有之、残テ七百
　　　　　　　　　五拾坪、壱坪ニ付五人懸り
一弐百人　　　　　荒手掘申夫役
　　合五千四百五拾人
右之段勘兵衛申候ハ、口津高郡母谷村古池損申候ニ付、加ゝ野又三郎申合、参候て見申候、此池前廉も繕有之由ニ候へとも、度ゝ損シ申候、土悪敷故と相見へ申候、右之池之奥ニ能池所御座候、是を取立申候ハヽ、已後迄之ためニ能可有御座候、古池繕と新池取立申夫役之違も、餘大分ニても無御座候間、新池取立申度由ニて、夫役書付出候、大学被申候ハ、左候ハヽ、新池取立可然候、乍去迚も根付前ニハ出来仕間敷候間、先へ寄候者御役人も可有之候間、其砌可仕候由申渡候、勘兵衛申候ハ、其通ニ可仕候、寂早日用米も速与無御座候間、御役人不足仕候ハヽ、日用米をも少被下候様ニと申候、大学其時分之儀ニ可仕由被申候

同日

一同人申候ハ、口津高郡久米村・今保村ゟ庭瀬へ之道筋之橋、只今迄土橋にて御座候故、度〻損シ申候、石橋ニ仕度候、尤ニ思召候ハヽ、和意谷御用ニ犬嶋ゟ石積申候、此仕廻申候戻り舟之時分、石取申度由ニ而、石之書付出し申候

大学一段可然候間、其通ニ可仕候、多分七、八月頃ニも成可申候間、其節申聞候様ニと被申渡ル

右橋石之覚　久米村

一長七尺、横平シ五尺、厚サ五寸ゟ七寸迄、橋石壱せんニ四本か五本

一右同断　今保村

同日

一同人申候ハ、口津高郡ニハ庭瀬道筋作り申候砂取申候ゟ外ニ、平太船入用ニ無御座候、只今請取置候ても如何ニ御座候間、当分入用之刻、御舟手ゟ請取遣候様ニ仕度由申候、伊賀・大学被申候ハ、外之御郡奉行中も何とそ被申儀も可有之候得共、外之御郡ニハ入用多候間、例にも成間敷候間、御船奉行中申談、其通ニ可仕由被申渡ル

同日

一石田鶴右衛門・斎木四郎左衛門申候ハ、先日浜野屋市左衛門儀ニ付罷下候上方者共、一昨日罷下り候て申候ハ、寂前之御穿鑿之様子重〻被入御念忝候、何茂不残御礼にも参度候得共、大勢之儀ニ候付、三人参候、諸事細成被仰付難有由にて、少茂申分無御座事済申候ニ付、割符銀之書付差出シ、年寄中江見せ申候、上方者共淀屋三郎右衛門方へ参候て申候ハ、寂早埒明申候間、市左衛門籠舎御赦免被成可被下候、御町奉行様方へ参、御侘申度候得共、其段ハ如何与延慮仕候間、可然様ニ頼申候由にて、三郎右衛門私共迄申聞候由

同日

一同人申候ハ、鐘突堂之時計、只今御座候ハ岡田喜左衛門時分ニ御城之古時計ヲ請取、直シ候て用申候、殊外損シ候て違申候、天気能時分ハ大形日足を証拠ニ仕候得共、曇申時分迷惑仕由申候間、時計申付度由申候

大学尤ニ候、諸人之ためニ候間、申付候様ニと被申
渡ル
同日
一同人申候ハ、当年者町方殊外つまり、飢人多御座候、只今迄ニ銀子五貫五百目遣候、壱人ニ大形拾匁程宛遣候て、右之通ニ候、去年者年中ニ壱貫八百目遣候、四、五年已前ニ銀七貫目程遣候、当年ハ其位、其ゟ上にも成可申候哉と申候
同日
一安井六郎左衛門・加藤七太夫申候ハ、目安之御橋繕申付候、先一両年者苦ヶ間敷候、殊外ねた損シ申候
同日
一同人申候、上之町ゟ馬喰町へ出申候橋破損仕候、高欄茂無之、板も悪敷成申候、乍去先板をハ右之ニ而仕、下之道具新敷取替不申候者、成申間敷と申候
大学、仕直シ候様ニと被申渡ル
同日
一塩川吉太夫申候ハ、寂前籠舎被仰付候小作事ニ而板盗申候御小人之替りニ出申候八幡村之者、永〻籠舎仕居申候、何とそ御侘申上度由、切〻百姓共参候て申候由申候、伊賀被申候ハ、田口兵左衛門と相談仕候様ニと被申候、吉太夫申候ハ、兵左衛門共今朝相談仕、兵左衛門奥山市兵衛迄頼置、御城江御用候て参候由申候、此儀未落着無之
同日
一武田左吉申候ハ、一昨夜津嶋之内西坂村之市兵衛と申者、首くゝり果申候由申来候故、何とそ様子も可有之哉と参候て穿鑿仕候得共、別儀無御座候、市兵衛母ニ様子相尋申候へハ、幼少ゟ数年奉公仕居申、当年茂同村加右衛門と申者之所ニ廿五日奉公仕、五日ハ宿ニ居申、唯八日ニ宿へ戻申候、薪物ニ草をひろけ干申拵仕ニ付、雨気ニうつけたる仕方ニ候としかり、互ニ何廉申臥り申候処、二番鳥之時分市兵衛おきあかり、鎌をとき申候ニ付、母もおき候てかまをうはい取、夜更何事を仕候哉、組頭へ様子可申とおとし申候へハ、とほし松をくれ申候付、とほ

し候て庭之口ニ居申候へハ、外江突出シ戸を立、門へ入不申候ニ付、隣之孫助所へ参臥り申候、市兵衛常〻死たるかましと申候由母申候、隣之孫助ニも様子尋申候へハ、市兵衛母二番鳥之頃参、市兵衛追出シ候間、宿かし候へとおこし申候ニ付、夜明候ハヽ心茂直り可申候間、其ニ臥り候へと申候、市兵衛鎌をとき申ニ付、うはい取参と申候故、かまハ孫介取置候由、其時様子も可有之儀と僉儀仕候へ共、寝おきの儀ニ候へハ何之心も付不申候由申候

一市兵衛女房妹ハ奉公人にて他村ニ居申候へハ、何之様子も不存候由申候、其外庄屋年寄近所之者ニも様子尋候へハ、常〻実儀ニ能奉公仕、何方ニても気ニ入候へ共、短気之者ニて御座候、母ハ猶以短気者にて、常〳〵市兵衛といさかい申由申候と申候

　大学、其通ニ候へハ別儀有間敷由被申候

同日

一泉八右衛門申候ハ、御廟之道之石垣被仰付ニ付、御廟之御門之両脇、頃日又之丞・私参見及申候、公儀江御窺被成、被仰付次手ニ而御座候間、加様ニ被仰付間敷哉と、絵図を以相尋申候

　大学一段尤ニ候間、絵図之通ニ申付候様ニと被申渡ル

同日

一奥山市兵衛申候ハ、安藤杢預り御鉄炮之小頭山形六兵衛と申者、只今当分御掃除頭ニ被仰付置候、京銀六拾匁拝借仕度と申由申候、織部申候ハ、此六兵衛私方へ参候ても申候、御鉄炮小頭御免被成候故、京銀最前小頭之時分茂拝借仕居申候得共、右之御銀ハ去暮之御支配ニ而出シ申候故、何とも迷惑仕躰ニ御座候間、御借被遣間敷哉と申候、大学拝借不仕候て成間敷候、然共誰引廻シ申者も無之、才判難仕候半と存候、御城代組とか何とそ埒有之可然と被申、落着無之

同日

一大学被申候ハ、頃日御町奉行申候矢師加右衛門悴、養子

ニ而候得共、加右衛門跡目被仰付候、右之養子甚右衛門と申候、弓打又兵衛忰にて候、此頃果候処、妻子無之、養母と妹弐人有之候、承候へハ、右之養母殊外悪人ニ而、養子へ之あひしらい悪敷、病中宿ニ而之かいひやう成不申、兄弓打作兵衛と申者、又兵衛跡目被下、隣ニ居申候、此者方にて病中養生仕果申候、末期ニ及候時分も、うれいの様子ハ少茂無之、作兵衛方へ病人見廻参、加右衛門ゟ伝り腰脇指刀をも果不申候内ニ取可申なと申由ニ候、娘弐人有之候得共、是以実子ニ而無之故、あたりも悪敷、剰姉娘当年十二、三ニ成申候ヲ、あたまノ髪を切候て自分之かもしニ仕由、其上杉山五左衛門、加右衛門以来目を懸申と相見へ、今度右之姉娘を呼取可申由申遣候得共、只今彼娘遣候而ハ、外ニ下女にても置不申候へハ不成候、只今迄そたて申候、遣候事不成候由申候、右之通重〻不届之様子故、跡之諸道具共をも娘共ニ中〻遣不申、我侭ニ可仕と御町奉行共存候故、とき屋弥左衛門・矢師吉右衛門両人方ゟ使ニ遣、早〻家を明立退、跡之諸道具以下三ツニわけ、母と弐人之娘と三人割苻仕候へと申遣候へハ、母申候ハ、其段如何様共御差図ニ候、乍去養子果候而五日も立不申候内ニ、家を明候段心能無之候得共、是以如何様共可仕候、乍去不遁者迚も、又ハ無如在筋之者も無之候へハ、家を明候て可参所茂無御座候、何とそ借家ニても被仰付被下候者、今日にも家あけ可申由申候、弥左衛門・吉右衛門申候ハ、其方事悪人と承候と申候へハ、彼女申候ハ、如何様之事ニ而御座候哉、被仰聞候様にと申ニ付、右之品〻申聞候へハ、女申候ハ、尤様子有之儀ニ候得とも、左様之首尾にてハ無御座候、其段申わけ仕候へハ、各様へ申候者又悪人ニ成申候、右之様子申候者も大形合点仕候、申わけ可仕候間、悪敷申候者之迷惑不仕候様ニ頼申候とて、一〻申候

一娘之あたまの髪切かもしニ仕候との儀、是ハ去年右之むすめあたまニかさ出来、療治難仕、薬も被付不申候ニ付、中をつミ薬付申候、只今ハかミも無別儀由ニ而、則娘を呼出シ髪をも見せ申候、かもしニ仕候との儀、幸其時分

近所之ばゝ参居申候ニ付、右剃落シ候髪も見せ、娘之髪捨申もいかゝニ候、かもしニ致置遣シ可申と申候、乍去末幼少にて候故、根まきニ仕置、私も用申候とて、則右之かミをも見せ申候、彼ばゝ尓今居申候間、御尋可被成哉と申候

一姉娘五左衛門殿御置可被下由ニ候得共、私事病気者ニ候ヘハ、此娘をはなし候てハ何共迷惑仕申ニ付、御断申上候、妹娘之儀候者、何方へ成共預ケ申度と申候

一養子甚右衛門果候前ニ、腰之刀脇指取可申と申之由、是以左様之首尾にて無御座候、惣而前廉ゟ作兵衛と養子ノ甚右衛門と申合候哉、私を何方へも遣申度様子ニ候、此度果候前ニも諸道具なとの改穿鑿仕申候、刀脇指加右衛門代ゟ四腰御座候処、指替迄病中ニ作兵衛方へ取寄置候故、合点不参しかたと存、見廻ニ参候刻、はものゝ一腰も宿ニ無之候、一腰ハ置可申事与申候へハ、作兵衛申候ハ、病人以之外之折柄、左様之儀申候かと悪口仕候故、私茂申分御座候得共、病人之中にて申も如何と何事も不申罷帰申候、多分諸道具なとも改可申と存、書付置申由ニ而、弥左衛門・吉右衛門江見せ申由ニ候、扨女申候ハ、私一類牛窓ニ居申候得共、只今死失無御座候、娘弐人之親類とても無之、たよるへき方無御座候、縦借家被仰付被下候而も、飢申躰ニ御座候、何とそ後家扶持にても被下候様ニ被仰上被下候様ニと両人ニ申由ニ而、右之品〻御町奉行共へ申聞候由にて、大学何茂へ右之趣如何様ニ被仰付可然哉、僉儀仕候様ニと被申候、織部申候ハ、前承候処と後之様子違、冝様子ニ御座候へハ、御捨扶持被下候ても苦ヶ間敷哉と申候、市兵衛も同事ニ申候、与三右衛門申候ハ、此女之儀口之悪事を承候処にてハ、已後之様子能相聞候得共、別ニ善事と申程ニも不存候、是或ノ者ニ御捨扶持被下候ハヽ以来之例にも成可申候哉、たとへたよるへき方無之候者、奉公仕候而も苦ヶ間敷候、御扶持方被下候儀ハいかゝと申候、色〻僉儀有之、兎角御扶持方被下候儀ハいかゝとの儀ニ而、大学被申候ハ、廿日、三十日計之御ふちかた被遣、屋敷之儀ハ片付候迄

御町奉行中心得之様ニ借置可然由ニ而、鶴右衛門・四郎左衛門江右之段被申渡候、鶴右衛門申候ハ、御蔵ゟふちかた御出し候儀いかゝにも候ハヽ、町之銀子之内御扶持方之積り程遣し可申哉と申候へハ、此儀一段尤ニ候間、其通ニ仕候様ニと大学被申渡候、然処ニ鶴右衛門善内ニ相尋候へハ、惣而加様之御扶持人ニも、果候而三ヶ月之分御扶持方被下候由申ニ付、鶴右衛門重而大学江申候へハ、左候者町ゟ銀子遣候ニ不及、其通ニ仕候様ニと被申渡ル、夫兵衛申候ハ、此様子頃日大学被申通ニ承候、右之甚右衛門養母を悪敷様ニ作兵衛出入仕、士共方へ参申ひろめ候て、御町奉行も承由ニ御座候、左候へハ作兵衛悪人と存候、加様之者御扶持人ニ被遊置候儀いかゝニ存候由申候

四月廿一日

一吉利支丹宗門之儀於江戸従　公儀被　仰渡候御書付之写并渡部大隅殿御口上之覚書、大学岸織部へ被相渡、御帰国前ニ此書付之通吟味仕置、御帰　城被遊候刻、差上ケ可申由被申渡ル

同日

一丹羽次郎右衛門・上坂外記申候、和気郡日生村与三左衛門船舟頭甚三郎、九㕝へ参候とて長門室津之内碇石之前ニ懸り居申候処、小倉船破損仕候故、はし舟に而乗候人助ケ申候ニ付、小倉舟奉行衆ゟ飛脚を以岸織部・上坂外記方へ礼状越申候得共、船頭之名違、児嶋北浦吉左衛門舟之由申参候、此方ニ而吟味仕候得共、左様之船頭無御座候ニ付、其段申遣し候へハ、又此度以飛脚礼状越、右之舟頭名違、日生村ノ甚三郎と申参候、此方にて吟味仕候、弥相違無御座候、甚三郎方へ小倉木綿壱端遣し被申候由、右舟奉行衆ゟ申来候、いかゝ遣し可申候哉、伊賀・大学被申候ハ、小倉木綿断申、返進可仕候、此方ニ而寂前も加様之例有之候間、銀子壱枚人助ケ候ほうひニ遣し可申由ニ而、外記・次郎右衛門・市兵衛ニ被申渡ル

同日

一武田左吉申候ハ、御野郡福嶋村御弁当所繕作事入用之覚
・目録持参
一銀高四百六拾八匁
内　百三拾九匁弐分五リン　材木之代
但新木・古木、縁けた共
五拾弐匁四分三リン　釘代
五拾六匁四分七リン　諸事小買物之代
百五匁八分五リン　大工・張付屋・佐官・板
へき・屋ねふきとも作料
百四拾弐匁八分　日用弐百四人之ちん銀

同日
一津田重次郎申候ハ、和意谷江往来仕候御小姓衆・御歩行衆、伝馬・送夫被下候得共、殊外往来多候ニ付、伝馬・送夫迷惑可仕与賃金にて被下儀も御座候、和意谷迄路法九里御座候ニ付、馬壱疋駄賃五匁弐分、人壱人弐匁ツヽ、にて御座候、日用一日壱匁宛にて候得共、和意谷江者一夜泊り申候故、二日懸り申候ニ付、一人分ニ弐匁つゝ取申候、参候衆も銀に而被下候方能御座候様ニ申候間、銀子にて被下候様ニ可被仰付かと申候
大学被申候ハ、尤ニ候間、其通ニ相究候へと被申渡ル

同日
一田口兵左衛門申候ハ、御大工頭甚之丞申候、今程米相場高直ニ御座候、御大工共作料御断申候、米五拾五匁ゟ上仕候へハ、常之作料ニ弐匁ツヽ、御増被下候由申候、如何可被仰付候哉、伊賀被申候ハ、米下り申時分作料又下ケ申候ハヽ、此度作料増シ遣シ可然由被申候、兵左衛門申候ハ、先年茂加様ニ米高直之時分、増被遣候へ共、米下り申候時分、早〻作料へし申候由申候、其通ニ候ハヽ、此度増可遣由、被申渡ル

同日
一同人申候ハ、先日小作事ニ而板盗申候八幡村八兵衛と申御小人、尓今籠舎仕居申候、冣早余程久鋪成申候、御赦免可被成候哉、大学被申候ハ、冣前ゟ塩川吉太夫も其通

被申候、両人申談、籠舎免シ可申旨、被申渡ル

同日

一斎木四郎左衛門・石田鶴右衛門申候ハ、先日も申上候浜野屋市左衛門儀、上方者爰元ニ逗留仕、急度御侘言申上度由、両人共迄度〻申候得共、早速御断被申間敷候之間、先罷帰候へ、跡ゟ時分見合断可申由申候て、上方者戻シ申候、寂早余程籠舎仕候間、御赦免可被成候哉、僉儀有之、大学被申候ハ、寂早籠舎免シ可申候、罷出候共、先一両年者随分穏便ニ仕居可申候、尤他所へもふつと遣シ申間敷候、二、三年も過候てハ、其身覚悟次第ニ如何様之商も可仕候、右之通能申聞候へと鶴右衛門・四郎左衛門江被申渡ル

同日

一同人申候ハ、先日江戸ゟ御登せ候池田美作預り角太夫籠舎之賄、角太夫兄弟共仕候、小身之者にて何とも迷惑仕候、何とそ可被仰付哉と申候、大学被申候ハ、此者之儀江戸ゟ申来候、死罪ニ被仰付者ニても無之候、籠舎申付已後在所江追込、二、三年も奉公仕せ申間敷候由申参候間、寂早籠舎仕余程間も有之候間、今日籠ゟ出シ可申候、在所町之者之由ニ候間、鶴右衛門・四郎左衛門江右之通堅申付候へと被申渡ル

同日

一渡部助左衛門・久保田彦兵衛罷出、奥上道郡西祖村宗悦目安・浦間村六右衛門返答書両通持参仕、伊賀・大学前ニ而読申候、頃日下ニ而私共穿鑿仕申候へハ、宗悦申分ケも無之、不埒之様ニ奉存候、然共宗悦誤申候通、少茂不申候、此上者御横目衆手前にて御穿鑿被仰付被下候へかしと奉存候由、彦兵衛申候、僉儀有之、伊賀・大学被申候、両人穿鑿ノ上、宗悦つまり候て申分無之候ハヽ、先籠舎可申付候、此以後又何とそ替儀も有之候ハヽ、横目衆手前ニ而様子も聞届可申由、被申候

同日

一庄野市右衛門申候ハ、寂前も申上候高木左太夫・藤本作太夫、此両人手代只今迄壱人にて、御普請所村並なとニ

御座候時分ハ、御役人油断仕、御為悪敷儀共御座候、当分仮手代申付候分ニてハ、役人申事聞不申候、定手代御渡シ可然様ニ奉存候由申候、色々僉儀有之、大学被申候ハ、又外之奉行ゟも手代之訴訟可有之と存候故、㝡前ゟ手代之儀被申候得共、埒明不申候、右両人衆之手代之儀、御普請所手つかへにて御為にも悪敷由、其方被申候間、壱人ツヽ左太夫・作太夫ニ手代増可渡由、被申渡ル

同日

上坂外記・丹羽次郎右衛門口上書

一大坂ニ御座候御召川御座、御畳殊外損シ申候間、表替仕候様ニと今西半内方ゟ申越候、畳之表爰元ゟ上せ可申候哉、但大坂にて調候様ニ可申遣候哉

右之畳表替之儀可申付候、表者爰許ゟ遣し可申由、奥山市兵衛へ大学被申渡ル

一御家中士中借り切上り運賃ハ、先年江戸御普請之時分究り申候、下り運賃未究り不申候ニ付、大坂ニ而半内江舟頼候節、運賃究り無御座難仕由申越候、向後御定被成候者と存、下にて吟味仕、別紙ニ書付懸御目申候、右色々僉儀有之、落着無之

一大川御座御客船御畳表替可被仰付候哉、但床共ニ替畳可被仰付哉、委細半内状懸御目申候、以上

右ハ床共ニ替畳ニ申付可然由、大学被申渡ル

同日

小林孫七品々申上書付

一香登村之間大関橋、水出候節往来及難儀ニ申由申上候へハ、此度和意谷御用石取仕廻候跡にて可被仰付候由

一伊里中村之内龍馬川、右同前ニ付、樋作事へ被仰付、板橋ニ可仕由

一郡之内御林にて御用木伐候枝葉出シ申所遠ク、御払ニ成候而も御為にも難成ニ付、御用木伐候節罷出、肝煎申庄屋共ニ被遣候者、御救にも成可申由申上候へハ、可被遣由

一郡ノ内酒かふ不残他郡へ売申儀、又ハかふ分ニ仕売申儀申上候へハ、米高能令吟味うり申様ニ可仕由、被仰付候

一去年井田ニ長門殿役居申候処ニ、急ニ江戸へ御越跡役不足之分、日用米人高四千五百五拾人、壱人ニ付弐升宛、積九拾壱石之内寂前三拾石被下、又不足ニ付、今日三拾石被下候、已上

四月廿九日

一近藤角兵衛申候ハ、御歩行本庄久太夫相煩居申候、為養生作刕湯原江湯治仕可然由、医者申候、御窺申くれ候へと申候、大学遣し候様ニと被申渡ル

同日

一同人申候ハ、寂前籠舎被仰付候口上道郡門田村之酒酔、寂早久敷罷成候、何とぞ可被仰付候哉、此儀も御家中にてハ御成敗も可被仰付儀と沙汰仕由承候由申候、何茂色〻僉儀有之、御成敗迄ハいかゝ可有之哉と申候、伊賀被申候ハ、御国払候て可然かと被申候、与三右衛門申候ハ、御払者ハ他国江参、悪事仕出シ付届も有之候へハ、いかゝニ候由、此前も御僉儀御座候、曽テ御払無之儀とハ参間敷候得共、此者なとハ何とぞ外ニも可被仰付かと申候、八右衛門申候ハ、少疵ヲ御付可被成かと申候、尤ニ候間、脂(指)壱ツ剪、在所へ入置候様ニと塩川吉太夫へ大学被申渡

同日

村田小右衛門口上書付

一備中御蔵入酒津村ニ御領分江懸り申樋御座候、此樋守石垣守ニ酒津村之者頼候、此者無沙汰仕候故取上、近年者御領分八王寺村之庄屋ニ申付候、頃日致吟味候へハ、井関用心ニ調置候、石なと猥ニ仕候得共、他領故穿鑿可仕様も無御座候、夏之内ハ彼井関普請ニ御役人毎年入込申候、他領之儀にて御座候故、御普請奉行中殊外気遣仕候、石なと無沙汰ニ無之様ニ頼入候とて、酒津村之庄屋石番をも頼候者ニ、何にても被遣候様ニ仕度奉存候、自然御役人なと申分仕候ても常〻手入をも仕置申候者、少之事ハ無事にも成可申候哉

此儀僉儀有之、先奉行之儀ニ候間、岩根須右衛門ニ様子相尋可然かとの儀にて、須右衛門罷出申候ハ、

去〻年水出樋破損仕候刻、御蔵所之者共古板なと出シ繕申候ニ、此段存寄何茂様へ申候て、御蔵所之庄屋共江畝麦銀之内を以少ツヽ心付仕候へとも、中〻請不申候ニ付、重而御窺申、古樋之板なと残申候ヲ、自然水出ノ時分用にも可立かと申遣シ、下〻ニハ銭ヲ遣し候へハ、是ハ請申ニ付、其通ニ而置申候由、年寄中被申候ハ、其段慥ニ覚申候、急度頼申様ニ此方ゟ何にても被遣候儀ハいかゝニ候間、何とそ遣し可然時ハ、其方心持ニ仕置候へと被申渡ル

同日

一備中山北南川堤ニ藪植申度候、左京殿領川筋堤ニ竹植、毎年大分竹被召上、堤もつよく御座候由承及候、此度百姓共致相談見候へハ、竹植申候者堤之邪魔にも成間敷候、御調宝にも成可申候間、植申度と申候、竹所持不仕、なへ銘〻買候て植可申候、当分造作も参候、藪ニ念入申ためにても御座候間、十四、五年者銘〻構ニ被仰付、重而御検地請申様ニ被仰付候様ニと申候、堤之長ヲ村中ニ致割苻、主付申候、村中之末〻調宝ニ成申候

此儀何茂加様ニ被仰付可然と申候、大学小右衛門へ被申渡候ハ、藪之儀先植させ、竹もとくと有付多ク成候時分、百姓方ゟ竹も大分多ク罷成候間、御用にも可被召上かと申時分ハ、其方見計ニ可被仰付候由、被申渡ル

御横目共へ大学被申候ハ、御帰城之時分卒度御窺可申候間、無失念申聞候へと被申候

同日

一備中松山にて大高檀紙毎年御用ニ被召上候、方〻ゟ誂御座候得共、外ハ闕候ても御用弁申候、柳井平左衛門方江何にて茂信物仕置候者、御用手つかへ申間敷様ニ奉存候

此儀伊賀被申候ハ、上ゟ何にても急度被遣候様ニハ有間敷事ニ候、小右衛門方ゟ少之音信仕可然と被申候

何茂尤と申候、大学小右衛門へ被申渡候へハ、小右衛門申候ハ、時服なと遣し可申かと申候、時服なと

ハ不入儀ニ候間、外之物軽ク遣し置候へと被申候、
小右衛門内証にて申候ハ、樽壱荷肴一種遣し可申か
と何茂へ相談仕、其位ニ仕、苦ヶ間敷と何茂申候
一右之紙出来、岡山へ差上時分、先年者御人足被遣之由、
壱ヶ年ニ弐、三束ならてハ御用ニ無御座候故、其後者此
方ゟ持せ差上来候、近年ハ大分之御用ニ候、其所之物ハ
何郡にても持せ差上候得共、是ハ他領ゟ肝煎申上候ニ同
者、駄賃銀被遣候様ニ仕度奉存候
此義松山ゟ紙出来、岡山へ差越候節、日用銀にても
駄賃銀にても遣し候へと大学被申渡ル
一先日申上候備中救米之儀、有無御内意只今ゟ少承度奉存
候、子細者民絶申儀ハ不便被思召候得共、救米御取せ候
儀者風俗をいかゝニ被思召候者、迷惑人致吟味、其者共
ニハ土免ゟ下ケ遣し申度候迚、御損ハ御同前之儀ニ御座
候間、秋救米無拠迷惑人ニハ遣シ度奉存候、縦ハ其者構
高御年貢速与取せ候て茂、其分計ニ而ハ村ニ難致逗留者
ニハ、外ニ米遣シ続置申候、其者為救米免下遣シ候て翌
年ニも彼田地売候へハ、又免高ヲ不申候へハ、不同ニ御
座候、年〻ニ免上ケ下ケもいかゝ御座候、近年救米之儀
者無用ニ仕可然と年寄中被仰事共、達而御断申上、諸郡
共ニ遣シ申候、同者他郡並ニ被仰付候様ニ仕度奉存候、
左候ハヽ、村〻去年之通ニ土免究可申候、已上
此儀者卒度御窺可申候、先土免置可然候、其方存寄
候無拠米之儀ハ、存寄之通ニ心持仕尤ニ候、併惣御
郡奉行並と有之儀ハ、同心ニ無之由被申、落着無之

五月十日

一片山勘左衛門申候ハ、遊行上人追付参候ニ付、御馳走ノ
事先年参候時之様子不存候故、森川九兵衛ニ尋候へハ、
具ニ書付有之由ニ而、持出ル諸事前廉之通奥山市兵衛勘
左衛門可申談候、御横目共も先規之通御歩行御用人も可
申付由、大学被申渡ル

同日

一加藤七太夫・安井六郎左衛門申候ハ、在〻樋橋大形根付

前仕廻申候間、寂前被仰渡候上之町之橋、追付取懸可申由申候

同日

一同人申候ハ、御材木只今買置申度候、冬ハ材木参兼申候、其上来年者御簡略も明申候間、御入用も多ク入可申候、去年弐拾貫目程之御材木被召上候、少手つかへニ御座候て当春ハ少ハ難儀仕候、当年者三拾貫目之材木被召上候様ニ仕度由申候、大学先弐拾五貫目計にて仕廻候事ハ成間敷哉と被申候、両人申候ハ、其にてハ少手つかへ可申と申候、左候ハヽ、三拾貫目ニ可仕由被申候

同日

一御横目共申候ハ、寂前御穿鑿被仰付候邑久郡宿毛村六兵衛籠舎仕居申候、本人奥上道郡久保村ノ理右衛門逐電仕候故、六兵衛拷問迄仕候得共、埒分明ニ無御座候、私共相談仕見申候ニ、此六兵衛義ハ独身之者ニ而家田地も無之候、久保村之庄屋年寄ニ右ノ六兵衛をハ預ケ申と宿毛村之庄屋ニ断申、本人之理右衛門を走り申様ニ仕段ハ、少不届ニ存候間、過怠心ニ久保村庄屋ニ御預ケ可被成哉と申候、伊賀・大学尤ニ候、何茂いかゝ存候哉と被申候、織部・市兵衛・八右衛門も可然と申候、大学被申候は、久保田彦兵衛ニ申渡シ候て、村に而籠へも入置可申哉、如何様ニ仕置可申と可相尋候、如何程ニ預ケ置可然哉と被申候、何茂申候ハ、籠迄とハ参間敷候、若走り候ハヽ、寂前ノ科茂あらハれ申様成物にて御座候、本人走り居不申、科も分明ニ無御座候間、何となく村ニ置候様ニ可被仰付哉と申候、其通彦兵衛ニ可申渡由、大学被申候

同日

一岸織部申候ハ、吉利支丹改被仰付候ニ付、書付共集申候、籠屋ニ居申者共之分ハ、書付取可申肝煎無御座候ニ付、私直ニ彼所へ参、書付共取可申候間、御横目共ノ内壱人罷出候様ニ被仰付被下間敷哉と申候、大学尤ニ候間、其通ニ可仕由にて、御横目共へも右之通被申渡ル

同日

一国枝平助申候ハ、備中山口村畝麦五拾石御座候、公儀

江山口村あかり候ハ、右之畝麦被遣可然由申候、大学被
申候ハ、尤ニ候、弥あかり申ニ究候ハ、其通ニ可仕由、
被申候
同日
一同人申候ハ、山口村ニ御かし米拾石御座候、是ハ弥あか
り申ニ究候ハ、可取立由申候、尤ニ候間、其通ニ可仕由、
大学被申渡ル
同日
一同人申候ハ、浅口郡新田之池出来仕候、殊外能池にて御
座候、加藤七太夫も参候て樋をすへ申候、今迄樋手つか
へニ無之様ニ、七太夫・六郎左衛門ニ被仰付置可被下由
申候、則新田米目録出ス
同日
　備中浅口郡新田米目録
一新田物成合三百拾壱石弐斗三升五合　寛文拾弐年ノ分
　内払
一拾四石五斗弐升六合　樋守水引給地割検見之時分扶
持方人数十弐人分
一六拾弐石四斗弐升六合　七嶋ミをつき切所〻溝御普請
日用米
一弐拾四石三斗弐升九合　扇池上置御普請日用米
一九石九斗壱升四合　御普請鉄道具柄ふろの代とも
一弐拾石　口林村十村肝煎九右衛門作事
仕候ニ付御断申上被遣
一弐拾石　亀山村新田庄屋佐右衛門作事
仕候ニ付御断申上被遣分
一六石　新田万御普請方肝煎申三右衛
門・長右衛門ニ被遣ル
払合百五拾七石壱斗九升五合
残而百五拾四石四升　道口村増原新池日用米ニ入
二口合三百拾壱石弐斗三升五合
同日
　備中浅口郡道口村増原池御普請帳
一　長弐拾間

一夫役弐千九百七拾人　うら石垣　横四尺
　石坪三百三拾坪　　　　　高弐間半
　　　　　　　　　　但壱坪ニ付九人懸り
　　　　　　　　　　　長三拾五間
一夫役壱万五千百七拾弐人　本堤　横平拾六間半
　　　　　　　　　　　　　高七間壱尺
　土坪三千七百九拾三坪　但壱坪ニ付四人懸り
　　　　　　　　　　　芝付手間共
夫役合壱万八千百四拾弐人
日用米三百六拾弐石八斗四升　但壱人ニ付弐升宛
右之明俵もつかうわらニ被遣候
　寛文拾三年四月廿五日　道口村庄屋
　　　　　　　　　　　　小左衛門
　　　　　　　　　　亀山村庄屋
　　　　　　　　　　　　佐右衛門
右之通夫役日用米相改相違無御座候、已上
　　　　　　　　　　　谷田弥三右衛門
　　　　　　　　　　　安枝茂左衛門
　　　　　　　　　　　佐治儀右衛門
右之日用米三百六拾弐石八斗四升
　　内
　百五拾四石四升　　寛文拾弐年新田有米
残テ弐百八石八斗　　借米
　此分当秋弐割之利足を加へ元利合弐百五拾石五斗六升
　新田米之内にて払申筈ニ御座候、以上
　　　　　　　　　　　国　枝　平　助
同日
　　国枝平助以書付申候
一浅口郡占見村仁助と申百姓之忰市郎兵衛と申者、七年已
前ニ御小人ニ出居申候処ニ、不届之儀御座候由にて、江
戸御小人奉行ゟ当春三木市郎兵衛方へ暇出シ申由申来、
二月廿三日ニ岡山迄罷帰、在所江ハ戻り不申、庄屋ニも
何之断も不申、直ニ岡山にて有付申ニ付、主人へ右之通
断申候へハ、早〻暇出シ申ニ付、在所へ引戻申筈ニ仕候

処ニ、岡山ゟ欠落仕候、方〻相尋させ申候得共、近所ニ
居不申候、拝借銀弐拾匁・給米三石壱斗七升、此分親之
田地家屋敷売、村にも懸、払上ケ申候、右之仕合故、親
居申所茂無御座候、苗代植物時分ニ罷成候ニ付、尋申儀
村中迷惑仕候由申ニ付、其後ハ尋させ不申候、彼者自然
尋引戻シ候ても親之家屋敷田地共ニ無御座候へハ、一日
も居申所無御座候間、又走り申候て可有御座候、然共又
〻相尋させ可申候哉、但払者ニ可被仰付候哉

大学被申候ハ、先其通ニ可仕候、若立戻り候ハヽ、其

上之儀ニ可被仕由、被申渡ル

五月廿九日

一物御郡奉行中廿八日ニ下寄合仕、洪水跡之儀僉儀仕候趣、
年寄中迄書出シ候目録

一土免郡〻勝手次第ニ仕、秋免にても去免本ニすへ引遣可
申哉之御事

一流家　如何可被仰付哉之御事

一潰家　同断

一日用米之儀差当仕候御普請所入用、先請取連〻仕候分、
追〻可申上候事

一流家潰家之者当麦成引遣可申候哉、其外郡ニ寄水入申候
所、家流潰不申候共、麦流、麦成上納成兼候者ニハ、郡
奉行吟味之上を以捨遣可申哉御事

同日

一土免之儀秋免ニ而も去免本ニすへ、何茂勝手次第ニ引遣
可申由、大学被申渡ル

一流家之儀、先年之洪水之節者、家下壱坪ニ付御米七升ツ
ヽ被遣候、此度も其通ニ可被仰付かと年寄中被申渡候へ
ハ、御代官頭西村源五郎・渡部助左衛門・岩根須右衛
門・御郡奉行中何茂申候ハ、先年之洪水にハ外ニ何とそ
被遣物も御座候哉、壱坪七升宛ノ被下米にてハ家取立申
儀中〻成間敷候由申ニ付、色〻僉儀之上、流家ニ御米壱
斗ツヽ、被下候

一潰家之儀、先年者壱坪ニ三升ツヽ、被遣候、右同断之僉儀

にて、此度者御米五升宛可被遣由、大学被申渡ル
一日用米之儀書出シ之通尤ニ候間、此通可然由、被申渡ル
一流家潰家之者、麦年貢之儀縦流家潰無之共、麦流候上者、可仕様も無之事ニ候、併弥致吟味御年貢ニ立可遣由、大学被申渡ル

同日
一岡助右衛門・馬場茂右衛門、諸手之御勘定目録并御役算用目録持参、年寄中前ニ而是を読、年寄中へ相渡ス

同日
一林与左衛門申候ハ、八浜村甚兵衛儀常〻御用才承申候、児嶋ニ居申候てハ諸事勝手ニ悪敷、御畳なとノ御用相調申儀も不勝手之儀共御座候間、岡山町へ罷出度由申候、いか丶可被仰付候哉、跡にハ次男を残置可申由申候
　大学被申候ハ、悴跡ニ残置候上者、其身勝手次第ニ可申付旨、被申渡ル

同日
一渡部助左衛門申候ハ、御家中士中江麦成如例年可被遣候哉、但流麦引捨残分御蔵一同ニ御平シ可被遣候哉、色〻僉儀有之、何茂一同ニ申候ハ、御家中侍中麦成心当ニ仕居申儀ニ候間、例年之ニ相違仕候者、差当り迷惑可仕候、当暮之物成にて御差引御座候共、先麦成之儀ハ毎之通ニ被遣可然哉と奉存候由申候
　大学各申分尤ニ候間、例年之通麦成相渡シ可被申旨、渡部助左衛門へ被申渡ル

同日
一安井六郎左衛門・加藤七太夫申候ハ、上ノ町橋出来仕候、其外山下廻り之橋繕、又者溝ふた迄大形仕廻申候、此上ハ中橋小橋ニ取懸り可申由申候
　大学尤ニ候間、勝手次第ニ取懸可申旨被申候

同日
一庄野市右衛門申候ハ、御鉄炮之者家流、又ハ潰申候者共御座候、如何可被仰付哉と申候、僉儀有之、先年森川九兵衛預り火事ニ逢申節、小頭ニ金子壱両、御鉄炮ニ銀子壱枚宛被下候、其通ニ被遣候て可然哉と泉八右衛門申候

色〻僉儀にて、家流候小頭ニ御米四俵、惣御鉄炮ニ三俵、潰家之小頭ニ三俵、惣御鉄炮ニ弐俵宛御借シ可然と相究り、則御普請奉行庄野市右衛門・中村久兵衛・俣野善内へ大学被申渡ル

同日

村田小右衛門書出シ

一御蔵出作入作之御年貢納所事、如何可申付候哉

此儀百姓共申分有之候ハヽ、可被申聞候、其節之様子次第ニ可申渡由、大学被申渡ル

一流物材木ニ付、水谷左京殿ゟ侍衆改ニ被出候由、是ヲ戻シ申様ニ候者、百姓之も可為同前候、併此段改懸申候者、此義ニ付大成申分出来可申候、いかゝ可申付候哉

流物之儀者先ゟ慥成証拠有之候ハヽ、相対にて早〻戻シ候様ニ可被申付候、慥ニ無之分ハ其方差計、宜可申付旨、大学被申渡ル

一此度事候間、くい木しからミ竹手寄次第、御蔵入給所にて伐申候事、御家中江御触可被仰付候哉

此儀尤ニ候間、御家中江相尋可申旨、大学被申候

一村ノ上ニ御領分破損有之、他領ゟハ繕急ニ申付候様ニと断来申候、先後ニ御普請取懸申候者、片寄たるやうニ可存候、私之儀御郡之御用ニ諸手御普請申付候者、百姓躰へ之御用かけ可申候哉、今一組御普請之奉行被仰付、御代官頭も見廻、御普請調候様ニ仕度奉存候

此儀尤ニ候間、岩根須右衛門見及、小右衛門相談可被仕候、御普請奉行之儀も可申付由、大学被申渡ル

一御普請所之繕、水下ゟ繕申例法と申者も御座候、又領分切と申者も御座候、先日ゟ聞合候得共不定ニ御座候、併近年ハ領分切ニ御普請調申候、御了簡之上ヲ以可被仰付候哉

此段難究候、重而弥承届可被申聞候由、被申渡候

丑ノ五月廿九日　村田小右衛門

同日

小林孫七書出シ

一三石村大関橋台之破損、百姓普請ニハ難仕候間、御役人

にて可被仰付候事
　御役人可申付由、大学被申渡ル
一天瀬村ゟ河本村之間大関破損所、右同断
　是又御役人可申付由、大学被申渡ル
一和気村御制札流申候、其外御制札も古ク成申候間、次手
ニ御書直可被下候
　御制札場繕可被申付候、御制札共書直可遣由、大学
被申渡ル
一御普請奉行藤本作太夫計ニ而ハ、所〻ノ繕難成候間、外
ニ御奉行被仰付可被下事
　尤ニ候間、御奉行可申渡由、大学被申候
丑ノ五月廿九日　小林孫七

同日
久保田彦兵衛書出シ
一金岡新田御普請所御奉行被仰付可被下候
　御奉行可申渡由、大学被申渡ル
一三ヶ所井関夥敷破損仕候、御役人壱ヶ所ニ弐拾人程宛被
仰付可被下候、差当石無御座候、日用銀之内にても御買
石ニ可被仰付候哉
　此儀尤ニ候間、日用銀之内ニ而買石ニ可被仕由、大
学被申渡ル
一所〻御普請所くい木竹入用ニ御座候、御蔵入之内請藪に
ても伐遣、請銀御赦免可被成候哉、くい木給所之内にて
も手寄之自林ニて伐遣可申候哉
　尤ニ候、請藪に而伐せ請銀免シ可被申候、くい木之
儀給所之無構伐せ可被申由、大学被申渡ル
一大豆種銀拝借仕間敷候
一銀御扶持員数ハ追而可申上候
丑ノ五月廿九日　久保田彦兵衛

同日
林与左衛門書出シ
一藤戸村橋此度御懸直被仰付候ニ付、近辺水上ノ村ニ居申
候者共申候ハ、只今迄之橋台長ク御座候ニ付、洪水之時
分水さゝへ、川上水高ク迷惑仕候間、只今被仰付候ハ、

橋一せん多ク被仰付候か、又ハ小橋を長ク被仰付候て、橋台を少ク被成被下候様ニと、御断申上候事

断申段尤ニ候、併橋三せんハいかゝニ候間、橋台短ク仕、小橋を長ク仕候様ニと、則樋御奉行両人へ大学被申渡ル

一此度洪水ニ付、児嶋郡村〻ニ流物拾揚置申候、岡山ゟ尋ニ参、是ハ此方之と申者御座候由ニ候得共、慥ニ其主ニ而御座候哉不定ニ御座候、樋橋之道具少宛御座候、備中公儀御蔵所御代官手代ゟ私方ニ申参候ハ、所〻堤破損ニ付、伏樋数多流申候、浦〻へ流寄申か、又ハ沖相に而拾申儀も候ハヽ、可申聞由、其外在家数拾軒、着類・道具ホ流申候、自然浦〻へ拾揚置申候ハヽ、了簡之上ニ而申付くれ候へと申参候、御蔵所之樋道具ハ桧、其上樋なりも少違申由申候付、念を入書出シ申様ニと、揚置候村〻へ申付候、書出シ之上を以、右頼参候方へ揚置候段可申遣与奉存候、御領分之内之流物も拾揚置申分、如何可被仰付候哉、只今御普請所多、加様之儀裁判難仕奉存候間、何れへ成共流物裁判被致候様ニ被仰渡可被下候、久敷打捨置候ハヽ、悪敷も罷成、又ハ失など仕候ハヽ、出入なとも出来可仕哉と奉存候ニ付、相窺申候

流物之儀、慥成証拠有之相断候ハヽ、相対ニ而相渡シ可申候、不慥成義ハ遣シ候もいかゝニ候間、拾候者預り置、公儀御法のごとく半年過候ハヽ、拾主取可申由、大学被申渡ル

丑ノ五月廿九日　　　　林　与左衛門

六月十日

一大学御町奉行両人江被申候ハ、吉利支丹之御帳　公儀江上り候御帳と其方扣之御帳見合候へハ、生国生年年号なと相違多候、　公儀江上り候帳之扣と一同ニ直シ置可然かと被申候、鶴右衛門・四郎左衛門申候ハ、町之ひかへ右〻ゟ之書付にて御座候、仕直シ置可申由、岸織部申候ハ、此度改書付置、御帰国之節差上ケ可申候間、相究り候上、書直シ被申様ニ可被成かと申候、其通ニ仕候へと

被申渡ル

同日

一林与左衛門月番にて罷出申候、郡御普請所旁此節手つかへニ御座候得共、御代官衆ニ具ニ申談置候由申候、大学被申候ハ、此節之儀ニ候間、御用も候ハ、武田左吉・塩川吉太夫ニ可申候間、先罷戻り御普請所諸事御用申付可然由被申渡候、与左衛門申候ハ、村〻破損所先銘〻之村ゟ仕候へと申渡候、只今日用米被下候と申候てハ、大分御米出可申様ニ奉存、普請出来後見及、御扶持方迄被下候様ニ仕候ても可然かと申候、又只今急ニ普請迄申付候へハ、村〻ノ作り畠物なとも手入不仕、捨り申様ニ御座候間、此段者作之手入も仕上ニ普請所仕様ニと存候由申候、其段尤ニ候間、見計ニ可被申付由、被申渡ル

同日

一大学俣野善内江被尋候ハ、岡田権之助預り御支配之事申由、只今迄之法ニ仕可然由被申候、善内申候ハ、御鉄炮類之者共御支配半分宛被下候、暮給之内只今借用仕度由申候得共、其段ハいか丶可有御座候哉、江戸ニ相詰居申御鉄炮之者共、半分宛被下居申候、此方ゟ只今参者ニ暮給之内被下候ハ、相違之様ニ存候由申候、尤ニ候由、落着無之

同日

一安井六郎左衛門・加藤七太夫申候ハ、中橋小橋之流柱共大形取集、三拾八本之内三拾三本御座候、京橋之流柱者六本共ニ御座候由申候

同日

一江戸へ御廻シ被成御米参着仕、江戸ニ而改請取申御横目両人ゟ差越候状、俣野善内持出、年寄中へ見せ申候

一一筆致啓上候、其御地弥御無事ニ御勤可被成と存候、此元相替儀無御座候

一今度西大寺村七郎兵衛舟と北浦村市郎右衛門船ニ御米積廻り、無恙致当着候、当御地にて廻シ改之儀私共ニ被仰付、貴様ゟ御紙面之通ニ改申候

一三俵箱米西大寺村七郎兵衛船廻シ、平シ壱俵ニ付三斗弐

升三合七勺八才ツ、
三月三日江戸へ遣し候時之廻シ、壱俵ニ付三斗弐升九
合八勺六才、江戸にての欠六合八才
一千五百俵公事廻シ俵拾五俵廻シ、平シ壱俵ニ付三斗弐升
六合弐勺六才ツ、
一三俵箱米北浦村市郎右衛門船廻シ、平シ壱俵ニ付三斗弐
升五合四勺ツ、
三月三日江戸へ遣し候時之廻シ、壱俵ニ付三斗三升壱
合四勺三才、江戸ニての欠六合三才
一千五百俵くち廻シ俵拾五俵廻シ、平シ壱俵ニ付三斗弐升
七合四勺宛
右之通ニ相改申候、計様之儀被仰下候通、箱米之分ハ御
小人ニ計せ、くし廻シ之分ハ舟頭計申候、箱米計申御小
人ハ舟頭ゟ計様下手と存候、箱米御念之入候段無相違相
改申候
一当御地ニ御国舛と御当地舛共ニ二ツ御座候、前〻ゟ江戸
舛に而廻シ申様ニと、山内権左衛門殿被申渡ニ付、右之
通相改申候
一其許にて計立ノ平シ舛目ゟ欠立申候、其段其許にて御算
用可被成御覧候
一箱入米尤欠ハ立申候得共、是ハ計手善悪ニ而も可有御座
と存候、箱米被入御念、其船〻ニ積添参候儀、舟頭共惣
米ニ念入為ニ申、宜儀ニ奉存候ニ付、爰元にて御頭中江
も其段申上候
一明箱六ツ錠共ニ其舟〻ニ戻シ申候、かきハ此御飛脚ニ進
之申候、恐惶謹言
五月十日
丹比七太夫
中村八郎右衛門
藤井与次兵衛様
同日
一御横目共申候ハ、奥上道郡西祖村宗悦寂前より籠舎仕居
申候、頃日宗悦忰四郎右衛門と申者御横目共迄参、御穿
鑿被仰付被下候様ニと申候、其後四郎右衛門兄義左衛門
と申者、小塚段兵衛方ニ被下人ニ而居申候、此者も暇を

もらい、四郎右衛門一等之由にて参候、如何可被仰付哉と申候、只今事多義ニ候間、先其通ニ仕置候へと伊賀・大学被申候

同日

一鈴田夫兵衛申候ハ、今度洪水ニ付、下ニ而評判仕由承候、此度流人なと殺シ申儀見申ニ而ハ無之候得とも、荷物なとニ取付流申者ハ、荷物ハ取、人ハ突流殺シ申様ニ沙汰も御座候、加様之節者小早二、三艘被仰付、幸川口之御番所ニ居申御船頭隙にて、其節ハ改も無之居申儀ニ御座候間、此者御乗せ川内ゟ北浦高嶋前ニ居申、諸事見届申様ニ可被仰付儀と申由ニ御座候、万事御慈悲ニ被仰付候上者、此度なとハ加様ニ可有之と存候へハ、相違仕由申と承候

大学尤ニ候由被申候、此度も小舟四艘程川口へ出シ置可然由、御舟奉行両人へ申遣シ候由被申候

同日

一大学上坂外記・丹羽次郎右衛門へ被申渡候ハ、当春申渡シ候平太船郡〻にて作り仕申様ニと申渡シ候へとも、此度者洪水ニ付御郡奉行中一円手透無之ニ付、当年者御船手ニ而被仰付、御渡シ被下候ハヽ、重而ハ作り替繕万事郡〻請取ニ可仕由被申候間、船手にて郡奉行中被申談、舟数入用程可被相渡由被申渡ル

同日

一泉八右衛門申候ハ、殿様御帰城之刻、蕃山宇七郎御迎ニ何方へ罷出可申哉と申候、大学上ノ組外之末江罷出候様ニと被申渡ル

同日

一同人申候ハ、私儀　御廟之御用御座候間、大手ノ御門之辺へ御迎ニ可罷出哉と相尋候、其通ニ仕可然由、大学被申渡ル

六月廿一日

一中村久兵衛・庄野市右衛門申候ハ、西中嶋東川端石垣卅間、其下ニて拾六間、此繕石買石ニ可被仰付候哉、上を

芝ニ仕積弐拾壱人役にて御座候、石ハ壱坪ニ付拾七匁仕
候、其上浦（裏）石も仕能候、芝ハうら土大分手間入候由申候
其通ニ可申付候由、大学被申渡ル

同日

一田口兵左衛門申候ハ、江戸ゟ御作事奉行安藤次郎右衛門・斎藤左次兵衛一昨日戻り候由申候、大学此砌之事ニ候間、少休息仕候て罷出可然由被申候

同日

一大学兵左衛門ニ被申渡候ハ、山田道悦居申候屋敷江御使者数多有之候ハヽ、御入候筈ニ候、湯殿無之候間、見合申付候様ニと被申候、奥山市兵衛申候ハ、御使者奉行衆申候ハ、玄関之脇ニ六畳敷之部屋御座候、是ヲ三畳敷板之間ニ仕、残ル三畳ハ其侭畳を敷、わら屋ニ仕度由申候と申候へハ、其通ニ仕候様ニと兵左衛門へ被申候

同日

一中村久兵衛・藤岡内助・庄野市右衛門申候ハ、伊勢ノ宮御旅所之御番人源右衛門と申候者、右ハ熊谷源太兵衛預りにて居申候得共、只今者御小人之内ニ入、三木市郎兵衛構ニ而御座候、今度之洪水ニ家潰申候、当暮給拝借仕度由三木市郎兵衛迄申由ニて、私共へ頼候由申候
大学此者ニハ家を此方ゟ作り可遣候間、御借米ハ被遣間敷由被申渡ル

同日

一大学被申候ハ、佐分利平右衛門へ被下米之事、来年ゟハ物御代官並ニ両度ニ被下候、当年之儀口米之心茂有之候間、当冬一度ニ不残六拾俵可被下儀か、又者月割可然哉と被申候、何茂申候ハ、尤去年ノ冬所務仕御知行にて当九月迄仕廻申筈ニ候へハ、九月ゟ之月割之筈ニ候得共、重〻結構ニ被仰付候上ハ、御代官ニ被仰付候と有之月ゟ之月割可然と申候、弥其通可然由にて、俣野善内江被申渡ル

同日

一大学被申候ハ、口上道郡へ罷出候御普請加奉行ニ増扶持方被遣被下候様ニと、御普請奉行中被申候、如何被仰付

可然候半哉と被申候、何茂申候ハ、御野郡・口上道郡定御普請奉行ニも増扶持被下候、其外右両郡へ罷出候竹奉行ニも、罷出候日ハ増扶持被下候間、此者共にも被遣可然由申候、尤ニ候由にて、則増扶持可相渡由、俣野善内江大学被申渡ル

同日

一武市源助・羽山伝助書付を以申候ハ、竹之子見廻りニ付置申候御鉄炮、例年者今時分者引せ申由承申候得共、当年者洪水ニ付、口上道郡・御野郡百姓ニ御山にて下苅牛之草被下候ニ付、出入之草刈共無礼ニ猥ニ苅申者吟味仕せ申候間、下刈牛之草被下候内者、右之者共直ニ付置申度奉存候、已上

右之通先番人置可申候、郡奉行衆へも申談、随分みたりニ無之様ニ可仕由、大学被申渡ル

七月十日

売上ケ申石之事　　　　武田左吉持出ル

一代銀九百弐拾八匁八分也　　宮本村井手

此石坪七拾弐坪　但舟壱艘ニ付銀四匁三分ツヽ、

高瀬舟数弐百拾六艘分

一代銀九百三拾六匁也　　四日市村大井手

此石坪五拾弐坪　但壱艘ニ付銀六匁ツヽ、

高瀬舟数百五拾六艘分

代銀合壱貫八百六拾四匁八分

石坪数合百弐拾四坪　但舟数三百七拾弐艘分

右者御野郡両井手御用石ニ高瀬舟ニ積下シ、売上ケ申代銀ニ被下、慥ニ請取申候、已上

寛文拾三年七月九日

赤坂郡牟佐村庄屋
三郎兵衛

同村　船頭
吉右衛門

野口弥平兵衛様
杉山四郎右衛門様
早川小助様

前書之石高瀬船三百七拾弐艘ニ積下、宮本村井手・四日市村大井手ニ而舟数荷入共ニ相改請取、両井手破損繕ニ遣申候、已上

杉山四郎右衛門
早川小助
野口弥平兵衛

右者年寄中江御窺申御買石仕候、直段相究候通相違無御座候、已上

武田左吉

右之通相違無之候、已上

中村久兵衛
藤岡内助
庄野市右衛門

同日

武田左吉書付持出ル

一浜野村之内松木長五間目通五尺廻り、洪水ニたをれ申候、但大ゆかミ

西川原村
六郎右衛門

七月九日

同日

御野郡御制札場入用材木積

平瀬村

一松丸太　弐本　長弐間目通弐尺七寸廻り　屋ね板ぬき木
一同　三拾六本　長五尺目通壱尺弐寸廻り　柵木
合三拾八本
外ニ栗丸太　弐本　中柱

武田左吉

七月十日

右之流木松丸太弐本之替ニ遣、残三拾六本之柵木者笠山にて伐せ、弐本之中柱ハ調候て御用ニ遣可申由、年寄中被申渡ル

同日

御野郡出入医者薬種銀

一百弐拾九匁　松嶋玄良
一百弐拾九匁　竹井宇玄
一百弐拾九匁　岡田玄旦
一百弐拾九匁　吉山道加
合五百拾六匁

右者例年被遣通りにて御座候、已上

丑ノ七月十日　　武田左吉

右之薬種銀遣シ可申候、併能〻遂吟味、百姓共調宝ニ無之者ニ候ハヽ、例年被下来りニ候共、入替可申旨、大学被申渡ル

同日

石田鶴右衛門・斎木四郎左衛門口上書

一片上町橋両脇橋屋六郎右衛門・平野屋善兵衛屋敷土手之分、先規ゟ御検地帳ニ入居申候、今度改土手之分、地子御免　公儀地ニ仕度候

両人申分尤ニ候、地子差免、　公儀地ニ仕、土手之分柵を振見通しニ仕置可申候由、年寄中被申渡ル

一諸手ゟ町入仕者共、先年窺御歩行横目衆迄之分、銘〻頭ゟ差紙を取借屋かし申候、十人組之儀只今迄町入之者無之、窺不申候、如何可被仰付候哉

十人組衆手前ゟ町へ出シ申候者之儀、御歩行同事ニ頭ゟ差帋取可申旨、年寄中被申渡ル

同日

口上道郡出入医者薬種代

一銀合五百拾六匁

内

百弐拾九匁　森下村友庵　　百弐拾九匁　中嶋町宗寿

百弐拾九匁　乙多美村玄正　　百弐拾九匁　中川村道加

右之通にて御座候、已上

七月十日　　塩川吉太夫

郡出入医者薬種代之儀、右武田左吉へ被申渡同事ニ大学被申渡ル

同日

塩川吉太夫書出シ四ヶ條

一村〻麦成、流麦濡麦引候ても、残麦遅〻仕、給所払成兼申候間、御借麦被成被下候様ニ仕度奉存候

御かし麦之儀色〻僉儀有之、流麦濡麦被下候上者、給所払成兼申段心得かたく候、先外にて才覚仕候て成とも、年貢麦埒立候様ニ可被申付候、百姓痛候ハ

、、其時僉儀可有之儀と年寄中被申渡ル
一日用銀米無御座候、諸手ゟ相渡候様ニ申候、被仰渡請取
申様ニ仕度奉存候
日用米之儀御普請所急ニも無之所ハ差延、仕候ハて
不叶所者、御普請奉行共と被致相談、重而可被申出
候、依其趣ニ日用米相渡シ可申由、年寄中被申渡ル
一塩留堤御普請未出来仕所御座候共、先石垣付申度奉存候、
御普請奉行見及申様ニ可被仰付候哉
塩留堤石垣之儀、御普請奉行中申談可被申付候由、
被申渡ル
一勅旨村之内ゟ山へ越家仕百姓御座候、勝手次第ニ仕せ申
候
家之儀勝手次第ニ可申付由、年寄中被申渡ル
同日
一塩川吉太夫申候ハ、森下口御制札場只今迄ハ町へ入候右
脇ニ御座候、御番所見通シも悪敷御座候間、左脇江所を
替申度由御町奉行中申候、如何可仕候哉
如何様共其所之様子能様ニ可仕旨、年寄中被申渡ル
同日
一津田十次郎申候、福照院様御碑石犬嶋ゟ片上迄取越、
彼地町外ニかき仕入置可申候、其外御墓御用ニ入申小キ
石之分和気村迄取越置、磐梨・邑久両郡之御役人透次第
ニ和意谷へ上ケ置、只今ゟそろ〳〵御普請ニ取懸申度奉
存候、御普請奉行中へも其通被仰渡可被下由申候
尤ニ候間、久兵衛・内助両人へも申談候様ニ、年寄
中被申渡ル
同日
一青木善太夫・津田重次郎・服部与三右衛門申候ハ、今日
之御飛脚ニ山内権左衛門方ゟ書状差越、当秋ゟ　御隠居
様御歩行御仕分之筈ニ付、御帳仕立度候へ共、御歩行之
者共名付出不申候ニ付、御帳之わかり難仕候、俣野善内
ゟ申参由にて、私共三人へ申越、只今名付相究り可然哉、
但先只今ハ人高之積にて差引仕置可然哉と申来由にて、
権左衛門ゟ之書状差出シ申候、年寄中被申候ハ、分り無

之候て御歩行之組分も難仕候間、只今御分可然候間、御
窺可有由被申候、与三右衛門申候ハ、いまた御弓組なと
もわかり不申候間、御歩行も其砌一所ニ被仰付間敷哉と
申候、年寄中被申候ハ、御歩行之名付究り居申上者、先
御歩行之分り迄被仰付苦ヶ間敷と被申候

七月廿一日

御野郡平瀬村日用御普請夫役杉山四郎右衛門書付

武田左吉持出ル

一四千八百五拾壱人五分　平瀬舟番所ノ下ほれ之分

此所田地ノ土ニ而埋申候故、両方能候間可仕由、年寄

中被申候

一六拾七人五分　同所之下横ほれ之分

此所道筋ハ可仕由、年寄中被申候

一三千人　平瀬井関船石之分

此所寂早当年之用水ニ成不申候得共、中水にても出申

候へハ、切れ申候所大分ニ成申候間、其内ニ可仕由被

申候

一弐千百四拾七人　同所一ノ樋と二ノ樋之間川手上

り堤ノ分

此所ハ来春ニても可仕由被申候

一五千五百弐拾七人五分　中嶋村水あましの請堤、竹田村

東川原村表之分

此所麦前ニ仕候而可然由被申候

只今田ニ仕候而ハ夫役多ク入申候間、先畠ニ仕追而田

ニ可仕候由、左吉申候

右五ヶ所夫役合壱万五千五百九拾三人五分

杉山四郎右衛門

同日

塩川吉太夫書付

一口上道郡日用米未足申候間、御銀御米御渡シ被成被下候

様ニ仕度奉存候

則日用米三百五拾石相渡シ候様ニと、俣野善内へ被

申渡ル、御銀弐拾貫目ハ只今無之候、大坂ゟ参次第

ニ相渡し可申由、年寄中被申候
一村ゝ橋木入用伐せ申度奉存候、別紙書付差上候、被仰渡
可被下候哉
橋木瓶井・龍ノ口ニ而伐申様ニと、武市源助・羽山
伝助ニ被申渡ル
一村ゝ出村之者今度之洪水ニ迷惑仕、注所断申者御座候、
勝手次第ニ仕せ可申候
此段者御郡奉行見計ニ申付候へと被申渡候
同日
梶川左次兵衛申上候
一磐梨郡田原之井関御役人共、和意谷之御普請ニ上ケ申候
故、日用普請ニ仕度候、在ゝ飢人四百計御座候、旁日用
普請早ク初申度由申候、年寄中尤之由、則日用米百五拾
石相渡シ候様ニ俣野善内へ被申渡ル、左二兵衛月番にて
当地ニ相勤申由申候
同日
石田鶴右衛門・斎木四郎左衛門口上書
一番町職人共、御簡略以後御家中細工無御座候而迷惑仕候
得共、只今迄ハ兎哉角仕取続申候処、今度洪水ニ而ひし
と細工無御座、及飢ニ申仕合御座候、先年洪水之節御銀
拝借仕候、此度も又拝借仕度由度ゝ申候得共、先年之洪
水時分とハ諸事違申候間、此度ハ被申上間敷候由申付候
得共、再三申断候故、先御内意申上候
御借被成間敷由年寄中被申候、先年ハ壱人ニ五拾匁
ツ、五百人程有之由、只今御かし之類多可有之由
一御鉄炮屋十右衛門悴未　御目見不仕候、就夫、只今も御
鉄炮之磨諸事御用ニ十右衛門手伝、又ハ煩申様成時分名
代にも差出申度由、　御城代衆江も申断候へハ、未　御
目見不仕候者にて候へハ、何茂心得にて御城内へ参候へ
とハ申付かたく候由被申候と申、如何可被仰付候哉
御目見之儀、細工も能仕候ハヽ、追而　御目見之儀相
伺可申由、手伝ニ、御城内江罷出候儀ハ、　御目見
不仕候ても不苦候間、出シ申様ニと年寄中被申候
同日

一御町奉行申候ハ、御鉄炮屋吉兵衛申候、御鉄炮共他所之鉄炮屋ニ被仰付候、已後私ニ被仰付候様ニと願申候、若他所之者ゟ私仕候御鉄炮悪敷御座候ハヽ、如何様にも可被仰付候、随分念之入仕上ケ可申由申候

年寄中被申候ハ、以後者其通ニ被仰付可然由被申候

同日

一岸織部申候、武市源助御役屋敷へ野口弥平兵衛と入替り申候、源助本屋敷新敷作事仕、畳も新敷仕申候、御役屋敷之畳古ク大形床計にて御座候、此度又新敷源助仕申候間、重而屋敷替り申時分、右ノ古畳敷置、此度仕畳者源助取可申候間、左様ニ心得くれ候へと組頭迄申候、御役屋敷之事ニ候間、被成可被遣候哉、左様ニ候ハヽ、伝助にも可被遣候哉と申候、何茂僉儀仕、度〻表替迄ハ不入儀之様ニ存候、屋敷替り申時分計被仰付被遣可然候半哉、惣而御役屋敷右之通ニ仕度与何茂申候、泉八右衛門申候ハ、学校も一度被仰付被下候後者、銘〻表替仕筈ニ申合候由申候、年寄中尤と被申、源助伝助手前之畳仕遣し候へと、水野治兵衛ニ被申渡候、残ル御役屋敷之畳ノ事ハ、落着不仕候

同日

一泉八右衛門申候ハ、中江弥三郎・加世八兵衛ニ被下人、御足軽之内を弐人ツヽ被下候、雇人にて御座候故、召仕にくヽ御座候、公儀之御物入者同前にて御座候間、御米にて可被下候哉、左候へハ小身者ハ為勝手にも能御座候と申候、年寄中可然由被申、落着無之

同日

一権現様御祭礼御書付年寄中出シ被申候、御祭礼之儀年〻替り申儀いかヽニ被　思召候、已後迄続申様ニ被遊度御趣意ニ候、如御書付被仰付、さヽわり申儀者有之間敷候哉、何茂存寄申上候様ニと　御意之由被申候、何茂御尤ニ奉存候、さヽわり申儀存寄無御座由申候、御町奉行両人江被申聞候、町年寄共にも申聞せ、出シ申品追而可申上由申候

同日

一御船入之絵図を御普請奉行持参仕候、年寄中被申候ハ、御舟入之御普請者此節にて候間、御手廻シ一篇ニ候ハ、被仰付間敷候、御救にも成候者可被　仰付与御意ニ候と被申、御町奉行ニ日用之様子ヲ尋被申候、御町奉行申候ハ、当春洪水前ニ救銀七貫目程出シ申候、加様ニ候ハ、当年者飢扶持過分ニ入可申与存候処ニ、洪水已後銀六百目遣し申候、是ハ日用御普請被仰付候故と奉存候由、就夫、弥御舟入可被仰付候間、只今之内急度取懸候様ニと次郎右衛門并御普請奉行へ被申渡候、則織部ニ相談仕、御奉行ニ藤岡伝左衛門・杉山四郎右衛門・虫明又八・山本庄兵衛可然由、御普請奉行申候ハ、先此四人にて仕見可申候、御奉行不足ニ候ハ、追而可申上候と申候、御歩行奉行も四、五人出不申候而ハ成申間敷由申候、今日書出シ可申候由申候、銭持なとニ被仰付候者奉行多入可申候由、年寄中被申候ハ、銭持ニも入札も先ゝ仕候へと被申候

同日

一俣野善内申候ハ、当年平シ物成肝煎之御代官頭渡辺助左衛門被仰付候ニ付、御役料相渡し候得共、相果申ニ付、去月岩根須右衛門被仰付候、被下米月割ニ可被仰付哉、又者何とそ被仰付も可有御座哉と申候、僉儀有之、月割宜可有御座共申、又者平シ物成ノ肝煎者、第一麦成之時分と暮之所務にて御座候、右之両度共ニ此度須右衛門相勤申儀ニ御座候へハ、御役料其侭被遣可然哉と申候、色ゝ僉儀御座候て、兎角平シ物成肝煎之者ハ四月替と被仰可然哉と申候

年寄中尤と被申、落着無之候

同日

一御横目共申候ハ、奥上道郡金岡新田ニ居申候三好三折・鴻池仁兵衛、昨日私共方へ参候て申候ハ、明日御寄合之由承候間、御年寄中迄申候て、何とそ被仰出も御座候様ニ仕くれ候へと申候、只今御事多時分中ゝ被申間敷とハ申置候、いかゝ可被仰付哉と申候、年寄中被申候ハ、如何様ニ被仰付可然与存候哉、申候而見候へと被申ニ付、

三折儀ハ少御扶持被下候ても苦ヶ間敷様ニ存候、仁兵衛事ハ只今も上下人数弐拾人余有之様ニ承候、金岡新田にて田地大分持居申由ニ候、此者ハ備中浅口之新田にて可然程田地被仰付、当分御借米なと被仰付候て能可有御座かと申候、尤ニ候間、御窺可申由被申候

同日

一御横目共申候、奥上道郡西祖村宗悦悴御歩行横目共方へ度〻参申候ハ、宗悦儀㝡前籠舎被仰付候、浦間村六右衛門方ゟ如何様ニ申上候も不存候、今一度双方之口御聞被成被下候ハヽ、難有可奉存由申候、いかゝ可被仰付候哉、年寄中被申候ハ、㝡前宗悦手前ゟ之書上今日持参可仕候、
　御前江相窺可申由被申候

七月晦日

　七月廿八日惣御郡奉行中寄合仕由ニ而書付出ル

一荒之地詰検地当秋物成にて引遣申事ニ御座候間、大分之村ハ従　公儀被仰付、少分之所ハ御代官ニ庄屋相添改可申哉之事

一永荒田畠鍬下にて発申所者其通ニ可仕候、鍬下にて不成所者日用にて可被仰付哉之御事

一庄屋諸遣米当年ゟ如前〻可被遣哉之御事

一当不作之在所来年為耕作只今ゟ御借米被仰付、無利ニ年数を御延被召上候様ニ仕度奉存御事

一無拠者遣シ米当年者増遣シ申度奉存御事

　右之五ヶ条願之通ニ不被仰付候ハヽ、成申間敷と被存候、今日可相窺由、年寄中被申候

　御窺被申候処ニ、書付之通ニ可仕由被　仰出候事

同日

　塩川吉太夫書付

一口上道郡御制札場之柵入用銀被仰渡可被下候哉、目録仕立申候

一先日申上候日用銀被仰渡可被下候哉

　右之二色願之通仕候様ニと被申渡、則日用銀弐拾貫目相渡シ候様ニと、奥山市兵衛・水野治兵衛ニ年寄

中手形遣被申候

同日

林与左衛門書付

一児嶋郡牛銀之事余郡承合候得共、只今申上候御郡無御座候由ニ御座候、粒浦村・八軒屋村両村へ八百五拾匁御借可被為成候哉、返上之品者利ハ京銀並ニ被成、本銀を七年ニ割、本一年分ニ利銀を相添出シ、七年ニ元利相済申様ニ拝借申上度と申候

大学被申候ハ、㝡前牛数多死候時分も銀子かし申候、此度も御借被成能可有之由にて、奥山市兵衛ニ銀子之儀被申渡ル

一上山坂村忠右衛門・下山坂村七左衛門所ニ村組之庄屋共久敷番仕申候、右之庄屋共へ御扶持方可被遣候哉、左候ハ、、御残シ米之内にて相渡シ可申候、但村組之儀ニ御座候間、其通ニ仕置可申候哉、御伺申候、已上

此儀僉儀有之、加様之儀ハ以後迄村組之者共迷惑仕能可有之由ニ而、其侭只今迄之通自分賄ニ申付候様ニと年寄中被申渡候

同日

安宅弥市郎書付

一邑久郡宿毛村六兵衛儀、籠舎御赦免ニ而奥上道郡久保村ニ御預ケ置被成候、迚之儀ニ在所へ御戻シ被下候ハ、難有可奉存之旨、所之庄屋年寄并一類共度〻私迄申候

六兵衛儀久保村江過怠心ニ預ケ置候得共、㝡早久敷事ニ候間、所之庄屋年寄なと佗申上者、宿毛村へ戻シ能可有之と年寄中被申、則弥一郎へ戻シ候様ニと被申、久保田彦兵衛ニも右之通被申渡候

同日

村田小右衛門書付

一備中荒改奉行八組被仰付可被下候

相窺出し可申由、年寄中被申候

一水江村・中嶋村之御制札洪水ニ流申候、被仰付可被下候

申付渡シ可申由、年寄中被申候

一山南へ井手水上り不申候、古地村前筋違下へ新川掘せ申

度と他領御領共ニ訴訟仕候、弥相談究、追而申越候へと

申付候、向後望候ハヽ、可申付候哉

此儀御領分他領共ニ能ニ究り候ハヽ、相窺可申付由

被申候、小右衛門申候ハヽ、今一往弥様子承届可申上

と申候

一松山ゟ之礼状御披見ニ入申候事

此儀ハ松山ゟ惣門之柱流来り候を返シ申候ニ付、礼

状こし申候由にて出し申候

一御蔵入浜村・倉敷村ゟ之出作之儀、当夏窺申候へハ、追

而其品申上候へ可被仰付由、御領分洪水ニ逢無拠者ニハ

麦成不残捨遣シ申候、他領分右同前ニ申渡候、村ニ寄濡

麦干麦改払上させ申候村も御座候、他領之家内を可改品

も無御座候、出作分ハ麦成不残出シ候様ニと申付候、先

方ゟ申越候ハヽ、麦成免候村と不免村と違有之候段、迷惑

ニ奉存候由申越候、出作者本村之並之御法之事ニ候得共、

他領ゟ之断六《（ママ）》借敷御座候間、其出作分例年出し来之麦成

半分免ニ申度奉存候、已上

村田小右衛門

此儀本村之様子次第小右衛門見計ニ、半分ニ而も又

者其ゟ内ニ而も免シ遣し候様ニと、年寄中被申渡ル

同日

小林孫七書付

一和気郡坂根村ニ居申高瀬改御奉行羽原甚左衛門家、洪水

ニ破損仕候、前〻ゟ坂根村ゟ川上高瀬船御座候郡ゟ夫役

出し仕候由、竹木縄其外入用之物者従　公儀被仰付候由、

此度被仰付可被遣哉之御事

書付之通仕遣候へと年寄中被申渡ル

一和気村九郎右衛門と申百姓、表口拾八間之家外ニ蔵弐ツ

御座候、近年手前迷惑ニ及申候、趣意ハ郡之内へかし銀

仕候処ニ、銀返弁不仕ニ付、右之家屋敷共ニ売申度由申

候、右之家不残買取申者御座候ハヽ、売せ申度存候得共、

左様ニ買申者無御座候、和意谷へ御成候節御供衆中宿度

〻仕候、和気村ニ可然家も少ニ而御座候故申上候、分散

ニ仕候ハヽ、借シ銀出シ候ても不苦者共ニハ申付、取立

遣可申哉之御事
借銀之儀只今上ゟ被仰付候ハヽ、是ニ不限此類数多
出可申候ニ付、左様ニハ成間敷と被存候、家分散之
儀可窺由、年寄中被申候
御窺候処、勝手次第売せ可申由被　仰出ル
一香登村・大内村辺江熊山ゟ鹿大分出、作物たへ申、百姓
迷惑仕由申候、鹿打候儀御免シ可被遣候哉、夜ニ入出候
節追候ても又追付参給申由、昼夜共ニ鹿鉄炮にて御打せ
可被遣候哉之御事
御窺被申候処、時分考狩可被仰付由被　仰出ル
一八木山御宮之後、洪水之節之大雨にて大分崩れ申候、如
何可被仰付哉之御事
此儀孫七口上ニ申候ハ、被仰付候ハヽ以後之為ニ而
御座候間、のゑニ仕芝付ケ申度候、日用ニ可被仰付
哉と申候、今少相待御役人之手透次第ニ申付候様ニ
と被申渡ル

同日

一小林孫七申候ハ、和気郡御普請所大形ハ手合申候、和気
村江砂大分入申候、日用米百石計被下候ハヽ、右ノ御普請
所仕度由申候、年寄中被申候ハ、大形之所者惣御郡奉行
中申合、甲乙ニ無之様ニ仕度と被申候、孫七申候ハ、此
所者上田にて御座候故、鍬下御赦免にて緩〻被仰付候ヘ
ハ御損参候と申候、左候ハヽ仕可申候、今日俣野善内江
日用米之手形調可遣と被申渡候

同日

俣野治平書付

一赤坂郡神田村・津崎村之両社江火鉢、新田之内壱反ツヽ
御付可被下候哉
此儀御窺被申候処、右両社江火鉢、新田之内壱反ツヽ
付遣し候由被　仰出

同日

河合善太夫書付

一奥津高郡久〻村之枝村ニ品野と申所御座候、久〻村ゟハ
弐拾町計も間御座候、其上川越にて諸事作廻悪敷候故、

品野を当秋ゟ免帳下札共ニ分ケ候様ニ望申候間、其通ニ可仕候哉、下札を分申候節、品野ヲ品田村ニ可仕かと奉存候御事

　此儀好之通ニ村を分ケ候様ニと年寄中被申渡ル

同日

一国枝平助申候ハ、今度川筋さらへ申ニ付、川端之出申候所を水之為ニ悪敷御座候ニ付、取申候へハ、右之所古屋敷之跡にて、銭亀掘出シ銭六貫余り御座候、此銭　公儀江可被　召上哉、又者掘申候者ニ可被遣候哉、両人仕掘申候内壱人古屋敷先祖之者之由申候

　右之両人江遣し候様ニと年寄中被申渡ル

一同人申候ハ、先日年寄中ゟ尋ニ被越候新田へ入百姓之儀、如何にも成可申候、尤人ニハ寄可申候得共、弐拾人計之すきわいにハ拾町計にて可然哉と申候

同日

一山田弥太郎申候ハ、牧野弥次右衛門預り御鉄炮之小頭孫太夫病気故、去暮暇遣シ候、右之孫太夫　御姫様銀弐百目余拝借仕、其外弥次右衛門口次之銀弐百目余、江戸之町にも買懸り五百目余御座候、此銀子共尓今埒明不申候、いかゝ可被仰付哉、右之請人口上道郡ニ居申、其身も同所ニ居申ニ付、年寄中塩川吉太夫ニ様子被相尋候、請人中ゝ銀子弁申躰ニも無御座候、其身ハ田地も持不申者之由申候

　僉儀有之、大学被申候ハ、江戸之町買懸り之銀ハ済不申候ハヽ、成間敷候、請人ニ闕所銀之類借シ候て弁させ可然候、孫太夫儀日来も悪敷小頭と聞へ申候、其上　御姫様銀惣預り拝借仕内をも自分ニ借り込居申候、旁追放被仰付可然との義ニ御座候、可相窺由

　にて落着無之

同日

　丹羽次郎右衛門口上書

一船年寄吉兵衛申上候ハ、船中間之者共へ銀子七、八貫目拝借仕度奉存由申候、先年洪水之節ハ八貫目無利ニ御借シ被成候、此度者利付ニ拝借仕、三年ニ差上ケ可申由申

候、舟持之分者町之飢扶持も拝領難仕、其上当年者船之
働一切無御座ニ付迷惑仕由、委細者吉兵衛口上書懸御目
申候

同日

口上書

一当年者船中間之者共水損ニ付、大坂方〻へ積申候荷物無
御座、其上例年七月ニハ伊勢参宮仕候者諸国ゟ大分出申
ニ付、少宛便りにも仕候処、当七月ニハ加様之者迄も少
茂出不申、舟持共取分迷惑仕候、加様ニ候ハ、舟持共末
〻弥差つまり可申様ニ奉存候、先年水損之時節も従　公
儀様銀御借シ被為成候由ニ御座候、当年も如先年ノ銀拝
借仕度由、舟中間之者共私迄水損已後度〻申来候、近年
舟中間内証つまり申者数多御座候処、又候哉当年者右之
仕合故、惣舟持殊外迷惑仕候、右之通被為仰上、如先年
銀御借シ被為下候ハ、、惣船持共難有可奉存候、且ハ船を
も持続候半かと存、乍恐申上候、納所之儀者来年ゟ三年
之内ニ急度取立差上ケ可申候、少茂遅〻仕間敷候、已上

船年寄郡屋
吉兵衛

七月廿五日

寺見三右衛門殿
児嶋惣次郎殿

此者共へ御かし被成候ハ、、先日申出候職人共拝借
仕度と又可申与存候得共、職人とハ違舟持迷惑仕候
ハ、、舟数もへり可申候間、御かし被成候ても可然由、
年寄中被申、可相窺由被申候、達　御耳ニ候処、銀
子借シ可申旨被仰出、八貫目御借被成、壱年壱割宛
之利足を加へ、寅ノ暮ゟ三年ニ差上ケ申筈ニ被仰付、
十月十六日ニ拝借仕候

同日

片山勘左衛門和気郡大瀧山坊主共訴訟申上ル由に
而書付差出ス

一和気郡大瀧山福生寺為山寺、古寄為鎮守明神権(勧)頂仕候故、
氏子無御座候、社僧代〻円光院仕候処ニ、寛文七年ニ国
中御改之節社僧被召上、神主大内村孫作と申者ニ神主被

仰付候、其節大内村御代官奥村七郎左衛門殿被成内者、
寛文九年ノ秋迄ハ神主も下刈不仕候
一寛文九年之十月時分ゟ御代官丹羽四郎右衛門殿御構被成
ゟも、右之神主被召上、加取喜太夫と申者神主ニ被仰付、
其ゟ鎮守山ニ下刈丸木之薪仕候、其砌ゟ御代官四郎右衛
門殿も自分薪被成候、就夫、西明院其刻四郎右衛門殿へ
参御断申候得共、御聞入不被成候、当月二日頃迄両人之
薪被仕候、去年茂神職喜太夫手前薪之外在ミへ大分売薪
仕候、右之通ニ而鎮守山事之外荒申ニ付、御断申上候、
同者右ゟ御赦免山之儀ニ御座候、前之通神主被召上、社
僧被仰付候ハヽ、寺中難有奉存候、右之通乍憚御老中様江
被仰上可被下候、直ニ御尋被成候者罷出申上度奉存候、
已上

丑ノ七月廿九日　西明院
西法院
宝光院

片山勘左衛門殿

同日

年寄中ゟ出シ被置候山林証文之写

一備前国和気郡大瀧山寺内為修造、山林竹木永代被寄附之
旨、依仰執達如件

慶安弐年
二月廿八日　池田伊賀守
伊木長門守
池田出羽守

大瀧山
寺中

一右之儀小林孫七ニ被相尋候へハ、孫七申候ハ、右之書付
之通にて御座候、丹羽四郎右衛門薪寂前ハ奥吉原ノ山に
て仕候得共、買薪ゟハ手廻シ悪敷御座候ニ付、渡部助左
衛門申渡シ、其砌ゟ下刈仕候、神職喜太夫儀も右之時分
ゟ伐申由ニ御座候、売薪も少仕由承候
大瀧山林之事、惣而宮山ハ神職ニ被下候而も給所ニ
候へハ、宮之入用にても給人へ断伐申候、給人入用
ニ而も神職社僧へ断伐申候、此林者近辺ニはゐ山沢

山ニ有之候処ニ、いわれさる所ニて薪伐せ申候

同日

一片山勘左衛門申候ハ、今度小林孫七家普請にも香登村庄屋参、材木なと伐申候、惣而近年山あせ景も悪敷罷成、迷惑仕候由申候

此山之様子御歩行横目両人程被遣見分仕、其上にて落着被仰付能可有之かと、年寄中被申候

同日

一同人申候ハ、瓶井安住院申上くれ候様ニと申由ニ而書付出ス

和気郡伊部村之内小幡山

一住持宝泉院明寺ニ罷成、此度蒙御哀憐、住持居申度事

一寺中之為鎮守明神之宮御座候、氏子者一人も無御座候、先年宮御改之刻、此宮ニ神主被仰付、宮廻り之大竹藪神職ニ被下、裁判仕候事

一宝泉院明寺ニ被居候友三、小幡之近所ニ自分ニ作事被仕候由ニ而、仁王門外ニ池堤之端ニ并(並)木之杉三、四拾本伐被申候、同明神之藪伐可申由承候ニ付、先岡山江御理り申上候内ハ、御伐候事御差延給候様ニと理り申置候事

一先年ゟ伊部小幡山山林竹木御赦免之所ニ候得共、下刈留り迷惑仕候、前ゝ之通ニ被仰付可被下候事

一仁王門之内ニ近年俗家有之、諸事非法意ニ難儀ニ存候事

右之通乍恐如前ゝ御申上奉頼候、諸事御尋御座候ハ、口上ニ申上度候

長法寺

大乗院

光明坊

中蔵院

八月三日

東泉坊

片山勘左衛門様

同日

一片山勘左衛門申候ハ、邑久郡福岡之妙興寺・実教寺御折紙之儀、御訴訟申上候由にて書付出シ申候

御墨印之写

一邑久郡福岡之以内、高拾九石壱斗八升七合令寄進早、全可有寺納者也、仍而如件

十二月十五日　在御判

福岡三ヶ寺

右之内に而

一高五石四斗　妙興寺

一高五石九斗　実教寺

一高七石四斗八升七合　薬王寺

此薬王寺住持并寺家致還俗、寺滅亡仕候

右地子御赦免之墨印三ヶ寺江一紙ニ被遣候、従頂戴之砌薬王寺ニ納置申候、今程薬王寺滅亡仕候、已後者残二ヶ寺地子拝領之御墨印ニ而有之候間、末代之儀旁以此方江相渡候へと内証にて申候得共、還俗人𠦜尓今不相渡候処、難儀仕候、此節目出度御継目之儀ニ候間、拙者式拝領分別紙御墨印頂戴仕度奉存候、若今之節別段ニ不被遣候ハヽ、先右之御墨印此方江相渡シ候様被仰付可被下候、乍恐奉頼候

七月廿九日　妙興寺

実教寺

片山勘左衛門様

是ハ御次而之節御折紙被遊替被遣可然と被申候

同日

邑久郡福岡実教寺口上書片山勘左衛門持出ル

一某儀寅ノ九月廿八日ニ従本寺住寺(持)ニ被申付、卯ノ二月二日ニ入院仕、同六日ニ寺社御奉行稲川十郎右衛門殿江罷出、右之通申上候、同年夏之頃ゟ什物田地之訴訟、稲川十郎右衛門殿・郡御奉行前田段右衛門殿へ節々申上候処ニ、辰ノ五月廿六日ニ段右衛門殿ゟ被仰下候ハ、来ル廿九日寄合日にて候間、内々之儀可申上候、廿八日ニ岡山江罷出候へと被仰下候故、早々伺公仕候へハ、段右衛門殿被仰候ハ、先此度者様子も候間、同登(輩カ)共談合仕、相延申候様ニと被仰候、右之仕合故、戌ノ四月迄相延、四月之末ニ西村源五郎殿迄申上候へハ、午ノ八月廿八日ニ先住持福岡罷出ル以来、実教寺田地浮地ニ成候而居申候、

施主方江帰申候、例証も御座候而御返シ被遊候ハヽ、何時
成共差上ケ可申候、其内拙僧ニ御預ケ被下候ハヽ、難有可
奉存と申上候、又重而も可申上と存候処ニ、御簡略被為
　仰出候与承候故、加様之砌ニ申上候ハ如何与存、相延
申候、然処ニ、亥ノ三月之頃実教寺田地を他寺之落堕ニ
被遣候与承、寺社御奉行所江御断申、其後安宅弥市郎殿
江御理り申候得者、弥市郎殿被仰候者、施主と落堕与其
方与三方之論にて候間、御分別にてハ難被成候、兎角御
老中へ申上、御下知次第ニ可被成与被仰候得共、替儀も
無御座候故、又弥市郎殿江祗候仕、訴訟仕候へハ、弥市
郎殿被仰候者、様子を能合点仕候へ、御下知ニ而ハ無是
候得共、只今之時節にて候故、寺方之儀能様ニ取持候へ
ハ不忠節之様ニ候、又今迄寺方ニ付来候ものも、加様之
子細候而取放申候と申候へハ、忠節之様ニ候間、急ニハ
難成候、先相延申候而重而申候へと被仰候、其以後者去
年十月迄切〻源五郎殿へ訴訟仕候へハ、郡へ御出被成候
而埒御明可被下由ニ候得共、今ニ未埒ニ御座候而迷惑仕
候間、此度被為仰付候ハヽ、難有可奉存候
一不受不施寺七ヶ寺請申候内ニ田地御座候寺ニハ、尓今田
地付候而居申候、又三、四年以前ニ蓮昌寺ゟ御理り申差
上ケ申候田地も御座候、然処ニ某之田地計ニ施主御座候
而訴訟申上候事
一寺と申候ハ諸人之以他力寺と成申候、先寺地寺領ハ乍恐
　大守様御施主ニ而、其地ニ以他力寺作居申候事、実教
寺ニ不限御国中之寺方惣而諸国之諸寺諸山同事ニ御座候、
如此之諸寺諸山之施主共、或ハひおふしの代ニ付候、或
者しうとのひおふしの代ニ付候と申、寄進之品〻一〻取
返候ハヽ、寺庵ハ一ヶ寺も御座有間敷候得共、先　大守
様を奉初、寺領寺地を被為下置候上者、其御下ニ住候施
主共別儀御座有間敷様ニ奉存候
一大坊分之田地七段程尓今浮地ニ成候而居申候、又両寺家
之田畠壱町余計も御座候、此内ハ御法度以後ニ売申候、
又当年も少売申候、相残申候田畠七、八段も御座候と承
候、外ニ家屋敷二ヶ所是も御法度以後ニ売申候、此外施

主無之什物ニ漫（曼）茶羅数幅、涅槃像三幅、一対之唐絵、以上三十二幅、是者同所すミや太郎左衛門ニ御座候と承候、二王庵之鐃鉢其外残候什物ハ、同所妙興寺ニ御座候と承候、右之一〻数十年余一処懸命奉存候間、愈御政道之以御慈悲此度被為仰付候者、難有可奉存候、以上

丑ノ七月廿九日　福岡実教寺

片山勘左衛門様

同日

一西村源五郎・安宅弥一郎ニ年寄中右之様子被相尋候、源五郎申候ハ、実教寺ハ㝡前不受不施にて候時、其旦那共為親為祖父とて田畠を買、寺へ付申候、不受不施御追放被成、坊主改り宗旨違申候故、田畠を取返シ申候、此類者外ニも多御座候由申候、弥市郎申候ハ、私邑久郡御用被仰付候而、坊主ハ右ノ田畠寺へ返シ候様ニと申、還俗ハ其身ニ被下候へと申、施主ハ田畠御返シ被下候へと申候、坊主餘切〻参候故、間ニにか口を申たる事も御座候、先奉行段右衛門此田地を三人之者ニ片付不申、百姓ニ預ケ置申候ハ、何とそわけ有之ての事ニ候半与存、定而公儀ゟ何とそ可被仰付候間、其迄ハ其分と存、預ケ置申候、什物之儀ニ御座候様ニハ承候得とも、取あい候ハ、六ケ敷可有御座と、尋も不仕候、猪右衛門田地之儀被申候ハ、寺江付可申も付間敷も施主次第之事ニ候、是ハ早〻施主へ返シ可申事ニ候と被申、落着無之

八月十日

一御横目共申候ハ、鴻池仁兵衛昨日も私共方へ参申候ハ、下人共大勢久〻手前ニ抱置、勝手迷惑仕候、何とそ御あてかい被仰付候様ニ御評定之時分奉頼由申候、年寄中被申候ハ、片付被仰付可然候間、明日可相窺由

御窺被申候処、備中浅口郡於新田田地拾町可被遣由、

被　仰出ル

同日

一御横目共申候ハ、仁兵衛片付被仰付候ハヽ、三好三折儀も一所ニ何とそ被仰付可然と申候、年寄中被申候ハ、相

応之町屋なと有之候ハ、被遣可然由に而、御町奉行両人江被相尋候へハ、只今明家無御座由申候

　御窺被申候処、町屋明有之候ハ、可被遣由被　仰出ル

同日

一御町奉行両人申候ハ、目明シ善右衛門㝡早年も寄申候得共、妻子茂無御座、若煩候節も湯水たへさせ申者も無御座、養子仕度存候ても、善右衛門儀ニ御座候へハ、何を心当とやしなハれ申者も無御座候、只今善右衛門居申家弐間ニ三間ノ小キ家にて御座候、此家善右衛門ニ被下候ハ、其家なと心懸、養子も可有御座候之(ママ)哉、善右衛門常〻随分情を出シ、昼夜共ニ方〻見廻り申候故、町ゟうさん成者も少者前ゟ無御座様ニ被存候

　年寄中被申候ハ、少之家ニ候間、地子を免シ家遣シ可然候、明日可相窺由

　御窺被申候処ニ、可遣由被　仰出候事

同日

一同人申候ハ、石関口ノ御門外会所御用ニ付、只今迄御番仕居申助十郎立退申様ニと被仰付候得共、只今迄少之御扶持も不被下、右之御用相勤申者之儀ニ御座候故、早〻立退候へと申渡シ候儀も不便ニ奉存候、目明シ善右衛門居申屋敷之隣何之御用にも立不申候くうち御座候、此所へ只今迄居申助十郎家を引遣シ申様ニ仕度奉存候

　右之通ニ仕候様ニ年寄中被申渡ル

同日

一中村治左衛門・藤岡内助申候ハ、御旅所土手石垣裏土共ニ大形出来仕候、今程御役人方〻江引ケ無御座候故、残御普請者未申付候、弥御役人無御座候ハ、今少見合、日用にて御普請可申付候由申候

　其通ニ仕候へと御年寄中被申渡ル

同日

一俣野善内申候ハ、岩根須右衛門御役料之儀、㝡前も申上候へ共、いまた埒明不申候、如何可被仰付候哉、月割ニ被仰付候へハ三拾四、五俵程ニ而御座候、麦之肝煎者当暮之骨折相対仕候へハ、麦者二ツ、米者八ツ程にて御座

候、尤麦切手之作廻助左衛門半分程も仕懸候得共、つゝまり候処ハ須右衛門肝煎申候間、月割にてハ少不足之様ニも御座候間、五拾俵計被遣候ても能御座候半かと申候、僉儀有之、五拾俵被遣候との儀月割にて茂無之、又不残被下候にて茂無之、細か過候間、月割ニ被下候か、無左ハ何とそ被下様之品御座候ハヽ、御定之通六拾俵被下可然候哉、此御役料者毎年取続候とハ品替り、三年ニ一度宛取申儀ニ候へハ、外之例に茂成申間敷候哉と申候

明朝相窺可申由、御年寄中被申候

御窺被申候処、定之通六拾俵可被下旨被　仰出ル

同日

泉八右衛門・津田重次郎書出シ

一先年学校江高弐千石被為附候間、此弐千石ニ而学校万入用并在ゝ手習所入用共ニ仕廻候様ニと被仰渡候、又寛文九年十年両年之開ハ、在ゝ手習所ノ為ニ御郡奉行中間一同ニ申合、百姓共ニ申付開せ候得共、其節少様子御座候而、其開方之物成者先ゝ不残御蔵江被召上、手習所入用ハ御蔵ゟ請取申様ニ仕度と私共申上、其通ニ被仰付候、其以後又私共申上候ハ、此開方之物成御蔵江納り候段きミあい如何ニ奉存候間、私共江御渡シ被下候者、内証にて所ゝ手習所之費ニ割苻仕、餘り申分ハ万手習所之為ニ遣申度と申上候得者、是又其通ニ被仰付候、先年私共両人申談、手寄能御座候間、閑谷学問所ハ木谷村之物成ニ而賄可然と申、去秋まてハ閑谷江納申候得共、只今者学校ノ入用不足ニ御座候間、木谷村之物成をハ弥閑谷入用ニ被仰付、扨木谷村之物成程学校江者いつれの村ニ而成共被仰付被下候様にと奉存候、尤木谷村ハ少高之所と申なから此節之儀ニ御座候間、如右之可被仰付候者、自今以後者木谷村之物成ほと右ニ書付候開方之御米高をへし、御蔵ゟ請取申様ニ可仕候哉、閑谷学問所之入用ニ木谷村之物成を被仰付候与有之品、所之ものゝ存入、後ゝの為までニ宜可有御座と奉存候、尤後ゝハ木谷村之物成をも不申請、閑谷学問所取続候様ニ何とそ可仕と奉存候得共、先其本立之入用又者差当ル入用のためにて奉存、申上候

一和意谷村之物成を毎歳和意谷之御蔵江納置、万和意谷御山之入用ニ被　仰付可然儀と乍憚奉存候、是茂和意谷村之物成者御山之諸事入用ニ被仰付と有之事、所之もの丶存所、後〻までの為ニ宜可有御座哉と奉存候、右二品之儀者追付納米之時分ニ罷成候ニ付、私共内談仕、各様まて存寄申上候事ニ御座候、已上

八月廿一日

村田小右衛門書付

一悪水抜溝不被仰付候へハ、麦蒔候事成不申候、如何可被仰付候哉

此分者不被仰付者成間敷由、年寄中被申渡ル

一往還道筋繕百姓ニ申付候か、日用米ニ而申付候か、其所〻もやう次第可仕哉之事

猪右衛門被申候ハ、往還者百姓共仕筈ニ而候、小右衛門申候ハ、他領入組洪水ニ逢申村者扶持方も無御座候故、日用ニ罷出候、他領者御少身衆ニ候故、往還なとの構ハ不仕候、大キニ損シ申所者日用を入、様子ニ随ひ可申付と窺申儀ニ御座候、其模様次第ニ申付候様ニと年寄中被申渡ル

一切池冬水ため申候故、年内繕可被仰付哉之御事

不被仰付候てハ成間敷由、年寄中被申候

一其村洪水ニ逢田畠共ニ物成無御座村ハ、例年立来之米者他村ゟ成共遣シ、御代官所御勘定ニ相立可申哉ノ御事

此通ニ致可遣由、年寄中被申渡ル

一先日中間寄合之刻申上候洪水村之入用之麦種籾種、奉公人扶持給米、此分拝借可被仰付哉ノ御事

此分相窺可申由、年寄中被申候

御窺被申候処、願之通可被仰付由被　仰出ル

同日

今度備中江被出候荒改衆中江申合候趣書一通

一永荒之事

一砂入御普請と望申者、応其位ニ坪数夫役御積御書付可被下事

自
一作土少流又者砂少入、縦田畠少悪敷成申候分、自分発ニ
可申付候間、御書付可被下事
能
一こミ入田畠共ニ地能成候所、是又御書付可被下事
田ニ望分
一畠土流田ニ望申候者可申付候間、御書付可被下事
畠ニ望分
一田ニ大砂か大こミ置普請仕候へハ、夫役大分入、此度畠
ニ望申候者、御書付可被下事
惣流
一田にても畠にても惣作り土大分流申候者、免下ケ可遣候
間、御書付可被下事
御代官改
一畠方洪水之刻生毛改之事
八月廿一日　　村田小右衛門
同日

村田小右衛門書付
一他領境其外川端先規ゟ高増減帳面不埒ニ御座候、此度御
検地之村ハ不及申、地詰にても能次手と奉存、其田地〻
江渡、一〻相改被申候様ニ頼入申候、其故存之外隙入何
茂被致迷惑候事、向後　公儀之儀ハ不及申、民之為奉行
人之為埒能罷成候、左様之村〻ハ此度之改新帳を御本帳
ニ仕、先年ゟ之小帳共反古ニ可被仰哉ノ事
此段俣野善内ニ申談候様ニと年寄中被申候
一山北南洪水之村者不及申、何茂御検見大分入申候、毎茂
庄屋検見ニ申付候得共、当年者四拾ヶ村計ハ荒改入申候
ニ付而、帳之吟味ニ村〻庄屋共隙入、御検見可申付者も
㝡早無御座候、私儀者七、八ヶ村計ハ自分ニ検見仕候得
共、不残ハ自分ニも難調御座候迚、一村之田畠見分被申
候間、御検見被仕能時分ニ被罷越候村者、荒改衆江御検
見も頼申度奉存候間、御検見小右衛門方ゟ頼入候者被仕
候様ニ、御手帋被遣可被下哉之御事
年寄中被申候ハ、㝡前検地ニ被遣候時分、他領入組

之事ニ候故、剛者計被遣候、外之郡にも検見多入候、
此方ら相仕ニ壱人宛遣シ、壱人宛ハ此方へ戻り候様
ニ可被仰付哉と被申、落着不仕候
御窺被申候処、半分此方ら遣、剛者分半分呼戻シ可申
由被　仰出ル
一洪水之村〻へ早〻打廻り申渡候ハ、荒改へ何にても植候
へと申付候得共、鍬下をと望申か又者心根悪敷候て承引
不仕、尓今荒候て置申候村御座候、唯居申候て者如何与
奉存、相応之物植申候、此分をも御改候て御取候儀私之
口茂相違、第二奉行下知を承引仕候者ハ、有次第被取上
候段、風俗もいかゝ奉存候、去年之四歩米を以来春麦迄
続事成不申候、流地ニ植申候へハ出来物高下御座候、此
取分も難成御座候、御捨可被遣哉之御事
伊賀被申候ハ、御捨被下可然と被申候、他郡ニも荒
地ニ畠物大分植申事ニ候、他郡へも御捨被下候へハ、
大分之儀ニ而可有御座と何茂申候、今日相窺可申由、
年寄中被申候

御窺被申候処、小右衛門吟味仕、迷惑村江者遣し可申
候、左様ニも無之村ハ書付年寄中へ見せ可申候、其上
ニ而少ハ可被遣由被　仰出
一此度申上候籾種、奉公人扶持給米、山北南ニ少〻残候年
貢米を直ニ拝借被仰付候へハ、三俵ニ付銀四匁程ツヽ、
外ニ民江之御救にて御座候、日用米ハ三俵ニ付凡銀三匁
程宛入候て、岡山ら取寄申候、此銀者　公儀之御損ニ仕
来候、旁以直ニ残シ申度奉存候事
此通可然候、今日相伺可申由、年寄中被申候
御窺被申候処、籾持奉公人扶持給米之儀、願之通ニ可
被仰付由被　仰出ル
一水江村ニ而洪水之砌取揚候とて返上仕候樫返礼、松山ノ
郡奉行方ら帷子弐ツ遣シ候へと私方迄越候へとも、児嶋
江茂帷子持せ礼ニ越候ヲ返シ候由、林与左衛門咄承申候、
御領分にて各別ハいかゝニ奉存候、此度者返させ申候、
向後も御法之通之礼にても返させ可申哉之御事
八月廿一日　　　　　　　　　村田小右衛門

御法之通可然由、年寄中被申候

同日

塩川吉太夫書付

一口上道郡洪水以後水入村ニ御赦免被成候下苅牛ノ草、龍ノ口御山江之分御留被成候、今迄入申村之内取分迷惑仕村御座候、龍ノ口御留被成候ハヽ、いつれの山ニ而成共御赦免被成可被下候哉

年寄中被申候ハ、是ハ御留者不被成候、御奉行心得違にて可有之候間、御奉行へ其通可申渡由被申候

一飢扶持方　公儀ゟ早ゝ被下候ニ仕候てハ、人数多御米も大分にて御座候ニ付、先庄屋共ニ申付、飢不申候様ニ仕置申候、御代官吟味にて重而申請可遣由申渡置候、弥先其通ニ可仕候哉

此段年寄中被申候ハ、一段能仕様にて候間、弥其通ニ可被仕由被申渡ル

同日

御野郡之内を町之内江入申度所武田左吉書付

一高拾七石壱斗八升弐合　南方村之内　但伊勢ノ宮一番町之つゝき上ノ方

此畝八反六畝半

一高壱石三斗七合　上出石村之内　但伊勢ノ宮近所町つゝきの所

此畝六畝拾六歩

高合拾八石四斗八升九合

此畝数九反弐畝拾六歩半

右之分町之内江可被仰付候哉、御町奉行中とも内談仕候、已上

寛文拾三年八月廿一日　武田左吉

年寄中被申候ハ、町へ入候て可然候、今日相窺可申由被申候

御窺被申候処ニ、両村畝高町之内へ入可申旨被　仰出ル

同日

下中野村御弁当所繕半田御山に而材木被下積

一松木弐本　但三尺五寸廻り末葉共、はふ板うら板垂木桁
　つき共
一かわら　千枚代四拾五匁、但ともへからくさふき手間
　とも
一大工　拾弐人作料弐拾匁四分、但壱人ニ付壱匁七分
　ツ、
一釘　代七匁
一木挽　手間銀九匁
　銀合八拾壱匁四分
右之通にてハ繕成可申かと奉存候、已上

寛文拾三年八月十八日　上中野村　新兵衛
　東古松村　仁兵衛

武田左吉様

此通軽申付候様ニと年寄中被申渡ル

同日
一武田左吉申候ハ、御野郡中之橋数五百八拾せん之内、六
拾せんハ御鷹野橋、五百弐拾せんハ定橋、此入用ニ松丸
太弐千廿壱本請取申度由申候
　年寄中御奉行へ相渡シ候様ニ可申渡由、被申候

同日
一小林孫七申候ハ、津田十次郎在宅之屋敷弐拾間ニ弐拾五
間被下候由ニ御座候得共、是ニ而ハ菜薗も無御座候、重
次郎ハ此分ニ而能御座候由申候得共、今少可被遣候哉
　年寄中被申候ハ、畝数如何程にて候哉と尋被申候、
壱反六畝余御座候、左候ハ、弐反ニ仕被下可然と年
　寄中被申候

同日
一岩根須右衛門申候ハ、　信濃様御家来山葉清右衛門申候
ハ、　信忽様只今迄之御知行所児嶋ゟ少ゝ新米納候由断
申候、　信濃様御知行御不足米之分備中山北南、　主税
様御知行御不足ハ浅口郡ゟ可被遣由、乍去山北南・浅口
両所共ニ大分給所にて御座候、其上山北南者洪水にて過

分ニ荒申候故、中〻足り申間敷候間、右之所にて不足之
分ハ外之御郡ゟ又切懸ニ可被仰付候哉と申候
年寄中被申候ハ、左候ハ、不足米ハ善内申談、外之
御郡ゟ切懸ニ仕可然由被申候
同日
一藤岡内助申候ハ、御旅所日用にて大形仕廻申候、御船ゟ
御あかり被成、御通被成候道筋ニ口壱ツ明可申候哉
其通ニ仕候へと年寄中被申渡ル
同日
一同人申候ハ、川下御船入も大形半分程掘申候、地心能御
座候故、請取之者共損も仕間敷と存候由申候
同日
一泉八右衛門申候ハ、津田十次郎申越候、小原善助事先日
可申上と存、失念仕候、内〻御帰　城被遊候ハ、可被召
寄与御意にて御座候、寂早可被召寄候哉、相窺候様ニ申
越候
年寄中可相窺由被申、御窺被申候処、御呼下シ可被
成ノ由被　仰出ル
同日
一同人申候ハ、和田平助去〻年三月ゟ学校ニ相詰申候、今
度江戸へ被遣之由ニ御座候、毎も学校肝煎御替被成候刻
ハ銀五枚ツ、被下候、平助にも可被下候哉
年寄中可相伺由被申候
御窺被申候処、御銀可被下由被　仰出
同日
一同人申候ハ、　御廟之御番仕候有賀角左衛門事、又之丞
・清左衛門申候ハ、吉利支丹改其外御触有之節、組頭無
御座候故、しまり不申候、御　城代組ニ可被仰付候哉
年寄中可相窺由被申候
御窺被申候処、御城代組ニ入置可申由被　仰出ル
八月廿九日
武田左吉書付持出ル
一惣畝数三拾七町七反　洪水砂入田畠御野郡東川原村

内
田方七町八反壱畝
畠方弐拾九町八反九畝
内
八町六反七畝　立毛有之分
三町六反　麦仕付可申分
弐拾五町四反三畝　砂入荒地之分
内
拾壱町七反八畝　砂取可被仰付哉ノ分
砂坪七千八百六坪　砂深平シ壱尺三寸余
拾壱町五反五畝　土砂取被仰付候へハ自分ニ発又鍬
下ニ被遣共ニ
弐町壱反　永荒石入川成
寛文拾三年八月廿八日
上伊福村庄や
忠左衛門
西川原村庄や
六郎右衛門
南方村庄や
勝左衛門
武田左吉様

右之砂入只今ゟ少も早ク被仰付候へハ、当年麦仕付
申候故、百姓共勝手ニ殊外能御座候、日用米入用被
尋候へハ、三百石程入可申哉と申候、荒発之儀御普
請奉行へ出シ、もくろミ可申由、被申渡ル

同日
一武田左吉申候ハ、津嶋之上先年之植松殊外茂り、鹿多参
田畠荒シ、百姓共迷惑仕候、御林之内にても無御座候間、
下枝おろし百姓共ニ遣シ可申候哉、先年右之松植申時分
ゟ下枝之分、百姓共ニ被下筈ニ御座候由
尤ニ候間、下枝之分おろし可申旨、年寄中被申渡ル

同日
河合善太夫書付
一奥津高郡畠方少〻日ニ痛申候ニ付、畠免之加損遣候得と
百姓共望申候、畠加損少之儀ニ遣候へハ、以来迄習悪敷
成可申候と奉存候、去共田方大分流申候者、畠方悪敷

候へハ、迷惑仕義ニ候間、此分計相改加損遣可申候哉
　年寄中被申候ハ、書出シ之通尤ニ候、田方大分流シ
　又畠悪敷候者遂吟味、加損遣可申由、被申渡ル
一荒田畠之儀、御代官ニ庄屋相添、改可申与奉存候、春ニ
成申候而高之指引仕候節者、従　公儀御改被仰付可被下
候哉
　右之通尤ニ候、其通ニ可申付候、春ニ成候ハ、御改
　人可申渡由被申候
同日
一中村治左衛門・藤岡内助申候ハ、例年之通御神事之時分、
警固其外御用ニ入申候御鉄炮之者共、在ミへ申遣シ呼寄
可申候、御辻かため之儀も年寄中申触可申候哉
　毎之通ニ仕候へと年寄中被申渡ル
同日
一田口兵左衛門申候ハ、頃日も槙番其外御買置之木共調置、
御城内ニ積置申候、雨露ニ当り、又ハ炎天之時分日ニ
当り候へハ、御材木損シ御費ニ罷成候、御木蔵被仰付間
敷候哉、尤ニ候間、所ヲ見立、差図仕見せ可申由、年寄
中被申渡ル
同日
一保野善内・泉八右衛門申候ハ、学校領之替地之事、両人
相談仕候、津嶋村手寄も能御座候間、可被仰付候哉、此
所ニ寺林御座候、学校御用之木なと伐申候刻者、左吉ニ
申談伐申度候、但林共ニ学校へ御付可被成哉と申候、年
寄中被申候ハ、津嶋ハ可然候間、学校領ニ究可被申候、
林之事も昔より寺ニ付来りたるにても無之、近年御付被
成、其上今程ハ寺もたいてん致候間、学校領ニ御付被成
可然候、明日可相窺由被申候
　御窺被申候処、学校領替地津嶋村にて可被仰付旨、山
　共ニ御付可被成由被　仰出ル
九月廿一日
　村瀬金右衛門書付持出ル
一御借米役儀ニ先年ゟ算方之者弐人にて御座候、右之分に

てハ御用難相勤御座候ニ付、手代触使之儀御断可申上与奉存候処、御簡略ニ付不得申上候、去ゝ年御房様銀裁判被為　仰付候節、青木善太夫を以触使之者定請取ニ被下候様ニと御断申上候得共、相叶不申、其後御断申上候へハ先壱人被下候、ひた物御用かさミ申ニ付、殊外手支仕候間、触使御鉄炮之者三人定請取ニ被下候様ニと御年寄中へ申上候

定請取之者弐人相渡シ可然候、明日可相窺由被申候

御窺被申候処、其通ニ仕候へと被　仰出ル

同日

若林弥惣兵衛書付持出ル

一御銀之儀、大坂奉行衆へ私之切手次第相渡シ候へと被仰遣可被下候、当年之御米払衆ニも右之旨申渡シ候へと被仰遣可被下候

当年者御払米曽テ無之候間、大坂ゟ御銀渡シ候儀ハ成間敷候、京都之御借銀調候ハ、其内残シ置可然由、年寄中被申候

一大坂にて此度請取申御銀御船に而可被遣候哉、左候ハ、今西半内へ御船之儀被仰遣可被下候、歩を被遣候ハ、其通御蔵奉行衆へ可申渡候

只今ハ御銀少ハ可有之候間、大坂御米払共へ申遣シ、御当地へ下り候御銀ノ余りを相渡シ候様ニ可申遣と年寄中被申聞候

一上方より急御用と私方ゟ申越候て、早ゝ御飛脚差下シ候へと今西半内へ被仰遣可被下候

此通ニ半内へ可申遣と年寄中被申聞候

一京にて私宿之儀、御用ニ付御上せ被成候間、如毎之吉兵衛・久兵衛肝煎宿借り遣候へと被仰遣可被下候、吉兵衛方よりハ前田安芸殿江之御状取候て、上り候へと申越候

安芸殿江書状可遣と年寄中被申聞候

同日

一弥三兵衛申候ハ、呉服所共乍三人、親共ハ此前誓紙仕候与承及申候、久兵衛・太郎兵衛・長右衛門三人なから未誓紙仕間敷候、如何可仕哉と申候、猪右衛門被申候ハ、

小堀屋ハ父子共ニ此前誓紙仕候由承候かと覚申候、乍去今度者改りかためを仕可然候得共、京都之町人ニ此方ゟ誓紙仕候様ニ申候段もいかゝニ候、定而何茂方ゟ心も付可申候、左も無之候者、弥三兵衛内証にて気を付可然と被申候

同日
一同人申候ハ、さらしの御用承候奈良之味志屋儀も大分御用承候、前銀なとも請取申候、只今迄之仕様一段と能御座候、此者にも呉服所同事ニ誓紙可被仰付哉と申候、年寄中尤ニ候間、此者も主方ゟかため仕候様ニ可然と被申候

同日
一中村治左衛門・藤岡内助申候ハ、御野郡東川原村砂取御普請所入札ニ申付候由ニ而、書付出し申候
　　高札弐拾壱貫弐百四拾目
　　落札拾弐貫六百九拾弐匁弐分
右之通申候へハ、落札ニ申付候様ニと年寄中被申渡候

同日
一同人申候ハ、御石垣破損繕石犬嶋へ申遣し候、追付可参候、堀兼又右衛門儀呼ニ可被遣哉と申候、宮城大蔵方へ申、又右衛門参候様ニ可申遣と被申候

同日
一同人申候ハ、少将様追付被為入候ニ付、御鉄炮之者手つかへ可申候間、御舟入御普請日用を入可申候哉、左候ハ、御銀高少上り可申候得共、此御普請者先へ寄申候程難仕候、寂前之積にてハ石垣ひきく御座候故、為已後之と存、石垣をも少高仕候由申候由申候（衍カ）
　年寄中尤ニ候、日用を入候様ニと被申渡ル

同日
一片山勘左衛門・小塚段兵衛申候ハ、籠番彦太夫儀四、五年も御用勤申候、只今迄大形三年程ニハ替り申候、何とそ外ニ似合敷御用も御座候ハヽ、御差替被下候様ニと願候由申候

同日

一同人申候ハ、吉利支丹籠番藤右衛門儀、是ハ親已来直ニ
勤申候、此者も何とそ外之御用被仰付被下候様にと願候
と申候

右弐人之儀落着無之

同日
一同人申候ハ、今度被仰付候石関御門先之御番所、市之進
屋敷番仕候助右衛門を可被仰付哉と申候、八右衛門申候
ハ、此助右衛門儀者寂前学校之御用申付置候処、不埒ニ
御座候と申候、年寄中左様ニ候ハヽ、石関御番所ニ入置
候儀者いかゝと被申、落着無之

同日
一同人申候ハ、御太鼓打喜右衛門儀、せんき持にて御用難
勤由御断申上候、只今御免され居申候　御隠居様御笠持
九助と申者、御太鼓打望申候、此者可被仰付哉と申候、
右之喜右衛門儀水之手御門番作右衛門と相番ニ可被仰付
候哉、作右衛門儀年罷寄、御門之立明も不自由成由申候、
年寄中此通ニ被仰付候ても苦ヶ間敷候、可窺由被申候

御窺被申候処、喜右衛門役儀御赦免被成、水之手御門
番作右衛門と相番ニ被　仰付候、九助儀、則御太鼓打
ニ被　仰付ル

同日
一馬場茂右衛門・横井次郎左衛門、諸手之御勘定済、目録
持参仕読申、年寄中江渡シ申候

同日
一俣野助市申候ハ、例年牟佐之渡船常ニ弐艘御座候、此砌
ゟハ赤坂磐梨ゟも米大分参候ニ付、船壱艘増、三艘にて
渡シ申候、此度之洪水ニ而殊外川はゝ広ク成候故、三艘
にても手つかへニ御座候得共、何とそ三艘ニ而仕廻可申
と丹羽次郎右衛門ニ舟之儀申候へハ、例年之渡シ舟可遣
与申候ニ付、大キ成舟渡シ候様ニ申候へハ、大キ成舟無
御座候、弐艘成共渡シ可申と申候得共、左候へハ渡シ守
給増遣不申候得者成不申候、例年手つかへニ御座候間、
大平太渡シ申候様ニ被仰付可被下と申候
年寄中尤之由ニ而、則次郎右衛門へ舟造り渡シ候様

ニと被申渡ル

同日

一安井六郎左衛門・加藤七太夫、御当地江参候材木直段と大坂材木直段之書付差出シ申候、例年ゟ当年者京都火事故にて御座候哉、大坂之材木過分高直ニ御座候由申候、来年者三拾貫目程御買置之材木仕置度由申候、年寄中今少御銀高へし申度由被申候、両人申候ハ、近年御簡略故、随分御買置少ク仕、古木なとをも取集遣申候、御買置少ク御座候へハ、木之取合も難仕、還而御損にて御座候、三拾貫目被仰付被下候様ニと申候

年寄中還而御手廻シ悪敷候ハヽ、三拾貫目之積りニ調置候様ニと被申渡ル

同日

一同人申候ハ、目安之御橋殊外損シ申候、乍去来春迄者只今之通にて苦ヶ間敷候、来年弥御懸直シ被成候ハヽ、只今ゟ材木之心当仕、紀州なとへ申遣候て御手廻シ能可有御座と申候、年寄中来春御参勤已後懸直シ能候半間、木之用意可仕候、柱なとハ御国木能可有之由被申候

同日

一同人申候ハ、内ゝ申上置候手代三人之内、新座者壱人ハ御給米五石にて、外之者ゟ壱石少ク御座候、御簡略内故御訴訟も不申上候、何茂並ニ被仰付可被下哉と申候、年寄中手代之勤能候哉と尋被申候へハ、先規之手代より物をも能書申能手代之由申候、落着無之

御窺被申候処、樋小屋手代之内御給米五石取之者、安井六郎左衛門・加藤七太夫願之通壱石御増、六石ニ御直被下候

同日

石田鶴右衛門・斎木四郎左衛門口上書持出ル

一北国ゟ参候槙鹿料槙番先年ゟ相定木数、三ヶ二　殿様御家中、三ヶ一材木屋共ニ被下候、然共近年木数少参候故、御望程も無之、割にて渡り材木屋共取不申候、然処ニ縁引にて町方寺社方在郷他領迄も参、材木屋共迷惑仕候、御家中自分入用之外取次不被仕候様ニ、被仰付被下候様

ニと御訴訟申上候、以上
町人共迷惑仕も尤ニ候間、御家中士中へ申触
自分之外脇江遣候儀者無用ニ可仕由可申渡由、年寄
中被申候

同日
一同人申候ハ、片上町新堤明居申候、土手之つよミにも成
可申候間、藪付申候ハ、能可有御座と申候、年寄中尤ニ
候、向郡之御普請奉行高木左太夫ニ申付、能時分ニ竹植
させ可申由被申候

同日
一田口兵左衛門申候ハ、大工之作料、米相場五拾五匁ゟ上
仕候へ者、弐分増被下候、乍去直段度〻替り申候故、作
料も右之通ニ御座候、惣而御国之作料ハ近国之大工手間
ゟ下直ニ而、大工共迷惑仕由ニ而、御大工頭共迄御訴訟
申上、近国之大工作料も書付出シ申候
此段僉儀有之、只今定作料上ケ被遣儀もいか〻ニ候、
米相場五拾五匁ゟ上仕候へハ、弐分増被下候ヲ、四
拾五匁之相場ゟ上仕候へハ、弐分まし被下能可有之
と僉儀究り、其通ニ兵左衛門ニ被申渡候

同日
一同人申候、只今御使者ノ透ニ而御座候間、川向会所ノ風
呂屋ニ取懸り可申由申候

同日
一片山勘左衛門、諸郡之神職共其外出家共訴訟之書付出シ
申候、此儀者大分之儀急ニハ僉儀も難仕候間、とくと披
見被仕、其上にて僉儀可被仕由ニ而、落着無之

九月晦日
藤岡内助・庄野市右衛門・中村治左衛門書付持出ル
一新御船入御奉行并役人湯わかし薪、平井山ニ而松葉可被
下哉、先年も被下候
年寄中被申候ハ、松葉枯枝被下候而能可有之候、御
山奉行も其通可被申渡候由、塩川吉太夫も罷出候故、
左様ニ心得居申候へと被申渡候

一御野郡東川原砂取入札日用之者、銀子請取申度と申候、御普請出来次第、度〻ニ相渡申度候、落札之通御銀拾弐貫六百九拾弐匁弐分、武田左吉手前江請取置、御普請出来次第ニ幾度にも御普請奉行ゟ相渡候様ニ仕度奉存候
年寄中被申候ハ、此通ニ相渡シ候ても能可有之候へ共、只今御銀無之候間、先五、六貫目左吉手前へ相渡シ置候様ニと水野治兵衛ニ被申渡候、大坂ゟ御銀参候時分重而渡シ可申由被申候

同日
一内助・治左衛門へ年寄中被申渡候ハ、郡〻御普請所砂取発なと仕候ても、来年用水之便も無之、池溝埋居申所田地計致普請候てハ、不入事と　思召候間、左様之所其外も両人罷出、一通り見及申様ニと　御意之由被申渡候

同日
久保田彦兵衛書付持出
一御蔵所請藪御用ニ伐せ申候、請銀立遣シ可申候哉
銀子立遣し候へと年寄中被申渡候

同日
一猪右衛門久保田彦兵衛ニ被申渡、久保村理右衛門儀御横目共手前にてつよく致拷問候得共、海賊ニ逢申段寂前申通少茂相違無之由ニ候、此上者達而拷問申付候而ハ、うろたへ如何様之儀可申も知れ不申候、先村江入置可申候、此已後若胡参成儀も有之候ハ、其時穿鑿可成儀ニ候、かわた共ニも此度強クかうもん被仰付候へ共、海賊ニ逢申段必定ニ而候由、理右衛門・六兵衛申はり候、然上者了簡無之事ニ候、此以後慥成証跡有之候ハ、可申出候、御せんさく可被仰付候、重而ハ寂前之通理右衛門方へ参、此銀子之儀ニ付申分致申間敷由、かわた共手前可申渡候、彦兵衛申候ハ、かわたとも和気郡之内にも此度出合申候茂御座候由申候、猪右衛門被申候ハ、和気郡之かわた共ニハ小林孫七方へ其方ゟ右之通可申遣由、被申渡候

同日
一俣野善内申候ハ、来夏借シ之御米只今払可申候哉、御銀無之候間、先御用ニ立来夏借シハ、御借銀にて被遣候様

ニ仕可然と奉存候由申候、年寄中一段可然候間、夏借之
米高書出シ申様ニと被申渡候
同日
一同人申候、古米百俵計御売米御座候、五拾壱匁ニ払可申
由、年寄中其通ニ払候へと被申渡候
同日
一同人申候、来春ゟ御米ちと不足可仕由申候
同日
一塩川吉太夫明日ゟ月番にて御座候、只今在之御用多御座
候間、在宅にて御用相勤可申由申候、年寄中其通ニ勤候
様ニと被申候
同日
一武田左吉申候ハ、日用米之儀寂前四百石被下候様にと申
上候節、弐百石御差紙被下候、残弐百石只今被下候様ニ
と申候、年寄中被申候ハ、寂前御米も無之候、御野郡之
内太唐米を遣可申由、被申渡候
同日
一同人申候ハ、下中野村御弁当場繕出来仕候、目録持参仕
候、繕銀高八拾四匁六分ニ而御座候
年寄中水野治兵衛ニ銀子相渡シ候様ニと被申渡候
同日
一村瀬金右衛門書付弐通持参仕候、可相窺由年寄中被申候
一御姫様銀堀七兵衛致裁判候時ハ、冬春四月切ニ御銀取立
候由、次第ニ御銀もかさミ申候、如今迄ノ春四月迄ニ取
立候者御為悪敷候半哉、尤四月迄出銀ニ利足を加へ取立
申候へハ、四ヶ月分御徳御座候、然共何茂借り申者ハ大
形冬借り申候、春者餘借り手御座有間敷様ニ存候、左候
へハ四ヶ月利銀取候とて八ヶ月御銀遊ひ候得者、御損に
て御座候、今迄ハ御銀高すくなく御座候ニ付、春江越申
事も少ク滞も無之と存候、如何冬切ニ取立可申候哉
御窺被申候処、只今迄之通冬春之内取立可申由被　仰
出候
一主税助様御家来之時江戸御供被成候刻、三分之御借米御
借用被成候、其ゟ今迄ひた物江戸へ被為成御越ニ付、尓

今其侭御借り被成候、いかゝ可被仰付候哉
　御窺被申候処、先差延置可申之由被　仰出候事
一御家中江戸御供衆四歩御借シ米、　御代替りニ御座候間、
不残取立可申候哉、但御簡略三年之上ニ洪水仕候間、半
分取立可申候哉
　御窺被申候処、切手書替させ御延置被成可被遣由被
仰出候、此後十月十日ニ此御かし米当年少宛も出し度
と存者も可有之候、村瀬金右衛門方ゟ如毎之人を廻シ
断申衆者年寄中江断、其上ニ而書物書替御延可被成由
　ニ相定ル
一今度洪水ニ付御米被為成御借候衆中、元利取立追而可被
仰渡由ニ御座候、如何可被仰付候哉
一藤岡内助ニ被為成御借扶持方米、如何様ニ取立可申候哉
一木崎九右衛門ニ御銀十年ニ取立候へと被仰渡由、弥其通
ニ可仕候哉
一大平権右衛門ニ被為成御借御銀、当月ゟ十二月迄四ヶ月
之利銀いかゝ可仕候哉、来年ゟ九年ニ取立候へ之由、其
通ニ可仕候哉
　御窺被申候処、当年四ヶ月分之利足御捨可被遣由被
　仰出候事
同日
　　同人書付
一山内甚六江戸へ引越候時被為成御借御銀、御簡略明申分
にて御座候、如何様ニ取立可申候哉、去暮銀拾目差上ケ
申候、加様にてハ埒立不申候
　御窺被申候処、拝借銀壱貫弐百目御捨可被遣由被　仰
　出候事
同日
一伏見御屋敷梶田喜八郎書付一通、何茂僉儀仕口ニ書出し
申、津ノ国屋七左衛門能可有御座と何茂申候
　御屋敷名代書上
一津国屋七左衛門代〻伏見之者、年四十計、油懸町ニ而表
四、五間口之家二所ニ持申候、男女三、四人召仕候、此
者先年則御屋敷指上ケ申候地主にて御座候、慥成者にて

御座候、差当用ォ埒明可申者と見及申候
一大塚屋小右衛門、京橋近所浜町にて表拾間口家持申候、男女三、四人も召仕候、人柄も能見へ申候、用ォ之埒明可申与奉存候、是ハ因幡殿与力衆武田勘助肝煎被申候
一沖清左衛門、是も先年御屋敷差上ケ申候者、只今ハ船組頭役仕、十五人之内にて御座候、御屋敷差上申候節、御国江参候而埒明申候者にて御座候、只今爰許ニ家茂無御座、借家ニ小者壱人召仕居申候、軽キ者ニ而御座候得共、先年御屋敷之儀ニ付御国江参、其埒明申ニ付、御老中様御意も御座候と此者申候故、書上申候、被為仰付候而も成間敷事ニ而ハ無御座候、以来者何廉身上之儀可申上と私察入申候、右三人之内ニ而私存寄申候者、此書付之次第ニ奉存候、已上

御窺被申候処、津国屋七左衛門ニ可被仰付由被　仰出候事

十月廿一日

林与左衛門書付持出ル

一 真米拾石　児嶋郡稗田池荒手普請ニ入可申哉、
大唐米三拾石程　御普請ハ冬春之内見合はか取申時分ニ仕可然様ニ奉存候

明日可相窺由、年寄中被申候

御窺被申候処、可被仰付由被　仰出候事

一大唐米六拾石程　粒浦・八軒屋二ヶ村、春四ヶ月程飢扶持不被遣候ハヽ、飢人可有御座哉ノ御事

明日可相窺由、年寄中被申候

御窺被申候処、与左衛門願之通ニ可被仰付由被　仰出候事

一同拾四石九斗六合　右二ヶ村先日飢扶持ニ相渡シ申候
一同拾八石斗（ママ）　天王池堤繕ニ入申候
一同人申候ハ、下津井燈爐堂申付候、次手ニ御朱印ノ番所可被仰付候哉、落着無之
一同人申候、上山坂村妻敵打忠右衛門、尓今籠舎仕居申候、

村〻頭百姓共御侘言申くれ候様ニと申候
明日可相窺由、年寄中被申候

同日

塩川吉太夫書付持出ル

一口上道郡池平シ御普請之儀、御銀者先江寄被下候様ニ成共仕、先御普請仕せ申度奉存候

此段者重而之評定ニ致相談、差図可申由、年寄中被申候

一段ノ原村庄屋田地、洪水ニ大分流迷惑仕申ニ付、平井村之内大川端ニ開畠仕度由断申候、可被仰付候哉

此段ハ少之ひらき仕、洪水之さわりニ成不申候ハヽ、苦ヶ間敷候、其所ニ傍示を指置、御普請奉行中江見せ可申由にて、則藤岡内助ニ罷出候節、見及候様ニと年寄中被申渡ル

一龍ノ口八幡領物成六石宛段ノ原にて立来候得共、当年段ノ原ニ物成無御座候間、給所村之内にて成共立遣可申候哉

此分者外ノ村ゟ切懸ニ可遣由、年寄中被申渡ル

同日

村田小右衛門書付持出ル

一千五百石　　児嶋ゟ被為仰付候大唐米

一弐千百九拾四石九斗八合　備中山北南ノ太唐米

合三千六百九拾四石九斗八合

内

九百弐石　　洪水在所田畠直米

九百七石六斗　　山北南奉公人抱米

残而千八百八拾五石三斗八合

内

九百七拾九石六斗　児嶋ゟ未来候、備中之大唐米存之外大分之故留遣申候

一先日ゟ被為仰付候日用銀・日用米寂早無御座ニ付、大唐米ニ而四、五日以前ゟ村〻御普請申付候

一池ノ繕、大川堤繕、悪水抜・用水溝・井関繕

右五品之御普請大分之儀御座候へとも、当分ハ入用ニも

無御座候故、児嶋ゟ払不足之分、差延遣可申候哉、可奉窺と奉存、先持参仕候事無用と申遣候、已上
御郡御用ニ入用之分ハ児嶋ゟ請取置可申由御窺被申候処、、児嶋之大唐米村田小右衛門手前へ越米ニ渡し可申由被　仰出候事

同日
牛窓瀬戸口入用俣野善内書出ス
一銀弐百目　年〻渡り来
内
五拾壱匁　鯨油壱斗七升ノ代、壱升ニ付三匁ツ、ニメ、但年中有明夏一夜ニ六勺ツ、、冬一夜ニ七勺ツ、、但下津井・児嶋・小串御番所同前ノ油入用ニして
弐匁　あんとん紙・とうしん入用、脇之入用ノ積り
残百四拾七匁

一五拾壱匁　年中有明油代
一弐拾五匁五分　五わりましニして
一弐匁六分　とうしん代
一八分　あんとんかミ代
合八拾匁九分
残而百拾九匁壱分
米ニメ七俵か
明日可相窺由、年寄中被申候
御窺被申候処、牛窓燈爐堂入用増可被遣由被　仰出候事、下津井も同前ニ被遣候事

同日
一俣野善内申候、毎年此節御蔵相場相究り申候、只今御家中払米五拾匁ゟ五拾三匁迄払申候、何茂色〻僉儀有之、御蔵相場五拾四匁ニ相究被申候、郡〻へも其通可申遣由、善内江年寄中被申渡ル

同日
一津田重次郎・服部与三右衛門、先年在〻へ御借シ被成候

弐万石之御借シ米取立之様子申書付一通、年寄中江相渡
申候、年寄中被申候、先日与三右衛門にも申通、弥取立
候て可然候間、御郡奉行中江申談候様ニと被申候、書付
者とくと披見可被仕由被申候

同日

一藤岡内助申候ハ、新御船入土手ニ藪付申候、右之御船入
之藪にてハ不足ニ御座候、春日之前之土手筋之藪取候て
付可申候哉、年寄中其通ニ仕候様ニと被申渡ル

同日

斎木四郎左衛門・石田鶴右衛門書付持出ル

一平瀬町在之内ニ御座候故、御留藪拾歩・請藪九歩都合拾
九歩御座候、是を地子帳ニ入申度奉存候、只今迄町方ニ
右之類も無御座、其上少之儀ニ御座候故、御断申候

此段者町並ニ地子帳ニ入可申由、年寄中被申渡ル

一片上町堤藪苗、只今植時分能御座候由申候之間、竹御奉
行衆江被仰付可被下候、森下町出口之かわも未うゑ不申
候、次手ニうゑさせ申度奉存候

此段寂前高木左太夫ニ申渡候、時分能候間植させ可
申由、年寄中被申渡ル

一塗師屋新右衛門悴六郎右衛門、若年之時分ハ職を少宛仕
習申候故、先年　御目見仕せ申候、其後病気ニ罷成職仕
不申候て、弟左助と申者ハ只今ハ親同事ニ細工仕候、当
夏職人共悴親之職能仕候旨申達候て、　御目見之儀申上
候様ニと御内意ニ御座候ヲ承申候て、右之六郎右衛門御
断申上、弟左助ヲ　御目見ニ出シ申度由申上候

此段猪右衛門被申候ハ、新右衛門類之御扶持人惣領
病気ニ候迚、次男ニ　御目見必被仰付筈にても有間
敷候、親相果申候ハヽ、又御吟味之上ニ而外ニ上手も
有之候ハヽ、御扶持人にも可被仰付事ニ候、此儀ハ
とくと思案可仕由被申候

同日

一山内権左衛門申候ハ、今度　少将様御供仕三石罷通り申
候ニ、殊外人馬差つかへ、何茂遅ミ仕申ニ付、幸三石ニ
肝煎庄屋居申候ニ付、呼出シ僉儀仕申候、孫七儀も人馬

寄せ置申由ニハ候得共、人馬共ニ隠れ居申候て差つかへ申候、就夫、片上ニ而孫七にも其通申聞申候、其故片上にてハ手つかへニも無御座候、少将様御通りニさへ右之通ニ御座候、外之御衆御通りニハ猶以手つかへ可申与存候、往還筋之儀ニ御座候間、此已後遅〻不仕候様ニ被仰付可然哉と奉存申上候、年寄中尤之由被申、三石ハ御国境之儀ニ候間、先馬十疋計ハ常〻心当仕候様ニ被仰付可然哉と被申候、権左衛門申候ハ、十疋計被仰付置候者先宜可有御座候迚も、丹後殿・出羽殿なと御通り之砌ハ、寄馬不被仰付候へハ成不申と申、落着無之

同日

一同人申候ハ、御国之内ニハ雇人直段究りも無御座候、伏見ゟ此方何方にも究り御座候て、少将様御通り之時分、人馬共ニ結句江戸ゟ伏見迄之内ゟも滞り無御座候、惣而人之直段、馬壱疋分之駄賃銀ニ而人弐人之究ニ御座候、是も被仰付置可然与申候、尤之由ニ而落着無之

同日

一同人申候、御賄方岡本多兵衛、手前之炭薪置申所無御座候、古小作事之内ニ而被仰付可被下哉と申候、左様ニ無之候てハ成申間敷由、年寄中被申候

同日

山内権左衛門書付持出ル

一石関町会所只今ハ御番所ニ成申候、其余り三間計ニ長五間程御座候由申候、此所を玄加ニ被下候様ニ仕度由宗悦申候、只今玄加罷在候所者御本丸御弓蔵之脇ニ罷有候得共、夜ニ入候て御門之出入不自由ニ御座候故、西之御丸江通ひ申ためニ迷惑仕候、売物なとも不参候故、勝手ニ殊外悪敷御座候ニ付、内〻坊主共並ニ外にて屋敷拝領仕度候由、宗悦迄ハ申由ニ御座候、此段者迷惑仕儀尤ニ存候ニ付申上候

御窺被申候処、玄加願之通西之御丸北御門之外、御番人居申残分之家ニ御置可被成由被　仰出候事

一狩野友直家無御座候而難儀仕候、左兵衛所も狭ク御座候ニ付、去年も町屋借り罷在候、友直儀者不断御用御座候

者にて、御屋敷江相詰申候間、只今西之御丸之向ニ軽キ者共罷在候、此者を外にて屋敷被下候か、又者御対面所之御長屋明申所多候由ニ御座候、是江御越せ被成、其跡を友直ニ被下候儀者如何可有御座候哉、何れの道ニも友直ニハ御屋敷近キ所を被下候様ニ仕度奉存候
御窺被申候処、友直願之通西ノ御丸之向ニ繰越、其跡ニ置可申由被　仰出候事

同日
一小堀一学・岸織部申候、伊賀衆江戸御供之節、御関船ニ御乗せ可被成候哉、馬も壱疋宛可被下候哉、只今迄当殿様御供ニハ馬壱疋ツヽ被下候、少将様御供之節者、時ニ寄壱疋被下候儀も御座候、御法帳ニ無御座候、已来御船にも乗申、馬も壱疋ツヽ被下候様ニ仕度奉存候、落着無之
御窺被申候処、忍ひ之者馬舟共ニ被仰付候間、御法書ニ書のせ可申由被　仰出候事

同日
一先年被仰出候御家中倹約之御法度書、年寄中被出、御赦免被成可然儀僉儀仕、致書付ヲ年寄中江相渡シ申候

同日
一狩野左兵衛町役之事、猪右衛門迄申候
御窺被申候処、左兵衛町役御赦免被成候由被　仰出候事

同日
一加藤七太夫・安井六郎左衛門申候、今度樋小屋へ入申加子屋敷之長屋之替り、加子長屋樋小屋ゟ作り渡シ候様ニと御船奉行衆被申候得共、樋小屋御用多御座候間、小作事ゟ被仰付可被下候、屋敷坪割ニ御座候故、表長屋五間切申候、左様ニ候てハ勝手悪敷御座候間、坪割ニ致川手之方にて折廻シニ地相渡シ申様ニ仕度候、年寄中被申候ハ、御船奉行衆と申談罷出候へ、地わり埒明候ハヽ、其上ニ而作事可申付由、被申渡候

十月廿九日

丹羽次郎右衛門・上坂外記口上書持出ル
一八幡丸御屋形張付少宛損シ申候、繕せ可申候哉
可相窺由被申候
御窺被申候処、張付之儀張直候様ニと被　仰出候事
同日
一豊前今津村惣兵衛船下津井にて破損、浦手形書物共ニ写
シ三通、児嶋胸上善右衛門舟播刕之内ニ而破損、浦手形
書物口上書共ニ三通、児嶋北浦甚五兵衛舟破損、浦手形
壱通、但直ニ越中伏木へ参、右之通ニ船作り罷戻候、以
上七通懸御目申候
此儀者埒明申儀事長キ儀ニ候間、浦手形書物ハ御披
見ニ入候迄ニ及間敷候由、年寄中被申候
同日
一御船入御蔵次屋番屋御作事入札銘ゝ銀高書付懸御目申候
高札三拾四貫六百四拾九匁余　郡村大工　五郎兵衛
七郎兵衛
舟着町宮内屋　加兵衛
同町しあく屋　清兵衛
落札拾三貫九百九拾目余　上内田町大工　忠三郎
孫兵へ
忠右衛門
外記・次郎右衛門申候ハ、落札之内忠右衛門と申者、御
扶持被下慥成者にて御座候、落札ニ被仰付候共、取着ハ
寂早来春ゟ不仕候ハヽ、地形之すわりも材木の為にも悪
敷御座候、弥落札ニ被仰付候ハヽ、請人なとをも立させ
可申由申候、年寄中尤ニ候、可相窺由被申候
御窺被申候処、落札ニ可被仰付由被　仰出候事
同日
一岩根須右衛門申候ハ、城戸平馬儀、赤坂郡小原村之知行
所ゟ納米拾石五斗九升仕候由ニ而、右之御代官和田太郎
左衛門方ゟ切手越申候、いかゝ可被仰付哉と申候、年寄
中是ハ御立可被遣候、俣野善内可申談由被申候
同日
一武田左吉申候ハ、東川原村砂取少ゝ申付候、乍去日用無

御座、墓取不申候、先麦蒔申程ニ年内申付候、先日日用銀三貫目請取申候、今少年内入用程銀子請取申度候、春仕御普請所入用銀者春請取可申由申候、年寄中尤ニ候間、年内入用程御銀請取可申由被申候

同日
一左吉申候ハ、先日被申渡候御借り銀、御野郡穿鑿仕候得者、拾弐貫目御座候と申書付出し申候

同日
一河合善太夫儀も御借り銀、奥津高郡ニ而弐拾貫目御座候由申候
　年寄中右両人之者共へ被申候ハ、判形役之者へ申談可相渡由被申候

同日
一善太夫以書付申候ハ、奥津高郡田畠を流申候者とも、当暮之京銀御差延被為下候様ニ御断申候、如何可被為仰付候哉、年寄中被申候ハ、田畠流申者共ハ京銀御延不被遣候て成申間敷候、可相窺由被申候
　御窺被申候処、当暮御差延可被遣由被　仰出候事

同日
一同人申候ハ、先日申上候日用米千石郡ニ残シ置度由申候、年寄中被申候ハ、当年者大坂江之御上り米も曽テ無之候間、五百石残シ置候様ニと被申渡候

同日
一村瀬金右衛門以書付ヲ申候ハ、当夏洪水已後備中山北南・磐梨郡・奥上道郡へ御借シ被成候銀子御取立如何可被仰付哉と申候、大学被申候ハ、此銀子者悉洪水入用之為御借シ被成候、其砌日用米とて早〻御かし被成候ハヽ、一入多成可申と先御借シ銀ニ仕渡シ置候、是ハ日用米之内江入候て能可有之と被申候、猪右衛門も尤之由被申候

同日
一年寄中御横目共へ被申候ハ、児嶋郡上山坂村忠右衛門儀如何被仰付可然候哉、僉儀仕見候様にと　御意之由被申候、色〻僉儀有之、妻敵之儀相手果候儀ニ候へハ、只今分明難知可有御座候、其砌之仕様悪敷御座候ニ付、御追

放被仰付能可有御座哉と申候、年寄中尤之由被申候
御窺被申候処、忠右衛門儀御追放可被仰付由被　仰出
候事、悴ハ御構不被成候由被　仰出候事

十一月廿一日

村田小右衛門書付持出ル

一洪水破損改目録披見ニ入申候、此付札之通ニ可申付候哉
一藪洪水ニ而所〻流申候、来春御奉行御出シ御改可被仰付
候哉
流藪之事書出シ之通、来春改ニ御奉行御出シ可然由、
年寄中被申候
一京銀返上之儀者、例年ハ御年貢を先売申候か他借仕返上
仕候得共、洪水在所ニハ御物成も無御座候故、旁以用意
難仕御座候、元利御差延可被為遣候哉
京銀之事、洪水ニ而田地流候在所ハ、元利御延不被
成候てハ成間敷由年寄中被申、落着無之
御窺被申候処、備中山北南洪水にて田畠流申候村者、
京銀元利共ニ御延可被遣由被　仰出候事
一田畠荒候分捨遣、残毛ヲ改免帳ニ書入申候、田畠無恙候
へハ、四歩米を以妻子を養申候、少有之毛物を自分扶持
方ニ仕、御年貢米調兼候由申候
一洪水在所之民共日用ニ罷出、結構ニ只今迄暮シ申候、老
仁か妻子なとニ飢人多御座候、此者共へ御扶持方遣候て
ハ却而風俗悪敷罷成候、然共実ニ飢候者ハ不便ニ奉存、
粟蕎麦干菜、此そうすいの料理物、先日ゟ才覚仕候、調
次第ニ私方ニ置、少ツヽ取せ可申候か、米迚者不遣、此
そうすいの実少宛遣シ候分ニ而ハ、次にハ　御上江横道
者もたれ申気味御座有間敷様ニ奉存候、如何可申付候哉、
右之あてかいともしき儀ニ御座候故、乞食ニ罷出ル横道
者も可有御座と奉存候、無理ニ留候へハもたれ申候、左
候へハ自御物入申候、下具ニ致吟味候ても間ニ者横道者
御座候て、能程〻ニハ難申付奉存候、頃縦者咳気仕果候
ても飢死と申ならわし候、御上ニ御結構ニ被為仰付候
故、飢死ニ仕候へハ奉行之越度ニ被為　思召候与下ニ能

致承知、扨如此申ならハし候、備中之御給人衆御小身衆、民江御心入も無御座様ニ承及申候、其故飢人共多乞食ニ私宅江も罷越候、他領飢死仕候ても飢死ハ一類共迄之恥と奉存、病死と申ならハし候、備中御領分之民ハ人ニ寄病死を飢死と申ハ、　御上之御結構を乍恐致承知、如此誤り申ならわし候、縦御物入申候共、庄屋改候通ニ可申付候哉、但私不調法ニ仕成、そうすいの料理物少宛遣シ置可申候哉、当分飢人と申者七百人程御座候、此者共ニそうすい料理物少ツヽ、遣シ候而も、来年五月迄ハ凡御米弐百八拾石程入申積ニ而御座候、御免帳ニ御残置候無拠米ニ而右之そうすいの実調させ申候、不足之入用ハ来年書上可申候

村田小右衛門

此段年寄中小右衛門申候処尤ニ候と被申、落着無之御窺被申候処、備中山北南飢人御救之儀、小右衛門存寄之通ニ可仕由被　仰出候事

備中山北南洪水破損畝高改目録

高合壱万八千八百九拾壱石九斗四升五合
一畝数合千弐百九拾壱町弐反四畝拾弐歩半

内

高四千五拾六石壱斗七升五勺
毛付弐百七拾九町六反壱畝拾八歩　地不相替

高千八百七拾七石弐斗七升九合五勺
無当毛百三拾三町壱反七畝五歩半　此地当毛ハ無御座候へ共、来年ゟハ別儀ハ御座有間敷と奉存候

高四千八百三石弐升壱合
自三百拾三町六反壱畝拾八歩　此地多分前之位ニ可有御座と奉存候

高拾七石八斗六升九合
田成壱町三反拾六歩　土代上ケ田ニ可仕候

高三百拾石九斗六升三合

畑成拾八町五反弐拾四歩　土代下ケ畠ニ仕可申候

高千五百拾四石壱斗五合
こミ入九拾六町五反六畝拾八歩半　此地ハ能成申候末々ハ免上ケ可申候

高七百四拾弐石三斗壱升七合
大流五拾壱町六反五畝四歩半　来年ゟ免位応シ下ケ可申候

高八百八拾六石三斗弐升六合
中流五拾九町八反弐畝拾三歩　同断

高八拾四石三斗六升
小流五町三反四畝拾壱歩半　同断

高弐千五百石五升七合
砂入百七拾弐町四反四畝廿五歩　此地ハ大砂入申候ヲ日用米ニ而取せ田地ニ成者土代免前々之通ニ可申付

と申渡し候へとも
地所ゟ悪敷成申候

此日用米九百七石六斗

高弐千九拾九石四斗七升七合
内
六百四拾九石四斗三升　古荒
千四百五拾石　新荒

荒百五拾九町壱反九畝八歩半　此地荒成申候、毎年改申候ハヽ次第ニ発ニ成可申候

右之通当秋荒田畠相改置申候、来年申付様品書付申候、
已上

丑ノ十一月廿一日　村田小右衛門

年寄中被申候ハヽ、濃成仕様尤ニ候、此通ニ申付可然
と被申候

同日
村田小右衛門書付出ス

一柿ノ木村　三輪村　真壁村

右三ヶ村之御普請所、つミ石芝共凡夫役壱坪ニ付三拾人程ニ而も難調御座候、是ニ而ハ大分御物入と奉存候間、蒔田権之助殿庄屋方江頼遣、右三ヶ村共之石芝ともニ権之助殿領分ゟ取申、夫役半分之御益ニ成申候

一酒津村之井関繕石、先年ゟ黒田村之山ゟ取申候へとも、他領ゟ相断、去年ゟハ子位庄村之山ゟ取申候、先日御普請奉行石夫役之積ハ黒田村ゟ石取申積ニ書付仕候、子位庄村ゟ石取候へハ、先日之書付ニハ一倍も多入申候付而、此度酒津村庄屋方へ申遣候ハ、此井関他領之ニ而候得共、繕を備前ゟ仕来品を以此度も此方ゟ取立可申与存候、是偏ニ　伊予守御奉公ニ仕候、然処ニ石手遠ニ而中〻三月苗代之筈ニハ合申間敷候、双方之為にて候間、是非酒津村之山にて石申請度与頼入候由申遣候、庄や常〻此方へ出入仕候故、情を出村中江致相談、去ル十九日返事申越候ハ、、黒田村之山ニ而御取せ候さへ留候得共、此度之儀者各別御頼与被仰下候間、酒津村之竹木田地さへ痛不申候ハ、、不苦候間、取候へと申越候、井関御物入之三歩一ニ候、御徳ニ成申候、已上

十一月廿一日　　村田小右衛門

年寄中被申候ハ、此儀一段之儀と被申候、小右衛門申候ハ、惣而御代官衆なとへハ御通り之時分なとニハ私とも罷出、彼地ニ御入候時分ハ少之肴にても遣し候様ニ仕候ハ、、諸事出入之儀も無御座、仕能可有御座与奉存候、近辺御小身之御衆ゟハ御通り之時分ハ御馳走なとも御座候、御領分ゟハ何之御構も無御座候故、少之儀にても何廉申かけ私共迷惑仕候、必竟ハ御為と奉存候由申候、年寄中被申候ハ、此方ゟ御構不被成候ハへつらいの様ニ思召、御手入も不被成候へとも、御代官衆ハあなつり候て構不申と被存と相見へ申候、御郡奉行ハ御代官衆御通り之時分ハ罷出候て可然と被申、落着無之候

御窺被申候処、御代官御越候節小右衛門罷出候儀、先只今之通ニ仕置可申由被　仰出候事

同日

一塩川吉太夫以書付申候ハ、寂前申上候田地平シ之儀、御銀御手つかへニ御座候ハヽ、御米可被下候哉、百姓共只今迄ニ仕懸申所も御座候、已上

年寄中被申候、相窺候て弐、三百石程先相渡シ可申由被申候

御窺被申候処、先三百石可遣由被　仰出候事

同日

小林孫七口上書

一和気郡来春早〻仕度御普請所、夫役九千余も御座候、此日用米百八拾石余にて御座候、此内百五拾石被下候者、残分ハ御役人罷出候節可仕与奉存御事

此段年寄中被申候ハ、往還筋なとハ不被仰付候てハ成間敷候間、相窺可申由被申候

御窺被申候処、和気郡御普請所来春日用米之儀、先百石可被遣由被　仰出候事

同日

一孫七申候ハ、片上庄屋六郎左衛門札本之儀望申由ニ而、

書付一通出シ申候

銀札口上之覚

同日

一先年ゟ申上候銀札被為　仰付被下候者、御国之御調宝ニ罷成可申候、札被為　仰付次第ニ而銀子何千貫目にても有銀ニ罷成申候、此分御用ニも被為　召上、并御家中御入用其外百姓中御救にも御下知次第ニ罷成可申候、利相之銀者被為　仰付次第ニ可仕候、尤利相安クなしくつしニ成申候ハヽ、御調宝ニも罷成可申候、京銀ハ利相高ク、其上本千貫目ニ付利銀五百貫目余も上方江参候へハ、御国之銀子其程へり申候故、弥次第ニ御不自由ニ御座候、右之銀子ハ本銀共御国ニ留り候へハ、御自由ニも可有御座かと奉存候

一札銀目壱匁ゟ五分・四分・三分・弐分迄五通りニ仕可然奉存候、他国之札も大方此通ニ御座候

一札仕出シハ御検者を申請、先何千貫目にても仕出シ、其印判御封シ被成上ケ置申候、重而札入用之時ハ又御断申

上仕出し申候
一札遣出シハ札本ゟ銀子ニかへ出し申候、札沢山ニ集候方
銀子ニ替度時ハ、札本江かへニ参申候、他国之札所にて
ハ銀百目ニ付分相弐匁宛取申様ニ承申候、尤所〻ニ而も
自分ニ分相を以取やり仕申候、但札本江札買ニ参候時者、
銀百目ニ付札百壱匁出シ申由ニ御座候、此段尤御下知次
第ニ可仕候
一他国之札も取やりすなをニ仕候故、近国迄も能働取やり
仕申候
一御家中江札御取込、若御急用にて銀子ニ御かへ被成度候
ハヽ、何時にても御用次第ニかへ渡、少茂御手つかへ仕
間敷候
一近国ノ札有所、福山・三好（三次）・尼崎・平野、其外方〻ニ御
座候由承申候
右札之儀片上連〻不仕合ニ罷成候間、乍恐可然様ニ被
仰上、御救被為　仰付被下候者難有可奉存候、如何様
共　御意次第ニ御請可仕候、已上

片上庄屋
六郎左衛門
丑ノ霜月二日
小林孫七様

同日
一武田左吉申候ハ、東川原村砂取之日用銀㝡早無御座候、
㝡前申上置候八貫目之内、年内弐貫目御渡シ被下候様ニ
と申候、年寄中被申候ハ、弐貫目程相渡シ可申由被申候

同日
一梶川左次兵衛今日ゟ当番之由にて罷出申候
猪右衛門左次兵衛ニ被申候ハ、当年之洪水ニ付、来正、
二月之内惣百姓共少之内御雇被成、御普請可被仰付候之
間、惣郡奉行中相談可仕之由被申渡候、左次兵衛申候ハ、
惣郡奉行当月末ニ寄合申候間、其節申談可申上由申候

同日
一左次兵衛申候ハ、釜組之百姓共当年も五千程之普請仕申
候、左次兵衛ニも隠シ申候、子細者先年も普請能仕候と
て御ほうひなと被下候故、若申上候て仕候ハヽ、右之御

褒美之故仕与可被思召かと奉存、下にて仕候と左次兵衛
ニ申聞候由申候、年寄中一段之仕様と被申候
同日
一村瀬金右衛門申候ハ、岡田玄慶江御借シ銀八貫百弐拾匁
御座候、玄慶忰幼少、其上跡目へり申由ニ候へハ、如何
可被仰付哉と申候、年寄中被申候、是ハ出し申儀ハ成間
敷候、相窺可申由被申候
御窺被申候処、岡田玄慶忰拝借銀之事、御捨被下候由
被　仰出候事
同日
一泉八右衛門申候ハ、今度在郷鉄炮御扶持被放候、就夫、
只今拝借仕居申京銀取立、いかゝ可仕哉と申候
年寄中被申候ハ、御扶持被放者ニ候へハ、元利共ニ
出し候へとハ難被仰付候、当年之利計出し候て、跡
ハ御捨被下可然かと被申候、僉儀有之、何茂其通ニ
可然と申候、可相窺由被申候
御窺被申候処、在郷鉄炮京銀之事、当年之利銀計取立、
元銀御捨被下候由被　仰出候事
同日
一横井次郎左衛門・岡助右衛門、御勘定済目録一通大学へ
相渡シ申候
同日
一御普請奉行村田小右衛門備中川筋之絵図一枚差出シ申候
十一月晦日
十一月廿八日郡御奉行惣寄合仕書付、梶川左次兵
衛当番之由ニ而持出ル
一例年之通御役米郡〻江割苻可被仰付哉ノ御事
可相窺由大学被申候
御窺被申候処、去年之通可申付由被　仰出候事
一駆出シ奉公人江戸御国共ニ、御小人並ニ給米可被仰付哉
ノ御事
此儀僉儀有之、只今迄之通ニ不被仰付候てハ、御家
中迷惑可仕と落着無之

御窺被申候処、駆出シ奉公人給米之事、只今迄之通可
申付由被　仰出候事
一郡ゝ江請取置候平太船繕入用銀、如何可被仰付哉ノ事
舟繕郡ゟ申付可然と年寄中被申候
同日
浅口郡新田所之溝御普請日用米覚
一坪合千四百四拾七坪
此夫役四千六拾人　但壱坪ニ付弐人八分懸り、石芝共
日用米八拾壱石　但壱人ニ付弐升ツヽ
右者潮入申ニ付、所ゝ溝破損仕候、此溝普請不被仰付候
てハ水廻り不申候故、新田根付成不申候、少宛之小溝者
田主共ニ申付筈ニ御座候
同郡道口村増原新田池夫役日用米積
内面石垣
一石坪弐百拾坪　長平三拾五間、横平三尺、高法拾弐間
此夫役千弐百六拾人　但壱坪ニ付六人懸り
日用米弐拾五石弐斗　但壱人ニ付弐升宛
右者大池故水たかき内面損シ申ニ付、石垣ニ仕候、已上
二口日用米合百六石
丑ノ十一月廿八日　国枝平助
御普請所之儀如此書付者出し候得共、来春御雇之分にて
随分仕廻可申与平助申候、大学尤ニ候、随分御雇之分ニ
而仕廻候様ニと被申候
同日
国枝平助書付持出ル
一三好三折・鴻池仁兵衛両人江、浅口郡新田拾町宛鍬下五
年御赦免、其以後並免ニ壱ツ成下ケ可被遣之由
一両人申候ハヽ、鍬下五年、其以後新田惣免ニ壱ツ成永代下
ケ被遣候との儀、私ゟ差紙くれ候様ニと申候、如何可仕
候哉、
此儀大学被申候ハヽ、先日申渡し候刻、鶴右衛門・須
右衛門なとニも差紙之儀望候へとも、御郡奉行ゟ差
紙出能候半と存、先其分ニ仕置候、差紙平助ニ遣シ
候様ニと被申渡候

一山無御座所ニ而御座候、屋敷之上見合、少遣可申哉ノ事
牛飼場など遣し候ハヽ、外之者迷惑可仕候、山所ニ無
之者外之所にても少遣し候様ニと年寄中被申渡ル
一新田中位之所遣し可申哉之御事
此儀見計取集、中位ニ仕遣シ候様ニと被申渡候
一屋敷拾町之外田地ニ成不申所ニ而見合遣シ可申哉ノ御事
此書付之通、田地ニ成不申候所見合、屋敷ニ遣し候
様ニと被申渡

同日
同人書付持出ル
一浅口郡中大嶋村太兵衛と申者、田畠高五拾石計所持仕候、
忰七人御座候、勝手迷惑仕申候、右之田地わけ候へ者兄
弟共小百姓ニ罷成候、五番目之忰近所水谷左京殿領分之
庄屋養子ニ此度望申由ニ候、可被遣候哉ノ事
明日　御耳ニ立可申与被申渡候
御窺被申候処、養子ニ遣シ可申由被　仰出候事

同日
同人書付持出ル
一浅口郡鴨方村禅宗長川寺末寺深田村金泉寺、七年以前還
俗仕、喜左衛門と申百姓ニ罷成居申候処ニ、当十月廿三
日ニ発躰仕走り申候、御年貢未進壱石五斗余御座候、喜
左衛門田畠三反余御座候ヲ売立、御未進者相調申候、喜
左衛門元来他領笠岡と申所之寺ゟ先長川寺居申故、国所
知れ不申候、御法之通近所相尋申候得共居不申候、元来
他国者之儀ニ御座候間、寂早其分ニ可仕哉之御事
近所尋候ても知れ不申候ハヽ、元来他国者之儀と申、
其分ニ仕置可然と年寄中被申由ニ候、水谷民部殿領
分笠岡之者之由

同日
塩川吉太夫書付持出ル
一口上道郡来年根付前御普請所大分御座候、御役多不被下
候てハ調申間敷と奉存候、凡夫役積目録別紙ニ仕申候
口上道郡御普請所夫役目録
一龍ノ口井手破損繕石坪捨石砂掘共大樋迄之分、一番御普

請ニ仕度分
　凡此夫役壱万七千六百弐拾人五分
一村〻井手川筋破損繕枝溝挿土手万
　凡此夫役四万千七百四拾五人
夫役合五万九千三百六拾五人五分
　　内
四万八百四拾九人四分　　苗代前三月迄ニ仕度分、
　　　　　　　　　　　　龍ノ口井手とも
壱万三千九百六拾弐人八分　根付前五月迄ニ仕度分
四千五百五拾三人三分　　夏中ニ仕度分
　外ニ
一御野郡平瀬村之内横川関留　一塩堤石垣仕懸残
一中嶋村荒手　　　　　　　　一田地平シ残分
一門田村薬師土手ニ石垣　　　一門田村池内くり砂留
　以上
同日
　村田小右衛門書付持出ル

一備中水江村助兵衛儀、人柄能御座候由申伝候、就夫、先
年御銀拝借被為　仰付候、加様之者ハ不相替御心付被為
成候へハ、民之勇ニも成申候間、拝借銀之当年之利御赦
免可被為成候哉、私方ゟ心を付申度奉存候へとも、洪水
在所之者彼者計ニ米取せ候儀、余人之恨ニも成可申候、
常之人にて御座候へハ、品ニ寄私方ゟ心を付可申候得共、
此者ハ前〻ゟ　御耳江相達候者之儀御座候間、同者　御
上ゟ如此被為　仰付候様ニ仕度奉存候御事
　助兵衛儀、利銀被遣能候半由ニ而可相窺由被申候、
　此銀之元壱貫弐百目余、利銀百三、四拾匁
　御窺被申候処、当年之利銀分御赦免被成由被　仰出候
　事
一岡田玄慶当夏請取候麦成并当物成之儀口上ニ申上候事
　小右衛門口上ニ申候ハ、玄慶手前ひしと不罷成候故、
　御扶持方も九石取越、麦成も三石余御座候、只今た
　へ申物も無御座躰ニ御座候、何とそ麦成之分拝領仕
　遣し申度奉存候、悴之儀と申、誰肝煎申者も無御座

候故、申上由申候
此儀色〻僉儀御座候、何とも難被仰付事ニ御座候、
来春之御支配を只今御かし可被成候哉、但親子御支
配被下候、御法之通ニ外ニ死後三ヶ月分ノ可被遣哉
共申、落着無之

同日

小林孫七書付持出ル

一先日被仰渡候往還筋馬銀吟味仕、持せ不申候て不叶村〻
馬数九拾八疋、銀高拾貫百目、内壱貫目新馬持之分五疋、
壱疋ニ付弐百目宛、残而九拾三疋者持来之馬にて御座候
得共、何れ茂乗懸馬ニハ難仕候ニ付、此度御銀御借被成
候ハ丶、只今迄之馬百五拾匁以下之馬ニ而御座候、払候
て御かし銀百目宛足ニ仕、弐百目余之馬ニ仕度由申候
孫七申候ハ、馬扶持米三石程ツ丶被下候様ニと申候へと
も、此段者馬百疋共之扶持者大分之儀ニ御座候間、成間
敷与申聞候、少宛之開致させ、其分御年貢御免シ被下候
様ニと申候、大学被申候ハ、少宛之開申付御年貢免シ、
馬持申様ニ仕可然候、相伺可申由被申候

往還筋馬持所

香登村　同西村　伊部村　片上村　中村　三石村

作刕道筋　和気村　塩田村

伊賀被申候ハ、和気村ゟ直ニ周匝迄馬通し可然候、
塩田と周匝道法半路ほと有之、其上塩田悪敷所ニ而、
以後迄馬持こたへ候事成間敷と被申候、大学明日可
相窺由被申候
御窺被申候処、馬継馬持候者とも少宛ノ開畠仕、御年
貢御免シ被下、馬持候足りニ可申付由被　仰出候事

一熊山下苅近年不仕候ニ付、香登村近辺村〻薪不自由ニ付、
作り之わら薪ニ仕候故、こやし少ク迷惑仕由、如先年之
札ニ被為　仰付、壱荷ニ付弐分五厘宛御運上を差上させ
苅せ申度奉存候、日数廿日計可被為　仰付候哉、尤御山
猥ニ無御座様ニ可仕と奉存御事
此書付之通札ニ被仰付、又四、五年も間有之候ハ丶、
御留被成能候半と年寄中被申候

一和気村類火人家坪弐百九拾三坪、被遣ル御竹弐百九拾三束之内、所〻にて伐出ス御竹弐百三束、不足竹九拾束、代銀可被為遣哉之御事

竹不足之所者銀子ニ而可遣と大学被申候

同日

片上庄屋六郎左衛門札銀之書付小林孫七持出ル

一札銀高壱匁ゟ上不仕、僅ニ仕候故、似せ札難仕御座候、子細者銀子少キ故過分ニ仕遣不申候てハ徳無御座候、過分ニ仕候事ハ大分造作参申候、縦造作仕過分ニ遣出し候時者顕れ安ク御座候、尾張之札ハ百目迄御座候故、似せ仕候由承申候

一札本ゟ札能見知申者を札改之役人ニ定置、岡山ハ毎日出シ相改、其外札沢山ニ取やり仕候所〻并御領内江毎月度〻出シ相改可申候、若似せ札縦ハ五千も壱万枚も一度ニ遣出シ申儀ハ難成候間、少宛次第ニ遣出し可申候、左候ハヽ、改之者早〻見付、則御断申上、御領内江加様之似せ札出候間、よく吟味仕候様ニ申触候ハヽ、札過分ニ弘り不申内ニあらハれ可申候、加様稠敷相改申儀を世上ニ承及候ハヽ、似せ仕候者も知れ易キ儀を考へ仕間敷候、取やり仕候者も改之者見廻り申候間、何方ニ而も心懸、胡参成札者見せ可申候、此段札本ゟ随分念を入相改、悪人不出御役界ニ不罷成様ニ可仕候と奉存御事

一札遣之儀御領内札遣ニ被為　仰付候間、銀子取やり大分少分共ニ札にて可仕候、但其内銀子不叶入用之者ハ心次第ニ仕候様ニ被為　仰付可然奉存候、何方之札茂其通ニ承申候、札遣計ニ被為　仰付候ハヽ、つかへ申所可有御座候、御下知無御座所も勝手能御座候故、札取やり過分ニ仕候上ハ、次第ニ他国之通ニ働可申候、但福山之札遣出シ初者先札七百貫目計仕、此分町方在〻へ其所〻ニ応シ御割苻にて御渡被成候、然共其侭銀子之代ニ取やり仕候故、少茂迷惑不仕候、其翌年又千貫目余之札仕出シ候へとも最早割苻ニも及不申、自由ニ取やり仕由承申候御事

一札本にも為御用銀子随分貯置、何時にても俄ノ御用ニ罷立可申候、但他国之様子承合申候ニ、被為　仰付次第ニ

而以来殊外御調宝ニ罷成候事可有御座与奉存候
一御家中御売米代銀なとハ、御勝手次第常之通銀子ニ而御取可被遊候、但御小払ニ銀子被遣候ヘハ、百目ニ付弐匁程もかん立申候、御入用之度〻ニ縦ハ銀百目かへニ被遣候ヘハ、札百壱匁相渡申候、此札御遣被成候ヘハかん立不申、御自由にて請取申者も悦申候事
一商人末〻迄相互ニせりあい商ひ広ク仕候故、本銀過分ニ借用仕候ニ付、弥借り銀すくなく利分も高罷成候、在〻ハ不及申、岡山ニも少之かり銀も不自由ニ御座候、札銀何方へも行渡り申候ハヽ、借り銀自由ニ成、利分もやすく、おしなへうるほひニ罷成可申と奉存候御事
一在〻小村迄近年過分ニ高利之借銀出来仕、只今利銀計申儀も不罷成、難儀仕候、札銀余慶可有御座候間、如何程も御救ニ罷成可申御事
一札遣ニ罷成候てハかん立不申取やり自由ニ而、商事仕能由ニ御座候、備中并同御領分ニ而福山之札過分ニ取やり仕申候、札遣ニ成申候ハヽ、御国中御調宝ニ罷成可申与奉存候事
右之外ニ差つかへ申様ニ被為　思召候儀も御座候ハヽ、可申上候、已上
丑ノ十一月廿六日
片上村庄屋
六郎左衛門
同所
町中
小林孫七様
孫七申候ハ、札銀之儀御家中ニ而札うせ可申との義、又ハ急御用之時御銀之もとおり遅〻可仕との義、片上庄屋六郎左衛門承、又書付を差出シ候由ニ而出し申候
此儀可被仰付も不知儀ニ候、若被仰付候ハヽ、御僉儀可有之由、大学被申候
同日
河合善太夫書付持出ル
一奥津高郡田畠流申者ニハ京銀御差延被為下候様にと申上

候得共、田畠流申候者多御座候故、御差延被為下と申聞候者百姓共もたれ申候て、出シ兼不申候者も出シ申間敷候、其上当暮者京銀皆済之年ニ候間、御代官中も不残取立可申与申候故、元利とも払上させ申候、田畠流勝手ひしと迷惑仕候者共ハ相改、追而拝借銀可申上候、以上

此儀尤ニ候、書付之通ニ取立可申候、其上ニ而御かし銀入候ハヽ、重而可申之由、大学被申聞候

同日

一善太夫申候ハ、来春建部井手普請不被仰付候へハ成不申候、山田角左衛門儀勝手能存候間、来年も其侭御出シ被下候様ニと申候、大学御普請奉行とも申談置候様ニと被申候

同日

久保田彦兵衛書付持出ル

一流在所江奉公人召抱候給米五百石拝借仕度と申上候

可相窺由大学被申候

御窺被申候処、奉公人給米五百石御借シ被成、五年ニ取立可申由被　仰出候事

一往還筋へ去年馬銀拝借仕候、来春返上仕度と申上候、可相窺由大学被申候

御窺被申候処、来春取立可申由被　仰出候事

同日

梶川左次兵衛口上書

一洪水ニ付毛付無之ニ付、人を抱申事不成者ニ、右申上拝借百五拾石御借シ被為成候、借状いかゝ可仕候哉、元ニ而五年ニ被召上可被下事

可相窺由大学被申候

御窺被申候処、洪水在所人抱申給米百五拾石御借シ被成分、五年ニ取立可申由被　仰出候事

同日

一俣野助市申候ハ、赤坂郡日用米先日僅弐百石被下候、弐百石にてハ漸〻切れ池之水ふせき仕迄ニ御座候、左様ニ御座候てハ少之水ニも切れ候て迷惑可仕候、日用入用三万五千程入申候、日用米御増被下候様ニと申候、大学被

申候ハ、雇人ニ仕何とそ先日之日用米ニ而仕廻候様ニと
被申候、助市申候ハ、殊外百姓痛救遣シ不申候てハ難成
程ニ御座候故、雇も難仕と申候、可相窺由被申候
　御窺被申候処、赤坂郡日用米此度三百石、都合五百石
　　被遣候由被　仰出候事
同日
一林与左衛門申候ハ、来春池普請之日用米百弐拾石計も不
被下候ハ、調申間敷候、御役米七拾石計にて候、此弐色
にてハ調可申哉と申候、大学先日遣し候弐拾石と役米何
かニ百五拾石程の積ニ而、仕廻候様ニと被申候
同日
一同人申候ハ、三浦之御制札被仰付被下候様ニと申候、被
仰付能候半と大学被申、可相窺由
　御窺被申候処、御制札可申付由被　仰出候事
同日
一同人申候ハ、東太地村肝煎庄屋六郎兵衛先日果申候、村
組之内ニ肝煎可仕者無御座候、西太地村之平右衛門寂前
大庄屋仕由ニ御座候、如何様之儀にて先奉行庄屋免シ候
も不存候へとも、利発成者ニ御座候間、此者申付度と申
候、伊賀被申候ハ、此者ハ宜キ者ニ候へ共、足痛申由ニ
而石川善右衛門へ達而断申、免シ申由にて善右衛門もお
しミ申候、一段可然と被申候、与左衛門申候ハ、只今ハ
足之痛も大形能御座候と申候、　御耳ニ立可申由、大学
被申候
　御窺被申候処、西太地村平右衛門十村庄屋ニ可申付由
　　被　仰出候事
同日
一同人申候ハ、寂前申候平井村と北浦村と白魚網之あらそ
ひ之儀、先日岩根須右衛門申談候得共、其砌平シ物成ニ
取込埒立不申候、須右衛門只今者御役儀替り申ニ付相談
も難仕候、何とそ被仰付被下候様ニと申候、大学被申候
ハ、下にて御郡奉行中六、七人も出合、埒立候ハ、能可
有之候、其にて埒明不申候ハヽ、来春百姓隙之時分ニ吟
味仕候様ニ被仰付可然と被申候

同日
一梶川左次兵衛申候ハ、先日被申渡候来春在〻御雇人之儀、何れ之御郡にも弐、三万程ハ可有御座候間、其郡切ニ被仰付可被下哉と申候、落着無之

同日
一同人申候ハ、極月八日如毎之兎狩可被仰付候哉、兎御入用之数知れ申候ハヽ惣郡へ触可遣と申候、可窺由被申候
　御窺被申候処、兎狩可申付由被　仰出候事

同日
一奥山市兵衛申候ハ、来年之御小人百五拾人程へし候て仕廻見可申候、若又不足仕候ハヽ、其砌御抱候様ニと申候、大学尤ニ候間、其通申渡し候様ニと被申候

同日
一加藤七太夫・安井六郎左衛門申候ハ、当冬者材木曽テ不参候ニ付、御買置三拾貫目之積之内、拾貫目程之材木も調不申候、早其内をも只今ゟ遣候故、来春ハ御手つかへニ可有御座哉と申候

同日
一七太夫・六郎左衛門、紀刕冨田之材木屋御訴訟申上ル書付出シ申候
　乍恐謹而御訴訟口上書之事
一御樋方御用材木、其已前者大坂ゟ被召上候処ニ、私材木始而積廻シ申候節、御急用ニ御座候而被召上、御奉行様方御意被成候ハ、只今迄大坂ゟ買下シ候得共、直段高直ニ候、私材木ハ下直ニ候へハ大分御為ニ罷成候間、自今以後私方ゟ調上ケ申様ニと被仰下候ニ付、外聞旁忝次第ニ奉存、則御当地へ親子之者罷越御請負申上、其ゟ数年御用材木調上ケ申候御事
一私紀刕ニ住居仕儀ニ御座候故、若御材木御急用之節、遠方ニ而御用を延引仕候儀御座候へハ如何ニ奉存、御屋敷御拝借仕、御当地ニ手代之者差置申候へハ、何分之御用御座候ても手代之者ニ被仰付、早速私方江申来候故、御急用之御手筈ニ合申候、其上材木積廻シ上ケ置、御用之節直ニ差上ケ、又御用ニ無御座材木者、御家中様町在〻

迄へも御定直段ニ小売仕候へハ、御用之御調能御座候段、先年御断申上候処ニ、被為聞召届、御屋敷御借シ被下、寔以難有次第ニ奉存候、則材木な（納）屋普請仕、手代之者差置、御用之儀於尓只今、無油断調指上ケ申候御事

一其已前ゟ私材木山を持申候ニ付、手杣費用を入材木仕出シ、手船にて積廻シ申候故、直段安ク到着仕、大分御為ニ罷成申候、御影を以私儀も渡世を送り難有儀ニ奉存罷在候、然処ニ五年此かた他所ゟ材木積参、私をせり退ケ、其以後又直段御上ケ被下候様ニ御訴訟可申上覚悟にて、一往者下直ニ差上ケ可申由申上候ニ付、御為之様ニ被為　思召被召上候、然共此他所之者ハふり売之儀ニ御座候故、勝手ニ相申候節ハ早速材木積参、又勝手ニ相不申候時分積参不申候、私儀者御屋敷御拝借仕、其上御取持故ニ御老中様御へ御目見仕、旁以難有御厚恩ニ御座候ニ付、乍恐御扶持人同前ニ奉存罷在候故、勝手ニ相不申節も無滞、只今迄御用調上ケ申候御事

一近年私不仕合ニ付、国元山川にてひた物損銀を仕、其上三年已前ニ材木参候船三艘難風ニ逢破損仕、商売ニ而ハ利分無御座、彼是故ニ手前不如意ニ罷成、近年者材木山江杣費用大分ニ入申儀も不得仕、漸わつかツ、仕出シ、或ハ買材木仕調上ケ申候、加様之儀にてハ取続御用調上ケ可申儀、何共難成奉存候、誠ニ数年御当地様御用を承候段、国元御奉行方者勿論之儀、御老中様迄被及聞召、随分無油断御用調上ケ申様ニと兼而被仰付候、外聞旁以偏ニ御当地様御情を以取続御用を承、其御影にて渡世を送り申度念願ニ奉存候間、銀子御拝借仕度奉存候、銀子御拝借仕候ハ、私手山江早速杣費用を入、材木成程下直ニ当着仕候様ニ随分才覚仕、山本ゟ御当地迄着ケ申候、入日勘定仕目録を以差上ケ申様ニ被為　仰付可被下候、則利分者不及申ニ、毛頭私欲仕間敷段、私親子之者者勿論之儀、手代之者ニ至迄、誓紙を仕指上ケ可申候、其上にて他所ゟ被召上候而早竟御引合御覧被遊、御為ニ罷成申候ハヽ、御了簡次第ニ相応之利分被遣可被下候御事

一御当地ニ恠甚右衛門住居為仕、諸事御用調上ケ申度奉存

候、左様ニ御座候へハ、若又何国之材木何様之木にても御用之節者、御樋方ハ勿論何れ之御作事方ニ而も材木之御用ニおゐてハ、元ゟたんれん能存知罷有儀ニ御座候へハ、被為仰付次第ニ何国江成共罷越、買調差上ケ可申候、然上者冥加之為ニ御座候間、御屋敷御年貢を指上ケ、町役を仕度奉存候、第一諸事御法度御触书之儀、目代方ゟ承相守申候様ニ被為仰付被下候ハヽ、難有奉存候御事

右之趣被為仰付被下候ハヽ、難有可奉存候、已上

延宝元年丑ノ十月

紀州冨田
太郎左衛門

同
甚右衛門

箕浦徳右衛門様
荒木治部右衛門様
竹内与市郎様
鈴木忠太夫様
中　村　久　六様

七太夫・六郎左衛門申候ハ、他国者之儀ニ御座候故、是非御借シ被下候様ニ共不被申上候、前銀之様成物ニ御座候間、拾貫目程も御借シ可被遣哉と申候、大学明日可窺由被申候

御窺被申候処、紀刕冨田材木屋御訴訟之儀、拾貫目御かし可被成由被　仰出候事

同日

一津田重次郎・服部与三右衛門申候ハ、去ル廿八日郡御奉行物寄合ニ、御借シ米之儀ニ付私共にも罷出候様ニと御郡奉行共申候て、罷出申候、何れ之御郡も自分構之内者、去年当年之利米随分取立可申候、備中山北南・奥・口上道、此三郡之利上ケ不成分程之元入仕義者、成兼申候間、此通申上くれ候様ニと申候、如何可被仰付候哉、左候ハヽ自分構之利米之分ハ不残取立、三郡利上ケ不成不足之分ハ、来春奉公人米にて何とぞ出し見候様ニと申談候てハ、いかゝ可有御座哉と申候、大学其通ニ申談能候半と被申候

同日
一三郡ゟ利上ケ不成不足米八百九石四斗六升
同日
一惣郡去年当年之利七千六百石　内
八百石程引候へハ、
六千八百石程
十二月十日
一石田鶴右衛門申候ハ、町中飢人御座候ニ付、当春斎木四郎左衛門申談、六貫目遣し申候、其後又三貫目遣シ申候、只今迄千人程救遣シ申候、頃日大分書出シ申候、近年者一度宛ならてハ遣シ不申候、如何可仕候哉、壱人住居之者ニハ拾弐匁、五十已上之者ニハ拾匁宛、其下者七匁、七歳ゟ内ハ三匁ツヽ、遣申候由申候、猪右衛門被申候ハ、町人ハ百姓とハ違、方〻ゟ商売ニ集り申ものヽ儀ニ候故、百性同前ニ御救被成候儀ハいかヽニ存候得共、ひしと飢申者御城下之儀ニ候間、其分ニも難成可有之哉と被申、落着無之
御寛被申候処、町方飢人之事当年者今一救被仰付、来年ゟハ御構被成間敷由被　仰出候事
同日
一同人申候、町中ゟ御請合申御借り銀、尓今銀寄不申候由にて町年寄共迷惑かり申候、終ニ御家中買懸集り不申候事申出候儀ハ無御座候か、当年者此段ニ致迷惑候由申候
同日
一同人畳屋書付・柄巻屋書付差出シ申候
同日
畳屋
善兵衛
謹而言上
一私生国幡（播）州姫路之者にて御座候、同祖父親参河吉田之者ニ而御座候、三河ニ而　三左衛門様御畳屋ニ而御扶持切米被為下居申候、幡州ニ而御国替ニ御供仕、幡州ニ而祖父相果、其跡則私親ニ前〻通御扶持切米被為下居申候、其時分大坂御陣をも相勤罷有候、然処ニ　武州様御他界之刻、新座之侍衆下〻職人御扶持切米皆〻被召上候、左様

ニ候得共、私親儀ハ因幡へ御国替之時、右同前ニ御供仕候処ニ、又幡刕江ハ本田(多)美濃守様御越被為成、私親ニ被仰渡候ハ、美濃守様御畳屋無之候間、美濃守様御畳屋ニ可被仰付之由、御奉行衆ゟ被仰付候故、番大膳様江右之通言上仕候へハ、其段者此方ゟ美濃守様江御言理可被仰之由にて、早〻御状被遣、則埒明、弥因刕江御供仕罷有候、然処ニ従江戸御横目衆加賀爪民部様・近藤勘右衛門様御両人御座候ニ付、御座間之御畳仕上申候、備前江御国替被為成候節も御跡をしとい罷越候、私親先年早〻右之通言上申上度奉存候得共、何方を奉頼可申上様も無御座候故、其上親永〻相煩居申延引申候、漸〻午ノ年洪水明年如此御訴訟仕候へ者、　殿様為　御意、其時之町御奉行薄田惣右衛門殿ニ被為仰下候ハ、此者ニハ御扶持をも可被為下者ニ而候得共、只今洪水彼是ニ付難成被思召候間、当分之印と被仰、銀子三枚被為下、以来如何様共可被為仰付之由被仰渡、難有次第ニ奉存候、先御代ゟ御畳仕上申者にて御座候間、右之通御畳被為仰付、又ハ少之御扶持頂戴仕候者、弥難有可奉存候、御畳之儀者先年ゟ　殿様御数寄屋畳迄仕上申候、其段者畳屋中間之者共存知居申候、又〻先年洪水以後も重而言上仕度奉存候得共、何共可申上時節無御座候故、只今迄延引申上候、可然御披露奉頼候、已上

延宝元年十月廿一日　　畳屋　善兵衛

斎木四郎左衛門様
石田鶴右衛門様

同日

乍恐申上ル口上之覚　　御柄巻屋　西村兵左衛門

一私儀、近年手前何共罷成不申ひとへの私ニ御座候へハ、可仕様も無御座、勝手難続迷惑仕候、就夫、恐多申上事ニ御座候得共、少之御扶持頂戴仕候ハヽ、難有可奉存候

一武蔵守様幡(播)刕ニ被為成御座候御時分ゟ、御柄之御用私親

西村一菅ニ被為　仰付相勤申候、少将様因幡江御国替被為成候ニ付、御跡ゟ因刕江罷越御用相勤申候、因刕ニ而ハ御　目見え仕居申候、御当地江御国替被為成候節、早速罷越申度奉存候処、散ミ大病相煩罷有候ニ付、遅ミ仕漸ミ四、五年以後ニ本復仕罷越候、御当地江引越申時分、右之仕合申上御用相勤申度義ニ奉存候得共、恐多、其上御当地ニ而御柄之御用相勤申者出来居申ニ付、旁以罷過、其故因刕ニ而御　目見え仕来之者共並ニ、御当地にて御　目見えにも罷出不申由兼ミ申候、然処ニ其以後又御用被為仰付、相勤申候

一一菅儀廿ヶ年程以前ニ相果申候、然共不相替私ニ御用被為仰付難有次第ニ奉存候、御代替ニ御座候へハ、乍恐御なけき申上候、右之趣可然様ニ被仰上可被下候、奉頼候、

以上

延宝元年十月二日

御柄巻屋

西村兵左衛門

目代

助　八殿

孫　九　郎殿

鶴右衛門申候ハ、右両人之職人当町中ニ上下四万人程御座候内、此弐人ゆいしよ御座候て申上候間、何とそ御取上被成被下候様ニと申候、伊賀被申候ハ、職人ハ上手次第ニ被仰付能可有之と被申候、鶴右衛門申候ハ、両人共当町ニ而之上手ニ而御座候、柄巻屋兵左衛門ハ只今御柄巻候由申候

御窺被申候処、畳屋善兵衛・柄巻屋兵左衛門事、今一往御町奉行へ相尋可申事

同日

石田鶴右衛門口上書

一馬方市兵衛養子重兵衛女、重兵衛果申已後親方江引取、其後七郎兵衛町かミゆい二郎兵衛女ニ成居申候処ニ、二郎兵衛も相果、継子市太夫うつけ者ニ而母はこくミも成不申、母居住無之候、森下村市郎兵衛と申百姓之ためニ姉にて御座候へとも、御帳ニ付居申者之由にて取合不申

候、外ニ諸親類無御座候、兄弟之儀ニ御座候間、右市郎兵衛ニ御預可被下候哉、已上
可相窺由年寄中被申候
御窺被申候処、馬方市兵衛悴十兵衛女之儀、森下村女之弟市郎兵衛ニ預ケ置可申旨被　仰出候

同日
一武田左吉申候ハ、寂早申上候日用米被下候様ニと申候、根付前不仕候て不叶、御普請夫役之積り五千四百四拾人程御座候、先御米百石程被下候様にと申候、年寄中相窺、追而可申渡由被申候、左吉申候ハ、来年之御普請夫役之積り凡壱万三千四百七拾人程、寂前改積り置申候
御窺被申候処、来春根付前御普請日用米之事、畝麦之内を以可申付旨被　仰出候事

同日
一同人申候ハ、当年者御野郡百姓共取実無御座、殊外迷惑仕候、ちと御銀を借り奉公人なとも抱、作ニ取付申度と申候、ちと御借被成不被下候てハ成間敷由申候、猪右衛門被申候ハ、只今公儀ニも御手廻り不申候間、在ニ有之畝麦成共出シ遣シ申様ニと被申候、左吉申候ハ、畝麦六千俵御座候、御蔵麦ゟ悪敷候故、三俵ニ付三十匁程可仕候、左候ヘハ六拾貫目御座候間、何とそ可仕由申候

同日
一田口兵左衛門申候ハ、大工七郎右衛門事御細工能相勤、西之御丸御城御用ニ日〻罷出、随分情を出シ申候間、少御扶持方をも被下候様ニと申候
御窺被申候処、大工七郎右衛門ニ三人扶持可被下由被　仰出候事

同日
一同人申候ハ、只今御城西ノ御丸之御用多御座候ニ付、下奉行共両方江罷出、小作事場ニハ奉行居不申候事多御座候、何とそ御勘定御算用頭廻シ之様成者壱人被仰付、小作事場を闕シ不申候様ニ、被仰付被下候様ニと申候、年寄中被申候ハ、追而相談可仕由ニ而落着無之

同日

一江戸御小作事来年ゟ如前〻ノ御歩行奉行ニ仕候様ニと被
　仰出候事

同日
　小林孫七寂前差出シ申書付

一日笠村紙漉次郎左衛門と申者、近年御用之加賀杉原其外
御用紙漉上申候処ニ、年〻借り銀三貫目御座候故、当年
迷惑仕、御用紙漉上候儀も不得仕仕合ニ御座候、三貫目
利無ニ御借シ被遣、御扶持方少被為遣候ハヽ、此後御用
紙漉上可申与奉存候、尤他国之紙屋被召置候ゟ、後〻御
調宝ニも成可申かと奉存候御事

　丑ノ十一月晦日　小林孫七

猪右衛門被申候ハ、銀子壱貫目も増利付ニして借シ候て
能可有之候、　殿様ニも御銀無之、御借り被成御借シ被
成儀ニ候、御用紙も能仕候ハヽ少之御扶持方被下候ても
能可有之候哉、可相窺由被申候、市兵衛申候ハ、　御書
紙御扶持被下候紙漉弐人、漉くらへさせ候へハ、日笠ノ
二郎左衛門紙少ましめニ御座候由申候

御窺被申候処、日笠紙漉二郎左衛門事、今一往奥山市
兵衛・水野治兵衛相談仕可申上候事

同日
一鈴田夫兵衛・山田弥太郎申候ハ、御船手御横目弐人御役
長屋へ越申候、敷物曽テ無御座候、座敷之分計御用勤申
所ニ候間、畳被仰付可被遣候哉、但此者共ゟ役屋敷之事
ニ御座候間、御やめ可被成候哉、然共是者一年替りニ罷
越、前〻ゟ被下候家屋敷其侭持居申候間、御畳可被下儀
と存候故申上候、年寄中被申候ハ、尤ニ候間可相窺由被
申候

御窺被申候処、御船手御横目御役長屋座敷畳之事、可
被下由被　仰出候事

（貼紙）
「延宝元丑ノ年評定書御留帳
　紙数百八拾七枚
　　但上紙四枚共」

四　御留帳評定書　延宝弐年

（表紙）

延宝弐年
御留帳
評定書
（貼紙朱書）「記第五号五十一
共拾弐冊」

（小口書付）「延宝二寅評定」

正月十日　　水野作右衛門番

一田口兵左衛門申候ハ、御小作事例年明日ゟ初申候、左様可仕候由申候、又例年之通明朝之御祝ニ御大工共出可申候哉、左様ニ候ハ、去冬御扶持被下候大工七郎右衛門も、甚之丞跡ニ出シ置可申哉と申候

　年寄中其通ニ仕置候得と被申渡候

同日

一同人申候、去年茂申上候破損方御小作事両所共取〆之者茂無御座候間、御小作事下奉行之内にて弐人計も頭廻シ之様ニ仕候て、元しめを仕候様ニ致シ、兵左衛門煩申時分なとハ、万事差計候様ニ申付候者可然かと奉存候、如何可有御座哉と申候

　年寄中被申候ハ、尤ニ候、当年者江戸へも御下奉行共不被遣事ニ候間、可然者左様ニ申付候へと被申渡ル

同日

一同人申候ハ、度〻申上儀ニ御座候、御小作事下奉行御切米之儀、皆迄御直シ被成候事不成儀御座候ハヽ、先弐人計成共御直可被下哉と申候

年寄中被申候ハ、先度之書付も此方ニ有之候由被申、
落着無之

同日

一同人申候ハ、浅野定右衛門居候後川端竹垣悪鋪成候間、直候様ニと旧冬廿七日時分　少将様被為仰付候、近日直申儀御座候、此垣者軽被仰付候へ者少之水ニ者別儀無御座候、強被仰付候得者少之水にも損申候、希にハ人通り不申候得者能御座候間、伊木勘解由者なと通り不申候様ニ可被仰遣哉と申候

年寄中被申候ハ、此所者此已前長門江茂申談候所ニ候間、勘解由江可申談之由被申候

同日

一猪右衛門兵左衛門ニ被申候ハ、竹村八太夫・片岡八太夫両人家之前ニ関抜被仰付被下候者、何茂町之者ゟ番人置可申由ニ候、関抜多成候得共、番人置候へハ何角之しまりニ而候間、申付遣候へと被申渡候

同日

一津田重次郎申候ハ、先日申上候冨田源兵衛儀者、如何御了簡被遊候哉と申候へハ、相窺可申与存候へ共、未相窺候、重次郎申候ハ、先日も申上候通、源兵衛ことくニ閑谷江参候事迷惑かり候てハ、閑谷之為ニ如何ニ候、扨源兵衛願之通ニ若　仰出され、源兵衛替之者重而可被仰付候ハヽ、重而者少先達而内証を申聞、被仰付候以後御断不申上候様ニ仕度候、閑谷江参候事者遠方山中故、私共存候とハ違、殊外いやかり申由ニ御座候

同日

一同人申候ハ、　福照院様御葬之時分、惣小屋ニ仕候竹木沢山ニ御座候ニ付、両　殿様和意谷江被為成候時分、家すくなニ御座候故、御供衆居申家ニ仕置可然哉と寂前申上候へハ、其通ニ仕候得と被仰聞候得共、去年者御奉行之手透無之、未得取立申候、御石方之奉行明田平左衛門・茶屋又七両人之内壱人、又七ハ江戸江御供ニ参由ニ御座候間、替り之御奉行壱人被仰付可被下候、未御石方も少残居申候、去年者見届ニ御奉行之外御横目壱人被遣候、

此度も御奉行之外ニ御横目壱人可被仰付候哉、先年も少之儀ニハ弐人之御奉行之内に而、壱人見届ニ被仰付儀も御座候、如何可被仰付哉と申候、猪右衛門被申候ハ、尤ニ候間、御歩行今壱人申渡シ、弐人之内壱人見届ニ仕候得と御横目共ニ被申渡候、御横目共申候ハ、御歩行江戸へ御供ニ参、御国御用ニ懸り罷有候外ニハ、御奉行見届共ニ相勤候、御用人少ク御座候、　御隠居様付之御手廻り組之内ニ而も可被遣候哉、左候ハヽ、御奉行見届ニ可申付候、尤ニ候間、村井弥七へ相談仕候而申渡し候得と年寄中被申渡候

同日

一同人申候ハ、　福照院様御墓入用之分書付せ候由ニ而、差出シ申候

一夫役壱万四千四百八拾八人

一五千百五拾三人四分　　御石切役

一二口合壱万九千六百四拾壱人四分

一御米合百拾七石五斗九升八合

銀ニ〆六貫百弐拾四匁　　五拾匁かへ

一銀子合弐拾貫八拾目　　上方石切手間

銀二口合弐拾六貫弐百四匁

重次郎申候ハ、和意谷江ハ御物入候様ニ御家中ニ而も申由承申候、不入儀ニ御座候得共、前〻ゟ御物入之儀可懸御目与存、持参仕候由ニ而、先年ゟ之御勘定目録出シ申候、和意谷初年ゟ寛文十壱年迄之御入用、奉行人ニ被下御扶持方迄入、何か不残銀ニ〆百七貫九百五匁、外ニ夫役拾万余も入可申哉と申候、夫役も銀ニ仕候者銀高上り可申与大学被申候、重次郎申候ハ、夫役も銀ニ直候ても百貫目余ニて御座候故、都合弐百貫目之少余之御銀高ニ而御座候由申候

同日

一安井六郎左衛門・加藤七太夫申候ハ、樋方大工初例年当月十六日ゟ初メ申候間、当年茂其通ニ可仕候、御役人右〻者二組宛御渡シ候得共、去年一組被仰付候、御役人無御座由ニ候間、一組ニ而も被仰付可被下候、其上者入用

之刻者日用雇ひ可申候由申候
年寄中尤ニ候間、其通ニ仕候得与被申渡候

同日
一同人申候ハ、和気山ニ而目通弐尺ゟ弐尺七、八寸廻り之松木弐百本被仰付可被下候、掘樋又者四ツニ割ありニ仕候、去年茂加茂山木弐百本請取申候得共、寂早大形遣切申候、加茂山木ハ正も悪鋪少細ク御座候由申候
年寄中其通可申渡由被申候

同日
一同人申候ハ、方〻ゟ之材木一円参不申候、寂前直段下直ニ究申候故与存候、重而御当地ニ而直段究申為ニ御座候間、大坂ニ而材木少調差下シ候様ニ可被仰遣哉と申候
年寄中尤ニ候、大坂ニ而試ニ調候材木、大坂御米払御歩行之者共へ申遣候様ニと水野治兵衛ニ被申渡ル

同日
一同人申候、目安御門之橋殊外損申候、材木参次第ニ懸直可申候由申候、猪右衛門被申候ハ、御門之方水行能仕可然候、御門之方ニ而七、八寸高懸ケ候て能可有之由被申候

同日
一俣野善内申候ハ、御当地米直段上り申候由ニ而書付差出、上り銀町相場五拾七匁之時、五拾九匁ニ御上ケ被成候間、此度も相場御上ケ可被成かと申候、猪右衛門被申候ハ、直段上ケ候て能儀ニハ候得共、又支可申儀も不知事ニ候間、先上り銀之儀五拾九匁ニ而、今少見合能候半かと被申候

同日
覚
一上米五拾八匁替　　一中米五拾七匁かへ
一麦　四拾匁替　　一大唐米五拾目替
正月十日
中買
久右衛門
同
伝左衛門

山田吉太夫殿
杉山与太夫殿

同日
一武田左吉申候、菅弥四郎草履取九之助請人津嶋之奥坂村之又右衛門と申百姓之方へ、八日夜九之助参居申候処ニ、請人不申出、九日之夜四ツ時分ニ申来候、内〻他国者又ハ様子有之者参候ハヽ、早〻申出候様ニ与申付置候、殊ニ手負ニて候ニだまり申故、先手錠おろし五人組ニ預ケ置申候、他国者之請ニも立候得者、不届千万ニ存候間、籠舎申付度候、如何可仕候哉と申候、猪右衛門被申候ハ、九之助他国者ニ而候ニ、直ニ欠落も不仕、請人方へ参候段寄特ニ候、又右衛門ハ随分不届ノ由被申候、伊賀被申候ハ、九之助ニ対シ籠舎を免シ村へ預ケ置、可然時分ニゆるし候へと被申渡ル

同日
一猪右衛門左吉ニ被申候ハ、郡ニおゐて何そ御勝手ニ成可申事候ハヽ、郡奉行中被申上候得与、先日申渡シ候得者、二月廿八日之寄合前ニとくと分別仕、寄合之時分相談仕可申上与之事ニ候、若節句前後之御参勤ニ而も候ハヽ、事多成可申候間、当月廿八日ニ何茂寄合被申候様ニ月番国枝平助と申談、郡奉行中江相触可申旨被申渡候

同日
一塩川吉大夫書付を以申候、口上道郡御普請所春中ニ仕不申候てハ根付成不申所多御座候、御役少ク御座候てハ調申間鋪と奉存候、日用米も被仰付可被下候哉

同日
一同人申候ハ、㝡前ゟ申上候通、口上道郡井溝殊外多土之入申所も御座候、又者ほれ申所も御座候、御役人少ク御座候而ハ根付前ニ難調可有御座候、御役人御かさミ被成、日用米も被仰付可被下候哉、御役人百人にてハ根付前迄ニ壱万程可仕候、左候へハ三万程も足り不申候積りに而御座候由申候、年寄中被申候ハ、百姓役に而仕可然候ハヽ、邑久郡ゟ遣シ可申候哉、日用米如何程之儀ニ候哉と被申候、吉大夫申候ハ、百姓役者他郡へ参候てハ役も得不

仕候と見え申候、日用米ハ百石程被下候様ニと奉存候得共、其段も被仰付次第ニ御座候、追〻請取申様ニ仕度奉存候、郡之御普請奉行壱人に而も調不申ニ而も無御座候得共、同者弐人被仰付候而、見廻り割候て被申付候ハヽ、可然哉と存候、乍去不案内之御奉行ニ而ハ結句悪鋪可有御座候、口上道を前も御普請奉行仕候者被仰付候者能可有御座与奉存候由申候、御奉行之儀一段尤ニ候、日用米之事弐升宛遣候段者如何可有之かと年寄中被申候、吉大夫申候ハヽ、弐升とかたを究置申候へハ出人も多御座候故、能御座候、御役之仕様ニ寄弐升も遣、又弐升之内遣候者も御座候様ニ仕候、左様仕候ハヽ、可然かと被申候、御奉行ハ弐人ニ而可然かと被申、落着無之

同日

一御普請奉行三人申候ハヽ、郡〻江出申候御普請奉行御究被成候哉と申候、年寄中明日相窺可相究由被申候、内助申候ハヽ、口上道郡ハ大分之破損所ニ而御座候間、御役人も外之御郡ゟハ増遣シ可申候、余郡之日用少御引候ても、上道へ被遣候て可然哉と存候、近日御役割仕差出可申由申候、年寄中尤之由被申、落着無之

同日

一御横目共申候ハヽ、材木奉行共前〻とハ違、只今ハ殊外御用多ニ御座候、就夫、只今迄も田口兵左衛門手前より当分之手代請取置、時ニ寄三、四人請取申事も御座候間、定手代ニ被仰付被下候様ニと材木奉行共申候故、兵左衛門共相談仕候へハ、定手代ニ仕、誓紙をも仕せ置候て可然と申候間、被仰付可被下哉と申候

年寄中定手代ニ被仰付能可有之と被申、則御普請奉行共手代壱人相渡シ候様ニと被申渡候

服部与三右衛門番

正月廿一日

一俣野善内申候ハヽ、御蔵米相場只今六拾壱匁ニ而御座候、大坂六拾四、五匁仕由申来候、毎茂大坂ニ弐匁下り程ニ被仰付候、頃日者御切手出申前ニ而御座候故、買手者無御座候得共、相場御上ケ被成能御座候半と申候、六拾三

匁ニ究能可有御座由ニ而、其通善内へ年寄中被申渡ル

同日

一同人申候ハ、江戸大廻ニ被遣候御米かん立候証拠ニ、箱米ニ而被遣候得共、結句俵米ゟ箱米へり申ニ付、何共証拠にも難成御座候、尤当秋迄大廻ニ被遣御米者無御座候へとも、箱米以来者御止被成能可有御座哉、江戸之様子も承候ニ、悪鋪ニ究候と申候、僉儀有之、已後者御やめ被成、前〻通ニ被仰付能御座候半と申候

御窺被申候処ニ、江戸廻り御米箱米之儀、自今以後箱御止被成、前〻通改可遣由被　仰出候事

同日

一岸織部、藤田市郎右衛門借銀書付之由ニ而差出シ申候

口上書

一江戸ニ而拝借仕候銀子三貫五百目ニ而御座候、内弐貫目ハ八歩之利銀ニ而年〻差上申候、壱貫五百目者引越申候付、拝借仕候、此度差上申儀何共行詰迷惑仕候、此段御老中迄宜御取成被下候様、織部殿迄被仰入可被下候、已上

丑ノ
十二月廿七日　藤田市郎右衛門

能勢権之助様
松尾助八様

右僉儀有之、前ゟ御借シ被成候八歩利銀之御銀者、去年迄者其通ニ被仰付、当年ゟ壱割銀ニ被成、引越申時分御借シ被成候御銀者、其身ハ無利と心得居申候由、其上江戸御供ニ参候者共、三両小判四両小判なと御借シ被成候ニ、利者付不申候、是も少者似申きミも御座候間、去年迄者無利ニ被仰付、当年ゟ壱割銀ニ被成能可有御座由申候、年寄中尤と被申、落着無之

御窺被申候処、市郎右衛門拝借銀右ゟ拝借仕、八歩銀当春ゟ壱割銀ニ可仕候、江戸ゟ罷上り候刻、御借被成銀丑ノ年ハ無利ニ被仰付候、当春ゟ壱割銀ニ可申付事

同日

一岸織部申候ハ、吉利支丹之御帳ニ只今迄ハ元町之者ニ而御座候ても、子孫在郷ニ居申候得者、其郡御奉行ゟ書出シ申、又者元在郷之者ニ而も町へ親類出申候得者、町ゟ書出シ申候、左様ニ御座候てハ取またけ、以後迄埒悪鋪御座候、町之者者縦いつれの御郡江参候とも其侭町之御帳ニ〆置、尤在郷も其通ニ仕候ハヽ、以後御奉行替り候てもしまり能可有御座候与申候、猪右衛門尤ニ候間、町御奉行郡御奉行共申談候様ニと被申渡候

同日

一小林孫七和気郡御林請山ニ可被仰付哉と札入させ申由にて、書付差出シ申候

和気郡御林落札目録

一弐貫百九拾五匁五分　矢田村

益原村ノ弥左衛門

一三貫五百拾壱匁六分　龍徳山

磐梨郡父井村ノ彦右衛門

一弐拾弐貫八百八拾八匁八分八リン　岸野山

野吉村ノ七郎兵衛

日笠村ノ八郎兵衛同山入札奥書ニ、高札ニ三枚之増にて可差上由断御座候

一七百弐拾五匁七分　長かうけ

日笠上村ノ左次兵衛

一壱貫八百五拾匁　神根本村

片上村ノ与三大夫

一四百壱匁　飯掛村

益原村ノ六郎兵衛

一四貫五百九拾目　南谷村

藤野村ノ与兵衛

一壱貫七百八拾六匁五分五リン　八塔寺村

大藤村ノ吉兵衛

一六百五匁弐分五リン　大藤村

東畑村ノ甚右衛門

一五百七拾八匁四分弐リン　大股村

下畑ノ孫兵衛

右銀合三拾九貫百三拾弐匁九分
　寅ノ正月廿日
孫七申候ハ、此書付ハ他国江炭薪抜ケ申、無構ニ請山ニ仕積りにて御座候、其ニ而も存知之外銀高上り不申候、御国計ニ而外江ぬけ不申候様ニ被仰付候ハヽ、此書付ゟ銀高猶又へり可申与申候、当町ゟも入札仕せ申度と申候、猪右衛門被申候ハ、鶴右衛門・周右衛門申談、入札仕せ候得と被申候、孫七申候ハ、他国江出シ不申、御国計ニ而払申積ニ入札仕直させ可申哉と申候、猪右衛門明日窺可申候間、先待候様ニと被申候
　御窺被申候処、和気郡請山之儀、重而吟味之上可被
　仰付事

同日
一御町奉行共申候ハ、今日火罪ニ被仰付候三助、請人町ニ預ケ置申候、如何可被仰付哉と申候、此請人ハ今度之付火ニ手伝申様子ニも無之儀ニ候、加様之者ニ急度被仰付候てハ以後弥請ニ立兼可申候、只今迄籠賄仕候茂余程迷惑可仕候間、冣早出シ候様ニと被申渡候

同日
一猪右衛門いつれもニ被申候ハ、此度上坂覚左衛門ニ人置料米被下候、就夫、正木権七儀如何可被仰付与俣野善内尋申候得共、いまた兎角之儀不申候、権七儀御留守ニ居申、仮御横目役被仰付候ニ付、上御屋敷なとへ為通路ノ御鉄炮弐人被下置候、身上之構無御座候へハ、清兵衛ニも被下筈ニ候へとも、小身ニ付被下儀ニ候、如何被仰付能御座候半哉と被申候、僉儀御座候て、尤御供ニ参居申程其身之骨者折不申候得共、人持居申事者同事ニ御座候間、可被下儀と何茂申候
　御窺被申候処、権七人置料御供並ニ可被下旨被　仰出
　候

同日
一猪右衛門被申候ハ、山下文左衛門儀、片山勘左衛門ニも自分預り御鉄炮之内弐人被下候ニ付、人弐人被下候、是ハ御鉄炮弐人之給扶持被下能候半哉、但郡御奉行なとへ

被下候人弐人之給米被遣能候半哉と被申候、此儀も僉儀有之、只今迄勘左衛門ニも御鉄炮弐人被下候、其外学校御奉行御横目共ニも御鉄炮之給扶持被下候、文左衛門ニも御鉄炮之給扶持被遣能候半と何茂申候、尤之由被申、権七・文左衛門両人之儀共ニ落着無之
御窺被申候処、文左衛門ニ被下人之儀、次御鉄炮之給扶持可被下由被　仰出候事

同日

国枝平助書付差出ス

一浅口郡御普請奉行去年より仕懸りにて御座候間、谷田弥五右衛門可被為　仰付候哉、大池弐ツ・新田溝三ヶ所、急ニ仕候ハて叶不申候、当年之儀ニ御座候間、御奉行少ニ仕随分私三ヶ所懸廻り可申付候、弥五右衛門壱人にて手つかへ仕候ハヽ、其節残御代官雇可申候
此通尤ニ候間、其通ニ申付候様ニと年寄中被申渡ル
一浅口郡之民共旧冬殊外痛申候、当春岡山江乞食なとニ出申者可有御座哉と無心元奉存候
一十歳ゟ内之子共囉申者御座候ハヽ、他領へ成共遣申度由、年内ゟなけき申候、如何可申付哉之御事
年寄被申候ハヽ、一年切之奉公ニハ他領へ参候ても他領よりも参候儀不苦候得共、子共をもらい候とて他領へ遣シ候てハ、以来迄御国之人へり申儀ニ候、重而断申者有之候ハヽ、其時分申上候様ニと被申渡候
一当年者何れ之御郡も詰り、奉公人多御座候故、悪鋪奉公人有付兼迷惑仕候、近所他領一年切之在郷奉公者、庄屋吟味仕出させ可申哉之御事
此通ニ申付候様ニと年寄中被申渡候
一三好三折・鴻池仁兵衛ニ浅口郡新田被遣候ニ付、鍬下五年、其以後永代子々孫々迄新田惣免ニ壱ツ成下ケ被遣候との儀、私ゟ一筆くれ申様ニと申候御事
年寄中被申候ハ、迚も永代迄壱ツ成下ケ被遣儀ニ候間、好之通子々孫々迄と書入遣シ候様ニと被申渡候
一道口・亀山両村之間ニ田地ニ成不申所御座候、此所ヲ屋敷ニ両人一所ニ望申候御事

年寄中此書付之通見計、屋鋪ニ遣シ候様ニと被申渡ル

一山望申候得共、近所ニハ無御座候、村ゟ半道余人遠成所林ニ仕候得者能所御座候、是者はやし申候得者為以来之にも能御座候、屋鋪山広サ見合ニ仕遣シ可申哉之御事

正月廿日　　国枝平助

此儀も書付之通見合遣シ候様ニと年寄中被申渡ル

同日

一春田重兵衛申候ハ、赤坂郡御普請場今月十六日ゟ取懸申候、頃日見廻り成戸之井手見及候処、大そう成儀ニ御座候、少之御役人にてハ難仕候、御役三、四組御増被下候ハヽ、十五日か廿日計ニハ出来可申候哉、去冬寒之内ニ樋を吹切申候、大分之事ニ候間、御普請奉行中罷出、見及候様ニ被仰渡可被下由申候、猪右衛門尤と被申、則藤岡内助へ被申渡候

同日

一田口兵左衛門申候ハ、御用之よし入申ニ付、旧冬町ニ而買申候白石にても調申候、承候得者白石之庄屋方ニよし刈置候由申候、是を請取置御用之時分遣能可有御座候、町にて調候へハ小たはニ仕、高直ニ御座候と申候

年寄中尤ニ候間、郡御奉行方江申遣シ庄屋手前より請取可申候、御年貢米ニ差次能可有之と被申候

同日

一同人申候ハ、御用之小丸太弐百本入申候、津高へ可被仰遣候哉、奥ゟ出申候丸太者ゆかミ申候て悪鋪御座候、出シ之悪鋪所ゟ出シ申候ゟハ、御当地ニ而調申候へハ見分ニ而取候故、結句手廻シ能可有御座哉与申候、左様ニ可有之候、乍去先少ニ而も能所有之候哉、河合善大夫方へ尋遣候へと年寄中被申候

同日

一同人申候ハ、御小作事下奉行先日申上候通、御帳本〆申付候者弐人分ケ申候、矢吹吉右衛門・岡嶋伝左衛門弐人之者可申付候、内〻申上候通責而弐人之者御切米御直被成、格ヲ御替候而被下候へかしと申候、落着無之

同日
一同人申候ハ、御小作事ニ定手代七人御座候、外ニ二、三人程も御鉄炮之内ゟ手代請取申候、然共御足軽江戸へ参候得者、中途ニも戻シ申候而手支申候間、定手代ニ可被仰付哉と申候、落着無之

正月晦日　　　　　　　　　　　　山田弥太郎番
　想(惣)御郡奉行中寄合仕書付
一麦相庄屋諸遣米之事相談仕候、旧冬御年貢方難調、百姓共迷惑仕候、当春者飢申者も御座候、然上者当暮御免相如何可有御座候哉与奉存候間、先只今之通ニ被成置、重而之儀ニ可被為遊候哉之御事
　　正月晦日
　御窺被申候処、麦相諸遣米之事、重而可被　仰出事

同日
　　塩川吉大夫書付持出ル
一口上道郡御普請所日用米、寂前申上候通被下候様ニ仕度奉存候、御普請所大分ニ而調兼申候ハヽ、不作之所多可有御座様ニ奉存候、御役人百五拾人宛被下候て、三月四日ゟ仕筈ニ致候ても、備中へ被遣役替共ニ不足三万八千百六拾人余御座候、此外ニ公事役も三千人余程遣申分、引残分ニ而御座候
　　年寄中被申候、日用米之儀明日相窺相渡シ候様ニ可仕与被申候、御役人之儀備中ニ而ハ日用不自由ニ付内助申談、先備中へ遣シ候、井関出来候ハヽ、追付戻り申ニ而可有之候、口上道郡ニ而ハ日用も自由ニ可有之候間、備中へ遣シ候不足之分日用ニ可仕由被申渡候、吉大夫申候ハ、日用と御役人ハ御普請之出来各別ニ御座候故、同者御役人ニ仕度義ニ奉存由申候
　御窺被申候処、口上道郡日用米之儀先弐百石可被遣事
一流荒所地改被仰付可被下候、地詰仕度村も御座候、二月末時分ゟ仕度奉存候、四組程入可申与奉存候
　　年寄中尤ニ候間、其時分申出候様ニと被申渡ル
一平井村畠方去年御代官羽原甚右衛門・土方与十郎改申候

得共、洪水ニ付難究御座候、当年田畠共ニ地詰改申度奉存候、可被仰付候哉、但去年仕候御代官ニ改させ可申候哉

年寄中被申候ハ、平井村之儀も地詰之者御出シ改させ可然由、被申渡候

一松崎村之内奥上道郡広谷村ゟ出作仕候、近年公役米之儀ニ付出入御座候、下ニ而埒立申度奉存候得共、尓今相済不申候ニ付申上候、被仰渡様子御聞せ可被下候哉、松崎村百姓共書付別紙ニ御座候

同日

覚

一広谷村出作之者共先年ゟ仕来候公役、近年ニ至公役者不致筈与申出、則広谷村ゟ久保田彦兵衛様ニ一〻書付ヲ差上候ニ付、松崎村ゟ返答書仕様ニ被仰付候故、先年より公役仕来たる証拠、其外一〻返答書仕差上申候へ者、則両方之書付之上ニ而、西村源五郎様両年ニ両三度迄御出候て両方被召出御聞被成、其時よし野ひらき田地之絵図迄両方共ニ被仰付、色〻御吟味之上ニ而、弥〳〵広谷出作之者公役仕筈ニ御聞届被成、其旨広谷へ被仰付候得共、又去暮ニも公役米出シ不申候、則右之返答書絵図品〻之埒源五郎様ニ御座候間、右之次第御吟味之上に而被仰付候ハヽ、難有可奉存候、尤右之返答書品〻ひかへ此方ニも御座候

一下〻田壱畝廿弐歩半之書上之申分、御吟味之上ニ而是ハ御引地ニ被成被遣候

延宝弐年正月廿三日

松崎村庄屋
弥五左衛門

頭百姓
市左衛門

同
仁左衛門

先庄屋
久左衛門

塩川吉大夫様

右之通達　御耳ニ候処、松崎・広谷公事之儀穿鑿可被
仰付事
同日
河合善太夫書付差出ス
一奥津高郡加茂市場村・尾原村両所之御札場損シ申候、当
春仕直度奉存候、御給所自林ニ而栗木伐せ可申候哉
年寄中此通ニ仕直シ候様ニと被申渡候
一井原村半四郎と申者、寛文拾壱年暮兄と族を申、半四郎
非分ニ相究り、田地兄方へ相渡、其身も兄ノ養を請居申、
明ル春京都江罷越、尓今罷帰不申候、尋ニ遣可申候哉、
其分ニ仕村之帳ニはつさせ可申候哉
年寄中其分ニ仕、村之帳はつし候へと被申渡候
一尾原村市郎兵衛と申者、先日走り申候、相尋させ申候へ
ハ備中之内ゟ連帰申候、女又者子三人備中之内ニ居申候
由、此市郎兵へ田畠なとも持不申、元来横道者ニ而、去
春も不届者之宿を仕候故、籠舎申付、其已後村之者ニ預
ケ籠ゟ出シ申候、始終無心元者ニ御座候間、此度何方へ
成共遣可申候哉
年寄中被申候ハ、御領分払可申由、被申渡候
一江与味村之者壱人、建部上村之者壱人奉公ヲ仕居申、去
秋走り申候、相尋させ申候得共、行衛知レ不申候、所之
帳をはつさせ、重而見合次第ニ捕え候得与可申付候哉、
金川村之者も壱人奉公仕居申、先日走り申候、相尋させ
申候、行衛知れ不申候ハヽ、右之通可申付候哉
年寄中此走り人之分ハ尋させ候様ニと被申渡候
一中田村之七右衛門と申者之子を作刕江養子ニ遣申度と望
申候、遣可申候哉
猪右衛門被申候ハ、此節之儀ニ候故、むさとやり捨
候様ニハ如何ニ候、先方も慥ニ養子ニも仕事ニ候
ハヽ、先年茂此段者御免被成事ニ候間、善大夫聞届
遣シ候様ニと被申候、善大夫申候ハ、七右衛門と申
者勝手迷惑仕者にてハ無御座候、先方森内記殿奉公
人にて御座候、身躰之様子ハ不存候得共、養子ニ仕
由ニ御座候、左様ニ候ハヽ、遣シ申様ニと被申渡候

一建部上村新十郎与申者之家ヲ、先年巡見衆御通り之節宿ニ拵させ申候由、此家新十郎勝手ニ合不申候間、払申度与申候、座鋪之分者従　公儀作事被仰付候由ニ御座候、其侭遣売させ可申候哉

正月晦日　　　　　河合善大夫

年寄中被申候ハ、家下年貢差上申事ニ候間、家遣し払させ可申由、被申渡候

同日

一河合善大夫申候ハ、加茂山入札当町之者札入不申候間、当年者先待候て能可有御座候哉、外ゟ札入不申候へハ、札安ク入申様ニ御座候、年寄中被申候ハ、目立前にても候間、先待候得と被申渡候

同日

一吉崎勘兵衛申候、奥津高宇甘谷五ヶ村之者、口津高宇垣山之薇之根掘申候、夥鋪事之様ニ庄屋参候て申候故、先勘兵衛罷戻候迄留申様ニと申遣シ候、毎年参掘候得共、少之儀者構不申候、年寄中被申候ハ、いかゝ仕たる物にて可有之哉と被申候、勘兵衛申候ハ、宇甘谷五ヶ村田畠透《(透)》与流申候間、善太夫ニ被仰付、日用普請少被仰付候て能可有御座かと申候、年寄中善大夫ニ被尋候者、宇甘谷之者宇垣へ参、わらひの根掘候由勘兵衛申出候、大勢之由ニ候、様子聞候哉と被申候、善大夫申候ハ、薇之根毎茂掘申事ニ候得共、当年者洪水故一入多出申候、然共宇垣之山を掘申事ニ候故、私方江者何共不申来候、罷帰様子承委細可申上由申候

同日

一同人申候ハ、菅野村之山余程多御座候、山奉行被仰付可然存候、当年之事ニ御座候故、ひたと盗申候、御代官共盗せ不申候様ニ仕候得共、夜ル〳〵ひたと盗申候

年寄中被申候ハ、山奉行被仰付候て能可有之と被申、落着無之

御窺被申候処、菅野村奥之松山奉行之事、追而御もくろミの上可被仰付事

同日

一梶川左次兵衛申候ハ、磐梨郡田原之井手下之百姓共、当年者痛候て薇之根を掘申候、就夫、手寄能御座候間、久米山ニ而掘申度候、先年洪水之時分も久米山ニ而掘申候由申候、年寄中被申候ハ、和気郡之儀ニ候間、孫七同心仕候哉と被申候、左次兵衛申候ハ、孫七と申談候へハ、孫七申候ハ、御救之事ニ候間、郡替り候共不苦儀と申候、年寄中被申候ハ、左候ハヽ勝手次第ニ仕候へと被申候

同日

一同人申候ハ、先年父井村ニ御巡見衆御通り之時分、家立置申候、寂早殊外損シ申候、地主七、八年家下損ニ仕申候、地主へ可被遣哉と申候

年寄中尤ニ候間、其通ニ申付候様ニと被申渡候

同日

一同人申候ハ、佐伯ゟ百姓共参候て申候ハ、淡路林之内松ノ下枝一くるわ宛おろし申度候、左候ハヽ、少之札銭差上可申与申候、淡路儀構不被申候故、私方江申来候、又申来候ハヽ、如何可申付哉と申候、年寄中被申候ハ、札銭出候へハ請山之様ニ候、給人之請山者先年ゟ御留被成候ニ付、如何ニ候、伐分ケニ仕候義ハ不苦候、何茂仕候間、其通ニ望候ハヽ、其段ハ苦ヶ間鋪と左次兵衛ニ被申聞候

同日

一林与左衛門申候ハ、曽原村友南院江御折紙可被遣哉との儀ニ付、山下文左衛門ゟ高之儀尋申候、庄屋共申付見分仕せ候、中田ニ仕寺内共ニ高弐拾石計御座候、其内弐石三斗計荒にて御座候、是をも御結ひ込被下候様ニ望候由申候、年寄中被申候ハ、荒之所迄高ニ御結ひ込被遣候儀者如何ニ候、生地計を被遣可然候、如何程計可有之哉と被申候、生地拾七石七斗程ニ而御座候と申候、猪右衛門被申候ハ、此度者御書替計ニ候得共、此者ニハ前廉宜様子も有之候間、御折紙被遣候、庄屋共ニ申付、見及書付候様ニと被申渡候

同日

一同人申候ハ、北浦村御札場損シ申候、仕直させ可申哉と申候

年寄中仕直シ候様ニと被申渡候

同日

一同人申候ハ、小串村連〻ニ草臥候て殊外痛申候、塩浜をとくいにて借銀仕候得共、塩之直段下直成時ヲとくいニ立申ニ付、半分にも合不申候故、草臥申儀ニ御座候、只今御救被成候儀も難被成御座候半哉、塩浜も荒可申様ニ申候得共、皆迄悉荒申ニ而も御座有間敷候、改候て見申度候得共、御銀御借被成間鋪候へハ、改候ても詮も無御座候、御借シ被成候者弐拾貫目余ニ而可有御座哉と申候、年寄中被申候ハ、当年之儀ニ候故、御城銀者不成事ニ候、京都御借銀調候ハヽ、京銀並ニ被成候て御借被遣可然候哉、乍去外之所にも申所可有之候得共、小串者余村とハ少違候様ニも被存候由被申候、与左衛門申候ハ、小串江御借被成候ハヽ、粒浦八軒屋之者共も申上ル儀可有御座与存候故、達而ハ不得申上候由申、落着無之、先改見申様ニと被申渡候

同日

一同人申候、直嶋と胸上村と猟場之公事之儀下ニ而埒明不申候、　公儀江罷出申ニ而可有御座候、胸上村ニ公事なとの埒罷出申様成者壱人も無御座候由申候、年寄中被申候ハ、海之上ニ而見申所者此方之様ニ見え申由ニ候得共、いかなこあミの運上此方ゟ出シ申候故、　公儀江罷出候ても、此方めてのやうニ可有之かと被申候

同日

一同人申候ハ、御百姓共之子共出家之弟子ニ仕度と申者、書付一通差出シ申候

覚

一田畠畝数七反九歩半　児嶋郡宮浦村　伝右衛門
子共四人内壱人　高嶋松林寺代継弟子ニ仕度由申候、
則坊主之甥ニて御座候

一同畝数七反三畝三歩　同村　次郎左衛門
子共五人内壱人　宮浦村観音寺代継弟子ニ仕度由申候

一同畝数壱反三畝廿弐歩　同村　作左衛門
子共三人内壱人　郡村三蔵院代継弟子ニ仕度由申候

正月晦日
　年寄中明日可相窺由被申候
御窺被申候処ニ、児嶋宮浦村ノ百姓子共寺へ弟子ニ遣
シ候儀、寺社御奉行共吟味仕、其上ヲ以可被仰付事

同日
一猪右衛門武田左吉へ被申候ハ、奥坊主松円川向ニ居申候
へ共、手寄悪敷迷惑仕候由、西川辺松井左近右衛門近所
ニ買地仕置候由、此所を拝領仕度由申候、屋鋪ニ被遣不
苦所ニ而有之候哉と尋被申候、左吉申候ハ、屋鋪ニ御渡
シ被遣不苦所之由申候

同日
一左吉申候ハ、博労町出口南之方御鉄炮屋敷と庄屋居申候
間ニ五、六間口之屋敷御座候、則庄屋弟家仕度由申候、
如何可申付哉と申候
　年寄中被申候ハ、家並之所ニ候之間、勝手次第ニ家
　作らせ候様ニと被申渡候

同日
一石田鶴右衛門申候ハ、作刕之佐久間権大夫と申者之所よ
り私方へ状を越申由ニ而、御年寄中江見せ申候、作州之
坪井与申所にて、先度御当地御加子助兵衛ことく妖化物
之由にて、人を剪殺申候者御座候、村之者共出合候て百
性之由申ニ付而、彼剪申者逃候て見え不申候、然処ニ落
合勘三郎与申者之下人、其時分彼所通り申候由申者有之、
搦置候処、縄抜仕候て走り申ニ付テ、方〻追手を懸申候、
御当地江茂落合新右衛門と申者追手ニ越申候、町にて見
合候ハ、、押へ可申候間、御断申置候、尤彼走り者御穿鑿
被成被下候得と申にてハ無之由申越候、此以前因刕ゟ加
様之儀御座候得共、御構不被成候間、此度茂其通ニ被成
可被置候哉と申候、此方ゟ構申儀者不入事ニ候間、其分
ニ仕候得と年寄中被申渡候

同日
一石田鶴右衛門・岩根周右衛門申候ハ、寂前三好三折ニ被
下候博労町屋鋪御払せ被成候ニ付、入札仕せ申候、銀弐
拾枚ニ入落申候、如何可被仰付哉と申候、弐拾数(枚)ニ候ハ

、遣シ候へと被申渡ル

同日

一同人申候ハ、和気郡御林入札之事、町之者共ニ様子尋申候、身を持申候者共ハ仕付ケ不申候事故、あやふミ候て仕不申候、古金棚之者四、五人申合、見分仕入札可仕由申候ニ付、小林孫七申談、山之案内申付候様ニと申候由、奥津高加茂山之儀ハ何共難弁、津出シも悪鋪御座候由申、入札不仕候由申候、年寄中被申候ハ、先札を入可申与申分計申付候様ニと被申候

同日

一安井六郎左衛門・加藤七大夫申候、旧冬申上候樋小屋へ入申候所ニ未御加子之長屋御座候、田口兵左衛門へ被仰付、御引せ被下候様にと申候

年寄中被申候ハ、兵左衛門手前も御用多延引申候、引候様ニ可申渡由被申候

同日

一上坂外記・丹羽次郎右衛門申候ハ、頃日備中御普請ニ付

若原監物預り足軽扶持方積廻シ申候迚、船損シ米捨り申候、此節浦之者罷出捨り申米さかし申由ニ御座候、此者共ニも御扶持方可被下儀ニ御座候哉、年寄中被申候ハ、此段者他所船とハ違申候、此後も児嶋・備中ゟ年貢米なと廻り申事ニ候間、損シ舟も可有之候、其度〻ニ御扶持方被下候とハ参間敷候、監物預り小頭も乗り可参候間、其段監物江小堀一学ゟ可申由被申、少骨折料遣シ能可有之と被申候

同日

一年寄中小林孫七・俣野助市・春田十兵衛三人へ被申候ハ、周匝之川向ニ周匝ゟ之牛飼場有之候、作州ゟ此方之御領分へ開仕候、此所此前も作州ゟ開仕家を作り候、公事ニ成候て家をこほさせ申候、其節之儀を作州ニハ無念かり心ニ懸居申由ニ候、国境ニ亀岩と申岩有之候、今程者其岩を作州ゟ取捨候て無之候、二ノ摺と申所境ニ成居申候、此方ゟ頃日牛を放候へハ、作州ゟひらき仕候処へ牛参候迚、牛之尾を切候て戻シ申由ニ候、作州ニハ公事を工居

申躰ニ候、何茂見及候て可然候、先年作刕ゟ国境と申候ハ、境之谷と申候て有之由との事ニ候、周匝之者申候ハ、其ハとなへそこないニ而候、此谷ハ古ヘ酒屋居申候て酒屋之谷と申伝候由申候へハ、つまり申との事ニ候、其節之様子も承可然由、年寄中被申候

二月廿一日　水野作右衛門番

一中村治左衛門、当年御役割之帳年寄中江見せ申候

同日

河合善大夫書付差出ス

一奥津高郡本宮之新御林ニ而薇之根掘申度と望申候、如何可被仰付候哉、此御林ニ而斎木四郎左衛門時ニも掘せ申所にて御座候、村数多御座候間、けにハ御林も荒可申候、乍去能はへ候所ニハ根無御座由ニ候、御掘せ可被成候哉

年寄中被申候ハ、跡を荒シ不申候様ニ掘せ候へと被申渡候

同日

一善大夫申候ハ、先日申上候建部町ニ居申候者家仕候者ニ木可被下候哉、今壱人御座候者其節申残候、建部新町又三郎と申者家迄仕候、加茂山ニ而材木可被下候哉与申候、年寄中先日之書付之趣者窺申候、又三郎義田地も有之者にて可有候、是迄之儀ニ相窺候迄も有之間鋪哉と相談ニ而、一所ニ遣シ候へと被申渡候

同日

一林与左衛門申候ハ、先日申上候坊主之弟子ヲ取候事、御寺社奉行ゟ申渡埒明申候、郡村円蔵院弟子之儀者浪人之子与哉覧申候、御寺社奉行ゟ弟子ニ仕候様ニと申渡候由申儀ニ候得共、坊主者御寺社奉行ゟ之裁判之儀ニ御座候埒明申候、私郡之内之者にて御座候へハ、私吟味仕相窺ニ付而、脇〻ゟ取候弟子之儀者御寺社奉行ゟ埒明候へと私内〻申置候、此弟子者福山窂人之子ニ而御座候由、薬師院之内ゟ出申様ニ承候由申候、大学被申候ハ、先日寺社奉行へ未九ツ十ヲニ成申候者跡継与ハ如何ニ候、先弟子ニ取、世継之事者重而之事与申渡シ候由被申候

同日
一同人申候ハ、当年者郡之様子殊外世話鋪御座候、加様ニ雨降申候へハ麦も悪敷御座候半かと悔申候、私郡之畝麦郡中へ借シ置、弐百石残御座候、たはい置申度存候得共、ひしと致迷惑候由、御代官共も申候、借シ不申候てハ成間敷与奉存候、百村へ割申候へハ僅之事御座候、粒浦・八軒屋なとハ殊外詰り申候、此已後之儀ハ不知儀候得共、何とそ御了簡被成候て被下候様ニと存、先申上置候、不知世年之儀御座候、麦出来仕候者麦を御借シ被成、畝麦納置候様ニ被仰付候者可然と申候
　年寄中一段尤之由、先畝麦ハ借シ候へと被申渡候

同日
一同人申候ハ、先日申上候小串村之塩浜之儀、下ニて大形致内僉儀候、悉荒申ニ而ハ御座有間鋪候得共、先十人計者倒れ申者御座候、塩之とくいを只今迄悪鋪仕置候ニ付、何とそとくいを仕替、才覚仕候得与申置候、仕替申候ハヽ、何とそ取続可申候、相調不申候ハヽ、つまりハ御銀を京銀並之利足ニ被成、御借シ可被下候哉、五年か七年ニ返上仕候様ニ可仕候、村之者も難有存、御救ニ而御座候、銀高三拾貫目計之由申候、小串之儀者川口筋之儀ニ候故、余村ニハ違候、京銀並之利銀与存事ニ候ハヽ、下ニ而才覚可相調候、時分可申聞候、談合仕候て見可申候、随分とくいを下ニ而才覚仕せ候得と年寄中被申候

同日
一同人申候ハ、胸上村と直嶋いかなこ猟場之儀、直嶋ニいかなこ網当年仕候ニ付、取上可申様ニ申候、此方ゟ公事ニ可申与申候得共、直嶋江御代官衆なと御越候て公事を御聞候ニ而茂無御座、大坂か江戸へ参候得者、銀子拾貫目も入申儀ニ候、左候へハ胸上村ハ絶申候、其上胸上村ニ罷出公事なと可申者壱人も無御座候、毎年運上銀百目ツヽ出シ置候、直嶋ニハとりこに存居申候、此方之者共公事ニ罷出勝可申与存候共、無心元存候処、勝可申様ニハ不存躰ニ御座候、僅之猟師共ハ申候てくれ候様ニと申由ニ候、庄屋者不及是非可被出与申候、勝申合点者無御

座様ニ存躰ニ御座候、只今公事ニ可罷出様ニ申候ハ、寂前罷出候ハんと爰許にて申上候処ニ、只今罷出候儀成間敷様ニ申上候段ハ如何可有御座与、御当地之首尾を憚申躰ニ御座候、公事なと申儀胸上之者成間鋪候ハヽ、他村之者罷出候て埒を申者も可有之候得共、是も直嶋と不断出入申事ニ候故、若とりこに仕候得者如何と存、其上公事ニ勝申合点者無之故、他村之者罷出候て詮も無御座様ニ十村肝煎なとも存候、年寄中被申候ハ、他村之者遣シ縦大坂ニ而候ハヽ、今西半内方江前廉内証を申遣、公儀江申させ候へハ別条者無之事ニ候得共、運上を出し候段妨ニ成申候、其上百姓共危ク存候て者、多分負ケ可申候、左候へハ外之猟迄被留候てハ如何ニ候由、僉儀之上、先いかなこ猟場諍之様ニ仕置、事を延、又時節待可然と被申、聢と落着者無之候

同日
一俣野善内申候ハ、水野茂左衛門・渡部伝八・九鬼半平・長田八郎左衛門、御役可被仰付哉と申候

年寄中其通ニ仕候へと被申候、茂左衛門儀者先少待候得と被申候

同日
一同人申候ハ、江戸ゟ御鉄炮之者弐人御飛脚ニ参候路銀之儀、定り居申候得共、御鉄炮之者六日・六日半増路銀定り無之候、御国に而致僉儀申越候へと水野三郎兵衛方より申来候由ニ而、書付差出シ申候

同日
早道
一拾五匁　八日着　八月ゟ極月之内　一拾弐匁　七日半着
一三拾匁　七日着　一四拾三匁　六日半六日着
御足軽
一拾匁　十日着　一拾五匁　九日着
一弐拾匁　八日着　一三拾五匁　七日着
一御鉄炮　六日半六日着　五拾匁ニ御増可然候
御飛脚之者ニハ六日六日半着ニ四拾三匁被下候、御足軽にハ五拾匁宛被下能候ハんかと、三郎兵衛方ゟ

申越候、此通可然候間、三郎兵衛方へ申遣候へと年
寄中被申渡候

同日
一小林孫七・春田重兵衛申候ハ、先日年寄中被申聞候和気郡塩田村江作刕ゟ開仕出シ候儀、和気郡・赤坂郡ノ肝煎庄屋共六、七人江申聞、内見分仕せ、私共も忍参候て見分仕、其上ニ而右庄屋之内和気村之九郎大夫・にか木村新兵衛・日笠村八郎兵衛、此三人作刕飯岡村大庄屋方江参、右之品〻申候へハ、初ニハ事六ヶ敷返答にてひらき少者出候様ニ候得共、大分古地に而候、　大閤様御時代之帳ニ而畝引可仕なと申候得共、帳面計ニ而難埒明御座候故、帳を茂見不申候、其後又此方ゟ此前出入有之時分之境之様子なとをも申聞候へハ、其後之返事ニハ十ノ物八ツ程此方理ニ可仕様子ニ作刕大庄屋ゟ申候、彼方ゟ申通ニ被仰付候へハ、寂前究り申候二ノ摺ゟ草生村江之見通シニ、九畝程御領分作刕江入候様ニ相見え申候得共、此已前堀七郎右衛門・青地小兵衛御郡奉行仕候砌之出入済口、境なとの究も聢と為仕義無之候へハ、此度慥成申立之証拠も無之候間、此度作刕ゟ断申通ニ被仰付可然御座候半哉、左候ハヽ今度両国之境ニ急度藪にても付候て埒立可申と申候て、絵図出シ申候、年寄中被申候ハ、両人申通ニ被仰付、已後出入出来不仕候様ニ、此度埒立置候ハヽ可然候、明日可相窺と被申、落着無之
御窺被申候処、弥右之通ニ相究候様ニと被　仰出ル

同日
春田重兵衛油津里村平三郎儀以書付申候
一赤坂郡油津里村平三郎儀、十村肝煎仕居申候得共、不相応ニ奉存候、右之品〻寂前保野助市具ニ申上置候由私ニも申聞せ候、其上去暮御年貢寸滞り、先奉行保野助市吟味仕、其上ニ而郡之籠江入可申与申付遣シ候処ニ、御代官小嶋与一兵衛御年貢取立之儀何とそ可申付候間、籠舎差免シ候様ニと助市ニ断申ニ付、御年貢皆済仕せ申候ハヽ、先籠舎差免シ可申由にて籠へ入不申候、御年貢米之儀者平三郎触下ノ村〻へ与市兵衛借用申、御皆済仕せ申

候、右之仕合故、平三郎触下之百姓共おろそかに存知、
百姓之習も悪鋪成可申候間、肝煎役差免シ申度奉存候事
一御借シ米又ハ畝麦も借シ置申候間、田畠払、右之御借シ
米取立可申候、其身ハ少作ニ申付、　御公儀御役界ニ成
不申候様ニ申付置可申哉之御事
年寄中被申候ハ、此者之儀者俣野助市申候て、兼〻
様子承及候、不可然者之由ニ候間、右之通ニ申付候
へと被申候、乍去重而肝煎庄屋被仰付候節、為達
御耳ニ候間、明日可申上候由被申候、重兵衛申候ハ、
西軽部之吉右衛門・町神田之太兵衛、此両人ニ先村
を分候て可申付と存候由申候、弥其通ニ可仕旨被申
渡ル

同日

一津田重次郎申候ハ、弥来ル晦日和意谷へ被為成候哉、御
成之用意も仕置候、昨晩爰許江罷出申候、和意谷村御物
成之儀、去秋申上候ヘハ、　御隠居様御相談可被遊由ニ
付申上候由、書付出シ申候

一和意谷村之御物成を和意谷之御蔵江納置、和意谷万入用
ニ被仰付候品、何角ニ付宜ク可有御座与奉存段、去秋申
上候ヘハ、先其分ニ仕置候へ、　御隠居様御帰国被遊候
ハヽ、御相談可被遊御様子之由被仰聞候、就夫、又候申
上候、頓而和意谷江被為成候ハヽ、如毎之御供之末〻迄
御賄被下ニ而可有御座候、只今迄和意谷江御成之時分之
御様子を考見申候ニ、岡山ゟ御供中之御賄方迄参候而ハ、
遠方故何角不手廻シ成儀共多御座候、只今迄御成之度〻
ニ百姓共を寄せ不申候ヘハ難成御座候、此以後一年ニ一
度宛者御墓祭可有御座与奉存候、去秋申上候通ニ被仰付
候ハヽ、御成之時分御供之士中末〻迄之御賄をも、右之
御物成之内ニ而仕廻見可申候、兼〻和意谷ハ閑谷ゟ持申
様ニ被成度との　御隠居様御趣意ニ御座候間、御成之時
分を始、閑谷ニ居申者共ニ而、御供中之御賄肝煎共ニ大
形者仕廻見可申候、左候ハヽ、尤百姓共をも寄せ申間鋪候
一様子を不存者ハ、和意谷へハ年〻大分御物入之様ニ御家
中にて申由承候、其人情ニも和意谷之御物成ニ而諸事仕

廻候と有之品、可然御座候半かと奉存候、和意谷村地高五拾石余、直シ高七拾石余御座候、御物成ハ毎年弐拾石余ツ、有之由申候、尤右申上通ニ被仰付候共、大分破損なと出来、右之御物成ニ而相叶不申候儀者、其時ニ至可申上候、已上

同日

横井次郎左衛門書付差出ス

一奥上道郡金岡新田去年洪水ニ付、去秋立毛無御座候故、種米所持不仕候、田方畝数百弐拾町程御座候、此内六拾町程之種米ハ百姓自分ニ才覚仕せ申候、残而六拾町之種米壱反ニ付五升宛ニ仕、籾三拾石ニ而御座候、此分自分ニ才覚難成御座候間、種米拾五石御借シ可被遣候哉

年寄中被申候ハ、畝麦も無之由、洪水村之儀ニ候間、書付之通ニ種米御借不被成候ハヽ、成間敷由ニ而、則保野善内江被申渡候、善内申候ハ、種米之替ニ太唐米御かし被成候ハヽ、郡ニ而真米とふりかへニ仕調可申由ニ而、次郎左衛門も一所ニ居申、其通ニ申候へハ、次郎左衛門ふりかへニ可仕と申候、左候ハヽ、太唐米ハ不残河合善大夫方へ日用米ニ渡シ申筈ニ候得共、其内拾五石相渡シ、残ル分善大夫方へ遣シ候様ニと善内へ被申渡ル

一平太船御船手ゟ六艘請取置申候、何茂損シ御用ニ立不申候、其内弐艘ハ繕ニて当夏中ハ御用ニ立可申候、残四艘ハ新敷仕候ハてハ成不申候、御船手ニ而被仰付候ハヽ、少者下直ニ出来可仕様ニ奉存候、牛窓・児嶋・西大寺にて札入させ見申候へハ、落札壱艘ニ付三百八拾五匁ニ而御座候

年寄中被申候ハ、平太船之儀度〻御船手ゟ請取、繕をも御船手ゟ仕候てハ、何と致候てもそまつニ成、舟ノ損シも違候ニ付、去年ゟ相究り、一度請取候以後之儀者、其郡ゟ仕筈ニ候間、次郎左衛門手前ニ而申付候様ニ被申渡ル

一御制札場垣破損仕候ニ付、仕置させ申候、御制札御書直せ被成可然奉存候、西大寺村・一日市村・藤井村三ヶ村

ニ而御座候
年寄中被申候ハ、御制札之儀垣と一所ニ仕直シ候得者、新規之札場之様ニ而悪敷候、同者御制札と垣と替〻ニ被仰付候へハ、不絶被入御念候様ニ而宜候間、御制札文字さへ見え候ハヽ、此度者先相待、重而書替可然候、然共文字も見え不申程ニ候ハヽ、見及候て猪右衛門方江越候様ニと被申渡候

同日
一猪右衛門善内ニ被申候ハ、河合善大夫方へ之御普請米不相渡候て者成間鋪候、御米無之事ニ候間、太唐米遣シ能候半かと被申候、善内申候ハ、一段御尤之儀ニ候、太唐米七、八拾石御座候由申候、則善大夫ニ太唐米請取候へと被申渡候、此太唐米之内拾五石、横井次郎左衛門江洪水所之種米ニ渡シ候へと善内へ被申渡候

同日
一武田左吉申候ハ、御野郡へ請取候四艘之平太船繕仕候、舟道具之儀御船宮へ頼候て調申候、四艘之入用百六拾弐匁余入申候、内弐匁余古釘なと払代ニ引、百五拾九匁余之御入用之由申候、右之銀渡シ遣候得与水野治兵衛ニ年寄中被申渡候

同日
水野治兵衛書付差出ス
一私江被仰付候預り共、伊木頼母前預り屋鋪、只今迄居懸居申候家〻之儀、其侭可被下哉、私前拾人預り屋鋪拾五、六年已前ニ竹木被下家作申候、其内一両度自分ニ銘〻作直申候、去年御扶持被放候時分、家をもこわし取可申与申候得共、差留置候、今度替拝領仕候御籏屋鋪家并惣廻り之垣竹〻も、こわし取申由ニ候、只今迄居懸之家〻不残被下候様ニと預り共奉頼候
年寄中被申候ハ、頼母前之預り屋鋪家之儀迄ニ而茂無之、外ニも明候預屋敷有之候間、御屋敷奉行ニ改させ、外之預りニ可被下者も無之候ハヽ、竹木新規可被遣候ゟハ、古家遣シ可然候、追而可申聞候由被申候

一預り加左衛門と申者、去年相煩、当春病死仕候、頼母預り居申候内御銀拝借仕、残七拾目御座候、後家ニ被下候哉と奉願候、頼母所ニ居申内病死之者共一両人御座候、御銀不残捨被下旨ニ候、以上

年寄中被申候ハ、此死人拝借銀之事者前〻ゟ組切弁申定ニ候間、其通ニ申付候へと被申渡ル

二月廿九日

服部与三右衛門番

塩川吉大夫書付差出ス

一口上道郡御普請所御役ニ而仕分万指引仕、不足凡三万八千百六拾人余御座候、此内先日太唐米弐百石被下、御日用役壱万千百六拾人余御座候、残不足弐万七千人程御座候、日用銀被仰付可被下候哉

年寄中被申候ハ、只今御米も無之候、尤御銀も無之候得共、左申而打捨置候事も難成儀ニ候間、御銀弐拾貫目程御かし可然由、被申聞候

一村ニゟ種籾又者牛無御座候而迷惑仕候、御米御借シ被為成可被下候哉

年寄中被申候ハ、種籾之事先郡ニ而才覚仕、是非調不申候ハヽ、重而申上候様ニと被申聞候、牛銀之事外之郡へもひゝき可申候間、今少見合可然と内僉儀迄ニ御座候

同日

武田左吉書付差出ス

一御野郡東川原村砂取之覚

一砂坪弐千五百五拾五坪五勺　年内出来之分

此銀四貫九百八拾壱匁壱分三リ

一砂坪千八百八坪六合　当春出来之分

此銀三貫六百拾七匁弐分

砂坪合四千三百六拾三坪六合五勺

銀合八貫五百九拾八匁三分三リン

右入用之銀子判形役之者申談、請取相渡候様ニと年寄中被申渡ル

同日

石田鶴右衛門・岩根周右衛門書付差出ス

一磨屋町大工重左衛門与申者、大工すミかねの書物編立申候、双方大工之為ニも成可申候間、上方へ罷上り板校仕度由申候、如何御座候哉、御窺申上候、已上

二月廿八日　　磨屋町目代　善右衛門

年寄中被申候ハヽ、上京望候ハヽ、其通ニ可申付候、自然京なとにて御用も候ハヽ、大学可被申付由被申渡候

同日

一安井六郎左衛門・加藤七大夫申候ハヽ、紀刕ゟ御銀五、六貫目分之材木舟三艘ニ而参候、阿波木日高ゟも追付材木共参候由申来候、直段下直ニ付材木参兼候由申候、郡〻樋当年者先随分繕ニ申付候与申候

同日

一同人申候ハヽ、目安之御橋入用御材木、大坂ゟ直段付参由にて書付出シ申候

同日

覚

一檜丸太　長四間末口指渡壱尺　代百四匁　但大坂安札

一松丸太　長四間末口右同断　代拾八匁　但日用賃

壱本ニ付八拾六匁違

御国之松丸太可然由ニ而、則被申渡、武市源助江御山之木拾五本相渡シ候様ニ与年寄中差紙遣被申候

一檜　長三間はヽ壱尺四寸厚八寸　代八拾五匁

一栗槻　長三間はヽ厚右同断　代四拾八匁壱分六リン

壱本ニ付三拾六匁八分四リ違

栗槻ニ而申付可然由、年寄中被申渡ル

一檜　長三間はヽ壱尺七寸厚壱尺　代百七拾目

一栗槻　長三間はヽ厚右同断　代七拾三匁壱分

壱本ニ付九拾六匁九分違

栗槻ニ而可申付由、年寄中被申渡ル

一同人申候ハヽ、紀刕冨田者檜材木大坂直段ニ壱割引下ケ候て差上可申候、栗槻ハ只今迄之定直段ニ可仕候間、前銀御借可被下哉、相銀四百九拾目程之御徳ニ御座候、乍去

去暮御借シ被成候前銀程之材木未差上申候故、如何可有御座哉与奉存候、当春三艘参候船之内、弐艘者小船、壱艘者大船ニ而、三貫目計之材木御座候、此壱艘ノ材木代銀此度可被遣哉と申候

年寄中其通ニ申付可然由ニ而、則銀子相渡シ候様ニと被申渡候

同日

一山内権左衛門罷出申候ハ、加藤甚右衛門預り御簱之者引越料五拾目、新規ニ家作り申者ニハ三拾五匁被下候御法ニ御座候、此段相違之様ニ奉存候、如何可被仰付候哉と申候、年寄中被申候ハ、尤ニ候間、御法改り可然候間、権左衛門申通何茂僉儀可仕由被申候、権左衛門申候ハ、左様ニ御座候ハヽ、此度甚右衛門預りニハ先只今迄之御法之通ニ被下、此後ゟ御僉儀之通ニ御究被仰付候而可然候半哉、只今御へし被成候而被下候得者、甚右衛門預りニ当り候て、へり申様ニ御座候由申候

年寄中尤ニ候間、先甚右衛門預りニハ只今之通ニ相渡シ申様ニと被申渡候、権左衛門申候ハ、左様ニ候ハ、 御隠居様より御銀相渡可申候由申候、何茂僉儀有之、新規ニ被下候ハ竹木にて渡り、竹無之時者其時之相場ニ銀子被下、家引料ニハ銀子弐拾五匁、小頭ニハ三拾五匁被下可然と申候、尤之由被申、則善内ニ御法書ニ留置候様ニと被申渡候

同日

一田口兵左衛門小作事之絵図持出申候、神戸佐右衛門・斎藤三郎右衛門・佐野兵右衛門・塩田仁兵衛・軽部善九郎居申候所、早ク明申度由申候

年寄中被申候ハ、只今此者共可被遣所無之候、佐右衛門儀者手近ニ居不申候ハヽ、成申間鋪候、御対面所にも明所無之候間、長局之内仕切置可然由ニ而、市兵衛ニ其通被申渡候、残者共ハ道悦屋敷之本屋を仕切候て置可然候、但屋鋪望申者共ニハ、迚も明家も無之義ニ候間、新規ニ一町被仰付御渡シ候ても可然と被申候

同日

一藤岡内助申候ハ、大坂ゟ金屋治兵衛罷下り候、森川九兵衛・西村源五郎・私三人方へ参候得共、九兵衛ハ江戸江参候、源五郎者元ニ而候得共、逼塞旁延慮仕居申候ニ付而、私方へ参候、御　目見え被仰付可被下かと望申様ニ御座候、不苦候者何とそ御相談被遊可被遣候哉、此先金岡新田被　召上候節、私儀も御差加へ被成候、治兵衛殊外埒能、早〻相済申候、其刻御銀御用ニ相立候儀も御奉公振ニ仕候、少之銀にてハ御座候得共、何年ニ成共御勝手次第ニ御返弁被遊候様ニと今度も申候、自然御銀又御用ニも御座候ハヽ、罷上り候て、淀屋古庵後家なとへ相談仕候て見可申候由申候、身を持候町人共ニ能一類御座候由申候

年寄中被申候ハヽ、寂前之埒能候間、何とそ相談仕候て見可申由被申候

同日

御窺候処、御　目見え仕せ候様ニと被　仰出ル

一猪右衛門藤岡内助ニ被申聞候ハ、此後預り御鉄炮屋鋪入替有之節、家引越候事御普請奉行・屋鋪奉行へ相断、其上ニ而引越、尤跡藪垣共ニ荒シ不申候様ニと可申渡候由被申渡候

同日

一石黒後藤兵衛・山中市左衛門申候ハ、御長柄之者御扶持方江戸にて九合五勺ニ而御座候、五勺御増壱升扶持ニ被成可被下候事

僉儀有之、只今之時分ニ候間、今迄之通能可有御座与何茂申候、年寄中尤之由被申候

同日

一同人申候ハ、かつは銀御手廻り之者共ニハ被下候、御長柄之者ニハ未被下候、是又御手廻り並ニ被為仰付被下候事

僉儀有之、御触番ニ被下候ハヽ、御持筒之者共も御訴訟可申上候、是も只今迄之通不被遣候て能可有御座与何茂申候、年寄中尤と被申、両様共右〻ゟ之通ニ

相定ル

同日
一猪右衛門後藤兵衛ニ尋被申候ハ、御触番共少之物も持不申候、何茂不自由之由ニ候、何とそわけ有之、持不申候哉と被申候、後藤兵衛申候ハ、召抱申候時分、御鑓之外ハ持せ申間鋪と約束ニ而召抱申候、此上ニ而も持申様ニと被仰付候ハヽ、可申付候由申候、其後僉儀御座候而、何茂申候ハ、肩ニ置申物者持不申、手ニさけ申御用之物ハ持申様ニ被仰付候而可然と申、落着無之
御窺被申候処、御触番之者少宛之物者持申様ニ可申付候由、被　仰出候事

同日
一猪右衛門被申候ハ、江戸へ被遣候御足軽壱人扶持増被下候、御足軽なとニ増扶持被下候との事、脇〻ニ無之様ニ申候、士中者各別之儀、御足軽ニ増扶持被下候義、結構過申様ニ存候、先度之書付之内ニも有之かと覚候、少宛之儀も当年之儀ニ候間、今日何茂令相談相究候ハヽ、可然与存候、外ニ当り候儀者有之間鋪候哉、何茂存寄僉儀致候得与、俣野善内をも呼出シ、僉儀御座候、何茂申候ハ、此以前者御足軽共弐人扶持ニ七石宛被下候得共、今程壱石宛被召上候ニ付而、御役筒者此以前者江戸へ参候儀遠ク候得共　近年者切〻参候付而勝手も致迷惑候故、御物頭共申上候て、近年壱人増之御扶持方を被下候、少結構過申様ニ御座候間、増之壱人扶持を被　召上、江戸へ被遣候年壱石宛増給可被下候哉、弐人扶持ニ七石宛被下候節者、何之願茂無御座候由何茂申候、年寄中被申候ハ、此分ニ被仰付候ても可然かと被申、聢落着ハ無之候
御窺被申候処、御鉄炮江戸増扶持之事、今一往僉儀之上、重而可被仰付事

三月十日　　　　　　　　　　山田弥太郎番
塩川吉大夫書付差出ス
一口上道郡村ニより種籾牛無御座候段断申ニ付、水入村之内にても才覚成可申者仕せ候得共、不足之分銀ニメ八

貫五百目程御座候、御借シ可被下候哉、右之内三貫九百目程者種籾之分ニ而御座候故、代銀者如何様にも成可申候間、早ク籾調候得と申渡候、此外村〻ゟ御米ニ而も御銀ニ而茂拝借仕度段申候得共、是者先其通ニ仕置申候

同日

一同人申候ハ、種米牛銀之事拝借仕度与申村共餘多御座候得共、下ニ而何とぞ才覚可成かと存候村之者共之儀者除置申候、才覚成間鋪と存候村之分吟味仕、書付候通御座候、日用米之内を以種米ハ先借シ申様ニ被仰付可被下候、日用米之内ニ而御借シ被成候も用事之儀御座候得共、種米御借被成候与承候者、他郡又者外之村〻ゟ御訴訟申様ニ可有御座候哉、私郡ニ而も中村御座候得共、致油断年内ニ不申上候故、相調申間鋪かと申置候由申候

年寄中一段尤ニ候、日用米之内ニ而借シ可然与被申候

同日

一同人申候ハ、牛銀之事者急成儀ニ而も無之候、其上牛を持候共飼料ニ迷惑仕義も可有御座候哉と存候、今少御見合被成候而も能御座候半かと存候由申候、如何にも尤之由、年寄中被申候

同日

一同人申候ハ、牟佐之川弥平瀬之方へ付キ申様ニ成申候、五月水出申候ハヽ、弥川筋替、深成可申与存候間、其内少宛も御役被遣候て、御関せ被成被下候へかしと存候へとも、大分之儀ニ御座候、五月水も出申間鋪候哉、不遅儀ニ候得共、先申上置候由申候、自然水出候て平瀬之方江川筋替り申候へハ、龍口之井手へ水懸り悪鋪成申ニ付而、弥大分御造作成事ニ御座候由申候、年寄中尤之由被申、落着無之

同日

武田左吉書付差出ス

延宝元十一月五日夜火事之時

御野郡

大安寺村

類火家五軒竹木之積り

一竹　百壱束　　但家廻り壱間ニ壱束宛

一松木百六拾本　　末葉とも
但柱はりかつしよむかふさす共
右之内
弐拾四本　　目通壱尺八寸廻り
五拾八本　　目通壱尺五、六寸廻り
七拾八本　　目通壱尺三、四寸廻り
同日
一左吉申候ハ、大安寺者給所ニ而御座候、地村之内ニ林少
御座候、此書付之様成松木者無御座候、目通壱尺三、四
寸廻り之木者可有御座候、此分を伐申様ニ可仕候哉、但
少之林ニ御座候間、外之山にて可被仰付候哉、竹者少も
無御座候由申候
年寄中被申候ハ、給所之事ニ候故、又外之例にも成
可申候間、地山之内ニ而少成共有次第ニ伐せ可申候、
其外ハ今日御奉行へ可申渡候由、被申渡候
同日
一同人申候ハ、佐分利平右衛門在宅も出来仕、罷越申候由
申候
同日
一吉崎勘兵衛今日ゟ御番之由ニ而罷出申候、同人申候ハ、
菅野山廻りニ被下候屋鋪、様子承申候、御歩行並之者ニ
ハ七畝宛被下候、足軽小頭並之者ニハ五畝宛被下候、い
かゝ可被仰付候哉と申候
年寄中被申候ハ、在宅之事ニ候間、少菜薗場茂仕事
ニ候間、五畝遣し可然と被申渡候
同日
一同人申候ハ、菅野山大キニ御座候故、壱人にて廻り申事
成間敷候間、今壱人被仰付可被下候哉、左候ハヽ、野ゝ口
村庄屋半左衛門弟田地無之候、栢谷村畝違之所ニ而田地
被下候者、其上ニ而少御ふち方被下、山廻りニ可被仰付
候哉と申候、御横目共申候ハ、寂前も申上候能勢庄右衛
門預り小頭角左衛門、度ゝ横目共方へ参、数年小頭相勤
申段ヲ申候、江戸ニ而御国江参候へと被仰付候節、御断
申上、妻子迄引越参、只今御扶持被放候てハ寂早飢ニ及

申候由申候、其後角左衛門女も度〻参、角左衛門数年小頭相勤申儀共申立候、数年無別儀相勤申者ニ候間、其分にも難被成様ニ奉存候、此角左衛門を山廻りニ可被仰付候哉と申候
年寄中被申候ハ、明日相窺可申由被申候
御窺被申候処、口津高菅野御山奉行能勢庄右衛門前預り小頭福田角左衛門、可被仰付候由被　仰出ル

同日
一馬場茂右衛門・和田藤蔵、諸手之御勘定相済申、目録弐通持参仕、年寄中江相渡シ申候

同日
一猪右衛門、吉崎勘兵衛・俣野助市・梶川左次兵衛・河合善大夫へ被申渡候ハ、平井と北浦白魚猟場之公事寂前も承候間、罷出埒明申様ニと被申付候、泉八右衛門・玉野武兵衛・水野作右衛門も一所ニ罷出、埒明申様ニと被仰付候由、被申渡候

同日
一大学書付を出シ被申候ハ、先日一割銀弁之儀伊木頼母書付出シ候、存之外大分ニ候、小身者御救とて一割銀御借シ被成候得共、右之通ニ而ハ京銀同前ニ候、近年者京銀者さのミ弁無之、一割銀迄ニ弁有之候、如何被仰付可然候半哉、僉儀仕様ニと被申候、何茂申候ハ、弁銀之懸り申候ハ絶人共にて御座候、左候へハ右絶人ニ被下置候分ハ御知行にて茂御支配にても上り申儀ニ候得者、御捨被下可然候、乍去左候ハヽ、京銀も同前ニ候間、京銀拝借之者共も御訴訟可申上候、一割銀者　御前様・御姫様御銀之義ニ御座候得者、　御前様・御姫様ゟ絶人之分ハ拝借銀御捨被下候と御座候て、可然奉存候、左候ハヽ京銀拝借之者共兎角可申上様無御座と申候、又一色ニハ京銀も御救ニ御借被成候儀ニ御座候間、一等ニ絶人まとい銀者御捨被遣、万一御暇申上候者か又者立退申候者拝借銀返弁不仕置候ハヽ、是者弁銀ニ被仰付、上ゟ御暇被遣候者絶人之義者、御捨被遣可然共申候、年寄中被申候ハ、先前〻僉儀之通、一割銀之弁迄御捨被遣、京銀者今迄之

通にて可然候、可相窺候間、申上候様ニと被申、落着無之

同日
一御横目共申候、頃日者少乞食之様成者見え申候、私共方江も参候付而相尋申候へハ、金岡新田之内川流之者之由申候、少之田地御座候得共、男ハ相果申候、奉公仕候程之世忰御座候而、給米を以御年貢差上ケ申候得共、去年者川流之儀ニ御座候、麦年貢・秋年貢共ニ年内切ニ被仰付候故、御納所可仕様も無之候ニ付、才覚不罷成、先当分田地ハ売申ニ付而罷出申候由申候、加様ニ下〻申儀にてハ御座候得共、去年なとハ奉公人請之米春延ニ被成候ても能可有御座候処、其迄者心付不申候、近年者年内皆済被仰付候、奉公人米ハ春延ニ被成候ても、正、二月迄之儀ニ候へハ、さのミ御損益と申儀ニ而も無御座候半哉、不遅儀ニ候得共、当暮ニハ在方之様子御聞被成候て、様子次第ニ奉公人米者春請ニ被仰付候ても可然候哉、御郡奉行之内ニも人ニより候てハ、奉公人米ハ春延ニ仕候ハヽ、能候半と申者も御座候由申候、年寄中被申候ハ、年ニ𛀙候てハ春延ニ被仰付候而可然事と被申候

三月廿一日　　　　水野作右衛門番
一武田左吉申候、昨日被仰渡候屋鋪所見申候、何茂南方之内にて大形一所ニ而御座候と申候、年寄中被申候ハ、御用者各別望候分ニ而、大形之儀にハ南方ニてハ屋鋪被下間敷と両人申合置候、先一往望候衆へ其通申聞候半与被申候

同日
一吉崎勘兵衛申候ハ、去年茂御平太船請取申候、口津高にハ不断平太船者入不申候、先日御船奉行衆へ申候得者、今程平太船無之候、御船手ニ五艘有之候得共、今程御舟入之御用候ニ付、相渡シ候事不成候由被申候、本明寺之大道土手ニ石入申候、川向河高𛀙石を取申候へ者、夫役少ニ而調申候、外𛀙取申候得者夫役一倍懸り申義ニ候、御平太船御借シ可被下候哉と申候、年寄中被申候ハ、備

中之井関ゟ御平太船戻り可申候、御船奉行へ相談可申候、御平太船何程入候哉と被申候、三艘与存候へ共、御船無御座候ハヽ、弐艘成共御借シ被成候へと申候

同日
一同人申候ハヽ、先日被仰付候菅野山廻り家仕候竹を被仰付可被下候哉と申候、年寄中被申候ハヽ、竹奉行手前にも無之由ニ候、代にて可遣かと被申候、勘兵衛申候ハヽ、口津高之藪旧冬大分伐申ニ付、寂早伐候竹無御座候、代ニ而被下候てハ爰許にて買申同事ニ御座候ニ付、不勝手ニ御座候由申候、今程藪を伐候へハ竹子出候ニ悪鋪由ニ候間、爰許にて買候得と被申渡候

同日
一同人申候ハヽ、口津高御代官共家之繕作事入用銀之由、御勘定目録出シ申候、銀高弐百弐拾九匁余ニ而御座候、石黒忠左衛門・若林孫兵衛・奥田善右衛門・俣野与七郎・私家共ニ、已上五人分ニ而御座候、十村庄屋五人入用見届申候由申候

年寄中右之通銀相渡シ候へと水野治兵衛ニ被申渡候

同日
一同人申候ハヽ、先日申上候栢谷之畝違改仕候へハ、田地五反計出申候、内壱反計ハ川敷ニ入申ニ付、残而四反程御座候、是を先日申上候者ニ被遣、此者も山廻り之内ニ入置可申哉と申候

年寄中其通ニ仕候へと被申渡候

同日
一塩川吉大夫申候ハヽ、先日被仰渡候地改之者、今月末か来月初ニ可罷出与申合候、寂前請取置申候検地竿手前ニ御座候得共、是を遣シ候事私心得にても難仕御座候、先年私共地改ニ罷出候刻ハ、竿丁縄御渡シ被成仕廻候て差上申候、先〻ニ而御判形見せ申ためニ御座候、如何可被仰付哉と申候、年寄中被申候ハ、竿者拵候て渡し可申候、丁縄ハ其方ニ有之候ヲ遣候へと被申渡候

同日
一梶川左次兵衛申候ハヽ、今度御代官中開停止ニ被仰付候、

就夫申上候、飯河与市郎居申屋鋪外之御代官並ゟ少広ク御座候、右之様子者吉崎勘兵衛御郡奉行之刻、御奉行共之寄合所ニ拵置申候、古地を屋鋪ニ潰シ申候ゟ者空地を屋敷ニ仕候様ニと申、荒地を相渡シ、弐畝計広御座候、右之刻ゟ惣廻りニ松なと植置候て、屋敷構之内ニ成居申候、竿を入可申かと与一郎ゟ申越候、此分ハ其侭可被遣候哉、如何可被仰付哉と申候

年寄中被申候ハ、屋敷之内ニ入居申候者、此分ハ其通ニ仕置候様ニと左次兵衛ニ被申渡候

同日

一同人申候ハ、大内村高六百石余之所ニ而御座候、去夏之洪水ニ而井関之溝埋り申候、就夫、稲作り付ケ申候事不作可仕と存候ニ付、何とそ百姓共仕候得と申付置候、頃日申越候、七百人程夫役仕候得共、出来不申候、常之年ニ候ハヽ、百姓共何とそ可仕候得共、当年之儀ニ候故、寂早扶持方も無之、何共不成候由、未夫役千人も入可申与申候、御米拾石計も被下候ハヽ、七合五勺扶持ほとニ仕、出来致させ見可申候、外之村へも入申所ニ候ハヽ、余村へ懸ケ可申候へとも、左様ニも無之所にて御座候、速与亡所仕候てハ不便成儀ニ御座候、当年なと申上兼候得共、必竟御損も参儀ニ候故申上候、年寄中被申候ハ、此儀者各別之儀ニ候間、日用米被遣可然と被申、落着無之

御窺被申候処、日用米拾石可被遣由被　仰出候

同日

一岸織部申候ハ、杉山四郎右衛門在所御普請方被仰付候時分者、御米拾五俵宛被下候、当年者御破損方ニ被仰付候迚、右拾五俵米も不被下、今度備中井関之御普請ニも参候御普請方之被下米成共、又者御破損方被遣米御定被成、いつれへ成共可被仰付哉と申候、落着無之

御窺被申候処、杉山四郎右衛門儀、破損方御普請奉行依被仰付、右ゟ御人足被下候上ニ、今壱人御人足可被遣由被　仰出候

同日

一同人申候ハ、伏見御屋敷ニ居申候梶田喜八郎、御長屋畳

林半右衛門取候て参、無御座候由申候、喜八郎ニ畳可被下かと申候、年寄中被申候ハ、江戸へ引越被遣候御中小姓共、畳之儀如何被仰付候哉と被申候、御前様江御付ケ被成候御中小姓ニハ、座敷之分計畳被下候、大崎・鳴子両所ニ居申御中小姓ニ者、座敷奥共ニ畳壱通りハ被成被下、座敷ハ表替も被成被下候御定ニ而候、林半右衛門伏見ニ居申時分、座鋪者表替も被成被下来り候、喜八郎儀も一通りハ被遣、座敷之分者表替被成被下候ニ御究如何可有御座候哉、半右衛門儀久敷事ニ候故、後〻ハ自分ニ畳仕候ニ付、取候て退申候哉と僉儀御座候、年寄中被申候ハ、尾上忠左衛門方へ喜八郎畳之入用見及越申様ニ、水野治兵衛所ゟ申遣シ候へと被申渡候、此儀ハ俣野善内手前ニも、御法書ニ留置候様ニと被申渡候

同日

一石田鶴右衛門・岩根周右衛門申候ハ、和気御山之入札之儀、古金買共参見及罷帰候、あくミ候て入札も得不仕候、加茂御山之林へ入札仕者弐人、和気御山へ壱人入札仕置候、私共両人内見仕候、御材木之積りニ仕書付出し申候、左候へ者御奉行人被遣、材木之改も入申儀詮も無御座候、先其分ニ御差置可被成候哉、薪之積ニ御座候へハ、又仕様も可有御座候得共、右之通ニ御座候故、入札も懸御目候迄も無御座様ニ存候由申候、年寄中被申候ハ、御町奉行共左様ニ存候者、先其分ニ而差置候へと被申候

同日

一右能勢庄右衛門預り之小頭福田角左衛門、龍口山廻りニ可被仰付由被　仰出候事

四月十日　　　　　　　　　　服部与三右衛門番

一武田左吉申候ハ、御代官佐分利平右衛門新宅入用銀目録書付差出シ申候

惣銀合三百弐拾八匁七分五リン

但竹木外ニ被下、葺かや縄日用手間なとハ平右衛門肝煎申候村〻ゟ出シ申候

同日

一同人申候ハ、御代官梶川加兵衛家繕入用銀拾八匁八分五
リン、右之通之由申候
大学水野治兵衛ニ裏判仕銀子相渡候様ニと被申渡ル

同日
一同人申候ハ、川口御制札損申候、御書直可被下哉と申候
書替可遣由大学被申渡ル

山田弥太郎番

四月廿一日
一横井次郎左衛門申候ハ、吉井鴨ノ越之井関、去ル十一日之水にて破損仕候由申越候、私未見申候得共、両所共ニ買石ニ仕候て能候由申候、御普請奉行中ニも御見せ可被下由申候、大学被申候ハ、大分之儀ニ候ハヽ、御普請奉行中も罷出候様ニ可申渡候、先次郎左衛門見及候様ニと被申候、追而藤岡内助江吉井加茂ノ越井関破損之様子罷出見分仕候様ニと被申渡候

同日
一片山勘左衛門・山下文左衛門申候ハ、奥上道郡一日市村石津之宮氏子之儀、冣前も申上候、邑久郡福岡村も石津之宮之氏子ニ而御座候由、近村之老仁共にも相尋候得者、久敷儀者不存、七、八十年巳来者石津之宮之氏子にて御座候由申候

同日
一右両人申候ハ、奥津高郡加茂市場村之神職菱川豊後ハ組頭にて御座候、其組下上田村御崎之宮祢宜市右衛門とさを三右衛門と神主ヲあらそい候得共、西村源五郎も未相究申候故、私共も究不申候、さをハ神主ニ不成法之由ニ御座候処ニ、私共へ理りも不申、三右衛門を豊後神主と書付出シ申候、御年寄中へ申候ハヽ、急度可被仰付義も可有之候へとも、其分ハ差免シ、公儀へハ申間鋪と申、組頭を取上ケ申候、年寄中尤之由被申候

同日
一同人申候、大瀧之坊主後住ニ香登村之者養ひ申度由申候、小林孫七へも相尋候へハ、百姓共別儀も無之由申候間、其通ニ仕候へと可申付候哉と申候

年寄中被申候ハ、百姓共無別儀候ハヽ、其通ニ仕候
へと被申渡候

同日
一同人申候ハ、児嶋郡有南院触下之粒江村之西明院後住ニ、備中浅口郡連嶋之庄矢柄村慈眼院弟子琳慶と申出家、十七、八年以前ゟ契約仕置候、只今西明院年罷寄申候故、隠居仕度由申候、則有南院書付を差出シ申候、如何可被仰付候哉と申候

年寄中其通ニ申付候へと被申候

同日
一川瀬源兵衛罷出申候ハ、御料理人林又左衛門、有馬へ湯治之御暇先年申上被下候得共、彼是差合得不参候、此度参度由申候、いかゝ可被仰付哉と申候

年寄中遣し可申由被申渡候

同日
一同人申候ハ、御料理人吉川久右衛門・御膳立吉田権兵衛新屋敷被下候ニ付、作事仕度存候、竹木被仰付可被下候

年寄中差紙可出由被申候

同日
一藤岡内助申候ハ、龍口井手塩川吉大夫ゟ申越候故、昨日罷出見分仕候、頃日之水ニ而川筋弥西之方へ付申候、只今御普請不被仰付候てハ、井手之石垣裏ほれ候ハヽ、大分之儀にて御座候由、則絵図を持参仕、西之方関留、井関へ水懸り候様ニ川筋掘せ可申候、夫役八千程も入可申様ニ見積り申候、当年者方〻御普請所も多御座候之間、三千程入仕置可申候由申候

年寄中先其通ニ仕置候得と被申候

同日
一伊賀被申候ハ、吉井鴨ノ越之井手へ内助罷越見及候て被申付可然候、破損大キニ成候ハヽ、御役も大分入可申由被申候、内助申候ハ、鴨ノ越之井手只今繕被仰付候ハヽ、銀弐、三貫目ニ而者出来可仕候、今少破損仕候ハヽ、拾貫目弐拾貫目ニ而ハ出来難仕可有御座候間、当年被仰付可然と申候

同日
一大学小林孫七ニ被申候ハ、和気郡小幡山之寺内法泉院寺領、御蔵へ払置申由、当暮ゟ下札ニ書付出シ可申由被申渡候

同日
一御町奉行両人申候ハ、片上町之橋西之方之堤、去ル十一日之水ニ堤腹付しさり申候、若五月水出候ハヽ、又〻切れ可申かと町人共去年之水ニ手こり仕候故、殊外気遣仕家を明ケ退申様ニ仕候故、彼堤石垣ニ被仰付被下候様ニ仕度願申儀ニ御座候、一方ニ而四尺、一方ニ而六尺上ケ申儀ニ候、当年なとハ難申上儀ニ御座候得共、自然重而水出申候得者、堤之様子不知儀御座候由申候、大学被申候ハ、当年者御役人茂無之、日用米なとも方〻故少宛なから手支申義ニ候、大分ニ造作も入可申候哉と被申候、御町奉行共申候、其段茂積り候て見申候、御買石ニ被成候へハ壱貫目分程石入可申候、日用米ニ壱貫目入可申与申候、都合弐貫目之儀ニ御座候、此所石垣ニ可被仰付候ハヽ、伊木勘解由も知せ候へとの儀ニ御座候、下屋鋪之方を石垣ニ可被仕由ニ御座候、大学被申候ハ、勘解由へハ内〻其段申談置候、重而役ニ立遣申筈ニ候、買石之儀如何にも尤ニ候間、壱貫目分相調申候者、兼而御町奉行手前ニ有之町銀之内に而調候へと被申渡候、御役人有之時分石垣ニ可申付候由被申候

同日
一同両人申候ハ、頃日ハ町方ニ乞食見え申候、町へハ東ノ山乞食共ゟ飢人者入不申候得共、自然町之者ニ而も御座候かと存承候ニ、備中倉敷辺之者共ニ而御座候、当年者町方飢人御救も被下間鋪与御座候ニ付、一町切ニ相改ともすきニ仕候様ニ申付候而、改させ見申候、惣町中ニ七人ならてハ無御座候、当年者大分飢扶持も入可申かと存候処、右之通ニ御座候、此内者無拠かと存候得共、何とそ口すきも可成様成者にて御座候、加様之者救をも遣候ハヽ、習も悪鋪可成と存候付而、何とそ口すき仕候様ニ申付置可然候、東ノ山者之内ニ成申候共、其分ニ仕候へ

と申付候由申候、年寄中被申候は、速与救不遣候様にも
難成可有之候得共、御町奉行共吟味にて了簡之上者、其
分ニ仕候而能候半与被申候、御横目共申候ハ、町へハ東
ノ山之乞食共飢人入不申候ニ付而、士町にてかなたこな
た乞食仕、或ハ門〻にも見え申候ニ付、御領分之者にて
茂御座候哉、頓而麦ニ取付候ハ丶、飢人者村へ帰候儀も
可有御座候得共、他領之者大勢参候て如何敷御座候ハ丶、
他領者者送り被遣様にも可有御座かと存、尋候而見申候、
大形他領御蔵入之者ニ而御座候、若此後飢人多罷出候ハ
丶、他領者其所江返シ可被遣かと申候
　年寄中被申候ハ、詰り候処者左様無之候てハ成間敷
　候、見合候て能候半と被申候
　　　　　　　　　　　　水野作右衛門番
四月廿九日
一御船入夫役之書付藤岡伝左衛門差出ス
一六百弐拾人　　上ノ入口塞樋ニ仕候夫役
　内
　百弐拾人　　石垣崩石除ル手間
　四拾弐人　　樋居申根切手間
　四拾人　　樋前関手間
　四拾五人　　樋居手間、但取越役共
　弐百八拾六人　　樋ノ廻り詰申ねは土弐拾六坪取寄申
　　　　　　夫役、壱坪ニ付八人かゝり
　八拾七人　　石垣表裏築手間両坪弐拾六坪、壱人
　　　　　　ニ付三合つき
一百五人　　柱蔵除土三拾五坪之夫役
一三拾四人　　右同所石垣築手間
一六拾五人　　西川ゟ懸り候樋石垣破損繕手間、樋之
　　　　　　上繕共
一弐拾人　　芝かんき破損繕手間
一百五拾人　　土俵取越結手間共
一八拾八人　　水関二ヶ所夫役
一弐千七百六拾人　　水かへ昼夜弐拾人宛、日数百卅八日分
一土坪千三百七拾壱坪四合　　去年掘残土

此夫役六千八百五拾七人　但壱坪ニ付五人懸り
此代銀六貫八百五拾七匁　壱人ニ付壱匁、日用ニ〆
一四千百拾四人弐分　右ノ残シ土掘上有之候ヲのけ夫役
此代銀四貫百拾四匁弐分
一五百弐拾五人　芝三拾五坪取夫役、但壱坪ニ付拾五人懸り
此代銀五百弐拾五匁　壱人ニ付壱匁、日用ニ〆
人数合壱万五千三百三拾八人弐分
一日ニ出人五拾人宛ニ〆日数三百八日
一右夫役之積書付藤岡伝左衛門差出シ申候、御普請奉行三人茂一所ニ罷出申候、寂前被仰付候御船入今度之洪水ニ而砂入申候段見及候、口弐ツ御座候内上ノ方口ゟ砂入申候、御船入者深ク御座候故、水さかおとしニ御座候故、此分ニ而ハ次第ニ埋り可申候、只今所ニゟ弐尺計も砂置申候、此砂之さらゑ計ニ御座候ハヽ、寂前入札之銀高之内未七貫目請取不申、残シ有之候、此分にて調可申与存候、上ノ口を埋候て樋を居石垣ニ仕事ニ御座候故、此夫役之積にて御座候由申候、年寄中被申候ハ、御役人有之候ハヽ、大勢懸候て、早ク出来仕様ニ仕候て能可有之候得共、御役人手支之事ニ候間、御役人者少かけ日用も少入、六、七月迄ニ出来仕候様ニ致候て能可有之由被申候

同日

一山内権左衛門申候ハ、御酒奉行中村五郎右衛門手前之年ゝ先奉行ゟ渡り来りおいくり候て、少宛之物、御勘定所ニ残り有之候、此段只今五郎右衛門奉行ニ至テまとい申様ニ御座候てハ、迷惑仕事ニ御座候、忍冬少、紙ニ包沙糖少、古樽地酒少なとの様ニ御座候、於手前者払仕候得共、寄せ帳を消不被申候故、御勘定所ゟ書出シ申候、如何可被仰付哉と申候
年寄中被申候ハ、御相談可有之由ニ而、追而俣野善内へ寄せ帳払上可遣由、被申渡候

同日

口上書　　松下日向

一私義御当地罷越住宅仕難有次第ニ奉存候、然者去夏之洪

水家内迄高水ニ逢、難義仕罷有候、屋鋪壱反被為懸御意、其上家迄被仰付被為下候、右之家殊外破損仕候、早〻相応修理加へ可申之処ニ、　御宮之間程遠ク神人迚も無御座、私壱人之儀御座候得者、万事神用ホ不自由成仕合御座候へハ、兼〻御宮山之内ニも罷越、住宅可仕念願奉存候得共、私儀昨今之者ニ而御座候へハ、氏子方へもなしミ少ク、其上手前不如意之儀ニ付、存暮罷有候、恐多儀ニ御座候得共、御銀壱貫目拝借仕度奉存候、左候ハヽ、右之通御宮近ニ住宅仕度奉存候、此御銀年〻被為召上候様ニ御取成奉仰候、右之拝領仕候屋敷差上ケ申度奉存候、

已上

四月廿二日　　　　　　　　松　下　日　向

片山勘左衛門様

山下文左衛門様

一右之書付差出、勘左衛門・文左衛門申候ハ、日向屋敷去年洪水ニ而家破損仕候、玉井之宮山之内宮ゟ南之方ニ屋鋪ニ成可申所御座候、御銀壱貫目拝借仕、似合ニ家仕引越申度候、左候ハヽ只今迄被下置候屋敷差上ケ可申候、御銀無利被仰付、一年ニ百目程宛十年計ニ被召上被下候様ニと申候、御銀利付にて候へハ、屋鋪差上ケ候てハ難成由ニ御座候、何茂申候ハ、日向申分埒聞え申候、御銀御借可被成かと申候、落着無之候、玉井之宮山之内へ越候ても御宮江者遠ク、自然之火事ホ構ニも不成由ニ御座候

同日

口上書上ケ

一邑久郡千手山与申所ニ山王神社御座候、此御宮寛文六年十月ニ寺社御奉行様ゟ私神主ニ被仰付候事

一此御宮破損仕候ニ付、寺社御奉行様・安宅弥一郎様・水野彦五郎様へ参上仕、右之通申上、御宮ニ而下刈仕、修理之加へニ仕度旨申上候へハ、可然由被仰候、然処ニ千手山坊主方ゟ西村源五郎様へ御断申上候由、水野彦五郎様ゟ被仰候ハ、寂前之宮林下刈之儀、今少待候へとの儀源五郎殿ゟ申参候間、先其通ニ致待候へとの儀、西村源

五郎様被仰候ハ、追付郡へ出候間、其許氏子共口上聞届
埒明可遣との義、其後源五郎様寺社御奉行御替り被成候
故、今ニ其通にて御座候事
一御用木御宮山ニ而両度御採り被成候節茂、松枝葉共ニ私
ニ被下候、其刻坊主方ゟ一言之子細無御座候、今以何角
と申上段合点不参候、此埒分明被仰付可被下候、以上

延宝元年
八月十五日　　　　宮崎大蔵

片山勘左衛門様
山下文左衛門様

同日

口上書

一邑久郡千手山之鎮守山王・地主権現両社并ニ拝殿、当山
開基　天智天皇之御宇人王三十九代白鳳弐年ゟ尓今至迄、
加伽藍之数ニ山之鎮守として致建立、想(惣)寺中崇敬仕候
一神前祭礼取行、想寺中として仕来候、御節句御供并ニ舞
社之頭なとも従先規勤申候
一氏子之儀、門前別所村之百姓大形寺中家来之者にて御座
候ニ付、此山王権現を氏神ニ用申候、家来之外之百姓古
ハ四、五人ならてハ無御座候、宮破損建立之節一銭ニ而
茂出させ不申候
一山林竹木御赦免之御判形、御老中様ゟ被成下候、然上者
千手之山内者寺中構之分ニ御座候故、少之破損ニハ材木
五本拾本迄者先年ゟ御理り不申上候、大分建立之節者時
之御奉行衆を以御老中様迄得御意、下刈枝葉山林不残両
度迄拝領仕候
一山林竹木申請候儀者、堂宮為破損繕、右之御判形被為下
候、右之通ニ御座候処ニ、近年御法ニ付神前之出入宮崎
大蔵ニ被仰付候故、宮之繕山林共ニ大蔵構可申様ニ申候、
此段衆僧共迷惑仕候間、乍恐如先規被仰付被下候ハ、難
有可奉存候、已上

延宝弐年四月廿一日　　　　本坊
想寺中

片山勘左衛門様

山下文左衛門様

同日

口上書上ケ

一邑久郡千手山山王神社破損仕候ニ付、氏子共計之取持にてハ修理難成候ニ付、西村源五郎様・安宅弥一郎様・御代官水野彦五郎様、御両三人江参上仕、右破損之趣申上、御宮山にて下刈仕、修理之加へニ仕度旨申上候へハ、何茂様可然様ニ被仰候ニ付、罷帰御口上之趣氏子共ニ披露仕候へハ、左候ハヽ、追付修理ニ取懸り候半と申候処、彦五郎様被仰候ハヽ、源五郎殿ゟ下刈之儀今少待候へ、千手山坊主方ゟ断有之間、追付郡へ出候間、其刻所之者共口上子細具ニ聞届、埒明可被遣との儀、然処ニ源五郎様寺社御奉行替りニ付、右之趣口上書上、武田内記を以片山勘左衛門様へ去秋指上置候得共、其聞へ尓今無御座候、然処ニ当下春千手山坊主方ゟ山王山へ入込、木ヲ採り枝を打申段、無是非仕合奉存候、此儀分明ニ被仰付可被為下候、已上

延宝弐年

四月十五日　宮崎大蔵

片山勘左衛門様

山下文左衛門様

同日

口上書上ケ

一邑久郡千手山堂宮及破損ニ候故、当春材木少山之辺にて松之下枝切取、代替万事作事料ニ仕、造営致候処ニ、宮崎大蔵ゟ訴状上ケ候ニ付被召寄、今度御断もなく材木下枝切申儀如何与被仰候、此段者四、五年已前ニ大蔵寺中へ断なく山之下刈可仕と村之庄屋迄申来由承、西村源五郎様へ宮之旨趣御断申候へハ、尤と御聞被成、水野彦五郎様へ御状被遣、下刈之儀御留被成候、其已後片山勘左衛門様寺社御奉行ニ御付被成候時、御老中様之御判形持参仕差上、山之趣御物語申候へハ、源五郎様御留被成候ハヽ、弥別儀有間鋪由、勘左衛門様も被仰候、其上当春寺領之御折紙御改之節、山林之御判形も差上候へハ、御老

中様之御判形ハ不及御改ニ、弥先規之通と御申被成、御折紙并御判形山下文左衛門様ゟ請取頂戴仕居申上者、彼是以別条御座有間鋪与奉存、右之趣ニ御座候、已上

延宝弐年

四月廿五日　　本坊

惣寺中

片山勘左衛門様

山下文左衛門様

同日

一右之書付差出、勘左衛門申候ハ、如此留山ニ成居申候ヲ、坊主共断もなく、少ニ而も材木伐下枝伐取候事不届ニ候、只今御究被成候ても可然候得共、左候ハヽ、方々ゟ加様之類多御訴訟可申上候間、神主坊主両方共ニ弥先留山ニ被仰付置、御帰国以後落着被仰付可然哉と申候、大学尤ニ候間、先只今迄之通双方留山ニ被仰付置候様ニと、勘左衛門・文左衛門へ被申渡候

同日

一勘左衛門・文左衛門申候ハ、八塔寺本尊領御国替以来同所之庄屋ニ御郡奉行預ケ置申候、借シ置候ハヽ、利銀茂可有之儀ニ候ニ、元銀計ニて年々之分有之候、出家ニ御渡させ可被成候哉、色々僉儀有之、孫七ニ大学様子被尋候、孫七申候ハヽ、右之銀子利なしニ預ケ置申候ハヽ、救之心に茂郡奉行申付候哉、八塔寺之庄屋成程貧ニ御座候故、大分預ケ置候事無心元存候哉、神根村庄屋市右衛門ニ壱貫五百目分ケ候て、渡部助左衛門申付預ケ候由ニ御座候、勘右衛門弐貫目程之銀子中〳〵出シ申事成間鋪候、酒元二口程持候て居申候間、是ヲ売せ山なとも売せ候ハヽ、大形ハ相済可申候、彼所ニ外ニ庄屋ニ可仕者も無御座、事闕ニ勘右衛門も庄屋仕せ置候、大学左候ハヽ、当暮勘左衛門銀子を出候ても、其上ニて相談可仕と被申候

和気郡八塔寺領之内本尊領之覚

一銀四貫四百三拾九匁八分

想（惣）寺領高三拾六石四斗五升四合之内、本尊領四石四斗五升四合之物成、寛永六年ゟ延宝元年迄四拾三年分年々之

物成之代銀、郡奉行申付、八塔寺庄屋預り帳面、但年〻元分

右之銀子内払

一米四俵三斗九升

一銀五百三拾弐匁三分

八塔寺本堂上葺入用芳賀内蔵允被申付、坊中へ寛永十四年ニ相渡シ申、御郡奉行堀七郎右衛門判形有之

一銀七百五拾目三分

八塔寺つり鐘調申入用ニ寛永十五年ニ相渡申由、同人判形有之

残銀三貫百五拾七匁弐分　延宝弐年有銀

卯月廿六日

八塔寺庄屋
勘右衛門

瀧谷村庄屋
長兵衛

神根村庄屋
市右衛門

右三人預り判形帳面

同日

一岡助右衛門・和田藤蔵、御勘定済目録持出読申、大学江相渡シ候

同日

小林孫七口上書差出ス

一和気郡御代官丹羽四郎右衛門、寛文八年ニ所〻御普請奉行ニ罷出候節、渡部助左衛門申付、新鍬百六拾丁出来、此代銀百九拾六匁之売上ニ丹羽四郎右衛門奥書仕、御銀相渡り申、切手御勘定場寄せニ付居申由、此間寄せ御奉行ゟ申来ニ付、四郎右衛門申候ハ、御普請御用ニ毎年罷出候得共、御道具者大内村庄屋方ゟ請取仕廻候節者、右之者方へ払わせ申ニ付、終ニ自分ニ其払不仕候、定而此御道具ハ四郎右衛門罷出候御普請所入用ニ付、新鍬出来仕故、奥書仕候へと助左衛門申ニ付、仕たる物と奉存候、去共古鍬ニ而も其外之御道具ニても、大内村庄屋預り請払仕候故、如何様ニ仕候も不存候、只今行当迷惑仕候、其段可然様ニ申上候而くれ候へと申候御事

一大内村庄屋ニ四郎右衛門申分之通相尋候へハ、其通少茂相違無御座様ニ申候、此庄屋申候ハ、助左衛門御奉行御赦免之節諸道具払帳仕、助左衛門所江差出申由ニ御座候、私相尋申候ハ、其御鍬帳面ニ而知可申哉と相尋候へハ、古道具色〻不残払物仕、御用之物調候分其外御郡入用ニ払、其勘定帳助左衛門方へ差出由申候御事

大学被申候ハ、不案内故寄せ帳消不申と相見へ申候、払上寄せ帳消候様ニと俣野善内江被申渡ル

同日

村田小右衛門書出シ

一御領分下原村之堤手強申付候へと川部老中ゟ書状来ル、則返事御披見入申候、先方望之通ニ申付候へハ、諸手ゟ断可来様ニ奉存候、自然切申候者私不調法ニ成行可申候哉、御下知次第可申付候

川部家老ゟ之状之写

一一筆致啓上候、其後者以書状も不得御意候、然者御領分下原堤之儀日外御断申入候処ニ、　禁中御作事之儀ニ付先御延引可被成之由、任其意罷有候処、頃日大水出申候ニ付、堤之様子見せ申候へハ、殊外危様ニ相見え候処ニ水早速引申故、堤切不申候、先日御報之上ヲ又候哉申入候儀如何敷奉存候得共、先書ニ御断申入候通ニ御座候間、御事多可被思召候得共、近日御普請被仰付被下候ハヽ、可忝候、猶期後音之時候、恐惶謹言

四月廿四日　千石平左衛門
下川七左衛門
木崎藤右衛門

村田小右衛門様

一御飛札忝致拝見候、其許弥御堅固ニ被成御座之由、目出度奉存候

一先日大水ニ旦那領内下原村之堤危様ニ御見及、川部村無御心許被為思召、手強申付候様ニと被仰下候、御尤ニ奉存候、先書ニ申上候通去年洪水ニ所〻破損仕候、尓今繕調不申候、上秦村旦那弟池田信濃守江遣シ申候得共、大川筋堤破損ハ打捨置申候、先日柿木村古地村堤筋無心元

躰ニ相見ヘ申候得共、右之忘却ニ付私方ゟハ繕不被申付候、百姓共迷惑仕、時分〳〵繕仕候、日外申上候通　禁中御作事被為　仰付、国本之普請才ハ打捨置申事ニ御座候、度々被為仰付候ニ御断申上候段御心底致迷惑候、右之品御座候間、思召分可被下候、如何様心ニ者懸居申候間、役人手透ニ成申候ハヽ、追付繕可申付候、恐惶謹言

四月廿四日　　村田小右衛門

同日

一大学被申候ハ、先小右衛門方ゟ遣シ候返事之趣ニ而能候、乍去此後自然水出候て堤切レ候ヘハ、川部者水漬ニ成事ニ候、堤之様子ニ寄少繕仕遣候ハヽ、可然候由被申候、小右衛門申候ハ、日用にて被仰付候者、人者伊東信濃殿領分ヘ申遣候共、出可申候哉と申候、此方御領分備中ニも可有之かと大学被存内意之由、小右衛門ニ追而委相談可有之との事ニ候

一帯江村と申所戸川主膳殿御領分之由、彼所ニ備前分ノ悪水抜、先方ハ用水ニ望、先年新溝被為仰付候、末ニハ水門被為仰付候、此入用ハ備前分ゟ被仰付候、繕ハ向後互ニ銘々御領分切と被仰合候、去年洪水ニ水門左右石垣破損仕候、備前分ゟ繕候様ニと断申来候、先規儀存候庄屋共手前致吟味候、向後繕ハ銘々領分切と申合候ヘハ、彼所ハ御他領之内ニ御座候間、繕申付候段不入儀と申候、物而備中之例左様ニ相見え申候故、繕不申付候、下津井海道ニ御座候、両方ゟ構不申候者、後々ハ往来之道中絶可申与存候、如何可申付候哉

此儀僉儀有之、此方ゟ被仰付候儀如何ニ候、何とそ内縁にて先方奉行中之内ヘ申遣シ候ても能可有之哉との義ニ候、小右衛門申候ハ、主膳殿郡奉行中村八郎右衛門と申候、藤岡内助と縁者に而御座候間、内助方ゟ委細申遣シ可然哉と申候、大学被申候ハ、小右衛門内証ニ而先方ヘ百姓遣シ候上者、其返事ニ随ひ内助方ゟ申遣シ可然との儀ニ而落着無之、後庄屋参断候ヘハ、主膳殿ゟ可仕由奉行人ゟ返事有之

一洪水村々ニ去年麦蒔付申候、風ニ砂吹立埋麦無御座候、

此分者麦成御免可被為成候哉、私儀一昨日迄ニ村〻麦見分ニありき申候、去年ゟ結句立毛ハ能御座候、雨ニいたミ少くせ出来仕候
麦毛無之上者、麦御年貢差出シ候事も成間鋪候間、差免シ遣シ候様ニと池田大学被申渡ル
一去ル十一日之大水ニ凡夫役三万人余程破損仕候、いつれも川筋井溝筋ニ而御座候、一日も捨置候事不罷成候、然共去年洪水之繕さへ手合不申候ニ、此度之繕迄公儀ゟ被為仰付候事者成不申候間、当春迄繕候て此度二度之破損繕ハ凡弐万人程御座候、此分ハ御百姓共御奉公と奉存、自分ニ繕候へと申渡候、尤飢ニ及居申民之儀御座候得共、去年ゟ被下物借用物大分之御事ニ付、寂早麦迄命なから〻罷有、忝奉存候間、春麦刈給候て成共相勤可申と請相、先日ゟ自分〳〵ニ繕仕、村ニゟ早繕相調候も御座候、此度新規之破損者御扶持方遣、御繕申付ル御事ニ候
此義大学被申候ハ、尤ニ候、書付之通ニ申付、新規之破損所申付候者ニハ、御扶持方可遣由被申渡ル

五月十日　服部与三右衛門番
一武田左吉申候ハ、御野郡四日市村高三百八石之所ニ而御座候、佐分利平右衛門御代官所之内ニ而御座候得共、平右衛門儀ハ原村ニ居申候、四日市ニ御代官三木孫七居申候、孫七敷村ヲ平右衛門構申候茂如何鋪、其上平右衛門肝煎申候分高八千石程御座候、孫七肝煎申候ハ高七千石程御座候、高も少ク御座候間、四日市村孫七構申候様ニ可被仰付哉と申候
大学尤ニ候、孫七構之内ニ仕候様ニと則被申渡ル
同日
一同人申候ハ、岩田町之内ニ上出石百姓之家壱軒御座候、是ハ町之内ニ入可然所ニ御座候、いかゝ可被仰付哉と申候、町並之所ニ候ハ、町へ入可然候間、御町奉行申談、町へ入申候様ニと大学被申渡ル
同日
一塩川吉大夫申候、新敷平太船三艘申付候由ニ而、目録書

付出申候、銀高壱貫九拾五匁、壱艘ニ付三百六拾五匁宛之由、但櫓竿踏板共、右之銀子相渡り候様ニ被仰付可被下由申候

　大学右之銀相渡シ候様ニと、水野治兵衛ニ被申渡ル

同日

　国枝平助書付差出ス

一浅口郡御蔵入之内ニ今迄薪仕屋敷廻り繕才ニも宮藪少宛伐申候、丹波様御知行ニ成申候得共、外ニ薪竹なと伐申所無御座、其上売薪無御座所にて御座候得者、薪代被下候而も調申儀不自由ニ御座候、今迄之通ニ可仕哉之御事

　大学先只今迄之通入用之節者伐候様ニと被申渡ル

一御代官并自分被下米、今迄御蔵入ニ而取申候、是又　丹波様御知行之内、扨者御給所之内ニ而取可申哉之御事

　大学只今迄之通ニ仕候様ニと被申渡ル

一杉山　丹波様御知行之内ニ成申候、今迄松原新兵衛と申者御歩行中間ゟ山奉行ニ被仰付置候、丹波様御分ニ成申候而も新兵衛奉行ニ可被為仰付候哉、御用木ニ成申木ハ無御座候得共、奉行無御座候てハ山荒可申候、新兵衛儀弐人扶持ニ六石五斗被下候、此分ニ而ハ岡山へ御引せ被成候而も、御歩行並之御奉公ハ難仕可有御座候哉、先只今迄之通ニ可被為仰付候哉之御事

　大学先只今迄之通新兵衛奉行ニ申付候様ニと被申渡ル

一伊木勘解由知行所之内中六条院村高千弐百石余之所、此度　丹波様江弐百六拾石余相渡り申候、此村ニ松はさ山と申少之山御座候、勘解由分知行高ニ而も御座候間、此山勘解由方へ付置可申候哉、　丹波様御屋鋪西六条院村ニ被成候へハ、松はさ山御屋鋪近所之儀ニ御座候間、丹波様御分ニ成候ても能可有御座候哉之御事

　右之山先勘解由分ニ仕置可申候由、大学被申渡ル

一当春飢人多御座候得共、此節之儀故飢扶持之事公儀江不申上、新田池日用米ニ請込申御米之内を以村〻ノ飢扶持にも仕、急成小普請申付候外ニ畝麦銀五貫目救捨ニ仕助

ケ申候、畝麦銀元九貫五百目御座候内、五貫目飢扶持ニ
遣申候故、麦銀元減り、残而四貫五百目、外ニ麦弐百六
拾石御座候、近所他領ニハ飢死多御座候得共、右之通ニ
仕候故、浅口郡ハ飢死壱人茂無御座候
一新田池をも前廉積り之通、御代官谷田弥五右衛門・私奉
行仕、十分ニ相調申候
一増原池水十分ニため申候へハ、伊東信濃殿領分田地弐反
余水浸りニ成申候故、日用米拾石程入、地上ケ申付候事
一去年洪水ニ永荒高三百石余御座候、当夏中ニ見積り鍬下
相定、発させ可申与奉存候
書付之通ニ可仕由、大学被申渡ル
一小田郡尾坂村高五百三拾石余之所、元来悪所近年殊外草
臥申候、御免壱ツ成余下ケ不申候而ハ成不申候、尤新田
方ニて少宛当年御免上ケ申所も御座候、已上
五月十日　国枝平介
書付之通ニ仕候様ニと大学被申渡ル

五月廿一日　山田弥太郎番
片山勘左衛門・山下文左衛門差出シ
一雖未申通候、一翰令呈上候、然者先年牛窓宝蔵寺儀ニ付、
御指紙頂戴仕、以使僧申上候処、無相違彼寺御渡可有之
由候故、使僧罷帰申候、其以後致破損罷有候由迷惑仕候、
願者今般寺相続仕候様宜被仰付被下候者可奉忝存候、恐
惶謹言
卯月廿一日　吉祥院
大慈院
霊鬮院
山下文左衛門殿
片山勘左衛門殿
覚
一牛窓宝蔵寺客殿者還俗仕候坊主売払申由承及候、残申く
り其外御座候、其後還俗坊主相果申、則身類之者跡へ入
居申由承候故、本国寺らも御公儀御断申上候、已上
妙国寺

五月九日　　　　　　　　　　日　行

片山勘左衛門殿

山下文左衛門殿

同日

一片山勘左衛門・山下文左衛門申候ハ、牛窓宝蔵寺跡寺地之儀、本寺之坊主共ゟ此書付差越申候、此寺之儀先年住寺落堕仕候ニ付而、寺屋鋪被遣候、落堕之儀候故、屋鋪所悪ク由にて寺之くりを牛窓町屋へ引、罷出申候、寝顕をかゝれ相果申候、くひをかき候悪党人顕れ候て御成敗被仰付候、其節寺内ニ残り居申候、寺破損仕候ニ付一類共ニ被遣候、従本寺江戸寺社御奉行之御指紙差越候、西村源五郎相窺候而可相渡由申候処、彼使僧破損寺請取申儀如何ニ存候由ニ而、右之御指紙を浦伊部妙国寺方ニ預ケ置候て、雲州へ参候由申罷帰候、今度彼寺地請取申度由申候、妙国寺申候ハ、右之寺落堕ニ被遣、其已後追付相果申候ニ付、残り居申候破損寺彼落堕一類共ニ被下候様ニ承及候、寺を立候て相渡シ候様ニ願者被仰付候ハ、可忝由申候、天台宗之寺ニハ如前ゝノ御建候て被遣候も御座候由承申候、殿様ゟ御建被下候へと申上ルにてハ中ゝ無御座候、右之寺被遣候者ニ被仰付、御建させ被下候へと申儀ニ候由、本寺申分之由ニ候

伊賀被申候ハ、此儀者如何様ニ被仰付候而被遣候共、只今御留守ニハ何共埒明申間敷候、勘左衛門・文左衛門ゟ返事ハ相談仕能様ニ致、御帰国迄相待可然由被申候、又此儀者御在江戸之内申上候而可然候、御寺社奉行衆へ世間之儀御聞合為被成候由被申候、此儀を只今被仰付候而被遣候様ニ御座候者、落堕寺之分方ゝゟ可申出候間、外ノさわりニ可罷成様ニ奉存候、乍去寺地之儀ハ御寺社奉行衆ゟ本寺へ御差紙被遣儀ニ候間、御渡シ被成候ハてハ成間敷候哉、寺を御建させ被下候へと申候段、坊主共餘り之申分之様ニ奉存候、落堕仕候ニ付其者ニ寺迄被下候て引取申候上者、此方ゟ被成候て被遣儀如何ニ御座候半哉と奉存候、天台宗之寺之儀者聢与ハ覚不申候得共、落

堕坊主其侭居申候而、堂なとをも色〻之すまひニ仕
居申候、其落堕寺を仕候事不成ニ付、此方ゟ被成被
下たるやうニ存候、宝蔵寺者坊主引払候て相果候故、
少品替り申かと奉存候由申者も御座候、落着無御座
候、右之寺之儀者大学ゟ西村源五郎なとニ前〻之様
子も被尋、於江戸猪右衛門へ可被申遣之由ニ御座候、
前〻之様子具ニ不存候得共、御評定之趣如此ニ候

同日

赤坂郡南方村三郎右衛門口書、春田重兵衛差出ス

一五月十五日八ツ時分ニ野へ小麦刈ニ参、暮六ツ前ニ罷帰
候、伯父庄助大戸口ゟ内にて足洗ひ、則其水大戸口ゟ外
へ流申ニ付、三郎右衛門申候ハ、外ニ者物も干申所ニ而
候へハ捨所悪ク候と申候、庄助たらいを持おゐへ上置候
故、たらい者不断置所極申と申、三郎右衛門たらいを取
直シ庭ニ置候へ者、又庄助本之所ニ置不届由申、扨三郎
右衛門もととりヲ取引たおし、のとふゑをひねり申処へ
親九郎兵衛帰合、庄助を横さまに二鍬ニ而打ころし申候、
已上

親九郎兵衛口書

一五月十五日八ツ時分ゟ野へ木綿之草取ニ参、暮六ツ時分
ニ帰候へハ、悴三郎右衛門と私弟庄助と致口論、三郎右
衛門を取ふせ、のとふゑをひねりころし申かと存、野ゟ
かたけ帰候鍬ニ而庄助を初手ニ右之ほんのくほへ打立引
たおし、二之手右之耳きわゟほうさきへ打立申候へハ、
相果申候、中〻ころし可申とハ不存候得共、其節うろた
へ右之仕合ニ罷成申候、已上

南方村九郎兵衛弟庄助手疵改申候覚

一初手と見え申候右ノほんのくほゟ鍬当り、さかやきのき
わ迄上かわもくれ居申候
一二ノ手と見え申候右之耳きわゟほうさきへ打立、底江弐
寸計入、疵之ひらき口弐寸計御座候、此手疵ニて相果申
と見へ申候、已上

五月十六日　　　　　　　　室　又七

春田重兵衛殿

右之三通春田重兵衛差出シ申候、此庄助事弐拾五年已前ニ田地二、三反親甚五郎わけ遣シ申候処、作り損、其上おや甚五郎ニ不足を申、鎌を肩江打立申不届故、追出シ申候、六年以前ニ甚五郎相果申候、庄助方ゟ致居申候得共、右之通之者故、請人茂無之奉公も成不申、兄九郎兵衛方へ親相果候已後立寄申候得共、親追出シ申者故許容不仕候、当春かつゑ申とて九郎兵衛方へ参居申候、弟之儀ニ候故養ひ置候由

一今度之儀ニ付庄助日来之様子村所之者ニ十兵衛相尋候へハ、所之者共申候ハ、庄助日来悪人にて子共迄も庄助ヲわやくものと申様成者ニ而御座候由、庄屋年寄共申候

一右之庄助外之意趣ニて自然ふせり居申候ヲ打ころし申候哉と、十兵衛穿鑿仕候得共、五月十五日九郎兵衛野へ罷出居申、暮前ニ罷帰候時分同道仕候者も御座候、追付間もなく暮時分之儀ニ候へハ、ころし申候首尾ハ右之書付之通相違無御座様子ニ相聞へ申候由重兵衛申候、右之様子ニ御座候故、親子之者共早ゝ籠舎申付度候へとも、郡之籠破損仕、只今繕仕候故、親子共手錠おろし村へ預ケ置申候、岡山之籠へも御入させ可被下候哉と申候

大学被申候ハ、致僉儀可申渡由被申、追而僉儀有之候て年寄中被申候ハ、郡之籠早ク繕候て親九郎兵衛籠舎可申付候、悴三郎右衛門ハ手錠免シ村へ預ケ置可申候由、田地荒不申候様ニ可申付旨被申渡候

同日

一俣野善内申候ハ、江戸ゟ帰申候士共御役米払上申候、只今米者所持不仕候故、銀子ニ而払上申候、百姓共払上申候ハ寂前之御定六十七匁ニ而御座候、只今相場六拾弐匁五分仕候、いかゝ可被仰付候哉と申候

年寄中被申候ハ、右之相場にてハ如何ニ候、只今町相場之通六十弐匁五分ニ払上候様ニ仕候へと被申候、善内申候ハ、払米には少様子も御座候間、六拾三匁ニ御定可然候半哉と申候、年寄中被申候ハ、左様之子細候ハヽ、其通六十三匁ニ相立候へと被申候

同日

一中村治左衛門申候ハ、禁中江御差上被成候井筒、今日ゟ取懸り申候、井筒之小形弐ツ持参仕候而めんの様子共如何可申付候哉相尋申候、入めんの小形可然と何茂申、則入めんニ可申付候由、年寄中被申渡候

五月晦日　　　　　　　　水野作右衛門番

塩川吉大夫書出シ

一一昨廿八日大水ニ中嶋村荒手水越切レ申ニ付、郡中へ大分水入田地損申所茂御座候得共、水速与引不申候故、難知御座候、荒手ゟ原尾嶋村・沢田村前之通、川筋ニ成申ニ付、往還通路難成御座候、荒手御普請急ニ不被仰付候てハ田地も弥多損可申候、往還之通ひも成兼可申哉与奉存候

一井溝筋挿土手方〻切レ申候、御普請急ニ出来不申候てハ残田地捨り可申与奉存候

一井関之儀水多御座候故、流之様子知れ不申候、已上

年寄中被申候ハ、右破損之所御普請奉行見分之上ニ而可申付由にて、御奉行共ニ見分仕候へと被申渡、

藤岡内助罷出候

五月晦日　　　　　　　　塩川吉太夫

同日

備中山北南五月廿八日大水ニ破損所書上

一水江村樋前ゟ水すき申候、大村市左衛門幸西原村ニ罷有候故出合、御役人共召連種〻情を出シ申付候得共、無其儀、長弐百間并上り堤弐百間切れ申候、同所樋四ツなから流申候、右同所之井関も中程切れ申候様ニ見及候と注進申来候、水江村堤切、西阿知村・西原村へ砂入、去年之破損同前ニ痛申候、右之品ニ付水下御蔵入庄屋共昨夕相改候ハヽ、只今根付時分ニ成申候、十五日過候て水留被仰付候も、秋被仰付候も同前ニ御座候、只今急ニ水留被仰付候ハヽ、可忝候、岡山江も御断可申由申来候、雨繁水深ク御座候故、只今ノ内水留大分御物入可申候、遅ク申付候ハヽ、去年之通ニ私油断候様ニ岡山へ御断可申上候、如何可申付候哉

一上秦村堤之切口ゟ水入、田畠又大破損仕候
一下秦村堤弐拾間計切申候
一上原村井手口当春上り堤弐百間繕申候、すきと此度流申候、下上原村横堤五拾間計切申候
一下原村堤あやうく御座候処ニ、川部ゟ百姓共罷出肝煎無恙御座候、私方ゟ彼地老中江礼ニ書状可遣と奉存候
一柿木村堤無心元奉存、廿七日ゟ御代官服部五郎左衛門私堤ニ相詰申候、廿八日之昼時分樋前ゟすき申候由、私方へ申来候故、樋見廻ニ罷出候、追付跡ゟ堤寂早切レ申由申来、私ハ在所へ罷帰候、御代官并ニ御百姓銘〻宿〻へ罷帰候、其後村中御百姓共残多迚、彼所へ罷出、服部五郎左衛門も罷出情を出シ、川手之方ハはりこしめんニ而上口壱尺計ニ成申候ヲ、無恙つき留申候由、在所へ申来、軽部百姓共召連罷出、夜半過迄堤ニ相詰申候、此所切申候ハヽ、御物成弐千石余之御損ニ成申候ニ、五郎左衛門情を出シ申ニ付、右之通ニ御座候、重而之勇ニも成申候間、何とそ品可有御座候哉
一当春申付候井溝悉ク埋り申候
一地頭片山之池・黒田村之池切申候、其外村〻砂留荒手数ヶ所切申候、いまた注進不申来村も御座候、道橋悪鋪罷成、人馬之通ひも無御座候故、様子聢与知れ不申候、已上

五月晦日　　　　　　　　　　村田小右衛門

同日
一小右衛門申候ハ、服部五郎左衛門儀殊外情を出シ申候、百姓共ニ何とそ申付度候へとも、五郎左衛門ニ被仰付様も可有御座候ハヽ、其已後百姓共ニハ何とそ可申付候由申候、年寄中尤之由被申候、又小右衛門申候ハ、大村市左衛門儀も随分情を出シ、御役人召連罷出、肝煎候得共、堤切れ申候由申候

年寄中被申候ハ、右破損之所御普請奉行見分之上を以可申付由、見分仕候へと御奉行共へ被申渡、斎木四郎左衛門・中村治左衛門罷越候由

同日

一梶川左次兵衛方ゟ五月廿八日大水ニ磐梨郡破損所之書付
差越候由ニ而、春田重兵衛持出ル
一砂川土手九拾間余切れ申候内
六拾間余　瀬戸村
三拾間　江尻村
此外土手半分程宛ずり申所百間計御座候、此切レ御普請
御役被為下候様ニ申上度奉存候得共、今迄御役無御座由
承、其上丑七拾人御役参候分ニてハ、当根付之筈ニ合不
申候ニ付、物理組・吉岡組之百姓共雇申候て、昨日ゟ土
手普請取懸申候、四、五日中ニ仕廻、少成共根付仕せ候
ハんと奉存、如此仕申候、去年洪水ゟ砂川筋ハ此度之水
高御座候
一右之切口ゟ砂入、瀬戸村・物理下村・江尻村三ヶ村之内
ニ而、田地当荒地高三、四百石計も可有之かと、只今之
様子ハ見及申候、水未高聢と知れ不申候
一井手下可真・佐伯之内溝筋大分損シ申候、山はせ石砂入
村〻之書付ニて積見申候へハ、田畠共地高百五、六拾石
永荒・当荒共ニ御座候、未改申候ニ付聢と知れ不申候
一大川筋土手壱ヶ所も切れ不申候
一田原之井関水高ク破損之様子昨夕迄知れ不申候
大分破シ申候ハヽ、御役御増シ被為下候様ニ重而可申上候
右之通有増書付上ケ申候、罷出可申上候得共、右御普請
所ニ付居申候ニ付、如此御座候、御老中様へ此段被仰上
可被下候、大川之水も所ニゟ土手半分又ハ土手根迄さし
ゑ申候、御代官中何茂情を被出候故、所〻ノ池共切れ不
申候、已上
五月晦日　梶川左次兵衛
春田十兵衛殿
右梶川左次兵衛書付令披見候由申遣候へと、春田十
兵衛ニ年寄中被申渡ル
同日
奥上道郡五月廿八日大水ニ破損所書上
一今度洪水ニ付砂川筋堤切口、中平嶋村・竹原村・楢原村
・南古都村四ヶ村之内ニ而四ヶ所切レ申候、長サ合八拾
間余、根置六間、馬踏壱間半、高サ弐間之堤ニ而御座候

事

一砂川筋堤之すさり合六百間余程御座候、是者大形村普請ニ可申付候事

一井溝筋之潰れ申候所、又者去年之すさり申候所多ク御座候、いまたしかと改不申候

一広谷川之橋ゟ下ニて堤五拾間計切れ申候事

一三ヶ所之井関之様子ハ未水高御座候故、知れ不申候、鴨越之井関ハ鈴木所左衛門念入、頃日迄ニ繕申候間、破損ハ仕間鋪与奉存候、吉井之井関無心元奉存候事

一此度之破損所未具ニハ知れ不申候得共、先大形右之通ニ御座候、田畠之損シ申候所も可有御座候得共、未水たゝゑ居申候ニ付、様子聢と知れ不申候、併大分之破損ハ御座有間鋪与奉存候、水引次第早ゝ地平シ申付、随分根付仕せ可申与奉存候事

一右之普請大形之儀者百姓普請ニ可申付候得共、別而百姓之作廻ニ叶不申候所へハ、当作之麦成共少扶持方ニ被遣可被下候哉、是ハ他村ゟ程遠ク参普請仕候者ニ遣申度奉存候、大分之儀ハ申上間敷候、去ル四月十一日之洪水入申候畠之麦実入悪ク、御年貢ニハ納所難仕由断申候村共御座候ニ付、其水入麦をハ百姓之扶持方ニ仕、御年貢ハ外ニ致才覚、払上候得と申付置候、此悪麦御座候間、此麦を少可被下候哉、左候ハヽ、重而普請之積り仕、員数可申上候事

　御年貢ニ不成悪麦、百姓普請之所へ少ハ不遣候てハ成間敷候間、積り候て書付出シ候へと大学被申渡ル

一堤切口普請仕候ニ竹入用ニ御座候、私構之内去年之洪水ニ藪悉ク伐荒シ竹無御座候間、他郡ゟ少請取申度奉存候、竹奉行衆へ御手帋被遣可被下候哉

　竹之儀竹御奉行江之手紙可遣由、大学被申候

一郡中ニ明俵すきと遣切難儀仕候、御蔵ニ明俵御座候ハヽ、弐、三千枚可被下候哉

　明俵之儀今程速与無之候間、町ニ而聞合調候へと被申渡ル

一浦間村肝煎庄屋六右衛門、去年出入ニ付肝煎役被為召上

候、其已後肝煎庄屋無御座候、往還筋并ニ川手御座候故、
肝煎庄屋無御座候てハ御用差支申候間、一日市村之庄屋
孫六と申者、肝煎庄屋ニ被仰付可被下候哉、組合九ヶ村
之内吟味仕候、孫六を被仰付可然奉存候事
五月晦日　　　　　　横井次郎左衛門
右浦間村肝煎庄屋六右衛門代り一日市村孫六申付候
得と年寄中被申渡候、江戸へ追而可申上候由被申候
加藤七大夫・安井六郎左衛門差出シ
売上ケ申御橋材木之事
一五丁　　檜長三間半　　貫　巾壱尺弐寸、厚三寸
代銀百拾七匁　壱丁ニ付弐拾三匁四分替
一百弐枚　檜長三間半　　敷板　弐拾間三歩、但六尺五寸
間、巾平シ壱尺弐寸九分
三リ六毛二、厚四寸
代銀三貫六百弐匁三分八リン　壱枚ニ付三拾五匁三分
壱リ七毛五かへ
一五本　　檜長三間半　　はち　壱尺三寸角
代銀五百七拾六匁　壱本ニ付百拾五匁弐分かへ
一拾弐枚　檜長三間　　　行桁　巾壱尺七寸、厚八寸五分
代銀壱貫八百三拾六匁　壱枚ニ付百五拾三匁替
一三拾枚　草槙長三間　　ねた　巾壱尺六寸、厚七寸五分
代銀弐貫弐百九拾五匁　壱枚ニ付七拾六匁五分かへ
一拾六本　檜長弐間半　　地覆　九寸角
代銀四百六拾八匁八分　壱本ニ付弐拾九匁三分かへ
一弐本　　檜　　　　　　袖地覆　九寸角
代銀四拾六匁　内　壱本　長壱間半　代銀弐拾匁
壱本　長弐間　代銀弐拾六匁
一拾六本　檜長弐間半　　平桁　八寸五分角
代銀四百四拾目　壱本ニ付弐拾七匁五分かへ
一弐本　　檜長弐間　　　袖平桁　八寸五分角
代銀四拾七匁弐分　壱本ニ付弐拾三匁六分かへ
一拾六本　檜長弐間半　　ほこ木　割木上ニ六寸角
代銀三百弐拾匁　壱本ニ付弐拾匁かへ
一弐本　　檜長弐間　　　袖ほこ木　六寸角

代銀三拾弐匁　壱本ニ付拾六匁かへ
一拾本　　檜長弐間　　つか木　八寸角
　代銀弐百拾匁　壱本ニ付弐拾壱匁かへ
一八本　　檜長壱間　　擬宝珠　壱尺四寸角
　代銀弐百七拾目四分　壱本ニ付三拾三匁八分かへ
代銀合拾貫弐百六拾匁七分八リン
外ニ五百目　運賃、但五百石積船壱艘大坂ゟ借り切代
二口銀合拾貫七百六拾目七分八リン
右之代銀慥ニ請取相済申候

五月晦日

冨田屋
甚右衛門

徳吉猪兵衛殿
寺尾四郎左衛門殿

同日
一安井六郎左衛門・加藤七大夫申候ハ、目安御門橋木此中
下着仕候、近キ内ニ木拵ニ取懸り可申候、大坂之材木直
段下り申候故、今度参候冨田阿波日高之材木も直段壱割
下ケさせ申候、銀子大坂にて御渡シ被下候様ニと申候
年寄中被申候ハ、大坂ニ而代銀相渡シ可申由、水野
治兵衛ニ被申渡、銀高拾貫七百六拾匁七分八リン之
由、切手治兵衛裏書大坂之当ニ致シ候へと被申渡ル

同日
相定材木直段書付、加藤七大夫・安井六郎左衛門
差出ス
一松栂　長弐間　巾壱尺九寸ゟ弐尺ノ上迄
　壱寸四方　壱本ニ付代弐分二リン
　内三厘五毛此度ノ下り
指引壱本ニ付壱分八厘五毛　此度相定ル直段
一同木　長弐間　巾壱尺六寸ゟ壱尺八寸迄
　壱寸四方　壱本ニ付代弐分
　内三厘此度ノ下り
指引壱本ニ付壱分七厘　此度定ル直段
一同木　長弐間　巾壱尺弐寸ゟ壱尺五寸迄
　壱寸四方　壱本ニ付代壱分七リン

内弐リン八毛此度之下り
指引壱分四リン弐毛　此度定ル直段
一同木　長弐間　巾九寸ゟ壱尺壱寸迄
壱寸四方　壱本ニ付壱分五リン五毛
内弐リン七毛此度ノ下り
指引壱分弐厘八毛　此度相定ル直段
一同木　長弐間　巾五寸ゟ八寸迄
壱寸四方　壱本ニ付代壱分四リン
内弐リン五毛此度ノ下り
指引壱本ニ付壱分壱リン五毛　此度相定ル直段
一同木　長壱間半　巾壱尺六寸ゟ弐尺ノ上迄
壱寸四方　壱本ニ付代壱分四リン三毛
内弐厘三毛此度ノ下り
差引壱本ニ付壱分弐リン　此度相定ル直段
一同木　長壱間半　巾壱尺弐寸ゟ壱尺五寸迄
壱寸四方　壱本ニ付壱分弐厘三毛
内弐厘壱毛此度ノ下り
指引壱本ニ付壱分弐厘　此度相定ル直段
一同木　長壱間半　巾九寸ゟ壱尺壱寸迄
壱寸四方　壱本ニ付代壱分壱リン八毛
内弐厘四毛此度ノ下り
差引壱本ニ付九厘四毛　此度相定ル直段
一同木　長壱間　巾壱尺四寸ゟ弐尺ノ上迄
壱寸四方　壱本ニ付代九厘五毛
内弐リン此度ノ下り
指引壱本ニ付七厘五毛　此度相定ル直段

一安井六郎左衛門・加藤七大夫申候ハ、冨田阿波日高ゟ参候売木之由ニ而書付を以申候、只今拾艘程参居申候、此節材木下直之時ニ御座候間、御買置被成可然由申候、拾艘にて大形拾貫目程ニ而可有御座与申候、何茂僉儀有之、迚も御入用之材木之儀ニ御座候間、御銀不自由ニ御座候へ共、急ニ入申時分当地ニ無御座材木ニ而御座候間、御買置被成可然と申候

年寄中被申候ハ、只今参居申候材木拾貫目分、先買

置候様ニと被申渡候

同日

一春田重兵衛申候ハ、夜前赤坂郡ゟ洪水之注進申来候、大川筋ハ別儀無御座候、河本村・立川村・下市村砂川筋之土手百五拾間程切レ申候、砂川筋ハ去年之洪水ゟハ結句水高御座候由申候、百姓普請ニ申付随分仕廻可申由申候

大学被申候ハ、尤ニ候間其通ニ仕候様ニと被申渡ル

同日

一同人申候ハ、赤坂郡牟佐村之枝村大久保之百姓、今月廿二日十四、五之世悴小キはいふき銀壱ツ取候て、釘ニ而有之候哉と罷帰、親ニ見せ申候処、銀子之由ニ而親其外十二、三人も参候て、半畳敷計之所ニ而銀子五百六拾匁五分五リン干水ニ而砂中ゟ拾出シ申候、此所常ハ水有之所ニ御座候、右之銀子之内三百目余ハはいふき、残銀者丁銀豆板ニ而御座候由ニ而、少重兵衛持参仕、残銀者庄屋ニ先預ケ置候由

年寄中被申候ハ、先二、三ヶ月庄屋手前ニ預ケ置、何方ゟ何共不申来候ハヽ、拾主ニ遣シ候様ニと被申渡候

同日

一同人申候ハ、赤坂郡油津里村平三郎・十郎右衛門兄弟、田地公事之儀度〻埒明くれ候様ニと申候得共、此儀者俣野善内・助市時分ゟ之儀ニ御座候、其上右両人手前計ニ而埒明申儀ニ而無御座、当町之者之手前ニも銀子ノやりくりニ付、町人之手前も様子不承候てハ埒明不申候故、下ニ而私埒明申儀も難仕御座候、又者下ニて噯申分ニハ中〻堪忍不仕候間、双方之申分御穿鑿被仰付可被下候哉と申候

大学被申候ハ、只今百姓閙敷時分ニ候間、先へ寄百姓之隙ニ公事御聞せ可然候間、先相延置候様ニと被申渡ル

同日

一大学何茂邑久郡俣野助市方ゟ水之注進申越候、邑久郡者破損所も無之由申来候、水之込候所ハ有之候、さのミ田

畠之痛ニも成間鋪由ニ候と被申候

六月十日　　　　　　山田弥太郎番

村田小右衛門書付差出ス

一五月廿八日之洪水ニ流家潰家御座候、去年之通ニ可被為
仰付候哉、但備中迄之儀ニて御六(ケ)借鋪被思召候間、迚も
日用銀被為下候間、其内ニ而相応ニ竹木代も遣シ可申候
哉

年寄中被申候ハ、度〻被下候へハ御法之様ニ罷成候、
然共不被下候ハ、百姓共可致迷惑候間、小右衛門見
計心付仕遣候様ニと被申渡候

一水江村・西阿知村・西原村ハ、堤切口下ニ罷有候、他村
ゟ難儀仕候様ニ見及、去秋も申上候通ニ麦成を飢扶持方
与奉存遣シ申候、去年ゟハ水ひきく御座候得共、両年之
洪水ニ弥迷惑可仕候、発迄之所ニ少〻植申候麦迄被召上
候而ハ、又差当り御救をも不被遣候而ハ成申間鋪候間、
去年之通ニ麦成御免可被成候哉

年寄中被申候ハ、麦成捨被下候ハ、他郡ニも類可有
之候間、例ニ成可申候、あまり迷惑も不仕候百姓ニ
遣候事、いかゝ可有之候ハん哉、小右衛門見計候て、
ひしとめいわく仕百姓ニハ捨遣シ可申候由被申渡候

一去年利無ニ御借被為成候御米麦共ニ、洪水在所江者去年
之通御延借ニ可被仰付候哉、麦返上之時分ニ罷成候故、
奉窺候、京銀弐割米返上之儀者、追而可奉窺候

年寄中被申候ハ、米麦ハ差延遣シ可申由被申渡候

一六月六日水江村ニ行倒れ死人男壱人居申候、近村へ触遣
し候、尋ニ不来候故葬申候

一庭瀬領ニ山南悪水抜川下ニ新田被仰付候、御領分之邪魔
ニ成申候付而、山南之庄屋共方ゟ庭瀬之郡奉行衆へ断申
候へハ、川上ニハ備前御分迄ニ而も無之、庭瀬分も多有
之候、邪魔ニ成申儀ニ而候ハヽ、何時ニても崩可申と坪
井文左衛門と申仁被申候、其使ハ御領分三田村忠左衛門
と申者仕候、彼新田近年見合申候得者、悪水抜兼大ニ邪
魔ニ成申候付而、山南之庄屋とも庭瀬へ断可申由申候得

共、御他領へ之断ヶ間鋪使備前分之十村肝煎など出合候
てハ、御郡奉行共も内談ニて申させ候様、先方被存候て
ハいかゝ御座候間、無用と留申候故、惣庄屋並ニハ不参
候、其後惣庄屋共申候ハ、寂前之使仕候忠左衛門事、兎
角忠左衛門出合不申候而ハ埒明申間鋪と頼申ニ付、庭瀬
へ断ニ参候御領分之庄屋共、庭瀬江訴訟ニ参候様ニ、若
可被聞召与奉存、御内意申上ル事ニ候
一先日御注進申上候通御領分下原村之堤危ク御座候処ニ、
川部ゟ御百姓共出合ふせき、堤無恙御座候頃、彼所見分
ニ罷出候、伊藤信濃殿御林之杉数本伐くいニ打、凡三百
人程百姓共出合、侍四、五人肝煎ニて大ニ精を出申候、
尤私方ゟ礼状ハ遣候得共、其分ニてハ軽様にも奉存候、
何とそ品も可有御座候ハん哉
　此儀大学被申候ハ、伊藤信濃殿家老千石平左衛門へ
終ニ通路者不仕候得共、此度之義礼状遣シ可然候哉、
何茂いかゝ存候哉と被申候、何茂礼状被遣可然由一
同ニ申候、大学小右衛門ニ被申候ハ、礼状可遣候間、
小右衛門方ゟハ其節罷出候士中へ礼状遣シ可申由、
被申渡候
一堤切口入札御披見ニ入申候事
一水江村・西阿知村・西原村堤入札之間数・銀高之積、中
村治左衛門・斎木四郎左衛門積りゟ少下直ニ候間、此通
ニ可申付候由、年寄中被申候
一堤　長弐百間　根置拾三間　高三間　馬踏弐間
　右之銀高合三拾九貫六百拾目
一同登堤　長弐百拾間　根置八間　高弐間　馬踏壱間半
　右之銀高合拾貫四拾八匁
銀都合五拾貫四拾八匁
　寅ノ
　　六月十日　　　　　　　　　　村田小右衛門
同日
　武田左吉以書付申候ハ、御代官中嶋治大夫家作事
　　之積り新竹木覚
合松丸太弐百拾壱本

内
六本　　　長弐間目通弐尺三寸廻り
拾壱本　　長三間目通弐尺廻り
七本　　　長弐間半目通壱尺七、八寸廻り
五拾本　　長弐間目通壱尺五、六寸廻り
七拾四本　長壱間半目通壱尺三、四寸廻り
四本　　　長三間目通壱尺三、四寸廻り
五拾九本　長弐間目通八、九寸廻り
大竹八拾本　但六、七寸廻り
小竹六拾七束　但弐尺なわ
右之外古木百三拾本
入用銀高合弐百弐拾九匁
大工作料釘代木挽代
杉ふし戸拾弐枚とも
同人申候ハ、御代官近藤七左衛門家作事新竹木入
用之積書付差出ス
合松丸太百九拾弐本
内
五本　　　長弐間目通弐尺三寸廻り
五本　　　長弐間半目通壱尺七、八寸廻り
六拾四本　長弐間目通壱尺五、六寸廻り
五拾九本　長壱間半目通壱尺三、四寸廻り
八本　　　長弐間半目通壱尺弐、三寸廻り
五拾壱本　長弐間目通八、九寸廻り
大竹百弐拾本　内
五拾本　六、七寸廻り
七拾本　五、六寸廻り
小竹七拾束　但弐尺なわ
右之外古木百九拾弐本
入用銀高合百九拾六匁五分
大工作料釘代木挽代
杉戸五枚床板之代
同日
塩川吉大夫書付差出ス
一口上道郡破損所先井溝筋御普請取懸り仕候、井手関も石
流申候間、大分御買石不被仰付候てハ難調奉存候
一荒手之儀御当地江水入邪魔ニ成申時、水越申程ニ可被仰

付候哉、少之水ニも越切れ申候てハ度〻田地損シ、御物成大分捨り申儀御座候、百姓痛ニも成申候へハ、後〻ハ耕作ニ情出申儀違可申候哉と奉存候、当年之水程者又茂出可申様ニ奉存候、以上

年寄中被申候ハ、御普請奉行三人共ニ罷出見積申様ニ可申渡候間、可被得其意由被申渡候

同日

一俣野善内申候ハ、河瀬与五左衛門儀江戸ニ八ヶ月居越申候間、弐年詰之路銭米被下候哉、但月割ニ被成可被下候哉と申候

年寄中被申候ハ、少之路銭米ニ候間、月割ハ餘り細ニ候間、弐年詰之路銭米可被遣由、被申渡候

同日

一同人申候ハ、当年之麦相場町相場四拾壱匁仕候間、御蔵上り銀者四拾三匁ニ御定可被成候哉と申候

年寄中被申候ハ、其通ニ相究候へと被申渡候

同日

一林与左衛門申候ハ、浦田村福浦堤切レ申候、田地砂入申候、只今砂退候ても丈夫ニ根付も成不申候、堤出来不仕候へハ詮茂無御座候、高も百石計之儀ニ御座候、差延置候て連〻ニ砂を退、来年者根付も可仕候、永荒ニ成申儀ニ而も無之由申候

年寄中被申候ハ、不遅所之儀者左様ニ仕候へと被申渡候

同日

一同人申候ハ、粒浦・八軒屋去年御蔵麦百八拾石御借被成候筈ニ御座候得共、洪水ニ而麦御蔵無御座候故、村ニ御座候寄せ麦借シ申候、在ニ麦無御座候故、百姓もとほしく存候、此夏　公儀之麦百五拾石御差替候て可被下候由申候

大学被申候ハ、当年者麦借シ候事も難成候へハ、去年ノ借シ分ニ差替遣可申候、五年ニ返弁之儀ハ年〻ノ定之通取立候へと被申候

同日

一同人以書付申候口上覚
一児嶋郡之内味野村ニ居申窂人医者道悦と申者、新浜を仕度由、凡三町余も可有御座候哉、仕立候て五年か七年御年貢御差免被下候ハヽ、取懸り仕申度由申候、左候へハ古浜之外ニ新堤を仕候ニ付、古浜之堤之石ヲ被下候ハ、取懸り可仕様ニ申候
一同人申候ハ、味野村ニ塩浜ニ成可申所三町程御座候、道悦与申浪人医者鍬下御捨免被成被下候ハヽ、塩浜ニ仕度由望申候、いかゝ可有御座候哉と申候
　年寄中被申候ハ、慥成者ニ候哉、外之儀ニ支申事ハ無之候哉と被申候、天城ニ不遁者一類共多居申、慥成者ニ而御座候、彼浜ニ成申所之西之方ニハ赤崎村分ニ而候、角屋伝右衛門と申者新塩浜仕候、東之方ニハ味野村ゟ新浜仕候ニ付、道悦望之所干かた塩入ニ成居申候由、北ノ方ニハ味野村之古浜御座候由ニて絵図を以申候、何茂僉儀之上、苦ヶ間敷候由ニ而申付候へと被申渡候、潮ふせきノ堤念を入、古浜痛不申候様ニ申付候へと被申候、鍬下七年御赦免被成候へと願申由、其通ニ申付候へと被申渡候

同日

　赤坂郡五月廿八日洪水破損所、春田重兵衛差出シ

一田畝数弐町五反弐拾歩半　砂川堤切レ砂入夫役弐千六百五拾三人

此高四拾八石弐斗九升七合　此分六月五日六日ニ砂取仕り根付申付候

一田畠数壱町六反四畝弐歩半　砂川堤切レ大砂入ニ而急ニ砂取難成御座候

此高弐拾七石六斗五合　根付成不申候分

砂川堤切口

一長弐百五拾八間　砂川筋河元村・立川村・正崎村・門前村・五日市村・西中村、右六ヶ村堤切レ申候

此夫役三千六百三拾七人　堤築手間芝取堀(掘)レ埋手間とも百姓共一番草取仕廻申候ハ、

公事役ニ可申付と奉存候

矢原村大川堤破損所

一長百拾間　堤裏芝手しさり裏土崩レ、此夫役千四百三拾
人、土芝築手間共公事役ニ申付、出来仕候、
川表六拾八間根石垣しさり申ニ付、御役人に
て只今仕候

夫役都合七千七百弐拾人

六月廿一日

水野作右衛門番

一武田左吉申候ハ、剪れ女たつ事死骸、土肥彦四郎方ニ罷
有候、夫関助ニ相渡申候

同日

一同人申候ハ、浅野長兵衛方ニ居申候東古松村六助と申草
履取、瘡毒相煩、用ニ立不申候ニ付而、御国へ参養生仕
候へと上せ申由御座候、則江戸御屋鋪御人奉行佐分利市
右衛門・梶田半助両人所ゟ送り状相添上せ申候、送り状
ハ便ニ差越、彼六助ハ於江戸致養生、二、三年も過候て
可罷上之由、一類共方へ状差越候由にて差出シ申候ハ、
於江戸麻布御屋敷近所天王寺屋与申酒屋所ニ居申候由御
座候、在所ニ田畠壱反六畝廿四歩御座候、六助参候而も
作も難成候ハん間、快気次第罷上り候へと可申遣かと申
候

年寄中其通ニ仕候へと被申渡候

同日

一同人申候ハ、正野田村市蔵と申者十四、五年以前ゟ方〻
百姓奉公仕居申候、当年も西古松村ニ奉公仕居申候、市
蔵妹去〻年十二月ゟ気違罷成、殊外荒ク狂ひ申ニ付、御
断申上候而松丸太被下、籠仕入置申候、村ニ伯父従弟な
と御座候、左様之者養ひ又村之者共折〻養申候か、去年
ゟ本復仕候、其儀ヲ市蔵内〻迷惑ニ存候由申候か、加様
之儀ニ而走り申候哉、市蔵見知申候者ハ方〻尋させ候得
共、居不申候、村ニ田畠居屋鋪共ニ三反計御座候、帰り
候ても作仕候事も不成者ニ候間、寂早其分ニ可仕かと申
候

　　年寄中左様ニ仕候へと被申渡ル

同日
一同人申候ハ、円覚村長介と申者、去年暮ゟ今村之左衛門所へ奉公ニ罷出居申候、卯月九日ニ津高郡宇垣村燈松買ニ遣シ申候、走り申候哉不罷帰候、方々尋させ候得共、有所知れ不申候、長助子共三人御座候、女ハ相果無御座候、田畠弐反五畝五歩半御座候、悴共ハ村之者又ハ一類共ゟ養ひ置申候、長助ハ其分ニ仕置候ハんかと申候
　　年寄中被申候ハ、先見合候へと被申候

同日
一片山勘左衛門申候ハ、私預り屋鋪水はき無御座候而、長雨には致迷惑候、泉八右衛門屋鋪も隣御座候ニ付而、断申候て水はきを仕候得共、水ぬけ脇百姓之田御座候而水ぬけ不申候、此所掘せ申度由武田左吉へも相談仕候、下ニ而ハ不成由申候、何とそ被仰付可被下候哉、田地之潰れ候事少之由申候、年寄中被申候ハ、左吉ニ相尋可申渡由被申候、左吉申候ハ、百姓之差而構ニ成程之儀ニ而も無御座候得共、少ニ而も田地潰れ候儀下ニ而仕候へハ、方々ゟ好之時可仕様無之故、構不申候、水抜仕候而高壱斗程之儀ニ御座候由申候
　　大学被申候ハ、下ニ而不仕候段尤ニ候、堀(掘)候事ハ道筋之方泉八右衛門・片山勘左衛門堀(掘)可申候、南方村之儀ハ少ニ而茂延慮仕筈ニ候へとも、此所ハ申付遣候へと被申候、溝付申候へハ橋入可申候哉と左吉申候、大学被申候ハ、先溝掘候て置、様子見候へと被申候

同日
一同人申候ハ、台宗(崇)寺腹中相煩申候、差発候て昨廿日之夜相果候由申候

同日
一田口兵左衛門御大工頭黒田甚之丞願之儀書付を以申候
一五百目　御城銀拝借仕度候
　　此銀者甚之丞京銀之拝借仕来り有之候ハヽ、御城銀之儀者如何可有之哉と被申、落着無之

一御扶持方三人
　此儀者僉儀之上、前〻ゟ之通弐人増ニ而被差置可然
　かと何茂申候、尤之由ニて兵左衛門ニ可申渡由、年
　寄中被申候
一壱人　人足
　此人者可被下かと何茂申候、尤之由年寄中被申候
一同人御大工共京都へ参候願之儀書付を以申候
一此四人　前銀百目宛拝借仕度由　半右衛門
　六左衛門
　太郎兵衛
　七郎兵衛
　此儀僉儀之上、四人ニ三百目御借シ可被成かと申候、
　尤之由年寄中被申候
一壱人　人足　大工四人分ニ御渡シ可被下かと申候
　尤之由年寄中被申候
同日
一俣野善内申候ハヽ、江戸ゟ申来候伏見川船運賃之儀、いか
ヽ可被仰付候哉と書付を以申候
一弐拾文　乗掛人共　右者四拾八文
一弐拾文　壱駄荷
一拾文　壱人　右者拾六文主人、拾文下人
　此運賃之儀色〻僉儀之上、梶田喜八郎所ゟ　公儀御
　定之由申越候上者、其通ニ仕可然之由、年寄中被申
　渡候
同日
一同人申候ハヽ、御大工頭甚之丞京へ被遣候ニ付、江戸へ参
　候節被下候御米之積りを以見申候へハ、江戸へ参候ニ拾
　五俵被下来候、拾俵被下候者可然候哉と申候、大学被申
　候ハヽ、甚丞（「之」脱カ）後迄京ニ相詰申候て可有候哉、無左候へハ立
　帰路銭之積ニ而能可有之かと被申候、何茂申候ハヽ、此度
　之儀者甚之丞儀ハ後〻迄相詰候者可然哉と申候、拾俵被
　遣能候半と申候、尤之由年寄中被申候
同日
一同人申候ハヽ、御小人之儀、此已前　一條姫君様御作事ノ

時山内権左衛門参候、御役仕候御小人ニハ九合五勺被下候、渡り夫ニハ八合五勺被下候、此度も左様ニ可被仰付候かと申候、何茂僉儀之上、可然候由申候、尤之由年寄中被申候

同日
一同人申候ハ、御長柄之者ニハ壱升五勺御役仕候者ニ被下候、此度も左様可被仰付かと申候、僉儀之上其通ニ被下能候半かと被申候

同日
一同人申候ハ、京江参候御足軽小頭ニ羽織可被下候哉、此以前江戸へ御普請ニ被遣候時、銀拾七匁宛代ニ而被下候、此度も左様ニ可被下候哉と申候
僉儀之上、代ニて拾七匁宛可被下候由、年寄中被申候

同日
一同人申候ハ、御小人小頭ニハ江戸へ参候節、例羽織代拾五匁宛被下候、此度も可被下候哉と申候

年寄中被申候ハ、毎ニ而も江戸へ常ニ参候ニさへ被下候者、猶以遣シ可然候由被申候

山田弥太郎番

六月廿九日
塩川吉太夫書付持出ル
一口上道郡在〻井川土手大形仕立申候てハ、流シ百姓とも自分ニも普請仕、田地ニ成申所ハ直シ、作物仕付申候ても又流、間も無御座三度之洪水ニ逢、物入仕候義無ニ成、種物も捨り申ニ付、百姓共力を落、痛申候て取続も成不申者多御座候、御借物之儀追而可申上候
一御普請所之儀其侭にても置不被申候間、水干落次第取懸り可申与奉存候、井関荒手へ先日御買石も仕候、細〻之水ニ損シ多御座候て、日用代大分入可申与奉存候、先入用次第度〻ニ被下候様ニ仕度奉存候
一潮堤切口も今程高潮之時分ニ成申候へハ、急ニ仕度儀ニ奉存候得共、成兼申候、当年者稲植付申所も水にてくさり申所御座候、尓今中筋南面水速与引不申候、已上

同日
一同人申候ハ、御蔵麦八百石程御座候、銀ニ〆三拾四、五貫目ニて御座候、是を日用代ニ被下候様ニ仕度奉存由申候
年寄中被申候ハ、御普請奉行へ申渡シ、一通見廻り被申候様ニ可申渡候、日用銀者米銀両方ニ而相渡シ可申由被申候
同日
一同人申候ハ、森下出口ゟ船ニて往来仕候、御船手ゟ小平太壱艘越被申候得共、舟扱申者無之故、請取置候而も難成候故、加子壱人添御借シ候へと申候得共、御船手事多候故、成不申候由ニ御座候、左候へハ請取置候而も詮も無之故、返シ申候、只今先中嶋ニ有之高瀬船ニ而往来ハ調申候
同日
一大学御普請奉行両人へ被申候ハ、塩川吉大夫預り御郡水引申候ハヽ、兎角御捨置候事成間敷候間、早〻御普請仕候様ニ相談可被仕候、先如何程入可申候哉見積り申様ニと被申渡候、内助・四郎左衛門申候ハ、急度見廻り可申候、高木左大夫随分情を出シ能相勤申候、然共此度大分之儀ニ御座候間、羽原甚右衛門・服部与兵衛功者ニ而御座候間、此両人をも御出シ被成候様ニ可被遊候、両人共能奉行ニ而御座候由申候
同日
一大学四郎左衛門へ被申候ハ、建部之井関なと近日打廻り見可被申候、其ゟ奥上道郡も見被申候様ニと被申渡候
同日
一岩根周右衛門申候ハ、先日被仰付候古京町橋危ク御座候故、水やりの積り書付見申候由ニ而絵図出シ申候、勘解由下屋鋪之裏ゟ土手を築廻シ、瓶井之下之土手へつき詰※候ハヽ、片上町土手者苦ヶ間鋪候、右之堤日用ニ被仰付候者御銀弐拾四、五貫目程入可申かと見積り申候、此以後者御普請奉行御郡奉行へ可被仰付候由申候、銀子ハ京銀並ニ被成候ハヽ、町人共ゟ借り出シ可申候由申候

年寄中被申候ハ、御普請奉行見積申様ニ可申渡候由
被申候
※（付紙）「古京土手不決」
同日
一武田左吉申候、明日ゟ御番之由申候、川口之新田堤切レ
申候、此新田ハ後者捨り可申かと存候、平瀬之河本之上
之方ニて百三拾間程切れ申候、其外方〻破損仕候、御普
請入用ニハ先畝麦銀遣可申候哉と申候
年寄中被申候ハ、先其通ニ仕候へと被申渡候
同日
一同人申候、よしの書付河合善大夫ゟ渡シ申候、御用次第
ニ御取せ可被成候哉、年寄中被申候ハ、其通ニ可仕候、
当年之よしも早ク出来申分ハ、京都御用ニ可有之候之間、
其通御郡奉行中江被申触置候様ニと被申渡候
同日
一同人申候ハ、寂前申上候浅野長兵衛小者、当地へ戻り不
申候間、人奉行衆へ様子聞届、御戻シ給候様ニと可申遣
与存候得共、天王寺屋方ニ而養生之約束如何様ニ仕候茂
不存候、下ニ而様子承可申与存候故、御人奉行衆へハ何
共成ニ返事仕遣申候、此者之様子承候へハ、宜ク無之者
ニ而、寂前も打擲ニ逢申たる事共有之者之由ニ御座候、
天王寺手前之養生之様子も承可申候由申候
年寄中被申候ハ、尤ニ候、先様子聞申候様ニと被申
渡候
同日
一安井六郎左衛門申候、目安之御橋柱弐本抜ケ不申候、を
つなも切れ轆轤之せミもをれ申候、おつなの義御船手へ
申遣候得共、中〻借シ不被申候、京橋之御作事ニも御船
手ノ綱者遣不申候故、成不申候由申候、古柱其侭置少脇
ニ立候得者、ゆき桁もつき目へ参能御座候、同者抜申度
存候得共、抜ケ兼申候由申候
年寄中被申候ハ、抜ケ不申候ハヽ、其侭置、新柱立、
古柱者水引申候時分切捨候へと被申渡候
同日

一御横目共申候ハ、今度京都江被遣候御歩行ニ被下物、寂前御評儀ニ而江戸路銭不残被下、江戸御供並之単物銀被下候御究被成置候、此中藤井与次兵衛なと京江被遣候ニ付、被下物之義何茂私共へ申候ハ、京都へ参候者共江戸並ニ被仰付被下上者、可申上様も無御座候得共、京都ニ而勝手迷惑仕候義ハ江戸御供ニ参候ゟ大キニ違申候、薪なと高ク身の廻りきらの入申事ニ御座候得共、其段右之通之上不被申上候、此已前　姫君様御屋鋪御作事之時造用銀被下、御横目共ニハ絹之袷羽織被下候、何とそ能様ニ了簡仕くれ候得と申儀ニ御座候、江戸路銭米四俵被下候、三俵ニ付六拾目替ニ致シ、四俵之代銀八拾目、又単物銀四拾三匁被下候、二口ニ而銀百弐拾三匁ニて御座候、一ヶ月ニ拾匁宛被下、造用銀と日当りニ御座候、十二ヶ月ゟ早ク罷帰候者ハ造用銀ゟハ被下物能当り申候、十二ヶ月之余京ニ居越候者者迷惑仕事ニ御座候、此段を考見候得者、少順ニ無御座候様ニ存候、一年分ゟ内ニ罷下候者多ク御座候半かと申候、又御知行被下置候者も、路銭者被下候ニ及間鋪かとの筈ニ御座候、御歩行ニ江戸路銭被下候も少当り違申様ニ存候、造用銀ニ被仰付候て可被下かと申候、伊賀被申候ハ、京ニ久鋪相詰候者迷惑仕候へハ、当り順ニ無之段申所尤ニ候、御用能勤候ニ付六ヶ敷御用ニ懸ケ久鋪相詰候得ハ、猶以順ニ無之由被申候、色〻僉儀御座候、又御横目共ニハ定夫被下置候、今度京都罷越候時分、被下人之外ニ若輩成小者成共召連申様ニも仕度義ニ御座候へとも、軽キ者共ニ御座候故、其段不罷成候、御先歩ニも京江被遣候者ニハ、壱人ニ渡り夫壱人宛被下候、御横目同事ニ御座候、京都ニ而ハ御横目共下人供ニ召連、御用承候町人共ニ出合申候へハ見申所も能、又御用之品も能御座候半と存候、御横目共ニハ一部屋へ食焼壱人宛被下候へかしと申候、扨又御横目御先歩共ニ近年者一入勝手迷惑仕居申候、京ニてハ江戸ゟ薪才も高直ニ御座候て如何御座候由、山内権左衛門も申候、江戸ニ而ハ惣並之儀ニて御座候故、見苦敷段も何とそ堪忍も成申義ニ御座候、京ニてハ下奉行も自然御公儀御奉行衆之御前江罷出候様ニ可有御座も不知事ニ御座候、左候へハきらの入申儀ニ御座候、　姫君様御作事之時分被下物例ニ申上ルにてハ無御座候得共、見苦鋪候へハ如何ニ候間、御横目ニハ絹袷羽織を被下、御先歩ニハ単羽織可被下かと申候、色〻僉儀在之候て、其通ニ仕遣し候得と相究り、則俣野善内へ被申渡、絹羽織之儀御呉服奉行衆へ被申渡、直段御究可被下との儀ニ御座候

水野作右衛門番

七月十日

一大学藤岡内助江被申渡候ハ、百枝月之井関切れ申由ニ候、様子ニ寄、後〻大分夫役入可申与存候、早ク取立繕可然候、内助か四郎左衛門か壱人参候て見及可然候、内助申候ハ、夜前横井次郎左衛門参承申候、邑久郡之川堤ニ水当り申由ニ而、上石をはね申由ニ候、其段如何可有御座哉と存候、上石をはね候て只今水之入申宬中ニ御座候処、又水ヲ関上ケ申候ニも難儀可仕由申候、大学被申候ハ、此所ハとかく急ニ見及候様ニと被申渡候

同日

一横井次郎左衛門申候ハ、百枝月之井関一昨八日ニ切れ申候、切口拾間程も可有御座候、底へもほれ申躰ニ候、俣野助市ゟ申候ハ、邑久郡堤切れ申候へハ大分破損之事ニ候、水ノ当り強候間、上石をはね申様ニと望候、邑久郡堤切れ候ハヽ、六万石計も損シ申由ニ御座候、然共私心得ニ而上石ヲはね申段難仕存候間、御窺ニ罷出候、昨日切口関留候、試ニ鈴木所左衛門罷出、蚫籠を仕縄なとを付、切口へ沈メ見申候、如何様留り可申様ニ申候得共、水強成、邑久郡之堤へ水一入当り申由ニ御座候、兎角御普請奉行被遣様子御見せ被成、被仰付被下候へと申候、尤ニ候、御奉行申渡し候間、相談仕候へと大学被申候

同日

一俣野助市申候ハ、百枝月之井関一昨日切れ申候、邑久郡豆田村之川堤ニ水当り堤切れ可申様ニ御座候間、横井次郎左衛門へ申、井関を水筋ニて少切候様ニと申談切候得共、堤之方水強候間、上石をはね申度と次郎左衛門へ申、

百姓共出シ井関之よわミニ不成様ニ上石をはね申候、左
候へハ彼切口之水和キ申候、今少上石をはね切口関留候
様ニ仕度と申候得共、次郎左衛門如何可有御座哉と申候、
豆田之堤馬踏弐間余御座候、三分二程切れ申候、先昨日
土俵を以腹付仕、くいなとを打、堤をかゝゐ申様ニ仕候
処、試之蛇籠入申候へハ水強成、土俵流申候、只今之水
ニ而ハ苦ヶ間鋪候得共、少宛降申候間水出候ハヽ、多分堤
切れ可申候、左候へハ六万石破損仕事ニ候、井関を御下
ケ被成、若水不自由ニ成候ハヽ、邑久郡中之百姓出シ関
上ケ可申候、百枝月日損仕候ても壱万石計之事ニ御座候、
百枝月之荒手豆田村之方ニ御座候、井口之方へ付替申度
様ニ存候、御奉行被遣御見せ被成可被仰付哉と申候、大
学被申候ハヽ、内助・四郎左衛門申渡シ候間、相談仕候へ
と被申渡候

同日
一内助・四郎左衛門申候ハヽ、邑久郡堤さへ切れ申間鋪様ニ
候ハヽ、上石其侭置、切口関留可申候、尤上石はね候ハ
ヽ豆田之堤ハ別条有之間鋪候得共、関立候ニ大分御役ホ
御造作之義ニ候間、何とそ関留可申候、然共様子次第ニ
可仕候、奥上道御役人ニ而不足ニ御座候ハヽ、邑久郡之
御役人も呼寄可申かと申候、尤ニ候間、見及之上可然様
ニ仕候へと大学被申渡候

同日
一右井関破損ニ付、石八百坪も入可申由、買石ニ仕候へと
被申渡候

同日
一蛇籠仕竹入用之由ニ付、福元之藪切候へと被申渡候

同日
一右井関一昨日八日之夜切れ申候、水ハ地水ニ少多ク御座
候、寂前大水之節井関痛居申候て切れ申候哉と存候由、
次郎左衛門申候

同日
一俣野助市申候ハ、邑久郡水ニ破損仕候所致見分候、先日
申上候様成事ニ而ハ無之、大分之儀ニ御座候、殊ニ服部

村と尾張村殊外百姓痛申候、只今ゟ少御造作被成候て有
付候様ニ被仰付可然候、只今之分ニ而ハ後〻大分御物入
増可申与存候、服部村ハ尾張村程ニハ無御座候由申候、
落着無之

同日
一安井六郎左衛門申候、目安之御橋今日切ニ仕廻申候、明
日渡り初ニ御出可被成候哉、先年者両度なから伊賀御出
之由申候、大学被申候ハ、左門申合可出候由被申候

同日
一同人申候ハ、和気郡三石村之橋損申候ニ付、橋くいニ成
可申木、和気郡之内ニ可有之哉と小林孫七方へ申遣候、
いまた返事者無御座候、先年も橋くいハ郡ニ而切り、敷
板者当地ゟ遣シ、懸ケ申候由申候、大学被申候ハ、橋く
いハ郡ニ多分可有之候間、敷板遣シ懸ケ可申候由被申渡
候

同日
一同人申候ハ、奥上道郡楢原村之耳切橋も橋くい弐、三本
ぬけ申候ヲ、つつはりなと仕置候由申来候、鴨越之一ノ
樋茂損申候由昨日申来候、此橋も追付直シ可申候、樋も
取懸り仕申候由申候
　大学其通ニ仕候へと被申渡候

同日
一塩川吉大夫申候ハ、郡出入医者毎此時分薬種銀被下候間、
可被下かと申候而書付差出ス
銀合五百拾六匁　口上道郡出入医者薬種代
　内
百弐拾九匁　森下村　友庵　一百弐拾九匁　中嶋町　宗寿
百弐拾九匁　乙多見村　玄正　一百弐拾九匁　中川村　道加
右之通ニ而御座候、以上
七月十日　塩川吉大夫
右医者之内友庵事御扶持をも被下候処ニ、在郷医者
並ニ被下処、如何可有之候哉、在郷医者をはなれ可

被下かと僉儀御座候、此度者先被遣候て苦ヶ間鋪か
と有之、先遣シ候へと水野治兵衛ニ被申渡候
同日
一武田左吉申候ハ、郡出入医者薬種銀可被下かと書付を以
申候
銀合五百拾六匁　御野郡出入医者薬種代
内
百弐拾九匁　松嶋玄良　一百弐拾九匁　岡田玄旦
百弐拾九匁　竹井宇玄　一百弐拾九匁　吉山道賀
右毎年之通ニ而御座候、已上
七月十日　武田左吉
右之銀子遣シ候得と、水野治兵衛ニ大学被申渡候
同日
一大学大坂今西半内ゟ参候書付書状、御留帳ニ付候へと玉
野武兵衛ニ相渡シ被申候ハ、浪人医者山下三宅大坂に而
喧哢之儀、書付之通御奉行所者埒明、当地江半内方ゟ差
下シ候、難波作左衛門儀戸川土佐殿領分之者ニ候故、御
町奉行共内談之様ニ而、寺沢藤左衛門庭瀬江遣シ、難波
作左衛門被仰付之様子承参候様ニと遣シ候、自然三宅事
如何様ニ申付候かと庭瀬衆相尋候ハヽ、三宅義兎角作左
衛門被仰付次第、随其ニ申付筈ニ有之由申候得と申聞遣
候、庭瀬ニ而年寄衆用人衆寄合候て申候ハ、作左衛門儀
此已前庭瀬ニ而喧哢仕候節、散〻不出来成様子ニ候故、
所江も寄せ不申候、忍ひ〳〵ニ参候故、其分ニ仕置候、
又候哉今度喧哢之首尾悪鋪候ニ付、土佐守聞候て成敗仕
可然候、然共岡山ニ而三宅被仰付候様子ニ寄、如何鋪候
ハ、何分ニも埒明候へと家老衆へ被申付置候、作左衛門
儀成敗与存候得共、今度之儀ニ付成敗仕候得者、少強過
申候、先年之儀者過たる事ニ候間、追放可仕由相談相究
り、藤左衛門ニ申来候間、三宅儀も今朝追放仕候へと御
町奉行へ申渡シ候由被申聞候
七月廿一日　山田弥太郎番
村田小右衛門書付持出ル

一先日被仰付候西阿知村紙屋弥兵衛大坂江上り候て、大和屋律子方へ掛銀無相違返弁仕、則今西半内方へ切手致持参、半内方ゟ書状差越申候

一備中西阿知村ゟ御小人ニ罷出候弥之助、於江戸走り申候ニ付、尋ニ罷出候者、江戸人御奉行佐分利市右衛門手紙取罷帰候

　猪右衛門様子聞被申、左様ニ尋候ても居不申候ヲ、いつ迄尋可申様も無之候間、尋ニ参候者先戻し申様ニと被申候て、佐分利市右衛門戻し申候由、小右衛門口上ニ申候

一下原村堤繕御内意を以繕可遣候由、先度申遣候へとも、御普請奉行并御代官衆共ニ急御普請ニ不得隙ヲ候て、繕延引ニ罷成候、村〻へ御奉行を付御普請申付候て者、御奉行人大勢無之候てハ難調御座候、爰元之勢不被存候衆申請候てハ、結句事悶申品御座候故、先日奉窺候通ニ入札ニ申付候、下原村之落札御領分完粟(宍粟)村之茂左衛門と申者、川部札ゟ銀六拾五匁計下直ニ御座候、此茂左衛門ハ飢人同前之者ニ而御座候、下原村之繕ニ而徳銀参候者悦取可申候、損銀参候てハ壱銭ニ而も弁可申様も無之者ニ而御座候故、川部村之又次郎と申者之札三貫弐百五拾七匁弐分之二番札ニ落申候、是偏ニ念入させ為可申ニ、川部へ普請申付候とて案紙遣書物申候刻、御披見ニ入申候、他領之儀後ニ不首尾ニ成候てハ如何与存、又者川部へ対シ働之普請ニ候へハ、少其品申遣可然与存、川部年寄中江書状遣候、返事共御披見ニ入申候、今日ゟ普請ニ取懸り申候、㝡前者堤間口ニ五匁三、四分ニ当り申候、此度川部年寄中内意ニ而御座候由ニて、間口ニ八匁余日用銀之入用之積ニ、やりかた丈夫ニ普請仕掛申候、ヶ様之例無御座候故、御内意奉窺候、不被存分ニ仕置可申候哉

　　下原村御普請入札之覚

土芝合九百六拾九坪六合五勺

　此日用銀三貫弐百五拾七匁弐分

右之分落札ニ被為仰付被下候者、御書出シ之通ニ仕立差上ケ可申候、已上

七月七日
川部村
又次郎

村田小右衛門様

同日

覚

一先日被為仰付候日用米之儀、俣野善内へ申談候、片上ニ而相渡シ可申由申候、弥遠方ニ成申候、何とそ御銀にて可被為仰付下候哉

大学被申候ハ、御米ニて相渡シ片上御蔵ニ而相渡シ可申由、俣野善内申ニ付、手紙遣シ置候、銀子相渡シ可申候間、右之手紙請取戻し候へと被申渡候

同日

一水江村井関繕夫役壱万三、四千程ニ而出来可申由、青地小兵衛申候、右之内弐千人計ハ御役人、残りハ日用ニ而可申付候哉、左候ハ、先請込銀ニ而繕可申候哉

七月廿一日
村田小右衛門

右之段大学被申候ハ、先請込銀ニ而致させ候へと被申渡候

同日

村田小右衛門ゟ川部千石平左衛門へ遣候状之写

一今日之御祝儀目出度申納候、其許各様方弥御堅固ニ被成御座候哉、承度奉存候、手前何角事多御座候而、久以書状も御見廻不申上、御無音背本意奉存候、随而旦那領内下原村之川堤早速繕せ可申様ニ先書ニ申上候処ニ、奉行共諸手追〻破損ニ付、一円手透無御座、大延引ニ罷成致迷惑候、就夫、彼所繕ヲ役人隙を相待候而ハ、右ノ品ニ而墓参間鋪と奉存、普請繕之儀此辺之者入札ニ申付候、川部御百姓衆も入札望被申候、落札ハ旦那領内之者にて御座候得共、彼所之堤ハ御存知之通、其御地御領分之川上之堤、取分川部村之かこひの堤ニ御座候、川部衆へ頼入候者私共同意ニ繕ニ念入可申与奉存、川部御百姓衆へ渡シニ仕候、先書ニ度〻御断申上候通、旦那領内去年当年之破損手付不仕、下原村之堤繕せ候段、乍恐其御地かこひと奉存申付事ニ候、念入堤繕相調候へハ双方之為ニ

御座候間、御百姓衆繕ニ念入候様ニ御言葉を御添被下候
者可忝候、尤此方ゟ普請奉行申付、所之好を申候得共、
貴様方ゟ右之品被仰渡候者、一入念入可申様ニ奉存、如
此ニ御座候、一昨日川部塩尻源太被参、私之趣意御申談
候、猶期後音之時候、恐惶謹言

七月十五日　　村田小右衛門

千石平左衛門様
下川七左衛門様
木崎藤右衛門様

同日

右川部衆ゟ小右衛門方江返事之写

一昨日者御飛札忝致拝見候、如仰盆之御祝儀珎重ニ御座候、
其御地御無事ニ被成御座候由目出度奉存候、此地相替儀
も無御座候、然者御領分下原堤繕御普請之儀、頃日可被
仰付由弥忝存候、就夫、御普請所入札ニ被仰付候処、此
方領分川部村百姓共も入札仕候へハ、貴様御心入を以川
部村落札ニ被仰付候由、庄屋源太夫ニも委細被仰付候通、
承届忝存候、近日普請ニ取付可申候間、堤繕普請念之入
仕候様ニ可申渡候、左様ニ御心得可被成候、如何様追而
御礼可申上候、恐惶謹言

七月十六日　　千石平左衛門
下川七左衛門
木崎藤右衛門

村田小右衛門様
御報

猶ゝ昨日早ゝ御報可申入処ニ、方ゝニ罷在候ニ付延引
仕候

同日

塩川吉大夫書付を以申出候

一口上道郡日用銀㝡早無御座候、被仰渡可被下候哉
大学被申候ハ、日用銀大分ニハ不成事ニ候間、先弐
拾貫目遣し可申由吉大夫ニ被申渡、則蟹江新之丞方
へ切手可遣由被申渡候

一先日申上候麦之儀、吟味仕候ても御捨被下候様ニも難仕

義ニ御座候、麦高をへらし被成候て成共、御借シ麦ニ被
仰付可被下候哉、但日用代之内ニ成共可被下候哉
右之御借シ麦之儀、去ル十日之評定ニ、吉大夫度〻
ノ洪水在所之者共ニ、当麦成之内弐百五拾石利無ニ
御借シ、五、七年ニ被召上候様ニ御かし被下候様ニ
と申出候、大学被申候ハ、口上道郡切〻ノ大水ニ而
迷惑仕、百姓大分甲乙可有之候、強痛候百姓ニハ御
捨被下可然候、今少吟味仕、俵数をへらし申出候様
ニと被申渡候ニ付、今度之評定ニ書付を以申候、此
儀吉太夫申通、大勢之百姓少之甲乙ニ而御捨被下候
様ニも僉儀難仕可有御座候間、無利ニ弐百石御借シ
可被成候、返上之年数之儀も五年ニ相究り可然と何
茂申、吉大夫ニ右之段大学被申渡候
同日
一梶川左次兵衛申候、今日ゟ御番ニ而当地へ罷出申候
一田原之井手築立出来申候、百姓役四千六百人入申候由申
候、当年百姓役磐梨郡ニ而四万人程遣申候由申候

同日
一御普請奉行藤岡内助・斎木四郎左衛門、当年只今之夫役
相改候書付壱通、差出シ申候
延宝弐年三月四日ゟ六月晦日迄之仕役、御普請奉行
被相改、書出シ寄目録
口上道・奥上道
一九百七拾四人　過上　伊木勘解由御役
備中・児嶋
一千弐百七拾四人　同　池田主水御役
口上道
一　池田大学　御役ハ未進も過も
無御座、有役
奥津高
一六百四拾人九分　過上　池田隼人御役
磐梨
一三百五拾五人六分　同　土倉淡路御役
小作事方

一拾人六分　同　伊木玄番(蕃)御役
赤坂
一千三百拾人　同　土肥飛騨預自分役共
和気
一九百拾七人六分　同　瀧川縫殿預り
口津高
一四百三拾七人　同　若原監物預自分役共
赤坂
一五百五拾人　同　宮城大蔵預り
御野郡流役方〻ニ而相勤
一百四人六分　同　小堀彦左衛門預り
小作事方
一五百弐人弐分　同　草加宇右衛門預り
赤坂
一五百弐拾六人五分　過上　神図書預り
和気
一五百九拾人弐分　同　中村主馬預り

備中
一千四拾人五分　同　稲葉四郎右衛門預り自分役共
同
一五百六拾弐人　同　伊木頼母預り
磐梨
一三百八拾七人　同　真田将監預り
御野
一千三百六拾八人　同　上坂外記預り
同
一千百四拾七人九分　同　丹羽次郎右衛門預り
同郡流役方〻又御番相勤申候
一七百七拾弐人六分　同　荒尾内蔵助預自分役共
同断
一百拾五人　同　岡田権之助預自分役共
同断
一七百七拾九人　同　森川九兵衛預り
同断

一四百七拾人四分　同　田中真吉預り
同断
一六百九拾五人五分　同　丸毛左近右衛門預自分役共
小作事方
一八百八拾弐人　同　津田左源太預り
口上道
一四百三拾三人　同　古田斎預り
邑久
一六百拾六人八分　同　南部次郎右衛門預自分役共
奥津高
一弐百七拾三人八分　同　薄田藤十郎預り
学校
一三百七拾人　同　泉八右衛門預り
和意谷
一四百六拾四人　同　津田重次郎預り
樋方
一八百六拾九人五分　過上　深谷甚右衛門預り

御野
一四百九拾七人　同　中村治左衛門預り
同断
一五百拾四人　同　藤岡内助預り
同断
一百壱人　同　斎木四郎左衛門預り
同断
一　池田三郎左衛門・熊谷伝兵衛
自分役未進も過も無御座、有
役也

都合弐万五百五拾弐人弐分　過上役

七月廿一日

同日
一内助・四郎左衛門申候ハ、毎年御鉄炮之者共稽古被仰付候、来年も京都へ罷越申候間、当年稽古可被仰付候哉、大学被申候ハ、一年ニ両度も稽古申付度事ニ候得共、当年者各別之年ニ候間、先御役致させ可申由被申渡候、江

戸江茂御次手ニ其段可申上候由被申候

同日

一大学被申候ハ、蜂谷治右衛門相果候、忰廿壱、弐ニ成申候、是ハ跡目可被仰付者ニ候哉、何茂申候ハ、治右衛門儀者右次御算用之者なミニ被召出、後村代官並ニ被仰付、新組之内へ御入御　目見え仕由ニ候、左候ハ、跡目ハ可被仰付義と申候

七月廿九日　　　　水野作右衛門番

一梶川左次兵衛昨日御郡奉行共内寄合仕、郡方之儀相談仕候、差達而申上儀も無御座候、書付仕候由ニ而差出ス

一郡〻ニ仕候て不叶御普請所御座候、如何可被仰付哉之御事

大学被申候ハ、御奉行中銘〻預り之郡御普請所、差急申度被存段尤ニ候へとも、悉ク左様ニも難成候、何茂被致相談、存知寄之段書付差出シ候ハ、御普請奉行江令相談、急速ニ仕可然所ゟ取懸り候様ニ可然候間、御郡奉行中令相談、書出し候へと被申渡候

一当水入田畠荒并立毛不足之村ハ如去年之相改、物成引ニ可仕哉之御事

大学被申候ハ、水入候田畠之儀者去年之通物成引ニ仕可然候間、弥其通ニ申談候へと被申渡候

一郡〻当秋御検見衆入可申与奉存候、其時分ニ郡〻ゟ可申上候、只今之様子にてハ検見所多可有御座と先達テ申上候御事

大学被申候ハ、可成程百姓検見ニ仕可然候、差つまり不成所此方へ申候ハヽ、御検見衆可申渡候、随分御人数出不申様ニ積り候へと被申渡候

七月廿九日

同日

一林与左衛門申候ハ、鍋嶋信濃殿御領分流船、冣前者拾申者ニ被下之旨申来候、今度戻シ候様ニとの儀ニ御座候、無別條相改戻シ候様ニと申付候由申候

大学被申候ハ、尤ニ候、此船者難風なとニ逢めけ船

ニ而、ひろい申ニ而も無之候、少も無相違改戻シ候
て尤之義と被申渡候
同日
一同人申候ハ、西田知村平右衛門当春肝煎庄屋被仰付候得共、四月時分ゟ以之外足を痛、勤申事成不申候、御赦免被成可然候、右之村組ニ似合敷十村肝煎無御座候、郡組ゟ八村之九兵衛平右衛門跡肝煎ニくり越、九兵衛跡へ郡村惣左衛門御入被成可然と存候、御代官共江茂未相談仕候得共、御次而故申上候由申候
大学被申候ハ、如何ニも尤ニ候、弥御代官衆へも致相談候へと被申渡候
同日
一俣野助市申候ハ、先日被仰付候京都御用ころはし木、藤井村ニ置候由申候
同日
一同人申候ハ、豆田村堤石垣寂前痛申候ニ付、石垣大分之儀ニ御座候、石寄兼申候、御役人少ク御座候、七、八人ならてハ無御座候、手伝ニも足り不申候、御役人二組程被仰付可被下候、坂根之井関ニも繕御座候由申候
大学被申候ハ、御役人無之候、然共御普請奉行中江相談可仕候由被申候
同日
村田小右衛門書出シ
一水江村与助口上書御披見ニ入申候、此者口上書之通ニ飢人同前ニ御座候、此拝借銀御捨被為遣間鋪候哉
此与助拝借銀之事、色〻僉儀之上、度〻大水ニ逢各別之儀ニ御座候間、捨遣候様ニと大学小右衛門ニ被申渡候
一八田村渡船、伊藤信濃殿御分と御入相之儀ニ御座候ニ付而、代銀御割苻ニ而御出シ被成候、当年右之船信濃殿ゟ被仰付候、則入用差紙御披見ニ入申候、此銀渡り申様ニ御船奉行中江可申談候哉
大学被申候ハ、八田村渡シ船伊藤信濃殿御領分ゟ申来通、御銀遣シ可然候、代銀割苻之儀此方懸り銀少

ク候ハ、渡シ船領分へ大分之懸りニ而違候かと被申候、小右衛門申候ハ、信濃殿御領分之百姓用之事達シ候段多御座候由申候、右之銀相渡シ遣シ候へと、水野治兵衛ニ大学被申渡候

渡シ船割苻銀高之覚

合四百九匁六分　内

弐百四拾五匁七分六リン　信濃殿分

百六拾三匁八分四リン　備前御領分

一去年洪水在所飢人共、麦出来之後五月朔日より者為村と育申様ニと申付、一円構不申へとも、御他領へ乞食ニ罷出候由承及候、又当春之通ニ可申付候哉奉窺候、已上

此義色〻僉儀之上、此度之飢人百姓前高免或者所務相寸きつく出来申義ニ而も無御座候、度〻ノ水にて飢人出来、寂前之水之時飢扶持被下御救被成候、又此度水ニ而飢人出来之儀ニ候へハ、御年寄衆被仰付共無之、小右衛門存寄之様ニ岡田玄慶居申跡之家ニ而粥仕、飢人ニたへさせ苦ヶ間鋪候哉との義にて、其通小右衛門ニ被申渡候

一大坂越前屋八郎兵衛掛銀之儀、西阿知村之者共手前致吟味候へハ、種〻申立品御座候、相違無之分計払わせ、申分御座候ハ其品今西半内方へ可申遣候哉

此儀大学被申候ハ、一段尤之由被申候、小右衛門申候ハ、西阿知之外五匁七匁ほと宛懸り銀之義申立御座候者も、大坂へ参候へハ遣銀も入申候ニ付、構ニ不成事ニ候間、銀遣シ可申由申候ニ付、ヶ様之者ハ銀遣候様ニと申付候由申候

七月廿九日　　村田小右衛門

同日

水江村与助口上書之写

一私之儀在所之田畠作り申者無之ニ付而、御小人之儀内証替りにて罷登り申候処ニ、俄ニ大病仕出シ飢申ニ付、武市源助様・田中安左衛門様へ御断申上候、早〻水野茂左衛門様へ御相談被成、扶持方銀四拾壱匁壱分五リン拝借仕、此銀を以諸事仕払仕、在所へ罷帰候、此銀子之儀不便ニ被思召候而、何とそ御囉可被下之由ニ而罷登り候刻、

水野三郎兵衛様迄御状被進候、私当着不仕内ニ三郎兵衛様ハ江戸へ御下り、右之御状又江戸へ参候由、其後何共何方ゟも不被為仰下、右之品故御捨被為下たる物と奉存、返上不仕候、水江村両年数度之洪水ニ及飢ニ、妻子共ニ日用ニ罷出、今日まてハなからゑ罷有候、右之銀何とそ御捨被為下候様ニ奉願候

同日

一昨日者早〻得御意申候、然者水江村与助と申御小人、寛文拾壱年之暮ニ内証替りニ参罷上り申処ニ相煩申ニ付、扶持方銀無御座、武市源助・田中安左衛門相断被申、江戸ニ而病中之内扶持方銀ニ、明ル正月八日迄ニ四拾壱匁壱分五リン拝借仕候由、此間江戸寄せ帳此方へ廻り候て、俣野善内殿ゟ取立候様ニと申参候ニ付、如此御座候、昨日申上候通年来延申銀ニ候ニ付、善内殿迄断申候得共、御赦免不被成候間、急度払申候様ニと被仰付可被下候、以上

七月廿二日　　三木市郎兵衛

村田小右衛門様

同日

河合善太夫書付差出ス

一奥津高郡炭焼共、自林之分御運上炭、被為成御赦免被下候得と申候

大学被申候ハ、自林御運上之儀、前〻ゟ之通御林御運上之半分、只今迄出シ来之通差上候様ニと被申渡候

一同郡円城村孫兵衛と申者、酒かふ同郡紙工村市郎兵へと申者買申度由申候、買せ可申候哉

右孫兵衛酒かふの義、紙工村へ買せ候へと大学被申渡候

同日

赤坂郡走り百姓之様子、春田重兵衛書出シ

一町苅田村五兵衛と申者、宮城大蔵預り小頭方ニ去極月ゟ致奉公居申候、当三月十五日ニ走り申候、女房男子弐人御座候、召連走り申候、主人方ニ而何之子細も無御座候、

就夫、請人切米弁申候、方〻相尋申候得共、尓今有所知れ不申候、麦御年貢六斗計おい居申候事

一町苅田村三右衛門と申者、当七月三日ニ走り申候、忰男子壱人九歳ニ成申候、宿ニ置走り申候、方〻相尋申候へとも、尓今罷居申所知れ不申候事

一［　］村穢多市助と申者、女房子共男女六人つれニ而六月十七日ニ走り申候、何之様子も無御座候、麦御年貢五斗計負居申候、方〻穢多中間尋させ申候得共、有所尓今知れ不申候事

右三人之走り者先尋させ候へと、重兵衛ニ大学被申渡候

同日

小林孫七口上書差出シ

一先日御窺申上候磐梨郡佐伯村淡路自分山之松葉、作劦高瀬船ニ積候儀、梶川左次兵衛へ相尋候処、此度出候松葉淡路自分ハ無御座候、不残百姓救ニ御遣候、兼而御運上銀差上ケ申筈ニ、百姓共手前請合積申由ニ御座候、作劦高瀬船数之儀、羽原甚左衛門ニ相尋候へハ、弐拾艘御座候、如何可被仰付哉之御事

此義僉儀之上、御国船積候へハ御運上出シ申筈ニ候、百姓勝手ニ而作州舟ニ積せ申候、然上者御運上遣シ申筈ニ候間、其通可申付候、高瀬船何とそ断も候ハヽ、御国船ニ積せ候へと、孫七ニ大学被申渡候

一和気郡和気村惣右衛門と申百姓、以前者手前能御座候故、酒なとも作り申候、先年松平出羽殿御上下ニ和気村ニハ一宿被成候得共、可然家無御座候ニ付、其後渡部助左衛門見及候而申上、御米拾石并竹九拾束被為遣、座鋪大形ニ取立仕候、其後出羽殿度〻ハ一宿被成候由、和意谷御山出来已後　殿様茂御一宿被為遊、度〻御用ニ罷立申候、然共近年者手前ひしと及迷惑ニ申ニ付、去年者家なと売申度由訴訟申候へとも、此後ニ而も御宿入候節、外ニ御宿可仕家も無御座候ニ付、先差留置申候、只今之通ニ而ハ一両年之内ニひしと潰可申与奉存候、此度町銀五貫目御借被為遣候ハヽ、其外ハ磐梨郡ニ可然一門御座候間、梶

川左次兵衛と申談、合力仕せ取立見可申与奉存候、町銀
御借シ被為遊候儀難被成候ハヽ、利銀安ク京銀並ニ七年
返上仕様ニ御借シ可被為遣之御事
此段惣右衛門儀今一往左次兵衛共致相談可然候、差
当り御銀も無之故不便ニ候得共、難申付候、令思案
相談可仕由、孫七ニ大学被申渡候

同日

同人書出ス

一和気郡麻宇那村之内春日山天神山弐ヶ所宮林、丹波守様
御家来衆ゟ庄屋ニ被申付、木なと伐申節御断申様ニとの
儀ニ御座候、然共社領被遣候宮林者給所にても御林ニ罷
成居申故、右之通岡村権兵衛迄相尋候得者、春日山ハ麻
宇那之内ニ而候故、是者兼而ゟ丹波様御林与存候、天神
山も過半麻宇那村之内江入居申間、此宮林も御知行之内
ニ致度由権兵衛被申候ニ付、近辺ノ庄やニ境目之様子相
尋候処ニ、過半麻宇那村之内江懸り居申候、然共只今迄
ハ友延村天神と申ならわし候、此林前〻ゟ御林ニ而御座
候故、論シ申儀無御座故ニ而御座候、友延村之内ハ三分
一ならてハ敷居不申候、如何可被仰付哉ノ御事
此儀大学被申候ハ、春日山之義者丹波様御領分ニ候
故、兎角も無之候、麻宇那之宮山之儀者、友延分茂
有之上者、御帰城之節相窺、麻宇那分被進之候か、
又者乍少友延村分境立置候様ニ可被仰付も難計候間、
兎角御帰城之時分申出候へと、孫七ニ大学被申渡候、
若又急成義有之候ハヽ、右之山ニ而も伐候て、追而
権兵衛ニ断置候へと被申渡候

一先月之洪水ニ而所〻破損仕候、大形公事役ニ而御普請仕
候、当夏度〻水公事役此度迄ニ五千人余遣申候、二、三
ヶ所大破損御座候、此分三千人余夫役入可申与奉存候、
日用米四拾石被為下候者、秋水ゟ内ニ御普請仕度奉存候
御事
此日用米之儀度〻水ニ百姓遣申事ニ候間、四拾石分
遣可申由、孫七ニ大学被申渡候

同日

一武田左吉申候ハ、奥坂村類火人竹木之儀書付之通可被下候哉、奥坂村寺林ニ材木ハ御座候、然共学校領ニ御座候故、八右衛門ニも相談仕候、伐候て可然由申候、竹ハ無御座候間、御奉行中へ被仰渡可被下かと書付差出シ申候

　奥坂村類火人　六右衛門

一家弐間はりニ六間
　拾四本　柱目通壱尺七、八寸廻り
　七本　はり木目通同断
　拾弐本　かつしよ向指目通壱尺四、五寸廻り
　竹拾六束　小から竹、但弐尺なわ惣廻り、壱坪ニ付壱束宛

合
　竹拾六束　但弐尺なわ
　松木三拾三本　但末葉とも
　　内
　　　弐拾壱本　目通壱尺七、八寸廻り
　　　拾弐本　目通壱尺四、五寸廻り

　　　　南方村庄屋
七月廿七日　勝左衛門

武田左吉様

右之材木寺林之山ニ而伐候へと大学被申渡候、竹者御奉行方へ手紙調、左吉ニ遣被申候

同日
　国枝平助書出シ

一浅口郡中大嶋之内柴木村甚助、七月廿日ニ病死仕候、甚助歳六十、悴三人女壱人御座候、惣領利兵衛歳廿九ニ罷成候、被遣候田畠高七石三斗六升壱合ニ而御座候、二男作兵衛歳廿二、此者他領笠岡久右衛門と申町人手代ニ乞、以来如何様にも仕付可遣由、内〻甚助ニ申候得共、他領へ遣候事　公儀江御断不申上候ハてハ不成、其上此者気ニ入可申茂不存候間、先当分雇借シ気ニ入候ハヽ、其上ニ而御断申上見可申とて、旧冬ゟ雇借置申候、甚助田地ハ各別之儀ニ御座候へハ、地わけの義猶以堅申付置候、左候へハ一入両人之弟共渡世迷惑仕候、作兵衛義可被遣哉之御事

　此段甚助次男作兵衛義僉儀之上、甚助抱之田地少分

之内、兄弟三人にてハ後〻迄口すきも成間敷候、然
上者他領へ遣シ苦ヶ間鋪候、遣候様ニと国枝平助ニ
大学被申渡ル
一深田村弥助と申者田地壱反余所持仕候、当五月ニ村之内
ニ而小盗仕被見付、直ニ走り申候、尋させ候へとも行衛
知れ不申候、弥介義同郡東大嶋村ゟ入家ニ参、廿年計居
申候、元来悪人ニ而五人組親類共色〻吴見仕候得共改不
申、右之仕合御座候、市兵衛と申廿歳余之継子壱人、外
ニ幼少成女子両人御座候、市兵衛義者幼少ゟ奉公ニ罷出
居申候故、弥助不利知儀之様子不存候、其忋御放者ニ可
被為成哉御事
此段弥助義走り申候、其忋追放申付、跡敷田地ハ世
忰市兵衛ニ其忋遣シ候様ニと、平助ニ大学被申渡ル
一［　］村穢多太郎右衛門忰七郎二郎と申者、廿七、八歳
ニ成申候、悪人にて数年小盗仕候ニ付、一子ニ而御座候
へとも、親二、三年已前ニ内証にて追出シ申候処ニ、立
帰盗仕候、就夫、親穢多中間村中共ニ放者ニ被成被下候
様ニと申候、御放可被為成候哉ノ御事
此義太郎右衛門世忰七郎次郎事親も不届ニ存、追放
仕候上ハ、已来親方へも不参候様ニ申付、払候様ニ
と被申渡候
一新田ニ出来仕候稗拾八石見付ニ取申候、此稗ニ而道口村
水流之者共ニ急成川堤御普請申付候御事
此ひゑの儀平介存寄之通ニ仕候へと大学被申渡候
一道口村大木池新田米ニ而当秋ゟ取立申度候、池堤根置四
拾間高拾間余ニ可仕と奉存候、右之樋此度捨りも御座候、
残分所〻樋居替之つきにも入申候、右之樋内法八寸四方
にて御座候、今度者壱尺四方ニ可仕と奉存候御事
此儀大木池堤新田米ニ而仕候由、尤ニ候、其外公儀
江入用不申上候様ニ仕廻候へと大学被申候、又樋之
儀七大夫・六郎左衛門可申談候、弥平助も申談候へ
と被申候
一当年者荒改鍬下定共ニ、三人之御代官衆近日ゟ罷出改被
申筈ニ仕候御事

七月廿九日　　　国枝平助
　此義御代官衆改ニ出被申候段、尤之由大学被申候
同日
一横井次郎左衛門申候ハ、寂前大水之時分水損田書出シ候
得と被仰渡候、積り難知延引仕候、於尓今悉者難知御座
候へ共、大形者積り候由ニて書付差出ス
　奥上道郡洪水水損田覚
高四千五百四拾七石五斗五升五合
一畝数弐百五拾三町八反八畝弐拾弐歩
　内
高五拾四石五斗三升壱合
　三町八反四畝弐拾八歩半　沼村
高九百六拾石壱斗八升
　五拾弐町六反七畝弐拾七歩　沼新田村
高百六石五斗九升壱合
　七町九反九畝弐拾三歩　西平嶋村
高五石三斗弐升
　三反八畝　谷尻村
高百九拾五石七斗三升
　拾壱町三反三畝拾歩　南古都村
高五石四斗壱升五合
　三反七畝三歩　竹原村
高四石七斗五升
　三反壱畝弐拾歩　堀之内村
高五拾壱石九斗三合
　弐町八反五畝拾三歩半　東平嶋村
高三拾五石三斗七升壱合
　壱町九反八畝六歩　山守村
高弐石四斗壱升七合
　壱反五畝弐拾五歩　浅越村
高六石弐斗八升
　三反三畝拾歩　広谷村
高三百四石七斗五升五合
　拾六町四反壱畝弐拾壱歩　北方村

高四百五拾七石六斗
弐拾三町九反六畝　鉄村

高四百四拾四石九斗四升
弐拾三町七反四畝　藤井村

高七百三拾五石五斗八升六合
三拾九町五反壱畝弐拾壱歩　宿村

高百四拾八石
八町　完(宍)甘村

高百六拾八石三斗八升六合
九町壱反弐拾四歩　下村

高八百五拾九石八斗
五拾町八反九畝　南方村

高合四千五百四拾七石五斗五升五合
内
弐千百拾壱石三升五合　立毛少宛御座候分
残テ弐千四百三拾六石五斗弐升　立毛無御座候分

七月廿九日　横井次郎左衛門

八月十日　山田弥太郎番

片山勘左衛門・山下文左衛門書付差出ス

一児嶋郡山田村神主五右衛門、当夏相果申候、世悴四歳ニ成申ニ付而、吉利支丹請判難成ニ付、後見ニ同村九郎大夫と申者所之庄屋、神主五右衛門と遁不申候ニ付、悴成仁迄後見ニ仕、宮之執行吉利支丹請をも申付度由このミ申ニ付申付候

此義大学被申候ハ、悴幼少之上者好之通後見申付、以来出入無之様ニ書物なと申付、悴成人之後相渡シ候様ニ可申付由、被申渡候

一邑久郡土師・服部宮両社江付申藪大藪にて御座候ニ付、御公儀藪ニ成、神主不被下付、今迄しめ竹不被下候、当年ゟ被仰付被下候様ニと御断申候

大学被申候ハ、藪之儀藪奉行衆へ相尋、其上ニ而しめ竹之儀も可申付由被申渡候

一寂前申上候牛窓宝蔵寺寺地・寺領・作り来ノ年貢地共ニ

只今請取申度候、寺地請取候ハヽ、本国寺ゟ先小屋懸成共仕り、留守居置可申候、くりの儀者重而可申候由、浦伊部妙国寺上京之刻本寺本国寺ゟ申候由ニ而、頃日私共迄申候、如何可被仰付候哉

此義僉儀有之、寺地之儀者、寂前西村源五郎寺社御奉行之時分ニも断申ニ付、可被遣との義ニ御座候、今以望次第被遣可然候、年貢地之儀者、外ニさわりも出来可仕候へハ、何とも只今御在江戸之義ニ候へハ難被仰付候、寺領者只今牛窓本蓮寺内江一所ニ成居申候、此儀上ゟ急度被仰付義ニ而無之、宝蔵寺施主共本蓮寺施主ニ成望申ニ付、一所ニ成申義ニ候へハ、下ニ而埒明可然候由、両人江大学被申渡候

同日

一勘左衛門・文左衛門申候ハ、口上道郡八幡之藪弐間通り御伐せ可被下由被仰候、寂前も申上候通、右之藪ニ而一入宮破損仕迷惑仕候間、弥御伐せ可被下候哉、度ミノ洪水ニ破損所多ク出来、社領も損亡仕、飢ニ及申躰ニ御座候間、右之藪御伐せ被成候ハヽ、神主ニ可被下哉と申候

大学被申候ハ、藪御奉行中江相尋、其上ニ而可申付由被申渡ル

同日

一武田左吉申候ハ、四日市村井手川筋洪水ニ而東へ付申ニ付、井手水懸り悪鋪罷成候、御普請所被仰付被下候様ニと申、野口弥平兵衛・早川小助入用書付出シ申候

一御買石五拾五坪程　此銀壱貫百目程

一くい木合弐百七拾弐本　目通壱尺廻り

内百七拾七本　長五尺　九拾五本ハ長壱間半

一しからミ竹　五束

一夫役合六百六拾七人

左吉申候ハ、今度之入用銀僅ニ而ハ御座候得共、先畝麦之内に而成共可申付哉と申候、大学尤ニ候、其通ニ可仕候、竹木之儀者武市源介・清水加兵衛方へ手形遣シ可申由ニ而、則手紙左吉ニ被相渡ル

同日

保野助市書付差出ス

一寺領上り知物成三拾五石四斗之余御座候、年〻還俗人之内無拠者共ニ被下候、当年も例年之通遣シ可申哉之御事

一千町御平シ以前ゟ以来、抜検見古地千町と分ケ御検見請申候、当年茂右之通可申付哉之御事

一御平シ以来村〻年〻帳分と申、抜検見ヲ請申候、当年茂右之通可申付哉之御事

一福里新田年〻切田ニ申付候、当年も弥切田ニ可申付哉之御事

一去冬大分家を売申候村〻多御座候、村ニ寄元ゟ家数無御座候ニ、其上ニ家を売申、弥村成立兼可申様ニ奉存候、当年者見合、余村並ニ不仕可申付哉之御事

八月十日　保野助市

右之義何茂存寄候通見計ニ申付候様ニと、大学被申渡ル

同日

一保野助市申候ハ、千町之水抜神崎ニ荒手を西村源五郎仕置申候、水能抜申候へとも水出申度〻切通シ、毎度百姓とも大勢出申候、潮を関留申候ニ土俵大分入、右〻土畠にて取申候、後〻迄続不申候事ニ御座候、右荒手之所ニ関戸を入申度候、只今荒手も少高御座候間、下ケ候て底水も抜ケ申様ニ仕度候由申上候

大学被申候ハ、其通可然候、樋方御奉行江も可被申渡由被申候

同日

一同人申候ハ、御代官家破損繕長屋立申入用之勘定目録

一銀合百八拾四匁四分　福尾夫兵衛

一同　四百四拾九匁五分五リン　勝部孫八郎

一同　四百弐匁五分七リン　浜田惣右衛門

一同　四百六拾壱匁八分弐リン　荒尾善兵衛

以上

同日

一同人申候ハ、尾張村ゟ江戸へ参候御小人走り申由、御小人奉行ゟ申来候、尋ニ遣し可申候哉

大学被申候ハ、草臥在所其上只今百姓閙敷時分ニ候
間、今少見合申様ニと被申渡候

同日
一同人申候、土師村走り人之書付之由ニ而差出ス

同日
書上ケ申口上之覚

一邑久郡土師村与三右衛門下人土用と申者、今年廿四ニ罷成申候、今月三日夜少之取違仕走り申ニ付、方〻と尋申候得共居不申候、尤出申迄相尋可申儀ニ御座候へ共、兎角其身常〻心入悪鋪、作病なと致、不奉公仕、一円用ニ立不申者ニ御座候故、迚も尋出シ候ても行〻迄被召仕候者にて無御座候間、其通ニ仕置申度候、自然此間ニ罷帰候事茂可有御座かと奉存居申候得共、帰り不申候ニ付申上候、吉利支丹帳人馬帳御はつし被為成被下候ハヽ、忝可奉存候、土用母和気郡勢力村之者ニ而御座候、土用六ツノ歳永代ニくれ申候故、母も呼寄只今迄養置申候得とも、土用不居申上者、母茂此度和気郡田戸村ニ聟御座候間、聟ニ相渡シ申度候、乍親子人馬帳吉利支丹帳御はつし被為成可被下候、以上

卯月廿二日

土師村庄屋
平右衛門
年寄
太郎左衛門
同
吉左衛門

保野助市様

右之通ニ仕せ候様ニと、大学助市ニ被申渡候

同日
邑久郡西片岡村六蔵口上書

一三月十八日ニ奥上道郡金岡村長右衛門船加賀国へ参由ニ付、私茂船中食焼之約束仕参筈ニ而出船仕、但馬国もろいそと申湊迄参候処ニ、与風在所へ戻り度心出来申、加子船頭不残浦江揚申時、私壱人船ニ罷有、着替扨又路銭之残六匁御座候ヲ、新村ゟ参加子六兵衛ニ預ケ置申故、

六兵衛入物を明、預ケ置候銭を取、又中間者之銭拾匁御座候ヲ取、又金岡村之善六と申者之銀四、五匁取添走り申候而、因幡国鳥取へ参、なまり屋と申者之所ニ二夜逗留仕候、なまりやニ私申候ハ、我ホ備前之者ニ而候か、加賀国へ米積ニ参候船方ニ而候、人数多参候ニ付、備前江戻り申と申候へハ、なまり屋申候ハ、我ホハ播州之者、女者但馬之者ニ而候か、爰許ハすきよき所ニ而候間、路銭少も有之候ハ、爰元ニ居付不申かと申候得共、いやとかく備前へ帰り申と申罷出、其ゟ作州津山私兄長左衛門方へ参、六、七日居申、其ゟ同国一ノ宮ノ市江参、津山ゟ出居申八兵衛与申者之小屋ニ二夜逗留仕、其間ニ少持申路銀もうつけくるいニすきと遣切、破れ袷壱枚ニ罷成、何共可仕様無御座故、国元江可参と思ひ立参候得共、中〻此躰ニ而親兄弟方へ戻り申事不罷成与存、私在所迄もとり、三郎右衛門かま屋ニ五月十日之夜ふせり、其時存寄ニハ、何とそたはかり事を申銀之弐百目も取、津山へ参兄長左衛門ニハ忍ひ、町に而着類少求、其ゟ因幡へ参、右之宿なまりやを頼、商をも可仕与存、在所あたりニ而喜兵衛別而近付申間、方〻を廻り喜兵衛使ニ成たはかり、銀弐百目借り可申与存候得共、中〻調不申故、何共可仕様も無御座ニ付、在所之孫四郎と申者家之壁を切忍ひ入、古夜着壱ツ、古布子壱ツ、古木綿半ゑり一ツ、木綿古帯なとの様成小道具少盗、正儀村之方へ逃、正義村之又兵衛小船取乗、神崎江渡り、其夜者道ニ而夜を明シ、十三日ニ大冨村之善右衛門所へ参、夜着布子質ニ置、銀五匁借り申候、其ゟ当郡之内方〻とうろたへ廻り申処ニ、十五日ニ藤井村ニ而被捕申候、已上

寅ノ
五月十六日

右書付之通、当五月ニ邑久郡藤井村ニ而捕え申候刻、穿鑿仕候へハ、右之通白状仕由ニ而、俣野助市大学へ申上候得共、大学被申候ハ、右雇候船頭加賀ゟ戻り不申候内者委細不分明候間、先郡之籠江入置候様ニと被申付、其通ニ仕置候、彼船頭頃日加州ゟ戻り様子承、其上奥上道

郡金岡村庄屋治右衛門方ゟ邑久郡西片岡村庄屋次郎兵衛
方へ、右之船頭長右衛門口承様子申越候にも、右白状ニ
相違無之由申候
　僉儀有之、此者之儀者此上不及御穿鑿迄ニ、断罪被
仰付可然と何茂申、年寄中茂尤と被申、落着仕候、
然共此砌目出度折柄ニ候へハ、今少御延引被仰付候、
已後断罪ニ可被仰付ニ相究ル

同日

　右金岡村治右衛門ゟ西片岡村次郎兵衛方江越状之写

一昨夕者預御使札候、長右衛門昨昼罷登り申候、早ゝ参様
子貴様へ申達候へと申渡候処ニ、少気色気ニ而居申、延
引ニ罷成候由申候、長右衛門并加子共口上之覚
一四月十七日ニ但馬国諸寄と申湊ニ而、類船之加子共迄雇
帆縫ニ揚り、六蔵船番ニ置申処ニ、何之子細も無之ニか
け落仕、見え不申ニ付、両日相尋させ候得共、見付不申
候、早速庄屋頼近辺穿鑿被致候得とも、弥居不申候事
一六蔵ニ借シ銀并取違申銀子
一五匁　　前銀金岡ニ而借シ
一拾四匁　船ニ而両度ニ借シ
一廿四匁　水主中間銀取違申候
一六蔵自分着類不残取走り申候、船ニ破れ袷壱ツ御座候、
今日持参仕申候
右之通ニ御座候、書付之外取違物無御座由、長右衛門申
候間、左様ニ御心得可被成候、可然被仰上埒明可被遣候、
已上

　　八月九日　　　　金岡
　　　　　　　　　　　治右衛門

西片岡村
　次郎兵衛様

猶ゝ委細者長右衛門口上ニ申進之候、以上

八月廿四日
　武田左吉書出シ

一駒田延融年切奉公人望之由ニ而、犬丸左次兵衛肝煎ニ而

御野郡中村之仁助甥太郎と申者、歳拾壱ニ罷成候ヲ、拾ヶ年を切銀三拾匁借シ抱被申候由、加藤甚右衛門を頼断被申越候、他国江遣申者之儀ニ御座候ニ付、大学へ一昨廿二日御窺申上候へハ、苦ヶ間鋪候間、遣シ候へと被申渡候

山田弥太郎番

八月晦日
一片山勘左衛門・山下文左衛門申候ハ、邑久郡上寺村八幡宮之松、当月十七日之風ニおれ申候、神職業合斎書出シ申候

上寺村八幡山風おれ松之覚　目通ニ而

一弐尺六寸廻り弐本　一弐尺五寸廻り五本
一弐尺廻り七本　一弐尺七寸廻り壱本
一四尺廻り壱本　一三尺五寸廻り弐本
一三尺廻り弐本　一三尺三寸廻り壱本
一弐尺七寸廻り壱本　一弐尺三寸廻り三本
一弐尺弐寸廻り壱本　一壱尺八寸廻り壱本
一壱尺六寸廻り弐本　一壱尺五寸廻り四本

已上三十弐本

右之倒れ松御用木ニ被為遣候へハ御理り不及申上ニ、左も無御座候ハヽ、宮修理破損多御座候間、兼而瓦こけらの足にも仕度奉存候、此程本宮上葺くちくさり雨もり候ヲ少繕申候、其外御幣殿も浦板くさり雨もり申候、又神子之居座も弐間七間之瓦葺にて御座候ニ、八年前大風ニ倒れ、尓今神子之舞殿無御座候、又弐間五間之門客人之宮瓦葺ニ而御座候、是も柱共ニくちくさり申候、如此破損多御座候故、乍次而可然被仰上可被下候、已上

上寺村
業合　斎

八月廿九日

片山勘左衛門様

山下文左衛門様

右之たおれ松共宮修理之為ニ被下候様ニ仕度と申候、如何可被仰付候哉と勘左衛門・文左衛門申候

大学被申候ハ、此山之儀神職と出家と出入申山ニ而

候、俣野助市へ申渡、伐せ置、御用木ニ遣、残ル木有之候ハ、重而可申渡候由被申候

同日

一馬場茂右衛門・岡助右衛門、諸手御勘定相済申、目録差出シ、大学へ相渡シ申候

同日

一山内権左衛門申候ハ、今度　少将様御供ニ参候者共、当春何茂御役料被下候、毎年江戸御供ニ参候者共ニハ、定御足米可被下との儀ニ御座候、中途ニ参候者ニハ御足米月割ニ被成被下候、御供之儀ニ御座候間、当年も御足米ニ被成、来年之御足米只今少時分早ク候得共、被下候て参候様ニ仕度と申候

僉儀様〻有之、何茂御足米ニ被成被下可然かと申候、年寄中も其通可然とハ被申候へとも、落着無之候

同日

一同人申候ハ、谷田勘兵衛江戸御あてかい如何可被仰付候哉

僉儀有之、被召出候時分三百石取同前之様子ニ御座候間、三百石取同前ニ諸事相渡シ可然由、大学被申渡候

同日

一同人申候ハ、水野安兵衛・竹村八大夫事、　殿様御供ニ被仰付、用意銀其外被下物当春請取申候後、　少将様江御付被為成候、早〻差上ケ申儀御断申ニ付、　少将様御供ニ参候時分差次申様ニと有之候、此度程延申候而遣銀寂早無之候間、銀子五枚宛拝借仕度と申候由、年寄中被申候ハ、左様ニハ成間敷由被申候

同日

一武田左吉申候ハ、先日申上候潮堤之普請待申事不成所者、百姓共罷出先仕廻申候、御扶持方ニ而も日用米ニ而も可被下候哉、御米被下候得ハ、弐拾石程ニ而日用米ニあい可申候由申候

大学被申候ハ、度〻百姓共つかい申候間、此度者日用遣候て能可有之候、御米者無之候間、御銀可遣候

由にて、則相場ニ銀壱貫三百目ノ差昏左吉へ被相渡
候
同日
一同人申候ハ、御野郡へ御検見衆五組程不被下候而ハ成申
間鋪候由申候
大学被申候ハ、功者成人無之候由被申候
同日
一大学被申候ハ、京都御用人へ被下物被下人之事、御米ニ
而被下候て能可有之由被申候、石田鶴右衛門へ手代物書
弐人・被下人五人、何茂御米ニ而可被下候由
御普請奉行六人之内ニ而、定御普請奉行藤岡内助・
中村治左衛門江ハ五人宛被下、其外へハ三人宛被下
可然かと御僉儀に而、何茂米ニ而可被下候由、俣野
善内江被申渡候
同日
一同人被申候、駆出シ人も江戸並ニ申付、奉公人居懸増給
米も江戸並可然由被申候

同日
村田小右衛門書付差出ス
一私之儀、頃端〻打廻り申候、私構下弐ヶ村土免ニ参、其
外崩シ、又者かふ切御検見村〻ニ入用ニ御座候、十組被
仰付可被下候、弐百町割ニ仕、右之員数程入用ニ御座候
検見衆之儀、剛者成衆曽而無之候、初心成衆ニ而も
出シ可申候得共、其共ニ諸郡ゟ検見請申義ニ候間、
七、八組程遣シ可申由、大学被申渡ル
一下道郡下原村堤繕相調候ニ付而、川部老中ゟ礼状到来、
御披見ニ入申候
一加夜郡見延村之内藪田村と申所ニ而、御他領ゟ不礼、只
今構不申候者、自今以後此所御他領同前ニ成可申候、御
内意奉窺、其上ニ而可申付事
一見延村者先年山公事有之、江戸ニ而落着被仰付候、札山
之内江出村を藪田村と申候、古ゟ家五、六軒御座候所へ
茂左衛門と申者罷出度与、岩根周右衛門御奉行仕候時理
り申候、此村ニしかと仕たる者無之、茂左衛門義ハ前廉

奉公も仕たるものニ候得者、右之村ニ差置候ハヽ、うさん成者宿仕義なとも有之間敷候、一人も多出申ヲ幸ニ存、三、四年以前ニ出シ置申由、周右衛門茂申候、此茂左衛門家廻り少宛竹木植つき木なと仕置候へハ、中郡ゟつき木まて伐荒シ申候、右見延村山守藤右衛門不宜者ニ候ニ付、加様之儀も御座候与存候、此度之儀下ニ而も何とそ埒明可申由共存候得共、御領分之内ニ御国之百姓新規ニ住宅仕候迚、他領ゟ狼藉仕段、札山之内と申なから不届ニ存候、只今下ニ而事済シ候ハヽ、以後又如何様之出入可有御座も不知事ニ御座候、何とそ以来迄之埒能様ニ可被仰付哉と窺申由申候

色〻僉儀有之、只今上ゟ急度被仰付義も他領との儀ニ候へハ、江戸へ不被仰上候てハ難成候、其上茂左衛門前廉大分之売木なと仕か、悪鋪様子有之ニ付、此度他領ゟ狼籍（藉）仕候哉、其段も難心得候、幸岡谷村之庄屋中郡之庄屋と一類之由ニ候間、此者ヲ先へ遣シ様子承可申候、山守藤右衛門義不宜様子ニ而、結句他領へ参かなたこなたと仕、不埒成様子故、今度之様成義も出来仕かと被存候間、小右衛門ニ急度しかり候様ニと被申、此山之絵図藤右衛門ニ渡シ置候義、無用と大学被申渡候

一戸川内蔵助殿御領中嶋村ゟ七月廿日頃ニ、三田村之前悪水川ニ関戸仕候処ニ、新規又者此川ニ付庭瀬へ大分溝夫米毎年被為遣置候ニ、無専関戸仕候義不届と三田村ノ民共存、取揚候付而、中嶋村庄屋私方へ数度断ニ来候、其後彼所代官今村清左衛門・中村八郎左衛門と申仁方ゟ書状来ル、則御披見ニ入申候

此儀下ニ而庄屋共ニ申事済シ可然候、其ニ而も埒明不申候ハヽ、戸川土佐殿郡奉行文左衛門方へ申遣シ候ハヽ、彼方之為ニも悪鋪様子ニ候間、多分埒明可申候間、其通ニ仕候様ニと年寄中被申渡ル

一当月十七日之大風ニ潰家之者共へ如何可申付哉之御事

潰家之儀諸郡ニ多有之候、只今何と茂可被仰付様も無之候間、見計ニ申付候様ニと年寄中被申渡候

一外新田村山手ニ頃両人行たおれ死人御座候、行衛不知者
に而御座候故、札を建、葬せ申候、已上

八月晦日　村田小右衛門

九月十日　服部与三右衛門番

一山内権左衛門申候ハ、　御隠居様江戸御供仕無足衆、当
暮御切米請取申度と申候、寂早間も無御座候間、御米無
之候ハヽ、御銀にて成共請取申度と申候由申候、大学被申
候ハヽ、昨今御銀者不及申、御米も曽而無之故、可仕様も
無之候、新米も来月初ならてハ出来仕間敷候由被申候
僉儀有之、責而御切米半分か三分一ニ而も、唯今御
銀に而被遣、残分ハ来月へ入、新米ニ而御渡シ可被
成哉とも申候得とも、兎角只今者御銀少茂無之由ニ
而、落着無之

同日

一同人申候ハ、　御隠居様御供之御知行取、四分御借シ米
之事申上候
是も御切米同前ニ無之由ニ而、落着無之

同日

一同人申候ハ、　御隠居様御供ニ御飛脚頭壱人可被遣哉、
左候へハ五郎右衛門ニて御座候、御飛脚計ニてハ御書目
録なとにて相渡シ申候刻も、埒明不申候故、左候へハ御
歩行ニ而も肝煎ニ当分ニ而も不申付候てハ難成御座候、
いかゝ可被仰付哉と申候
僉儀有之、　殿様御部屋住之時分も無之候て埒明申
候、去年　御隠居様御在江戸中も無之候、其上今度
被遣候ハヽ、今壱人も飛脚頭不被仰付候而者難調候
間、無用之由大学被申渡、当分江戸ニ而似合敷者、
仮ニ申付候ても能可有之由被申候

同日

一同人申候ハ、通ひの子源太郎未幼少ニ御座候、其上外ニ
三人通ひの子御座候間、此度者先御跡ニ置可然哉と申候
尤ニ候間、其通ニ可仕由大学被申渡候

同日

一同人申候、駒田延融路銭如何可被仰付候哉、御知行取にても無之、無足共不被申候、御合力米之積弐百石ゟハ少下ニて御座候由申候

僉儀有之、路銀弐拾枚、乗物廻シ四人、次馬壱疋被下可然か、然とも延融事者未御国者ニ而も無之ニ付、唯今銀弐拾枚御渡シ可被遣儀とも不被申候間、銀拾枚只今被遣、残ル拾枚ハ御帰国之刻被遣可然由ニ相究、則大学権左衛門へ右之通ニ被申渡ル

同日

一同人申候ハ、加藤甚右衛門預り御簱之者角右衛門事、久〻御鑓持仕居申、　御隠居之時分御簱之者ニ被仰付候、久〻相煩候て江戸御供成不申候ニ付、甚右衛門も置替可申哉共申候、然共此者ハ久〻御奉公申上、似合敷御番所なとも有之候へハ、御入被遣候ても不苦者故、只今御扶持放申候処も如何ニ奉存候、然共又煩居申候者ヲ、只今外似合鋪御用にて宜も難被仰付御座候、御簱之者壱人不足之分ハ不苦事ニ候間、此者ハ御跡ニ残シ置、九人御供ニ参候ても可然哉と申候

尤ニ候間、先当年者其分ニ仕、御跡ニ残シ置、替り置不申、九人甚右衛門召連可然由、大学被申渡ル

同日

一同人申候ハ、江戸へ召連候下〻増給、御簡略御定之通ニ可被仰付候哉と申候、左候ハヽ、村井弥七申談、御歩行横目ニ触させ可申哉と申候

大学尤ニ候間、其通ニ可仕由被申渡候

同日

一同人申候ハ、来春居懸りニ被仰付候と只今ゟ相究、給分茂定申候てハいかゝと申候

僉儀有之、只今ゟ究候てハ悪鋪可有之候、当極月時分ニ相究、居懸り御触有之可然と何茂申、大学其通可然与被申候

同日

一同人申候ハ、御六様御作事御勘定明日仕候、弥目録払ニ被仰付候ハヽ、俣野善内へ御手紙被遣可被下由申候

大学善内へ手紙可遣由被申候

山田弥太郎番

九月廿一日
一山下文左衛門申候ハ、磨屋町観音坊後住ニ酒折ノ実成院を居申度由、先観音坊願之通後住ニ申渡候、実成院跡者重而可申付候由、金山地僧寺社奉行共へ申届候、実成院跡者同所之福寿院先預り居申候様ニと、遍照院ゟ申渡置候由申候

同日
一俣野善内申候ハ、片上ゟ御米頃日六百四拾俵廻シ申候、船弐艘ニ而廻申候処、三百四拾俵之船欠米壱俵ニ付壱升壱合五勺、三百俵積申船ニ而欠米八合御座候、廻シ様片上当地共ニ同前ニ御座候、右之かん米御法之通不残取立可申候哉、土用越申米ニ御座候間、壱合計之見免シ可被仰付候哉と申候

僉義様ゝ有之、不残立取候様ニと大学被申渡候

同日
一同人申候ハ、在ゝニ御預ケ有之諸奉行入用残シ米、年ゝハ新米ニ而差上ケ申候、当年ハ如何可被仰付候哉、当年者古米無御座候ニ付、諸手江被下候も古米之直段ニ而被下候間、御残シ米も古米ニ而取立可申候哉と申候

大学其通ニ取立可申由被申渡候

同日
一同人申候ハ、大坂相場聞之事、尓今埒明不申候、如何可被仰付候哉、大学被申候ハ、是者今西半内又者大坂ニ被遣御歩行横目共、存寄可然候由被申候、御横目共申候ハ、今度大坂江参候羽原半兵衛申候ハ、前ゝ之通中音之内にて被仰付可然と申候由申候、半内存寄不知候間、追付御米払衆被参候刻、半内存寄なと承、其上にて申付可然と大学被申候

同日
一山田権左衛門申候ハ、　御隠居様今度江戸御供ニ参候坊主共単物銀、只今迄　御隠居様之ハ奥坊主・口坊主共道中御供仕者迄ニ被下候、奥坊主ニ而も御先へ参候者ニハ

不被下候、　殿様之ハ御供にても御先へ参候ても、奥坊主ニハ不残単物銀被下、口坊主ニハ御供仕候ても、単物銀不被下候、　殿様奥坊主御先へ参候者ニ単物銀被下ニ付、今度　御隠居様御先へ参候奥坊主ひとへ物銀之義、御訴訟申上候、如何可被仰付哉と申候

　僉儀有之、　殿様奥坊主御先へ被遣者ニ、単物銀被下通ニ被仰付候へハ、御供仕口坊主ニ単物銀御取上不被成候てハ、兎角一等之御法ニハ不参候間、先只今迄之通御先へ被遣奥坊主ニ、単物銀不被下能可有之と落着仕、右之通大学被申渡ル

山田弥太郎番

九月廿九日

　村田小右衛門書付差出ス

一先日御内意奉窺候通、岡谷村之庄屋重左衛門を以、八田部へ内証尋させ申候、八田部之者共申候ハ、先年木下殿御領分と備前領と山公事ニ付、八田部之者共江戸へ詰申候ハ、少ニても札場広様ニと奉存罷下候、然上者彼所へハ林者不及申上、向後百姓出シ候事一円成不申候由申候、槙谷山奉行藤右衛門追込置申候、寂早久敷事ニ成申候、如何可被為仰付候哉

　此段様ゝ僉儀有之、大学被申候ハ、山奉行藤右衛門事、小右衛門追込置申者之事ニ候間、小右衛門差免シ可然候、山を八田部村之者仕度侭之様ニ申候ヲ、其通ニ仕置候者、以来如何可有之候哉、御帰城以後相伺、其上ニ而藤右衛門事も如何様ニも被仰付可然候由、小右衛門ニ被申渡候

一戸川内蔵助殿御知行所中嶋村と御領内三田村と関戸之儀曖せ申候得共、済不申候、先方申候ハ、内蔵助殿御知行所日焼不仕候様ニ請相申か、彼所ニ関戸仕候か、此弐色之外ハ承引不罷成候由申候、則三田村ノ庄や手前致吟味候へハ、関戸仕せ候儀不罷成候由申候、いか丶可申付候哉

　此段僉儀有之、大学被申候ハ、其通ニ致候事も如何ニ候間、小右衛門方ゟ庭瀬領郡奉行へ可申遣ハ、岩

根周右衛門奉行之時分、備前ゟ夫役を出し川筋ひろけ川敷ヲ出シ候故、三田村之百姓共ハ備前之悪水抜と存居申候故、関戸打破申時分も急度共難申付候、備前領者大身之事ニ候故、水損有之候ても不苦候、三田村之百姓共其元へ進之申候間、様子御聞可被成候、其上ニ而可申付とあなたへさわり不申候様ニ、
結構ニ申遣可然由被申渡候
一去年洪水ニ付、田畠立毛無ニ罷成候者共、飢ニ及可申処ニ、大分之日用米銀備中へ被為仰付、郡中之者今日迄無恙罷有候、当年洪水大風ニ付又候哉田畠無、又ハ毛物も不宜罷成候、毎年大分日用米之儀難申上奉存候、少宛破損繕之日用米之分ニ而者難続奉存候、此段ニ行当御内意奉窺候、自然右之品御心当も可被為成様ニ被思召候者、備中之大唐米残置可申候哉
此段大学被申候ハ、太唐米残シ置候事も難仕候間、先払可申候、日用米入用之時分ハ、来春ニ而も夏御蔵より可遣由被申渡候

一諸事拝借物、洪水在所江者御延可被遣候哉
此段大学被申候ハ、延遣し不申候而成間鋪候之間、延可遣之由被申渡候
一水江村渡船致破損被乗不申候、可被仰付候哉、只今迄之船寛文拾壱年ニ請取申候、先年も三年ニ一度宛請取来申候由、庄屋とも申候
此段大学被申候ハ、船手へ頼候て拵被申候共、代者郡ゟ出し可被申候由被申渡候
一八田村之御普請繕之儀、川部老中被存候通ニ申付候へ者、八田村之者共殊外迷惑仕候、入相之所先方ゟハ繕被申付候ニ、私方ゟ構不申候得者、いな儀之様ニ可被為思召候、御内意承申付度奉存候
此段大学被申候ハ、先其通ニ致置可被申由被申渡候
一当春井関御普請之時分、石置場ニ酒津村田地痛申候、当夏使を遣、其年貢此方ゟ弁可遣候間、改被越候様にと申遣候、少之事不苦候由申越候、何ニ而も礼物可遣候哉
此段大学被申候ハ、小右衛門見計ニ遣シ可被申候、

去年金子遣し候ハヽ、又銀子成とも遣し可然候由被
申渡候

一松山紙仕柳井勘左衛門方へ、去年之通飛脚可遣候哉
九月廿九日　　　　　村田小右衛門
右之段大学被申候ハ、例年之通遣シ可被申候由被申
渡候

同日
一塩川吉大夫今日ゟ御用番にて御座候、例年之通在宅にて
相勤候様ニ仕度候由申候
其通ニ可仕候由、大学被申渡候

同日
一俣野善内申候ハ、石山之御蔵之間を道ニ成候て、御六様
衆通り申候間、御蔵番ヲ御置可被成候か、又此道を御ふ
さき被成候か、両様ニ被仰付被下候様ニと御蔵奉行共申
候、如何可被仰付候哉
大学被申候ハ、御鷹部屋之方へ道者成不申候哉、田
口兵左衛門江様子可尋由ニ而、落着無之

同日
一同人申候ハ、大坂御米払之御馬廻り衆へ渡海之時分、荷
足弐拾石宛御引被下候、左様ニハ荷物も無御座候、参候
時分拾石、戻り申節拾石宛ニ可被仰付候哉
大学被申候ハ、尤之由ニ而、其通ニ可仕由被申渡候

同日
一田口兵左衛門申候ハ、半田山おれ松小挽を遣シ、弥板に
挽せ可申候哉
其通ニ可仕候、於悪敷所者売木ニも可仕由、大学被
申渡ル

同日
一同人申候、材木蔵取立可申候哉、左様ニ候ハヽ、寂前江
戸江遣シ申大工共、前銀百目宛相渡シ置候間、此大工共
ニ可申付候由申候
大学被申候ハ、其通ニ仕可然由被申渡候

同日
一安井六郎左衛門・加藤七大夫申候ハ、樋小屋へ被仰付候

屋鋪、御作事相済不申候故、尓今其通ニ而御座候、御長
屋も拾間計もなけ申候、只今こもはりニ仕置申候、何と
そ被仰付可被下候由申候
　大学被申候ハ、御船奉行衆江相尋、追而可申渡候由
　被申候
一同人申候、阿波材木拾貫目分申遣、五貫目分ハ早〻参申
候、紀州ゟ参居申材木四、五貫目分程御座候、是を取置
可申候哉、少細木に而候得共、同者取置申度候、例年者
三拾貫目計も材木買置仕候間、不足ニ御座候由申候
　此段僉儀有之、紀州木も取、都合拾五貫目之通ニ可
　仕候由、大学被申渡候
同日
一同人申候ハ、樋方御奉行毎年入替り、其上途中ニも替り
申儀有之、御勘定以下無心許儀も御座候、只今迄手代仕
居申候者共、御小作事奉行並ニ被仰付候ハヽ、久鋪手代
仕能相勤候間、年〻替り不申相勤申候者、御為にも能可
有御座かと奉存、申上候由申候
　大学被申候ハ、尤ニ候間、追而思案可被致候由被申
　候
同日
一藤岡内助申候ハ、金岡新田千五百間之塩堤大形出来、石
垣も築申、裏芝付申計ニ仕候、御野郡塩堤も入札之通大
形出来申候由、鈴木所左衛門方ゟ申越候由申候
十月晦日　　　　　　　　　　　水野作右衛門番
一大学中村治左衛門江被申候ハ、　少将様御納戸御荷物被
遣候節、御足軽弐拾人立帰ニ遣候様ニ申付くれ候得と、
山田権左衛門申候間、申渡シ候得と被申候、来月六日ニ
被遣候由、京江之差合ニ者成間敷かと被申候
同日
一武田左吉申候ハ、江戸ニ而走り申候御小人古松村仁三郎
取逃之色物、　御公儀之分請人ゟ差上申候、尋ニ遣候得
と大学ゟ被申渡候由、水野治兵衛方ゟ申越候得共、勝手
次第と被仰候由ニ付而、閙敷時分ニ御座候故、未遣申候、

来月末尋ニ遣申様ニ仕度と申候
年寄中被申候ハ、早ク遣シ候て可然候得共、少なと
ハ左吉心得之様ニ仕見合遣シ苦ヶ間敷かと被申候

同日
一同人申候ハ、先日被仰渡候御野郡御代官近藤七左衛門・
中嶋治太夫家造作相調申候、入用銀被遣被下候へと申、
入用目録仕差出シ申候
一銀百七拾五匁九分　　七左衛門家入用
一同弐百六拾三匁九分　　治大夫家入用
右之銀渡シ遣候へと、水野三郎兵衛ニ大学被申渡ル

同日
一同人申候ハ、先日被仰渡候御野郡御代官浦上七右衛門・
篠村孫左衛門家之造作、入用之竹木目論見候由ニて書付
差出シ申候
一七右衛門家　弐間半ニ六間
一右家ニ　　松丸太六拾六本・大竹五拾本・小竹三拾束
一同　　銀八拾九匁

一孫左衛門家　弐間半ニ六間半
一右ノ家ニ　　松丸太六拾八本・大竹五拾本・小竹三拾束
一同　　銀九拾壱匁
右之竹木相渡候へと、武市源介・清水加兵衛方へ之手紙
左吉相渡シ被申候、松丸太之儀者、風にて折レ申候松こ
ろひ木を渡シ候様ニ仕候へと、年寄中被申渡ル

同日
一同人申候ハ、先日被仰付候御野郡遠新田御普請、早速出
来仕筈ニ御座候得共、寄人少ク御座候て未相調申候、御
銀之義出来後請取申筈ニ候得共、調兼申ニ付而少宛ニ而
も相調申候分、御銀被下候様ニ仕度と願候由申候
大学被申候ハ、少宛にても只今可相渡銀無之候間、
左様ニ心得候へと被申渡候

同日
一俣野善内申候ハ、例只今御蔵上り銀相場相究、町方地子
銀上り申候、今日相場御究可被成候哉、御家之売米高相
場六拾五匁ニ売れ候由、相場聞共申候由、毎高相場ニ弐

匁増ニ被仰付候、当年者直段も高直ニ御座候間、壱匁上りニも可被仰付候哉と申候

　年寄中被申候ハ、只今直段上ケ候共、在〻銀ニ而出シ申にても有之間敷候、例之通弐匁上りニ相究能候半と被申渡候

同日

一同人申候ハ、当年在〻検見ニ被遣候士共、御小人無御座候付而、在ゟ御借人ニ被成候者、御扶持方積仕見申由ニ而、書付差出シ候

一六合壱勺　在夫壱人壱年分年中日数割苻一日分

一七合五勺　渡り夫ノ扶持御小人一日分御扶持方

　以上壱升三合六勺　但一日分

　此儀何茂僉儀之上、年寄中被申候ハ、此割之通被遣能候ハんと被申候

同日

一同人申候ハ、上坂覚左衛門人置料之事、正木権七並ニ壱年分ニ足り不申候、月数可致返上候哉、江戸ゟ半余ニ罷上り候ハヽ、随其儀返弁可仕由、㝡前人置料御究之時分御究置被成候ニ付而、正木権七儀人置料被下候、御究之後間も無之罷上り候故、月割にて返上仕候由申候、何茂申候ハ、御歩行頭共小身ニ付而、人置被下儀ニ御座候、罷上り候て月割ニ返上仕候御究ニ御座候へハ、召置罷下候下人も罷上候て、早〻暇出シ申ニ而御座候、人置料ハ其侭可被下候哉と申候

　年寄中被申候ハ、江戸ゟ罷上り扶持放候様ニ候へハ、必竟下〻ニ当り申儀ニ候、此義ハ明朝相伺可申由被申候

十一月廿一日　　山田弥太郎番

一梶川左次兵衛今日ゟ当番之由ニ而罷出申候由、書付一通差出シ申候

一磐梨郡日用ニ悪米七拾石郡ニ残シ置申度奉存候、此段者御普請不仕候て不叶所大分御座候、内池普請二、三ヶ所、是者只今不被仰付候てハ、寒之内之水くゝり込申事不成

候、又田原之井関当夏者土俵小石なとニ而水取申候得共、来夏少ニ而茂水出候ハ、破損可仕候、左候へハ大分之御普請ニ成申候間、只今川下之大石なとくり上ケ井関繕仕度候、只今之時分ニ御座候故、御役人とハ難申御座候、百姓普請ニ仕、少宛御扶持方被下調申様ニ仕度候、郡ニ水入悪米七拾石御座候、是者御年貢米ニハ成不申米ニ御座候故申上候

猪右衛門被申候ハ、田原之井関者切れ候てハ大分之儀ニ候間、御普請不被仰付候てハ成間鋪候哉、明日相窺可申由被申候

御窺被申候処、磐梨郡水入悪米七拾石、郡之日用御普請扶持方米ニ残シ置度由、願之通ニ仕候様ニと被　仰出候事

同日

一同人申候ハ、郡ニ請取置候石平太船破損仕、銀子入用之切手弐枚差出シ申候

壱枚之切手銀高弐百九拾四匁壱分

壱枚之切手銀高六拾三匁四分

右之船四艘分、田原之井手御用ニ遣申由

猪右衛門右ノ銀子相渡シ候へと、水野治兵衛ニ被申渡ル

同日

一猪右衛門左次兵衛ニ被申候ハ、郡〻ニ御用米とて残シ米有之候、只今御蔵江納り申米之内扶持方ニも不成、御払米ニも不成米納り申候間、郡ニ残シ置候米、不残払わせ被申候様ニ、惣郡奉行中へ左次兵衛方ゟ相触可申由被申渡候、定而郡ニ残シ被申米者悪敷米ニ而ハ可有之候得共、若御損益之考にて中米共残シ置被申候ハヽ、此方江納り申悪米、郡之御用米ニ相渡シ可申候由被申候

同日

一猪右衛門被申候ハ、去〻年之暮江戸御留守番ニ被仰付候者共、去春参候儀御差留被成、去十月ニ江戸へ罷越候御足米之儀、半年詰ニ候故、半分差上申様ニと俣野善内方ゟ相触候、就夫、下ニ而申候ハ、江戸へ罷越半年相詰、

何そ御用ニ而御上せ被成、其侭御国ニ被置せ候者共、御足米其侭被下候、去年之御留守番之者共用意仕居申候得共、　上ゟ御差留被成候へハ、右同前之様ニ奉存候間、其侭可被下儀と申由ニ候、如何被仰付可然候哉、何茂僉儀仕候様ニと被申候

色〻僉儀有之、　上ゟ御差留被成候儀ニ候間、不残被下可然埒之様ニ被存候、明日相窺可申由、猪右衛門被申候

御窺被申候処、去〻年之暮被仰渡、去春江戸御留守番ニ被仰付候者共、御足米之儀半年詰ニ候得とも、其まゝ可被下由被　仰出候事

同日

一俣野善内御蔵御納所米指引之御帳二冊、猪右衛門江相渡し申候

同日

一同人申候ハ、御蔵御納所米之内、水入悪米凡壱万俵程も納り可申候哉、此米御払米ニ難成御座候間、来春ゟ御支配御扶持方御蔵共ニ平シ割苻ニ仕、相渡シ可申候哉

猪右衛門被申候ハ、先其通ニ心得へ候へと被申候

同日

一泉八右衛門申候ハ、頃日御廟之御番御歩五人ニ而昼夜相勤候様ニ被仰付候、炭薪可被下由ニ被仰渡候、食替仕候へハ大形二番ニ成申候、いつまても無限御番にて候へハ、餘世話敷御座候、尤御役料も被下候間、銘〻宿ゟ弁当取寄、壱人ニ而昼夜相勤可申儀ニも御座候得共、小身者ニ候へハ是も迷惑可仕候、炭薪之無御構、弐人扶持御廟御番所江御付ケ被成候ハヽ、御番所にてしたゝめ仕、昼夜壱人宛にて相勤可申候、左候へハ五人にてハ五番ニ成申候、如何可被仰付哉と申候

猪右衛門被申候ハ、御廟之儀ニ候へハ結構ニ被仰付、御番もいさミ候て相勤候か能候間、弐人扶持御付ケ可有之由ニ而、則八右衛門ニ被申渡ル

同日

口上之覚

一京都御普請之御用ニ罷上り申候御小姓組・御弓組之者奉願候ハヽ、人足代ニ御米致拝領、銘〻手前ニ而召抱、京都ゟ罷下り申刻、右之御米を月割ニ仕差上ケ可申候間、何とそ御了簡候て、相調申様ニ仕度奉存候

此段何茂僉儀有之、外ニ差支申義も無御座候間、願之通ニ被仰付可然と猪右衛門被申、明日相伺可申由被申候

御窺被申候処、京都御普請ニ参無足中小性之者共ニ被下候人足之儀、代米ニ而願之通可被下由被　仰出候事

同日

一右御小性組・御弓組弐拾五人之者共申上候ハ、刀指申者召抱申様ニ被仰付候、御米并用意銀共ニ年内ニ拝領仕候ハヽ、勝手作廻仕能御座候ニ付、右之通奉願候

此段僉儀有之、御蔵ニ差支申儀も無御座候間、願之通被仰付可然と猪右衛門被申、明日相窺可申由被申候

御窺被申候処、京都江参候無足御中小性之者とも被下候物、年内拝領仕度由、願之通ニ被　仰出候事

一虫明又八申上候ハ、当春江戸御供被仰付候ニ付、用意銀拾枚請取申候、右之内惣並ニ被召上、残ル銀子御借被為成、重而江戸御供ニ被召連候時、御指次被下候様ニと奉願候

此段何茂僉儀有之、京都へ御用ニ参候者共、江戸御供同前ニ被下米被仰付義ニ御座候へハ、当春之被下米直ニ被下、相勤申筈ニ候間、御借延ニハ成間敷由猪右衛門被申候

同日

口上之覚

一当春江戸御供被仰付候ニ付、用意銀拾枚・路銭米五石被為下請取申候内、被召上分ハ惣並、右之用意銀・路銭米共ニ、来暮ゟ三年ニ春暮二度宛ニ返上申度奉存候、已上

十一月廿一日　　門田茂右衛門

加藤源七

下濃宇兵衛様

是又右同断故、御借延ニハ不成由、猪右衛門被申候

山田弥太郎番

十一月廿九日

一惣御郡奉行寄合仕候由ニ而書付仕、梶川左次兵衛・俣野助市差出シ申候

一亥之暮御借被為成候御米当暮返上之儀、郡方百性共勝手迷惑仕候間、元利共ニ当年者其まゝ御借可被成哉之御事

此段猪右衛門被申候ハ、当年之出シ米不残取立不申共、五歩之内弐歩三歩ニ而も、御郡奉行見計ニ取立可然候、明日相窺可申由被申候

御窺被申候処、亥ノ暮ゟ之御借米、郡奉行見及ニ五歩三歩宛にても取立可申事

一庄屋諸遣米当年者従　公儀被遣、来年ゟ村出シニ可被仰付哉之御事

此段猪右衛門被申候ハ、冣前被遣間敷と御触も有之事ニ候間、当年ゟ被遣間敷候哉、但去年当年凶年ニ而、在方痛申年ニ不被下候も如何可有之候哉、此両様明日相窺可申由被申候

御窺被申候処、庄屋諸遣米当年ゟ被遣間敷事

一去年ゟ世中悪鋪、当年者猶以実入悪敷御座候ニ付、村ニゟ当御年貢米上納難仕見及申候、然上者奉公人米春延ニ可被為仰付哉之御事

此段猪右衛門被申候ハ、在方痛申年ニ候間、奉公人米春延ニ被仰付可然候、明日相窺可申由被申候

御窺被申候処、奉公人米春延之儀願之通ニ可申付由、被　仰出候事

一来春飢人多可有御座様ニ奉存候、育之儀如何可被仰付哉之御事

此段猪右衛門被申候ハ、只今何共可被仰出様も無之候間、其節御郡奉行見計申上候ハヽ、随其ニ可被仰出候由被申候

一郡〻村ニ寄絶人多御座候得共、成次第ニ仕捨置申候御事

此段只今御勝手何共御手之不廻時分ニ候故、被仰付様も無之候由にて、僉儀も無之候

一井関御座候郡江者、御役人御出シ可被成哉之御事
此段猪右衛門被申候ハ、御役人御出シ候て可然候へ共、御役人京都へ参事ニ候へハ、御出シ候事も不成候、御郡奉行見計ニ日用ニ而繕置可然候、明日相伺可申由被申候
御窺被申候処、井関有之郡へ役人之儀、今一往相談可仕事
一郡〻悪米悪餅多ク御座候、御蔵給所共ニ御代官改、差紙ニ而払上候様ニ仕度奉存候御事
此段猪右衛門被申候ハ、所ニ出来申米之事ニ候へハ、納不申候てハ不成事ニ候間、御代官指紙ニ而御蔵給所共ニ納候様ニ、俣野善内へ被申渡候
猪右衛門俣野助一ニ被申渡候ハ、郡〻悪米如何ほと有之候哉、書付出シ被申候様ニ可被相触候、悪米共御蔵給所共ニ、御代官書付ニ而納候様ニと申渡シ候、就夫、小身者共知行所ニ能米有之候ヲ売払、悪米ヲ買調年貢ニ払申者、多分可有之候間、此段随分念之入可被申付候、若左様ニ仕候ハ、急度曲事ニ可被仰付候、前廉ニ庄屋〳〵ニ御代官能申付候様ニ可申談由、被申渡候
一御年貢米銀共、極月廿八、九日迄勝手次第ニ請取被申候様ニ仕度奉存候御事
此段猪右衛門被申候ハ、在方痛申年ニ候間、御蔵廿八日切ニ可被仰付由、俣野善内へ被申渡ル
十一月廿九日
同日
一惣御郡奉行中寄合之節、此書付差出シ申候、冣前被　仰出候宗門改之儀、口上ニ而者末ニハ違申事ニ御座候故、書付懸御目申由ニ而差出シ申候
百姓共江申渡口上覚
一先日被為　仰渡候宗門改之事、前〻従　公儀被為　仰出儀候間、弥念入改可仕候、　少将様前〻被為仰出ニも、神儒仏銘〻心次第与度〻　御意ニ候得共、上向者神道ニ而内証ハ仏道之者も在之由被　聞召上候、自今以後弥内

外無之様ニ仏道を好者者寺請、神道之者者神職請ヲ立可
申事
十一月廿九日
此段猪右衛門被申候ハ、寂前之　御意之趣加様にて
候間、明日相窺可申由被申候
御窺被申候処、御好之御趣意有之、御書出シ本御留帳
ニ有り
同日
塩川吉大夫書付差出ス
一口上道郡当年御普請日用銀負申分、拾弐貫目程御座候、
被仰付被下候ハヽ、請取、御普請奉行手前も当年之分埒立
申度奉存候、此外潮堤之分者当年者成不申候、来春被仰
付可被下候
此段猪右衛門被申候ハ、銀子早〻相渡シ申筈ニ候へ
共、御銀無之候間、御銀奉行手前ニ而渡シ申事成間
鋪候、手紙者調相渡シ可申由被申候
吉大夫申候ハ、此日用銀者大形石屋共手前ゟ買懸り
申ニ付、高木左大夫手前石屋共せかミ迷惑仕由申候、
猪右衛門被申候ハ、とく相渡シ申筈ニ候得とも、兎
角御銀無之由被申候
一村御代官家繕入用之竹木、指紙次第ニ相渡シ申様ニ被仰
付可被下候哉、冬春之内ニ請取置申度奉存候
此段指紙出シ可申由、猪右衛門被申候
一村〻橋木杭木入用ニ御座候、被仰付被下候哉、又奉行廻
り家破損仕候、是又繕竹木被仰付可被下候哉、廻り家之
内今在家村ニ御座候ハ潰申候ニ付、先たヽミ置申候
此段猪右衛門被申候ハ、竹木之指帋者出し可申候、
奉行廻り家潰申分者其通ニ致置、庄屋家ニ而御用相
達候様ニ可仕候、畳置候材木久敷置候者くさり可申
候間、吉大夫見計払可申由被申渡候
一郡出入医者之内板野友庵、当年迄ハ仕申候、御扶持人ニ
被仰付候、此替医者被仰付被下候ハヽ、似合敷医者御座
候間、正月ゟ郡へ出入致療治候様ニ仕度奉存候、以上
十一月廿九日　　　　　　　　塩川吉太夫

此段僉儀有之、岡山江茂程近ク候間、先替無之候迚
も苦ヶ間敷候、明日相窺可申由、猪右衛門被申候
同日
一吉崎勘兵衛申候ハ、先年御餌指半助断罪ニ被仰付候節、
御野郡中村之久八宿仕、荷物預り申候、尓今右之荷物久
八預り居申候得共、跡絶申候、此荷物如何可被仰付候哉
と申候
此段僉儀有之、猪右衛門被申候ハ、勘兵衛見計払候
て、飢人共有之時分救ニ仕可然か、明日相窺可申由
被申候
御窺被申候処、御野郡御餌指半助荷物之事、払せ飢人
之為ニ可仕事
一同人申候ハ、当夏水ニ而今保村之制札流申候、只今申付
候由ニ而、銀子合六拾四匁五リン之切手ヲ出し申候
此銀相渡シ申様ニと、猪右衛門奥山市兵衛ニ被申渡
候
一同人申候、御野郡野田村之百姓次郎左衛門と申者、去月
廿七日ニ妻子共ニ五人つれニ而走り申候、跡改させ申候、
田畠合九反三畝作り申候、当年之年貢米弐拾七俵弐斗、
此内拾六俵程者払御座候、外ニ鍋釜農道具残シ置申候、
走り申様子相尋候へハ、所之者共申候ハ、何之子細も無
御座候、去年之借り米六俵御座候、当年之払成間敷と存、
走り申候哉と申候、着替者取参候、右之二郎左衛門備後
福山之者ニ而御座候、御当地ニ而久敷御持筒仕居申、年
罷寄野田村へはいり申候、女ハ備中川部之者ニ而御座候、
如何様之わけニ而走り申候哉、様子相尋可申与存尋候へ
と申付候、弥相尋させ可申候哉
僉儀有之、猪右衛門被申候ハ、他国者之儀ニ候間、
尋させ候儀如何可有之候哉、明日相窺可申由被申候
御窺被申候処、野田村走り百姓次郎左衛門事、其分ニ
捨置可申事
同日
国枝平助書付差出ス
浅口郡道口村大木池日用米之覚

長平三拾間
一夫役三万七千五百人　横平弐拾五間
　　　　　　　　　　　高　拾間
　此坪七千五百坪　　但壱坪ニ付五人懸り石芝共
　日用米三百七拾五石　但壱人ニ付壱升宛
右之日用米被為下候ハヽ、来年之根付過分ニ可仕候、左候者来年脇〻之御普請やめ候て成共、右ノ御米新田米之内ニ而差上可申候、此池不被為仰付候ハヽ、新田不作可仕候、第一来春迷惑人春すきのためニ而も御座候得者、旁以被為仰付可然奉存候、已上
平助申候ハ、水谷左京殿御領分之新田ハ、尓今大分之御物入ニ候得共、無御捨置被仰付候、御領分者御物入茂無御座、此池計ニ而能田地不作ニ被仰付候事、他領入組之儀ニ御座候故、如何ニ奉存候、古池なと破損所も御座候得共、是者差置、大木池之御普請被仰付候様ニ仕度奉存候
　猪右衛門被申候ハ、此御普請者被仰付候て能可有之候得共、御銀無之事ニ候故、いかゝ可有之候哉、郡〳〵悪米共御払米ニも難成御米候ハヽ、是ニ而被仰付候て可然候半哉、左候へハ又外之郡ニも左様之事有之候、此両様明日相窺可申由被申候
御窺被申候処、大木池繕之事、今一往相談可仕事
一浅口郡当砂入之内田高弐百弐拾八石八斗
畝数拾五町三反弐畝
物成百拾四石九斗
砂取夫役八千八百七拾五人
此日用米八拾八石七斗五升　壱人ニ付壱升宛
右之日用米当年被遣候へハ、来年一年之御年貢米弐拾六石壱斗五升之御徳
　此段も右同前ニ猪右衛門被申、相窺可申由被申候
一浅口郡上竹村庄屋伝右衛門末子壱人・鴨方村弥一右衛門弟・占見村弥七郎弟、此三人山崎勘解由殿新田もらい、連嶋へ出シ申度由申候、此者共被遣候へハ、跡親兄弟共迄勝手能御座候御事

右之者共遣シ可申由、猪右衛門被申渡候
一西六条院村庄屋加右衛門下人、近所他領ニ親類御座候て
呼申候、此方ニ田地無御座難儀仕候ニ付、参度由申候、
可被遣哉之御事
此者遣し可申由、猪右衛門被申渡候
一他領ゟ御領分田地買候て、御百姓ニ成申度由申者共御座
候、当年之儀者一入所ニ田地買申者無御座候、他領者先
様宗旨何角吟味仕、慥成者ニ而御座候者、地買せ御百姓
ニ仕可然と奉存候、左様ニ仕候へハ、所之田地売買も仕
能御座候、已上
十一月廿九日　　国枝平助
此段猪右衛門被申候ハ、書付之通弥慥成者ニ候ハヽ、
田地買せ御百姓ニ可仕由被申候
同日
河合善太夫書付差出ス
一奥津高郡之御林、備中之者又者紀伊国之冨田屋、此者共
請山ニ望申候、入札ニ可申付候哉
此段猪右衛門被申候ハ、他所者ニハ入札無用と申候
得共、御国者請山之義仕者無之候間、他所者ニも先
入札申付候様ニと被申候、善太夫申候ハ、冨田屋ハ
樋方之御材木入申者ニて御座候、加茂山請山ニ被仰
付候ハヽ、樋方之御材木も下直ニ可有御座様ニ奉存
候
猪右衛門被申候ハ、入札之様子次第ニいつれニ而も
可申付候間、先札取可申由被申渡候
同日
小林孫七郎口上書差出ス
一和気郡片上村ゟ加子役之訴訟度〻申ニ付、七月之御評定
ニ片上村ゟ之書付を以申上候処、御帰城以後御吟味之上
ニ而可被仰出之由被仰渡候、加子訴訟之趣意片上書上ニ
具御座候、此段御留守之内之儀ニ御座候間申上候御事
此段猪右衛門被申候、大学手前ゟ相渡置被申候由、
加子役之書付共何茂へ見せ被申候、御船奉行へ様子
聞可被申由被申候

御窺被申候処、片上加子役之事、今一往相談可仕事

一同人申候ハヽ、樋方御用ニ矢田之御林ゟ御用木木数百九拾九本出シ申候、此日用銀合弐百五拾壱匁壱分之切手壱枚差出シ申候

猪右衛門此銀相渡シ候様ニと、奥山市兵衛ニ被申渡候

同日

村田小右衛門書出シ

一備中溝口村兵右衛門と申頭百姓、勝手不罷成候ニ付立退候由書置仕、御年貢米ホ様子能仕参候故、不便ニ存、呼帰シ申度存候得共、品もなく罷帰候様ニ申付候もいかゝニ存候、宜キ品ニ而呼帰シ候ハヽ、横道似せ者可有御座与猪右衛門殿へ窺候へハ、猪右衛門殿も如何ニも重而似せ者可有候間、其分ニ而捨置候へと被仰、其通ニ仕置候処、去冬ゟ罷帰度由数度申越候、家屋敷田地持候てさへ所之住居不罷成立退候ニ、家屋鋪田地者御年貢拝借物他借之方ニ割苻仕候、只今身柄計ニ罷成帰度と申段、如何ニ存候由申聞置候、此上ニ而も所へ入置可申候哉、御窺申上候

此段猪右衛門明日相窺可申由被申候

御窺被申候処、溝口村走り百姓之事、弥其通ニ而捨置可申事

同日

一小右衛門申候ハヽ、寂前も申上候村御代官服部五郎左衛門事、当夏洪水之節堤ヲ関留申候故、大分当秋之御物成も出来仕候、右水之節罷出働申候百姓共ニハ、日用米之内ニ而少宛心付仕遣シ申候、五郎左衛門儀も何とそ可有御座義と奉存候

猪右衛門被申候ハヽ、五郎左衛門事寂前　御耳ニも達候間、何とそ　御意も可有之由被申候

同日

一梶川左次兵衛申候、毎年来月八日ニ兎狩被仰付候、当年も可被仰付候哉

猪右衛門被申候ハヽ、御用ニ御座候哉、明日相伺可申

由被申候
御窺被申候処、兎狩之事、先年之通可申付事
同日
一堀七兵衛申候ハ、先日書付差出シ申候児嶋林村大願寺借用銀之返上、如何可被仰付候哉
猪右衛門被申候ハ、此段者御郡奉行へ申遣候て、上納米にて埒立可申候由被申渡候、此銀京銀並之筈ニ候得共、此寺公儀ゟ修理被仰付候ても能候得共、何廉打過候間年々相済シ、本銀之分払候ハヽ、其時分御捨被遣候て可然かと、大学共申談置候、本銀済候者其時様子可申出由、七兵衛ニ被申渡候
同日
一安井六郎左衛門・加藤七太夫申候ハ、㝡前も申上候材木代銀安田市左衛門方へ申談候得共、御銀無御座由ニ而相渡り不申、他国者久敷逗留仕迷惑かり申候間、御米ニ而も相場ニ被成可被遣候哉
猪右衛門被申候ハ、他国者之事ニ候間、早々相渡シ申筈ニ候へとも御銀無之候、追付利銀共集り可申候間、今少待候へと被申候
同日
一同人申候、樋小屋之御長屋小作事手透御座候ハヽ、被仰付可被下候、只今葺かや調申時分ニ御座候故申上候
猪右衛門被申候ハ、早ク仕度事ニ候へ共、小作事場手透無之延申候、年内者㝡早成間敷候、かやの用意申渡し置、来春早々仕様ニ可申渡由被申渡候
同日
一同人申候、樋方当年分之御勘定帳仕立申候、去年之御入用同前ニ御座候由申候
同日
一同人申候、㝡前も申上候手代之儀、奉行ニ御直シ可被遣候哉、年内ゟ其用意仕事ニ御座候故窺申候
此義僉儀有之、只今京都御用ニ御歩行御入用之時分ニ候へとも、京都御用相済候へハ、御歩行過り申事ニ候、一手多ク成申事、只今之奉行一代者能可有之

候へとも、子共之代ニ成、樋方之御用相勤候事不成様ニ候ハヽ、余人を御抱候様ニ成可申候、此両様明日相窺可申由、猪右衛門被申候

御窺被申候処、樋方定奉行之事、先只今迄之通ニ而置可申事

同日

一保野善内申候ハ、御用ニ付仮横目ニ被遣候御歩行増扶持弐人増を被下候、岡嶋半太夫犬嶋江参候時分三人増を被下候、本御横目参筈ニ候へ共、御横目差合仮御横目被遣候時者、三人増可被遣候哉、外之被下物ハ御横目並にて、御扶持方計弐人増被下候、重而本御横目之替ニ被遣候時分者、三人増被下可然候、左様ニ候ハヽ、大横目共切手ニ奥書仕候様ニ可被仰付候哉

猪右衛門被申候ハ、其段可然候、明日相窺可申由被申候

御窺被申候処、仮横目増扶持之事、三人増ニ被下候、御用之時分大横目ゟ切手ニ奥書仕遣可申事

同日

一猪右衛門小林孫七ニ被申聞候ハ、八塔寺之本尊領銀子残三、四貫目有之由、寺社御奉行ゟ申出候、此銀借シ付置候者以来寺之繕ニも成可申候間、借シ付置度由申候、如何候哉、孫七申候ハ、渡辺助左衛門時分ゟ神根村日笠之紙漉ニも借シ置申候、取立見申候得とも、当年之儀ニ候故、調兼申者も御座候、先日ゟ差出シ申様ニと申付候、取立借シ付候て見可申由申候、利者如何様ニ可被仰付候哉

猪右衛門被申候ハ、本尊領之事ニ候間、利ハ壱割ニ可仕由被申渡候、孫七申候ハ、坊主共時ならす銀子入用と申候てハ、出シ申事成不申候、入用之時分者寺社御奉行ゟ暮ニ如何程入用と書付ヲ取、相渡シ申様ニ被仰付可被下候、其通可然候間、寺社御奉行へ猪右衛門可申渡由被申候

同日

一猪右衛門寺社御奉行ゟ之書付一通・浦伊部妙国寺書付一

通出シ被申、いつれも何と存候哉、僉儀仕候様ニと被申
候、何茂申候ハ、牛窓庄屋宝蔵寺寺領を尋もなく、本蓮
寺江相渡シ申事不念ニ候間、七年分庄屋ニ出シ申候様ニ
可被仰付候哉、但当年之儀ニ候間、迷惑可仕候哉と申候、
猪右衛門俣野助市ニ様子存候哉と相尋被申候、助市申候
ハ、宝蔵寺ニ被下候寺領、本蓮寺江被遣候御折紙ニ一所
ニ御書入被遣候と哉覧承申候、此段者見不申候故、聢者
不被申上候、本蓮寺六ヶ敷坊主ニ御座候故、㝡前庄屋ニ
申付、様子相尋させ申候へ共、本蓮寺ニハ尋不申候、本
蓮寺寺家之坊主ニ尋させ申候へハ、本蓮寺口やわらかニ
御座候由申候、宝蔵寺之寺地又者田地なと、それ〳〵ニ
埒立居申候、妙国寺望申所ハ、七年之間之寺領迄ニ而御
座候、本蓮寺宝蔵寺之寺領請取申候儀者、宝蔵寺僅之寺
領ニ而渡世続兼申故、本蓮寺之末寺ニ仕候ハ丶、事続可
参といつれも旦那共も申、書物も御座候と哉覧申候、然
共本蓮寺不念ハ、宝蔵寺之本寺江届も不仕候段不念ニ御
座候間、本蓮寺ニ出シ候得と申候得共、いなとハ申間敷
候哉と申候

同日

一猪右衛門被申候ハ、広ク沙汰仕義ニ而ハ無之候、郡之儀
者御勝手之元ニ而候間、申聞せ候由ニ而、今朝藤田市郎
右衛門ヲ江戸へ被遣候、様子并積目録之通り御郡奉行江
被申聞候

同日

一大学・猪右衛門両判之条数書、尾関又四郎・広内権右衛
門江猪右衛門相渡シ被申候

（貼紙）
「延宝弐評定書
紙数合弐百四枚
外ニ上紙三枚」

五　御留帳評定書　延宝三年

（表紙）

延宝三卯ノ年

御留帳評定書

（貼紙朱書）
「記第五号五十一

共拾弐冊」

（小口書付）
「延宝三卯評定」

正月廿一日　山田弥太郎番

国枝平助書出

浅口郡大木池御普請并飢人作廻覚

一夫役積三万七千五百人

日用米三百七拾五石　但壱人ニ付壱升宛

右之日用米ニ而御普請出来、飢人茂助ケ申様仕度奉存、作廻存寄書付申候

一御普請銭持ニ仕、池近所ニ村ゝゟ小屋懸させ、郡中男女子共迄打詰、御普請仕候様可仕候

一こぬか先百石計も調、米壱石ニこぬか五斗塩壱斗水拾石程入、粥ニ仕給させ可申候、右之入用銀八拾目程入申候、粥食椀ニ三千五百杯程之積にて御座候、左候へハ壱はいニ付銭弐文宛ニ当り申候

右之仕様村ゝニ当年売家多御座候間、其村ゝ出入ニ応シ其村ゝゟ売家調、小屋仕せ可申候

一粥仕根小屋を懸、大釜三ツ四ツ居、ひさくニ何文ひさくと書付仕、銭次第ひさくニ而汲遣候様ニ仕候ハヽ、乍居之御普請ニ而御座候故、如何様之草臥者年寄子共ニ而も五文三文之役者可仕候、左候得者御普請も出来末ゝも助

り可申かと奉存候、村遠所之御普請ニ而御座候得者、男女子共通ひ申事成兼申候、其上通ひ候ても五合壱升取候ても助ケニ成不申候

一つミな出来以後ハ女子共ニつミなさせ、買せ候てさうすいニ仕可申候

一右之粥さうすい仕候薪、近所御給知宮山ニ而下刈枝伐せ可申哉之御事

一正月廿日過ゟ初之、四月中右之通ニ可仕与奉存候

一御普請米不足仕候ハヽ、当暮新田米ニ而返弁仕筈ニ致シ、肝煎候者ニ銀二、三百目ニ付新田壱反程宛常之御百姓並ニ致遣候ハヽ、借り銀可有御座哉、左候ハヽ、御代官私加判可仕候哉、尤借銀相調不申候ハヽ、追而可申上候、右之通ニ仕候ハヽ、此度之日用米者大キ成御助御為と乍恐奉存候御事

卯ノ
正月十日　　国枝平助

猪右衛門被申候ハ、細成仕様尤ニ候間、此通ニ仕見可申候、薪者近所之給所ニ而遣し可申由被申渡候、平助申候ハ、他領入組之事ニ御座候へハ、かゆニこぬかなと入候事聞へも如何敷可有御座哉と申候、猪右衛門被申候ハ、此節飢人救之事ニ候得者、其段不苦候由被申候

同日

右同人書出

一浅口郡上竹村七助と申者、土肥飛騨所ニ小人仕居申候、小盗仕候故、去年途中ニ頭ゟ暇遣申候処、旧冬在所ゟ取逃仕候か追懸、松山領田上と申所ニ而捕引戻候処、又走り夜〻立帰、村内ニ而盗仕候ニ付、穿鑿仕候へハ、上竹村ノおくやうせと申山へ取込、塚をかこひ居申候ヲ、極月廿一日村中として打殺申候、七助年三十四、五、親類速与無御座候

卯ノ
正月十一日　　国枝平助

同日

右同人書出

一小田郡尾坂村六助と申者、鴨方村七郎左衛門と申者所ニ奉公仕居申候、極月廿一日之夜傍輩之着物盗、手ふり知れ申ニ付、七郎左衛門ゟ穿鑿仕候へハ、かミそりニ而吭をかき自害仕相果申候、六助年四十四、五、所ニ兄弟御座候得共、六助元来不届者故構不申候、以上

卯ノ
正月十日　　国枝平助

同日

塩川吉太夫書出

一口上道郡御普請所多御座候内、第一海辺潮堤破損、尓今少茂繕無御座候、去秋斎木四郎左衛門被仰付罷出見及、入用積書上申候、又龍之口井関損シ、牟佐前新川付申様子御普請奉行中も度〻罷出見及申候、仕不申候ハて不叶御普請所共御座候、近年高木左大夫郡御普請奉行ニ被仰付候、今度京都御用被仰付由御座候、郡ニ仕懸申御普請所も御座候へハ迷惑仕候、郡江何れ之御奉行被仰付候ても御普請調可申候へ共、左太夫儀数度之洪水破損之様子も存候へハ、御普請之作廻も能御座候ニ付、今迄之通郡江御出シ被下候様ニと奉存候、当年郡御普請方申上候義いかゝと奉存候得共、只今之分ニ而成次第ニ仕、捨置不被申候間、御役人近日ゟ御雇、御買石なとも被仰付、御普請少宛成共調申様被仰付可被下候哉、去年も去〻年も日用御普請被仰付候得者、流残田地水懸なと当分之筈ニ合申候、又者飢人之助ニも大分成申候、当年只今之通ニ而御座候ハヽ、当作いかゝと奉存、申上候、以上

卯ノ
正月廿一日　　塩川吉太夫

猪右衛門被申候ハ、左太夫残シ置申度と吉太夫存義ハ尤ニ候得共、京都御用ニ御役人も遣シ御銀も無之事ニ候得者、左太夫居申候ても可仕様も無之候由被申候、吉太夫申候ハ、川筋も替り、奥上道郡迄懸り申井関・井手又者潮堤なとハ、奉行人之身として捨置申事不成候、不被仰付候ハヽ、当年不作ニ罷成可申

候、何とそ日用ニ而成共被仰付可被下候、其上百姓共飢人多可有之様子ニ御座候間、日用ニ被仰付候ハヽ、うゑ人共之御救に茂成可申候間、被仰付被下候へかしと奉存候由申候、猪右衛門被申候ハヽ、御城下之郡之事ニ候間、何とそ仕度事ニ候、如何様相談可申由被申渡候、其後僉儀有之、当年之作不作仕候ハヽ、㝡早百姓之取続者不成事ニ候、吉太夫手前ゟ少利高成共借り銀才覚仕候様ニと被仰付候て可然候、乍去四、五拾貫目之銀吉太夫才覚ニ而調兼可申かと有之、落着無之

同日

春田十兵衛書出

一赤坂郡之内砂川筋河本村・門前村・下市村・立川村、右四ヶ村江通り申川筋両年堤切れ申候、去年も四度堤切申候、田畠砂入も大分御座候、就其、去秋も川替之儀申上候、当年者在ゝ飢人多可有御座躰ニ而、只今ゟ端ゝ飢申百姓御座候迚、少宛弐升麦或者少ゝ取集米有次第ハ飢を育申候、然共大分之飢人ニ無益ニ飢御扶持方米遣候儀も難成事ニ御座候間、右之川替ヲ可成力程ハ仕、飢をも育申度奉存候、然共此川替仕候へハ、奥上道郡・磐梨郡江少妨ニ成申様ニ両郡之百姓共申由承伝申候ニ付、両度参見及申候得共、一円構ニ成申躰ニハ不存候、御普請御奉行被仰付、両郡江妨申段御僉儀被仰付可被下候、夫役凡三万三、四千程入申候、常躰ニ御座候ハヽ、弐万余ニ而ハ出来可仕候得共、在ゝ女子共ニ至出シ候て飢を育申御普請之儀ニ御座候へハ、日用米も壱人ニ或者五合、女子ともニハ三合宛も遣、御普請所ニ小屋懸を申付度奉存候、此川替之義者後ゝ迄御損も参間敷様ニ見及申候、悪田地ヲ川筋ニ仕、上田畠古川を埋申候へハ、斗代相免相も少宛ハ御座候、去年も四度切れ申ニ付、御普請日用米三百五拾石余凡御米入申候、其上ニて唯今荒砂入大分御座候、堤も砂留迄ニ仕置申候、則川替之様子絵図ニ而申上候、郡ニ少宛残り米も又者弐升麦も御座候間、可成程飢を育申度奉存候ニ付、申上候、已上

卯ノ
正月廿一日　　春田十兵衛

此外ニ川替之絵図差出申候
猪右衛門被申候ハヽ、書付之通絵図之様子重兵衛申分一段可然様之御普請ニ相見え、其上ニ而飢人をも救可申との事尤之仕様ニ候、御普請奉行手透次第ニ様子見せニ遣し可申候由被申、追付斎木四郎左衛門ニ其通被申聞、十兵衛出し申候絵図則四郎左衛門ニ相渡シ被申候
追而梶川左次兵衛ニ赤坂郡川替之事被申聞候へハ、左次兵衛申候ハ、川替之事磐梨郡・奥上道郡之百姓共内〻承及候而、此川替被仰付候者、両郡之百姓共不残御断申上ニ而可有御座候、川替り候へハ大堤切れ申積にて御座候由申候

同日
同人書出

一赤坂郡伊田山・佐野山之銅山座本上津庄三郎、私方へ以書付訴訟申候
一伊田山ハ近年銅寂早出兼申ニ付、佐野山を掘申候、吹屋山口村ニ御座候ニ付、佐野山ニ而掘申銅山口村江取越申候へハ、道法一里半之駄賃懸り申候、御運上差上、彼是引申候得者、口すき無御座、迷惑仕候間、佐野村江吹屋床御引せ被為下候様ニ申上候、私申候ハ、此段ハ先年御僉儀有之、佐野山ニ而吹屋を仕候へハ伊田川江悪水出、大川江落申ニ付難成様子と兼而聞及候ニ付、難成と申候へハ、尤先年左様之御僉儀も親庄左衛門時分御座候由承及申候、三、四年已前ゟ作州又者備中にも大川江落申川上ニ而銅山被仰付候ニ付、則作刕・備中江参、金山所を能見留、絵図を仕懸御目申由ニ而絵図を出シ申候、銅山之儀曽而私不案内奉存候、佐野山江吹屋床御引せ不苦義ニ御座候ハヽ、御引せ被遣、若御運上一年ニ三、四貫目も差上儀御座候へハ、外之構ニハ成不申候間、被為仰付被遣間鋪哉之御事
卯ノ

正月廿一日　春田十兵衛

猪右衛門被申候ハ、外ニ構も無之事ニ候へハ、吹屋佐野村へ引せ候ても能可有之候得共、大川筋江悪水出申事ニ候へハいかゝニ候、其上先代ニ作刕領ニ而銅山出来候へハ大川江悪水出申候ニ付、備前ゟ塩なと留候て作州之銅山留り申候由ニ候、左様之事ニ而候ニ、此方ニハ銅山吹屋之悪水川へ出候者、作刕ニ而右之山取立申時分とかくの断も被申間敷候、只今又作州領ニ銅山出来候て川筋ニ吹屋有之由、其程道法なとさかしき百姓ニ而も遣シ様子見せ可申候、其上ニ而御相談も可有之由被申渡候

同日

同人書出

赤坂郡油津里村平三郎・十郎右衛門田地分ケ之書付

申付覚

一上田壱反三畝拾歩　しめや

此代銀六拾目、只今迄平三郎持懸り之分、右之代銀出シ力次第ニ十郎右衛門請返し可申事

一上田三畝弐拾七歩　二又

此代銀弐拾六匁、只今平三郎持懸り之分、右之代銀出シ力次第ニ十郎右衛門請返し可申事

一上田七畝弐拾弐歩　太郎左衛門田

一下田八畝　草生田

一中田五畝拾七歩　黒脇

一下田六畝拾七歩　こひ

一下田壱畝拾四歩　荒神前

一下ゝ田三畝拾七歩　さゝい

田畝数合五反四歩

内

三反弐畝弐拾七歩　平三郎手前ゟ十郎右衛門方へ請取可申事

壱反七畝七歩　代銀出シ力次第ニ十郎右衛門請返し可申事

一中畠弐畝弐拾弐歩　くほ田

一下畠弐畝拾歩　　　　さゝい
一下畠壱反八畝拾九歩　大手
　畠畝数合弐反三畝弐拾壱歩　平三郎手前ゟ十郎右衛門
　　方へ請取可申事
一下畠五畝拾七歩　池ノ上　只今十郎右衛門居屋
　　敷其侭十郎右衛門ニ
　　遣候事
　田畠畝数合七反九畝拾弐歩
　　前書之通ニ致請取可申事
一下田壱畝弐拾五歩　かな屋之後十郎右衛門手前ゟ平三
　郎うけ取可申事
一中田壱畝拾歩　平木池残り之分其侭平三郎ニ遣し
　可申事
一上畠壱畝　稲荷留三畝之内其侭平三郎ニ遣候
　事
一中畠六畝　紺屋之前伝十郎居屋敷其まゝ伝十
　郎ニ遣候事

右之通申付候間、庄屋年寄畝数見届相渡可申事
　延宝弐年極月九日　　　　　春田十兵衛
　　　　　　　　赤坂郡油津里村庄屋
　　　　　　　　　　　　三郎右衛門
　　　　　　　年寄
　　　　　　　　　　　　五郎右衛門
　　　　　　　　　　　　平三郎
　　　　　　　　　　　　十郎右衛門
　　　　　　　　　　　　伝十郎

十郎右衛門酒元弐拾四石、先奉行俣野善内遣シ置申、酒
元此度取上申候、町苅田村江付申酒元ニ御座候ニ付、十
郎右衛門只今作り申勢無御座ニ付、取上申候、町苅田泮
江付申酒元ニ御座候へハ、脇村へハ難遣存候、以上
　　　　　　　　　　　　春田十兵衛
同日
一春田十兵衛申候ハ、平三郎・十郎右衛門去年田地公事申
出、御僉儀被仰付候処、公事之外ニ平三郎手前悪事共有

之、籠舎被仰付候故、私此段御侘言申上候、籠舎御免時分田地埒十兵衛次第と被仰付候故、田地之埒承届、此書付之通ニ申付候、以後も奉行人なと替り候ハヽ、又様〻之儀を可申者ニ御座候、御留帳ニも此通被仰付置、重而又申出不申候様ニ仕度奉存候由申候

猪右衛門尤之由被申、玉野武兵衛ニ御留帳ニ付置可申由被申渡候

同日

梶川左次兵衛書付差出

一磐梨郡弥上村ニ極月十四日ニ九郎兵衛と申百姓之家焼申候、同十五日ニ又喜左衛門と申百姓之家焼申候故、付火にて可有御座と百姓共申、僉儀仕申候、二日市村吉右衛門と申者、両夜之火事ニ居合申候故、此者不審成由申候て僉儀仕候へハ、火付ニ而ハ無御座候、七兵衛と申者吉右衛門弟ニ而御座候、此七兵衛女を吉右衛門申成ニ而離別致させ、此女弥上村助左衛門継娘ニ而御座候、此女之所江通ひ申候、則吉右衛門口書弐通、女口書一通、女之母口書一通、女ノ親助左衛門ハまゝ親、其上助左衛門女者あいさつ悪敷、別屋之様ニ仕居申候由、様子一円不存候、村之者も助左衛門ハ存申間敷由申候

同日

二日市村吉右衛門口上

一私少大工仕ニ付、折〻弥上村へ参申候、昨十五日之朝食給、弥上村助左衛門方へも参申候、委細者去秋助左衛門作事仕ニ付、廿四、五日も居申候得共、作料くれ不申ニ付、少成共取可申と存参候へハ、夕食給候へと助左衛門被申候ニ付食給、助左衛門方泊り申候、付り十四日ニ参候由被申候方茂御座候得共、中〻左様ニてハ無御座候、十五日ニ参候処偽無御座候

寅ノ

十二月十六日

同日

同人口上

一去年十二月八日ニ弥上村六右衛門と申者門屋作事仕、同

十四日迄居申候、則十四日之暮六ツニ同村九郎兵衛ニ火事参、其節火事場へ参申候、罷帰六右衛門ニ泊り申候
一明ル十五日ニ庄屋清兵衛殿江参、則野間村大工長太夫も居申候処、清兵衛殿被申様ハ、両人大工衆頼九郎兵衛家を近日建申筈ニ候、左様心得可給候、其晩同村助左衛門所江参、貴殿之家去年八月七日ゟ同九月三日迄作事仕候、其工手間只今迄相済不申、其上同村清兵衛殿作事仕、工手間銀迄取込、両所共ニ今晩請取申、さてハ不叶と申、兎哉角哉と申間ニ夜更申候内、同村喜左衛門家ニ火事参、其侭助左衛門家ニあかり火うつり不申様ニ致裁判申候
一翌日上村忠兵衛殿・沢原村徳兵衛殿、弥上村之庄屋ニ御座候て、拙者御呼被成候、早〻参申候、其時ニ御両人被仰候ハ、夕部其方ハ助左衛門所ニ居申之由、其分かと被仰候、如仰居申候、又一昨夜も其方ハ助左衛門所ニ居申之由承候、中〻一昨夜ハ助左衛門所ニハ居不申候、又被仰候ハ、証拠有之と御申候、左様御座候ハ、証拠御出シ可被成候、左様申内市左衛門参、一昨夜助左衛門所ニ脇指を指居申者ハ助左衛門娘ニ而御座候
一正月九日之夜二日市村をかけ出、弥上村江参申候ハ、助左衛門所ニ脇指を置申ニ付取ニ参候へハ、夜番之者見付打留可申と申候、其節吉右衛門ニ而御座候と申候得者、大勢寄合助左衛門所へ召籠、夜明候へハ二日市村へ送被申候、已上

卯ノ
　　正月六日

此正月九日之夜二日市を懸出弥上村へ参候、夜番見付申候と御座候ハ、吉右衛門弥上村之火事ニ両夜共居合申、其上申分てん〳〵仕候故、村ニ預り置申候、弥上村之番之者と申儀ハ、さい〳〵火事参候故村〻気遣仕、番之者置申候故、見付申候由

同日
　　弥上村女之口上

一去〻年九月八日私夫和気郡弓削村之宮へ氏参仕候跡ニへやへ参、脇指を抜持、吉右衛門申候ハ、兎角我ホ申様ニ

不仕候ハヽ、切殺可申由申ニ付、恐敷存無是非随ひ申候、
扨者私身之置所も無御座と存候而、髪を切捨弥上村江戻
申候
一同年十月十二日在所江戻候刻も、則吉右衛門又ハ作助子
召連参候、早道ニ而吉右衛門申候ハ、加様ニ在之からハ
跡より迎ニ参候共、二度二日市村江戻候事無用、親勝手
迷惑仕候ハヽ、此方ゟ扶持方続ケ遣シ可申候由申候
一同十月ニ銀子くれ申ニ付封之侭請取置申候処、其後追付
又参、此中之銀子返シ候様ニと申ニ付返シ申候へハ、銀
子ハ取候て包紙計女之持物とてくれ申候、其後少からか
い致申ニ付、右之紙取出シ、吉右衛門ニ打付申候
一去年之春私申候ハ、親勝手成不申候間、奉公可仕と申候
へハ、奉公ハ仕せ申間鋪と申候、則扶持方ニ仕候様ニと
申、麦小俵一俵三月末之頃ニ夜中ニ持参仕くれ申候
一麦くれ申少前ニ木綿帯壱筋くれ申候、則是江持参仕候
一私身持ニ成申ニ付吉右衛門ニ次第を申候へハ、何とそ致
分別可申と申、日を送申候、然者何方へ成共つれ参候様
ニと申候へハ、ひたもの月を延、右之仕合御座候
一右之外ニハ何茂くれ不申候、結句去年七月之頃布壱端致
置候へハ、私ニハ銀成共又帷子成共くれ可申迚、其布取
申候、代迚ハ銭壱文もくれ不申候

同日

女之母口上

一前後不存候、去年之春之頃吉右衛門参、臥り忌居申候ニ
付吉右衛門ニ申候ハ、其方心一つにて我ホ娘有付候、所
に茂置不申加様仕段近頃迷惑と申候得者、其方之知事ニ
而ハ無之と申候、其後者度〻参申候
一右之通御座候故、吉右衛門是へ引せ参申候、女ハ産仕間
無御座候故、村ニ置申候、御穿鑿被仰付可被下候哉と申
候

猪右衛門被申候ハ、加様之首尾ニ候得者寂早御穿鑿
ニ及申儀にて無之候、籠舎申付候様ニと被申渡候、
女之儀者在之籠に茂先入置候様ニと梶川左次兵衛ニ
被申渡候

同日

一吉崎勘兵衛申候、とう新田潮堤之御普請請取之者、去年之儀尓今銀相渡不申候而迷惑仕候、ひとへの者共ニ御座候間、銀子御渡被下候様ニと申候

猪右衛門被申候ハ、とく相渡申筈候得共、御銀無之相渡不申候、相渡申様ニと奥山市兵衛ニ被申渡候

同日

一同人申候、当年在〻痛申候、先年も加様痛申候時分、半田山松之落葉被下候、御救御座候間、此度も左様ニ被仰付可被下候哉、左候ハヽ、勘兵衛札ニ而御山江入申様ニ仕度由申候

猪右衛門被申候ハ、落葉被下候而も能可有之候、武市源介ニ様子被申聞候て可被申渡由被申候

同日

一同人申候ハ、大坂ゟ送参候非人二郎兵衛、元来浜野村之者にてハ無御座候、浜野村ニ少之内居申候得共、浜野村を出候て片上へ参、森内記殿加子ニ出申候得共、香登ニ而喧咄など仕、扶持放被申候、片上ニハ不遁候者も可有御座候哉と申候、此者方〻仕ありき申者ニて御座候由申候

猪右衛門被申候ハ、左候ハヽ、先岡山ニ而飢扶持少宛遣シ置候て、様子聞申様ニと岩根周右衛門江被申渡候、周右衛門申候ハ、左様ニ御座候ハヽ、先当月中之うゑ扶持遣し見可申由申候

同日

一岩根周右衛門申候ハ、大坂ゟ送参候権事、親水野三郎兵衛預り屋敷ニ尓今居申候得共、権悪鋪煩仕候故追出シ申候者之由申候

女非人博労町穿鑿仕候得共、久鋪町人共も覚不申候、長介親尓今山田市郎左衛門方ニ居申候得共、此者先年御国御払被成候者ニ候故、市郎左衛門方ニ居申候親ニ請取候得と申かたく候由

猪右衛門被申候ハ、権と女非人ハ山江遣シ可申候、市郎左衛門者之子者寂前も払申者ニ候間、払候て可

然候由、周右衛門へ被申渡
同日
一同人申候ハ、頃日岡山江出申飢人共有増見申候、六、七百も可有御座候か、其内三百程も他領者ニ而可有御座候、他領者者払申様ニ仕度候由申候
猪右衛門被申候ハ、御国者者郡〻江申触、在江呼入、残他領払候て可然候由被申、則月番之郡奉行春田十兵衛ニ郡〻江其通申触、当月中ニ呼帰候へと被申渡、周右衛門申候ハ、左様御座候ハヽ、町ゟ出申候非人者其町〻ノ目代ニ札を出させ候て、札持参候者之分かゆ給させ申様ニ可仕候由申候
同日
一同人申候、塩高直ニ御座候而、町在〻共ニ殊外迷惑仕候、他領江出申候塩少之内御留被成候ハヽ、塩下直ニ成可申候哉、左候者町在〻共ニ御救にて御座候、塩下直ニ御座候得者、草之葉ニ而茂煮候て塩を入給申候由申候
猪右衛門被申候ハ、何と他所江出候塩を留申処、如何有之候哉と被申候、何茂申候ハ、少津留之様なる気味茂御座候へハ、此方ゟ出申候物を御留被成候事ニ候間、苦ヶ間敷候哉と申候
猪右衛門被申候ハ、左候ハヽ、春田十兵衛方ゟ今之内他所江出候塩留申候様ニ、郡奉行中江申遣シ候へと被申渡候
同日
一安井六郎左衛門申候、御役人京都江被遣、樋方之御用差支申候、日用ニ而茂遣可申候哉、扨又御奉行御横目共ニ是又京都江被遣候、只今樋不仕候而不叶者取懸申候、如何可被仰付候哉と申候
猪右衛門被申候ハ、備中水江村之樋者不仕候而不叶儀ニ候間、日用ニ而茂遣候得と被申候、御横目奉行之儀者追付京都ゟ御帰城之時分相窺可申渡由被申候
同日
一同人申候ハ、和気郡藤野村池樋之事、小林孫七方ゟ申故、堪忍成申候ハヽ、先其通ニ而置候得と申遣候得者、当年不

仕候而不叶儀ニ候、杉ニ而寂前被仰付候得共、くさり申候間、弥木ニ念入申候へ、居替申候ニも日用米弐拾俵入申由申越候
　猪右衛門被申候ハ、右之杉御国木ニ而候故、左様ニくさり申候哉、重而仕候ハ栗ニ而致候へと被申渡候

同日
一同人申候ハ、当地江参居申候材木共直段まけ申様ニと申候得者、大坂並ニ被仰付被　召上被下候得と申候間、大坂にて壱、弐貫目計材木被　召上候而、直段御究可被成候哉
　猪右衛門被申候ハ、直段究申計ニ大坂之材木調候事も不入事ニ候間、加藤七太夫大坂ニ居申候間、直段之儀具ニ尋ニ遣し候得と被申渡候

同日
一同人申候ハ、樋方奉行人之家明居申、火本無心元存候由申候
　猪右衛門被申候ハ、家借りたかり申候者候間、先かし置候様ニ可仕候由被申渡候

同日
一斎木四郎左衛門申候ハ、京都江御鉄炮被仰付候程遣シ候へハ、御番所之御鉄炮も不足仕、又ハ何そ兼〻稽古なと〻御座候時分茂、御鉄炮無御座候、犬嶋ニ而被仰付候御献上之井筒に茂、御奉行御横目御鉄炮も遣シ不申候而、御物入御座候、如何可被仰付哉と申候
　猪右衛門被申候ハ、先犬嶋之井筒ハ石切治兵衛ニ渡シ切ニ仕、相渡シ候得と被申渡候、御鉄炮不足之落着ハ無之候

同日
一広内権右衛門申候、久馬村之百姓家壱軒焼申候、付火共見え不申候、類火も無御座候由申候、扨又御残シ米之儀如何被仰付可被下候哉と申候
　猪右衛門被申候ハ、追付京都ゟ御帰城之刻相伺可申候由被申渡

同日

一俣野善内御蔵米不足之積書付一通、猪右衛門江相渡申候

同日

一山脇三郎兵衛・岡助右衛門御勘定相済申、目録一通猪右衛門江相渡申候

正月晦日　長屋新左衛門番

一斎木四郎左衛門申候ハ、高木左太夫手代ニ請取来候中村主馬預り久左衛門と申者、様子も能存居申候間、其侭御渡被下候様ニと左太夫申候由申候

猪右衛門被申候ハ、壱人なと抜人ニ仕候ても苦ヶ間敷候間、其侭渡シ候様ニと被申渡候

同日　春田十兵衛書出

一赤坂郡之内河原毛村庄屋惣兵衛・小百姓市郎右衛門と申者、旧冬御年貢御代官吟味品

庄屋　惣兵衛

一定米拾石四升八合

内

七石四斗九升三合　御年貢米払申候、但人ニ当置

申田地御年貢此内大分御座候

残テ弐石五斗五升五合　未進

内

壱斗四升七合　庄屋給

五斗弐升四合　諸遣米

又残而壱石八斗八升四合

此分何共可仕様無御座由ニて請相不申候、如何様不審存候、作り申田地を算用仕候へハ、一円御年貢ハ無之候、此上者家内闕所仕、其上之儀と御代官申候へハ、納戸ニ年取米唯壱俵ならてハ無御座と申候ニ付、弥不審ニ存、家内改申候

内証ニ米八斗九合

又籾壱石九斗六升四合　米ニ〆九斗八升弐合

外ニ銀子四拾壱匁　天井ノ上仏前ニ備置申候

小百姓

一定米拾弐石弐斗九升九合　　市郎右衛門
内
五石弐斗弐升八合　　御年貢米払申候、人ニ当置申
田地御年貢此内大分御座候
残テ七石七升壱合　　未進
内
壱石弐斗四升　　売田
六斗四升　　かり返し
壱石六斗　　うり田
五斗　　娘手切
壱斗　　戸弐枚、椀五人前
弐石九斗九升壱合　　牛弐疋、家三間ニ八間
右之通品ゝ売立物名付申候、然共此者作仕御年貢一円出
シ不申ニ付、御代官吟味之上ニ而家内闕所仕候へハ
内証ニ米壱石三斗六升八合
内
六斗壱升三合　　米船ニ入上ニあわぬかきせ置
申候、大分白米に仕置候
壱斗六升八合　　天井ニ御座候
外ニ籾壱石九斗五升六合、米ニ〆九斗七升八合
右之通改出申候、去春宗門改之時仏道ニ入申様ニ外ゟ承
及申ニ付、弥其通ニ候哉と御代官致吟味候へハ、老母御
座候、是ハ法花宗ニ而仏道願申由申候、左候ハヽ、母弥仏
道ニ而置候へ、然上者其方共も仏者ニ而候哉と致吟味候
得者、兄惣兵衛私ハ神道にて御座候と書付を以申候、其
分ニ致置候へハ、今度闕所之節改出候へハ、惣兵衛・市
郎右衛門申合、不受不施坊主三、四年かこひ置申候、此
坊主赤坂郡西中村ニ居申、欠落仕覚乗院と申出家ニ而、
去年八月ニ右之市郎右衛門方にて相果、墓所御座候、石
塔ニ覚乗院と書付申候、市郎右衛門家内ニ仏具多御座候、
改置申候、仏具払候ても米弐石計者可有御座与存候
右之市郎右衛門ハ極月十六日ニ町苅田村籠舎申付置候、
庄屋惣兵衛儀者旧冬ゟ惣分村肝煎庄屋四郎右衛門ニ預ケ
置候得共、当月十六日ニ是又籠舎申付置候、河原毛村ニ

少御林を俣野善内時分ゟ仕置申候、此御林ニ而木も能程盗割木ニ仕置申候、是ハ少之儀ニ御座候得共、村之者には奉行江申囉申由ニ而伐申と申候、已上

卯ノ
正月晦日　　春田十兵衛

右之段猪右衛門明日相窺、其上ニ而可申付旨被申候

御窺被申候処、河原毛村庄屋惣兵衛・小百姓市郎右衛門儀、当所之籠舎可申付由被　仰出

同日

和田太郎左衛門書出

一正月十六日之夜多賀村九郎兵衛下人三蔵、馬屋之庭ゟはいり、口之はりニ首をくゝり死申候、明ル十七日之朝庄屋仁右衛門私方江参、右之通申候、左候ハヽ、西軽部村庄屋吉右衛門方江人を遣、参候へと申付候、惣分村江茂其段理りニ人を遣候得と申付候、吉右衛門参次第ニ此方江申候へ、我ホも罷出候て死人之様子見可申与申渡候、吉右衛門追付参、我ホも庄屋迄罷出申候、少罷有候て西軽部村吉右衛門申候ハ、惣分村ゟ人遅ク参候ニ付、庄屋仁右衛門ニ尋申候ハ、惣分村庄屋四郎右衛門方江も様子申遣候哉と尋候へハ、仁右衛門申候ハ、死人母親か所と請人年寄善兵衛所へ申遣候と申ニ付、左様ニ候ハヽ、先死人様子御覧候て、四郎右衛門方江人を御遣可被成与申候、扨吉右衛門・仁右衛門、年寄七郎右衛門・加兵衛、其外南佐古田村庄屋喜左衛門・大屋村庄屋作兵衛、用之義御座候て参候、此者共以上六人召連、九郎兵衛長屋ニ死人居申候ヲ、帯をとかせはたかになし、上下江打返シ見申候、少茂疵無御座候、懐之内ニ小刀壱本紙ニ包、上をそくい付ニ致シ御座候、扨惣分村庄屋四郎右衛門方江多賀村年寄加兵衛口上ニ申付候ハ、多賀村九郎兵衛下人三蔵首をくゝり相果申様子見及候へハ、別ニ疵も見え不申候、其方ゟ親類共参候て様子見及、其上にて葬も致可然と申遣候、惣分村四郎右衛門返事ニハ能加兵衛被下候、死人母と弟手前不成者ニ御座候間、取置を可致様無之候間、少九郎兵衛ゟ遣シ候様ニ被成、其御返事次第ニ早〻人を

遣、死人取越可申候、扨又此方ゟ多賀村小百姓有助ニ申
遣候ハ、死人不便之儀候間、御申通ニ出させ可申候、死
人つれニ御越候へと吉右衛門申遣候
一春田十兵衛方江死人之様子書付を以申遣候へハ、口上返
事ニ別条無之候ハヽ、葬候得と被申ニ付、其段庄屋仁右衛
門ニ申付候、其使夜ル五ツ半ニ罷帰申候、則仁右衛門ニ
申付候ハ、重兵衛ゟ埒明参候間、早ゝ先江相渡候得と申
付候
一十八日之朝五ツ過ニ庄屋仁右衛門参申候ハ、惣分村ゟ人
参死人様子見申候へハ疵出来仕候と申参候、私申候ハ、
未相渡不申候哉、又者其疵ハ何とて出来仕候哉と申候へ
ハ、仁右衛門申者、番之者五人申付置候得共、けたもの
ニたへさせ申由申候ニ付、扨ゝ不念可申様も無之候、左
候ハ、弥念之入置可申候、其段春田十兵衛方江相断可申
候、十兵衛ゟ又ゝ惣分村庄屋四郎右衛門・西軽部村庄屋
吉右衛門、其疵之様子見及ニ被申付参候、両人之者も見
申候て我ホ方へ申候、いよ〳〵けたもの之給申ニ紛無御
座候間、罷帰、死人取越可申と申候事
一又被入念之、春田十兵衛被申候ハ、其疵之様子長谷川九
介・小寺猪平治・私・町苅田村庄屋多兵衛・惣分村弥七
・西軽部村庄屋吉右衛門参候て相改可申与被申付、右何
茂九郎兵衛所江参、死人疵見申候、右之耳ゟのとのふゑ
へかけ疵御座候、何茂申候ハ、けたもの、たへ申疵ニ究
申と見及被申候、以上

卯ノ
正月晦日　　　　　　　　和田太郎左衛門
此段十兵衛申候ハ、右之書付之通別条無御座候得共、
首くゝり申候者之給人方ゟ十兵衛方江右之者之様子
疵も有之候由申越候由ニて、猪右衛門江十兵衛いか
ゝ可仕候哉と申候ニ付、其時分死人改候御代官共口
をも御横目共ニ聞せ申様ニと猪右衛門被申、御代官
三人罷出、何茂様子承候、右之書付之品同事ニ申候
　　　　　　　　　　　　　　　　　　　多賀村
和田太郎左衛門・小寺猪平治・長谷川九介　惣分村

右之段御窺被申候処、多賀村首くゝり三蔵死骸葬せ可
申事

同日
村田小右衛門書出

一荒改可被為仰付御奉行御手支之由被仰候ニ付而、私先日
ゟ地改罷出、夜前水江村改仕廻申候、洪水在所荒発之品
御年寄中江御内意窺、御米ニ而壱年被仰付候、此儀御為
宜様ニ奉存候、縦飢人多御座候へハ米をほしきと奉存、
自地ヲ発申候、砂取ほれなとハ夫役を考、其夫役程御米
遣シ申候、少茂風代之御米ハ入不申候、然共当年者御米
銀御手支、前〻之通ニハ被為仰付候段不被為成候由被仰
付候故、水江村ハ鍬下ニ申付候、則改目録差上申候、両
年之洪水ニ付、寂早民自分ニ可発力も無御座候、日用を
止田畠発申内之作食無御座候間、其侭荒ニ仕くれ候へと
いつれも申候、私申渡候ハ、尤当分日用仕口をもすき可
申候得共、民田畠所持不申候而者永代之楽も無御座候、
地出来候へハ妻子之扶持方ニも可罷成候、尤公儀御為ニ
も罷成候間、鍬下ニ而発させ可申与申渡、右之通ニ先改
申候、水江村地高千石余御座候、先日ゟ村中田畠悉見分
仕申候、砂之不入所ハ作土すきと流、下ハ岩同前之にか
り土ニ罷成候、此土ニてハ作物前〻ゟ半分も出来不申候、
加様之所者壱年鍬下ニ申付候、砂三、四寸ゟ四尺迄者段
〻鍬下ニ申付候、四尺ゟ上ハ荒ニ仕置申候、右之砂取上
申夫役大分故、飢人之身ニ而御普請ハ不罷成候由申候、
傍示境無御座候てハ後〻ハ境之論ニ可罷成候間、彼是之
為ニ是非少宛発候へと申付、右之畝数程発可申と請相申
候、只今者村中大川原ニ罷成候故、私改之善悪知申間鋪
候、初日ハ民共結句荒を好申候へ共、其後者鍬下ヲ結構
奉存候哉覧、地発を望申候、情力つよき者ハ年〻相応ニ
発をも可仕候、鍬下之約束之年数程ハ作物自分ニ作取ニ
可仕候、其節見分之銘〻私ゆるかせの様ニ可存候、常〻
通之様ニ申付候てハ、水江村・西阿知村・西原村ニ発地
ハ少ク可有御座候、御下知次第ニ可申付候、砂之中を少
宛発候ても残砂風ニ被吹立、作物迄捨可申候、柳をさゝ

せ可申候、柳はへ付申候へハ、砂風ニさのミ吹立申間敷
候、地も自木之汁ニ而能成可申と申渡候

高千三拾石八斗四升五合
一惣畝数七拾七町八反三畝弐拾弐歩半　御検地本帳面
田三拾九町三反四畝拾六歩
畠三拾八町四反九畝六歩半

内

高五百弐石七斗弐升壱合
畝数三拾六町弐反七畝廿八歩半　古荒洪水永荒
田弐拾三町五反八畝弐拾五歩
畠拾弐町六反九畝三歩半

高五百拾八石六斗弐升七合
残畝数四拾壱町五反五畝弐拾四歩
田拾五町七反五畝弐拾歩半
畠弐拾五町八反三歩半

内

高三百八拾四石七斗六升壱合
畝数三拾壱町九反六畝廿六歩半　生畝御年貢不相替
田九町弐畝弐拾五歩
畠弐拾弐町九反四畝壱歩半

高弐拾三石弐斗八升五合
畝数壱町六反三畝拾歩　壱年御年貢御赦免
田九反六畝拾八歩
畠六反六畝弐拾弐歩

高三拾六石弐升壱合
畝数弐町五反三畝五歩半　弐年御年貢御赦免
田弐町壱反三畝拾壱歩半
畠三反九畝弐拾三歩半

高拾八石五斗六升七合
畝数壱町三反四畝弐拾七歩半　三年右同断
田八反八畝拾弐歩半
畠四反六畝拾五歩半

高五石六升壱合
畝数四反四畝拾四歩半　四年右同断

田三反四畝八歩半
畠壱反六歩
高弐石六斗四升弐合
畝数壱反八畝六歩　五年右同断
田壱反壱畝七歩
畠六畝弐拾九歩
高九石弐斗四升七合
畝数六反六畝弐拾四歩　七年右同断
田四反八畝弐拾五歩半
畠壱反七畝弐拾八歩半
高拾壱石四斗八升四合
畝数八反六畝弐拾七歩　八年右同断
田三反壱畝四歩
畠五反五畝弐拾三歩
高弐拾七石五斗五升九合
畝数壱町九反壱畝三歩　九年右同断
田壱町四反八畝廿八歩半
畠四反弐畝四歩半
已上
右之趣御窺被申候処、備中水江村・西阿知村・西原村荒発之儀、鍬下ニ書付之通可申付旨被　仰出
一御年貢切手落候御侘言、先日春田十兵衛を以申上候、先年被　仰出候ハ、向後切手落候者ハ銘〻損ニ可被為仰付与、私当番之刻被為仰渡候付而、御直ニ御侘言不申上、右之通御座候、去年之民之事ニ御座候間、不便奉存、又御断申上御事ニ御座候
猪右衛門被申候ハ、不念之事ニ候間、重而ハ其者之損ニ仕候様ニと先年申渡候へ共、去年者在も痛、其上御米御蔵へ入候ハ必定ニ候間、此度者先切手書替遣し候様ニ御蔵奉行ニ申渡候様ニと猪右衛門被申候
御窺被申候処、備中切手落候儀此度者書替遣シ可申事
一岡谷村之山ニ銅出来仕候由、同村之御百姓次右衛門申候、田畠ノ邪魔ニ成不申候者可被為仰付候哉、則銅山望申者同村之次右衛門と申百姓ニて候、弥被仰付すきわいニ成

候ハヽ、御国御法之通諸事御下知次第ニ御請合可申上候、
先山ハ手差不申候、悪水を流申儀ニ而ハ無御座候、焼く
さりニ仕候故、脇へ之邪魔ニハ成不申候由申候
猪右衛門被申候ハ、脇へ之邪魔ニも不成事ニ候ハヽ、
先申付見可申候哉、明日御内意窺可申付由被申候
御窺被申候処、銅山之事先仕せ見可申由被　仰出
一宗門心次第と　御意之旨何茂江申聞せ候、神道之者仏道
ニ罷成候ハヽ、他領之坊主請ニ取候儀、改之邪魔ニ罷成候、
然上者御領分之坊主ヲ頼、宗門手形差越候へと申付候、
所ニゟ出家無御座候ニ付而、神道ニ罷成可居申と相断候、
改之節手廻り兼候共、銘ゝ断之通ニ他領坊主を請ニ取可
申候哉
正月晦日　　村田小右衛門
猪右衛門被申候ハ、其所ニ坊主無之候ハヽ、他領之
坊主ニ而も、宗門請取候様ニと被申候
御窺被申候処、宗門寺之事、其村ニ無之候ハヽ、他領
坊主にて宗門請ニ取可申事

同日
村田小右衛門差出
一今度江戸ニ而相果申候御小人岡谷村市左衛門儀、御給米
差上申様ニとの御意奉得其意存候、併兄六左衛門宿ニ居
申老申二親はこくミ申候へハ、少之作ニ而ハ勝手不罷成、
市左衛門ニ被下御給米を以漸ゝと御年貢相済、去年不世
中之儀ニ御座候へハ、二親共はこくミかね飢ニ及申躰ニ
御座候故、只今市左衛門御給米返上可仕様も無御座、迷
惑仕居申候、人替りを以御給米之御差次にも可成儀ニ御
座候ハヽ、奉頼上申度御座候、人替可被召出儀ニ御座候
者、則市左衛門兄六左衛門人替ニ差上申度奉存候、以上
卯ノ
正月廿八日　　岡谷村
十左衛門
猪右衛門被申候ハ、兄六左衛門を替りニ出シ候様ニ
と被申渡候
同日
一塩川吉太夫・春田十兵衛申候ハ、口上道郡中川村ニ付有

之酒かふ九石三斗赤坂郡牟佐村之者ニ半分売申度由願申
候、在〻町江ハ御売せ不被成候事ハ存候、在〻在江者苦
ヶ間鋪候哉、相伺見可申と申聞候、如何可仕候哉と申候
猪右衛門被申候ハ、㝡前小林孫七も町江売せ申度と
申候得共、其段者不成候由申渡候、従　公儀之御書
付ニハ町在と計有之様ニ覚申候間、明日御右筆方ニ
有之書付ニ而様子見申、其上ニ而可申渡由被申候

同日

一安井六郎左衛門申候ハ、樋小屋手代共御扶持にて茂御加
増被仰付被下候様ニと申候
猪右衛門被申候ハ、只今右之手代共御奉行ニ被仰付
ニ而ハ無之候、先当年者手代ニ而奉行役を勤させ申
分ニ候間、先其まゝ置候様ニ被申候、六郎左衛門申
候ハ、左様御座候ハヽ、右之者ともニ渡り夫被仰付
被下候様ニと申候
猪右衛門被申候ハ、尤只今迄之奉行江ハ渡り候得共、
いまた此者共ハ奉行ニ而も無之候間、二、三人相ニ
食焼可遣か相談候て、追而可被申付由被申候

同日

一同人申候ハ、手代三人無御座候てハ成不申候間、抱申度
由申候
猪右衛門被申候ハ、是も先軽者一年切ニ召抱可然由
被申候

同日

一岩根周右衛門申候ハ、金岡之蔵切盗人本人多兵衛を尋ニ
参候市兵衛、見逢不申候由ニ而先日罷帰候、又尋ニ遣シ
可申候哉、市兵衛母家主ニ預ケ置候得共、殊外迷惑仕候
間、此度尋遣し候ハヽ、母者㝡早放置、若飢申様ニ御座候
ハヽ、飢扶持ニ而茂遣シ申様ニ可仕候哉
猪右衛門其通ニ仕候へと被申渡候
御窺被申候処、金岡村盗人太兵衛尋ニ参候市兵衛儀、
今一度尋させ可申候、母者㝡早無構ニ可仕候事

同日

一俣野善内京江戸へ被遣村代官被下物之書付差出シ、先年

士鉄炮之時江戸へ参候刻、銀三枚帆代馬銀被下候、十人組江戸へ参候時、被下物初者同前ニ候得共、切〻参候故、十人組へハ只今銀四枚被下候、色〻僉儀御座候て、御国ニ而代官役料弐拾弐俵宛被下候ニ、京江戸へ参候迚、却而御役料不被下、銀子計被下候ハ御国あてかいゟハ悪敷成申候、御代官役ニ究り此度者御雇ニ而参、罷帰候てハ又本役ニ帰り候へ者、御役料御取上可被成義ニ而も無御座候、一向代官役儀御替被成被遣候ハヽ、御役料も上り申筈ニ而可有御座候、其外常ニ御役料被下候者、其程〻ニ増を被下、京へ被遣候、御廟之御歩行なとも拾俵役料被下候、是も此並ニ而御座候間、御代官ニハ御役料共ニ弐拾五俵被下可然候半哉、寂前大学も弐拾五俵被下能候半と被申候

右之通重〻僉儀御座候て弐拾五俵被下候ニ、先落着仕候

同日

書上

一御台所帳付三人ニ而方〻御用相勤させ申候、会所御評定場御鷹野御供不断御台所ニ相詰、又ハ下津井御荷物通申節、其外俄ニ出賄度〻御座候ニ、帳付差合、御鉄炮之者なと罷出候得共、不作廻ニ而御為悪敷御座候、毎日壱人宛御帳ニ懸り居申候ハねハ、大分之御勘定調兼申候、弐人ニ而御台所常〻相勤申候得共、大分何廉御用之儀共御座候間、今壱人御増被下候者、只今迄定夫之内ニ長兵へと申者　御隠居様御代ゟ御台所ニ数年下帳仕罷有候、此者残所も無御座、諸事心得能者ニ而御座候、此者ヲ御帳付ニ被成被下候ハヽ、下帳付之替を不被下候共、帳付中間ゟ下帳共ニ付させ可申候、左様ニ御座候へハ、御為にも能可有御座と奉存候、併旅にてハ下帳付壱人被下候へハ、無懈怠相勤させ可申候、已上

卯ノ

正月晦日

犬丸左次兵衛

大西源太夫

三神三郎太夫

猪右衛門被申候ハ、帳付壱人増候ハ、御台所御用方

ニ可然候哉、明日相窺可申由被申候
御窺被申候処、御台所帳付之儀願之通ニ被　仰出候事
山田弥太郎番
二月十日
小林孫七書出
一先日手習所米を以粥を申付、飢人ニ給させ候様ニと被為
仰下候、其以後津田十次郎も委細申聞せ候、就夫、片上
手習所ハ借屋ニ而せまり、其上往還筋ニ而御座候得者、
飢人多集申儀如何奉存候、重次郎ニ所望仕、閑谷にて先
月十八日ゟ粥を初申候
一先日書付を以如申上候、和気郡飢人兼而私共を初御代官
中肝煎庄屋共存候ゟハ各別相違仕、閑谷へ粥給ニ参候者
九百人ニ及申候、尤村〻遂吟味速与飢申者ならてハ閑谷
へハ遣シ不申候、閑谷江参候者共之儀庄屋〻ニ申付、畝
高遂吟味、七畝八畝ゟ上有之者ハ足よわ共計閑谷へ遣置、
其身女ハ宿へ呼戻、男ハ弐合、女ハ壱合畝麦ヲ借シ、麦
之せうやくをも申付、薪之壱荷も仕様ニと申付候、其故
閑谷之粥給もへり、六百人計ニ成申候、尤未閑谷へ出不
申者も吟味仕、如右之申付候御事
一畝麦七百石余ならてハ無御座候故、麦出来迄取続兼可申
与奉存候、願者不仕候而不叶御普請共御座候間、御米被
為下候者御普請も出来、飢人之御助ニも可罷成と奉存候
猪右衛門被申候ハ、日用米不被遣候てハ成間敷候、
明日相窺可申由被申候
御窺被申候処、日用米之儀先積書上候得と被　仰出
一日用御普請之儀寂前者女子共迄ニ相応ニ米を遣し、御普
請可申付と書上候得共、閑谷ニ而様子見及申候ニ、女子
共ハ不及申ニ、老人よわり候者共ハ、中〻御普請得仕間
鋪候、閑谷ニ居申内よわ者并ニ女子共よわ者之分ハ其侭
粥を給させ、少ニ而も御役可仕と存者計御普請ニハ出シ
可申与奉存候御事
一飢人共之内いまた力も在之者ニハ、十次郎存寄細工を申
付候、寂前も縄をなわせ申ニ付、余程勝手ニも成可申か
と申候、然共当年之儀故わらすくなく候ニ付、なわニて

はわら続兼可申と庄屋共申ニ付、草履・わらんす・くつ
只今申付候、是ニ而ハ差而銀高上り不申候得共、少ハ足
ニ成可申と申候、尤女ニハ苧をむませ申候御事
一閑谷江参候飢人、此後余程之日数故、村〻へ申付、小屋
懸仕入置申候、尤小屋出来之内者、閑谷之牛屋・こなし
屋、又ハ出百姓之家を借り候て入置申候、近日不残小屋
へうつし可申与奉存候御事
一閑谷江粥給ニ参迚、道ニ而相果候者、又ハ閑谷ゟ罷帰相
果候者、則閑谷ニ而相果候者も御座候、都合弐拾弐人先
月之内ニ相果申候、此者之儀庄屋手前を吟味仕候へハ、
常〻病気者ニ而過半病死ニ而御座候由申候得共、見及候
所過半飢死と奉存候、尤もより〳〵ニ畝麦を置、旧冬ゟ
庄屋共ニ堅申付、壱人ニ而も飢死候ハヽ、可為曲事旨申付
候処、此度閑谷へ罷出候者共見及申候ニ、余程よわり申
者共御座候て、驚入迷惑仕候、閑谷ニ居申飢人共寂早力
付申候間、飢死候者ハ御座有間鋪かと奉存候御事
一往還筋之内三石・片上・香登馬持共、馬扶持無御座ニ付、
馬よわり荷物付申儀難仕由申候、往来荷物滞申儀可有御
座哉と奉存候、右三宿之内用ニも可立と存候馬改候得者、
三拾疋御座候、壱疋ニ大豆五合宛給させ候ハヽ、役ニ立
可申与申候、当月末ゟ来月中迄三十日分大豆四石五斗に
て御座候間、御借シ被遣候ハヽ、馬を持こたへ可申与奉
存候、其以後者草なとも目立候ハヽ、取続可申候、随分下
ニ而借り候へと申付候得共、当年之儀故借シ申者無御座、
迷惑仕由申候御事
猪右衛門被申候ハ、通り筋之儀ニ候間、馬扶持御か
し不被成候てハ成間敷候、明日相伺可申由被申候、
外之村ニも加様之儀申出例ニ可仕候得共、それ共ニ
借シ不申候てハ成間敷と被申候
御窺被申候処、馬扶持大豆四石五斗之儀願之通ニ可仕
旨被　仰出候
一所〻御林下苅被為遣候ハヽ、自山持不申よわ百姓共吟味
仕、遣申度奉存候、少者御救ニも可罷成かと奉存候御事
二月十日　　　　　　　　　　小林孫七郎

猪右衛門明日相伺可申由被申候
御窺被申候処、所〻御林下刈之儀願之通ニ被　仰出候
同日
一小林孫七申候ハ、今度大坂ゟ参候非人和気郡曽根村次郎右衛門儀、穿鑿仕候へハ、曽根村庄屋下人ニ而御座候、廿五年以前ニ走り申者ニ而御座候、去年戻候へ共、久敷他国ニ居申者之事ニ候得者、宗門之儀も知れ不申、如何様之悪人組仕候も知れ不申候、召抱置候儀不成候由申、追出シ申候、摂津国之内ニ久敷居申、子共茂有之由ニ御座候間、御払被下候様ニと申候
　猪右衛門被申候ハ、只今払候へハ又大坂へ参候、其上此度之非人ハ悪人にても其所ニ置申様ニとの義ニ候へハ、払申事ハ不成候、乍去宗門之事御国御改強候、久敷他国ニ居申者之事ニ候故、如何様之儀有之も不存候得共、其侭抱置可申候哉と庄屋ニ書物致させ、孫七奥書ニ、加様之子細ニ候、いかゝ可仕哉と書付出シ可申候、左候ハヽ、其通大坂へ可申遣由被申渡候
同日
一同人申候、年内相窺郡之籠ニ入置候者之儀、只今之事ニ候故、賄を茂迷惑仕候、いかゝ可被仰付候哉と申候
　猪右衛門被申候ハ、年内之書付此方ニ有之候間、明朝致持参、御城ニ而令相談、相伺可申付由被申候
同日
　小林孫七口上書
一和気郡新庄村小百姓勘十郎と申者、同村之小百姓五郎助と申者之方江参、何之子細を茂不申聞、其侭押付、小刀ニ而口之脇弐ヶ所かき切申故、声を立申ニ付、隣家ゟ出合申故、其侭捨置我家江罷帰居申ヲ搦候而置申由、同村庄や申来候故、如何様之子細ニ而左様ニ仕候哉と相尋候へハ、此已前銀子少借シ置候処、終ニ返弁不仕候ニ付、右之通ニ仕由申候間、又五郎介江相尋候処、銀子借り申儀無御座候由申候、手負五郎助茂浅手ニ而御座候間、相果申儀ハ御座有間敷と村之者共申候、如何可被仰付候哉

之御事
御窺被申候処、籠舎可申付由被　仰出候事
一同郡伊部村小百姓作蔵と申者、同村庄屋甚右衛門蔵を切
申処を見付、其侭搦置申由申来候、何ニ而も取候哉と相
尋候処、少茂盗申儀無御座由申候、如何可被仰付候哉之
御事
御窺被申候処、作蔵事断罪ニ可申付由被　仰出候事
一同郡片上村太郎兵衛と申者、似せ事を申、町人共手前に
て過分麦稗借り次之様ニ申たはかり申段顕れ、右之麦稗
行方相尋候処、不残自分ニ売取申由白状仕候、如何可被
仰付哉之御事
御窺被申候処、太郎兵衛事断罪ニ可申付由被　仰出候
事
太郎兵衛人数覚
一親吉左衛門　歳七十九　一母　歳五十七
磐梨郡小瀬木村之者
一太郎兵衛　同三十七　一女房　同三十三
一娘まつ　同十一　一いね　同三
養ひ
一弟久八　同廿八　一同太郎　同十九
合八人
一太郎兵衛事御払被遊候様ニ奉願候事
一女房并三ツニ成申娘共ニ在所江戻シ申度奉存候
一諸式弟久八ニ親を茂養申様ニ仕度奉存候
一御年貢米、田畠うり申候共不残払切申儀ハ不成申候、
久八奉公致させ相立、残米ハ御かし米なと借シ置、
連ゝニ相済候様ニ仕度奉存候
浜
一畠六畝四歩　一新田壱反壱畝七歩半
一屋敷廿歩計御座候得共、うら屋ニて売買ニ成不申候
寅ノ
十二月廿四日
同日
一同郡南曽根村小百姓南無右衛門と申者、同郡小中山村之

弥兵衛と申者と喧嘩仕候、弥兵衛を殊外打擲仕候ニ付、多分相果可申かと申来候故、彼之南無右衛門ニ早〻番人申付候得共、其已後手おい大形能罷成候由申来ニ付、寂早手おい能成候間、走り申儀ハ御座有間敷と存、番人引申様ニ申渡候、番引申已後も様子相尋候処、弥走り可申気色も相見へ不申由申来候処、如何様存入候哉、無行方走り申候、此者老母捨置申ニ付、村中と仕育置申候ニ、此間病死仕候、然共尓今立帰不申候、右之南無右衛門度〻不届御座候故、村中ゟ御国御払被成候様ニ申上くれ候へと申候へ共、差当儀無御座ニ付、其通仕置申候、若立帰申儀も可有御座与奉存候、帰申儀候ハヽ、如何可仕候哉、右之手おいも弥本復仕由、此間申来御事

寅ノ

極月廿八日　　　　山林孫七郎

御窺被申候処、南無右衛門事直ニ御国払可申由被　仰出候事

同日

一春田十兵衛申候、寂前申上候銅山之事、近所之百姓共申候ハヽ、金汁懸り候てハ作物悪敷めいわく仕由申候、大川へかな汁出候てハ毒ニ而御座候由、旁やめさせ可申与存候、左候へハ山本之者御国ニ居申儀得仕間敷候由申候

猪右衛門被申候ハ、山之事成間敷由可申渡候、他国江参候事他国之者之事ニ候間、其通ニ可仕候由被申渡候

同日

吉崎勘兵衛書付差出

一半田山松葉百姓共ニ可被下候哉、先年も竹田・浜・河原之者ニ被下候

御窺被申候処、半田山松落葉可被下由被　仰出候事

一郡江罷出候時、百姓共薪・野菜持参仕賄申候、御野郡者百姓山無御座候ニ付、岡山ニ而薪を調持参仕候、当年之儀御座候間、半田山之かふ木を可被遣候哉

卯ノ

一御代官三木孫七家葺替仕候ニ、竹九束程入申候

二月十日　　　　吉崎勘兵衛

猪右衛門明日相窺、其上ニ而可申渡由被申候

同日

一保野善内御蔵米之不足積之書付猪右衛門江相渡シ申候ハ、只今京江戸其外被遣米相渡候ヘハ、四月ゟ之御扶持方米不足仕申候、如何可被仰付候哉と申候

猪右衛門被申候ハ、御銀有之候ハヽ、相渡、御米者残シ申度事ニ候得共、御借銀もいまた調不申候故、何共難儀成義ニ候、然共御扶持方ハ御米ニ而渡シ不申候而ハ、末〻之者めいわく可仕候間、御切手御勘定所ニ残有之分相渡候事、相待可申候由被申渡候

同日

一同人申候ハ、京都ニ居申候者共之御扶持方、大坂へ御米遣シ置申候、頃日承候ヘハ、京都ニ而御扶持方銀子ニ而渡り申由承候間、左候ハヽ、此米を此方江御取寄可被成候哉、乍去大坂ゟ御米御取寄被成候ハヽ、弥御借銀之さわりニ成可申候間、京都江被仰遣御扶持方ヲ御米ニ而御渡シ被成、京都ニ而御渡シ被成候銀子を、御国江御下シ候様ニ仕度由申候

猪右衛門被申候ハ、尤候間、明日飛脚を遣シ大坂江も寄せ候て、其御米ハ払不申候而有之候哉、左候ハヽ、大学江大坂ゟ御米之程を申遣候へと半内方へ申遣候へ、猪右衛門ゟ其段大学江可申遣候由被申渡候

同日

一同人申候、石山之御蔵土戸明候て、内之戸錠前之苻ヲとき錠も少たゝき有之候、御蔵奉行共参見申候て鑰無シニ明候得ハ、其侭明申候、然共御米相違ハ無御座候、此所内〻垣をも被仰付、御蔵番をも御置可被成との儀ニ御座候、御蔵奉行共殊外気遣かり申候、被仰付可被下候

猪右衛門被申候ハ、致相談可申付由被申候

御窺被申候処、御蔵番人之儀先垣仕置可申由被　仰出候事

同日

一同人申候、加賀野又三郎寂前京都江被遣筈ニ而、人置代

三拾四俵去冬被下候、只今樋方之御用ニ被仰付候、三拾四俵者差上、用意銀拾枚之内五枚御法之通ニ可被下候哉、用意銀者未相渡不申候由申候
猪右衛門被申候ハ、相渡候御米者返上致させ、未相渡シ不申候銀子相渡候段埒如何敷候へ共、　殿様御勝手御不自由之時分、其上外之例にも成不申候間、銀子五枚被下、御米ハ返上仕様ニ可申渡候、只今御米返上ハ得仕間敷候、暮迄御延可被下由被申候
同日
一同人申候ハ、米相場御上り銀七拾五匁宛ニ而御座候、町相場七拾六匁仕候、町並ニ可被仰付候哉
猪右衛門被申候ハ、只今之時分御米之相場上ケ申儀茂末之痛にも成可申かと存候得共、町相場ゟ内ニ者成間鋪候間、其通ニ致候へと被申渡候
同日
安井六郎左衛門書出シ
一樋御作事奉行手代在郷江参刻、御扶持方之事只今まて被下来り
一奉行壱人一日ニ壱升扶持宛
一手代壱人ニ付七合五勺扶持宛
一奉行送夫三人ツ、
一在郷ニて雑事薪之事
一奉行内夫壱人ツ、被下事
一大工手代ニ此方之御役人壱人ツ、渡シ申事
卯ノ二月十日　　安井六郎左衛門
同日
一安井六郎左衛門申候ハ、只今迄右之通ニ被下候、当年も右之通被仰付可被下候由申候
猪右衛門被申候ハ、明日相窺可申渡由被申候
御窺被申候処、樋方仮奉行在郷へ参候時、御扶持方被下来之通可被遣由、手代共前之通可被下由被　仰出候
右同人在郷へ参候時、送夫弐人宛可被遣事、此外者右ゝ之通可被遣由被　仰出候事
同日

一同人申候ハ、手代共三人召抱申候、当年者奉公人下直ニ御座候故、安召置申候、以来者御加増も被下、外之手代並ニ被成可被下由申、書付差出申候

近藤次郎兵衛

一樋御作事手代三人

五加仁兵衛

藤井清右衛門

右御切米壱人ニ付四石ニ弐人扶持宛被為仰付可被下候

延宝三年二月十日

安井六郎左衛門

同日

一六郎左衛門申候ハ、右之手代此度奉行ニ被仰付候、御切米か御扶持方か御小人か、三色之内一色か二色被仰付被下候様ニと申候

猪右衛門被申候ハ、明日相窺可申渡由被申候

御窺被申候処、御人足三人相ニ弐人宛可被下由被　仰出候

同日

一同人申候ハ、日用大工共ニ作料遣シ申度存、奥山市兵衛ニ切〻申候得共、御銀無御座候由ニ而渡不申候、何茂其日すきの者共ニ御座候故、殊外迷惑仕候、何とそ御渡シ被成被下候様ニと申候

猪右衛門被申候、此者共其日すきの者共ニ候故、早〻わたし不申候てハめいわく可仕候、何とそ相談可仕由申され候

同日

一岩根周右衛門申候ハ、町にて山之乞食非人共之着類剥、悪党仕由御沙汰御座候ニ付、山之乞食共手前致穿鑿候へハ、非人之内ニ悪人御座候由捕出シ申候、其非人之口書

同日

奥津高郡草生村又助白状

一去年極月之時分ゟ御当町江罷出、乞食仕申候、同月廿六、七日之頃京橋之上ニ而、十四、五計成男子之着物剥取申候、其後当正月十七、八日之頃吉井村商人之葛籠帯も丶ひき盗申候、此商人も乞食ニ罷出、橋之下ニ臥居申候、是ハ山之乞食共僉儀仕取返し申候、其後児嶋郡はきため

こゑ取ニ参候者之舟ニ而鍋壱ツ盗申候、是も山之者取返シ遣申候、又其後河原ニ居申候友乞食之鍋一ツ盗申候、是も右之山之者取返し遣申候、又去年極月廿二、三日之頃在郷商人之着物一ツ盗候て三匁八分ニ売申候、其外せきた御侍中様町方方〻ニて四、五十足も取申候、以上

同日

一同人申候、二日市町ニ而友乞食を打殺可申与仕候由にて御横目川瀬与五左衛門出合、町人共捕申候様子書付一通差出

一仁蔵事奥上道郡浦間村之者、親者久兵衛と申候、六、七年以前ニ相果申候、旧冬母申候ハ、宿ニ置候てもたへさせ申物無之候間、岡山江参口すき仕候へと申候ニ付、極月廿日時分爰元へ参、乞食仕居申候処、当二月四日ニ備中惣社之者と申十四、五成者と両人連立候てありき、六日之夜二日市町ニ明借家御座候ニ付、弐人なからはいり臥申候、右之備中者着物着居申候をかし候へと申候得共、借シ不申候故、打殺取可申と存、石を取参あたまニ打付申候へハ、其侭起候て逃申候、其時あたりの者出合捕申候

一仁蔵伯父清兵衛口上、私姉聟久兵衛と申者、奥上道郡浦間村ニ居申候処、六、七年以前相果申候、悴仁蔵と申者、常〻不届者ニ而御座候故、去年極月ニ母追出申候、其段私方江も申越候、其後者私方江も不参候、当月六日二日市町ゟ届参申候ニ付、驚申候、已上

二月十日

同日

一岩根周右衛門申候ハ、借屋へ乞食なとはいり臥居申をも家主不存候段、火之本旁不念ニ御座候故、則家主ニ預ケ置申候

同日

一同人申候、左門被申渡候ハ、只今之時分付火なと無心元候、乞食之内へ火付共有之候ハヽ、申出候得と申付置可然由被申渡候故、乞食共ニ其段申付、火付なと申出候ハヽ、ほうひ遣シ可申由申付置候処、うさん成者之由にて

乞食捕出シ申候

同日

三蔵口上

一生奥上道郡寺山村、七、八歳ニ而浅川村伯父清蔵所ニ九年計居申、其後岡山小橋町鍛冶屋弥左衛門所ニ弟子ニ十年計居申、其後大墨町目代作右衛門借屋ニ三年居申、寅ノ七月九日岡山ヲ罷出、作州福渡まて参、又帰、備後笠岡江参、其ゟ罷帰、方〻仕候、三瓶山寺中ニ而袷一ツ・羽織一ツ・長布二ツ、極月廿六、七日之頃盗申候、又白米三升計文首主ニ而盗申候、其外足守ニ而のうれん一ツ・壱尺二、三寸之かなてこ一ツ、正月十一日ニ盗申候、備中ノ乞食二、三人御野郡浜村ニ而三蔵と寄合、様子ニゟ候ハヽ、とんとを致、其透ニ盗取、上方へ可参由申候、已上

同日

一同人申候、桜町盗人之書付一通差出

一桜町四兵衛後家所江昨日七ツ半過ニ盗ニはいり、夜着壱ツ・着物一ツ取逃申候処ニ、四兵衛後家借屋ニ居申右衛門助・角右衛門と申者見付、大工町迄追懸申候へハ、右之夜着着物捨逃申候処、町御同心武右衛門殿・二郎左衛門殿御通り合、御捕御吟味被成候得共、色〻ちんし直成事を不申候ニ付、先私方江御預ケ置被成候

同日

盗人二郎太夫口書　歳四十　町人賃持

一私生上出石町之者ニ而御座候得共、幼少之時分ニ而御座候ニ付覚不申候、様子者母覚可申候、私覚候てハ児嶋町之玄了借屋ニ十八、九年居申候、其ゟ讃岐江参四年居申候得者、母年罷寄候而懸り申者も無御座候ニ付、戻候様ニと申越候而、五年跡ニ御当地江戻、又兵衛町四郎左衛門借屋ニ居申候、今月三日ニ三郎兵衛町忠兵衛借屋江参居申候、昨日盗ニはいり可申心懸ニてハ無御座候得共、酒給候て其紛ニはいり申候、以上

二月九日

目代

九左衛門

年寄
　又左衛門

御窺被申候処、盗人次郎太夫籠舎可申付由被　仰出

同日

一岩根周右衛門申候ハ、当地之塩下直ニ成申候間、右之通他国商売可被仰付候哉と申書付出シ申候

一塩直段大分下り、只今ハ壱匁ニ付上塩壱斗・中塩壱斗一、二升仕候、高辻とハ一倍下り申候、今程之直段例年之中直段にて御座候、天気能御座候へハ塩次第ニ出来仕、弥下直ニ成可申様奉存候、然上者、他所江塩遣候儀右〻のことくニ仕候得と被仰渡可然御座候半哉、若又此後高直ニ成申候ハ、、先度之通ニ御留被為成候得者、即時ニ下り申事ニ御座候、以上

猪右衛門被申候ハ、相窺御留置被成候、郡〻御奉行江可申渡由被申候

同日

一同人申候、大坂ゟ送参候非人六兵衛書付、今西半内方ゟ差越申候書状差出申候

便宜致啓上候、然者其御地大雲寺町之六兵衛と申者、非人仕爰元ニ罷有候由ニ而、御奉行所ゟ今日御渡被成候間、則乗合船ニ申付差下申候、右之者様子承申躰不届之者ニ而、親共久離を切申者と見え申候、船頭ニ先方江引渡申様ニと申付候、具成様子御聞届可被成候、尚追而可得御意候、恐惶謹言

二月三日　　今西半内

岩根周右衛門様

猶〻舟賃之儀、此方ニ而ハ相渡不申候間、左様御心得可被成候

同日

口上

一六兵衛と申者、年十二、三之時分ゟ中村治左衛門様ニ居申候、十八歳之年中村治左衛門様在江戸ニ付御隙被下、其年牢人仕、明ル春田口兵左衛門様ニ居申候、其節兄安兵衛佐治十左衛門様ニ居申候処、六兵衛参、安兵衛傍輩

之物を盗申ニ付、安兵衛面目無之故、田口兵左衛門様御手前病気と申候て御隙もらい申候、内証ニ而一類共申合払申候、其後一両年之間節〻立帰申候而、度〻不届仕申候ニ付、一類共後日之儀存、安兵衛旦那佐治十左衛門様を頼、御番頭小堀彦左衛門様迄申上候ヘハ、彦左衛門様ゟ右之不届品〻一書御取被成、則大学様江御差上被成候ヘハ、大学様御意ニ而兄安兵衛方ゟ御国払申候、已上

延宝三年二月六日

大雲寺町目代
与右衛門

同日

口上

一私弟六兵衛儀、目代与右衛門手前ゟ口上書之通、少茂相違無御座候、然上者如何様ニ被仰付候共、一類之者共迄重而御断申上間敷候、以上

延宝三年二月六日

斎藤安兵衛

二月廿一日

長屋新左衛門番

一岩根周右衛門申候、去年奥上道郡金岡村百姓之蔵切候盗人太兵衛、同郡西隆寺村七左衛門と申者之忰市兵衛と申者ニ而可有御座候哉、七左衛門ニ様子尋申候ヘハ、五、六年以前ニ追出シ、何方ニ居申候も一円不存候由、頭ニ疵茂無御座由申候、七左衛門忰三人飢人ニ而居申候、兄之分六兵衛十五、六ニ成申候、此者ニ相尋候ヘハ、右之市兵衛頭ニ疵御座候由申候ニ付、何疵ニ而候哉と尋申候ヘハ、親方ニ居申時分親しかり釿にて切申候由申候、右之市兵衛楢原村之伯楽与兵衛と申者之所にて越年仕候由、其後播磨高砂ニ而日用仕候か、浅越村惣三郎・同村茶売喜兵衛見申候て、親ニかたり申ヲ承候由六兵衛申候、盗所茂右之者之在所茂同郡之儀ニ御座候間、横井次郎左衛門ニ申談致吟味、右之者捕ニ次郎左衛門方ゟ遣シ候様ニ可仕候哉

猪右衛門被申候ハ、様子似申たる事ニ候間、多分太兵衛にて可有之か、近日次郎左衛門罷出可申候間、右之通申談、次郎左衛門方ゟ捕ニ遣候様ニ仕可然由

被申候

同日

一同人申候、㝡前大坂御奉行衆ゟ参候海道筋駄賃・宿賃増申候書付之趣、今西半内方江上方之様子尋ニ遣し、返事次第御当地之駄賃・宿賃之儀可被仰付との義、如何可被仰付候哉と申候

猪右衛門被申候ハ、御当地之も相応増可然候、只今迄之駄賃・宿賃之様子、又者増候て可被仰付品書付候て、明朝出シ候様ニと被申候

覚

一駄賃銭一里三拾六文、但川有之所ハ三文増

当年米大豆高直ニ付、東海道ハ人馬之賃有来ニ三割増、其外之道路ハ弐割増之積ニ可取之旨、於大坂彦坂壱岐守殿ゟ今西半内ニ御渡候御書付ニ候、右定之通駄賃銭ニ弐割増ニ可取之也

二月廿二日　岩根周右衛門

馬方頭両人へ

一宿賃薪代共ニ宵朝

主人　壱人ニ付拾六文

下人　壱人ニ付八文

馬　壱疋ニ付拾六文

当年米高直ニ付、宿賃・薪代共ニ何之道筋にて茂御定之一倍宛可取之旨、是又大坂彦坂壱岐守殿ゟ御書付ニ有之候間、御定之一倍可取之也

二月廿二日　岩根周右衛門

旅籠屋中江

一飛脚宿前〻ゟ之入用定少ク迷惑仕由、町御奉行岩根周右衛門承届、於評定所ニ御年寄中江申出候ニ付、僉儀之上四分之増ニ而、宵朝三匁四分ニ相定可然旨何茂申、則御伺之上此通ニ被　仰付

同日

一塩川吉太夫申候、京都御普請御用意ニ被召抱候六百人之御小人、済次第追〻出シ候様ニと三木市郎兵衛ニ申候、廿三日ゟ出申筈ニ候間、出次第役可申付候、御扶持方休

ノ様子者三木市郎兵衛ゟ書出シ候様ニと申合候由申候
猪右衛門其通仕候得と被申渡候

同日
一同人申候、原村之庄屋弐人御座候内壱人、洪水ニ田地流申ニ付、湊村江入置申候、加様之儀ハ常〻御断ハ不申上候得共、道筋之儀ニ御座候故、岩根周右衛門御奉行之時分ゟ湊村之庄屋無御座候間、様子も能候ハヽ、行〻庄屋ニ可申付候、只今迄平井村ゟ庄屋役勤申候、平井之庄屋も免シくれ候様ニと申候
猪右衛門被申候ハ、其通ニ仕候得と被申渡候

同日
一安井六郎左衛門申候、昨日被仰付候樋小屋之鍛冶細工、御船宮之鍛冶ニ被仰付候通、樋小屋之鍛冶ニ申聞せ候、殊外行当り迷惑かり申候、旧冬ゟ炭鉄大分調仕置候、釘鋲外江払可申様無御座候と申、鍛冶之書付差出申候

同日
申上口上書之覚

一御船手御用被為仰付候鍛冶、此度御訴訟申上ニ付、只今迄私樋方御用釘鋲数年承来候処、御替被為成候段行当迷惑ニ奉存候事
一数年御樋方御用承候故、代〻町在〻之旦那も御用之妨与奉存、銘〻断申、細工不仕、御用第一奉存候御事
一年内ゟ唯今迄仕置候釘鋲大分ニ御座候ヲ不被召上候へハ、此釘鋲何方江茂払所も無御座候故、私勝手ひしと潰れ迷惑申上候事、毎年旧冬ゟ左様ニ打置不仕候得者、春付早〻之御用之筈ニ合不申候御事
右之段〻乍恐何とそ被仰上、其侭如前〻私被為仰付候様御歎申上度奉存候、已上

延宝三年二月廿一日　　　　御樋方鍛冶
甚右衛門
安井六郎左衛門様

猪右衛門被申候ハ、明日相伺可申候、然共御船手之鍛冶度〻勝手詰り両人迄走り、只今三人目ニ而候、此者ハ碇なともやり覚候間、何とそ取続申様ニ不仕

候てハ不成候、樋小屋之鍛冶ハ勝手も兎哉角と仕由
ニ候、調置候釘鉸ハ御横目出シ改、其分ハ被　召上
候様ニ申付候へと被申渡、則桑名又市ニ申付改申候
一樋方鉸鉄目合四百五拾四貫目
此代銀弐貫五百弐拾弐匁　但銀壱匁ニ付鉄目百八拾匁
同釘代銀六拾八匁六分
釘鉸共
惣代銀合弐貫五百九拾目六分
右之趣御窺被申候処、樋方之鍛冶甚右衛門事、弥御船
手之細工申付候様ニと被　仰出候事

同日
河合善太夫書出
一奥津高郡御百姓中、古御林・新御林共御山ニ而薇之根掘
申度と申候、御赦免可被下候哉
猪右衛門被申候ハ、わらひ掘候へハ御林も荒砂流川
浅ク成候得共、当年之儀ニ候間、左様ニも無之候て
ハ成間敷候哉、明日相窺可申由被申候

御窺被申候処、薇之根掘申候事願之通御赦免被遊由被
仰出候事
一去冬申上候炭焼共前御銀拝借仕度由申候、御借被為下候
者春延米ニ払上ケ申度と申候
善太夫申候、いつも弐貫目程御借シ被成候、当年者釜も
多成申候間、四貫目程御借シ被成候様ニと申候
猪右衛門被申候ハ、残米之差次ニ仕事ニ候間、見及
其通ニも仕候へと被申渡候
一先日申上候走り人共無拠子細御座候者共、村之内江入御
百姓ニ可仕候哉、横道ニ而走り申候者者其分ニ仕、追而
人数書上ケ可申候哉

二月廿一日　河合善太夫
善太夫申候、走り人品〻御座候、或者拾石之御年貢七、
八石茂御納所仕、残テ弐、三石ハ家屋敷田地売候て兎も
角も皆済可仕様子ニ御座候得共、左様之儀も急ニハ調不
申、御公儀を恐れ走り申候者御座候、加様之者ハ尋出シ
村江入置、又者曽而御年貢御納所不仕走り申者も御座候、

加様之者ハ其分ニ仕置可申候哉、右之通ニ御座候故、未
走り人数書上不申候
　猪右衛門被申候ハ、其通尤ニ候、相窺可申付由被申
　候
御窺被申候処、走り百姓共之儀書上之通吟味仕、重而
　人数可申上事

同日
一同人申候、奥津高郡弥草臥申候、殊草生村痛申候、右ニ
家弐拾四、五軒有之、只今四拾軒程ニわかり申候、家下
ニ地茂引申候故、一入田地も少ク候ニ付痛申候、此度飢
申候ヲ次手ニ前之通つほミ申様ニと申付候
　猪右衛門被申候、一段尤ニ候、其通可然由被申候

　　　　　長屋新左衛門番
二月廿九日
　加茂山材木望申冨田屋太郎左衛門書付、河合善大
　夫差出
　乍恐言上

一加茂山五ヶ年切ニ御請可申上候、御運上之儀ハ材木百本
ニ付弐拾本宛丸太同前挽板仕候ハヽ、百間ニ付弐拾間宛
岡山ニ而差上可申候
一一ヶ年ニ銀三百枚宛年数之内毎年暮ニ差上可申候、但是
者山手枝葉之御運上銀、右ニ以書付申候ハ、御樋方其外
御作事所江御用木之分、才（材）百本ニ付弐匁ツヽ、下直ニ上ケ
可申由言上仕候得共、銀高知れ不申候故、如此銀詰ニ仕
上申候、山被為仰付、材木出シ候て、御運上差上、残材
木御用ニ被　召上候ハヽ、御見分之上ニ而御直段被為仰
付可被下候、御用無御座分者、何方江成共勝手次第ニ売
払可申上候、只今ゟ御請申上、御国之杣日用山入仕せ申
度奉存候御事
一何分ニも山御請可申上奉存、私共九月ゟ当御地江御訴訟
ニ相詰、国本之山之仕入も不仕、御訴訟相叶申候ハヽ、
右ゟ申上候通忰当御地ニ住宅仕せ、御用達上ケ申度奉存
候、数年御用承、乍恐御扶持人同前御屋敷迄御拝借仕、
寔ニ忝次第奉存候、外聞旁以御慈悲ニ被為　思召、被為

仰付被下候ハヽ、難有可奉存候御事
右之通御請申上候ハヽ、請人之義大坂はくろ町播磨屋弥
三兵衛と申者加判仕上ケ可申候、是ハ丑ノ暮ニ御訴訟申
上、材木前銀ニ拾貫目御拝借仕候時、大坂御蔵奉行衆江
被仰遣、御吟味之上ニ而請人ニ判形仕者ニ而御座候、此
外一門之者数多御座候間、慥成様ニ仕上可申候、已上
卯ノ
二月　紀州冨田屋
太郎左衛門
御　奉　行様
猪右衛門被申候ハ、此書付之通ニ候へハ、寂前之書
付ゟハ様子能候間、相伺可申付由被申候
御窺被申候処、加茂山之義紀州冨田屋太郎左衛門請山
ニ仕度由、願之通可申付由被　仰出候事

同日
河合善太夫書出
一奥津高郡御林山廻り小林善兵衛と申者、京都御用ニ被為
遣候、此者罷帰申候内、上田村彦五郎と申者ニ御山廻り
可申付と奉存候、可被仰付候哉
二月廿九日
猪右衛門被申候ハ、見及左様ニ申付候様ニと被申候

同日
同人書出
一先日於　御城猪右衛門殿江塩川吉太夫・春田十兵衛・村
田小右衛門御断申上候通、御代官衆京江被遣候付而、留
守之儀無心元存候間、夜番を仕せ水なとも少宛村ゟ合力
仕せ候様ニ仕度存候由申上候へハ、追而御了簡可被成候
由御意被成候、いかゝ可被仰付候哉
猪右衛門被申候ハ、御用ニ而罷上候留守之儀ニ候間、
急度なしニ御奉行之心得ニ而左様ニ仕候様ニと被申、
御上ゟ出申儀ニ而ハ無之候由被申候

同日
一俣野善内申候、若林弥三兵衛京都江被遣候ニ付、御足米
可被下候哉
猪右衛門被申候ハ、呉服方之御用も有之、冬迄茂御

置可被成候間、御足米被遣可然由被申渡候

同日
一同人申候ハ、弥惣兵衛京ニ而宿賃墨筆代雑用共ニ一ヶ月ニ銀弐枚宛可被下候哉、寛文六年ニ弥惣兵衛参候節之書付見申候、弐枚宛被下候、其通可被仰付候哉

猪右衛門被申候ハ、其通ニ遣シ候様ニと被申、此度者御小屋ニ置候て可然様ニ存候得共、御銀為才覚町方之者出入不自由ニ而ハ悪敷候由申候間、左様可有之と被存、町屋ニ居申様ニ無之候てハ成間敷哉と被申候

同日
一同人申候、弥惣兵衛ニ御小人壱人被下候、外ニ御やとわかし壱人可被下候哉と申候

僉儀有之、刀指壱人之代米可被遣哉と何茂申候、猪右衛門被申候ハ、御銀才覚之御用も兼参候間、左様ニも無之候てハ成間敷哉と被申、落着無之候

同日
一猪右衛門被申候ハ、弥惣兵衛京都ニ而御銀之才覚ニ手次之者共江音信仕、折〻ハ出来合を茂振廻申様ニ不仕候てハ、事難調様ニ申候由、小堀一学申候、左様ニも可有之候半哉、左様ニ候者自分ニハ存侭ニ難勤可有之候、江戸御公儀遣なとの勤ニ遣シ候進物之通ニ、御上ゟ被下候ても可然哉と被申候、何茂尤之由申候、南部次郎右衛門なと茂ひたと音信仕由ニ御座候、今度者第一水野茂左衛門方ゟ手入之音信仕ニ而可有之候、弥惣兵衛ハ茂左衛門ニ付候役ニ而御座候へハ、茂左衛門以差図音信物被下候て可然かと申、落着無之候

御窺被申候処、若林弥惣兵衛京都ニ而借銀之儀ニ付、音信なと仕可然候ハ、水野茂左衛門見及、相談之上にて遣シ可申遣被　仰出候事

同日
一斎木四郎左衛門申候、御城之向波戸御普請昨日切仕廻申由申候

同日

長屋新左衛門番

三月廿一日

村田小右衛門書出覚

一借銀六拾貫目計調申候、飢人共牛之儀ハ不及申、籾種所持不申候故、此二色調遣シ申候、代銀三拾貫五百目、残而弐拾九貫五百目

一飢扶持方遣来一人ニ御米五勺宛、〆後ノ四月十日迄弐拾四、五貫目入申候、右二品入用引候へハ、なくれ奉公人育米ニ者不足仕候

猪右衛門被申候ハ、只今是ニ而承候分ニ而ハ在〻ノ様子差図難成候、都志源右衛門・河村平太兵衛・西村源五郎、当秋迄肝煎候様ニと被　仰付候間、右三人之者へ相談仕、其上ニ而申付可然候様ニ被存候、此由明朝可申上由被申候

一御他領出合之割苻普請弥可被仰付候哉、縦御領分にて茂無拠御普請ハ、兎角不被仰付候てハ成申間敷候、被仰付候へハ秋之免之助ニも成申候、当分之飢人育ニ茂成申候、然共借銀調不申候へハ手廻り兼申候間、其所之普請夫役積壱人ニ付日用賃何程と定、其入用銀を借銀ニ結ひ、秋物成立用仕遣シ候てハ如何可有御座候哉

猪右衛門右同断ニ被申候

一洪水之後ハ麦毛無御座所ハ麦成引遣シ申候、土免前ニ成申候故奉窺候

一洪水之後ハ扶持方ニ行詰、家なと売申候、不便ニ奉存候、借銀調兼候故、忘却仕候、此後追〻売可申候、後〻ハ売せ申候共、才覚成申候迄ハ心添可遣候哉、左候てハ不同ニ可有御座哉と奉窺候

猪右衛門右同断ニ被申候

一春延米被　召上候御相場も、七拾五匁ニ被仰付候様ニ仕度奉存候、他御郡ニハ春延米大分御座候故、存寄候て茂延慮仕、御断不申候様ニ奉存候、当春物毎一入御結構ニ被仰付候ニ、此儀計故一応御内意奉窺候

猪右衛門何茂如何存候哉と僉儀有之、七拾五匁ニ可被成儀と何茂申、猪右衛門も同事ニ被存候間、明朝申上、其通ニ可申付由被申候

御窺被申候処、御蔵納米銀相場も、御切米御切手之通
七拾五匁ニ可仕由被　仰出候事
一中間之者共随分申付候て、飢人共　御城下江罷出候在郷
ハ、御郡奉行育申候ニ、爰許江罷出候段不届ニ周右衛門
存候故、毎日ハ粥も給させ不申候、来ル何日ニ何寺にて
育米ヲとらせ可申と、四、五日手前ゟ飢人中間へ申聞せ
候得と周右衛門申付置、御郡奉行方ゟハ裁判人庄屋二、
三人宛御当地江趣置、彼所ニ而育米とらせ候時、郡村所
ヲ相尋、其〻江相渡候て、一応ハ爰元之郡ゟ罷出候飢人、
在所江引取可申候哉、扨郡江呼帰シ実偽ハ郡にて吟味仕
度奉存候、尋ニ参候者ニも油断者可有御座候、右之品ニ
候ハヽ、自然しまり可申候哉、只今迄手廻り兼申候
　猪右衛門被申候ハ、尤ニ候、周右衛門致相談、左様
　ニ仕可然候、明朝可申上由被申候
一当春被為仰付候三拾貫目之内拾八貫目者、早請取申候、
残而拾弐貫目申請度奉存候、以上
三月廿一日　　村田小右衛門

此日用銀之事落着無之候

同日
同人書出
一三月九日別苻（府）村年寄半右衛門・五郎兵衛参申候ハ、昨夕
別苻村九兵衛と申者之部屋江、同村之与吉・五兵衛盗人
ニはいり申候、亭主女聞付、浦（裏）口へ罷出候へハ、部屋ゟ
人弐人罷出候、追懸申候へハ屋敷之浦高岸ゟ追下シ申候、
倒れ申候ヲ大勢寄合候て棒ニ而打候へハ、相果候由申候、
私之儀白楽市村ニ罷有、右之趣承知仕候故、肝煎庄屋三
田村忠左衛門方へ同日申之下刻ニ申遣候ハ、彼死人死骸
并盗人仕候品ヲ委細聞届候様ニと申遣候書状、酉ノ上刻
ニ相届、別苻村へ早〻罷越致吟味候、右両人盗人ニハ必
定仕候、外ニ市蔵と申者も相果候由申越候、私義白楽市
村ゟ十日ニ別苻村江罷越致穿鑿候、たゝき殺申候ハ、偽
ニ而御座候、右之通九兵衛方へ盗人はいり候ハ必定御座
候、盗人と呼り候付而村中之百姓共寄合申候、此者共悪
事尓今不初事ニ候、存命置申候者如何程之悪事可仕も不

知候、此度首を刎可申と村中致相談、南山と申所ニて首はね申候、与吉悴市蔵と申者ハ当年十一歳ニ成申候、此者も常〻小盗仕候、同罪ニ可申付と相談ニて、右三人共ニ首を刎申候由申候

一何者之手ニ懸殺候哉と相尋候へハ、□□村之おんほう庄九郎手ニ懸候由申ニ付、庄九郎手前致吟味候、八日亥ノ刻時分別苻村ゟ申来候ハ、盗人有之、搦申候間縄持参仕候様ニと申来候、則なわ持参仕候へハ、別苻村衆中被申候ハ、与吉・五兵衛ニ縄懸候へと被申、なわ懸申候、南山へ召連罷越候、御百姓中二、三拾人程被出候、与吉・五兵衛・市蔵首刎申候、然処他領中嶋村之者罷出、与吉胴弐ヶ所様シ申候、別苻村之者共并私相談ニ而様させ為申ニ而ハ無御座由申候

一別苻村之庄屋理兵衛へ右者首はね申候段ヲ内談仕候、難心得御座候由申候得共、村中之者共承引不仕候、其上ニ以外相煩平臥之仕合と同村年寄半右衛門・五郎兵へ申候、此年寄両人者他出仕、死後ニ罷帰候由申候

一備中所〻盗人御座候、当春蒔田権之佐殿御知行所林村、戸川主膳殿御知行所中嶋村ニ盗人捕申候、早〻百姓共寄合成敗仕候、加様之儀別苻村之百姓共承及、盗人ハ奉行へも不窺殺候而も不苦様ニ奉存候と三人申候

右三人之内五兵衛と申者ハ、先日内談申上候通、槙谷村山中にて追剥ニ逢被痛、其刻口中痛瘂儀も不罷成候付而、扶持方添別苻村伯父与作ニ預ケ申たる者ニ御座候

一伯父与作手前致吟味候、右五兵衛儀御扶持方迄御添御預被成たる者ニ而御座候得共、盗仕餘及難儀外家江出シ置申候由申候、右与吉親子も与作手前ニ養置候得共、盗仕候付而、右三人共ニ追出シ申候、右三人居所無御座ニ付、右庄や理兵へこゑを置申候ヲ借シ、右三人共ニ是ニ居申候事不自由故ニ、一入悪事仕候様ニと奉存候、奉行手前ゟ扶持方迄添申候、本復次第可遂吟味と直ニ申渡候、五兵衛悪事も仕候者、其旨此方江一応之無断ニ追出事不自由故ニ如斯悪事仕出候、縦村中より何角と申迚も、伯父之身として首ヲはね申相談仕候段不屆ニ存候、則九日ニ

縄を懸申候
一村中江申渡候ハヽ、盗人ニ究り申候得者、従　公儀も定而御成敗可被仰付候得共、百姓之身として奉行江無断ニ三人迄心侭ニ殺候段、兎角可申様も無御座候、追而何とそ可申付候、与作事者村中江預ケ置申候間、穿鑿不仕候内者廻り養ニ仕候得と申付候、併庄屋年寄者如在無之様ニ銘〻申候間、此村養之内を除可申候
右三人共科人ニハ必定仕候、奉行へ無断ニ如此之品　御上江被聞召上候者、軽ハ難被仰付奉存候、別苻村極テ草臥在所ニて御座候、彼与作を村養ニ永〻申付候者、大ニ迷惑可仕候間、先其通ニ可被為仰付候哉、彼所御他領入組、此度之品も定而外へ聞へ可申候、此段如何可申付候哉

村田小右衛門

猪右衛門被申候ハ、右三人之盗人悪人と乍申、御奉行江茂不申届、百姓共私として首はね候段不届之様子ニ候、殊ニ伯父与作方へ扶持方相添五兵衛を御奉行預り置候処、追出シ悪事仕せ候段、一入伯父与作不届ニ候、其分ニ而ハ難置候間、明朝相伺其上ニ而可申渡由被申候
御窺被申候処、別苻村与作事岡山江召寄穿鑿可仕由被仰出候事

同日
一塩川吉太夫申候ハヽ、夜前口上道郡今谷村寺一軒焼失仕候、類火無御座候、手あやまちニ而出火仕候由申候

同日
一同人申候、先日斎木四郎左衛門も申候竹田ノ荒手之上壱尺四、五寸程芝置上申候、大形之水計ふせき申様ニ仕候由申候

猪右衛門尤之由被申、左様ニ無之候てハ向郡少之水ニも気遣可仕候、自然水ノ邪魔ニも成候ハヽ、少之儀ニ候間、早速取のけ候儀成可申由被申候

同日
一斎木四郎左衛門・吉崎勘兵衛申候、先日三野之井関見及

申候、寂前存候ゟ夫役之積増申候、西之方浅ク御座候、
掘抜候者水自由ニ可有御座由申候
猪右衛門被申候ハ、縦夫役増候共左様不仕候てハ水
上り申間敷候、見及之通可申上由被申候
同日
一吉崎勘兵衛申候、預り置候平太船損シ申候、新造ニ作り
申度由にて書付差出申候
御野郡浜村之内ニ預り置申候船
一平太船四艘　内
壱艘ハしめ直シ仕候ハヽ、石積れ可申由
三艘ハ新造ニ作替
一西川船壱艘　新造ニ作替
右之通ニ御座候、以上
卯ノ
三月廿日　西川原村
六郎右衛門
吉崎勘兵衛様
猪右衛門被申候ハ、そこね候ハヽ、左様ニ仕候様ニと
被申候、勘兵衛申候ハ、平太船郡ニ而申付候ハ御為
ニ悪鋪可有御座様存候、少宛之繕ニ而も新造ニ而も
道具度ゝニ調申候故、高直ニ御座候、惣而平太舟者
役人乗申候故、常ゝ之手置も百姓者構申義ニ而も無
御座候、御船手ニ而被仰付候ハヽ、相応之古板道具
も可有御座候間、平太作り手廻シ能可有御座哉と奉
存候、此段達而申上ニ而も無御座由申候
猪右衛門被申候も、勘兵衛申分一応尤之様ニ存候由
被申候
同日
吉崎勘兵衛差出
半田御山ニ而御薪日用覚
一千四百六拾弐束　宿村
此代銀百八拾弐匁七分　但壱匁ニ付八束宛
一千百三拾束　原村
此代銀百四拾壱匁三分　但壱匁ニ付八束宛
割木合弐千五百九拾弐束
銀合三百弐拾四匁

卯ノ
三月十七日　佐分利平右衛門
吉崎勘兵衛殿
御藪付上ノ由ニ而同人差出
一拾六歩　竹田村
源右衛門　一弐拾五歩　浜村
八兵衛
一七歩　東川原村
十太夫
右之御藪竹なへニ掘申度由
卯ノ
三月廿日　西川原村
六郎右衛門
吉崎勘兵衛様
同日
一山下文左衛門申候ハ、尼ヶ崎本興寺ゟ参候使僧、乍次而
談儀仕度由申候、いかゝ可仕候哉
猪右衛門被申候ハ、只今之時分左様ニ有之候てハ、
旦那勧メ為可取申、方ゝゟ談儀能致候坊主呼寄せ可
申候哉、文左衛門・勘左衛門心得ニ而、何となく差
留可然由被申候
同日
安井六郎左衛門書出
一紀刕材木屋太郎左衛門居申御借シ屋鋪、町屋並ニ被為仰
付、諸事御法度之御触目代ゟ承届度由申候
猪右衛門被申候ハ、近所ニ町屋無之候間、いかゝ可
有之候哉、岩根周右衛門ニ様子相尋可申付由ニ而、
落着無之候
一川口御番所通り切手、太郎左衛門切手ニて御通シ被成被
下候様ニと申候、只今ハ問屋定り不申候故、上方江手代
飛脚上下仕候趣めいわく仕候由申候
此儀も落着無之候
一屋鋪之前川内只今水つき懸申、筏置申事成不申候、左様
ニ御座候へハ、右之問屋市郎左衛門ニ御借置被成候屋敷
御上させ被下候ハヽ、材木少成共上ケ場ニ仕度由申候、
市郎左衛門儀者川口御番所ニ居申、世忰八郎兵衛只今御

借屋敷ニ罷出居申候

猪右衛門被申候ハ、加茂山ニ而材木伐置候節、大水ニ而一度ニ流出候ハヽ、三膳之橋危ク可有之候間、左様之所得と遂僉儀、弥加茂山之材木被仰付候ハヽ、其節之義ニ可被仕由にて、落着無之候

一太郎左衛門家名木屋ニ而御座候得共、在所之名を当所ニ而冨田屋と呼付ニ申成候、只今ゟハ木屋ニ被仰付可被下候由申候

猪右衛門被申候ハ、此段達　御耳ニ候迄之儀ニ而無之候、如何様共心次第ニ可致由被申候

一樋方諸職人材木小買物、二月ゟ三月迄入用銀高拾貫目余御座候

一未出来仕樋板大形四百枚余調申度奉存候、代銀ニ〆六貫目程にて御座候

以上

卯ノ

三月廿一日　　安井六郎左衛門

猪右衛門被申候ハ、此二色御銀下り次第相渡候様ニと、奥山市兵衛・水野治兵衛ニ被申渡

同日

一俣野善内申候、当年平シ物成之当番八田弥三右衛門ニ而、御役料正月相渡申候、弥三右衛門京都へ被遣候ニ付、御役料返上仕筈御座候、京都江参候ニ付被下米差次、御役料ハ波多野夫左衛門平シ物成之義仕候間、夫左衛門ニ遣シ可申哉と申候

猪右衛門左様ニ仕候へと被申候

同日

一同人申候、勘定場之賄入用帳、只今迄ハ御年寄中へ見せ不申由ニ御座候得共、御代替り之儀ニ候間、見被申候様ニと猪右衛門江見せ申候

猪右衛門被致披見、一段尤之仕様之由被申候

同日

一小堀一学申候、今度山田平兵衛江戸へ御使ニ参候、道中入用増申候間、路銀御増可被遣候哉と申候、俣野善内申

候ハヽ、常之通拾枚被遣、其上者道中入増之程を積、罷帰候て外ニ被下可然哉と申候
猪右衛門其通ニ仕可然候、平兵衛ニ内意申聞置候様ニと一学江被申候

同日
一御郡奉行梶川左次兵衛・広内権右衛門・塩川吉太夫・吉崎勘兵衛・村田小右衛門、右五人之者江猪右衛門被申渡候ハ、先日御意被成候ハヽ、御用多時分呼ニ遣シ候事者無用、爰許へ出合居申者共ニ可申聞旨、在〻之儀都志源右衛門・河村平太兵衛御雇被成、西村源五郎共ニ当秋所務迄肝煎候様ニと御直ニ　御意被成候、何茂相談仕申付候様ニとの　御意ニ候、左様ニ心得候様ニと被申渡候、何茂奉畏候由申候、是ニ居不申者共江者、権右衛門・左次兵衛両人ゟ　御意之旨申遣シ候様ニと被申候

同日
一銀札遣之儀　御意之趣一昨日御用人共へ猪右衛門被申聞、昨日僉儀仕候、御奉行被仰付、裏判ニ而毎月勘定不仕候ハヽ、札を猥ニ下ニ而借シ申事可有御座候と申者御座候、又御奉行ニ而裏判なと被仰付候てハ、　殿様札元ニ被為成候様ニ御座候、色〻僉儀有之候得共、落着不分明候、町年寄五人を岩根周右衛門呼置申候ニ付、御用人共様子承候様ニと猪右衛門被申候、御用人共町年寄ニ様子相尋申候、差当委細之儀難申上由ニ付、左候者罷帰得と札遣可仕と存、様子ヲ無延慮書付出シ候得と申聞候

四月十日　　　　　　　　　　　　長屋新左衛門番
　　　　村田小右衛門書出
一先日御内意窺候通ニ山崎勘解由殿家来衆へ申遣候処、弥頼候由申越候、則書状御披見ニ入候事
右之井関邪魔ニ成可申候哉、為念御当地ゟ御見分衆可被為遣候哉、弥井関相調候得者、四十瀬村ニ似合之請堤不被仰付候てハ、古堤無心元奉存候事
小右衛門口上ニ申候ハヽ、四十瀬村之井関之儀勘解由殿御事ニ御座候間、可被仰付候哉、此井関出来候へハヽ、川筋

弥埋り大水之節堤あふなく、いかゝ可有御座哉と存候、其上庭瀬領さゝわりニ成可申様ニ存候、何とそ被仰付可被遣し候ハヽ、川上ゟ片山・西阿知村・水江村江懸り候水筋を掘抜、下へ通シ候得者、勘解由殿新田江懸り申候、勘解由殿御為井関之御構もなく可然様ニ存候、左候ハヽ、溝代之義者後〻迄之為ニ御座候間、勘解由殿ゟ御構候様ニ可被遊候哉、高三拾四、五石程之儀ニて御座候由申候

猪右衛門被申候ハヽ、勘解由殿義ニ候間、御領分計すこしのさゝわりハ苦ヶ間敷候得共、他領さゝわりニ成申儀を其通ニ被成置候てハ、後〻迄之為ニ候、其上百姓共迷惑仕候間、井関之義ハ成申間鋪様ニ被存候、諸事勘解由殿御家来江為内談之候間、山崎大膳へ右之様子小右衛門ゟ具ニ物語仕可然由被申、大膳呼ニ遣シ、小右衛門・四郎左衛門以絵図ヲ具ニ大膳江申聞候、猪右衛門も大膳へ勘解由殿家来衆内談被仕候様ニと被申聞候

一別苻村ニ而盗人殺候頭取人、九兵衛親子之外ニも御座候哉と致吟味候得者、外ニハ無御座候由ニ而村中ゟ書物差越申候、則御披見ニ入申候事

小右衛門申候ハ、、別苻村盗人殺候者九兵衛父子之外自然頭取も可有御座候哉と存、又村中穿鑿仕候、九兵衛悴共其外年寄百姓外ニ頭取人無御座由申、連判之書物仕候、則猪右衛門江見せ申候

一槙谷村入相之山先年江戸ニ而被仰出を背、札山猥御座候間、一先罷下御断申上度旨、札本見延村之藤右衛門数度私迄相断申候、先年罷下候砌奉行心を添申候、其迄弁銀茂尓今手付不仕候、其上去年山之儀ニ付少之内藤右衛門追込置申候、其節大学江窺、江戸御奉行衆御定之御書付御座候、絵図私方へ預り置申候、此度江戸へ藤右衛門被為遣候へハ、此絵図渡シ不申候へハ成不申候、江戸首尾能仕候へハ藤右衛門も可罷帰候、無左候てハ此絵図重而御国江戻り候段不定奉存候、如何可申付候哉

猪右衛門被申候ハヽ、江戸へ是非可参と申候ハヽ、遣シ可申候、御奉行衆御定之書付ハ写シ仕致持参、若本

紙出シ候様ニと御奉行衆御申候ハヽ、江戸御屋敷御
留守居方へ被仰遣候様ニ藤右衛門申上候へと申合、
遣し候様ニと被申渡候
一他領飢人数多私構下ニ而行倒れ相果居申候、行衛不知候
故、札立葬申候、已上
卯月十日　　　村田小右衛門
猪右衛門其通ニ仕候得と被申候
同日
村田小右衛門差出
備中宿村三田越シ之大池ニ死人御座候様子之事
一何頃ゟ池江はまり相果申候哉、去ル廿日頃之大雨之時分
ニ池見廻り之者参候得共、何之様子も見え不申候、又昨
晩池見廻り之者参候へハ、死人水ニ浮申候て御座候由、
私方江相届申ニ付、今朝見せニ遣申候へハ、寂早久敷跡
ニ相果申候哉、頬之皮もむけ髪も抜ケ大形乱れ懸り申候
ニ付、年之頃もつらの様躰も難見分御座候、如何様かい
しやく人も御座候てつけ申候哉、後ニ而手くひ荒縄ニ而
いわゑ候て御座候、古キ単物一ツ着、木綿之丸くけの細
帯仕居申候、こミかヽり着物之色も布目も難見御座候、
以上
三月廿九日　　　西郡村　三郎兵衛
小右衛門申候、此者も右之通ニ申付候由申候
国枝平助書出
浅口郡奉公人延米覚
一弐百八拾六石　　　御蔵分
一弐百五拾三石　　　丹波様御蔵入之分
合五百三拾九石
内
弐百三拾三石八斗　　　麦種万売物当請相之分
百八拾石　　　奉公人当之分
百八拾五石　　　無当
右之未進負候者共ハ大形奉公人当外れ、扨者絶人共にて
御座候故、麦種秋とて茂取立難成御座候、村〻ニ大分御

普請所多御座候、秋江懸少なりとも取立成申分ハ取立見可申候、先ハ村〻ニ而差当御普請共未進米ニ而申付候者当御免相之為ニも能可有御座候、未進おい共計御普請仕事ハ難成御座候故、村〻江懸御普請ニ而御未進払上候様ニ仕候ハヽ、情も悪鋪成申間敷と奉存候御事

四月十日　　国　枝　平　助

猪右衛門明日相窺可申渡由被申候

御窺被申候処、残米日用御普請ニ被遣候間、差当分見計可申付由被　仰出候事

同日

同人書出

浅口郡西小坂村与七郎女寄特之事

一与七郎家内五人　内

壱人ハ母親年八十九盲

壱人ハ与七郎同五十五去年ゟ相煩

壱人ハ与七郎女同五十

弐人ハ忰十歳・五歳

右五人之内三人ニハ飢扶持壱人一日ニ五勺宛遣シ、残ル弐人ニハ大木池江参御普請仕、粥給候へと庄屋申候ニ付、女房毎朝夜之内ニさうすい仕、姑夫子共ニ給させ、十歳ニ成申忰召連、行帰四里半御座候大木池江正月廿四日ゟ三月十五日まて毎日通ひ申候、日用銭拾文程宛取候てかゆ買、夜ニ入罷帰、又雑水仕給させ申候、十歳ニ成申忰ハ四、五文程宛取申候、然共忰故毎日通ひ申事難成、次第ニやせ申ニ付、又忰ニも五勺之扶持遣申候、近所之者申候ハ、御普請小屋ニ五、三日程宛逗留仕候へ、左候へハ銭弐拾文、弐拾四、五文も取候、今之分ニてハ中〻続申間鋪と申候へハ、女申候ハ、姑もうもく、夫病気、幼少成忰共ニて候故、跡ニ而給物仕者無之候故、続申程者通ひ可申迚、右之通ニ御座候、毎日通ひ申ニ付足痛すねニ押灸幾所も仕候、元来常ニ姑ニ懇仕候由村之者共申候、右之様子承届申ニ付、三月十五日ニ当座之褒美ニ米壱斗遣シ、其米有之内ハ少休候へと申候得共、其後も不怠通ひ申候、与七郎抱之田畠弐反六畝余御座候、已上

卯ノ

四月十日　　　　　　　　　　国枝平助

猪右衛門明朝　御耳ニ立可申由被申候

右之段被達　御耳ニ候処、西小坂村与七郎女事寄特ニ

思召候間、為御褒美米五俵被下候事

同日

覚

一大木池・増原池御普請、後之四月中時分ニ出来不仕候て

ハ不成御普請ニ付、五、三日以来近所他領之日用を入申

候、殊外他領者助り申迚、悦申候、已上

四月十日　　　　　　　　国枝平助

平助申候ハ、池之堤六合程出来仕候、只今者百姓共

苗代時分ニ而、日用ニ出申者も少ク御座候故、はか

取不申候ニ付、他領之者をものそミ候へハ、少宛入

申候、弥〻左様ニ可仕候哉、水前ニて候故、少も早

ク出来仕候様ニと存候

猪右衛門被申候ハ、只今迄ハ其程出来、若水なと越

候へハ無益ニ成候間、左様ニも仕候様ニと被申候

同日

一国枝平助申候ハ、昨日何茂寄合、残り米之割苻銀私預り

之郡へも五貫目懸り申候、随分才覚可仕と存候、寂前拾

五貫目借り申筈ニ御座候得共、此銀も未調申、浅口郡之

内ニ而ハ何共調兼申候、水谷左京殿御領分ニうとく成者

御座候て新田望申候、悴壱人入置申候ハヽ、加様之節之

御用ニも足りニ成可申様ニ存候、いかゝ可仕候哉

猪右衛門明朝相窺可申由被申候

御窺被申候処、新田江入百姓之儀、水谷左京殿領分百

性之悴望之通入可申旨被　仰出候事

同日

一河合善太夫申候、郡〻御用ニ請取申候平太船損シ申候、

手前にて繕可申候哉

猪右衛門被申候ハ、先左様ニ仕候得、平太船繕之儀

ハ先日茂僉儀有之、御舟手ニ而可被仰付哉、銘〻手

前にて可被仰付哉、落着無之由被申候、善太夫申候

ハ、所ニより御船手ニ而被仰付候ても可然候哉、遠

方ハ岡山迄繕ニ平太出シ候へハ、川引上申ニ人夫も多入申候、加様之所者其所ニ而申付候ても可然哉と存候由申候

猪右衛門一段尤之申様ニ候由被申候

同日

塩川吉太夫書出シ

一口上道郡去年残米之内御小人給其外取立申分引残分、日用米ニ被下候様ニ仕度奉存候、可被下と奉存、心得違茂御座候ニ付申上候

猪右衛門明日相窺可申渡由被申候

御窺被申候処、残米日用御普請見計ニ可申付由被　仰出候事

一先日京都ゟ送参候非人、海面村之七兵衛と申者之由御座候得共、湊村ニ親前廉居申由ニ御座候、海面村へハ此者六、七年程参居申候得共、親江戻シ、其後町なとニも居申由ニ御座候、只今ハ親も死絶、湊村ニ跡も無御座候得共、右之通ニ御座候ニ付、湊村江預ケ置申候、かたわ者ニ而御座候へハ、乞食山へ入申度と断申候、其通ニ仕可申と奉存候、上方ゟ送参申者之儀ニ御座候間、申上儀ニ御座候、已上

四月十日　　塩川吉太夫

猪右衛門被申候ハ、此段者岩根周右衛門江申談、其上ニ而入置候様ニと被申候、追而吉太夫・周右衛門両人申候ハ、右之者山へ入申様ニ可申付候、今程大勢ニ成申候間、乞食山之近所ニ而御山六、七反程乞食共ひらき申様ニ申付、遣シ申度存候、御免シ被成候様ニと申候

猪右衛門左様ニ仕候へ、御山奉行江其段可申渡由被申候

同日

一塩川吉太夫申候、御林之松葉かき申儀ハ御免シ被成候、何と仕候て茂枝小松盗切申候故荒申候、此節者山廻りも少者見のかしニ仕、吉太夫も左様ニ存候故、急度も不申付候、其段ニ而も難置御座候故、左様之者見付候ハヽ、下

ニ而見合ニ禁メ、急度とハ申上間敷候由申候
猪右衛門尤ニ候、当年之事ニ候間、見付候ハヽ、下ニ
而能程ニ禁メ候様ニと被申候

同日

吉崎勘兵衛差出

一御野郡東古松村右善姓寺と申坊主還俗仕、只今七郎右衛門と申候、右坊守仕居申候うはノ子権三郎と申者、同村加右衛門方ニ奉公仕居申処、当三月十八日池田七郎兵衛様御馬屋ニ而御馬之轡盗参、同村五郎兵衛頼、岡山江持参仕売可申処ニ、加右衛門悴太郎兵衛様子聞付穿鑿仕、早〻取返シ、七郎兵衛様御中間衆へ持参仕、返シ申候、其以後権三郎欠落仕候ヲ尋出シ、下にていましめ置候間、御断申上候へハ、御赦免被成、忝御礼申上、埒明申候、然共此権三郎内〻村之内ニ而も取違少宛仕申ニ付、今度親共も不通仕候由ニ御座候間、此度村をも払申度候間、御払せ可被下候、為後日如斯御座候、以上

四月二日

東古松村庄屋
仁兵衛
年寄
兵左衛門
主人
加右衛門
親
七郎右衛門
組頭
次郎助
同
小右衛門
同
喜兵衛
同
七郎左衛門
同
四郎右衛門

同
庄左衛門
吉崎勘兵衛様
此段猪右衛門被申候ハ、只今払申義ハ不成候、籠舎之内御払被成度者も其分ニ而有之候、先親ニはこくミ候様ニ可被申付候、追而大坂之様子茂究り候ハヽ、其節之儀ニ仕候様ニと被申渡候

同日
一小林孫七申候、今度京都御用人足神根村才三郎と申者病死仕候、御給米三俵残り米ニ御差次被成候、其分にて御立可被遣候哉、人代出シ可申者も無御座候由申候
猪右衛門被申候ハ、前々ゟ病死之者ハ其分ニ而被下候間、其通ニ仕候様ニと被申候

同日
一同人申候ハ、伊部村へ鹿多出申、麦殊外荒、百姓共迷惑仕候、おとしニ鉄炮御免シ被成候ハヽ、所之者柄打ニ成共仕候様ニ申付度候
猪右衛門明日相伺可申渡由被申候
御窺被申候処、伊部村当分鹿打申儀御赦免被遊由被仰出候事

同日
一都志源右衛門・河村平太兵衛・西村源五郎・俣野助市罷出申候ハ、昨日御郡奉行共何茂寄合、残春延米之儀色々僉儀仕候得共只今何共取立可申様無御座候、先信刕様八千俵之内三千俵、丹波様四千俵之内千五百俵、都合四千五百俵之代銀相場七拾五匁ニ〆百拾三貫目、惣郡江割苻仕払申様ニと申合候、此外給所之分ハ何共難成候由申候
猪右衛門被申候ハ、給所分之相場七拾五匁ニ而ハ迷惑仕義ニ候間、如何可有之哉と被申候、源右衛門何茂申候ハ、其段も昨日色々申候て見申候、無足之者共へ七拾五匁にて被遣候、尤御ふちかたハ米ニ而被遣候得共、少扶持ノ者ハ御ふちかた計ニ而ハ成不申候、御切米之内ふちかたニ仕候、其上　殿様御蔵ニ御銀御座候て御家中へ被遣候ハヽ、七拾五匁之相場

ニ而可被遣義ニ可有御座候といつれも存候間、一等ニ七拾五匁ニ可被仰付哉と申候、何茂僉儀仕給へ、百性相対ニ而延置申分ハ無御構、石田弥次右衛門手前ゟ切懸ニ仕分ハ、七拾五匁ニ御究被成可然と申候

御窺被申候処、残米相場之儀、石田弥次右衛門切懸候分者、七拾五匁ニ可仕候、給人百姓相対ニ而延申分者、御構無之由被　仰出候事

一春延奉公人米当初之四月切ニ払上可申と、堀七兵衛手前江借状遣置申候得共、取立成兼申候間、当七月迄差延申様ニ仕度候、御手紙七兵衛方江被遣可被下候

猪右衛門堀七兵衛方江手紙可遣由被申候

一給人方御定之相場ニ而銀子払申候得共、米にて払候様ニ申候、如何可仕候哉

四月九日

此段源右衛門・平太兵衛・源五郎其外何茂僉儀仕候通ニ御座候

同日

一西村源五郎申候、邑久郡射越村庄屋弥次右衛門義、俣野助市追込置申候、余程日数も延、御代官も京都へ参、村之肝煎手支ニ御座候間、寂早御赦免被成候様ニ可被仰付候哉

猪右衛門被申候ハ、堤切候者共如何様ニ可被仰付哉と被申候、何茂僉儀仕候、大川筋之堤ハおもき義ニ御座候間、過代ニ家屋敷御取上可被成哉といつれも申候

猪右衛門明日右之者共相伺、落着之節庄屋儀可申渡由被申候

御窺被申候処、庄屋弥次右衛門御赦免被遊候、同村長左衛門・三右衛門両人共ニ、為過代家屋敷取上可申旨被　仰出候事

四月廿二日

一立野八郎兵衛若堂五太夫事、先籠舎可申付置由被　仰出候事

同日
一紀伊国屋次郎兵衛事、母者梶原平右衛門ニ御預ケ被成候、二郎兵へ所帯闕所可仕旨被　仰出候事

長屋新左衛門番

四月晦日
一小林孫七申候ハ、姫路銀札遣之様子、片上ノ六郎左衛門伝手を以具ニ承、書付一通差出申候、札紙も出シ申候

姫路銀札之様子承及申覚

一大和守様村上ニ被成御座候時被仰付候、今度江戸へ御窺被成、姫路にて茂被仰付候由
一札本之名代姫路米屋惣兵衛・鈴屋吉左衛門ニ被仰付候、但毎年御合力米百俵宛手代四人之給分も被下候由、其外札銀利なしニ御借シ可被成候由
一札ハ従公儀被仰付候故、万事造作入目之分札本之構無御座候由
一札銀ハ札本之無構御役人御定、其裁判ニ而御会所ニ御納御用ニ御遣、其外御家中江御借被成、五年ニ本ニて成崩ニ被　召上候由
一札請払之所ハ御会所ニ而、御奉行御出、札本両人手代共罷出裁判之由
一札之印判ハ村上にて判表裏ニ七ツ御押被成候由、外ニ札本之判二ツ、是者大坂ニ而出来仕候由、判数合九ツおし申由
一札数銀目五匁・三匁・壱匁・九分・八分・七分・六分・五分・三分・弐分・壱分、此通ニ御座候、紙色ハ一等ニ白御座候由
一札紙御領内かやの村と申所之者被　召寄、御漉せ被成候
一札銀高先千五百貫目程出来仕筈之由、但当春ゟ札出来、一日ニ壱貫五百目ゟ弐貫目程宛出来仕候、六、七月頃ニハ六、七百貫目も出来可仕候、左候者先御遣出シ可被成候由、但御造作入目三拾貫目計之由
一札御遣出之様子ハ御用買物御払方ニ御遣、其外御家中へ御渡シ金銀之払方ニ不残御遣被成候由
一札売買之分相いまた知れ不申候、但銀子ニ札を買候時者

銀百目ニ札百壱匁被下、又札を銀ニ替候時者札百目持参
仕候へハ銀九拾九匁可被下かと申候、此分相ハ公儀之御
徳分ニ成申候由、尤札本之構無御座候
一かけ屋者其侭前〻者仕候由
一札いまた御遣出無之候故、諸事之様子聢と知れ不申候、
札やミ申時之様子、損シ札・失札、御年貢銀ニ札上候事
ヶ様之品も未知申候
右之通伝を以承申候間、書上申候、已上

卯ノ
四月廿七日　片上庄屋
六郎左衛門

小林孫七郎様

同日
一岩根周右衛門申候ハ、先日申上候出石土手ノ上置、町役
千人出シ一日ニ百宛十日出シ候様ニ仕候、五月水前ニハ
可仕候、今程者役人肝煎候、町方之者共煩居申候由申候
猪右衛門被申候ハ、左様ニ仕候へ、御奉行入候ハ、
可申付由被申候、斎木四郎左衛門申合候様ニと被申
候

同日
一同人申候ハ、出石之土手守望申候大工、酒折之西ノ土手
三間口程屋敷ニ遣シ置可申候哉
猪右衛門明日相伺可申由被申候
御窺被申候処、土手守望申大工ニ、酒折西之土手三間
口程屋敷ニ、願之通可遣由被　仰出候事

同日
一同人申候、昨日大坂者之由ニ而、備中銅山ニ去年ゟ居申
候者飢ニ及申候間、大坂江罷帰候由ニ而爰許江参、訴状
一通差出申候、いかゝ可仕候哉

乍恐訴状之事

一我〻親子五人之者大坂天満難波橋淀屋町之者にて御座候、
去年備中銅山へ参候処、今程米高直ニ付かつゑニ及候間、
大坂江罷上り可申与奉存、爰許罷越候処ニ、路銭ニ差詰
五人之者飢ニ詰、手足立不申ニ寄、寂早かつゑニ及相果
計ニ御座候、愈御慈悲を以大坂町御奉行彦坂壱岐守様・

石丸石見守様江御状御付送届、則一門共ニ相渡可被下候
ハ、難有可奉存候、仍訴状如件
大坂天満難波橋淀屋仙甫家守
甚兵衛甥
庄　兵　衛
延宝三年今月今日
岡山
御　奉　行様
猪右衛門被申候ハ、岩根周右衛門方ゟ船中扶持方遣
シ、今西半内方迄送候て取せ候様ニと被申候
達　御耳候処、大坂者五人飢ニ及訴状差出シ候者、送
届可遣由被　仰出候事
同日
一安井六郎左衛門申候、頃日邑久郡福元村・新村・神崎村
之水門并樋居させ申候、様子能出来仕候由申候
同日
一同人申候、阿波・紀州材木屋、寂前ゟ積参候材木被　召
上被下候様ニと申候、代銀者遅ク候ても不苦候由申候、
両所之材木代銀七、八貫目程之分ニ而可有御座哉と申候
猪右衛門被申候ハ、迚も暮ニハ拾四、五貫目ハ御買
置不被成候て者成間敷候間、代銀暮迄相待候ハ、取
置候様ニと被申候
閏四月十日
近藤角兵衛番
一吉崎勘兵衛申候、京都御用ニ被遣候主〻江渡り申人足之
儀、在〻吟味仕候、年頃能者ハ無御座、年寄申者迄ニ御
座候、年寄候者被遣儀如何ニ思召候ハヽ、半田山へ御用
ニ入居申候御小人入替ニ被成可被遣候哉、但京迄ハ年寄
之無構被遣、先ニ而寂前参候六百人者之内より、渡り夫
ニ御差替可被成候哉と申候
猪右衛門被申候ハ、岸織部なと致相談、三木市郎兵
衛手前を茂聞届、其上之儀ニ可被仕由被申、落着無
之候
同日
一同人申候、伊勢之宮土手筋ニ并（並）木之松御座候、大水ノ時

風ニしふき土手危ク見え申候、見分之御構も無御座候ハヽ、御伐せ被成間敷候哉、百姓共積り申候ニハ、銀五、六貫目程ニハ請相伐可申者可有御座由申候、此方ニ而積見申候ハヽ、百姓共申候ゟハ銀高も未余程あかり可申かと被存候、第一ニ水之為又者此節御銀も入申義ニ御座候間、御伐せ被成間敷候哉

　猪右衛門被申候ハ、本海道筋ニ而も無之候、大水之時分土手あやうく見え候ハヽ、伐候ても可然被存候、

　乍去相窺可申由被申、落着無之候

御窺被申候処、伊勢之宮土手筋くわんすのつる迄并(並)木之松、大水之節堤之痛ニも可成様相見え候ハヽ、伐せ可申由被　仰出候事

同日

一広内権右衛門申候、口津高郡小田村之平次郎殺申候者共穿鑿仕、則白状書持参仕候書付弐通

　口津高郡小田村市郎兵衛・奥津高郡菅村三右衛門両人之者共小田村平二郎を切殺申候白状

一当月五日之夜半過ニ市郎兵衛・三右衛門申合、河内村之麦盗申候事

一麦を市郎兵衛刈候て荷帰申候刻、小田村と河内村之間ニ而平二郎ニ行逢申候時、平二郎申候ハ、何者そ何方ゟ麦を刈参候哉と申候、我才茂返事不仕通り過申候処ニ、跡ゟ平二郎追懸麦ニ取付申候故、市郎兵衛組合申候、其時三右衛門も立帰、両人ニ而組臥、三右衛門ハ平二郎足を取すくめ、市郎兵衛ハ胸を押付、平二郎顔首江懸テ数ヶ所鎌を打込殺申候

一市郎兵衛家之少下ニ而道を替、畠之中を通り市郎兵衛ハ麦を持帰申候、然共、麦をハ家之内へ入不申、本屋と牛屋之間ニ置申候得共、穿鑿可有御座と存、明ル朝六ツ半時ニ、市郎兵衛山江麦を持参隠置申候、已上

　卯ノ

　　閏四月九日

一死人　平次郎　口津高郡小田村之者

一市郎兵衛　死人為ニハ弟、同村之者

一三右衛門　平二郎為ニ従弟、市郎兵衛女之弟
但三右衛門義奥津高郡菅村之者ニ御座候故、白状以後
河合善太夫方江遣し申候

五月廿一日　　　長屋新左衛門番
丹羽次郎右衛門口上書
一内ミ作州ゟ申来候伯耆守殿関舟被置所御借り有度由、去月廿八日湯川十左衛門、森淡路方ゟ飛札ニ而被申越候、則状返事之安紙懸御目申候、横井次郎左衛門方江茂所之絵図を茂仕、御用有之次而ニ被罷出候へと申遣置候ニ付、今日罷出候、様子御聞被成可被仰付候哉
猪右衛門被申候ハ、此段何茂いかゝ存候哉と被申、何茂僉儀仕候、寂前ゟ此義作刕ゟ御望候得共、西大寺ハ御茶屋所ニ而も御座候、御城下江茂近ク御鷹場旁以、舟置所御借シ被成候てハ、伯耆殿御扶持人あまた住宅可仕候間、諸事ニ付而殊外御面当成儀共出来可仕候、其上浦伊部・入田・金岡方ミ作州者居申候間、御無用ニ被遊可然哉と何茂申候
猪右衛門何茂僉儀之通、明日可相窺由被申候
御窺被申候処、西大寺川ニ作州舟置所之儀御借シ被成間敷候間、丹羽次郎右衛門方ゟ断可遣由被　仰出候事

同日
村田小右衛門書出
一村ニゟ立毛ニ不応免御座候様ニ、常ミ百姓共私方江相断申候得共、舛平シ安当り迷惑可仕様ニハ不奉存候故、前ミ通ニ仕置申候、然共右之田地ヲ人ニ預ケ候へハ、地主方ゟ米を添不申候てハ預り申人無御座候由承及申候、地不宜ニ究候哉、百姓共草臥申候、いかゝ可仕候哉、相応ニ土免ゟ右之村ミハ免下遣候様ニと被為思召候ハヽ、下ケ免ノ米を秋之救米ニ仕度奉存候、子細者備中ハ御領分之田地を他領ゟ作仕候、免下遣候てハ他領江救ニ成申候、御百姓を致吟味、それ〳〵ニ救申候へハ、真ノ救ニ成申候、如此仕候ハヽ、救米他郡ゟ多可有御座様ニ奉存、只今ゟ奉窺候

五月廿一日　　　　　　　　村田小右衛門

小右衛門申候、田地悪敷百姓かしけ申候故、こやし難仕候ニ付、立毛悪敷御座候、他領之百姓勝手成申者作り候得ハ、こやし能仕候故、立毛能御座候、免ニ而下候ヘハ、他領之百姓其分ニ而不苦者迄も救ニ成申候間、下ケ免程御百姓致吟味、秋救米ニ仕度奉存候、猪右衛門被申候ハ、小右衛門見計、其通ニ仕候様ニと被申渡候

同日

一村田小右衛門申候、備中神原江水谷左京殿御領分薪舟着ケ申度由願申候、所之うるをいニ茂成申候間、左様ニ可仕候哉

猪右衛門其通ニ仕候様ニと被申候

同日

村田小右衛門書出

備中窪屋郡真壁村ニ而盗人殺候品

一四月十四日之夜真壁村江盗人はいり申候、太郎吉・弥七郎両人行逢、棒ニ而打申候得ハ相果申候由申越候、則十村肝煎西郡村三郎兵衛遣、死骸改葬せ申候、此盗人ハ私構下中嶋村之者ニ而御座候、常々心根悪敷所を追出申度と当春両度私迄相断候、只今之時分追出候て者及飢死可申候間、麦出来候て差図可申付と申聞せ置候、然上者悪人ニハ究申候、別苻村九兵衛儀未被仰出も無御座ニ、又候哉、如此之品百姓共ニハ過申たるやうニ存候由申渡候ヘハ、庄屋方ゟ太郎吉・弥七郎ヲ其節追込可置候由承及候、則盗人之様子書差出シ申候

同日

真壁村太郎吉・弥七郎口書

一真壁村庄助こゐたこ三ツ卯月十四日之夜見え不申候ニ付、盗れ申与存、庄助悴太郎吉村相を尋廻り申処、村ゟ東之方江人通り申ヲ不審ニ存、同村弥七郎と申者ヲ呼出シ、上と下江廻シ、盗人間近ニ成候時、弐人声を合候ヘハ麦ノ中ヘ逃申候処ヲ、弥七郎追懸たゝき申候得ハ、彼盗人鎌をふり懸候処、太郎吉参、やれ盗人よと声を立、弐人

指合打申候、頭ニ当り其侭倒れ申候、其時同村之者三人又溝口村之者二、三人出合申候、寂早盗人ハ助り不申躰ニ候へハ、盗物相改見申候得ハ、たこ六ツ・のほりはし一膳御座候ニ付、罷帰、又三郎方江相断申候、已上

又三郎口上書上

一早々罷出盗物相改申候、又今朝罷出死人見届、盗れ主吟味仕候へハ、たこ三ツ同村勝助、二ツ善兵衛、一ツ庄九郎、のほりはしハ溝口村長三郎

一死骸相改申候へハ、懐ニ木綿嶋之帯壱、小袋一ツ、内ニ何も無御座候、帯ハ同村三九郎と申者之母か帯ニ而御座候、盗人者中嶋村加兵衛と見知申者共御座候ニ付、西郡村三郎兵衛方・中嶋村八郎兵衛方へも、早々右之通申届申候

卯ノ四月十五日

真壁村
又三郎

同日

一村田小右衛門申候ハ、右之品ニ候得共、御次而も無御座ニ付、終ニ不申上候処、頃日彼弥七郎母弥七郎門前ニ罷有候非人を、他領[　]村おんほうを頼、川江沈メ申候由承及、十村肝煎西郡村三郎兵衛遂吟味申候、口上書一通宛差上申候、此非人出生ハ聢と知れ不申候、此女気違と相見え候由ニ御座候

真壁村弥七郎口書

一閏四月廿日之夜更、私臥り居申候へハ、ちさ畠ニ何者哉覧居申ヲ女見付、私へ申候ニ付、盗人と心得棒ニ而一ツ二ツ打申候得者、声を立申候、承候へハ女ニ而御座候ニ付、ちさ茄子苗なと取散御座候ヲ、集候て彼女ニやり、重而参なと申候て、いなせ申候、其後又真壁へ彼女戻居申候へハ、母ちやせんを頼捨させ申儀ハ私不存候、五月三日ニハ主人田植にて早朝ゟ罷出、暮方迄相詰、四日ニハ自分之田植可申与存、人頼を致苗なと取置申候ニ付、主人用仕廻直ニ私苗代へ参、石原迄道五、六町計御座候所へ苗二荷持、夜更罷帰候へハ、彼非人のけさせ申由母語承申候

卯五月七日

真壁村弥七郎母口書

一閏四月廿日之夜、ちさ茄子苗抜申ヲ見付、盗人と存弥七郎二杖打追退申候、其後廿七日之夜当村江戻居申候、私二、三日賄置申候、彼非人弥七郎たゝき、加様ニ罷成候と申ヲ、往来之者聞申ヲうらめしく存居申候、五月三日之晩ニちやせん参候ヲ私見付、此中非人弥七郎所へ参盗仕候ヲ、打候ヘハ爰ニ居申候、何方へ成共のけ、戻り不申様ニ仕くれ候へと頼申候、ちやせん申候ハ、大事者有間敷かと申候、私茂大事ハ有間敷と申候、其段ちやせんニ何方へ送り申たるかと尋申候ヘハ、川江はめ申たると申候、ちやせんを頼申儀弥七郎ハ一円不存候

卯ノ五月七日

同日

蒔田権之佐様領［　］村ちやせん口書

一昨日弥七郎母ニ逢申候ヘハ、盗人之倒れ者有之候間、何方江茂やり帰り不申様ニ仕くれ候へと被申候ニ付、不帰候様ニとハ川へもはめ候へとの事ニて御座かと申候、弥七郎母被申候ハ、如何様仕候而も不苦候、左様ニ仕候而もと被申候ニ付、中原之上江つけ申候と申候

右ハ五月五日ニ真壁村保頭助四郎相尋承候

猪右衛門被申候ハ、明朝相窺可申由被申候

御窺被申候処、真壁村弥七郎母非人ヲ川江沈メさせ候儀不届ニ候、郡奉行下ニ而郡之籠舎可申付由被　仰出候事

同日

一斎木四郎左衛門申候、伊勢ノ宮土手番助左衛門儀、寂前被仰候通、弥御旅所江被遣、土手を茂かね守り候様ニ可被仰付候哉

猪右衛門被申候、其通可然候、明朝御城代江茂可申渡由被申候

同日

一俣野善内　御隠居様寅ノ年麦大豆米代之目録一通差出シ、猪右衛門江見せ申候

同日
　河合善太夫書出
一加茂御林之材木来月初頃川出仕候由冨田屋申候、前〻申
上候通、御運上木改之御奉行被仰付可被下候、金川村之
河原ニ而改請申候て、御運上木外筏ニ仕、川を下シ岡山
ニ而払上可申と冨田屋申候、已上
　猪右衛門被申候、御奉行可申付由被申、則御歩行之
者弐人心当仕候様ニと、近藤角兵衛・長屋新左衛門
江被申渡
　同人冨田屋太郎左衛門口上書一通差出申候
　乍恐口上覚
一加茂山材木只今山落修羅出シ仕候、然処下草荊棘大分ニ
御座候故、下刈不仕候得ハ山落修羅罷成不申候、其上材
木丸太ニ仕候枝葉ハ被下候故、百姓中薪ニ札ニ而買申度
由申候、然共道筋下草刈あらけ不申候得者、牛ニ引せ又
者持出シ申儀罷成不申候由ニ而、只今迄札取ニ参不申候
て迷惑仕候、道筋刈申候小木又者下草も枝葉ニ添取申者
も可有御座候間、得御意申事ニ御座候御事
一枝葉を薪ニ短ク仕出シ申分ハ、御断不及申上ニ義御座候、
百姓方互ニ而引せ申ニ付、長五尺七尺或ハ枝木其侭ニ而
出シ申度由望申候、自然外〻本切之木なと丶　御耳ニ相
立申儀も可有御座かと奉存、御断申上候
一ゆかミ大分御座候て材木丸太板木ニも成不申候、本口を
臼ニ仕出申度奉存候、是ハ枝葉同前ニ御座候之間、弐分
之御運上木御赦免被遊可被下候、弐分木差上ケ申候てハ
相不申物ニ而御座候故、如此申上候、以上
　卯ノ五月十九日　冨田屋
　　　　　　　　太郎左衛門
　河合善太夫様
同日
一河合善太夫申候ハ、小木下草被遣候ハ丶、山も荒可申候、
いか丶可有御座候哉と申候
　猪右衛門被申候ハ、善太夫申通尤ニ候間、こま木下
草ハ被遣間敷候、枝葉ハ薪ニ仕或ハ長五、六尺迄ハ

苦ヶ間敷候、枝木其侭ニ而出シ候事ハ根切ニ紛敷可有之候間、成間敷候、本口臼ニ仕候義苦ヶ間敷候、是ハ枝葉同事ニ候間、御運上ニハ及申間敷由被申候

同日
一安井六郎左衛門申候ハ、樋小屋川手之方垣そこね申候、仕直申度候、竹ニ而ハ早ク損シ申候間、此度者松丸太ニ而柵ニ仕度候、瓶井山ニ而切申様ニ可被仰付候哉と松木書付出申候

覚

一七拾本　松丸太　長弐間　目通壱尺弐、三寸廻り
右者樋御作事小屋川手之方垣ニ仕候間、瓶井山ニ而伐り申度候、已上

五月廿一日

安井六郎左衛門

猪右衛門被申候ハ、川手之儀御船ニ而御下り被成候へハ御覧被遊候所ニ候間、明日相窺可申渡由被申候御窺被申候処、樋小屋川手之方柵之儀、先只今迄之通竹垣ニ仕置可申旨被　仰出候事

同日
一尾関又四郎申候、寂前も申候、当町魚問屋弐軒にて手支申候間、三軒ニ被仰付被下候様ニと嶋之猟師共願申候、いか丶可被仰付哉と申候

猪右衛門岩根周右衛門ニ如何可有之哉と町之様子尋被申候、周右衛門申候ハ、問屋多クせり合申候ハ、魚直段上り可申かと存、又四郎と只今も内談仕候、又四郎三軒ニ被仰付候ハ丶、村割ニ仕候て舟着申様ニ可申付候由申候、左様ニ仕候ハ、構も御座有間敷由申候

猪右衛門一段可然候間、左様ニ致相談候様ニと、又四郎・周右衛門両人江被申渡候

同日
一玉野武兵衛申候、下ニ而沙汰仕候ハ、御勝手方之儀ニ付在々樋守給ハ不被遣候ても苦ヶ間鋪哉と申候、都合八百石計も可有御座哉、加様之儀ハ早ク被仰出可然儀之様ニ末にて申候

猪右衛門被申候ハ、尤ニ候、其外之儀も前廉申上、宜義も候ハヽ、書出シ候様ニと、御郡奉行中江可申聞
由被申候

同日

一猪右衛門被申候ハ、御切米春御借シ米残相場相之儀、いか丶可有之哉と被申候、何茂申候ハ、只今之相場ニ被下候程之儀者無御座候得共、諸事御手支之事ニ御座候間、相場相不被遣候段何茂被仰聞、右御定之通ニ被遣候様ニ何茂申候

近藤角兵衛番

五月晦日

一岩根周右衛門申候、尾関又四郎方ゟ私方迄申聞せ候、児嶋ゟ之魚問屋一人御増被下候旨、猟師共ニ申渡シ候、何茂忝かり申候、問屋三人方へ付申猟師共村わけ仕り、鬮取ニ致シ相究申候

同日

一春田十兵衛申候、昨日も申上候赤坂郡砂川筋其侭も差置れ申間敷候、百姓共根草仕廻申候ハヽ、所〻ニ杭木を打、しからミ仕すき水ハ御座候共、砂入不申候様ニ先仕度奉存候、杭木竹なとも御林御藪方〻切尽シ申候間、給所林藪なと此已後者伐可申候哉、岡山ゟ取越申候へハ大分駄賃懸り申義ニ御座候
猪右衛門被申候ハ、郡之内御林有之候ても程遠ク候得者、給所之藪林手寄次第ニ只今迄も伐せ申候、いつ方にても手寄次第ニ給所竹木伐候て、御用ニ遣可申由被申候

同日

一村田小右衛門申候、今日ゟ御番ニ而罷出申候、此度之水ニ備中自分預り御郡之内少茂損シ不申候、近年御物被為入、御普請被為仰付候故与奉存候

同日

一岩根周右衛門申候ハ、下出石町小挽庄三郎一巻小林孫七方江申遣シ、三石村長兵衛夫婦伯父五郎右衛門口上書差越申候由ニ而、一通差出申候

下出石町木挽庄三郎口上

一私妹聟下出石町家持木引仁左衛門と申者、先月廿一日ニ播州芝(宍)粟之内かこおけ山と申所へ細工ニ参居申候処ニ、右之仁左衛門以之外相煩申由、今月八日ニ爰許江申越候ニ付、兄弟之儀ニ御座候へハ無心元奉存、路銀三拾目用意仕、今月十日ニ為見廻之爰許ヲ罷立申候、片上と三石之間ニ而年頃廿七、八、せいハ中位成男と道連仕候、着物者木綿浅黄之単物紋付少古メニ御座候ヲ着申、丸腰ニ而御座候

一道連之者申候ハ、我才ハ姫路之者ニ而岡山江麦積、只今罷戻申候由申候、私存候も船頭か百姓かと存候、声ハ播磨声之様ニ被存候、八ツ頃ニ三石之五郎右衛門と申者之所江道つれはいり申候へハ、亭主ハ留守ニ而娘哉覧、十八、九成女壱人居申、女申候ハ、此頃ハ久敷逢不申と懇成挨拶にて御座候、其時道連之者申候ハ、たへ申物なとハなきかと相尋申候得ハ、右之女いや何茂無之候、隣ニてん屋物有之候迚、取ニ参候得共無之由、罷帰申候得者、水をたへ出申候、私も水たへ出申候、右之宿三石東かわ北ゟ二、三軒目ニ而表ニ竹縁御座候、道つれの者申候ハ、此宿ハ前〻ゟ俵物舟ニ積遣シ、宿なと仕心易者ニ而、何時成共寝臥り仕候而も自由成由申候ニ付、私茂心易存知道連仕申候

一三石を行過私食残御座候故給させ、七ツ過ニ采江参申候、是ゟ先之宿江ハ何程有之哉と相尋申候へハ、四里有之由申ニ付、其迄ハ日暮可申与存、うねニ泊り申候、采之宿戻りニ見申候へハ、右かわ家数拾六、七軒目かと覚申候

一明ル十一日ニ両人罷立、立野之内せんほ村ゟ半道程山中江入、休居申候得者、道つれの者杖を切申候間、小刀借シ申様ニと申ニ付、則脇指ニ而杖を伐遣申候、其後杖之枝落申迚、是非借り申度由申ニ付借シ申候得者、後ゟ剪申候、其時狼籍(藉)者と申石を打付申候へハ、肩ニ当り申候得者、脇指捨置逃申候、跡ゟわめき追懸申候得者、行方知れ不申候、其ゟせんほ村之庄屋所へ戻り、医者之儀相尋申候へハ、爰許ニハ医者無之由申、其ゟ池田治左衛門

様御下之新宮之町へ参、いしや之儀相尋申候へハ、其節町之者共出合様子尋申ニ付、私岡山之者ニ而御座候、芝粟へわたくし不遁者出職ニ参申ニ付、見廻ニ参申処、加様之手負申由申候得者、御奉行所ゟ芝粟へ御飛脚被遣、私従弟四郎太夫と申者新宮へ罷越、相違無御座候由申ニ付、御医者なと御付被成、種〻御懇ニ被為仰付候、五日逗留仕、十六日ニ人足雇罷帰申候

一四郎太夫口上、今月十一日ニ新宮ゟ御飛脚被下候ニ付、かこおけ山ゟ十二日朝五ツニ新宮江罷越申、庄三郎介病仕申候、私参不申内ハあなたゟ御賄被下候、私参候てゟ自分之賄ニ仕候、其後かこの竹なと被下、かこの用意仕人足雇、十六日ニ罷立つれ越申候、已上

下出石町目代

五月十八日　新兵衛

同日

和気郡三石村長兵衛夫婦伯父五郎右衛門口上覚

一岡山下出石町庄三郎申上候ハ、庄三郎道つれ三石村ニ而立寄申宿、竹縁有之所東かわ北ゟ二、三軒目、五郎右衛門と申者之由ニ御座候、然共五郎右衛門ハ西かわ弐軒目竹縁も無御座、五郎右衛門家内之者吟味仕候得共、少茂覚無御座由ニ付、東かわ三軒目長兵衛所、是も竹縁ハ無御座候へ共、北隣之家ニ竹縁御座候間、若見違名違かと奉存、穿鑿仕候得者、長兵衛所ニ而之義ニ御座候御事

一庄三郎申上候趣大形相違無御座候、長兵衛家内人数母・長兵衛夫婦共三人御座候得共、其節ハ母・長兵衛も留守ニ而、女房計居申候処へ、庄三郎と哉覧道つれの者共両人、五月十日未之刻時分ニ参、両人共縁ニ腰懸休、道つれ之者女房ニ何事茂無之かと申候故、何事も無之と申候、又何も喰申物者無之かと申ニ付、何茂無之と申候へハ、てん屋物尋申候故、北隣長右衛門所ニてん屋物仕候、幸長右衛門娘向之家口ニ居申候ニ付、女房戸口へ出てん屋物無之かと尋申候得者、無之由申候、則其通両人共聞申候、扨両人水なと呑候て罷立申候、其外何之品も無御座候事

一右之道連と申者之外ニ同道壱人以上弐人、五月七日ニ東口ゟ長兵衛所へ参、一宿仕、八日之朝西ノ方へ通り申候、両人共終見不申者ニ而御座候得共、参候て申候ハ、壱人ハ大坂之者にて候、岡山ニ兄弟有之候故、母同道仕舟ニ而下り申候処、天気悪敷母をハ舟ニ置、我ホハ鹿満津ゟ陸ニ而参候、壱人者岡山舟乗ニ而候、赤穂江たはこ積参候へハ下直ニ付、其様子を申岡山へ戻り申候、道を廻り道つれ致候得者、両人共足痛、殊ニ日暮申候、明日馬ニ而可参候間、是非一夜ハ借シ候へと歎申候故、借シ申候、大坂者米壱升買可申とて七日之晩ニ罷出候得共、米無之由ニ而五合買参食ニ焼、両人給申候、明ル朝者岡山者小麦たんこ少持居申候ヲ取出、両人給候て罷出申候、木賃ニ銭拾文宛弐拾文くれ申候、此外ニハ何も取不申候、此時前後之様子母・長兵衛夫婦共存知申候、然共此弐人之者何方如何様之者も存知不申候、若此者之様子存なから隠、以後知れ申候ハヽ、如何様共曲事ニ可被仰付候、十日之晩ニ大坂者と申者参候時ハ、女房計居申候得共、七日ニ泊り見知申候故、挨拶も申候、女房事年十九ニ罷成、田倉村之者ニ而去年九月ニ参申候、右之者行衛少茂存不申候事

一庄三郎連ハ大坂者之由申候、年廿七、八、せい中頃、着物ハ木綿浅黄、白キ五所紋之単物、丸腰、但言葉ハ上方声と聞え申候事

一岡山者と申者ハ、年三十計、せい中頃、あむしかほ、声ハ備前之様ニ聞え申候、古木綿嶋単物、小脇指さし申候、ほくせうなる者ニて御座候事

延宝三年五月廿日

長屋新左衛門番

六月十日

一国枝平助申候ハ、浅口郡先日之雨ニ少茂構無御座候、大木池之堤八合出来仕候、水之抱気遣も無御座候、新田百四拾町程苗植付申候、残九拾町計稗植付申候、土用之内ハ塩気浮申、苗痛見え申候、土用過候得者塩も沈ミ申候間、後者出来も直り可申様ニ百姓共申由申候

同日

浅口郡借銀覚　平助書出

一合三拾壱貫七百八拾壱匁　度〻借申候分

内

五貫目ハ　信州様・丹州様江払上

残而弐拾六貫七百八拾壱匁

内

三貫三百三拾壱匁　牛銀

三貫九百弐拾四匁　種子米銀

拾貫八拾九匁　大木池・増原池・新田溝御普請

日用米不足借銀

九貫四百三拾七匁　村〻飢扶持方米代銀

此代米百拾弐石三斗五升四合、相場九斗六升ニ付

八拾目六分四リン替

又三拾壱石壱斗四升　手習所米

二口米合百四拾三石四斗九升四合

村〻飢人弐千八百六拾九人、延宝三年二月朔日ゟ

四月晦日迄日数八十九日、壱人ニ付一日平シ五勺

六才弐毛ニ当ル

延宝三年六月九日　国枝平助

同日

浅口郡日用米覚

一米三百七拾五石　御蔵ゟ被下

一同拾六石九斗九升七合　無拠米之内

借り銀拾貫八拾九匁之代米

一同百弐拾石壱斗六升五合　相場九斗六升ニ付平シ八拾匁

六分替

合五百拾弐石壱斗六升弐合

内

弐拾五石　新田御普請入用

八拾六石　増原池右同断

四百壱石壱斗六升弐合　大木池右同断

夫役合五万千弐百拾六人弐分　但壱人ニ付一日壱升宛

一大木池八合出来、此後夫役壱万人余も入可申候

延宝三年六月九日　　国枝平助
猪右衛門右之通明朝可申上由被申候

同日
村田小右衛門書出
一伊藤信濃殿用水井口、御領分上原村之内ニ御座候、破損繕村〻ニ尓今手合不申候ニ、信濃殿用水溝各別繕申儀無専義ニ存候、去年六月廿九日破損之後繕不申付、打捨置申候、此度信濃殿ゟ井口水門繕被仰付候、御領分ゟ繕不被仰付候てハ用水懸り不申候ニ付而、川部之庄屋方ゟ私方へ両度断申越候得共、御領分之破損手合不申候段申聞、構不申候処ニ、度〻彼庄や断申来候、様子考申候ニ、此所繕不申候へハ、信濃殿御分旱仕段必定御座候、差延置候てハ御城下へ御無心申上様ニ而ハ品不宜候と奉存、前ニハ不奉窺破損繕せ申候、頃日右之品ニ付、川部老中ゟ礼ニ飛脚差越、書状御披見ニ入申候事
六月十日　　村田小右衛門
猪右衛門被申候ハ、一段尤ニ候、信濃殿家来ゟ之書状御披見ニ入可申由被申候

同日
小林孫七差出
和気郡五月廿七日ノ洪水所〻破損所書付
一大川筋所〻切口都合四百三拾間
内
一拾間　坂根村　一弐拾間　弓削村
一四拾間　奥吉原村　一弐百間　千躰村
一拾間　勢力村　一六拾五間　矢田村
一八拾五間　塩田村
一川端往還所〻都合六百間
内
一七拾間　天瀬天神ノ下
一四百間　河本村之前
一百三拾間　矢田村ゟ苫木村之間所〻
一大川筋堤しさり　五拾間　和気村
一波戸弐ツ破損　同村

一流舟拾艘之内　弐艘渡舟　八艘高瀬
高瀬不残尋出シ申候、弐艘渡舟ノ内壱艘塩田往還渡舟見え不申候
一当荒・永荒凡百六拾石余
一死人無御座候、牛馬流橋無御座候
六月九日　　　　小林孫七郎

同日
一小林孫七郎申候、先日塩田村ニ而人殺仕候穿鑿之書付、孫七郎相煩申ニ付延引仕候由ニ而差出申候
和気郡佐伯頭村与次郎打殺申科人、和気郡奥塩田村
親孫兵衛・子与惣口上覚
一前四月十九日子ノ刻、孫兵衛家内寝入申処へ何者ともなく参、大戸をたゝき宿借り可申由申ニ付、孫兵衛目さめ宿借シ候事ハ御法度、其上夜中不成候由とかめ候へハ、是非借り度と申戸を押明、内江入、先湯なと給申度由申ニ付、呑せ申候、扨我ホハ佐伯村ノ与次郎と申者ニ而候、牛買ニ参候、当村善兵衛も知人ニ而候得共、程遠ク道行草臥申故、善兵衛方へも参候事不成候間、善悪借り可申と申候故、忰与惣寝入居申ヲ起シ、宿借シ申事ハ不成候間、兎角大道迄つれ出シ候へと申候得ハ、与惣彼与次郎を引立、拾四、五間程追出シ罷帰、大戸を立何茂臥り申候、其後半時計御座候而与次郎立帰、表口之戸を押明、内江入、是非共借り不申候へハ難成由又申候、然共其夜宵之内盗人有之、孫兵衛鍬壱丁・牛鍬のへら取れ申ニ付、合点不参者故、重而者弥盗人之様ニ存候ニ付、与惣木刀ニ而打出シ申候へハ、人殺仕候、聊尓ヲ仕なと申候、きう所ニ当り申候哉、殊外痛申躰ニ見え申ニ付、後悔ニ存、湯なと呑せ痛り申候
一夜明候て廿日之朝、孫兵衛組頭七郎兵衛方へ参、右之段〻ニ候、若死候ハヽ如何ニ候、其内ニ佐伯口へも送申度と孫兵衛申候得者、尤と申候故、与惣彼者ヲ肩ニ引懸、大道迄罷出、与一郎と申者と持籠ニ而荷ひ、同村之内小村継ニ送候へハ、年寄同村寺坂之多兵衛所迄参候処、多兵衛申候ハ、此者在所聢と知不申候へハ、送候事も如何、

其上相果候へハいな物ニ候、先跡江戻シ候へと申候、又孫兵衛所へ戻り候処、廿日之昼時分相果申候、庄屋方へハ送出候以後四ツ時分、親孫兵衛申断候得者、庄屋留守ニて申置候、八ツ時分ニ罷出見申、番ヰ付候て三日相待候得共、尋無之ニ付、土中ニ仕候

一与次郎銀子四拾六匁四分と銭四拾九文御座候、是ハ与二郎を廿日之朝与惣肩ニ引懸大道迄召連参候時見申候得者、小巾着御座候内ニ銀子も御座候、捨置候ハヽ、与惣取不申共誰ニ而も取可申与存、先取候て罷帰、我家之すミ木之間江入置候、其以後彼与次郎送返し申候へ共、寂早銀子出シおくれ、後悔ニ奉存候由申候、已上

孫兵衛家内人数七人

内

赤坂郡大谷村之者

孫兵衛　女房　入聟与惣　女房

与惣子内　弐人　男子

壱人　女子

卯ノ五月廿五日

右之孫兵衛・与惣片上之籠江入置、度〻口承候得共、不相替申候由孫七郎申候

猪右衛門明朝相窺可申付由被申候

御窺被申候処、牛買ノ与次郎を殺申親孫兵衛・忰与惣事、孫兵衛儀者御赦免、忰与惣断罪可申付由被　仰出候事

同日

梶川左次兵衛書出シ

磐梨郡五月廿七日大水ニ所〻痛申書付

一長福寺村往還土橋

長九間橋台共ニ田地迄拾間余崩申候、夫役弐千七百余ニ積り申候

一田原井関

上石不残流申候、当春坪石三百坪調置申ニ付、此度舟拾四艘ニ而右之石ヲ入繕仕せ申候、只今迄四千計夫役遣申候、未弐千余入可申様ニ奉存候、都合六千余ニ積り申候

一込水ニ而田四拾町余こミ砂入、当毛捨り申候

一畠方高六百石余夏毛捨り申候、此分ハ粟大小豆蒔せ申候
一父井村之内曽根原家弐拾軒余、軒切ニ水入、当御年貢麦
濡シ申候
一二日市　長福寺　釣井　田原　頭之内津瀬　稲蒔　市場
此分村半分程宛座之上江水上り申候、併御年貢麦者ぬ
らし不申候
右之外小川筋山はせ・石砂入御座候得共、破損高未改
仕候
一夫役六千人余　田原井関ニ遣申候
一夫役弐千七百人　長福寺土橋ニ吉岡組十ヶ村遣申候
右ゞ御扶持方ニ濡麦之内六拾石被為遣可被下哉ノ御事
六月十日　梶川左次兵衛
猪右衛門被申候ハ、右之濡麦被下候ハヽ、脇ゞひゝき
ニ成可申候哉、明日相窺可申由被申候
御窺被申候処、田原井関・往還土橋繕ニ付、扶持方ニ
濡麦六拾石願之通被遣候由被　仰出候事
同日
一広内権右衛門申候ハ、鵜飼兵右衛門下人当春江戸ニ而暇
遣シ、人奉行波多野甚左衛門送状添上せ申候、尓今御国
江不参候、走り申候哉と存候、兵右衛門借シ銀なと御座
候由、此者之儀いかゝ可被仰付候哉
猪右衛門被申候ハ、御法之通請人尋ニ遣シ可然候、
乍去只今根草之時分鬧敷候ハヽ、先江ゟ尋ニ参候様
ニ申付可然候、兵右衛門借シ銀之儀ハ、冣前暇遣シ
候節人奉行へ不申届、相対之儀ニ候間、御郡奉行ゟ
不及申付ニ候由被申候
同日
一同人申候、口津高ニ請取置申候平太船弐艘之内壱艘先日
之水ニ流申候、爰元中須加ニ右之流舟之板四分一程残御
座候間、払上申度候、本明寺原村之庄屋ニ預り置候へ共、
俄水故流申候、今壱艘も今程入不申候間、払上申度候由
申候
猪右衛門被申候ハ、流船之儀川辺之庄屋共ニ預ケ置
候ハヽ、大事ニ致シ不流様ニつなき留可申事ニ候、

御船そまつニ致置流申段不届ニ候、急度新造仕弁候様ニ可申付候、今一艘之儀重而入用之時分、手前ニ而作り可申候ハヽ、払上可然候、左茂無之候ハヽ、其分ニ而置、近郡御用ニも互ニ借シ遣候て可然由被申候

同日

一吉崎勘兵衛申候、先日中原之年貢麦積申候船京橋ニ而破損仕、麦捨り申候、御船手ゟ二日さかし、町ゟも一日さかし申候得共、拾九俵之内七俵揚り、残ハ捨り申候、此分御立被成可被遣候哉、大廻り船破損仕候に茂、荷物ハ捨りニ成申候、如何可被仰付候哉と申候

何茂僉儀仕候、大廻り破損之一等ニハ如何可有御座候哉、浦辺ゟ積廻シ候御年貢なと少捨り申をも、大分之様ニ重而申出候儀も可有御座候哉、縦被遣候共、以後之御法ニ成不申様ニ可被仰付哉と何茂申候

猪右衛門先追而之儀と被申、落着無之候

御窺被申候処、御野郡中原村御年貢麦京橋ニ而船破損ニ付捨り申分、御年貢ニ立可遣由被　仰出候事

同日

一田口兵左衛門申候、西之御丸破損御座候、御寝間之屋ね茂損シ申候、御留守之内繕可申候哉

猪右衛門左様ニ仕候様ニと被申渡候

八月廿九日　　　　　　　　近藤角兵衛番

丹羽次郎右衛門口上書

一大小御船頭中伏見ゟ京都江御用ニ罷上候刻、前〻ゟ丸馬壱疋宛被下、在京之内雑用銀も被下来候、尤御国にて御船手作事其外御用ニも、大小ノ替りなく雑用銀をも被下来候、右之通ニ御座候故、大小ノ構なく御用其人柄ニ応、大小相使ニも申付、御船頭中廻り〳〵御用相勤させ、御舟手にてハ一段能埒ニ御座候様ニ奉存候

一此度森屋七郎兵衛・小船頭嶋田伝兵衛、京都江御銀持参仕候、伝兵衛義者御定之通丸馬可被下、七郎兵衛義中小姓ニ御座候間、御定丸馬之外若被仰付も可有御座哉と申儀ニ付、俣野善内申候ハ、七郎兵衛義ハ中小姓ニ御座候

間、只今迄之御あてかいゟ能可被成候、小船頭江丸馬被下候儀ハ如何、大船頭・小船頭品替り可申かと善内申候、左様ニ可被仰付候哉、併只今改り被仰付候へハ、中小姓・大船頭・小船頭三段ニ品替り申候、左候得者末之者程被下物少ク罷成、迷惑仕候、其上大船頭・小船頭相仕ニ申付候儀も事ニ寄難成、御船頭中ニ御用申付候儀ニ差別出来、御船手之為ニハ悪敷可有御座と奉存候、就其、前ゝゟ右之通と承候、然共陸手之障りニ罷成候ハゝ、七郎兵衛儀も丸馬壱疋只今迄之通ニ被下置、伝兵衛も前之通丸馬壱疋被下候様ニ申上度奉存候、相仕ニ参、一人者、馬一人者歩行ニ而参候様ニも不成儀之様ニ奉存候、前ゝゟ舟手之者陸江被　召仕候ハ役義之外を相勤申迚、結構ニ被仰付候由ニ御座候

一御船手之儀ニハ陸手之例ニ難成儀多御座候、左様之儀者御船手切ニ被仰付被下候様ニ申上度奉存候、殊寄舟手ニ而陸手之並ニ成居申候儀を茂差支不申儀ハ改、新規ニ引替申付たる儀共も御座候、尤過たる儀を其分ニ仕置申度ニ而ハ無御座候、此義者愈ゝ少之儀ニ御座候而、差支末之者迷惑仕儀ニ御座候故、窺申儀ニ御座候、以上

僉儀有之、次郎右衛門願之通尤ニ候、明日相伺可申由猪右衛門被申候

御窺被申候処、御船頭共京都江御用ニ罷上り候刻、前ゝより大船頭・小船頭共ニ丸馬壱疋宛被下由ニ候、次郎右衛門申候通、森屋七郎兵衛義も一等ニ馬壱疋遣シ可申事

同日

同人口上書

一当春御断申上、上京衆江被下町舟商人荷運賃之義、米高直ニ御座候ニ付、弐分ツ、御上ケ被遣候、寂早米下直ニ罷成申候間、前之通ニ可申付候哉

何茂尤ニ候由申候、猪右衛門明朝相窺可申由被申候

同日

一猪右衛門被申候ハ、大坂江之御上せ米度ゝ欠米有之ニ付、御米払衆ゟ断有之、当年者欠立申候ハ、船頭手前ゟ倍欠

出させ申様ニ、此度之御米払衆江書付遣シ候へ共、倍欠之儀者先年色〻御僉儀之上御赦免被遊候、又候哉大欠ニ被召上候儀如何ニ被存候、此義ハ丹羽次郎右衛門様子承届、其上ニ而得与遂吟味ヲ、追而相窺可申由猪右衛門被申候、次郎右衛門申候ハ、先日俣野善内申候菅田半左衛門方ゟ申越候御上り米、度〻欠米御座候、以来者欠米仕候ハヽ、船頭三十日程大坂ニ留置可申由申来候、如何存候哉と申ニ付、船頭三十日大坂ニ被留候ハヽ、舟持ひしと迷惑ニ及可申候、御為ニ成申義も無之候間、左様ニ被仰付候ゟハ、倍欠ニも可被仰付候哉と申候、乍憚私奉存候ハ、倍欠被仰付候てハ舟持弥迷惑可仕候、先此度者只今迄之通被仰付、舟持手前重〻遂僉儀、其上ニ而如何様共被仰付候様ニ仕度奉存候由申候

　何茂倍欠之儀如何可有御座と一等ニ申、落着無之候御窺被申候処、大坂江上り米之運賃只今迄被下候ハ、少軽様ニ次郎右衛門申上候段被　聞召届候間、御増可被下候、但欠立不申候舟ニハ増可被遣候、欠仕候舟ニハ御増分不被下、欠者只今迄之通込せ可申由被　仰出候事

同日

一才崎三太夫世悴独友義、当町革屋吉内ニ御預ケ置被成候、当六月四日病死仕候、独友世悴五歳、娘二歳ニ成申候、寂前三太夫籠舎之砌、独友四歳ゟ三十人扶持被下候得共、三太夫女相果候以後十人扶持被召上、弐拾人扶持被下候、尤三太夫并妹下女壱人御賄高橋七左衛門手前より被下候得共、諸事入用独友手前ゟ相調遣申候、旁以迷惑仕候間、右之御扶持世悴ニ被下候様ニ御取成被成可被下候、以上

小堀一学
岸　織部
岩根周右衛門

達　御耳ニ候処、才崎三太夫諸事為入用子共ニ被遣置候弐拾人扶持之儀、其侭遣シ置可申旨被　仰出候事

同日

阿波屋善兵衛分散之事

一御運上銀正味ニテ差上申候事
一家屋敷質物ニ入申銀正味ニテ払申候事
一阿波ゟ参候材木売申銀分散ニ入申候事
一阿刕・播刕・作刕ゟ参候荷物売銀分散ニ入申候事
一善兵衛甥平左衛門ゟ借り申銀分散ニ入不申候事
一甥平左衛門加判借り銀分散ニ入申候事
一御当地者之荷物売銀買掛り分散ニ入申候事
一善兵衛諸道具改分散ニ入申候事
一善兵衛女房着類分散ニ入不申候事
一善兵衛売懸銀取揃分散ニ入申候事
　此銀御家中様町在〻ニ御座候、御構之衆中様ゟ被仰付
　被下候ハヽ、難有奉存候
右之趣分散大坂并(並)如此ニ御座候、已上
　　他所者弐拾九人
　　御国者三拾五人
　負せ方
舟着町目代
甚兵衛
重左衛門

同日
　覚
一弐貫六百八匁六分八リン　薪御運上銀
一九貫目　家屋敷質物ニ入候銀
一拾弐貫七百三拾匁五分五リン　借り銀
一九貫七百六拾九匁五分九リン　諸事仕切銀
一弐貫六百弐拾弐匁六分壱リン　万買懸り
　惣合三拾六貫七百三拾壱匁四分三リン

同日
　有物
一五貫八百五拾五匁六分三リン　諸事売懸
一八貫七百七拾壱匁弐分弐リン　御樋小屋江差上申材木之代
一四百六拾五匁六分　有銀
一壱貫三拾五匁三分　預り荷物之代
一七百五拾目　諸道具払代

一拾貫目　　家屋敷之代
一弐貫七百六拾目　大坂天野屋八右衛門ニ借
シ銀、慶安三年十二月廿
七日ノ手形御座候
七口合弐拾九貫六百三拾七匁七分五リン
指引残テ七貫九拾三匁六分八リン
延宝三年六月廿八日
舟着町目代
甚兵衛
同
重左衛門

同日
一安井六郎左衛門申候、阿波ゟ材木少参申候、調置可申候
哉、来春之御買置之時分ニも成申候、便次第ニ申遣シ可
申候哉、迚茂御入用之儀御座候時ニ当り、急ニ調申義ハ
難成御座候間、伺申儀ニ御座候由申候
猪右衛門被申候ハ、当年之儀ニ候間、何とそ買置不
仕候様ニハ成不申候哉、けふ買置無之候て御用差支
候ハ、拾四、五貫目計何かニ相調置可申由被申渡候
九月廿九日　長屋新左衛門番

薪御運上銀
寛文拾三年分
一壱貫四百九拾三匁壱分九リン　上り銀
内
百七拾六匁　三月分　百弐拾四匁壱分八リン　四月分
五拾九匁五分　六月分　弐拾壱匁　七月分
百拾壱匁五分壱リン　八月分　百五拾七匁五分　九月分
弐百三拾七匁　十月分　三百拾八匁五分　十一月分
弐百八拾八匁　十二月分
延宝弐年分
一七百六拾八匁　上り銀
内
百拾六匁五分　正月分　百七拾八匁五分　二月分
弐百弐拾七匁五分十一月分　弐百四拾五匁五分十二月分

延宝三年正月ゟ八月迄
一七百五拾壱匁五分　上り銀
内
百三拾八匁　正月分　百弐拾五匁五分　二月分
百三拾四匁　三月分　百弐匁　四月分
六拾三匁　閏四月分　三拾弐匁　五月分
四拾目五分　六月分　四拾六匁　七月分
七拾目五分　八月分
上り銀合三貫拾弐匁六分九リン
右之運上銀未差上申候、以上
延宝三年九月廿七日　阿波屋 善兵衛
右之様子俣野善内申候ハ、薪運上銀之儀被仰付候節、一ヶ月切ニ差上、少ニ而も相延候ハヽ、一ヶ月ニ弐歩宛之利足を加へ、差上可申書物仕候処、加様ニ相延居申上者、利ニ利を加え差上可申儀ニ可有御座候哉と申候
猪右衛門被申候ハ、善兵衛義常躰ニ候ハヽ、籠舎を被仰付、尤利ニ利を加へ可被　召上儀ニ候得共、手前潰れ只今分散ニ成居申処、左様ニ被仰付候ハヽ、分散之者共手前も銀子へり候へハ、不便成義ニ候間、右之分ニ月弐歩之利足を加へ被　召上可然かと被申、何茂尤之由申、則右之通俣野善内ニ被申渡
同日
一村田小右衛門申候ハ、松平丹後守殿陸路御通り之刻、備中川部渡舟江罷出、諸事裁判申付候、然共丹後守殿御渡之砌ハ、村江引込出合不申、庄屋共諸事下知仕様ニ申付置候、川ゟ西者伊藤信濃殿御領分ニ候、丹後殿御渡之刻、信濃殿ゟ家来衆罷出裁判仕、首尾宜御馳走ふりニ見え申候、御当地ゟハひかゑ候様ニと被仰付候得共、出合之御馳走場ニ而御座候ニ、庄屋共計居申候てハ、掃除已下其外作法も存伬ニ無御座候、奉行罷出居申段急度ヶ間敷思召候ハヽ、御代官衆壱人御出シ置可被成候哉、御窺可被成由、都志源右衛門・川村平太兵衛・西村源五郎両三人へ申越由ニ而申出候

右之趣御窺被申候処、代官共弐人計罷出、舟渡其外掃
除以下肝煎可申付候、自然丹後殿ゟ被下物有之共、其
段者達而断申、請申間敷由被　仰出、則日置猪右衛門
郡肝煎三人江被申渡

十月廿一日　　　　　　　　近藤角兵衛番
一片山勘左衛門備中西阿知村遍照院寺領、先年洪水ニ永荒
ニ成申ニ付、御訴訟申上、書付一通并遍照院口上之通勘
左衛門覚書一通差出
　遍照院寺領之内発申生地之覚
一畠畝数合六反弐畝拾六歩
　此高拾壱石五斗八升壱合　　免五ツ壱分
右之発地当春拝領仕候米之内を以、寺中廻ニ而発、当秋
ゟ雑穀物納所仕候、此外ニハ発地無御座候、已上
　十月十三日　　　　　　　　　遍　照　院
　片山勘左衛門殿
山下文左衛門殿

同日
　遍照院口上
一備中西阿知遍照院寺領田地両年之洪水ニ不残流申ニ付、
去年御歎申上候へハ、御米拝領忝奉存候、其上被為　仰
聞趣奉得其意、被下米日用ニ仕、当年随分開見申候得共、
拾壱石余ならてハ発不申候、其外永荒ニ罷成、五、七年
之内なとニおき申躰ニ而無御座候、左様御座候へハ右之
田地迄ニてハ旦那一人茂無御座寺ニ而御座候へハ、たは
ん続兼、堪忍茂難成、寂早可仕様無御座故、御歎申上候
趣、御序而之刻御老中様江宜申上くれ候へと、両人まて
被申候、以上
右之趣御窺被申候処、備中西阿知村遍照院儀、村田小
右衛門見計ニ可仕由被　仰出候事
同日
一村田小右衛門、免帳目録一通并備中真壁村与七郎母寂前
籠舎被仰付ニ付自分存寄之書付一通、都志源右衛門両人
罷出差出申候

一此一儀五月十日ニ御評定場ニ而猪右衛門江申上候ハ、下ニ而何とそ済候様ニと種〻致分別見申候得共、難心得奉存候付テ奉窺候、何茂御僉儀衆被居候節申上候段ハ、延慮ニ奉存候而内証申上候、御下知承、其意応候様ニ申付度奉存候由申上候、翌日致登　城候様ニと被仰渡罷上り候、被　仰出候ハ

与七郎儀不届ニも候得共、盗人ならハたゝき候義も尤之様ニ被為　思召候故、別儀も無御座候

一殺させ候段母不届ニハ被　思召候得共、子ノ悪事を往還之人〻ニ語候段母ノ身ニ而迷惑ニ存候而如此ニ頼候段ニも少ハ尤候間、籠舎申付候様ニと被　仰出候

私申上候ハ、畏奉存候、併籠ハ及破損候、村江御預ケ可被成哉と申上候へハ、預候様ニと被　仰付候、悴与七郎事者弥御赦免可被成哉と窺候へハ、御免シ被成候由被仰候、右一巻終直不遂吟味候由、前ニ申上候得共、吟味仕候様ニとも不被仰出候、罷帰吟味仕候得共、書付ニ相違も無之ニ付、母籠舎申付、悴ハ差免申候

一母事籠くたしと被為　思召候哉、左候へハ費之様ニ奉存候、人を殺候者之科ハ難遁候、御侘言申上候事ハ不罷成候、子細ハ彼死人出生尓今不知候、御赦免之後親類共方ゟ与七郎母籠舎被仰付候落着ヲ見可申と存候而、終何共不申上候ニ、此度彼母籠舎御免被成候段ハ一円難心得と申候ハヽ、尤ニ候迚、彼母御成敗不被成候てハ不成候、左候ハヽ、不吟味之様ニ可有御座と奉存候、如何可有か相談候哉

御窺被申候処、備中真壁村与七郎母事村江預ケ置可申由被　仰出候事

同日

一岩根周右衛門町会所江毎年被下米三百俵御簡略之内差上可申由ニ而書付差出

一町会所江毎年被下候三百俵之米、来年ゟ御簡略之内差上、子共稽古止させ、物読手習師匠共暇遣可申候、会所守人足扶持切米、町年寄共其外御用ニ而寄合申時之入目者、町銀之内ニ而相調可申候

同日
一岩根周右衛門・都志源右衛門・川村平太兵衛・西村源五郎四人罷出申候、岡山廻り又少〻非人相見へ申候、何とそ可被仰付候哉
猪右衛門被申候ハ、町之者ハ周右衛門、在之者ハ源右衛門・平太兵衛・源五郎吟味可仕由被申渡候
同日
一在〻御借シ米津田十二郎へ書状可遣候間、致相談、当年も取立候様ニと郡肝煎三人江猪右衛門被申渡
同日
一鴻池喜右衛門手代ニ何方ゟ茂御銀被下候儀、大坂ゟ申来候事
十月晦日
長屋新左衛門番
一岩根周右衛門鍛冶助房果候ニ付、竹屋弥左衛門古来ゟ之様子書付仕候一通差出
一鍛冶助房清左衛門病死仕、年八十三ニ而御座候、美濃国岐阜・参河吉田・播磨・因幡・当御国迄御用相勤申候、助房忰八郎右衛門当年三十七歳ニ罷成候、少将様江六年以前御　目見仕、当　殿様江五年以前御　目見仕候、親ゟ家職上手ニ而万事御用無滞仕上申候、親御切米拾石御扶持弐人ニ而御座候
延宝三年十月廿九日　竹屋弥左衛門
同日
一西村源五郎申候ハ、邑久郡之牛医者自斎米六石宛毎年被下候、大老ニ罷成、役相勤候儀不罷成候間、当年ゟ役料米御取上可然かと俣野助市申候、尤之様ニ私茂存候、如何可被仰付哉と申候
猪右衛門被申候ハ、役義ニ付被遣米之儀ニ候間、助市申通ニ仕候様ニと源五郎江被申渡
同日
一御郡肝煎三人・岩根周右衛門申候ハ、頃日飢人共吟味仕在郷〱江送遣申候、備中他領之者共も送戻申候間、着類無之者共ハ古手買遣シ申候、先只今ハ速与御当地ニハ

見え不申候由申候

同日

一安井六郎左衛門申候ハ、寂前申上候阿州材木屋江御渡シ候材木代銀八貫目余、私手前ニ預り置申候得共、尓今売主も手代も不参候、御当地阿波屋善兵衛分散ニ成申、肝煎目代共銀子請取申度由申ニ付、書物仕奥書ニ若此銀分散ニ入不申候ハ、何時も私共手前ゟ銀子返弁可仕与書候へと申候へハ、其段ハ成不申候由申候故、私何共可仕様無御座、迷惑仕由申候

猪右衛門被申候ハ、尤ニ候間、其方飛脚ニ致シ御船手ゟ早〻飛脚舟遣シ、其方書状遣、早〻罷越候へ、申分有之候ハ、此方ニて申わけ埒明可申候、無左候ハ、此舟戻次第銀子相渡可申候、已後参何廉申分ハ埒明申間敷由可申遣旨被申聞、飛脚之儀者奥山市兵衛・丹羽次郎右衛門申談遣し候へと被申渡

同日

一右同人申候ハ、冨田屋屋敷之儀度〻申上候、町へも在へも付不申、何角ニ付迷惑かり申由申候

猪右衛門則岩根周右衛門呼出シ様子尋被申候、周右衛門申候ハ、下辺之町目代共ニ様子承、其上ニて町へ入能御座候ハ、入可申候、但在江入能御座候ハ、其段御断可申上候

同日

一右之様子ニ付岸織部申候ハ、冨田屋儀宗門改町在共ニ外れ可申候、何とそ被仰付候様ニ申候

猪右衛門被申候ハ、先当年者加茂山ニ居申事ニ候間、河合善太夫ニ宗門改仕候様ニ申遣候へと河村平太兵衛ニ被申渡

十一月十日　　　　近藤角兵衛番

一都志源右衛門申候、備中浅口郡鴨方村与一右衛門悴多御座候、備後福山但馬屋と申者養子ニ仕度由、委細以書付申上候

浅口郡鴨方村与一右衛門世悴之事

一与一右衛門悴三之助と申子、去〻年丑ノ年暮備後福山にて但馬屋新左衛門と申者養子ニ囉申度と申ニ付、御代官安枝茂左衛門様江御断申上候へハ、与一右衛門子共多、其上手前迷惑仕義兼而御存知候間、先遣シ先方気ニ入弥養子ニ仕候ハヽ、其節御奉行様へも可被申上と被仰ニ付、遣シ申候、弥先方気ニ入申候間、遣シ申度奉存候、右茂左衛門様被仰候儀、少茂偽申上ニ而ハ無御座候間、弥被遣被下候者難有可奉存候、以上

延宝三年霜月四日　鴨方村庄や　庄右衛門

親　与一右衛門

国枝平助様

猪右衛門被申候ハ、悴多ニ候間早〻遣シ可申由被申渡

同日

一猪右衛門岩根周右衛門江被申渡、町年寄五人評定所江呼出シ、猪右衛門直ニ被申候ハ、今度京都御入用ニ付㝡前も何茂肝煎銀子大分差上、急御用之首尾調　御前にも御機嫌ニ被　思召、次ニ我才共別而満足申候、又先月当月ニ京大坂ニ而之御借銀利上又者元利共ニ御返弁不被成候て不叶御銀有之候、此度少ニ而も差支候へハ重而御借銀上方にて調兼可申由京都ゟ申来候、㝡早外ニ而御才覚可被成様無之候間、五人者随分情を出シ、御国之儀ハ不及申ニ、他所ニ而茂其引〻を以随分御銀相調候様ニ肝煎可申候、委細之儀者何茂御用人中可被申談候由被申渡候、五人之者共委細奉畏候由御請申上候

一猪右衛門被罷帰候跡ニ而、何茂御用人共五人之町年寄呼出申候ハ、只今猪右衛門殿被仰候通、㝡前も急御用之御銀早〻相調差上候段、何茂情を出し候故と被存候、此度之御銀茂千貫目程御入用ニ候間、他所ニ而成共随分肝煎差上可申候、利相之儀ハ此方ゟ只今相定候儀も難成候、先御借銀聞出シ申候ハヽ、利相之儀ハ先ゟ好可有之候間、其上ニ而相定可申候、此度京大坂之御返弁銀不埒ニ候へ

ハ、重而御借銀ひしと調不申候由、京大坂御用人衆ゟ度〻申来候、申迄ハ無之候得共、随分情を出シ候へと申聞候、五人之者共申候、何茂無不渥者ニ御座候故、大分之御銀才覚如何敷奉存候、併此度之儀ニ御座候間、随分情出シ追而周右衛門様迄可申上候由申候、右之外当分少宛之儀計ニ而、殿様御勝手不被為成、御借銀之才覚之僉儀并御家中京銀利銀差上候儀難成由之儀共、何茂申候

近藤角兵衛番

十一月廿九日

一古田十兵衛申候、鈴木彦太夫当夏　御隠居様江戸へ被為召罷越、五ヶ月逗留仕申候、爰許罷立候時分立帰之路銀被下候、其節御断申上御銀拝借仕申候、段〻書付ヲ以申上候

猪右衛門善内江被申候、五ヶ月逗留仕候ハ、、立帰とも被申間敷候、御供並ニも可参候哉、考見可申由被申、落着無之候

同日

一近藤角兵衛・長屋新左衛門申候、芦屋孫右衛門加茂山運上木改御用ニ金川江罷越候時分、馬壱疋借り参申候、尤少之造作ニ御座候得共、以来十人中間御用被仰付候時分引付ニも成可申候間、何とそ馬銀之儀被仰付被下候様にと私共迄申候、善内申候ハ、、加様之類其所之御用にて無之候共、在〻江罷出候儀者在ゟ之構ニ被仰付可然奉存候、加様之類度〻御座候、従　公儀被仰付候儀如何奉存候、然共孫右衛門儀自分ニ馬借り参候間、重而之御法ニハ成申間敷候間、此度者馬壱疋分可被遣候哉

猪右衛門被申候ハ、、此度者先其通、以来者孫右衛門並之者在方御用之節者其所ゟ構ニ可仕由被申渡

同日

一波多野夫左衛門申候、㝡前被仰渡候通、給所物成二ツ三分給人江払わせ、残而七分ハ百姓前ニ抱置可申旨惣御代官衆江申触候処、心得違御蔵江御米大分上納仕候ニ付、給所江五千石程米不足仕候、如何可被仰付候哉

猪右衛門被申候ハ、、御代官中重〻不念成儀ニ候、然

共只今何共可申付様無之候、何茂如何可有之候哉と僉儀有之、御蔵ゟ御米被遣候而も、駄賃士共方ゟ出シ候得共被申間敷候、尤従　公儀御構之儀ニ而も無之候、責而御蔵ゟ銘〻取越候儀勝手次第ニ被仰付候ハヽ、何茂さのミ迷惑も仕間敷候、左様ニ可被仰付哉と申候、善内申候ハヽ、御蔵奉行手前勝手次第ニ取越候へと被仰渡候ハヽ、御奉行共迷惑可仕候、其上御蔵ニ預り米不仕筈ニ御座候由申候、新左衛門・角兵衛申候ハヽ、松井与一兵衛・石津八兵衛何茂御蔵奉行一等ニ申渡候、善内申候ハヽ、右両人者御扶持方年内中相渡申様ニ被申渡候故、御役料外之御蔵奉行半分被下筈之由ニ御座候、此度之御家中渡り米ハヽ、右両人ニ被仰付御役料も何茂並ニ被仰付候ハヽ、其身も迷惑仕間敷候、外之御蔵奉行御用之差支ニも成間敷様ニ存候と申候

猪右衛門被申候ハヽ、如何ニも尤ニ候、右両人給所渡り米申付、此度之儀者法別ニ候間、何茂勝手次第来春迄御米御蔵ニ預り置相渡申様ニ申渡候へと善内へ被申渡

同日

一岩根周右衛門東川高瀬運上銀取立阿波屋善兵衛替り之儀、書付を差出申候

一東川高瀬船運上銀取立仕候阿波屋善兵衛、身躰分散ニ罷成候付、此者之替りニ中川屋七郎右衛門・因幡屋甚大夫両人申付候、以上

十一月廿九日　　岩根周右衛門

同日

一斎木四郎左衛門申候、俣野善内なと居申候所ゟ磨屋町へ出申候横道、殊外せまく人之行違難成、火事ホ之時分自由悪敷御座候、此度万成口へ町屋御出シ被成候次手ニ、右之横道ニ居申町人屋敷替り、万成口ニ而被下候得者道広成申由、絵図差出申候

猪右衛門被申候ハヽ、尤ニ候、万成口屋敷割究候時分之儀ニ可被致候、先絵図ハ四郎左衛門方ニ置候様ニ

と返シ被申候

長屋新左衛門番

極月十日
一岩根周右衛門申候、頃日被仰付候町方銀子之儀、町年寄其外勝手宜者共度〻呼集、此度之儀ニ候間急ニ百貫目ハ御用ニ立候様ニと申聞候得共、只今者一円無御座候由申候て請相不申候、如何可仕候哉

猪右衛門被申候ハ、江戸江大分御銀御入用ニ候間、大野十兵衛方ゟ茂諸方ひしと差支、自然町方ゟ御奉行所なとへ訴状差上可申哉と、如何敷存候由申越候、責而年内押詰候て成共、弐百貫目程遣シ申度事ニ候、春ニ成候ハヽ、当町ゟ三、四百貫目も御用立可申様ニ申由、其内ヲ只今無理所望強仕候て成共、当十五日迄ニ百五拾貫目程御用ニ立候様ニ、周右衛門壱人にて度〻難申可有之候間、都志源右衛門・川村平太兵衛・西村源五郎ニも差加り、町方之者ニ申聞候様ニ三人之者江被申渡候、町人百五拾貫目調候ハヽ、五拾貫目ハ在方江申遣シ候て相調可申様ニ存候間、三人方ゟ御郡奉行中江可申遣旨三人之者申候

猪右衛門被申候ハ、郡〻ゟ只今迄も随分御用ニ立候、右御用ニ差上可申と申、銀高残候郡江申遣シ候様ニと被申候

同日
一都志源右衛門申候、口津高郡若林弥兵衛御代官所御年貢米皆済之目録前廉ゟ相究、庄屋共書物仕、御代官江差出候一通

一当御年貢米払上御事、毎年之事とハ乍申、別而被為入御念御意承届、村〻相談仕、一日も早ク払上為可申御皆済仕日限書上御事

一十月十五日　松尾村庄屋又右衛門
一十月廿日　佐山村庄屋吉右衛門
一十月廿九日　大久保村庄屋八左衛門
一同日　磯ヶ部村庄屋加兵衛
一同日　冨原村庄屋与三右衛門

一同日　今岡村庄屋五郎左衛門
一同日　清水村庄屋忠右衛門
一同日　大岩村庄屋長右衛門
一十一月十日　長野村庄屋市郎兵衛
一同日　山崎村庄屋庄右衛門
一十一月十五日　首部村庄屋喜右衛門
一同日　池谷村庄屋七郎右衛門
一十一月廿日　下芳賀村庄屋万五郎
一同日　上芳賀村庄屋　次右衛門　太郎作
一同日　横尾村庄屋孫右衛門
一十一月廿九日　中楢津村庄屋甚右衛門
一同日　西楢津村庄屋加兵衛
一同日　東楢津村庄屋庄九郎
一同日　面室村庄屋次郎兵衛
一同日　狼谷村庄屋久三郎

右之村〻存寄ニ而日限書上申上者、少茂相違無御座払上可申候、為後日如件

大岩村庄屋
長右衛門

延宝三年十月六日

若林弥兵衛様

一同人申候、奥津高郡十力村与十郎と申組頭、田地屋鋪売払御未進埒明申候様子、同村庄屋太郎助書付一通差出

覚

一当村与十郎と申者、親代ゟ律儀専一之者ニ御座候、御納所ホ大事ニ仕、先納埒明申候、然共去〻年洪水両年之痛ニ大分之御未進御座候処、田地屋敷共不顕御代官様御穿鑿無御座候内ニ永代ニ売払、御未進埒明申候、私方ゟ急之売買と申候へハ、私組頭も被仰付候へハ、私方ゟ御未進不埒ニ仕候へハ組下不埒罷成候由申候事

十力村
太郎助

延宝三年八月廿日

下加茂村次右衛門殿

同日

一田口兵左衛門申候、御扶持人佐官新兵衛九俵ニ壱升扶持被遣置候、今度相果申候、就夫、佐官又兵衛甥ニ廿四、五ニ成申候者御座候、只今も壁塗申候、右之新兵衛ニ娘御座候、此者も一所ニ仕跡へ入置可然者と存候、慥成者ニ而御座候由申候

猪右衛門被申候ハ、一段似合敷事ニ候間、其通ニ申付候様ニと被申候

（貼紙）
「延宝三ノ
評定書御留帳　紙数百五拾四枚
内四枚上かミ共」

五　御留帳評定書　延宝三年

池田家文庫資料叢書3
御留帳評定書　上
二〇一七年二月二五日　初版第一刷発行
編　者　岡山大学附属図書館貴重資料刊行推進会
（監修　倉地克直）
発行者　森田　潔
発行所　岡山大学出版会
岡山県岡山市北区津島中三丁目一番一号
TEL　〇八六（二五一）七三〇六
FAX　〇八六（二五一）七三一四
http://www.lib.okayama-u.ac.jp/up/
印　刷　友野印刷株式会社
岡山県岡山市北区高柳西町一番二三号
ISBN978-4-904228-52-4　C3021

池田家文庫資料叢書の刊行にあたって

国立大学法人岡山大学
学長　千　葉　喬　三

岡山大学は、昭和二四年（一九四九）に戦後の復興を願う地元岡山の人びとのあつい期待を受けて、新制大学として創立された。当初は五学部であったが、現在では七研究科・一一学部を擁する総合大学として発展を遂げ、平成二一年（二〇〇九）には創立六〇周年を迎えた。これを機に「西日本の学都」としてのさらなる飛躍を期しているところである。

本学の創立にあたっては、地元の有志の方々が「岡山総合大学設立期成会」を設立され、物資の乏しい時期に教育・研究環境の整備のために多大のご尽力をいただいた。その後の本学の発展も、そうした地元のご支援の賜物である。この支援に応えるために、さまざまなかたちで地域連携を進めることは、本学の重要な課題だと考えている。

池田家文庫も、教育・研究の資材の一つとして池田家のご厚意と「期成会」のご努力によって本学に寄贈されたものであり、岡山大学附属図書館に所蔵している。池田家は江戸時代に岡山地域を領地とした大名であり、その文庫は質量ともに全国有数の大名家資料として国内外に広く知られている。これを本学での教育・研究に活用するとともに、広く一般の利用に供することは、本学に課せられた責務である。そのため、大学創立一〇周年を記念した展示会以来たびたび公開の機会を設けるとともに、最近では藩政文書のマイクロフィルム化や絵図類のデジタル画像化などの事業を附属図書館として実施し、利用の便宜を図ってきたところでもある。

池田家文庫の貴重資料の刊行は、三〇年ほど前に一時期行われたが、その後は長く途絶えていた。しかし、貴重資料の刊行は池田家文庫の活用のうえで欠かせないものであり、継続的な取り組みが必要な事業である。本学では平成一九年（二〇〇七）に岡山大学出版会を設立したが、このたび創立六〇周年記念事業の一つとして「池田家文庫資料叢書」を出版会から刊行することとした。この叢書の刊行によって、池田家文庫の価値がますます高まることであろう。

本叢書が多くの方々によって利用され、日本歴史を解明する一助となることを願ってやまない。

平成二二年二月